जंग अंधविश्वासों की

जंग अंधविश्वासों की

डॉ. नरेंद्र दाभोलकर

प्रधान संपादक
डॉ. सुनीलकुमार लवटे

समन्वयक संपादक
डॉ. चंदा सोनकर

अनुवाद
अनिल गेले
डॉ. धनंजय झालटे

अनुवाद संपादक
डॉ. गिरीश काशिद

सार्थक
राजकमल प्रकाशन का उपक्रम

मूल मराठी ग्रंथ 'लढे अंधश्रद्धेचे' का हिंदी अनुवाद।

ISBN : 978-93-89598-47-6

मूल्य : ₹299

पहला संस्करण : 2020

राजकमल प्रकाशन का उपक्रम

प्रकाशक
राजकमल प्रकाशन प्रा.लि.
1-बी, नेताजी सुभाष मार्ग, दरियागंज
नई दिल्ली-110 002

शाखाएँ
अशोक राजपथ, साइंस कॉलेज के सामने, पटना-800 006
पहली मंजिल, दरबारी बिल्डिंग, महात्मा गांधी मार्ग, इलाहाबाद-211 001
36 ए, शेक्सपियर सरणी, कोलकाता-700 017

वेबसाइट : www.rajkamalprakashan.com
ई-मेल : info@rajkamalprakashan.com

मुद्रक
वैभव प्रोडक्ट्स
टोनिका सिटी (उत्तर प्रदेश)

JUNG ANDHVISHWASON KI
by Dr. Narendra Dabholkar

आदरणीय निलू फुले और डॉ. श्रीराम लागू,
आपका यह बड़प्पन है कि आप आंदोलन के
सक्रिय कार्यकर्ता कब बने, यह पता ही नहीं चला।

प्रथम संस्करण का मंतव्य

'जंग अंधविश्वासों की' यह अंधविश्वास उन्मूलन पर आधारित मेरी छठी रचना है। मेरी अब तक की हर एक रचना में कोई न कोई भिन्नता अवश्य है। 'भ्रम और निरसन' (भ्रम आणि निरास) इस प्रथम संस्करण में अंधविश्वासों के संबंध में हर प्रकार की संक्षेप में जानकारी है। 'प्रश्नचिह्न और पूर्णविराम' इस दूसरी पुस्तक में हर समय, हर जगह पूछे जानेवाले प्रश्न एवं उनके उत्तर हैं। 'अंधविश्वास विनाशाय' इस तीसरी पुस्तक में अंधविश्वासों के विरोध में किया स्थानीय संघर्ष है। 'सोचो तो जानो' इस चौथी पुस्तक में अंधविश्वास संबंधी आसपास के जीवन में नित्य घटित घटनाओं पर वैचारिक मंथन है। तथा 'विश्वास-अंधविश्वास' इस पाँचवीं कृति में अंधविश्वास उन्मूलन के संबंध में कुछ गहरा किंतु संभाषण द्वारा किया गया विवेचन है। 'जंग अंधविश्वासों की' यह छठी पुस्तक है। इसमें अंतर्भूत संघर्ष किसी एक स्थान से अथवा आंदोलन करनेवाली किसी एक शाखा से संबंधित नहीं हैं। बल्कि उनका स्वरूप महाराष्ट्र व्यापी है। उन संघर्षों से दो हाथ करते समय संपूर्ण महाराष्ट्र में उन विचारों के कारण कम-अधिक मात्रा में उथल-पुथल मची है।

लाखों नि:संतानों को संतान प्रदान करनेवाली भावनगर की पार्वती माँ, लाखों लोगों की शराब पीने की आदत एक ही दर्शन एवं प्रवचन में गायब करनेवाला शेषराव महाराज या फिर तीन महीने में तीन लाख लोगों का एक ही औषधि से नेत्रोपचार करके उन्हें राहत देने का दावा करनेवाले गुरव बंधु, इस प्रकार के वाकये प्रस्तुत पुस्तक में हैं। काफी चर्चा में रहा शनिशिंगणापुर का चोरी का किस्सा, विवरण के साथ तथा वैचारिक संग्राम सहित व्यक्त किया गया है। टोना-टोटका और भूत अंधविश्वास की इन दो ताकतवर प्राचीरों को धक्का देनेवाले मुहिम का वर्णन भी इसमें है।

समिति के कार्यकर्ताओं ने विगत सात वर्षों में तकरीबन डेढ़ सौ मेलों में होनेवाली पशुहत्या को रोकने का यशस्वी प्रयास किया। इस संबंध में प्रातिनिधिक किस्से इस पुस्तक में पढ़ने को मिलेंगे। अखिल भारतीय ज्योतिष सम्मेलन में दी हुई खुली चुनौती, साथ ही भविष्य-कथन की अद्भुत शक्ति का दावा करनेवाले नाड़ी प्रकार की तो इसमें पोल खोल दी गई है। इसके अलावा महाराष्ट्र में घर बनवानेवाले

व्यावसायिकों में ताजा रहे चर्चा के विषय वास्तुशास्त्र का इसमें वैज्ञानिकता द्वारा पोस्टमॉर्टम किया है। रूढ़ि, प्रथा, परंपरा आदि अंधविश्वास के सबसे बड़े घातक रूप हैं। इससे संबंधित विस्तृत वैचारिक रचना एवं कृति कार्यक्रम दिए गए हैं।

मैं और डॉ. श्रीराम लागू पूरे महाराष्ट्र में ईश्वर, धर्म, नीति, श्रद्धा, अंधविश्वास संबंधी खुला वाद-विवाद समारोह करते रहे हैं और इस समारोह में ईश्वर संबंधी डॉ. लागू के विचार महाराष्ट्र में हमेशा वैचारिक तूफान मचाते रहे हैं। महाराष्ट्र की कल की युवा पीढ़ी अंधविश्वास की मार से दूर रहे, इसके लिए समिति सत्यशोध प्रज्ञा परियोजना का संचालन करती है। (अब उसका नामकरण, विज्ञान जाग्रति परियोजना ऐसा हुआ है)। इस उपक्रम की यशोगाथा भी पुस्तक में कही गई है।

कुछ विशेषताएँ

अंधविश्वास उन्मूलन कार्य में निरंतरता है। विगत बारह वर्षों से यथाशक्ति किंतु अखंडता से यह कार्य हो रहा है। खास बात यह है कि किसी शासकीय मदद के बिना यह आंदोलन शुरू हुआ है और अपने घर की ही रोटी खाकर सामाजिक दायित्व को बड़े चाव से समझ, अपनी ही पूँजी को खर्च कर सौ से भी अधिक स्वयंसेवक कार्यकर्ता जी-जान से कार्य कर रहे हैं। हमें महाराष्ट्र में कई जगहों पर समाचार-पत्रों का अच्छा सहयोग हर समय मिला है। आंदोलन में किसी न किसी रूप में धर्म चिकित्सा होती ही है। वर्तमान समय में भी अपने समाज में धर्म चिकित्सा को लेकर तीव्र भावना है। निर्भयता से सत्यशोधन करना, इसके अलावा परंपरा से चली आई गलत धारणा को श्रद्धा का मुलम्मा लगाकर समाज को स्वीकारना ही अच्छा लगता है। साथ ही अंधविश्वास के नाम पर हितसंबंध और राजनीति दोनों घुल-मिल जाते हैं। उसे भी आंदोलन की जनजाग्रति से जोर का धक्का लगता है। कम या अधिक मात्रा में तीव्र भावना निरंतर व्यक्त होती है। यह सत्य है कि परिणामतः जनमानस में उथल-पुथल मचती है। कई बार कुछ भुगतना भी पड़ता है, यह भी एक सच है। इन बातों को ध्यान में रखकर हम यह कह सकते हैं कि अंधविश्वास उन्मूलन आंदोलन महाराष्ट्र में अब स्थिर हुआ है। इस आंदोलन को जन-मन ने कितनी मान्यता दी है, यह एक सवाल है। फिर भी इस सामाजिक कार्य को महाराष्ट्र में हर स्तर ने नजरअंदाज नहीं किया गया है। कुछ मात्रा में ही क्यों न हो यह आंदोलन भारत देश में तथा समूचे विश्व में पहुँचा है।

इन घटनाक्रमों का चित्रण पाठकों को इस पुस्तक में पढ़ने को मिलेगा। इनमें कुछ विषयों से संबंधित कुछ अंशों पर मेरा लेखन प्रकाशित हुआ है। फिर भी संकलित एवं विस्तारित रूप में इन संघर्षों की प्रस्तुति पुस्तक रूप में प्रथमतः उपलब्ध हो रही है। आंदोलन के किस्से लिखते समय टी.बी. खिलारे, श्री माधव बावगे,

डॉ. प्रदीप पाटकर, डॉ. नंदकुमार मुलमुले, श्री माधव रिसबूड, प्रकाश घाटपांडे, कुमार मंडपे, पा.न. निपाणीकर, डॉ. प्रदीप पाटिल, रामकुमार रायवाडीकर तथा अन्य कुछ सहयोगियों का किया लेखन मेरे लिए फायदेमंद रहा। अत: मैं उनके प्रति आभार ज्ञापित करता हूँ।

आंदोलन कौन सी परंपरा का है

महाराष्ट्र के लोकमानस में एक जुमला कम-अधिक मात्रा में जोर पकड़ता है। उसका एक हिस्सा है—अंधविश्वास उन्मूलन आंदोलन अब्राह्मणी, बहुजनवादी नहीं है। सच तो यह है कि इस प्रश्न का प्रतिवाद करना उचित नहीं होगा। स्पष्ट बात तो यह है कि संपूर्ण महाराष्ट्र में तकरीबन एक सौ दस शाखाओं में प्रसारित कार्यकर्ता बहुजन ही हैं।

जाति, धर्म, वर्ग आदि बंधनों को तोड़कर भारी संख्या में कार्यकर्ता शाखा में सम्मिलित हुए हैं। इससे आंदोलन की बनाई पहचान निश्चित ही प्रगतिवादी है। महाराष्ट्र में सत्यशोध की आंदोलन की पूर्व परंपरा को समिति सक्रियता से चला रही है, इसका उल्लेख हम बड़े गर्व से करते हैं। बतौर उसके हमारा आचरण भी होता है। यह परंपरा सीधी चार्वाक एवं बुद्ध से है, इस बात का हमें एहसास है तथा गर्व भी है। इसलिए मेले में होनेवाली पशुहत्या का विरोध हो, यज्ञ-विरोध-प्रबोधन हो, शनि शिंगणापुर व तत्सम देवालयों की सचाई जनसमुदाय के सम्मुख स्पष्टता से व्यक्त करनी हो, अथवा शराब विरोधी आंदोलन हो, इन सब मुद्दों में समिति की आग्रही भूमिका रही है। साथ ही, समिति ने अपनी सत्यशोधकी गर्भनाल कृतिशीलता से स्पष्ट की है। इस संबंध में इतने कुशल संगठन और अविरत कार्य करनेवाले किसी दूसरे संगठन का नाम महाराष्ट्र में यथाशीघ्र सामने नहीं आता है, यह मैं बड़ी नम्रता से बताना चाहता हूँ। इन संघर्षों के बावजूद दहेज के बिना, ब्राह्मणों के बिना, बिना मुहूरत देखे, अत्यंत सादगी से लेकिन आनंद के साथ महात्मा फुले की पद्धति द्वारा सौ से भी अधिक सत्यशोधकी विवाह समिति द्वारा संपन्न हुए हैं।

स.मा. गर्गे द्वारा संपादित 'समाजसुधारक व अंधश्रद्धा निर्मूलन' और डॉ. आ.ह. सालूंखे का 'धर्म की धर्मापलिकडे' (धर्म या धर्म के परे), समिति द्वारा प्रकाशित इन ग्रंथों को देखें तो समिति की वैचारिकता स्पष्ट होती है। किंतु एकाध रूढ़ि परंपरा बहुजनों में है, इसलिए वह स्वीकार्य है, इस बात को समिति नहीं मानती है। बहुजन समाज, घुमंतू वर्ग, आदिवासी, इनमें ऐसी काल-विसंगत रूढ़ियाँ होंगी, लेकिन विषमता एवं शोषण को मान्यता प्रदान करनेवाली प्रथाएँ, जो परंपरा होती हैं, उनके विरोध में आवाज उठाना समिति अपना कर्तव्य समझती है। जमातवादी, धर्मांध शक्ति के खिलाफ भी समिति ने निरंतर भूमिका निभाई है। ये सब संक्षेप में

परंतु स्पष्टता से बताने का प्रयोजन सिर्फ इतना ही है कि समिति का कार्य समतावादी बहुजन विचार-प्रणाली का कृतिशील लेखा-जोखा लेनेवाला है, यह पुनश्च एक बार स्पष्ट हो जाए और स्वार्थ भाव से कोई बुद्धिभेद करता हो, तो उसका प्रसार विफल हो जाए।

इस पुस्तक में जितने आंदोलनों का जिक्र किया गया है उनमें से कई आंदोलनों में मैं स्वयं था। किंतु संघर्ष कभी भी व्यक्तिगत नहीं होता है। संगठन के सामूहिक निश्चय का प्रतीक होता है, यही बात यहाँ पर लागू है। कई कार्यकर्ताओं ने निष्ठा से, अथक परिश्रम से ये संघर्ष किया है। आज भी ऐसा संघर्ष जारी है। कार्यकर्ताओं की जबरदस्त इच्छा, उत्साह, और समर्पण का भाव ही सही मायने में इन लड़ाइयों की 'रीढ़ की हड्डी' है। मैंने बस उसको केवल शब्दबद्ध किया है।

—डॉ. नरेंद्र दाभोलकर

क्रम

निःसंतानों को संतान प्रदान करनेवाली पार्वती माँ

देवाधिदेव भगवान शंकर भी पार्वती माँ के प्रभाव से कैलास पर अचंभित हुए होंगे।

गुजरात राज्य में स्थित भावनगर जिले में तलजा गाँव की वृद्धा पार्वती माँ, उम्र केवल 110 वर्ष। मरने के बाद पुनः जीवित हुईं ऐसा भी कहा जाता है। इस स्त्री को विलक्षण वरदान प्राप्त हुआ था। यही कारण था कि एक लाख निःसंतान दंपतियों को संतति सुख प्रदान करने की अद्भुत शक्ति उसके कृपाशीर्वाद में थी। (ऐसा कहा जाता है कि बाद में यह संख्या पंद्रह हजार बढ़ गई। संतति प्राप्ति के लिए मिसरी, दूध, इलायची इतनी खुराक पर्याप्त है। केवल अटूट श्रद्धा की आवश्यकता है। रुपए-पैसे देने की बिलकुल आवश्यकता नहीं है। पूरे भारतवर्ष से खासकर महाराष्ट्र, मध्य प्रदेश, पंजाब इन राज्यों से सर्वाधिक जनप्रवाह भावनगर की ओर उमड़ता है। भूले से भी विधवा एवं कुँवारी युवतियाँ पार्वती माँ के दर्शन न करें क्योंकि दर्शन के समय माँ के मुख से अगर 'सुखशांति...बालकशांति' ये शब्दाशीर्वाद गलती से भी उद्घोषित हुए तो चमत्कार अटल है। कहते हैं जैसे फट् कहने से ब्रह्महत्या होती है, वैसे ही बालकशांति का कृपाशीर्वाद प्राप्त होते ही कुँवारियों तथा विधवा महिलाओं के पाँव अपने-आप भारी हो जाते हैं। रोज हजारों की भीड़। 'नवसे कन्या पुत्र होती तरी का करणे लागी पति?' (अर्थात मन्नतों से अगर कन्या-पुत्र होते, तो पति की जरूरत ही क्या थी?) ऐसा व्यंग्यात्मक प्रश्न पूछनेवाले संतश्रेष्ठ तुकाराम से समाजसुधारकों तक सबको झांसा देकर पार्वती माँ का यह करिश्मा शिक्षित-अशिक्षित लोगों तक दूर-दूर के गाँवों तक पहुँच चुका था। गुजरात में भावनगर जिले से 65 कि.मी. दूरी पर तलजा नामक गाँव है। इस गाँव से 5 कि.मी. के फासले पर पगडंडी से होते हुए 'पार्वती माँ की बाड़ी' लगती थी। कुटी-सदृश आश्रम, आश्रम की दीवारों पर सैकड़ों बालकों की तस्वीरें, पार्वती माँ के कृपा-प्रसाद के जीवित सबूत के रूप में प्रस्तुत की जातीं। उन लाभार्थी दंपतियों के पते गुजराती भाषा में लिखे जाते थे। महाराष्ट्र के कई गाँवों का उसमें उल्लेख था। देशांतर्गत पतों के साथ ही अमरीका, अफ्रीका स्थित पतों का भी अंतर्भाव था।

लकड़ी के झूलों को टाँगकर आश्रम में माहौल बनाया गया था। आश्रम के आसपास की खाली जमीन मानो पार्किंग जोन बन गई थी। दो-ढाई सौ जीप गाड़ियाँ, बसें एवं अन्य गाड़ियाँ और खाली जगह पर माँ का आशीर्वाद पाने की चाह में लगी लंबी कतारें। एक झोंपड़ी में गद्दे पर विराजमान पार्वती माँ, उम्र भले ही सौ बताई जाती, फिर भी सत्तर के आसपास की उम्र। मुँह में एक भी दांत दिखाई नहीं देता था, गुजराती वेशभूषा, झुर्रियोंवाला शरीर, पास ही देवालय, दीवार पर अनगिनत देवी-देवताओं की तस्वीरें, खासकर मक्खन खानेवाले बालकृष्ण की बड़ी-सी तस्वीर। पार्वती माँ से कुछ दूरी पर दोनों ओर उसकी दो बहुएँ बैठती थीं।

पार्वती माँ का पति भोलादादा पंछी, मछलियों का शिकार करके अपने परिवार के साथ गुजर-बसर करता था। उसके परिवार में आठ-दस सदस्य हैं। पार्वती माँ को काकाभाई नामक एक लड़का एवं तीन कन्याएँ हैं। काकाभाई तीन लड़कों के पिता हैं। पार्वती माँ का देहांत हुआ किंतु श्मशान में जाते ही वह जीवित हो गई ऐसी अफवाह फैलाई गई। पार्वती माँ का लड़का काकाभाई उसकी माँ का देहांत नहीं हुआ था, बल्कि वह कुछ दिन बीमार थी, ऐसा बताता है। पार्वती माँ नि:संतान महिला के पेट पर हाथ फेरती है और उस अभागन स्त्री को संतान प्राप्ति होती है, ऐसी अफवाह फैलाई गई। कुम्हार मिट्टी से मटके बनाता है तो उसे भी इसके लिए कुछ प्रक्रिया करनी पड़ती है। लेकिन कुम्हार के जितना भी काम न करते हुए केवल पेट पर हाथ फेरकर पार्वती माँ नि:संतान स्त्री को संतान प्राप्ति करा देती है।

माताजी की भाषा देहाती गुजराती। आवाज में स्पष्टता। नि:संतान महिलाओं की खूब भीड़। नि:संतान महिलाएँ पार्वती माँ के सामने गद्दे पर लेट जातीं। माताजी महिला की कोख पर हाथ फेरती। तुरंत उठ-बैठने को कहती। 'सुखशांति...बालकशांति' ऐसा आशीर्वाद देती। बाजू में ही स्थानापन्न पार्वती माँ की बहुएँ महिला के हाथ में छपा हुआ एक पत्रक, पार्वती माँ का पोस्ट कार्ड साइज का फोटो एवं प्रिस्क्रिप्शन देतीं। 'सब घोड़े बारह टक्के' इस विवेचन के साथ छपी हुई उपचार विधि सबके लिए एक-सी थी। '50 ग्राम इलायची और 200 ग्राम मिसरी' पाउडर की तीस पुड़ियाँ बनाकर रोज सुबह खाली पेट गिलास भर दूध के साथ लीजिए।' महिलाओं की कतार तीव्र गति से आगे बढ़ती रहती।

तीन धूर्त सूचनाएँ

सच तो यह है कि उपर्युक्त विवेचन पढ़ने के बाद कोई भी यह सोच सकता है कि मिसरी खाकर और दूध पीकर यदि संतान प्राप्ति होती तो फिर और क्या चाहिए था? सामान्य लोगों में सहजता से उठनेवाला यह सवाल हजारों रुपए खर्च कर दूर-दराज से आनेवालों को भी जरूर अस्वस्थ करता होगा। उसका उत्तर मिले बिना पार्वती

माँ की कीर्ति का परवान पर चढ़ना असंभव है। पार्वती माँ या उसके अनुयायियों का बुद्धि-चातुर्य यहाँ काम आया। संतति सुख की आशा लेकर वहाँ आई स्त्री, उसे प्रमाण मिले बिना कैसे कबूल करेगी? इसके लिए दवाओं के साथ तीन सूचनाएँ खास आग्रह से दी जातीं।

1. यहाँ से जब अपने घर जाओ तो ऐसा बर्ताव करो कि तुम्हारे पाँव भारी हैं।
2. प्रसूत होने तक गर्भधारण के दरमियान किसी से जाँच-पड़ताल न कराओ। उस समय उपचार लेना तो बहुत दूर की बात है। गलती से ऐसी जाँच-पड़ताल कराई तो गर्भपात निश्चित होगा। फिर भुगतो अपने कर्मों के फल। अन्य बीमारियों के लिए भी औषधियाँ न लो।
3. तीन महीने के अंदर मासिक धर्म आया तो इलाज कराने फिर आना होगा।

इन तीन बातों का अर्थ समझ में आने के बाद पार्वती माँ की धूर्तता स्पष्ट होती है।

संतति प्राप्त होने की इच्छा जब स्त्री के मन में प्रबल होती है, उसी समय गर्भधारण उपरांत के लक्षण गर्भ न रहते हुए भी निर्मित होते हैं। इस कारण बाह्यांग से स्त्री को यह प्रतीत होने लगता है कि उसके पाँव भारी हैं। मासिक धर्म भी रुक जाता है। कई महीनों तक रुक जाता है। उल्टियाँ होना, चक्कर आना (गर्भ न होने पर भी तथा गर्भाशय थैली ज्यों की त्यों रहने पर भी), पेट बड़ा होना। आगे चलकर कुछ दिनों के बाद बच्चा पेट में हलचल करता महसूस होता है। बच्चे के आगमन पूर्व के कार्यक्रम गर्भधारण हुआ है यह धारणा पक्की करते हैं। इसे 'सूडो सायसिस' अर्थात गर्भधारण के झूठे लक्षण कहा जाता है। यह मानसिक बीमारी नि:संतान तथा संतान होने की तीव्र इच्छा रखनेवाली महिलाओं में कई बार देखने को मिलती है। जब संतान प्राप्ति का आशीर्वाद नि:संतान स्त्री पार्वती माँ से प्राप्त करती है, उसी समय इस प्रखर इच्छा को दैवी चमत्कार का बल मिलता है। गर्भधारण की (झूठी) सकारात्मक सूचना स्त्री का मन स्वीकारता है तथा स्त्री का वर्तन भी वाकई में उसके पाँव भारी हैं, ऐसा बनता जाता है। विशेष बात यह है कि इस पर अन्य लोग भी भरोसा करने लगते हैं।

झूठ आखिर झूठ ही होता है। वह सचाई के आगे ज्यादा समय टिक नहीं सकता, वह अस्थायी होता है। गर्भाशय में जो भ्रूण होता है उसे देखने की सुविधा अब सोनोग्राफी द्वारा उपलब्ध सुविधा है। अत: दूध का दूध और पानी का पानी हो ही जाता है। मासिक धर्म रुकने से या अन्य मार्ग से गर्भ है अथवा नहीं इसका तुरंत पता चलता है। पार्वती माँ बड़ी सहजता से बेनकाब हो सकती थी, लेकिन उसके द्वारा दी गई सूचना ढाल बनकर उसे झूठे कारनामों से बचाती रही है। जिन स्त्रियों का मासिक धर्म रुकने का संभावित कारण गर्भधारण है, ऐसी तमाम स्त्रियों को डॉक्टरी जाँच करने हेतु स्पष्ट विरोध करने की वह सलाह देती थी। दैवी चमत्कारों का मानवी अवलोकन एवं मूल्यांकन पार्वती माँ को स्वीकार नहीं था। इतना ही नहीं,

बल्कि उसका यह कहना था कि वह बहुत ही खतरनाक और नुकसान करनेवाला होता है। डॉक्टर द्वारा जाँच करने पर ऐसा गर्भ नहीं टिकता। वह स्त्रियों को यह बात समझाती थी कि कई महीनों तक संतान की प्रतीक्षा करना ही यथोचित होगा। इस बात का असह्य मानसिक दबाव वह उन पर लाने में सफल होती थी। उसकी अद्‌भुत सफलता को बल देनेवाला यही दूसरा नियम था। यह नियम संबंधित व्यक्ति के लिए कितना नुकसानदेह साबित होगा, जब इसकी चिंता उस महिला को, उसके परिवारजनों को ही नहीं थी तो पार्वती माँ को कैसे होती?

गर्भवती महिला यदि बीमार हो तो अन्य बीमारियों के लिए भी डॉक्टर से जाँच करा दवाओं का सेवन वह न करे, अन्यथा गर्भ को धोखा होगा, यह बात भी महिला के मन-मस्तिष्क पर हावी थी। सोचिए, प्रत्यक्ष में क्या होता होगा?

पार्वती माँ के खिलाफ जब मैंने आंदोलन छेड़ा, उस समय प्राप्त दो खत सचाई को अभिव्यक्त करनेवाले साबित हुए। बेलगाँव जिले में स्थित एक देहात में वैद्यक व्यवसाय करनेवाले डॉक्टर ने जो खत द्वारा हकीकत बताई, वह ऐसी थी—तीव्र बुखार से बीमार स्त्री उनके पास आई। वह विषम ज्वर की शिकार हो गई थी। दवा खाने से उसने साफ इनकार कर दिया क्योंकि वह चार महीने पहले पार्वती माँ से मिलकर आई थी। वे दंपती यह आग्रह कर रहे थे कि शरीर पर ऊपरी तौर पर लगानेवाला मरहम या दवा दो, जिससे बुखार कम हो जाए। जब डॉक्टर ने इस सिलसिले में असमर्थता दिखाई तो दोनों इलाज कराए बिना वापस लौट गए।

नासिक की एक महिला के ऐसे ही (तथाकथित) पाँव भारी थे। थकान, चक्कर आना, बीमारी आदि से वह तकरीबन दस महीने परेशान रही। किसी भी प्रकार की दवाई नहीं ली। अंत में उस महिला की जान पर नौबत आई तो उस समय उसे अस्पताल लाया गया। तब यह बात समझ में आई कि उस महिला की बीमारी का मुख्य कारण था कमजोरी। शरीर में खून की कमी होना। उस महिला के शरीर में खून की कमी थी। दस महीनों तक उसका मासिक धर्म बंद होना, उसका भी महत्त्वपूर्ण कारण यही था। उसे दस महीने पहले अस्पताल में लाते तो लोहवर्धक गोलियों से उसकी सेहत जरूर अच्छी होती। उसे खून की चार बोतलें चढ़ानी ही पड़ीं। साथ ही तंदुरुस्त होने में बहुत समय लगा। पैसा तो बहुत खर्च हुआ, वह भी एक अलग बात है।

अगर पार्वती माँ के आशीर्वाद को तीन महीने हो गए और तब भी मासिक धर्म कायम रहा तो पार्वती माँ के पास फिर जाना पड़ता। उसके पास चार-पाँच बार चक्कर काटने वालों की भी कमी नहीं थी। कभी-कभार तो डेढ़-दो सालों में फल-प्राप्ति नहीं होती थी तो अपने नसीब को कोसते हुए संबंधित दंपती बेहाल होकर रुक जाते थे। लेकिन उन दो सालों में वे कभी भी पार्वती माँ को दोषी नहीं मानते थे।

शोषण

महाराष्ट्र के किसी भी जिले में स्थित देहातों की जाँच की जाए तो पार्वती माँ का आशीर्वाद लेनेवाली ऐसी जोड़ियाँ आपको अवश्य मिलेंगी। हर गाँव में जो दलाल थे वे इन सारी बातों को सुचारु रूप से फैलाते थे। काफी लंबा सफर, खचाखच भरी गाड़ी आदि में शक्ति और समय की बरबादी होती थी। साथ ही सारी रात पैसों के लिए भागमभाग करनेवाले जीप के ड्राइवर भी शारीरिक तनाव से ग्रस्त होते थे। कई गाँवों से पार्वती माँ के यहाँ जानेवाली कई गाड़ियाँ दुर्घटनाग्रस्त होती थीं। समाचार-पत्रों के आँकड़े देखने पर पता चला था कि मरनेवालों की संख्या सौ के आसपास है।

पार्वती माँ पैसे नहीं लेती, अपनी मर्जी से नारियल अथवा चढ़ावे में जो कुछ भी रखा जाता है उसे वह स्वीकार करती है, ऐसा बोलबाला था। हर रोज एक हजार महिलाएँ दर्शन करती थीं। चढ़ावे में नारियल देतीं, वही नारियल फिर से बेचे जाते थे। ग्यारह रुपए का एक, इस हिसाब से ग्यारह हजार रुपए हो जाते थे। हजार-दो हजार की राशि खर्च करके इतनी दूर आए भक्तगण अपनी खुशी से ग्यारह रुपए देते थे। मतलब और ग्यारह हजार रुपए कमाई होती थी। आस-पड़ोस में जो दुकानें लगी थीं, वे सारी पार्वती माँ के बच्चों की तथा रिश्तेदारों की थीं। इन दुकानों में मिलनेवाली वस्तुएँ ऊँचे दामों में बेची जाती थीं। पानी के तीन कुएँ थे। ये सारे कुएँ पार्वती माँ के ही सगे-संबंधियों के थे। गर्मी के दिनों में पाँच-पाँच रुपए के दाम से रोज 2500 बकेट्स पानी की बिक्री होती थी।

पता नहीं पार्वती माँ की कृपा से किसी दंपती को संतान प्राप्ति कब होती, लेकिन उससे संबंधित जो भी लोग थे उनका भाग्य तो खुल गया था, इसमें दो राय नहीं है। मैं महाराष्ट्र में हमेशा घूमता रहता हूँ। व्याख्यान, संवाद, आंदोलन, संवाददाताओं से भेंटवार्ता, इनके माध्यम से मैं हमेशा जनसंपर्क में रहता हूँ। पार्वती माँ के कृपाशीर्वाद से संतान प्राप्त हुई है, ऐसा बतानेवाला एक व्यक्ति मुझे मिला। वह जालना जिले में स्थित परतूर तहसील का एक अध्यापक था। विवाह के बाद दो सालों तक उसने संतान संबंधी पत्नी के दोषों के परिमार्जन हेतु विशेषज्ञ डॉक्टरों से इलाज करवाया और चालीस-पचास हजार रुपए खर्च किए। फिर वह अपनी पत्नी को पार्वती माँ के पास लेकर गया। उसे संतान प्राप्ति हुई और इसका पूरा श्रेय उसने पार्वती माँ को ही दिया और धन्य हो गया।

आगे इससे भी एक गंभीर संभावना बताई गई। पार्वती माँ के विरोध में अंधश्रद्धा निर्मूलन समिति ने जब तीव्र आंदोलन छेड़ा उस समय समिति को जो खत मिले, उनमें यह बताया गया कि जिन पुरुषों के वीर्य में शुक्राणु नहीं होते, उनकी पत्नियों को पार्वती माँ के पास जाने से ही संतान सुख प्राप्त होता है। इसे चमत्कार समझें

या अनाचार? पुरुष शुक्राणु का अभाव होनेवाले पति के पत्नी के गर्भधारण होने के पीछे कौन सा दाहक यथार्थ हो सकता है? जिन दंपतियों को संतान प्राप्ति हुई ऐसा दावा किया जाता है, उनको संतान होने से पहले संतान न होने के जो कारण बताए गए थे उस जाँच-पड़ताल के कागज अगर देखने को मिलें तभी सत्य खुलकर सामने आएगा। लेकिन यह असंभव है। संतान प्राप्ति के सबूत के रूप में जिन अनगिनत नामों को दीवार पर लिखा गया है, उनके पते भी आधे-अधूरे लिखे हैं, ताकि हम संपर्क न कर सकें। खोज न पाएँ।

संतान न होने के पीछे का विज्ञान

संतान-प्राप्ति न होने के कई कारण विज्ञान द्वारा स्पष्ट हुए हैं। गर्भधारण हेतु निम्नलिखित बातें आवश्यक होती हैं। उनमें से एक बात भी ठीक न हो तो प्राकृतिक गर्भधारण नहीं होता है। लेकिन कारणों के अनुसार इलाज द्वारा मदद मिल सकती है।

1. पुरुष की स्खलन क्षमता।
2. पुरुष वीर्य में कार्यक्षम शुक्राणु की कम से कम निश्चित संख्या में उपस्थिति।
3. योग्य आकार का एवं स्वस्थ स्त्री का गर्भाशय।
4. खुली कार्यक्षम गर्भनलिका।
5. स्त्री-बीज निर्माण करनेवाला कम से कम एक बीज कोश।
6. निरोगी गर्भाशयमुख तथा निरोगी योनि मार्ग।
7. इन सभी का कार्य सुचारु रूप से होने के लिए यथोचित मात्रा में निर्माण होनेवाले अंत:स्राव (हार्मोन्स)।
8. इन सभी अंत:स्रावों को नियंत्रित करनेवाली हायपोथलैमस ग्रंथि।

आधुनिक वैद्यक शास्त्र नि:संतान दंपती का अलग-अलग जाँच कार्य कर उपर्युक्त घटकों में से कौन सा घटक यथोचित कार्य नहीं करता है, यह खोजने का प्रयास करता है। इस जाँच कार्य में कोई घटक कमजोर पाया जाए तो तुरंत इलाज किया जाता है। अथवा वर्तमान वैद्यकीय ज्ञान-कक्षा में उपचार पद्धति यदि नहीं है, तो संबंधितों से स्पष्ट रूप में कहा जाता है—

1. वीर्य में दोष होगा तो आवश्यकतानुसार ऑपरेशन करके अथवा दवाओं के इलाज से दोष दूर कर सकते हैं। वीर्य संकलन केंद्र से वीर्य लाकर भी इलाज किए जाते हैं। आधुनिक शास्त्र के अनुसार एक शुक्रजंतु भी उपलब्ध होता है, जिसे पत्नी के स्त्री-बीज में इंजेक्ट करके गर्भ को प्रयोगशाला में तैयार करके स्त्री के गर्भाशय में प्रविष्ट किया जा सकता है।

2. स्त्री-बीज के साथ शुक्रजंतु की फलन क्रिया जिस गर्भनलिका में होती है, यदि वह बंद है, तो उसे खोल सकते हैं।
3. यदि स्त्री बीजकोश में स्त्री-बीज तैयार नहीं होता, तो असरदार दवा तथा इंजेक्शन के माध्यम से स्त्री बीज निर्माण कर सकते हैं। दूरबीन द्वारा बीजकोश पर शस्त्रक्रिया करके स्त्री-बीजों की निर्माण-प्रक्रिया आरंभ करना संभव है।
4. अंत:स्राव (हार्मोन्स) की कमी के कारण गर्भधारण में यदि बाधा उत्पन्न होती है, तो उन्हें भी इंजेक्शन द्वारा देना संभव है।

कुछ ऐसे भी कारण होते हैं, जिनके इलाज आधुनिक वैद्यक शास्त्र में भी नहीं मिलते। जैसे, गर्भाशय की थैली परिपक्व न होना। उसका बहुत छोटा होना। गर्भाशय ही न होना। कुछ कारणों की वजह से गर्भाशय का खराब होना। इस अवस्था में संबंधित दंपती को प्राकृतिक गर्भधारण होने का सवाल ही नहीं उठता। इसके साथ ही एक और अवस्था होती है, जिसमें दंपती में आवश्यक सभी बातें मौजूद होती हैं तथा योग्य पद्धति से कार्यरत भी होती हैं। फिर भी उन्हें संतति प्राप्ति का सुख नसीब नहीं होता। ऐसे समय में दो संभावनाएँ होती हैं। एक तो इस दंपती की पत्नी को गर्भधारण कभी न कभी होगा ही। तथा दूसरी संभावना यह भी होती है कि वैद्यक शास्त्र भी जिस समस्या से बेखबर है, ऐसी समस्या होती है।

अत: सभी प्रकार के इलाज करने के बावजूद भी बाँझ रहनेवाली स्त्रियों के प्रमुखत: दो प्रकार होते हैं। एक तो उन दंपतियों में प्राकृतिक गर्भधारण होने की शास्त्रीय दृष्टि से बिलकुल गुंजाइश नहीं होती है या सारी बातें सामान्य होने के बाद भी गर्भधारण नहीं होता है। इन दो प्रकारों में आनेवाली महिलाएँ यदि पार्वती माँ के दैवी इलाज से लाभान्वित होने जाएँगी तो क्या अंजाम होगा? जिन स्त्रियों की दोनों गर्भनलिकाएँ खराब हैं, या गर्भाशय-थैली ही नहीं है, अथवा योनि मार्ग ही नहीं है, या पुरुष के वीर्य में ही बड़ा भारी दोष है, ऐसी महिलाओं को पार्वती माँ का आशीर्वाद गर्भधारण का आभास (सूडोसायसिस) दे पाएगा, किंतु वास्तव में गर्भधारण कभी नहीं होगा।

कुछ ऐसी भी महिलाएँ होती हैं, जिनमें वैद्यकीय दोष बिलकुल नहीं होता, अथवा मामूली दोष होता है परंतु संतान प्राप्ति नहीं होती। ऐसी महिलाओं को बिना इलाज के अथवा मामूली इलाज से (यह हम सदा अवलोकन कर सकते हैं) तो कुछ दंपती को त्रस्त होकर सारे इलाज बंद करने के पश्चात् अपने आप संतान प्राप्ति होती है। लेकिन इतनी सारी बातों की ओर ध्यान कौन दे? सच ही 'दुनिया झुकती है, झुकानेवाला चाहिए।' पार्वती माँ के विरोध में पूरे महाराष्ट्र में समिति ने प्रचार किया। महाराष्ट्र की भोली-भाली महिलाओं को कैसे गुमराह किया जा रहा है, इस बात को रोकने हेतु तत्कालीन गृहमंत्री गोपीनाथ मुंडे जी को हर जिले से निवेदन भेजे गए, तार भेजे गए।

पार्वती माँ इस एक विषय पर ही मैंने पूरे महाराष्ट्र में तकरीबन 25 से 30 व्याख्यान दिए होंगे। मैंने भावनगर में संपर्क किया। वहाँ के पुलिस प्रमुख से दैवी इलाज विरोधी कानून के आधार पर कार्रवाई करने की माँग की। उनका यह कहना था कि "महाराष्ट्र से लोगों के झुंड पर झुंड आ रहे हैं। भावनगर के लोगों को गुमराह नहीं किया गया है। आप जिन लोगों को गुमराह किया गया है, ऐसे लोगों की शिकायत महाराष्ट्र पुलिस थाने में दर्ज कराइए। मेरे पास उनके माध्यम से आरोप-पत्र आने पर मैं कार्रवाई करूँगा।"

यह दखलपात्र गुनाह है और भावनगर की पुलिस स्वतंत्र रूप से इसकी खबर ले सकती है, हम उनको यह बात अंत तक समझाने में नाकामयाब रहे। शूरवीरों की इस महाराष्ट्र भूमि में फँसे पति-पत्नी 'हमें फँसाया है' यह कबूल करके भी पुलिस में आरोप-पत्र दर्ज कराने खुलकर आगे नहीं बढ़े। अंत में वृद्धावस्था के कारण अचानक ही पार्वती माँ का स्वर्गवास हो गया। इससे महाराष्ट्र को जो अंधविश्वास का ग्रहण लग गया था, उससे महाराष्ट्र को मुक्ति मिल गई।

आँखों की बीमारियों से राहत देनेवाले गुरव बंधु

बादशाह के बीरबल से पूछे तीन सवाल सर्वज्ञात हैं। इन सवालों का उत्तर बादशाह एक वाक्य में चाहता था। सवाल ये थे कि 'घोड़ा क्यों अड़ा? पत्ते क्यों सड़े? और रोटी क्यों जली?' बीरबल ने उत्तर में कहा, 'न घुमाने के कारण।' उसी प्रकार कुशिरे गाँव में दवा की एक बूँद से आँखों की सारी बीमारियाँ ठीक कराने हेतु लाखों लोग पहुँचे ही कैसे? गुजरात की पार्वती माँ की ओर लाखों नि:संतान दंपतियों का प्रवाह कैसे उमड़ता रहा? तथा शेषराव महाराज के पास लाखों की भीड़ क्यों इकट्ठा होने लगी? इन तीन प्रश्नों का कड़वा परंतु सत्य उत्तर यह है कि 'विवेक न होने के कारण।'

कुशिरे में आँख का इलाज

कुशिरे, तहसील पन्हाला, जिला कोल्हापुर में स्थित गाँव है। वैसे तो कुशिरे महाराष्ट्र की किसी भी तहसील के छोटे से गाँव जैसा ही एक गाँव है लेकिन इस गाँव के गुरव बंधुओं ने सपने में यहाँ के स्थानीय तीर्थस्थल के ज्योतिबा नामक ईश्वर का मानवीय रूप देखा। यों कहें कि उन्हें ईश्वर का साक्षात्कार हुआ। देखते-ही-देखते यह चमत्कार सुर्खियों में छा गया। गुरव बंधुओं के बैल की आँखें चली गई थीं। सपने में उन्हें किसी ने एक पेड़ की पत्तियों का रस बैल की आँखों में डालने का आदेश दिया। यह भी बताया जाता है कि जंगल में किसी एक व्यक्ति ने उन्हें इस दवा के बारे में बताया।

उन्होंने उस औषधि का प्रयोग किया और आश्चर्य, अंधे बैल को दृष्टि मिल गई। बैल और मनुष्य की आँखें एक जैसी होती हैं ऐसा विचार गुरव बंधुओं ने किया होगा (कुशिरे गाँव की भारी भीड़ ने आगे इसे सार्थक ठहराया)। जिस औषधि के कारण बैल की आँखें वापस आ गईं, उस औषधि का मनुष्य की आँखों की बीमारी के लिए इलाज करने का विचार उन भाइयों के मन में आया। इलाज आरंभ हुआ। आँख की संक्रामकता जिस गति से नहीं फैलती उतनी गति से इलाज की खबर सभी ओर पहुँच गई। हर दिन चार-पाँच हजार लोग कुशिरे में आने लगे। आगे

जाकर सप्ताह में केवल दो दिन ही यह इलाज चलने लगा। आसपास के लोगों की ही नहीं, बल्कि दूर-दराज के जिलों तथा पड़ोसी कर्नाटक राज्य से भी लोगों की भीड़ उमड़ने लगी। केवल तीन महीनों में ही इलाज करवानेवालों की तादाद तीन लाख तक जा पहुँची।

उपचार के लिए पैसों के बदले हर एक से केवल एक नारियल लेने के कारण इस शिविर को सेवा-धर्म का रूप मिला (तीन लाख नारियल की प्राप्ति और छह रुपए के हिसाब से कीमत अठारह लाख रुपए हो गई। यह आँकड़ा भी अंधविश्वास से बंद हुई आँखें झट से खोलने के लिए काफी था)। कोल्हापुर महानगर निगम ने अपने यातायात विभाग की ओर से इलाज के दिन—बुधवार और इतवार को विशेष बसों की सुविधा मुहैया कराई। उन पर पोस्टर लगे थे, 'चलो कुशिरे, नेत्रोपचार के लिए।' स्थानीय समाचार-पत्रों, कुछ पत्रिकाओं और स्थानीय केबल टी.वी. वगैरह ने इसे बढ़ा-चढ़ाकर प्रसारित और चर्चित किया। साथ ही स्वाभाविक रूप से 'सच्चे दावे' के नाम पर अफवाहें फैलाई गईं। देखने की शक्ति में सुधार आया, चश्मा नहीं रहा, बिना चश्मे के स्पष्ट और साफ-सुथरा दिखाई देने लगा, इस प्रकार के वर्णन इस हद तक चले कि इलाज के लिए कतार में खड़े लोगों के चश्मे ही फेंक दिए जाने लगे, क्योंकि आँख में दवा की बूँद डालने पर इसकी आवश्यकता न रहने का प्रचार किया जा चुका था। इस दवा के प्रयोग से मोतियाबिंद के ऑपरेशन तक को अनावश्यक माना जाने लगा। अंधों को भी दृष्टि आती है, ऐसा प्रचार-प्रसार किया गया। यह भी प्रचारित किया गया कि यदि इस इलाज के लिए किसी ने भी धन का लालच किया तो इस विद्या से हाथ धोना पड़ेगा। इस प्रकार का निर्देश गुरव बंधुओं को सपने में ही मिल चुका था'। इसलिए वे मुफ्त में आँखों में दवा डालते थे।

समिति के कार्यकर्ता इसी प्रकार के एक नेत्रोपचार शिविर में गए। वहाँ देहातों से आठ-दस हजार लोग आए थे। अवैध कार्यों पर रोक लगानेवाली पुलिस भीड़ पर काबू रखने के लिए कतारें लगाने में व्यस्त थी। भीड़ के लोगों की औसत आयु चालीस से पचास के आसपास रही होगी। अधिकतर लोग अनपढ़ एवं बूढ़े थे। महिलाएँ भारी संख्या में उपस्थित थीं। उपस्थितों के पहनावे से यह साफ जाहिर हो रहा था कि वे अत्यंत गरीब हैं। अधिकतर महिलाएँ एनीमिक (शरीर में खून की कमी) थीं। उन्हें देखकर इस बात का सहज पता चलता था कि उनके खान-पान में विटामिन और उसमें भी विशेषकर आँखों के लिए आवश्यक विटामिन 'ए' की कमी थी। इलाज की पद्धति तो विचित्र एवं शरीर के रोंगटे खड़े करनेवाली थी। किसी भी परीक्षण के बिना कमरे में तथा बरामदे में एक ही समय पर दस से पंद्रह लोगों को एक ही कतार में लिटाया जाता था। सभी के सिर एक दिशा में रहते थे। एक मैले बरतन में दवा होती थी। उसमें मैला अँगोछा डुबोया जाता था। धुले कपड़े

को जैसे पानी बाहर निकालने के लिए निचोड़ा जाता है, वैसे ही उस गंदे अँगोछे को निचोड़कर सोए हुए हर एक व्यक्ति की दोनों आँखों में दो-दो बूँद दवा डाल दी जाती थी। इलाज की सहजता, उपचार की नि:शुल्कता और उसे जो दैवी सामर्थ्य मिला था आदि के कारण किसी को कोई शिकायत नहीं रहती थी।

अन्य स्थानों पर संसर्ग

आँखों के इलाज के शिविर को जो प्रतिसाद मिला था उससे वह अपने समाज की आँखों की बीमारी तथा इलाज की कमी को साबित कर रहा था। साथ ही संख्या भी आश्चर्यजनक थी। इसी कारण देखते-देखते इलाज की यह पद्धति कोल्हापुर जिले में पाँच-छह जगहों पर शुरू हुई। हर कोई अपने आपको गुरव बंधुओं के इलाज का सीधा उत्तराधिकारी होने का दावा करने लगा। इसी कारण गुरव बंधुओं ने घोषणा की कि उनकी शाखा कहीं भी नहीं है। इस बात से हंगामा खड़ा हुआ। आस-पड़ोस के रत्नागिरि, सिंधुदुर्ग तथा सतारा जिलों में भी इस पद्धति का अनुकरण शुरू हुआ। स्थानीय समाचार-पत्रों ने इसे सुर्खियों में प्रकाशित किया। अलोरे (जिला रत्नागिरि) के इलाज शिविर की खबर 'रत्नागिरि टाइम्स' में छपी। इस खबर को देखिए :

(दि. 16 सितम्बर, 1997) रत्नागिरि टाइम्स—अलोरे जिले के कोने-कोने से हर तबके के पुरुष, महिलाएँ तथा बूढ़ों की भीड़ जुटी। नेत्र-चिकित्सक संगठन, कोल्हापुर और पुणे ने इसका विरोध किया। 'आप इन सभी को एक ही दवा क्यों दे रहे हो?' इस प्रश्न के उत्तर में संचालक अशोक भाई ने इतना ही कहा कि 'वह आप इस भीड़ से ही पूछिए।' आगे उन्होंने बताया कि 'डॉक्टरों ने कई बार इन लोगों के पैसे लूटे हैं। यहाँ तो मुफ्त में उपचार होता है। डॉक्टरों की शिकायत उनके व्यवसाय बंद होने की संभावना के डर से है। यह अवसरवादी प्रवृत्ति है। यहाँ आनेवाला प्रत्येक मरीज अपनी जिम्मेदारी से इलाज करवाता है। औषधि में दोष या कमी रहने पर सेवक वर्ग को दोषी मत ठहराइए।'

इस मुद्दे के समावेश होनेवाले सम्मति-पत्र पर मरीज तथा उनके अभिभावकों के हस्ताक्षर लिए जाते थे (शातिर चालाकी)।

इस खबर में आगे यह भी लिखा था कि इस दवा के दुष्परिणाम होने की शिकायत न होने के कारण इसे जारी रखने की जिद मरीज ही कर रहे हैं। कई सरकारी कर्मचारी, बैंक कर्मचारी और वाहन चालक अपने चश्मे उतार चुके हैं। नजदीकी गाँव के डॉ. केतकर, डॉ. पटेल, डॉ. पवार, डॉ. श्रीमती माने आदि ने यह दवाई आँखों में डाल ली है। इस शिविर में एक दिन में एक हजार से अधिक लोगों ने इलाज करवा लिया है।

सामाजिक संस्थाओं के उनके समाजोपयोगी कार्य के लिए यह एक नया क्षेत्र खुला था।

सन्मित्र युवक मंडल संस्था, मठगाँव (तहसील—लांजा, जिला रत्नागिरि) में नवरात्र उत्सव मनाया जाता है। इस उत्सव में उन्होंने लोकोपयोगी कार्य के रूप में इस शिविर का आयोजन किया। कुशिरे के गुरव बंधुओं से संपर्क कर उन्हें बुलाया गया। इस शिविर के लिए सुबह से ही जीप, टैक्सी, टेंपो, दो पहिये वाली गाड़ियाँ तथा रिक्शा जैसे यातायात के साधनों से भारी भीड़ जमा हुई। आसपास के सौ से भी अधिक गाँवों के तीन हजार से भी अधिक पीड़ित यहाँ जमा हो गए। जहाँ रत्नागिरि जिले में कांग्रेस और शिवसेना के बीच बड़ा संघर्ष है, वहीं रिपब्लिकन पार्टी का शिवसेना से मेल न खाने के कारण शिवसेना के वरिष्ठ कार्यकर्ता संजय चव्हाण द्वारा आयोजित इस शिविर का उद्घाटन वरिष्ठ कांग्रेसी नेता मुकुंदराव सावंत ने किया। रिपब्लिकन पार्टी के कार्यकर्ताओं ने संयोजन में सहयोग दिया। रत्नागिरि के वैद्यक व्यावसायिकों के संगठन तथा अंधश्रद्धा निर्मूलन समिति ने इस आयोजन का विरोध किया था लेकिन खबर में उनके विरोध को जनता द्वारा बेदखल किए जाने को अहमियत दी गई थी। सिंधुदुर्ग जिले के कणकवली में और सतारा के मसूर, दहिवड़ी, खंडाला जिलों में भी इसी पद्धति से यह उपक्रम बड़े जोर-शोर से अपनी जड़ें जमा रहा था।

विरोध में आंदोलन क्यों?

खुलेआम धोखेबाजी में शामिल होनेवाली इस इलाज-पद्धति के खिलाफ समिति द्वारा हर संभव आवाज उठाई गई। संबंधित जिलों की समिति शाखाओं के साथ अन्य स्वयंसेवी संगठनों ने भी इसमें सहयोग दिया। कोल्हापुर में 'जन स्वास्थ्य दक्षता समिति' और 'अंधश्रद्धा निर्मूलन समिति' ने सरकार से इस औषधि का उचित परीक्षण कराने तथा लोगों को इसके दुष्परिणामों से बचाने का आवाहन किया। लेकिन सरकार के स्वास्थ्य विभाग ने केवल तटस्थता से दर्शक की भूमिका निभाई। तत्कालीन जिलाधीश मनुकुमार श्रीवास्तव और पुलिस अधीक्षक माधवराव सानप ने भी बिलकुल सहयोग नहीं दिया। सरकार का हर विभाग कार्रवाई की जिम्मेदारी दूसरे विभाग पर डालता रहा। समिति ने सबसे पहले कोल्हापुर में और बाद में सभी ओर ऐसे मामलों के विरोध में ठोस भूमिका अपनाई। समिति द्वारा प्रसारित परचों में सामान्यत: निम्नलिखित मुद्दों का समावेश था :

आँखों की हर बीमारी के लिए केवल एक ही औषधि का अनुसंधान नहीं किया गया है। अत: इस प्रकार की तथाकथित दवा के कारण उचित औषधियों से उपचार लेने में विलंब होना स्वाभाविक है। इसके कारण लोगों का स्वास्थ्य खराब

होता है। औषधि का व्यावसायिक पद्धति से निर्माण करने से पूर्व जिला औषध तथा अन्न प्रशासन द्वारा इजाजत लेना जरूरी है। अन्यथा ये सब व्यवहार गैरकानूनी ही साबित होते हैं। नेत्ररोगों के लिए केवल एक ही दवा, यह बात दैवी इलाज का ही रूप धारण करती है। अत: 'मैजिक रेमेडीज एक्ट 1954' के तहत अपराध है। सरकारी अधिकारियों के आनाकानी करने के कारण ऐसे मामले चलते रहते हैं। समिति की प्रबोधन शक्ति यहाँ पर्याप्त नहीं हो पाती। कानूनी कार्रवाई की इससे जोड़ होनी चाहिए। लोगों का श्रम, बुद्धि, समय तथा यात्रा के लिए पैसे आदि की बर्बादी होती है। सरकार ने लोगों के उत्तम स्वास्थ्य के लिए कई उचित योजनाएँ तैयार की है। किंतु इस प्रकार की तथाकथित दवा की इलाज व्यवस्था के कारण गरीब जनता सरकारी योजनाओं से हाथ धो बैठती है। परिणामत: सरकारी योजनाओं पर से उनका भरोसा उठ जाता है। यह ऐसे ही चलता रहा तो कैंसर, एड्स जैसी जटिल बीमारियों का इलाज करनेवाले पाखंडियों का बोलबाला हो जाएगा। साथ ही नेत्रोपचार महँगे होते हैं तथा सर्वसामान्यों के लिए सहजता से वे उपलब्ध नहीं होते हैं। परिणामस्वरूप इस प्रकार के चमत्कार सदृश इलाजों की ओर लोगों के झुंड के झुंड जाते हैं। इसलिए किफायती एवं प्रभावी शास्त्रोक्त नेत्रोपचार की आवश्यकता कितनी है, यह बात वास्तव में खुलकर सामने आई है। समिति को यह कबूल है लेकिन लोगों की असहायता का फायदा लेकर उसका धंधा करनेवालों के लिए समिति का सदैव विरोध ही रहेगा।

कार्रवाई का आग्रह

प्रत्यक्ष कार्रवाई के लिए 10 सितंबर, 1997 को मैं कार्यकर्ताओं के साथ कोल्हापुर के जिलाधीश मनुकुमार श्रीवास्तव से मिला। उनके सामने अपनी भूमिका स्पष्ट की जो संक्षेप में इस प्रकार थी : 'सरकार ने सन 2000 तक सभी को स्वास्थ्य सुविधा मुहैया कराने की घोषणा की है और गुरव बंधुओं जैसे लोगों द्वारा, जनता के स्वास्थ्य के साथ खिलवाड़ करने पर भी जिलाधीश द्वारा किसी भी प्रकार की भूमिका न अपनाना, उचित नहीं है। गुरव बंधुओं की दवा का परीक्षण होना चाहिए। यदि उसमें हानिकारक तत्त्व न पाए जाने पर उसके उपकारक होने की पुष्टि होती है, तभी उसके उपयोग को अनुमति दी जाए।'

इसके साथ हमने एक योजना भी सूचित की। नेत्ररोग विशेषज्ञों की निगरानी में चुनिंदा नेत्र पीड़ितों पर गुरव बंधु अपनी दवा का प्रयोग करें। यदि उसके प्रत्यक्ष परिणाम नजर आएँगे तथा रोगी स्वस्थ होंगे तभी गुरव बंधुओं को इलाज करने की इजाजत दी जाएगी। हमने यह भी सूचित किया कि जिस वनस्पति से यह औषधि बनाई जाती है, उसका नाम जाहिर किया जाए। इससे सहज ही पता चल जाएगा

कि उसमें (वनस्पतिशास्त्र और आयुर्वेद के आधार पर) आँखों की बीमारी का इलाज करने की क्षमता है या नहीं। वनस्पति का नाम जाहिर करने से व्यवसाय का राज खुलने का डर यदि गुरव बंधुओं के मन में है, तो उन्हें प्रोविजनल पेटेंट दिलाने की जिम्मेदारी समिति की रहेगी। ऐसा कुछ भी किए बिना इलाज करना 'दि ड्रग्ज एंड मैजिक रेमिडीज एक्ट 1954' के तहत अपराध है, इस बात की ओर भी उनका ध्यान आकर्षित किया।

हमारी इस अपील को कोल्हापुर के स्वास्थ्य विभाग के उपसंचालक श्रवणकुमार बनसोडे, जिला स्वास्थ्य अधिकारी डॉ. दिलीप पाटिल और जिला शल्य चिकित्सक डॉ. श्रीमती वालूंजकर इन सबकी अनुमति थी। उन्होंने पत्रकार परिषद का आयोजन करके जिन नेत्रपीड़ितों को इस दवा से किसी भी प्रकार का फायदा नहीं हुआ, ऐसे जिला एवं ग्रामीण अस्पतालों के नेत्रपीड़ितों के नामों की लंबी सूची, पते के साथ प्रस्तुत की। इस दवा से कोई फायदा नहीं मिलता, किंतु लोगों की मानसिकता वैसी बनाई गई है, इस प्रकार की शिकायत की गई। हर तरीके से प्रयास करके हमें इस धोखेबाजी से बचना होगा, ऐसा भी उन्होंने कहा।

इस मामले में जिलाधीश सकारात्मक भूमिका अपनाने के पक्ष में नहीं थे। फिर भी उन्होंने दवा की जाँच रिपोर्ट आने तक उसका प्रयोग न करने की बात स्वीकार की। इस रिपोर्ट का वैसे भी कोई प्रयोजन नहीं था, क्योंकि इसके परीक्षण से सिर्फ यह पता चलनेवाला था कि यह औषधि आयुर्वेदिक जड़ी-बूटी की है या नहीं और हानिकारक तो नहीं है। इसमें बीच का एक रास्ता यह था कि एलोपैथी की किसी भी दवा को बाजार से लाते समय तटस्थता से जिस पद्धति को अपनाया जाता है, उसकी जरूरत जड़ी-बूटी के पारंपरिक इलाज के लिए नहीं होती है। लेकिन बिना आज्ञापत्र के उपचार करने के फरेब पर कार्रवाई करने में सरकार की ओर से आनाकानी हो रही थी। इसके कारण कुछ समय तक बंद रहा इलाज का धंधा फिर से शुरू हो गया।

जिस समय हम जिलाधीश से मिल रहे थे उसी समय कुशिरे का एक शिष्टमंडल वहाँ आ पहुँचा। शिष्टमंडल का कहना था कि गुरव बंधुओं ने जो महान अनुसंधान किया था उससे मानवजाति पर बड़ा एहसान होनेवाला था। सरकार का स्वास्थ्य सुरक्षा से संबंधित, कम से कम आँखों के इलाज का कार्य इससे आसान होनेवाला था। लोग जैसे स्व-जिम्मेदारी पर गुटखा खाते हैं, उसी प्रकार अपनी मर्जी से इलाज करवाते हैं। उनका सवाल यह था कि गुटखा हानिकारक होने पर भी जब सरकार नजरअंदाज करती है, तो फिर यह हमारे बारे में ही क्यों? किंतु उनकी मुलाकात का असली कारण दूसरा ही था। उनका यह मानना था कि गुरव बंधुओं की सफलता को देख कई लोग धोखेबाजी से यह व्यवसाय कर रहे हैं। वे इस संदर्भ में कलेक्टर साहब से पाबंदी लगाने का अनुरोध करने आए थे। बात यह थी कि कुशिरे गाँव

के पास पोहाले नाम का गाँव था। उस गाँव में रहनेवाले बलिराम चौगुले यह दावा कर रहे थे कि यह औषधि हमने ढूँढ़ निकाली है। उनके शिविर कोंकण में शुरू हुए थे। उनसे कुछ सवाल पूछे गए : "दवा तैयार होने के बाद कितने समय तक इसका उपयोग करना चाहिए? हर समय दवा का रंग अलग क्यों रहता है? इस दवा के पौधे पन्हाला किले के जोतिबा पर्वत के सिवाय और कहीं मिलते हैं या नहीं?"

इनमें से एक भी प्रश्न का उत्तर वे नहीं दे पाए। दवा तथा अन्न का नमूना प्रशासन को जाँच के लिए देने में गुरव बंधुओं के समान ये भी आनाकानी कर रहे थे। इनके शिविर में भी भारी भीड़ रहती थी। हजारों की संख्या में मरीज आ रहे थे और अक्ल गिरवी रखकर कई सेवा संस्थाएँ और राजनीतिक पार्टियाँ इस तथाकथित मानवतावादी कार्य के लिए आगे बढ़ रही थीं। कणकवली (जिला सिंधुदुर्ग), जयसिंगपुर (जिला कोल्हापुर) में ऐसे शिविरों के खिलाफ समिति द्वारा प्रदर्शन किए गए। समान विचार रखनेवाले कुछ संगठनों ने हमारी मदद की, नेत्ररोग चिकित्सकों का भी समर्थन मिला, फिर भी आँखों के इलाज के इस संक्रामक रोग को काबू में करना असंभव हो रहा था। लोग समझ नहीं पा रहे थे कि परमार्थ के इस कार्य में अंधश्रद्धा निर्मूलन समिति रोड़े क्यों अटका रही है।

सतारा जिले द्वारा दूध का दूध और पानी का पानी

सतारा जिले में यह शिविर चार-पाँच स्थानों पर एक ही समय पर शुरू हुआ। कोल्हापुर जिला प्रशासन का अनुभव अच्छा न होने पर भी मैं नेत्ररोग उन्मूलन संगठन के अध्यक्ष के साथ जिला पुलिस प्रमुख मीरा बोरवणकर से मिला। उन्हें बताया कि आँखों की सभी प्रकार की बीमारी में आँखों में दवा की एक बूँद डालकर मरीज को अच्छा करने का दावा वास्तव में एक प्रचारित चमत्कार या कथित दैवी चमत्कार है, जिसको लेकर कार्रवाई की ठोस व्यवस्था कानून में है। हर शिविर में पैसों तथा नारियल के रूप में हर व्यक्ति से ली जानेवाली रकम या वस्तुओं की कुल आमदनी हजारों में होने की बात भी बताई। नेत्ररोग विशेषज्ञ डॉ. सरवटे ने इस प्रकार के इलाज के गंभीर परिणामों और कई जगहों पर इसके उदाहरण मिलने की बात भी बताई। महाराष्ट्र नेत्ररोग विशेषज्ञ संगठन ने इस संबंध में स्पष्ट रूप से विरोधी भूमिका अख्तियार करके कार्रवाई करने की माँग की।

अन्य जिलों में जो नहीं हो सका, वह सतारा में हो गया। जिला पुलिस प्रमुख को हमारी बात जँच गई। उन्होंने सभी पुलिस स्टेशनों को परिपत्रक भेजे। परिपत्रक इस प्रकार था—

क्रमांक वाफी/364/97 सतारा, दि. 27 अक्तूबर, 1997

विषय : गैरकानूनी नेत्रोपचार रोकने के संबंध में...

परिपत्रक

सतारा जिले के अलग-अलग इलाकों में आँखों की सभी प्रकार की दवाइयाँ देनेवाले इलाज के शिविर बड़ी संख्या में आयोजित किए जा रहे हैं। इस प्रकार का इलाज करनेवाले व्यक्ति के पास किसी भी प्रकार का डॉक्टरी प्रमाणपत्र नहीं है। आँखों की सभी प्रकार की बीमारियों के लिए एक ही प्रकार की दवा की बूँद सप्ताह में एक बार डाली जाती है। यह दवा न ही चिकित्सा विभाग से प्रमाणित है और न ही उत्पादित। इस इलाज को दैवी चमत्कार का स्वरूप दिया हुआ नजर आता है। इस दैवी चमत्कार की इलाज पद्धति का किसी भी प्रकार से प्रसारण करना 'दि ड्रग्स एंड मैजिक रेमिडीज' (ऑब्जेक्शनेबल एडवर्टाइजमेंट) एक्ट, 1954 तहत कानूनन जुर्म है। साथ ही, ऐसे इलाज के लिए मरीज से वस्तु अथवा पैसों के रूप में रकम लेना स्पष्ट रूप से धोखेबाजी है। इस पद्धति के इलाज से मरीज अपनी आँखें भी खो सकता है। ऐसे गैरकानूनी नेत्रोपचार करनेवाले लोगों के खिलाफ सभी पुलिस थानों के प्रभारी अधिकारी भरोसेमंद जाँच कर उचित प्रतिबंधात्मक कार्रवाई करें। साथ ही अंधश्रद्धा निर्मूलन समिति के सदस्यों द्वारा ऐसे मामलों के लिए पुलिस थाने से संपर्क करने पर अथवा शिकायत दर्ज कराने पर उन्हें पूरा सहयोग देकर आगे की उचित कानूनी कार्रवाई की जाए।

पुलिस अधीक्षक,

सतारा की अनुमति से, पुलिस अधीक्षक, सतारा के लिए

प्रति

सभी पुलिस थाना, प्रभारी अधिकारी, सभी उ.वि.पु.अ.व.मं.पो.नि., सतारा, जिला पुलिस निरीक्षक, स्थानीय गुन्हा अन्वेषण शाखा, सतारा, सभी सहायक अभियोक्ता, सतारा, वरिष्ठ अभियोक्ता, सतारा।

यह परिपत्रक सतारा जिले में हमारे लिए हथियार साबित हुआ। साथ ही महाराष्ट्र के पुणे, सोलापुर, उस्मानाबाद, नगर जैसे जिन-जिन जिलों में यह शिविर फैल रहा था वहाँ कार्यकर्ताओं ने इस पत्रक के साथ जिला पुलिस प्रमुख से भेंट की और इस स्वरूप के पत्रक निकाले। उसके आधार पर इस प्रकार के शिविर रोके गए। सिर्फ कोल्हापुर जिले में अंत तक यह परिपत्रक निकल नहीं पाया।

फिर बेलगाँव के 'तरुण भारत' समाचार-पत्र ने ठोस एवं स्पष्ट भूमिका निभाई। औषधि डालकर उस पर निर्भर रहने से जिन्हें आँखें खोने की नौबत आई उनके छायाचित्र सहित नाम और समाचार छाप दिए। विशेषज्ञ डॉक्टरों के मत छाप दिए।

मरीज का इतिहास, जाँच, बीमारी का निदान करना इन सभी बातों को छोड़कर किए जानेवाले इलाज की पोंगापंथी को स्पष्ट किया। सैकड़ों लोगों को हॉल में लिटाना और उनकी आँखों में औषधि डाल देने की कड़ी आलोचना की। ऐसे इलाज में (!) कृत्रिम आँखों में भी औषधि डाल देने की मूर्खता सामने ला दी। औषधि कौन सी थी इसका तो पता नहीं चल पाया लेकिन शायद गांजा के पत्ते होंगे ऐसा अनुमान रहा। ये पत्ते पानी में दीर्घकाल तक भिगोकर वह पानी यदि आँखों में दवा के रूप में डाल दें तो आँखों की पुतलियाँ अपने आप बड़ी बन जाती हैं। और आँखों में अधिक प्रकाश जाने से जिन्हें धुँधला दिखाई देता है उन्हें कुछ स्पष्ट दिखाई देने लगता है। लेकिन इसका परिणाम केवल पंद्रह दिनों तक रहता है। इलाज का समय बढ़ने से मोतियाबिंद का काँचबिंद होना और आँखों की बीमारी की तरह अन्य कई गंभीर परिणाम हो सकते हैं, यह भी प्रस्तुत किया।

अंधा बनानेवाली कथित नेत्रसंजीवनी आँखों में डलवाने के लिए कुशिरे में होनेवाली भीड़ अंततः थम गई। लेकिन इसके लिए तमाम लोगों को अपने श्रम, समय, बुद्धि के साथ पैसा भी बरबाद करना पड़ा।

शराब से मुक्ति दिलानेवाले शेषराव महाराज

बुलढाणा से चिखली की ओर जानेवाले रास्ते पर केलवद गाँव से मात्र तीन किलोमीटर की दूरी पर शिरपुर नामक गाँव है। इस गाँव से केवल दो किलोमीटर की दूरी पर एक खेत में महादेव मंदिर के परिसर में हर सोमवार को शेषरांव महाराज का व्यसनमुक्ति का दरबार लगता है। इस दरबार में हजारों मद्यपी व्यसनमुक्त होने की कसम लेते हैं। व्यसनमुक्ति का यह दरबार अब नासिक, धुलिया, जलगाँव, नगर इन उत्तर महाराष्ट्र के चार जिलों में लगने लगा है। हर स्थानीय दरबार को व्यसनमुक्ति शिविर कहा जाता है। हर सोमवार को सैकड़ों की संख्या में मोटर गाड़ी से शिरपुर जानेवाले मद्यपी ऐसे शिविर में बड़ी तादाद में उपस्थित होते हैं।

लाखों के शिविर

शराब-मुक्ति के अब तक के इतिहास में चमत्कार लगे, ऐसा प्रतिसाद शिरपुर (जिला बुलढाणा) के शेषराव महाराज के व्यसनमुक्ति शिविरों में मिलने लगा है। कुछ ही दिनों में शेषराव महाराज अचानक लोकप्रिय बन गए हैं। व्यसनमुक्ति के लिए उनके नेतृत्व में हर जगह होनेवाले शिविर में उपस्थित शराबियों के आँकड़े मिसाल स्थापित करनेवाले साबित हो रहे हैं। हजारों की संख्या पार कर लाखों तक पहुँच गए हैं, यह वास्तविकता है।

शेषराव महाराज की लोकप्रियता का 'चमत्कारी महाराज' के रूप में निर्माण करने का प्रयास हो रहा है। भले ही यह प्रचार भक्तों द्वारा हो रहा हो, फिर भी महाराज की ओर से होनेवाली मौन अनुमति को अनदेखा नहीं कर सकते। शराबी के मन में लत छोड़ने के लिए महाराज ऐसा डर पैदा करते हैं कि महादेव दिखाई देंगे, महाराज दिखाई देंगे, नागदेवता दिखाई देंगे। उसके बाद कसम तोड़नेवालों से नागदेवता दिखाई दिए क्या? बाबा दिखाई दिए क्या? ऐसे सवाल वे पूछते हैं। कई लोग सकारात्मक उत्तर देकर शेषराव महाराज के प्रभाव को मान्यता प्रदान करते हैं। इसके अलावा शराब पीने की कसम तोड़ दी इसलिए बस में नागराज आए, शराब पीनेवाला अंधा हुआ, शराब की बोतल में नागिन आई, शराबी के बिस्तर में नाग आया, ऐसी कई कथित घटनाओं के माध्यम से शेषराव महाराज की छवि चमत्कारी महाराज के रूप में निर्मित होने लगी। एक जगह से खबर आई कि शिविर में गूँगी लड़की बोलने लगी। उत्तर महाराष्ट्र के साथ ही गुजरात, मध्य प्रदेश, उत्तर प्रदेश, यहाँ के परिवार भी शराबियों के साथ व्यसनमुक्ति शिविर में शामिल होने लगे। यह महाराज के कार्य और प्रभाव का असर था कि हजारों की भीड़ अब लाखों तक पहुँची है। रेल रोककर मुसाफिर इस शिविर में उपस्थित रहे, बाजार बंद करके शेषराव महाराज का शिविर संपन्न हुआ, ये सुर्खियाँ शेषराव महाराज के कार्य को लोकप्रियता प्रदान कर रही हैं।

पाजामा-कुर्ता, गले में सफेद या लाल रूमाल, सिर पर गांधी टोपी, हाथ में पुराने मॉडल की घड़ी, उँगलियों में चाँदी की अँगूठियाँ और पाँव में जूते, ऐसी शेषराव महाराज की वेशभूषा है। उनका पूरा नाम शेषराव धोंडिबा शेलके (उम्र 45) है। ग्यारह वर्ष पूर्व सेना से निवृत्त हुए, ऐसा वे बताते हैं। उनके परिवार में पत्नी, दो लड़के, दो लड़कियाँ हैं। पारंपरिक महाराज के कोई लक्षण शेषराव महाराज में दिखाई नहीं देते। उनकी सादगी और बोलचाल भाषा के संवाद के कारण सर्वसामान्य शराबी को शेषराव महाराज अपने लगते हैं।

व्यसनमुक्ति दरबार में या शिविर में शेषराव महाराज तकरीबन एक घंटा बोलते हैं। कसम लेने का समारोह अंत में होता है। प्रथमतः वे अपनी शराब पीने संबंधी जानकारी देते हैं। "मैं खुद खूब शराब पीता था। इसी कारण भटक गया था। समाज में मेरी इज्जत नहीं थी। परिवार की दशा खस्ताहाल थी। हिमालय के गिरि कंदरों में मेरा ईश्वर से साक्षात्कार हुआ। उसके बाद शराब छोड़ दी। नौकरी से इस्तीफा देने के बाद व्यसनमुक्ति कार्य करने लगा," ऐसा शेषराव महाराज कहते हैं। उनकी इन बातों के संदर्भ कई बार बदल जाते हैं। निश्चित तिथि, समय वे बता नहीं सकते। फिर भी अपने शराबी होने का जिक्र वे बड़ी ईमानदारी से करते हैं। यही बात उपस्थितों को महत्त्वपूर्ण लगती है।

व्यसनमुक्त होने के लिए स्वप्रेरणा से आए अथवा परिवार द्वारा लाए गए शराबियों पर महादेव की, नागदेवता की, अपनी धाक जमाकर शेषराव महाराज व्यसनमुक्त

होने की कसम उँगली उठाकर लेने को कहते हैं। "आज से मैं व्यसनमुक्त होने का दृढ़ निश्चय करता हूँ। दो सप्ताह शराब नहीं पीऊँगा। मांस नहीं खाऊँगा। यह कसम तोड़ने से मैं महादेव की, महाराज की सजा पाने का हकदार हो जाऊँगा।" इसके बाद उपस्थित सभी को पुनश्च एक बार शिरपुर अथवा अन्यत्र व्यसनमुक्ति शिविर में उपस्थित रहने के लिए आग्रह कर शेषराव महाराज अपने बारे में जानकारी देते हैं। महाराज की इस सीधी आत्मकथनात्मक शैली के कारण आम शराबी तथा उनके परिवारजन महाराज की ओर आकर्षित होते हैं।

शिरपुर में हर सोमवार को दरबार लगता है। इसके लिए इतवार की रात से हजारों लोग गाड़ियों से आते हैं। उन्हें खाद्य पदार्थ, स्नान के लिए पानी, नारियल ऊँचे दामों में खरीदना पड़ता है। महाराज की तस्वीर भी ऊँचे दामों में बेची जाती है। यह सब महाराज की ओर से सुचारु रूप से अलगाव दिखाकर सँभाला जाता है। स्वाभाविकता से महाराज कोई सा भी शुल्क चढ़ावे के रूप में लेते नहीं। अपने इस कार्य को वे नि:शुल्क व्यसनमुक्ति ही कहते हैं। ऐसा प्रचार एवं प्रसार होता है। अपने परिवार का व्यक्ति व्यसन से मुक्त होनेवाला है, इस आशा से आनेवाले लोग व्यवस्था के लिए होनेवाले खर्च की ओर ध्यान नहीं देते। केवल एक ही शिविर में आकर फायदा नहीं होता। दो या तीन शिविर अटेंड करने पड़ते हैं। परिणामत: पहले शिविर की भीड़, आनेवाले शिविर में आदत छूटेगी, इस आस से इकट्ठा हो जाती है। इससे संख्या में वृद्धि होती है।

विगत डेढ़-दो वर्षों में पचास लाख लोगों को व्यसनमुक्त किया, ऐसा दावा शेषराव महाराज करते हैं। वास्तविकता क्या है, पता नहीं?

शराब संबंधी भयावह यथार्थ

भारतीय महिलाओं को लाभदेय सिद्ध होनेवाले उपाय तथा उससे संबंधित अनुसंधान इस पर बहस करने के लिए अमरीका में एक परिषद का आयोजन किया गया था। गडचिरोली जिले में आदिवासियों में कार्य करनेवाले डॉ. अभय बंग को इस परिषद का न्योता मिला था। जाने से पहले उन्होंने कई महिलाओं से ऐसा अनुसंधान कौन सा है, इस संदर्भ में चर्चा की। अनेकविध तरीके से सभी महिलाओं ने एक ही आवाज में कहा कि उनके पति या बेटे की शराब की लत छूट जाए ऐसा कोई इलाज ढूँढ़ें, बाकी विकास की बातें उन पर छोड़ दें। डॉ. बंग ने परिषद में यह बताया। संबंधित विशेषज्ञ गंभीर भाव धारण कर बोले, "डॉ. बंग आज तो ऐसा कुछ नहीं, आप महिलाओं को बताओ। जब ऐसा ठोस उपाय मिल जाएगा, उस समय अखिल मानवजाति पर ही बड़ा एहसान होगा।"

महाराष्ट्र में शराब पीनेवालों की संख्या दिन दूनी रात चौगुनी बढ़ने लगी है। इनमें से साधारणत: 20 प्रतिशत शराबी बन जाते हैं। व्यसन का आदी होने की

शास्त्रीय परिभाषा दुष्परिणामों के साथ पराश्रितता मोल लेना। ऐसे शराबी वर्तमान महाराष्ट्र में तकरीबन 18 से 20 लाख हैं। इस पृष्ठभूमि में शेषराव महाराज को प्राप्त प्रतिसाद जान लेना होगा।

महाराष्ट्र की पूर्व और वर्तमान दोनों सरकारों की नीति शराब को बढ़ावा देनेवाली थी और है। इस समस्या के संदर्भ में सरकार बहुत कुछ कर सकती है। महाराष्ट्र में व्यसन विरोधी कार्य करनेवाले संगठनों का महाराष्ट्र व्यसनमुक्ति परिषद है। उन्होंने सरकार को संपूर्ण व्यसन विरोधी नैतिकता का मसौदा दिया था तथा क्रमशः कार्यान्वित करने की विनती की थी। यदि यह मुमकिन न हो तो कुछ मात्रा में नियंत्रित करने हेतु अल्पतम अत्यावश्यक कार्यक्रम की रूपरेखा सूचित की थी। इस संदर्भ में विधायकों के साथ मुख्यमंत्री मनोहर जोशी से मैं मिल चुका था। परिणाम कुछ न हुआ।

शराब के प्रश्न में व्यक्ति को जिम्मेदार ठहराकर छुटकारा पाना नैतिकता नहीं है। वैश्विक बैंक द्वारा व्यसनों के विकास विरोधी स्वरूप को स्पष्ट किया है। शराब की आदत से होनेवाली दुर्घटनाएँ, शराब पीने के बाद होनेवाले अपराध और उसके लिए पुलिस, जेल, न्यायालय आदि का खर्चा, शराब के कारण मजदूरों की बढ़ रही अनुपस्थिति और देश की घटती निर्माण क्षमता, व्यसन से संबंधित व्यक्ति के परिवार के सामाजिक दुष्परिणाम, शराबी पर इलाज एवं पुनर्वसन खर्चा इन सबका लेखा-जोखा प्रस्तुत कर शराब बेचकर प्राप्त की राशि से यह कीमत काफी ज्यादा है, यह दर्शाया गया है।

गुमराह करनेवाले उत्तर

जटिल प्रश्नों का आसान उत्तर पाने का मोह अवश्य होता है। जैसे—बारहवीं की परीक्षा का फॉर्म शुभ शगुन देखकर भरने की कल्पना लीजिए। बारहवीं के परीक्षाफल पर ही जीवन की दिशा निर्भर होती है। मुहूरत पर परीक्षा फॉर्म भरना उस छात्र के लिए लाभप्रद होगा, यह विचार सहजता से आता है। (चुनाव के फॉर्म तो मुहूरत पर ही भरे जाते हैं)। इस संबंध में संबंधितों की दलीलें समझ लें तो लोगों की मानसिकता का पता चलेगा (जो व्यसनमुक्ति संबंधी दैवी प्रयासों के संबंध में भी सच है)।

1. यशप्राप्ति निश्चित रूप से होगी, इसका भरोसा कोई नहीं दे पाता। अतः यह प्रयास क्यों न करें?
2. ज्योतिष के कारण कई लोग लाभान्वित हुए, ऐसा कहा जाता है, तो फिर हम क्यों न लाभ उठाएँ?
3. और मान लो लाभ न हुआ, तो नुकसान भी तो नहीं ना? वैसे कभी तो फॉर्म भरनेवाले थे, तो इस समय भर दिया।

4. इससे मनोबल बढ़ता है, फिर इनकार क्यों करें?
5. अध्ययन तो करेंगे ही, साथ में उतनी ही मदद।

शराब से होनेवाली दुष्परिणाम तो कमाल के हैं, इसलिए शेषराव महाराज द्वारा दैवी इलाज करनेवालों का समर्थन इसी प्रकार का रहता है—

1. शराब की आदत से मुक्ति दिलानेवाला नामी इलाज किसी के पास है क्या?
2. इससे नुकसान तो कोई नहीं।
3. कुछ एक लोगों की शराब छूटती है, इससे उनका परिवार तो कम से कम सुखी होता है।
4. दैवीशक्ति होती है, महाराज द्वारा उसकी प्रतीति होती है।
5. यदि अन्य उपाय सूचित किए गए तो उन्हें भी अमल में लाया जाएगा।

शेषराव महाराज अपनी ओर से कई दावे करते हैं। डेढ़ साल में पचास लाख लोग व्यसनमुक्त होकर सुखी जीवनयापन कर रहे हैं, इस प्रकार की बात उन्होंने दिंडोरी तहसील के खेडेगाँव में बताई, ऐसा समाचार प्राप्त हुआ। अगर कोई व्यक्ति एक साल तक व्यसनों से दूर रहेगा तो उसे व्यसनमुक्त मान लें (इसका भी शास्त्रीय आधार नहीं है)। अगर व्यसन से दूर नहीं रह पाया लेकिन स्वास्थ्य, पारिवारिक संबंध, व्यवसाय में सुधार हुआ तो इसे एक सफलता मानेंगे। लेकिन इस प्रकार से सर्वेक्षण करके नाम एवं गाँव के साथ जानकारी सर्वदूर पहुँचाने की जिम्मेदारी महाराज के भक्तों की होती है। हमारे यहाँ शराब मुक्ति के कुछ व्यक्तिगत उदाहरणों के आधार पर सार्वजनिक वस्तुनिष्ठ निष्कर्ष निकालने की जल्दबाजी हमेशा की जाती है। इसके बावजूद व्यसनमुक्त व्यक्ति ने अन्य कौन से इलाज किए, यह भी महत्त्वपूर्ण प्रश्न उपस्थित होता है। किसी महाराज के उपदेश से या किसी के कीर्तन के बाद माला पहनने के उपरांत व्यसन से मुक्ति पाने का प्रयास करना, इस प्रकार की सफलता काफी सीमित होती है। इस हेतु ठीक हुए लोगों का सर्वेक्षण होना चाहिए और महत्त्वपूर्ण बात यह है कि असफलता की कारण मीमांसा होनी चाहिए। स्वाभाविक रूप से इन सबके लिए नीर-क्षीर विवेक का होना आवश्यक है। शराब की आदत में अंतर्भूत होनेवाला पागलपन तथा उस पर होनेवाले इलाज इसका भी विचार होना चाहिए।

व्यसनाधीनता को जो प्रतिष्ठा प्राप्त हुई है, उसे धक्का देना होगा। स्वैराचार का विकृत सामाजिक आकर्षण रोकना पड़ेगा। शराब की आर्थिक एवं राजनीतिक बात को याद न रखना भोलापन सिद्ध होगा। शराब की उपलब्धता अधिक मात्रा में रखकर शराबबंदी की बात महात्मा गांधीजी जैसे महानुभावों ने असंभव मानी थी। महाराष्ट्र के प्रमुख राजनीतिक दलों के कई नेतागण बियरबार तथा सरकार मान्य देशी शराब की दुकानें चलाते हैं। अंतरराष्ट्रीय बियर उत्पादकों के मतानुसार

भारत में आज भी हर साल 60 करोड़ बियर बोतलों की खपत होती है। दूसरी ओर महाराष्ट्र सरकार को हर साल शराब से टैक्स प्राप्त होता है। बारह सौ करोड़ टैक्स प्राप्त होने के लिए महाराष्ट्र की सरकार जनता की जेब से केवल शराब के लिए छह हजार करोड़ की राशि निकलती है। इस प्रकार से ही यह सब चलता रहा तो शराब की समस्या कभी हल नहीं होगी।

मानसिक गुलामगिरी के तीन दोष

कुशेरा के नेत्रोपचार करनेवाले गुरव बंधु हों, नि:संतानों को संतान प्रदान करानेवाली पार्वती माँ हो, या एक ही प्रयास में व्यसनमुक्त करानेवाले शेषराव महाराज हों, थोड़ा-सा विचार करें, तो समझ में आता है कि लोग असहाय होते हैं अत: वे दैववादी बनते हैं। अवैज्ञानिक आचरण और इससे ही अंधविश्वास का जन्म होता है।

आँखें नाजुक इंद्रियाँ हैं। नेत्ररोग विशेषज्ञों की कमी के साथ ही इलाज की फीस कई बार मोटी होती है। सामान्य व्यक्ति परिस्थिति के सामने हार मानकर आँखों की सारी बीमारियाँ एक ही समय, एक बूँद औषधि से ठीक करनेवाले गुरव बंधुओं की पनाह लेता है। उसकी बुद्धिमत्ता गिरवी पड़ जाती है। अनपढ़, गँवार इलाजकर्ता, कमाल की गंदगी, आँखों को हमेशा धोखा होने की संभावना, इनमें से किसी भी बात को वह समझ नहीं पाता है।

यही मानसिकता नि:संतान दंपती की होती है। नि:संतान होने का मानसिक तनाव तथा कई बार सामाजिक टीका-टिप्पणियाँ इतनी होती हैं कि जिन स्त्रियों का मासिक धर्म बंद हुआ है, ऐसी नि:संतान स्त्रियाँ भी पार्वती माँ के पास जाती हैं तथा किसी भी प्रकार से लाभान्वित न होने पर पार्वती माँ को दोष न देते हुए अपने ही नसीब को कोसती रहती हैं। पार्वती माँ इन नि:संतान स्त्रियों को उसके आशीर्वाद के बाद गर्भधारण होगा ऐसा जबरदस्त आशावाद जगाती है। स्वाभाविक रूप से गर्भवती होने की जबरदस्त इच्छा के कारण संबंधित स्त्री का मासिक धर्म थम जाता है। डॉक्टरों के पास जाने के लिए पार्वती माँ का सख्त विरोध होता है। स्वाभाविकत: गर्भधारण हुआ है, इसका (अज्ञानता का) आनंद कुछ महीनों तक क्यों न हो वह नि:संतान महिला लेती है। अचानक उसे फिर से मासिक धर्म शुरू हो जाता है। कई दिनों के पश्चात् मासिक धर्म शुरू होने के कारण स्त्रियों का शारीरिक नुकसान होता है। मासिक धर्म में खून की गुठलियाँ बहती हैं। स्त्री दुखी होती है लेकिन इसमें भी उसको यह संतुष्टि होती है कि गर्भपात हुआ है अर्थात बाँझपन का कलंक मिट गया है।

यह सामाजिक मानसिकता एवं भयावह वास्तविकता दोनों में बदलाव होना चाहिए। समाज जागरूक नहीं है। लोग अविवेकी, व्याकुल हैं, यह बिलकुल सच

है, लेकिन लोगों की इस कमजोरी का उनकी लूट करने के लिए चालाकी से इस्तेमाल किया जाए? क्या लोगों की पीड़ा से अपनी झोली भरी जाए? आजकल के युवा बेरोजगारी से ग्रस्त हैं, उन्हें नौकरी का भरोसा देनेवाला भाग्यरत्न बेचकर कुछ समय के लिए उन्हें मानसिक स्थिरता देना उचित है या अनुचित? घर के दरवाजों, खिड़कियों और शौचालयों की दिशाओं के अनुसार घर में रहनेवाले लोगों के नसीब, सुख-शांति में बदलाव आता है, इस बात को उनके मन में डालकर, उन्हें वास्तुशास्त्र के नाम पर घर की तोड़-फोड़ करने के लिए बाध्य करना क्या यह गुरुडम नहीं है? दैवी इलाजों द्वारा संतान प्रदान करने का दावा करना, इसके कानूनी अपराध होते हुए भी इस कानून का हंटर पार्वती माँ पर क्यों नहीं चलता?

इस तरह से महाराष्ट्र में रहनेवाली कई महिलाओं को फँसाया गया है। डॉक्टरों के संगठन, विशेषकर स्त्री रोग एवं प्रसूतिशास्त्र विशेषज्ञों को यह छल-कपट और भ्रमित करनेवाले षड्यंत्र की बात पता होने के बाद भी सरकार के पास कार्रवाई के लिए आग्रह क्यों नहीं किया गया? समाचार-पत्रों ने भी पाखंड के विरोध में कठोर भूमिका नहीं निभाई है। महाराष्ट्र के मुख्यमंत्री तथा गृहमंत्री को विस्तृत आवेदन भेजने के बाद भी उन्हें महाराष्ट्र में हजारों निःसंतान दंपतियों से संबंधित होनेवाला यह गुनाह कैसे दिखाई नहीं दिया?

शेषराव महाराज के समर्थनार्थ कुछ लोग सामने आए। उनके मतानुसार शेषराव महाराज ने कुछ समय के लिए क्यों न हो लेकिन व्यसनमुक्ति का माहौल तैयार किया है। महाराष्ट्र में स्थित कुछ शास्त्रीय व्यसनमुक्ति केंद्र व्यसनों की इस भयावह समस्या को सुलझाने में असफल रहे हैं, यह वास्तविकता होने के बाद भी, शेषराव महाराज पर अशास्त्रीय आंदोलन ऐसी मुहर क्यों लगाई जाए? ऐसे प्रश्न भी पूछे गए।

कुछ समय तक क्यों न हो लेकिन शेषराव महाराज ने व्यसनमुक्ति का माहौल बनाया है, यह बात सच है या शेषराव महाराज ने शिविरों से व्यसनमुक्ति बड़ी आसान चमत्कृति सदृश प्रक्रिया है इस भ्रम का निर्माण करके नुकसान किया है, यह सच है? वस्तुनिष्ठता क्या दर्शाती है? व्यसन छूटता है, खुद निश्चय करके, मानसोपचार विशेषज्ञ के पास जाकर, अनामिक मद्यपी संस्था द्वारा व्यसनमुक्ति केंद्र में दाखिल होकर, गले में वैष्णव संप्रदाय की तुलसी माला डालकर, ऐसे या इस प्रकार के अन्य कई उपायों से। ये सारी प्रक्रियाएँ निजी हैं। लेकिन सब जगह यह दीर्घकालीन प्रक्रिया होती है (माला का अपवाद)। शेषराव महाराज ने इस बात को काफी आसानी तथा सामूहिक सहजता से उपलब्ध किया है कि ऐसी प्रक्रिया संसार में कहीं भी नहीं है। सिर्फ इतना ही नहीं, शेषराव महाराज के रूप में व्यसनों का अंतिम दैवी इलाज प्राप्त कराने का भ्रम भी तैयार किया गया है। किसी भी प्रकार का भ्रम हितकारी नहीं होता है। शराब छोड़ दीजिए, यह घंटे भर का उपदेश और फिर पीएँगे तो बोतल में साँप आएगा यह धमकी, इस प्रकार से उसका इलाज

किया जाता है। कई स्थानों पर पाँच-सात बार शिविरों के लिए जाना पड़ता है जिससे आर्थिक नुकसान भी होता है। कुछ लोगों की शराब पीने की आदत शायद छूट भी गई होगी परंतु काफी उम्मीदें लेकर जानेवाले अनगिनत स्त्री-पुरुषों का समय, श्रम, पैसा, बुद्धि सच में बरबाद हो गई है। यह सबसे बड़ी हानि है।

जिसकी शराब छूटी उसके मूल कारणों को हल नहीं किया जाता। उन कारणों को ढूँढ़कर उन्हें दूर करना पड़ता है, इसकी समझ शेषराव महाराज को नहीं है एवं उन्हें यह मान्य भी नहीं है। मूल कारण वैसे ही रहने के कारण लोग फिर शराब पीना शुरू कर देते हैं। इससे भी गंभीर बात कुछ अलग ही है। शराब की बिक्री से ज्यादा महसूल प्राप्त होता है, इसलिए सरकार भी व्यसनवर्धक नीति ही लागू करती है। इसलिए लोगों को खूब शराब पीनी चाहिए। इससे कोई शराबी बन भी गया तो शेषराव महाराज का रामबाण इलाज तो है ही, इस प्रकार की मानसिकता सरकार के लिए भी फायदेमंद होती है। इसीलिए कई मंत्रियों ने शेषराव महाराज के सम्मान समारोह का आयोजन किया। जबकि व्यसनमुक्त समाज के लिए सरकार को व्यापक नीति अपनानी चाहिए। लेकिन उसको क्रमशः कार्यान्वित करने की माँग तक 'शेषराव फॉर्मूले' के कारण पिछड़ गई। कठिन प्रश्नों का आसान (और गलत) उत्तर देनेवाले शेषराव महाराज के व्यसनमुक्ति कार्य पद्धति के प्रश्न पूछना समग्र विचार से इष्ट एवं जरूरी है। दृष्टि की यह समग्रता हर बात में होनी चाहिए, किंतु लाखों लोगों के साथ खिलवाड़ करनेवाले शेषराव महाराज के साथ ऐसा कुछ नहीं हो पा रहा। वह अपने स्थान पर जमे हुए हैं।

जाग्रत डुंगेश्वर का प्रकोप

अंधविश्वास उन्मूलन आंदोलन में तथाकथित चमत्कारों को चुनौती देना यह रोज की ही बात है। हाथ से छूने मात्र से वस्तु को मीठा करनेवाला मीठाबाबा, सूक्ष्म देह से मंगल पर पहुँचनेवाले डॉ.प.वि. वर्तक, कुंडलिनी जाग्रत कर एड्स तथा कैंसर जैसे दुर्लभ रोगों से रोगमुक्त करनेवाली निर्मलादेवी। हवा में खाली हाथ घुमाकर उसमें सोने-चाँदी की वस्तु प्रकट करनेवाले सत्य साईंबाबा और गणेशजी की निष्प्राण मूर्ति से दुग्धपान का चमत्कार करवानेवाले चंद्रास्वामी, अंतिमत: ये सब फालतू मर्त्य मानव ही हैं। संगठन इन सबके चमत्कारों को चुनौती देता है क्योंकि विज्ञान की नींव पर स्थित कार्यकारण भाव का गला घोंटकर ऐसे चमत्कार किए जाते हैं। इस प्रकार की अद्‌भुत शक्ति किसी के भी पास नहीं होती, ऐसा संगठन का दृढ़ निश्चय है।

उपर्युक्त सभी मामूली लोगों की सीमाएँ निश्चित हैं। देवाधिदेव का विज्ञान के इस प्रकार के नियमों से संबंध होने का क्या प्रयोजन? जाग्रत देवालयों पर देवताओं की दैवी शक्ति के नियमों का ही अधिराज्य होता है। वहाँ पर कार्यकारण भाव नहीं होता है बल्कि दैवीशक्ति का प्रभाव ही होता है। अत: अच्छा भी हो सकता है या 'यदि भगवान के मन में इच्छा हो, तो वहाँ किसी का बस चलता नहीं' यह स्थान की महिमा होती है। इस महिमा को नकारनेवालों को सबक सिखाने हेतु भी ऐसे जाग्रत स्थान होते हैं।

कई लोगों को यह सही लगता है। कुछ लोगों को गलत लगता है किंतु वे चुप्पी साधते हैं। चुनौती और जाँच-पड़ताल की परिधि में यह महिमा कोई नहीं लाता, पर वेंगुर्ला (जि. सिंधुदुर्ग) स्थित डुंगेश्वर देवता इसके लिए अपवाद हैं। इसके लिए जिम्मेदार बना खुद को शिवसेना समर्थक कहलानेवाला विकास रा. गवंडे।

समिति का सत्यशोध मेला जनवरी में कुडाल तक पहुँचा। दोपहर को नगर ग्रंथालय में मेरे संवाद का आयोजन था। उस समय विकास गवंडे ने चर्चा को रोक दिया। उसका यह कहना था कि "चमत्कार नहीं होते ऐसा आप कहते हैं। यह नियम डुंगेश्वर जाग्रत देवस्थान के लिए लागू नहीं होता। आप में हिम्मत है तो

आप वहाँ की पद्धति तोड़कर दिखा दो। आपको ऐसा नुकसान भुगतना पड़ेगा, जो आजीवन याद रहेगा। डुंगेश्वर के प्रकोप की महिमा सर्वश्रुत है। इस संदर्भ में आपके कार्यकारण भाव की कोई कीमत नहीं है। अत: हिम्मत है तो चुनौती को स्वीकार करो। आपको दैवी शक्ति की, प्रकोप की अनुभूति अवश्य होगी।"

श्री गवंडे की दी हुई चुनौती को मैंने स्वीकार किया। शाम की जाहिर सभा में इसकी उद्घोषणा की।

चुनौती प्रक्रिया का मसौदा

किसी भी चुनौती प्रक्रिया को साकार करते समय दोनों पक्षों को मान्य ऐसी अपनी पद्धति लिखित एवं मौखिक रूप में समिति कबूल करवा लेती है। कुडाल का इस चुनौती प्रक्रिया को साकार करने हेतु बनाया गया मसौदा विकास गवंडे को दिया गया। वह निम्नलिखित है—इस प्रकार की चुनौती को अंजाम देते समय संबंधित देवस्थान के करीबी प्रतिनिधियों की अनुमति लिखित रूप में हमें देना जरूरी है। यह मंडली अस्तित्व में न हो तो, जिस ग्राम पंचायत की सीमा में देवस्थान आता है, उस ग्राम पंचायत की अनुमति का कबूलनामा पेश किया जाए। उसमें देवता संबंधी व्यवस्थाओं एवं देवता की किसी भी प्रकार की दखलंदाजी हुई है, ऐसा हम नहीं मानेंगे। साथ ही लोगों द्वारा भी माँग न हो ऐसा स्पष्ट उल्लेख अनुमति-पत्र में हो। इसके बाद किसी भी प्रकार की शिकायत को अवसर न रहेगा। 16 फरवरी, 1995 को इस जाँच-पड़ताल की तिथि ध्यान में लें तो 10 तारीख तक आप इस प्रकार की अनुमति पेश करें जिससे कि भविष्यकालीन चुनौती प्रक्रिया की कार्रवाई यथोचित हो सके। स्वीकृत चुनौती का ब्योरा निम्नलिखित है—

(अ) श्री डुंगेश्वर (श्रीरामवाडी) कोचरे

1. संबंधित स्थान से महाराष्ट्र के दस कार्यकर्ता एक घंटी उठाकर अपने घर ले जाएँगे। इन लोगों को असह्य वेदना होगी और तीन माह के अंदर उन्हें घंटी लौटानी होगी ऐसी शर्त है। परंतु किसी भी कार्यकर्ता को पीड़ा नहीं हुई तो वह वापस मंदिर में घंटी लाकर नहीं देगा। ऐसा हुआ तो चुनौती सफल हुई ऐसा माना जाएगा।
2. संबंधित स्थान यानी जिस स्थान पर सारी रात कार्यकर्ता सोएगा उस स्थान पर आवश्यकतानुरूप रोशनी होगी, इसकी व्यवस्था समिति करेगी। साथ ही सोने के स्थान से बीस फीट दूरी पर कार्यकर्ता, संवाददाता और पुलिस रहेगी। इससे मानवी, बाहरी हस्तक्षेप असंभव होगा।

(आ) श्री देवभोम, आंदुर्ले

1. समिति के कुल पाँच कार्यकर्ता संबंधित ढोल एक-एक करके दस-दस मिनट तक बजाएँगे। उनमें से कोई भी अपनी पीड़ा हेतु देवता की शरण में नहीं जाएगा।

(इ) श्री देव रामेश्वर हुमरमला

1. समिति के कार्यकर्ता रामेश्वर स्थित मंदिर में ताला लगाएँगे और रात 12 बजे से 3 बजे तक चौकीदारी करेंगे। यदि ताला अपने आप खुल गया तो चमत्कार माना जाएगा। अन्यथा यह चमत्कार नहीं है, इसे कबूल करना पड़ेगा।
2. इसी स्थान पर देवाचार प्रदक्षिणा मार्ग पर कुछ चीजें रखी जाएँगी एवं रात 12 से 3 बजे तक कार्यकर्तागण दस फीट दूरी पर उपस्थित रहकर इस पर ध्यान देंगे। ये वस्तुएँ अपने आप हिल गईं तो चमत्कार माना जाएगा अन्यथा चमत्कार को अस्वीकार किया जाएगा।

चुनौती प्रक्रिया पूर्ण करने की उपर्युक्त रूपरेखा है। प्रत्यक्ष परिस्थिति के अनुरूप तथा आवश्यकतानुसार इस संदर्भ में ज्यादातर विस्तृत चर्चा करके निश्चित किया जाएगा। सभी संवाददाताओं तथा पुलिस की उपस्थिति में, नियंत्रित माहौल में चुनौती प्रक्रिया को अंजाम दिया जाएगा।

इस चुनौती प्रक्रिया को पाँच लाख रुपए के इनाम से जोड़ने की इच्छा होगी तो हर एक चुनौती के लिए पाँच हजार रुपए पेशगी के रूप में जमा करने पड़ेंगे। चुनौती सफलता से पूर्णत्व तक पहुँची तो पाँच लाख के साथ पेशगी की रकम भी वापस की जाएगी। पेशगी रकम अदा न की तो चुनौती प्रक्रिया का संबंध इनाम की राशि के साथ जोड़ा नहीं जाएगा। इनमें से श्री गवंडे ने डुंगेश्वर एवं देवभोम इन दो ही चुनौतियों की जिम्मेदारी स्वीकार की। यही कारण है कि आगे चलकर जो भी घटनाक्रम घटित हुआ इन दोनों से संबंधित ही घटित हुआ।

इसके बाद सिंधुदुर्ग जिले में लोगों की चर्चा तथा समाचार-पत्रों के पन्ने-पन्ने से वैचारिक रणसंग्राम का आरंभ हुआ। बी.एस. नाईक परूले, इन्होंने तोप दाग दी।

अंधविश्वास का उन्मूलन अवश्य हो, किंतु श्रद्धा का ह्रास न हो

अंनिस के कार्यकर्ता बड़ी मेहनत से गुरुडम को बेनकाब कर अंधविश्वासी लोगों की आँखें खोलने का सामाजिक कार्य बड़ी लगन से करते हैं। सामाजिक स्वास्थ्य के लिए इस प्रकार का प्रबोधन अत्यंत आवश्यक है। इसके लिए अकेली अंनिस अपना योगदान दे रही है। तथापि इस संदर्भ में श्री. विलास गवंडे की दी हुई चुनौतियाँ

अंनिस की ओर से ॲड. देवदत्त जी परूलेकर ने स्वीकार लीं यह जरूर खटका। चुनौतियाँ निम्न थीं—

1. डुंगोबा स्थान पर एक रात सो जाना तथा वहाँ की घंटी गाँव के बाहर ले जाना।
2. देवस्थान पर ढोल बजाना।
3. हुमरमला स्थित रामेश्वर मंदिर में रात में ताला लगाना।

वास्तविक रूप से इनमें किसी भी प्रकार का अंधविश्वास नहीं अथवा यह जान-मान लेने से किसी भी प्रकार का अहित नहीं होता। बावजूद इसके श्रद्धा के प्रभाव से समाज में एक भक्तिभाव की हुकूमत होती है, इस कारण वहाँ पर किसी भी प्रकार का दुष्कर्म करने की किसी की हिम्मत नहीं होती। कई वर्षों से यह पवित्रता कायम है। कोई भी इनसान वहाँ अपना माथा टेकता है। इन ईश्वरीय स्थानों की पवित्रता के कारण आज तक किसी भी प्रकार का सामाजिक नुकसान नहीं हुआ। अत: ये बातें झूठी हैं यह सिद्ध कर अंनिस क्या साध्य करना चाहती है?

मान लो अंनिस द्वारा स्वीकृत तीनों चुनौतियाँ सफल-संपूर्ण हुईं, तो किस अनिष्टता को रोका जा सकता है? उलटे समाज मन का ईश्वरीय स्थानों की ओर देखने का नजरिया ही बदल जाएगा। मंदिर, तीर्थस्थल आदि की पवित्रता एवं महत्ता न के बराबर होगी। परिणामस्वरूप किसी भी प्रकार का श्रद्धास्थान शेष न रहेगा। समाज अंधविश्वासी नहीं लेकिन श्रद्धा अंध हो जाएगी। श्रद्धाहीन समाज का निर्माण होगा। दिव्यत्व का मतलब देवत्व नहीं है और ना ही पवित्रता है। मांगल्य भी नहीं बचेगा, इस प्रकार की विचित्र अवस्था निर्मित होगी। माता-पिता, गुरु, बुजुर्ग लोग, इनका सम्मान करना। गौ, तुलसी, इन्हें पवित्र मानना। इस प्रकार की कई संकल्पनाओं को हमने काफी श्रद्धा और विश्वास के साथ स्वीकारा है। उन्हें अंधविश्वास ठहराना बड़ी सहजता से मुमकिन है। लेकिन यह उचित होगा क्या? बकरे का मांस भक्षण करनेवाला हिंदू गौ का मांस नहीं खाता, केवल इस श्रद्धा के कारण ही। इस प्रकार की श्रद्धा सामाजिक धारणा हेतु बहुत जरूरी है। साथ ही उपरोक्त ईश्वरीय स्थल प्रादेशिक स्तर पर श्रद्धा के बलस्थान ही हैं। उन्हें ठेस पहुँचाने का कार्य अंनिस न करे, ऐसा सूचित करना आवश्यक लगता है।

इसके साथ ही श्रद्धा, अंधविश्वास और ईश्वरीय स्थलों के दैवी सामर्थ्य का प्रारूप एवं व्यावहारिक फायदा इस पर विचार-विमर्श आरंभ हुआ। कुडाल के संदेश तायशेटे लिखते हैं, 'अंनिस कार्यकर्ताओं ने कोचरा स्थित श्रीदेव डुंगोबा ईश्वरीय स्थल संबंधी स्वीकार की चुनौती और उस संदर्भ में कोचरा ग्रामस्थों की ओर से व्यक्त मत-मतांतर पढ़ने के उपरांत अंधविश्वास सही माने में क्या है, यह विचार मन को स्पर्श करता है। सच कहें तो, अंध व्यक्ति ने कबूल की अथवा निष्ठा से रखी श्रद्धा मतलब अंधविश्वास नहीं है, बल्कि श्रद्धा को गलत दिशा प्राप्त होना ही अंधविश्वास है। अब श्रीदेव डुंगोबा स्थित पेड़ों को काटा नहीं जाता। पेड़ ही क्या,

पत्ते और फूल भी तोड़े नहीं जाते। इसमें अंधविश्वास के स्थान पर श्रद्धा भाव ही अधिक है। इससे प्रकृति को संतुलित रखा जाता है।

'अंनिस के कार्यकर्ताओं और उन्हें चुनौती देनेवाले लोगों को चाहिए कि वे कोचरा ग्राम स्थित अन्य जंगल स्थलों का मुआयना करें। लोगों ने जलाने की लकड़ियों के लिए तथा बस्ती को बाड़ हेतु खाली कर दिया है। इस काट-छाँट से श्रीदेव डुंगोबा परिक्षेत्र सुरक्षित है। अंनिस कार्यकर्ताओं ने चुनौती सिद्ध कर दिखाई तो कोई विशेष बात नहीं होगी। परंतु यह प्राकृतिक सुषमा से युक्त परिक्षेत्र ही कल निर्मनुष्य हो जाएगा। श्रीदेव डुंगोबा के दर्शन से जो आनंद मिलता है, वह आनंद ही गायब हो जाएगा। श्रीदेव डुंगोबा का बड़ा-सा सीमेंट-कंक्रीट का मंदिर नहीं है। वहाँ हैं आड़े-तिरछे स्वच्छंदता से विकसित हुए पेड़। कुडाल स्थित हनुमान मंदिर में दर्शन करने जब भक्तगण आते हैं तब प्रशस्त मंदिर देख पुलकित होते हैं। यही भक्तगण जब डुंगोबा के दर्शन करने जाते हैं, तब वहाँ मंदिर न होने के बावजूद प्रकृति के संपर्क में उतना ही आनंद प्राप्त करते हैं क्योंकि जंगल और कच्चे रास्ते से मंदिर ढूँढ़ते जाने में भक्तगणों को जो मानसिक सुख प्राप्त होता है, उसे शब्दबद्ध करना कठिन कर्म है।

'भक्तगणों का यह आनंद अंनिस कार्यकर्ता इस चुनौती द्वारा छीन लेंगे क्योंकि एक बार क्यों न हो, लोगों के मन पर यह बात हावी हो गई कि श्रीदेव डुंगोबा परिक्षेत्र में लकड़ियाँ तोड़ीं तो भी कुछ नहीं होता, तो फिर मौके की टोह में बैठे ये लोग इस परिक्षेत्र को वीराने में तब्दील करेंगे। यहाँ की घंटियाँ अन्य स्थान पर नहीं ले जा सकते। यह भी अगर सिद्ध हुआ तो दो सौ से हजारों रुपए कीमत की घंटियाँ जिस श्रीदेव डुंगोबा परिक्षेत्र में हैं, वे सारी घंटियाँ नहीं रहेंगी। परिणामत: इससे चोरी करने की प्रवृत्ति वृद्धिंगत होगी। सच तो यह है कि श्रीदेव डुंगोबा संबंधी स्थित धारणा के कारण इस प्रवृत्ति को रोका गया है। बिलकुल यहीं विचार लोगों के मन में समाहित हो जाए, यही प्रामाणिक उद्‌देश्य है। चौर्यकर्म की सीमारेखा गाँव से डुंगोबा क्षेत्र की सीमा तक पहुँची है। किंतु अंनिस के कार्यकर्ताओं के कारण यह सीमा प्रश्न अंजाम तक पहुँचेगा और श्रीदेव डुंगोबा परिक्षेत्र में चोरों का बोलबाला रहेगा।'

इस बात का सजगता के साथ और लोगों को ठीक लगे, स्वीकार्य हो तथा मान्य हो ऐसी भाषा में समिति के कार्यकर्ता श्री देवेंद्र वालावलकर ने उत्तर दिया। उसका शीर्षक था—'हमारे देवताओं को अपमानित न करें'।

हमारे देवताओं को अपमानित न करें

कई लोग मंदिरों में मन:शांति और आनंद प्राप्ति के लिए जाते हैं। इसलिए ऐसे व्यक्तियों की ईश्वरीय श्रद्धा को ठेस न पहुँचे ऐसा समिति चाहती है। परंतु श्री डुंगोबा

(कोचरे), देवभोम (आंदुर्ले), श्री रामेश्वर (हुमरमला) इन देवालयों के संबंध में ये चमत्कारी स्थल हैं, ऐसी चुनौती श्री विकास गवंडे ने दी। वैज्ञानिक नियमों को ठुकराकर कोई चमत्कार हो सकता है क्या, इसकी जाँच-पड़ताल करने हेतु समिति को इन चुनौतियों को स्वीकार करना पड़ा। लोग श्रद्धा रखते हैं, देवाचार माननेवाले हैं, इसका यह मतलब यह नहीं कि लोग मूर्ख हैं इसी कारण वे श्रद्धा, देवाचार, नैतिकता, पवित्रता आदि से संबंधित बंधनों का पालन करते हैं। मेरे जैसे अनगिनत लोग देवालय की शुचिता, शांतता कायम रखने के पक्ष में हैं। पर हम देवताओं की ओर जाते हैं, वह चमत्कार के डर से नहीं बल्कि प्रेमभाव के कारण। अत: हमारे जैसे लोगों की ईश्वरीय श्रद्धा का अनादर न हो जाए, इसलिए इस प्रकार के देवस्थान संबंधी कोई भी कदम उठाने से पूर्व अंनिस से इजाजत लेना आवश्यक है।

दहशत से देवस्थान की पवित्रता टिक नहीं सकती। मूलत: भक्ति और दहशत ये परस्पर विरोधी शब्द हैं। भक्ति का अर्थ प्रेम है। प्रेम में भय और दहशत कोई स्थान नहीं रखता। एकाध चीज निरुपयोगी है इसलिए उसकी जाँच अस्वीकार करें क्या? इन कारणों से अपने देश और महाराष्ट्र ने काफी बुरे परिणामों को सहा है। इसीलिए हमने सागर बंदी की ऊपरी तौर पर निरर्थक लगनेवाली श्रद्धा स्वीकार ली। इससे बाहरी मुल्कों से हमारा व्यापार रुक गया। नये ज्ञान से हम कोसों दूर गए, परिणामस्वरूप अपना देश परकीय आक्रमण के सम्मुख टिक न सका और गुलामी की बेड़ियों में जकड़ गया। अंधविश्वास उन्मूलन आंदोलन, यह वर्तमान युग का धर्म सुधार आंदोलन है। इस दृष्टि से हम इस आंदोलन की ओर देखें। अंत में वैज्ञानिक कसौटी पर अपना अस्तित्व स्थापित करना यह देवाचार के चमत्कारों के लिए लागू होता है। यह जितना जल्दी साकार होगा उतना ठीक है। यदि ऐसा करने से धर्म की हानि होती है तो, वह धर्म नहीं बल्कि एक निरर्थक, निरर्थक अंधविश्वास ही था ऐसा मानना होगा। ये स्वामी विवेकानंद के विचार हम कैसे भूल सकते हैं?

इसी समय हमेशा की तरह इस बात को भी हवा दी गई कि चुनौती प्रक्रिया अंजाम तक पहुँचाते समय अंधश्रद्धा निर्मूलन समिति के कार्यकर्ता साथ में बंदूक लेकर जानेवाले हैं। फिर श्रीरामवाडी (कोचरा) ग्रामवासियों की विशेष बैठक हुई। उसमें कहा गया डुंगेश्वर देवस्थान संबंधी अंनिस की स्वीकार की हुई चुनौती पूर्ण करने के लिए हमारा विरोध नहीं है लेकिन जिन देवी-देवताओं के स्थलों में हमारा श्रद्धा भाव अटका हुआ है, उन स्थलों पर जाते समय बंदूकें ले जाना व बिजली का प्रबंध करना इसके लिए हमारा विरोध है। चुनौती को अंजाम देना है तो स्वतंत्र रूप से यह कार्य करें। असंख्य भक्तगणों के श्रद्धा स्थान होनेवाली जगहों पर अंनिस के कार्यकर्ताओं का स्वरक्षणार्थ बंदूक ले जाना, यह हमारे देवस्थानों का मजाक उड़ाना तो है ही, साथ ही हमारी श्रद्धा भावना का घोर अपमान है। अत: हम इसे कदापि सहन नहीं कर सकते।

इन सब बातों का सिंधुदुर्ग जिला अंधश्रद्धा निर्मूलन समिति संघटक ने करारा जवाब दिया।

विचार तो करोगे?

श्री देवभोम (अंदुर्ले) एवं श्री डुंगेश्वर (कोचरा) इन स्थानों से संबंधित चुनौती प्रक्रिया को लेकर परस्पर विरोधी विचार सुनने में आते हैं। इसके लिए निम्नलिखित महत्त्वपूर्ण बातों को समझ लेना होगा—

1. उपर्युक्त दोनों देवस्थानों को लेकर खुद को धार्मिक एवं भक्त समझनेवाले कई प्रकार की मन्नतें माँगते हैं। विशेष रूप से 'श्री डुंगोबा' मन्नतें पूरी करनेवाला ख्यातकीर्त देवस्थान है। डुंगेश्वर को घंटा अर्पण करना, निशान अर्पण करना तथा मुर्गी की बलि चढ़ाना आदि मन्नत पूर्ण करने के प्रकार हैं। मन्नतें सशर्त होती हैं। ईश्वर भक्त के मन की मुराद पूरी करेगा, बदले में भक्त मन्नत पूरी करेगा, ऐसी प्रथा है। इसमें देवताओं के देवत्व को चुनौती दी जाती है। इसीलिए मन्नत माँगना यह धार्मिक श्रद्धा के साथ ईश्वर से किया गठबंधन होता है और उसमें फायदा, लेन-देन, घूस आदि प्रकार की वणिक वृत्ति दिखाई देती है। क्या यह देवत्व का मजाक उड़ाना नहीं है? कुछ लोगों के आर्थिक हितसंबंध होने के कारण अंधविश्वासी एवं भोली जनता को मन्नत माँगने एवं उसे पूर्ण करने के लिए बाध्य किया जाता है। इससे समाज का आर्थिक और मानसिक शोषण किया जाता है। इससे समाज दैववादी, नसीब पर भरोसा रखनेवाला एवं निष्क्रिय बनता है। धर्म का सच्चा और सही अर्थ लोगों को बतानेवाले और आचरण से दिखानेवाले सभी संत-महात्माओं ने 'मन्नत' इस प्रथा पर प्रहार किया है। परंतु इस देवस्थान की यह दुष्ट प्रथा रोकने के लिए किसी भी प्रकार का 'धर्म सुरक्षा संगठन' स्थापित न हो सका।
2. श्री देव डुंगेश्वर का 'दांडेकर' अर्थात ईश्वर की रखवाली करनेवाला रखवालदार ही मन्नत पूर्ण करने के लिए शराब तथा मुर्गी का भोग चढ़ाने जैसे प्रयोग करता है। विशेष बात यह है कि शराब विदेशी होगी तो सोने में सुहागा। इस स्थान पर शराब की बोतलों की राशि जमा होती है। इस भोग का कौन सेवन करता है, यह बताने की आवश्यकता नहीं है। शराब एक नशीला पदार्थ है। मद्यपान विरोधी कानून अस्तित्व में है। शराब पीने से मनुष्य अधिक 'धार्मिक' या 'विवेकी' बनता है क्या? अपनी मन्नत पूर्ण करने हेतु किसी मासूम पशु की बलि देने मात्र से मनुष्य कौन सा नैतिक

धर्माचरण करता है? 'अहिंसा परमो धर्म:' विशेष रूप से बतानेवाले सभी संत तथा महाभारतकारों को पागल ही कहना होगा।

3. इसी डुंगोबा देवस्थान के पास ही सिंधुदुर्ग के अंतर्गत सबसे बड़ी चाँदी की स्मगलिंग कुछ वर्ष पहले पकड़ी गई, यह घटना सिंधुदुर्गवासियों को याद होगी। लुटेरों का धर्म कौन सा होता है? ईश्वर, देश, धर्म इनसे इन स्मगलरों का क्या लेना-देना?
4. श्री देवभोम मंदिर में भोग लगानेवाला व्यक्ति लोगों से बड़ी भारी मात्रा में पैसे लूटता है। इस व्यक्ति की इस धंधे की कमाई प्रतिदिन 500 से 1000 रुपए है ऐसा कहा जाता है। साथ ही लोगों की सुविधा हेतु रास्ता बनाना आवश्यक है। इस रास्ते के लिए अपनी जमीन न गँवानी पड़े इसके लिए इस स्थान पर 'ध्वनि प्रदूषण' तथा 'दैवी प्रकोप' के कारणों को बहाना बनाया जा रहा है। इस संबंध में कोई वास्तविक जाँच-पड़ताल करेगा क्या?
5. डुंगेश्वर के पास एक रात सोने के कारण, घंटी उठाने के कारण तथा देवभोम स्थान पर ढोल बजाने के कारण दैवी प्रकोप होगा। यह बात कार्यकारण भाव से (वैज्ञानिक सत्य से) असंगत है, इतना ही नहीं, यह बात 'ईश' भाव से भी असंगत है। क्या धार्मिक लोग भगवान को रक्षणकर्ता, दयालु व पालनहार नहीं मानते?
6. कुछ शिक्षित लोगों द्वारा यह मत व्यक्त किया गया कि यहाँ की चुनौती प्रक्रिया पूर्ण करते समय अन्य धर्मियों का समावेश होने से हिंदू धर्मियों की भावनाओं को ठेस पहुँचेगी। सभी प्राणियों में एक ही परमात्मा निवास करता है, यह हिंदू धर्मशास्त्र का मत क्या वे नहीं जानते? 'जिससे जीवन से भेंट होगी, उसे ही ईश्वर मानना चाहिए, यही मेरा निश्चित रूप में भक्तियोग है' यह संतश्रेष्ठ ज्ञानेश्वर की भक्ति की परिभाषा उन्हें मालूम नहीं है? उनका हिंदुत्व इतना सीमित है?
7. लोगों की सत्य धर्म भावनाओं तथा श्रद्धा का अंनिस ने सदैव सम्मान किया है। चुनौती प्रक्रिया संयम के साथ तथा बिना किसी दुष्कर्म के सफल बनाने के बावजूद यह व्यर्थ का ढोल पीटना क्यों?

श्री डुंगेश्वर का देवस्थान

सिंधुदुर्ग जिले में वेंगुर्ला तहसील में स्थित कोचरा, श्रीरामवाडी, किल्ले निवती इन तीन गाँवों की सीमा पर अरबी समुद्र के बिलकुल पास कछुए के पीठ की आकार की हरी-भरी वनराजी से सजा एक छोटा-सा टीला है। पश्चिम दिशा में टीले के पाँवतले डुंगेश्वर मंदिर है। डुंगेश्वर मंदिर तक पहुँचने का मार्ग बड़ा कठिन है। एक

बड़े नाले को लाँघकर ही हम मंदिर तक पहुँच सकते हैं। वहाँ पहुँचने के बाद कुछ मात्रा में अपेक्षा भंग होती है क्योंकि अपेक्षानुसार न डुंगेश्वर का गुंबद दिखाई देता है और न ही सुंदर मूर्ति का दर्शन होता है। वहाँ केवल डेढ़ फीट ऊँचा, आधा फीट चौड़ाईवाला खड़ा काला पाषाण जिसे जमीन में रोप दिया है, यही देख सकते हैं। यही डुंगेश्वर का मंदिर है। डुंगेश्वर के पत्थर पर अभिषेक हो जाए इसलिए इस पत्थर के ऊपर तांबे का धातु पात्र टाँग दिया है। पत्थर के सामने दाईं ओर चाँदी के दो फनधारी नाग हैं। नागदेवता के बाजू में छोटा-सा शिवलिंग है। पत्थर के पिछले हिस्से में अनगिनत भगवी पताकाएँ टाँगी गई हैं। पत्थर के सम्मुख खाली जगह पर जो तरुमालिका है, उस पर पीतल की घंटियाँ टाँग दी हैं। पेड़ों की टहनियाँ जब हिलने लगती हैं तो सैकड़ों की संख्या में टँगी घंटियों की आवाज माहौल को गंभीर बनाती है।

इस मंदिर संबंधी कई भयप्रद किस्से आस-पड़ोस के गाँवों में प्रचलित हैं। डुंगेश्वर की वनराई से हरा पत्ता तोड़ना भी पाप समझा जाता है। इस परिवेश से हरा पत्ता या छोटी-सी टहनी भी तोड़ी तो उस व्यक्ति को कोई न कोई बाधा ग्रस लेती है, ऐसा मानना है। अत: यहाँ का पत्ता तक तोड़ने का कोई साहस नहीं करता। यहाँ के विकसित पेड़ इस अलिखित नियम के कारण ज्यों के त्यों हैं, ऐसा गाँववालों का कहना है। यहाँ की कोई चीज उठाई तो दैवी प्रकोप होता है, ऐसा कहा जाता है। यहाँ टँगी हुई घंटियाँ कोई चुराके ले जाता है, तो तीन महीनों के अंदर ही उसे किसी संकट का शिकार होना पड़ता है। इस संबंध में काफी पुरानी एक घटना किल्ले निवती गाँव के निवासी आबा केसरकर ने सुनाई—

कई साल पहले एक आदमी ने डुंगेश्वर की 10 घंटियाँ चुराईं। पीतल का सिंधुदुर्ग से अधिक दाम कोल्हापुर में प्राप्त होगा, यह सोच घंटियाँ कोल्हापुर ले जाने का निर्णय हुआ। वह घंटियों सहित एक ट्रक में कोल्हापुर की ओर सफर करने लगा। कुछ ही समय में वह ट्रक बंद हो गया। बंद ट्रक को स्टार्ट करने के लिए उसमें सवार सब लोगों ने प्रयास किए। उस समय घंटियाँ ले जानेवाला ट्रक में ही बैठा था। कुछ समय बाद वह भी ट्रक से नीचे उतरा। तो क्या चमत्कार! अचानक घर्र-घर्र करता ट्रक का इंजन स्टार्ट हो गया। बाकी सब लोगों को ट्रक बंद होने का कारण समझ में आया। उन्होंने घंटियों की चोरी करनेवाले उस चोर को वहीं पर छोड़ा और वे मार्गस्थ हो गए।

इस मंदिर के संबंध में दूसरा आतंक यह है कि इस स्थान पर देर रात कोई व्यक्ति आता है तो उसे परेशानी तथा विचित्र अनुभूतियों का सामना करना पड़ता है। इस संबंध में भी एक किस्सा आबा केसरकर ने सुनाया—

कुछ वर्ष पहले श्रीरामवाडी में लगे मेले में दशावतारी नौटंकी देखने के लिए किल्ले नेवती की ग्रामस्थ मंडली जाने लगी। रात नौ बजे के दरमियान वे डुंगेश्वर

मंदिर के पहलेवाले नाले के पास पहुँचे और उस नाले को पार करने लगे। उस पार वो जानेवाले ही थे कि एक विचित्र प्रसंग वहाँ पर घटित हुआ। उस जलाशय में होनेवाले गोल-मटोल पत्थर जीवित सूअर के रूप धारण कर इधर-उधर भागने लगे, ऐसा दृश्य दिखाई देने लगा। श्रीरामवाडी की ओर निकले ग्रामस्थों की बोलती बंद हो गई। वे सब उलटे पाँव लौटे।

डुंगेश्वर का जाग्रत मंदिर होने के कारण मन्नतें माँगने के लिए वहाँ भक्तजनों का ताँता लगता है। मन्नत पूरी होने के बाद केसरिया पताकाएँ या पीतल की घंटियाँ अर्पण की जाती हैं। मंदिर के आजू-बाजू में जमीन में गाड़ दी गई पताका एवं पेड़ों पर लटकी असंख्य घंटियाँ इसी बात की गवाही देती हैं। इस स्थान पर पशु बलि देकर भी मन्नत पूरी की जाती हैं। गाँव के घाड़ी, निवतकर आदि लोगों के मन्नत पूरी करते समय उपस्थित रहते हैं।

डुंगेश्वर का मंदिर जिस टीले पर है उस टीले से समुंदर सटा हुआ है। चारों तरफ सफेद रेत से यह टीला घिरा हुआ है। क्षितिज तक फैला नीला समंदर, उसमें छोटे से द्वीप का दीपगृह, किनारे पर स्थित आधा-अधूरा शिवकालीन दुर्ग, सफेद रेत इन सबकी वजह से प्राकृतिक सुषमा के साथ ही एक रहस्यात्मकता डुंगेश्वर के स्थान को प्राप्त हुई है। यही कारण था कि चुनौती की ओर विस्मय से संपूर्ण सिंधुदुर्ग जिला देख रहा था।

घंटियाँ उठाईं

11 अप्रैल को महाराष्ट्र के तथा सिंधुदुर्ग जिले की समिति के 13 कार्यकर्ता कुडाल से डुंगेश्वर की ओर निकल पड़े। बीच राह में पाटगाँव में चुनौती देनेवाले विकास गवंडे से मुलाकात हुई। उसने आग्रह किया कि डुंगेश्वर के कोचरा व श्रीरामवाडी गाँव में ग्रामदेवता होने के कारण कार्यकर्ता उस तरफ से जाएँ। यह माँग कोहराम मचाने हेतु थी, यह हम आंदोलनकर्ता समझ गए। ग्रामदेवता की ओर जाते समय क्रुद्ध हुए ग्रामवासियों ने निश्चित रूप से हमारे मार्ग में रोड़ा अटकाया होता। यह प्रसंग बातों से लातों तक पहुँच जाता और इस तनाव में चुनौती को अंजाम देना कठिन होता। इससे विकास गवंडे जरूर फायदा उठाता। अत: हमने मंदिर की ओर जाने के लिए किले निवती का मार्ग चुन लिया।

दोपहर 12:30 बजे हम मंदिर पहुँचे। अंनिस किसी न किसी वजह से ऐन मौके पर पीछे हटेगी, ऐसा लोगों को लग रहा था। इससे प्रत्यक्ष रूप में वहाँ केवल चार ग्रामवासी, संवाददाता तथा पुलिस उपस्थित थी। संवाददाता से बोलते समय मैंने कहा, "कार्यकारण भाव के विरोध में दैवी प्रकोप होता है या नहीं यह हमें जाँचना है। ऐसा बिलकुल नहीं होता, इस बात का हमें निश्चित विश्वास है। किंतु कोई घंटी

उठाकर अपने साथ लेकर गया और गलती से स्कूटर से फिसलकर मामूली रूप में जख्मी हुआ, तो यह दैवी प्रकोप ही है ऐसा कहा जाएगा। अत: हम जानबूझकर 13 कार्यकर्ता यहाँ से घंटी उठाकर ले जा रहे हैं। अगले तीन महीनों में हम पर किसी भी प्रकार का दैवी प्रकोप हुआ तो भी हमारी कोई शिकायत नहीं होगी। यह बात 13 कार्यकर्ताओं में से अधिकांश के संबंध में घटित होनी चाहिए। एकाध के साथ होनेवाली एकाध दुर्घटना दैवी प्रकोप नहीं मानी जाएगी। इसके बाद आजू-बाजू के पेड़ों में हजारों की संख्या में टँगी घंटियों में से 22 घंटियाँ कार्यकर्ताओं ने निकालकर अपने हाथों में लीं। वे सब अपने घर उन घंटियों को ले गए और किसी भी प्रकार की आशंका से दूर रहकर उन्हें घर में रख दिया। परिवारजनों ने भी खुलकर साथ दिया। कुडाल के प्रो. श्रीकांत सावंत ने एक सुंदर सी घंटी लाए थे। दूसरी कक्षा में पढ़नेवाली उनकी कन्या को वह भा गई। इसलिए अपने बाबा से इस प्रकार की तीन-चार घंटियाँ घर क्यों न लाए? ऐसा प्रश्न वह पूछती थी।

आंदुर्ले देवभोम में ढोल बजाए

वेंगुर्ला तहसील स्थित आंदुर्ले में स्थित देवभोम इलाका। एक विस्तृत जलाशय, उसके बाजू में ऊँचे-ऊँचे पेड़। जलाशय से कुछ दूरी पर जरा-सी ऊँचाई पर बहुरंगी नर्म-मुलायम फर्श। उस पर चार पत्थर जिन्हें तिलक लगाया है। ऊपर आकाश की छत। खुली जगह पर स्थित इस देवता के बाजू में दस पैसों की राशि खचाखच भरी पड़ी। काफी मात्रा में धूप की अगरबत्तियाँ। आसपास अस्त-व्यस्त। इस देवता को कौल लगाया जाता है। हर रोज एक हजार रुपयों की प्राप्ति होती है। मंदिर कभी भी बंद नहीं होता था क्योंकि एक दिन में ही मंदिर पूर्ण करने की ईश्वरीय आज्ञा थी और यह संभव न हो सका। आसपास केवल दीवारों से बना ढाँचा दिखाई देता है। इस देवता को ध्वनि सहन नहीं होती है, ऐसा कहा जाता है। इसलिए वहाँ पर कोई जानबूझकर आवाज करता है, तो ईश्वर उसे सजा देते हैं।

ढोल बजाते समय देवता हम पर खफा हो जाएँ, यह हमें मंजूर था किंतु आसपास के पेड़ पर मधुमक्खियों का छत्ता होगा, जहरीली मक्खियाँ होंगी तो उनका 'कोई एतराज नहीं' (No Objection) प्रमाणपत्र प्राप्त करना कठिन था। यह शोधकार्य हमें पहले ही करना चाहिए था। ऐसा कुछ होगा तो भी उसका विकल्प ढूँढ़ते हुए चुनौती प्रक्रिया को अंजाम देना, हमारा दृढ़ निश्चय था। किंतु वैसा कुछ हुआ नहीं, अत: हमने चैन की साँस ली।

मंदिर की ओर जाते समय देखा सड़क पर लोगों की भीड़ थी। लोगों में जिज्ञासा थी। सवाल धार्मिक श्रद्धा भाव का था, इसलिए यथोचित बंदोबस्त रखने की विनती वेंगुर्ला पुलिस स्टेशन से की थी। उधर से कोई आया न था पर आउटपोस्ट के

दो पुलिसवालों के रहते कुछ हुआ तो सरकारी गवाह का इंतजाम हो सकता था। शाम छह बजे से आधा घंटा हम जोर-शोर से ढोल बजाते रहे। महिला कार्यकर्ता भी बड़े उत्साह से शामिल हुई थीं। स्थानीय स्कूली बच्चे सानंद आगे आए। उन्होंने भी अपनी वादन-कला को आजमाया। विशेष बात यह थी कि विकास गवंडे के गाँव के बच्चे भी थे।

सफलता से हम गाँव पहुँचे। फिर खामोश रहने की दैवी आदेश की स्वार्थांधता धीरे-धीरे सहमी-सी आवाज में पता चली। उस मंदिर के पुजारी की खेती मंदिर से सटकर थी। वहाँ से रास्ता होना आसान था। स्वाभाविकता से उससे खेती का कुछ हिस्सा जाना तय था। अत: देवता को आवाज सहन नहीं होती, यह अंधविश्वास पला-बढ़ा। गाड़ियों के लिए रास्ता बनेगा, तो हॉर्न बजेंगे ही, छोटा रास्ता भी हुआ तो मोटरसाइकिल वगैरह के हॉर्न बजनेवाले थे। इसलिए रास्ता ही न बने इस भूमिका के साथ ही देवता को आवाज सहन नहीं होती यह अफवाह। कार्यकर्ताओं के कारण बड़ी सहजता से, स्पष्टता से हम इस बात को समझ सकें। औरों के लिए यह मंदिर जागरूक था। हाँ-ना का कौल देता था। कौल न मिला तो और चक्कर काटने के लिए कहा जाता। सुबह सर्वप्रथम पुजारी ही (वहाँ उसे राउल कहते हैं) 50 या 20 रुपए का नोट वहाँ रख देता। बाद में वहाँ मन्नत माँगने आनेवाले भक्तगण उतनी ही दान-दक्षिणा वहाँ रख देते। गाँव में किसी ने भी ईंट के मकान बनाए नहीं थे, चूँकि देवता ही खुले में थे। यही कारण था कि पूरी ठाकुरबाड़ी में मकान मिट्टी से पुते हुए बने थे। यह एक सच है कि हमारी चुनौती प्रक्रिया सफल होने पर 'जो भी हुआ, अच्छा हुआ' ऐसी राय सरपंच ने व्यक्त की।

जोखिमभरी रात

12 अप्रैल को शाम छह बजे फिर एक बार हम डुंगेश्वर पहुँचे। 23 कार्यकर्ता और संवाददाता साथ में थे। साथ में केवल बैटरी ही थी। न बंदूक थी न लाठी। सोच-समझकर ही हम गए। घंटा उठाने के बाद माहौल तनावपूर्ण था। धोखा होने की संभावना देवता से नहीं थी लेकिन लोगों से जरूर थी। अत: मंदिर की ओर आनेवाले दोनों रास्तों पर पहरा देना निश्चित हुआ। मंदिर के पास खड़े टीले पर कोई चढ़ा और वहाँ से पथराव हुआ तो, इसलिए उस टीले पर तीन लोग ठहरे थे। एक-दूसरे को सूचित करने हेतु सीटियों की आवाज निकलना तय हो गया। बाद में 8.30 बजे डुंगेश्वर के सम्मुख बातचीत करने के लिए बैठ गए। किस धोखे को हम गले लगा रहे हैं, इसकी गंभीरता चारों ओर घना अँधेरा होने पर समझ में आई। आसपास जंगल, नाले में बड़े-बड़े कंकड़-पत्थर, गर्मियों के दिन। कोंकण में साँप अधिक मात्रा में हैं। अचानक किसी को साँप ने काटा तो क्या करेंगे?

आसपास के जंगल से एकाध पत्थर किसी ने मारा तो या किसी सोते व्यक्ति को लगा तो, ईश्वर ने ही सजा दी, ऐसा माना जाएगा। फिर भी कोई भी घबराया नहीं था, लेकिन सब गंभीर थे।

पाटगाँव के गुड़ाजी गुरुजी सारी रात ईश्वर के सामने सोनेवाले थे। हम सब 20 फीट की दूरी पर रुकनेवाले थे। घड़ी में 10 बज गए और आठ-दस लोग तेजी से चुनौती स्थल तक पहुँच गए। ऊँची आवाज और भाषा में असभ्यता। उनका यह कहना था कि चुनौती ॲड. परूलेकर ने दी है और उन्हें ही यहाँ सोना चाहिए। तथा आप 20 फीट पर नहीं 200 फीट दूरी पर जाकर बैठिए। सच तो यह था कि पहले ही ये सारी बातें लिखित रूप में तय हुई थीं। वो कागजात हमारे पास थे। उन लोगों को कागजात भी दिखाए लेकिन वे झगड़ा करने के इरादे से ही आए थे। अत: चुनौती प्रक्रिया सफल हो इसलिए हमने उनका कहना मान लिया। देवदत्त परूलेकर मंदिर के सामने बिलकुल अकेले, केवल मोमबत्ती के प्रकाश में सो गए। उर्वरित कार्यकर्ताओं ने अपना मोर्चा जलरहित नाले की ओर बढ़ाया। घने जंगल में स्थित डुंगेश्वर मंदिर और ॲड. परूलेकर दोनों ही दिखाई नहीं देते थे।

रात गहराती गई। ढाई बज गए। कार्यकर्ता स्थिर हो गए। कुछ लोग थक गए। अचानक 10-15 लोगों का गुट आ धमका। वह झगड़ा करने की पूर्ण तैयारी एवं मारपीट के इरादे से पहुँचा था। उनके झगड़े का कारण यह था कि "आपने हमारे देवता का मजाक उड़ाया है। यह नहीं चलेगा। तुरंत यह बंद कर दो। इसी में भलाई है कि आप यहाँ से चले जाएँ।"

मैंने शांत भाव से कहा, "सच में अगर किसी को जिम्मेदार ठहराना है तो आप विकास गवंडे को जिम्मेदार ठहराइए। चुनौती उन्होंने दी है। उसके बाद भी समाचार-पत्रों में डंका पीटकर, सबसे इजाजत लेकर, पुलिस में सूचना देकर, हम यह कर रहे हैं। पिछले महीने में ही नहीं, बल्कि आज शाम तक भी आपने विरोध नहीं दर्शाया। तो अभी यह झगड़ा क्यों? हम सत्याग्रही हैं। आप हमसे मारपीट कर सकते हैं। हम किसी भी प्रकार का प्रतिकार नहीं करेंगे। किंतु यहाँ से सुबह छह बजे तक बिलकुल नहीं हटेंगे।"

आत्मविश्वासपूर्ण भाषा सुनकर उनकी हवा गुल हो गई। फिर मैंने समिति की भूमिका उन्हें समझाने की जी-जान से कोशिश की। उन्हें बताया, "हमारी समिति लोगों के ईश्वर प्रति श्रद्धा भाव का पूरा सम्मान करती है। हमारी कृति से आपके मन को ठेस पहुँची हो, तो मैं क्षमा चाहता हूँ। आंदोलन को चुनौती मिली इसीलिए यह चुनौती प्रक्रिया पूरी कर रहे हैं। दूसरी बात यह है कि सामने सोए व्यक्ति को बेवजह सबक सिखानेवाला ईश्वरीय रूप हमें अमान्य है। संतों को भी यह मान्य नहीं था। वैज्ञानिक नियमों को दूर करके कोई भी चमत्कार नहीं हो सकता, यही हम प्रमाणित करना चाहते हैं। भगवान हैं या नहीं इससे इसका संबंध नहीं है।"

ग्रामवासी संतुष्ट होकर लौट गए। फिर भी सुबह तक कई लोगों के झुंड परूलेकर सच में सोए हैं क्या, यह देखने के लिए आते-जाते रहे। किसी भी प्रकार की अनुचित घटना नहीं घटी और 13 तारीख को सुबह छह बजे यह चुनौती प्रक्रिया समाप्त हुई।

घटना की प्रतिध्वनि

अंनिस इतने आत्मविश्वास के साथ तथा सफलता से चुनौती प्रक्रिया पूर्ण करेगी, इसका लोगों को अंदाजा तक न था। लेकिन सत्य को नकारा नहीं जा सकता। इसी कारण विकास गवंडे को अपना बचाव तो करना ही था। उसने निवेदन किया कि "मैंने चुनौती देते समय डुंगेश्वर मंदिर में पाषाण कौल भी लिया था। वह भी मेरे ही पक्ष में सकारात्मक आया था। अत: मैं निश्चित तौर पर कह सकता हूँ कि जिन्होंने घंटियाँ उठा लीं अथवा जो वहाँ सोए थे, उन्हें आज नहीं तो कल सजा मिलेगी ही।" इसके साथ ही आस-पड़ोस में लोगों की चर्चा का यही विषय हो गया था। अंनिस के कार्यकर्ता उद्धतता से बलपूर्वक चुनौती प्रक्रिया पूर्ण कर गए। डुंगेश्वर की ताकत उन्हें जरूर सबक सिखाएगी। कुछ लोगों का यह मत था कि विकास गवंडे ही इस झमेले का सूत्रधार है, अत: उसे ही सबसे पहले संकट को झेलना पड़ेगा। तीन महीनों में दूध का दूध और पानी का पानी हो ही जाएगा, इस बात पर सबका विश्वास था तथा इस बात की चर्चा भी थी।

धर्म रक्षक समिति की सभा के कारण इसे हवा मिल गई। सिंधुदुर्ग जिले में स्थापित इस समिति ने जाहिर सभा का आयोजन किया था। इस सभा में अंनिस ने मंदिर की पवित्रता को अमंगल बनाया, यह आरोप किया। डुंगेश्वर और भौम मंदिर शुद्ध कर लेंगे ऐसी घोषणाएँ की गईं। उस सभा में सिंधुदुर्ग जिला शिवसेना प्रमुख ॲड. डी.डी. देसाई ने यह जाहिर किया कि अंनिस ने डुंगेश्वर और भौम मंदिर के संबंध में अतिरेकी एवं अविवेकी भूमिका लेकर श्रद्धालु व भक्तगणों की श्रद्धा को ठेस पहुँचाई है। साथ ही अंनिस कार्यकर्ताओं का मुंडन कर उनके मुँह पर कालिख लगाकर व गधे पर बिठाकर सारे गाँव में घुमाने की धमकी दी। सभा में उपस्थित 300 से 400 नागरिकों ने 'अंनिस के लोगों पर कानूनी कार्रवाई करें' ऐसा एकमत से प्रस्ताव सम्मत किया। तथा अंनिस ने मंदिर की पवित्रता नष्ट की है, इसलिए मंदिर शुद्धीकरण और समाराधना कार्यक्रम बड़े जोर-शोर से करना है, यह जाहिर किया। विज्ञान-निष्ठा का ढिंढोरा पीटकर तुरंत प्रसिद्धि प्राप्त करने के लिए कुछ लोग मर्कट लीला करते हैं, यह ठीक नहीं है।

इस सबके पीछे सच बात यह थी कि अंनिस के संगठन में शब्बीर शेख मुस्लिम कार्यकर्ता था। इसलिए डुंगेश्वर मंदिर की घंटी बाहर निकालते समय परधर्मीय भेजे

गए और हिंदू धर्म के मंदिरों को अपवित्र किया गया है, यह आरोप लगाया गया। मंदिर को अपवित्र किसने किया इस पर हम विचार करेंगे। चुनौती किसने दी यह गौण बात है। लेकिन पवित्रता भंग करनेवाले अंनिस कार्यकर्ताओं पर महाराष्ट्र में पाबंदी लगाई जाएगी, ऐसा धमकाया गया।

इसका बड़ा उचित उत्तर समिति संघटक ॲड. देवदत्त परूलेकर ने दिया। उन्होंने निवेदन में कहा, "म्हापण में हुई धर्मरक्षक संगठन की सभा का वृत्तांत पढ़कर खूब वेदना हुई। अंनिस सर्वधर्म समभाव माननेवाला तथा अंधविश्वास उन्मूलन का राष्ट्रीय कार्य करनेवाला संगठन है। हमने हमेशा स्पष्ट किया है कि लोगों की ईश्वर विषयक भावना तथा विधायक श्रद्धा का हम सम्मान करते हैं। अंनिस गाली-गलौज की संस्कृति से अनभिज्ञ है, वह तो संतवचनों को मानता है। अत: उस सभा के भाषण को उसी भाषा में उत्तर दे पाना हमारे लिए नामुमकिन है। अंनिस के कार्य में लौकिक अर्थ से सर्वधर्मियों का समावेश होता है। फिर भी इन सबके लिए मानवता ही सच्चा धर्म होता है। स्वामी विवेकानंद ने कहा है, 'जिस धर्म में एक व्यक्ति के स्पर्श से दूसरा आदमी या देवता अपवित्र होता है, वह धर्म अन्यों को पवित्र कैसे बना सकता है?' भारतरत्न डॉ. बाबासाहब आंबेडकर के महाड स्थित चवदार तालाब-संग्राम के पश्चात् धर्म मार्तंडों ने तालाब के जल को पवित्र बनाने के लिए उस पानी में गाय का गोमूत्र तथा गोबर धार्मिक भावना से मिला दिया था। इसकी तीव्र वेदना देनेवाली याद डुंगेश्वर मंदिर के शुद्धीकरण की घोषणा के बाद आई। न्यायालयीन कार्रवाई संबंधी समिति यथासमय आने पर न्यायालय में उचित उत्तर देगी ही। लेकिन ऐसी सभाओं की खबरों से अंनिस कार्यकर्ताओं का नैतिक-धैर्य यत्किंचित भी कम न होगा। साथ ही उनकी तत्त्वनिष्ठा एवं क्रियाशीलता कम न होगी। समाज परिवर्तन की कँटीली राह से आगे बढ़ते समय गालियाँ, शाप-वाणी सहन करनी ही पड़ती है। सत्य और अहिंसा पर हमारा दृढ़ विश्वास है। अंत में जीत सत्य की ही होगी, यह भरोसा है।"

इस प्रकार माहौल गर्म बनता जाता, लेकिन न्यायालयीन कार्रवाई संबंधी समस्या को लेकर वहाँ के वकीलों का शिष्टमंडल शिवसेना नेता ना. नारायण राणे से मिला। उस समय डुंगेश्वर की बात छेड़ी गई। ना. राणे ने एकदम इस प्रश्न को आसान कर डाला। उन्होंने स्पष्ट शब्दों में कहा, "म्हापण स्थित धर्मरक्षक संघटना की सभा में हुए भाषण से हम सहमत नहीं हैं। हिंदू-मुस्लिम ऐसा भेद मैं नहीं करता। मेरे कई कार्यकर्ता मुसलमान हैं। महाराष्ट्र अंधश्रद्धा निर्मूलन समिति के कार्य को हमारा पूरा सहयोग है, सरकार की भी वही नीति है।"

अपने ही घरवालों से जब यह सुनना पड़ा तो धमकियाँ देनेवाले शांत हो गए। महाभारत के पांडवों को एक वर्ष के अज्ञातवास में हमेशा यह चिंता रहती थी कि 'कोई हमें पहचानेगा तो नहीं?' उसी प्रकार की चिंता हमारे तेरह कार्यकर्ताओं को

थी कि कोई छोटी-बड़ी दुर्घटना हुई तो देवता का प्रकोप कहलाएगी। लेकिन तीन महीने बीत गए। कुछ भी नहीं हुआ। हमने चुनौती-प्रक्रिया सफलतापूर्वक पूरी की थी। धुआँधार वर्षा हो रही थी। वापस घंटी ले जाकर रखना असंभव था। इसी कारण हमने ही तीन महीनों की मोहलत दुगुनी कर दी। छह महीनों के बाद मैं कुडाल पहुँचा। सभी 22 घंटियों को लेकर कार्यकर्ताओं के साथ मैं डुंगेश्वर गया। वहाँ संवाददाताओं से बात करते समय कहा कि "इन छह महीनों में घंटी उठानेवाले या ढोल पीटनेवाले किसी कार्यकर्ता को, इतना ही नहीं उनके परिवारजनों को भी किसी भी मुसीबत को झेलना नहीं पड़ा। कोई भी इसकी सत्यता जाँच सकता है। समिति लोगों की भक्ति भावना का सम्मान करती है। परंतु दैवी प्रकोप की कल्पना कार्यकारण भाव को नकारनेवाली है। मांगल्य की मूर्ति इस ईश्वर कल्पना से असंगत है। यही सत्य लोगों के सामने स्पष्टता से आए, यही मनोदय चुनौती स्वीकारने के पीछे था। यह मनोदय पूरा होने के कारण समिति कार्यकर्ताओं ने घंटियाँ अपने स्थान पर रख दी हैं। पूजा-पाठ के संबंध में समिति समाज मन की ओर आदरभाव एवं विधायक वृत्ति से देखती है, यह बात सबको पता चल चलेगी।"

चुनौती-प्रक्रिया को अब तीन साल बीत गए। चुनौती-प्रक्रिया में सक्रिय सभी कार्यकर्ता और उनके परिवारजन। और हाँ! विकास गवंडे भी अच्छा जीवन बिता रहे हैं। डुंगेश्वर मंदिर की घंटियों की गूँज से जागरूकता की आवाज कोंकण के हर गाँव, बस्ती में गूँज रही है।

शनि-शिंगणापुर का शीघ्रकोपी शनिदेव

डुंगेश्वर—यह देवस्थान कोंकण के एक कोने में स्थित है। महाराष्ट्र में नगर जिले की नेवासा तहसील स्थित शनि-शिंगणापुर का देवस्थान चमत्कार के लिए अत्यधिक ख्यातिलब्ध है। लाखों भक्तगणों की भीड़ और दूरदर्शन चैनल के कारण ख्याति प्राप्त शनि-शिंगणापुर को लेकर 'चलो शनि-शिंगणापुर में चोरी करने' यह खबर मेरे नाम पर छपवाई गई और चारों ओर हंगामा खड़ा हुआ। कुछ लोगों को लगा, अंधविश्वास उन्मूलन आंदोलन के लोग अब साफ-साफ चोरी करने का उपदेश (!) देने लगे हैं। कुछ लोगों को लगा कि किसी भी प्रकार से हो, लेकिन अंत में आस्तिक बन रहे हैं। क्रोधित लोगों ने कहा कि "हमारे ईश्वर या धर्म का मजाक उड़ाने का अधिकार इन अंधश्रद्धा उन्मूलनवालों को किसने दिया? ईश्वर पर उनका विश्वास न होगा लेकिन शनि-शिंगणापुर इस जाग्रत देवस्थान पर इस प्रकार की टिप्पणी करके हमारी श्रद्धा को ठेस पहुँचानेवाले ये कौन हैं? शनिदेव तो इन्हें देख लेंगे, लेकिन तब तक हम भी चुप नहीं बैठेंगे।"

महाराष्ट्र अंधश्रद्धा निर्मूलन समिति कई सालों से शनि-शिंगणापुर के कथित चमत्कारों के बारे में आवाज उठा रही थी, लेकिन 'दैनिक लोकमत' में छपे मेरे साक्षात्कार का शीर्षक था—'चलो शनि-शिंगणापुर में चोरी करने' और हंगामा खड़ा हो गया।

शनि-शिंगणापुर! पुणे से औरंगाबाद जाते समय अहमदनगर के आगे 35 कि.मी. पर स्थित घोड़ेगाँव के पश्चिम में 6 कि.मी. दूरी पर सोनई गाँव से आगे 5 कि.मी. पर है।

रास्ते के बाईं ओर पूजा की सामग्री, सस्नान पूजा करने हेतु कमर पर लपेटने के लिए भगवा वस्त्र, शनि माहात्म्य पोथी, शनि की तस्वीरें, शनि पर आधारित गीतों के कैसेट्स आदि की बिक्री करनेवाली दुकानें, चाय और नाश्ते के लिए होटल और कोल्डड्रिंक्स की दुकानें वहाँ पर हैं। रास्ते की पूरब दिशा में संगमरमर से बना उत्तम भव्य शनि मंदिर है। अंदर उदासी महाराज की तस्वीर और विट्ठल-रखुमाई, दुर्गा, कृष्ण, ज्ञानेश्वर, गणपति, तुकाराम, दत्त ऐसे कई देवी-देवताओं की तस्वीरें और मूर्तियाँ हैं। इस देवालय के सम्मुख खुलेआम एक चबूतरा है। उस पर शनि

की भव्य शीला है। शनि की मूर्ति नहीं है। चबूतरे पर चढ़कर पुरुष भक्त शीला (पत्थर) को प्रणाम करते हैं और तेल भी चढ़ाते हैं।

कुछ वर्ष पहले शनि-शिंगणापुर तथा शनिदेव दोनों को प्रसिद्धि नहीं मिली थी। परंतु मुंबई दूरदर्शन ने 'मुलखावेगली माणसे' (मुल्क से निराले लोग) इस कार्यक्रम में शनि देवता का दर्शन लोगों को कराया। गुलशन कुमार ने चैनल द्वारा शनि-शिंगणापुर पूरे भारत में घर-घर तक पहुँचाया। आज देश के कोने-कोने से रोजाना हजारों की संख्या में लोग इस तथाकथित दहशत एवं आतंक का भ्रम फैलानेवाले, मन्नत पूरी करनेवाले, क्रोधी, कोपिष्ट शनिदेव को तेल चढ़ाने के लिए कार, टेंपो, ट्रैक्टर, बस द्वारा शनि-शिंगणापुर दौड़े-दौड़े आते हैं। साईंबाबा का प्रसिद्ध तीर्थस्थल शिरडी नगर जिले में ही है। वहाँ केवल महाराष्ट्र से ही नहीं अपितु पूरे भारत देश से भक्तों का तांता लगा रहता है। अनेक सामाजिक नेता भी आते हैं। इन सभी को इस सफर में और एक पुण्य शनिदेव के दर्शन से कमाने का सौभाग्य प्राप्त होता है। यह सर्वविदित होते ही देवस्थान का विकास होना बिलकुल स्वाभाविक है।

आज भी शनि-शिंगणापुर में दिन-रात शनिदेव को तैलाभिषेक किया जाता है। शनीचर के दिन पुरुष-सूक्त अभिषेक, शनि अमावस को महारुद्र, लघुरुद्र अभिषेक होता है। दिनभर पेड़ा, काला वस्त्र, दूध, दही, फूल आदि सामग्री लेकर अभिषेक किया जाता है। ब्राह्मण अभिषेक विधि बताते हैं। पूजा सामग्री के अलावा चाँदी का घोड़ा, त्रिशूल, गाय, बैल भी अर्पण किए जाते हैं।

देवस्थान निर्माण के दौरान

शनि की स्वयंभू मूर्ति कैसे प्राप्त हुई, इसकी एक दंतकथा है। गाँव के नजदीक होनेवाले पानस नाले में एक बार बाढ़ आई। एक मूर्ति बेर के पेड़ से लटकी चरवाहे को दिखाई दी। उसने उस मूर्ति को सहजता से लाठी से हिलाया, तो मूर्ति से अपने आप खून बहने लगा। वह घाव आज भी मूर्ति पर है। उसी रात एक भक्त को साक्षात्कार हुआ कि मैं शनिदेव हूँ। मेरी प्राण प्रतिष्ठापना करें। पूरा गाँव गाड़ी लेकर गया, पर मूर्ति जरा-सी भी न हिली। फिर दृष्टांत हुआ कि सगे मामा-भांजे बेर की कँटीली टहनी पर मूर्ति को रखें तथा बैलगाड़ी में दो काले बैल जोतकर मुझे वहाँ से ले जाएँ। बैल भी मामा-भांजे की जोड़ी हों। ऐसा करने पर मूर्ति आसानी से उठाई गई तथा उसकी प्राण प्रतिष्ठा जमीन पर की गई। आगे चलकर नेवासा के लोढा सेठ ने चबूतरा बनवाया। आश्चर्य इस बात का है कि मूर्ति के चारों ओर तीन फीट ऊँचा चबूतरा बनवाया, फिर भी मूर्ति चबूतरे के ऊपर पहले जैसी ही पाँच फीट नौ इंच रही।

शनिदेव का साक्षात् रूप प्रकट होने के कारण शनि-शिंगणापुर सुरक्षित बना। आस-पड़ोस के किसी भी घर में चौखट, दरवाजा न लगाया जाए, इतना ही नहीं

बल्कि किसी भी घर में अलमारी, ब्रीफकेस, संदूक आदि को अटकनी तथा ताला न लगाया जाए, ऐसा शनिदेव का सख्त आदेश है। वर्तमान युग में चोरों से बचने के लिए अलमारी, ताले, शटर्स, लॉकर्स आदि की खोज की गई फिर भी चोरी होती है। लेकिन शनि महाराज के इस इलाके में चोरी नहीं होती है। किसी ने चोरी करने का प्रयास किया तो शनि महाराज का चाबुक उसकी पीठ पर जरूर पड़ता है। चोरी करनेवाला पागल होकर, अंधा बनकर देवता के आसपास ही घूमता रहता है। अपना गुनाह कबूल करके तथा शनि देवता से क्षमा-याचना करके चोर शनि महाराज के कृपाप्रसाद से पूर्ववत होता है। इसके कई उदाहरण देवस्थान के अधिकृत प्रकाशन में मौजूद हैं।

चमत्कारों की शृंखला यहीं पर खत्म नहीं होती। शनि-शिंगणापुर परिक्षेत्र में यदि किसी को सर्पदंश हुआ तो उस व्यक्ति को शनिदेव के पास लाया जाता है (शुद्धता के नियम अनुसरण करते कि सर्पदंश हुए व्यक्ति के शरीर पर केवल सफेद वस्त्र हो)। वहाँ रखते ही अपने आप जहर उतरता है, व्यक्ति ठीक हो जाता है। मूर्ति की उत्तर दिशा में काफी पुराना नीम का पेड़ है। किंतु टहनी बढ़ने से उसकी छाँव मूर्ति पर पड़ने लगे तो वह टहनी अपने आप टूट जाती है। बीस साल पहले तो बिजली के आघात से पेड़ को आग लगी थी। बारह घंटे पेड़ जलता रहा। लेकिन बाद में वह पेड़ पहले जैसा हरा-भरा हो गया। दैवी चमत्कार! और क्या? शनि महाराज किसी की छत्रच्छाया में या आधिपत्य में नहीं रहे हैं। अत: उन्होंने सपने में आकर दृष्टांत दिया कि मुझे छत्र की आवश्यकता नहीं है। मूर्ति पर कई लोगों ने छत्र बनवाने का प्रयास किया पर सब व्यर्थ हुआ। ऐसा यह भगवान है लेकिन उसका मंदिर नहीं है। घर हैं पर घरों में दरवाजे नहीं हैं। वृक्ष है, लेकिन छाँव नहीं है। इस प्रकार का अजीबोगरीब देवस्थान है यह!

चमत्कारों की जाँच-पड़ताल

शनि-शिंगणापुर में चोरी नहीं होती है जिसके कारण वह विख्यात है। शनि-शिंगणापुर के पुलिस थाने के रजिस्टर की जाँच करने से इसकी सचाई स्पष्ट होती है।

'अपराध दि. 29.09.1995, बबन लोखंडे, (गाँव—शिंपी टाकली, तहसील निफाड, जि. नासिक) के पाँच हजार रुपए चोरी हुए। अपराध पंजीयन संख्या सी.आर.49/1995, आई.पी.सी.379।'

'अपराध दि. 30.04.1995, संजय हरिदास दरदर, गाँव—माका, तहसील नेवासा, जिला—अहमदनगर से साइकिल चोरी हुई। अपराध पंजीयन संख्या सी.आर.-52/95, आई.पी.सी. 309 के तहत जाँच की। गुनहगार कुंडलिक मच्छिंद्र फालके के पास साइकिल मिली।'

'विवेक वर्ग और संदीप सहानी—ये दो युवा शनिवार 05.8.1995 को शनि-शिंगणापुर गए। दोपहर डेढ़ बजे के आसपास देवस्थान ट्रस्ट के कमरों में वे कपड़े और सामान रखकर स्नान करने गए और उनके दो हजार रुपए चोरी हुए, लेकिन इस चोरी की चर्चा नहीं की गई।'

'2 जून, 1996, इतवार सुबह साढ़े सात से आठ के दरमियान शिवाजी नानासाहेब थोरात, गाँव खरवंडी, तहसील नेवासे, जिला—अहमदनगर की एम.एच. 17/बी-947 नंबर की मोटरसाइकिल जब शनिदेव का दर्शन करने अंदर गए तब चोरी हुई। चोरी होने का मुकदमा उन्होंने सोनई पुलिस में दर्ज कराया और यह खबर 7 जून के 'दैनिक सकाल' में प्रकाशित हुई।

एक शहर के महापौर पवित्र वस्त्र पहनकर ईश्वर की पूजा करने मंदिर में गए। वापस आने पर देखा तो सारे कपड़े चोरी हो गए थे। फिर पवित्र वस्त्र पहनकर ही गाँव में जाकर नए कपड़े खरीदकर उन्हें घर लौटना पड़ा।

कुछ स्पष्टवादी लोग बताते हैं कि चोरी तो पहले से ही होती है, लेकिन उसकी चर्चा न करने के लिए लोगों पर दबाव डाला जाता है। सच तो यह है कि शनि-शिंगणापुर गाँव ही नहीं है। 15-20 मकानों और झुग्गी-झोंपड़ियों का छोटा-सा कस्बा है। वहाँ के अधिकांश लोग आसपास स्थित अपनी खेतों में ही रहते हैं। वहाँ घरों में दरवाजे नहीं हैं। ऐसे घरों में टीन अथवा लकड़ियों का तख्ता खड़ा करके उन्हें दरवाजों की तरह रात में ठीक से ढक दिया जाता है। केवल धकेलकर जल्दी में ये ढक्कन खुल न जाएँ इसका भी ध्यान रखा जाता है। यह सब क्यों? तो कहा जाता है अंदर जानवर प्रवेश न करें इसीलिए। मतलब बिल्ली ने दूध पिया, कुत्ते ने रोटी चुरा ली, जानवरों ने अनाज चुराया तो शनिदेव कुछ भी नहीं करते, ऐसा दिखाई देता है।

दरवाजा न होने के कारण कुछ समस्याएँ तो आती ही हैं। उसका भी इलाज है। कमरों पर पर्दे लटकाए जाते हैं। दरवाजे तक पहुँचकर आवाज देकर सावधान किया जाता है। इससे नवविवाहित दंपती को भी असुविधा नहीं होती। गाँव में अधिकतर दुकानें बिना दरवाजे की हैं लेकिन रात के समय उन्हें सुव्यवस्थित तरीके से बंद किया जाता है। दुकानदार खुले डिब्बे में रेजगारी रखते हैं लेकिन नोटों को अपनी जेब में तथा सीधे बैंक में जमा करते हैं। स्कूल के अध्यापक महत्त्वपूर्ण रेकॉर्ड बिना ताले के बक्से में रखकर शनिदेव के भरोसे नहीं रहते; क्योंकि उसके खोने पर शनिदेव थोड़े ही उनकी नौकरी बचानेवाले हैं।

नगर जिले की तरह बिजली और पानी की चोरी शनि-शिंगणापुर के प्रभाव क्षेत्र यानी आसपास के क्षेत्र में भी होती है और ऐसा करनेवाले सुख-चैन से जीवनयापन करते हैं। सबसे महत्त्वपूर्ण प्रमाण कौन सा? चोर को कड़ी सजा देनेवाले ईश्वर के सामने पैसों की दानपेटी कैसी होनी चाहिए? स्वाभाविकत: खुली और बिना ताले

की। सच तो यह है कि दानपेटी या पात्र की क्या आवश्यकता है? खुले थाल में ही दान तथा चंदे के हजारों रुपए पड़े रहने में क्या हर्ज है? लेकिन असल में यहाँ के देवस्थान पब्लिक ट्रस्ट की सूचना है कि श्रद्धालु अपने पैसे सीलबंद बक्से में डालें या ऑफिस में जमा करें। बक्से को ताला लगाने से ईश्वर की महिमा पर आँच आती और न लगाया तो पैसे चोरी होने की आफत। इसके कारगर इलाज के रूप में ईश्वर के सामने का बक्सा निचली सतह में बोल्ट लगाकर सीलबंद किया गया है। बक्से की ऊपरी दरार से पैसे अंदर आते हैं, बक्से के कारण वे सुरक्षित रहते हैं और भीतरी सतह को खोलकर देवस्थान समिति उसे अपने कब्जे में लेती है। दुबारा नटबोल्ट को घुमाकर ऊपर से दरार रहनेवाला बक्सा शनिदेव का माहात्म्य कायम रखने को तैयार रहता है। 18 मार्च, 1993 को स्थानीय अखबार में शनैश्वर देवस्थान पब्लिक ट्रस्ट इस नामाभिधान से एक विज्ञापन प्रसिद्ध हुआ। 'भक्तों से विनती, मेले में आनेवाले भक्त पैसे अथवा वस्तु ट्रस्ट के ऑफिस में देकर रसीद लें या सीलबंद बक्से में ही पैसे डाल दें।' यह विज्ञापन स्वयं काफी स्पष्ट है।

चमत्कारों के झूठेपन के साथ ही और दो बातों की ओर समिति समाज का ध्यान खींचना चाहती है। शनिदेव की शांति करनी चाहिए। इसलिए अभिषेक के समय एक ही बार में आधा किलो मिट्टी का तेल शनि के माथे पर उड़ेल दिया जाता है। हर रोज दो हजार अभिषेक होते हैं, ऐसा मान लिया जाए तो एक हजार किलो तेल यहाँ उड़ेल दिया जाता है। उड़ेलने के कारण यह तेल खाने योग्य नहीं रहता। आज की कीमत से एक हजार किलो तेल के 60 हजार रुपए, अर्थात प्रतिमाह 18 लाख रुपए तेल पर खर्च होते हैं। देश की 40 प्रतिशत जनता दरिद्र रेखा से नीचे का जीवन व्यतीत करती है तथा कुपोषण के कारण लाखों की संख्या में छोटे बच्चे मौत को गले लगाते हैं। इस बात का पछतावा शनिदेव या उनके भक्तों को नहीं होता है।

शनि-शिंगणापुर में सबसे अधिक हैरान करनेवाली अंध परंपरा है—शनिदेव के दरबार में अपनाई जानेवाली स्त्री-पुरुष असमानता। शनिदेव की मूर्ति को स्पर्श करना तो बहुत दूर की बात, शनि का जो चबूतरा बनाया गया है उस पर भी औरतों का चढ़ना मना है। वहाँ शनिदेव का कुआँ है। महिलाएँ उस कुएँ का पानी नहीं ले सकतीं। उसे स्पर्श तक न करने का हुक्म रहता है क्योंकि उस पानी से शनिदेव को नहलाया जाता है। स्त्री-स्पर्श से वह पानी और शनिदेव अपवित्र नहीं होंगे? वास्तविक रूप से इस छुआछूत के बारे में स्वामी विवेकानंद पूछते हैं, "जो दूसरे के सिर्फ स्पर्श से अपवित्र होते हैं, वे दूसरों को कैसे पवित्र बनाएँगे? छुआछूत की भावना एक मानसिक बीमारी है, इससे दूर रहें।" वे आगे कहते हैं, "परब्रह्म तत्त्व में लिंगभेद नहीं है। किस शास्त्र में बताया गया है कि महिलाओं को भक्ति और ज्ञान प्राप्त करने का अधिकार नहीं है। महिलाओं को उचित सम्मान देकर ही सारे देश उन्नत हुए हैं। जिस देश या जाति में महिलाओं का उचित सम्मान नहीं होता,

वह देश कभी भी तरक्की नहीं कर सकता। महान शक्ति की इन मूर्तियों का अनादर करना ही आपकी दुर्दशा का मुख्य कारण है।"

स्त्री-पुरुष समानता के इस युग में शनिदेव के दरबार में स्त्री-पुरुष भेदभाव न करने का आग्रह अंधश्रद्धा निर्मूलन समिति करती है। सभी धर्मों में धर्म के नाम पर महिलाओं को गौण स्थान दिया जाता है। अंधश्रद्धा निर्मूलन समिति इसका विरोध करती है।

हमारी इस भूमिका पर कुछ लोग टेढ़े प्रश्न पूछते हैं, जैसे—"देव धर्म संबंधी अंनिस की भूमिका बड़ी निष्पक्ष है। फिर आप 'महिलाएँ भी ईश्वर दर्शन करें' ऐसी बात क्यों करते हैं?" महिलाएँ ईश्वर दर्शन के लिए जाएँ या नहीं, यह हर महिला की निजी स्वतंत्रता है। धर्म का आचरण और प्रार्थना करना यह हर भारतीय नागरिक यानी महिलाओं को भी भारतीय संविधान द्वारा दिया गया मौलिक अधिकार है। इसे छीनने का अधिकार किसी भी धर्म के अधिकारी तथा पुरोहित को नहीं है। ईश्वर और धर्म के नाम पर महिलाओं के मौलिक अधिकारों की उपेक्षा न की जाए, यह अंनिस की भूमिका है। साने गुरुजी द्वारा पंढरपुर के मंदिर में प्रवेश करते समय अपनाई गई भूमिका से अंनिस की भूमिका सुसंगत है।

जिस नगर जिले में संत ज्ञानेश्वर ने 'समानता को बनाए रखने' का संदेश देनेवाली 'ज्ञानेश्वरी' का निर्माण किया और 'यह संसार ईश्वरमयी है। सब एक हैं, अत: भेद-नीति का भ्रम अमंगल है' यह संदेश देनेवाले ने भागवत धर्म की स्थापना की। उसी नगर जिले में महिलाओं को ईश्वर के दरबार में दोयम स्थान देकर अपमानित करने की बात धर्म के साथ मानवता की भी त्रासदी है।

सत्यशोधक समाज सम्मेलन के बहाने

महात्मा फुले द्वारा स्थापित 'सत्यशोधक समाज' का सम्मेलन 19, 20 दिसंबर, 1998 को शनि-शिंगणापुर के नजदीक सोनई में होनेवाला था। सत्यशोधक आंदोलन की संपूर्ण विरासत धर्म-चिकित्सा की है (चमत्कार तथा स्त्री-पुरुष असमानता का विरोध करनेवाली)। स्वाभाविक रूप से इस माध्यम से इस विषय पर फिर एक बार विचार-विमर्श करने हेतु इसी प्रश्न को लोगों के सामने रखने का निर्णय लिया गया। नगर जिले के कार्यकर्ताओं से इस संबंध में चर्चा भी हुई थी। सत्यशोधक समाज के वरिष्ठ कार्यकर्ता किशन हरिदास की यह मूल सूचना थी।

'लोकमत', पुणे के संवाददाता श्री प्रसाद घारे के साथ बोलते समय यह बात सामने आ गई। पत्रक निकलने के पूर्व व्यक्तिगत संवाददाता की ओर से यह खबर, अखबारों तक पहुँची। शनि-शिंगणापुर के दैवी चमत्कारों के संदर्भ में मुझसे कई बार महाराष्ट्र में प्रश्न पूछे गए हैं। यह चमत्कार घटित नहीं होता,

इसका सप्रमाण स्पष्टीकरण मैं देता ही हूँ। वहाँ के पुलिस स्टेशन में दर्ज चोरी की घटनाएँ, व्यापारियों का जेब में नोट रखना, पाठशाला का महत्त्वपूर्ण रिकॉर्ड अध्यापक द्वारा बिना ताले की अलमारी में ईश्वर-भरोसे रखने के बजाय अपने घर में रखना। ईश्वर के सामने होनेवाला पैसों का बक्सा खुला न रख, इतनी सफाई से बक्से को बंद करना कि चोरी होना असंभव, इन सब बातों का उल्लेख अपने भाषण में मैं करता रहा। साथ ही मैं मजाक में यह भी कहता रहा कि जरूरत हो तो शनि-शिंगणापुर में चोरी करने की हमारी तैयारी है। लेकिन हमें सजा देने का कार्य शनिदेव ही करें। पुलिस और ग्रामवासी बीच में न आएँ। यह मेरा प्रतिपादन इस संदर्भ में चर्चित समाचार का मुख्य हिस्सा सिद्ध हुआ तथा चोरी करने समिति जाएगी ही, इस प्रकार का कृति-कार्यक्रम भी समाचार में घोषित हुआ। दैवी चमत्कार की वस्तुनिष्ठ तार्किक जाँच-पड़ताल और स्त्रियों को देवस्थान स्थल पर प्राप्त असमानता आदि सब मुद्दे पीछे पड़ गए।

हंगामा

इस खबर से शनि-शिंगणापुर में क्रोधपूर्ण प्रतिक्रियाएँ बढ़ गईं। इसके निषेध में तीन दिन शनि-शिंगणापुर में बंद पुकार दिया गया तथा मेरा पुतला फूँकने की बात पत्रकारों ने मुझे बताई। मैं यदि सत्यशोधकों के आंदोलन में उपस्थित रहा तो उसी मंडप में मेरी तेरहवीं (श्राद्ध) मनाने का निर्णय हुआ था। सम्मेलन से पहले मैं नगर में समिति के शिविर में जानेवाला था। मेरा नगर में प्रवेश नकारने का इशारा बजरंग दल ने दिया। यदि मैं वहाँ आया तो, रास्ता रोककर मुँह पर कालिख पोतने का कार्यक्रम भी घोषित किया गया। नगर में एक विवाह के लिए मैं सुबह दाखिल हुआ। मेरे आने का समय पूछकर पुलिस ने शादीवालों को हैरान किया था। वहाँ पुलिस सुरक्षा का पुख्ता इंतजाम था। विवाह में उपस्थित रहकर बाद में मैं शिविर की ओर रवाना हुआ। शिविर के स्थान पर मुझे घेरकर मारपीट होने की संभावना पुलिस ने बताई। "हम सुरक्षा का इंतजाम करेंगे लेकिन हमारी ताकत कम पड़ी तो आपके साथ गड़बड़ी हो सकती है," इस चिंता में उनकी ईमानदारी झलक रही थी।

मैं दोपहर दो बजे शिविर में पहुँचा। कारण मुझे पता नहीं लेकिन विरोध करनेवाले वहाँ नहीं थे। पुलिस ने सुरक्षा का पुख्ता इंतजाम किया। मेरा भाषण होने पर 'मजदूर भवन' में प्रेस कॉन्फ्रेंस हुई। उसे खत्म कर बाहर आते ही 'जय भवानी, जय शिवाजी' का घोष करते सात-आठ शिवसैनिक आए। मैं जिस जीप में बैठ रहा था वहाँ वे दौड़े लेकिन पुलिस ने उनकी कोशिश को नाकाम किया। उनके हाथ में काली स्याही की बोतलें थी। इस छीना-झपटी में एक पुलिसवाला घायल हुआ। पुलिस ने प्रदर्शनकारियों को हिरासत में लिया (बाद में छोड़ दिया)।

जिलाधीश ने मुझसे मिलने की इच्छा प्रकट की थी, इसलिए मैं, बाबा आरगडे, कडू पाटिल और विनायक बंगाल जैसे वरिष्ठ कार्यकर्ता जिलाधीश कार्यालय में पहुँचे। वहाँ जिलाधीश के साथ जिला पुलिस प्रमुख भी थे। वहाँ जिलाधीश द्वारा मुझसे पूछे गए प्रश्न हैरान करनेवाले थे। उनकी राय थी कि मैं सतारा और उसके नजदीक के कोल्हापुर जैसे जिलों में अंधविश्वास दूर करने की बजाय इतनी दूर नगर जिले में क्यों आया? दूसरा प्रश्न था कि ईश्वर के डर से चोरी न होने की बात अच्छी ही है, उसे अंधविश्वास कहकर उसका विरोध क्यों? एकाध चोर, भूत-प्रेत के डर से रात में चोरी नहीं करता। तो फिर भूत का न होना, उसे क्यों बताएँ?

इस पर मैंने बहस न कर केवल समिति और उनके विचारों के अंतर को ही समझाया। समिति का आंदोलन अत्यंत समझदारी से चलनेवाला आंदोलन है, इस कारण कानून-व्यवस्था के प्रश्न हमारी ओर से कभी भी खड़े नहीं किए जाएँगे, लेकिन हमारे विचारों को अभिव्यक्त करने का अधिकार दूसरों की गुंडागर्दी से नकारा न जाए, इस बात को भी स्पष्ट किया गया। इसके बाद पुलिस सुरक्षा के तहत मुझे नगर जिले की सीमा तक पहुँचाया गया और बस में बिठाया गया।

शनि-शिंगणापुर में मुझ पर हमला करने की धमकियाँ हमेशा दी जा रही थीं, लेकिन अतिरेक तब नजर आया जब विधि और कानून राज्यमंत्री दिलीप सोपल ने श्रद्धाओं को ठेस पहुँचानेवाले दाभोलकर को लात-घूँसे लगाकर सीधा करने की बात सरेआम शनि-शिंगणापुर में कही। विधायक शिवाजीराव कर्डीले ने चुनौती दी कि दाभोलकर अपनी पत्नी को लेकर शनि के चबूतरे पर खड़े रहें और शनि के प्रकोप को भुगतें। (इस चुनौती को तुरंत स्वीकार कर समिति के कई कार्यकर्ताओं ने अपनी पत्नी के साथ ईश्वर के चबूतरे पर चढ़कर शनि के प्रकोप को झेलने की तैयारी दर्शाई।)

जिलाधीश ने अपना हथियार निकाला। प्रतिपक्ष की भूमिका यह थी कि यदि दाभोलकर परिषद में उपस्थित रहेंगे तो परिषद में हंगामा किया जाएगा। इसी कारण उन्हें न बुलाया जाए। मेरी यह भूमिका थी कि संयोजक मेरे मित्र हैं, यदि उन्हें तकलीफ होती है और वे मुझसे परिषद में न आने की विनती करते हैं, तो मैं परिषद में नहीं जाऊँगा। मेरे परिषद में न जाने पर भी वहाँ मेरे कई बुद्धिजीवी मित्रों को आमंत्रित किया गया है, जो मेरी गैरमौजूदगी में भी इस विषय को प्रस्तुत करेंगे। इस बात का मुझे पूरा भरोसा था। (बाबा आढ़ाव, निलू फुले, पुष्पाताई भावे, एन.डी. पाटिल, पन्नालाल सुराणा, हरी नरके, गोविंद पानसरे, य.दि. फड़के आदि।) संयोजकों ने मेरा निमंत्रण वापस लिया लेकिन इससे कुछ नहीं हुआ। इस सम्मेलन के कारण लोगों की भावनाएँ भड़क सकती हैं और कानून व्यवस्था का प्रश्न उपस्थित हो सकता है—इस आशय का एक प्रतिवेदन जिलाधीश को तहसीलदार द्वारा भेजा गया। इसी कारण कानून व्यवस्था को बाधा न पहुँचाने की जिम्मेदारी जिलाधीश ने संयोजकों

के कंधों पर सौंपी। इसका भरोसा दिलाना कठिन था और यदि दिया भी तो ऐन वक्त पर जिलाधीश द्वारा बंदी आदेश लागू करने पर (या दफा 144 की घोषणा करने पर) सारी मेहनत पर पानी फिर जाने के डर से संयोजकों ने सम्मेलन को ही रोक दिया।

तीव्र प्रतिक्रियाओं के कारण

शनि-शिंगणापुर स्थित चमत्कारों के संदर्भ में समिति विगत कई वर्षों से व्यक्त हो रही है, कई लेख लिखे गए हैं और किताबें भी बाँटी गई हैं, लेकिन इस बार इतनी तीव्र प्रतिक्रियाएँ क्यों आईं? इसके कई कारण दिखाई देते हैं। पहला यह कि शनि-शिंगणापुर यह देवस्थान गत वर्षों में विस्तृत रूप में बढ़ गया है। व्यापारी तथा सभी संबंधित लोगों के हितसंबंध उसमें तैयार हो गए हैं। दैवी चमत्कारों की खुल्लमखुल्ला जाँच-पड़ताल करने का मतलब है, उस चमत्कार को नष्ट करना। देवस्थान की अद्‍भुत परिधि समाप्त होना। ऐसा घटित हुआ तो आर्थिक नुकसान होगा। अत: श्रद्धा पर हमला समझकर तीव्रता से विरोध आरंभ हुआ। तेल-बिक्री, गाड़ियों की पार्किंग, पूजा के समय पहने जानेवाले पावन वस्त्र किराये पर देना, पूजा सामग्री की बिक्री, खाद्यपदार्थ, ऐसे कई आर्थिक हितसंबंध मजबूती से निर्माण होने से सबका जबरदस्त नुकसान होने का प्रश्न उपस्थित हुआ है।

बजरंग दल, शिवसेना आदि ने आंदोलन को भड़कानेवाली घोषणा की। महाराष्ट्र में उस समय यह राजनितिक स्थिति थी कि भावनिक मुद्दा बनाकर भड़काऊ कार्यक्रम आयोजित करना उन संगठनों के लिए अस्तित्व की आवश्यकता बन गई थी। साथ ही ऐसे आंदोलन चलाने के लिए लगनेवाला पैसा देने के लिए कई लोग तैयार थे। इसलिए वह भी अनुकूलता थी। क्षेत्रीय विधायक शिवाजीराव कर्डिले निर्दलीय थे और वे पुन: जीतेंगे इसकी संभावना कम थी। इसलिए उनको चाहिए था कि लोग किसी कारणवश भड़क जाएँ। सरकार ने केवल इस प्रश्न को कानून और व्यवस्था का प्रश्न समझा। उसमें भी इसे अंधविश्वास मानने के लिए जिलाधीश राजी नहीं थे। सत्यशोधक सम्मेलन के मुख्य प्रवर्तक और स्थानीय नेता यशवंतराव गड़ाख ने बोथरी भूमिका लेते हुए मेरा निमंत्रण खारिज करके परिषद को बचाने का प्रयास किया। महाराष्ट्र के सत्यशोधक समाज ने इस संबंध में बिलकुल एतराज नहीं जताया। सभी का समन्वित परिणाम था क्षोभयुक्त प्रदर्शन।

हमारे इस प्रतिपादन का आकस्मिक विरोध किया सत्यशोधक समाज के उपाध्यक्ष ॲड. वसंतराव फालके और प्राचार्य गजराज माली ने। उनके मतानुसार शनि-शिंगणापुर की श्रद्धा और परंपरा के विपरीत वक्तव्य करके दाभोलकर ने वातावरण को बिगाड़ दिया है। 'महिलाओं की गुलामी के लिए धर्म और अंधविश्वास जिम्मेदार है' परिसंवाद के अध्यक्ष दाभोलकर थे, उन्हें अपने विचार व्यक्त करने

चाहिए थे, लेकिन उन्होंने अकारण पहले वक्तव्य देकर नाराजगी मोल ली तथा वातावरण को अशांत बनाया।

बड़ी नम्रता से उत्तर देते हुए मैंने इतना ही कहा कि अंधश्रद्धा निर्मूलन समिति और सत्यशोधक समाज के कार्य में अंतर होने के बावजूद भी दैवी चमत्कार का विरोध और धर्म पर आधारित स्त्री-पुरुष विषमता को नकारना, इसमें दोनों का एकमत है, क्योंकि वह महात्मा फुले का ही विचार है। सत्यशोधक समाज के बुजुर्ग कार्यकर्ता हरिदास ने दाभोलकर को खत लिखकर सम्मेलन के माध्यम से शनि-शिंगणापुर के संबंध में सार्वजनीन भूमिका अपनाने की विनती की थी। साथ ही सत्यशोधक समाज के अध्यक्ष व्यंकटअण्णा रणधीर ने मेरी और समिति की भूमिका का समर्थन किया था। ऐसा होते हुए भी मेरी उपस्थिति से यदि अड़चनें पैदा होंगी तो सम्मेलन में मैं उपस्थित न रहूँगा, यह बात मैंने पत्रकार परिषद में कबूल की थी। इन सभी को देखते हुए मुझ पर और समिति पर लगाए गए आरोप ठीक नहीं लगते। अंधविश्वास निर्मूलन कार्य में सभी दृष्टि से सत्यशोधक समाज बड़े भाई जैसा है। इसलिए उन्हें शनि-शिंगणापुर के मामले में समिति को खुला समर्थन देना चाहिए, यह समिति का विनम्र मत है।

अंधश्रद्धा उन्मूलन या धर्मश्रद्धा उन्मूलन

शनि-शिंगणापुर मामले में मुख्य आरोप यह था कि 'ईश्वर के डर से कुछ अच्छा होता है तो अंधश्रद्धा मानकर उसका विरोध क्यों करते हो?' 'अंधश्रद्धा उन्मूलन या धर्मश्रद्धा उन्मूलन' इस शीर्षक से 'महाराष्ट्र टाइम्स' में लेख लिखकर विस्तृत चर्चा अरुण ठाकुर ने की, जो निम्नलिखित है—

अंधश्रद्धा निर्मूलन समिति (अंनिस) महाराष्ट्र में महत्त्वपूर्ण कार्य करती है। अंधश्रद्धा से होनेवाले सामाजिक दुष्परिणामों की ओर समाज का ध्यान आकर्षित करने का, उस संबंध में लोकजाग्रति करने का, यह कार्य अविरत रूप से चलना आवश्यक है। परंतु कभी-कभी यह समिति अपनी सीमाओं को भूलकर अन्य क्षेत्र में ही दखलंदाजी देती है। इससे उसके अच्छे कार्यों के स्थान पर घुसपैठ की ही चर्चा शुरू होती है। इससे होनेवाली कार्यहानि से बचने हेतु समिति के नेता को स्पष्ट भूमिका स्वीकारना जरूरी है। यह लेख अंनिस के शुभचिंतक की भूमिका से लिखा है, यह बताना विशेष रूप से अनिवार्य है क्योंकि आज किसी भी आंदोलन के कार्यकर्ताओं में इतना अहं होता है कि किसी और ने अपने से अलग बात छेड़ी तो उसे शत्रु माना जाता है।

कुछ समय पहले डॉ. श्रीराम लागू ने ईश्वर को 'रिटायर' करने की योजना जाहिर की। उस समय डॉ. नरेंद्र दाभोलकर ने 'निर्मूलन समिति' की भूमिका ईश्वर

विरोधी न होने की बात स्पष्ट की। ऐसा लगता है कि शनि-शिंगणापुर के 'चलो चोरी करने' इस अजीब आंदोलन के समय वे समझदारी की भूमिका को भूल गए हैं। यह क्षणिक (तथा स्थानीय) असंतुलित वर्तन है कि जानबूझकर ली हुई भूमिका है, यह वे खुद ही स्पष्ट करें। इस वजह से अंनिस की आवश्यकता और सीमाओं की खुली चर्चा शुरू हुई, तो वह इष्ट ही सिद्ध होगी।

कई रहस्य जो प्रकट न हुए, मानवीय जीवन का एक अटूट हिस्सा हैं। इन रहस्यों को विज्ञान के आधार पर खोलने का प्रयास जारी है, फिर भी रहस्यों की व्यापकता एवं आकर्षण रहता ही है। सच तो यह है कि जीवन जैसा है वैसा स्वीकार लें, तो कोई समस्या नहीं आती है। फिर रहस्य क्षेत्र भी इसमें समाहित हो सकता है। पर मनुष्य को इससे संतोष नहीं होता। वह संपूर्ण जीवन की (मूलतः जो विसंगति से भरा है) क्रमबद्ध रचना करना चाहता है। उससे ही ईश्वर, धर्म, अध्यात्म का निर्माण होता है। इसका लौकिक जीवन में समाज धारणा के लिए भी उपयोग होता है और यहीं से ही जटिलता का आरंभ होता है।

हमेशा सत्य बोलें, अहिंसा का पालन करें, सहिष्णुता होनी चाहिए आदि बातें हर किसी के सुख के लिए आवश्यक होने के कारण सहज भाव, विवेक निष्ठा के साथ सत्यवचनी होना, हिंसा से दूर रहना संभव है। किंतु झूठ बोलना पाप है, हिंसा करना ईश्वर की मर्जी के खिलाफ है, चोरी करना अधर्म है, ऐसा मानकर कई लोग उससे दूर जाते होंगे। इन दो मार्गों से अंतिम इष्ट तत्त्व की प्राप्ति हुई है। इसमें तरतम-भाव से तुलना करने जैसा कुछ भी नहीं है। केवल विवेकनिष्ठ निर्णय प्रक्रिया ही इष्ट है, ऐसा निश्चित कैसे किया जा सकता है?

शनि-शिंगणापुर प्रकरण में तो अंनिस ने विवेकनिष्ठा की मर्यादा लाँघकर नास्तिक पंथ के प्रचारक की तरह आक्रमण किया है। शिंगणापुर में इसके पूर्व भी चोरियाँ हुई होंगी, यह मुमकिन है। परंतु बड़े पैमाने पर लोग यदि शनि के प्रकोप से डरकर चोरी या समाज विघातक कार्य से दूर रहते हो, तो इसमें अंनिस को आक्षेपार्ह क्या लगता है? अंनिस की भूमिका यदि नास्तिक पंथ प्रचारक की है, तो उसे अन्य धर्मपंथीय क्यों स्वीकार करें?

नासिक में आयोजित वसंत व्याख्यानमाला में 'व्यसनमुक्ति' विषय पर डॉ. दाभोलकर ने व्याख्यान दिया था। उस समय भी उन्होंने शेषराव महाराज के व्यसनमुक्ति प्रवचन पर कड़ा प्रहार किया था।

शेषराव महाराज के प्रवचनों से कितने लोग व्यसनमुक्त हुए, यह विवादास्पद है, फिर भी उन्होंने कुछ समय के लिए समाज में व्यसनमुक्ति का माहौल बनाया था, इसे कबूल करना होगा। महाराष्ट्र में स्थित कुछ एक शास्त्रीय व्यसनमुक्ति केंद्र, इस व्यसन की व्यापक समस्या का हल करने में असमर्थ हैं, यह सचाई होते हुए भी शेषराव महाराज पर 'अशास्त्रीय आंदोलन' ऐसी मुहर लगाना क्या यथोचित है? ईश्वर और धर्म

के नाम पर पशुहत्या न हो ऐसा अंनिस ने आंदोलन छेड़ा, जो यथोचित था। परंतु ईश्वर तथा धर्म के नाम पर कोई अच्छा कर्म भी न करे, इस दुराग्रह को क्या कहा जाए?

धर्म चिकित्सा का आग्रह

रहस्यों का तर्कदुष्ट सहसंबंध जोड़कर अंधा कृत्य करने के लिए प्रवृत्त करनेवालों का उन्मूलन करना ही अंनिस की भूमिका होनी चाहिए। सब रहस्यों का उद्घाटन हम करते हैं, सृष्टि में स्थित सभी रहस्यों को उजागर कर दिखाते हैं, ऐसा दावा करना उचित नहीं है। हाल ही में अंनिस धर्म-मीमांसा का आग्रह कर रही थी। प्रगतिशील धर्मकल्पना क्या होगी? इसकी खोज धार्मिक प्रेरणा से जो अनभिज्ञ हैं, वे क्यों करें? यही सवाल उठता है। धर्म अपरिवर्तनीय है, ऐसा कुछ मुट्ठीभर सनातनियों तथा प्रगतिशील लोगों को ही लगता है। वास्तविक रूप से इतिहास के हर एक मोड़ पर धर्म कल्पना में परिवर्तन हुआ दिखाई देता है। परंतु यह परिवर्तन धार्मिक प्रेरणा से प्रेरित व्यक्तियों के किए विद्रोह से हुआ है। मुक्ति की खोज में समूह होते हैं। मोजेस ने लोगों को मुक्तिमार्ग बताया, यही कारण है कि लोग उसके साथ गए। आगे चलकर यहूदी धर्म की चौखट जुल्मी साबित होने लगी। तब ईसा ने धार्मिक प्रेरणा से ही विद्रोह किया, परिणामत: ईसाई धर्म का उदय हुआ। यथावकाश ईसाई धर्म का बाजारीकरण जोर-शोर से हुआ। तब मार्टिन ल्यूथर ने प्रोटेस्टेंट पंथ का ध्वज फहराया।

यही बात हिंदू धर्म में जैन, बौद्ध, लिंगायत, महानुभाव, सार्वजनिक सत्यधर्म, ब्राह्मो समाज आदि विविध धर्मपंथों के उदय-विकास मार्गक्रमण द्वारा दिखाई जा सकती है। अत: धर्म अपरिवर्तनीय संकल्पना नहीं है। धार्मिक प्रेरणा से युक्त लोगों ने तत्कालीन कठोर बंधनों के विरुद्ध विद्रोह किया। उससे ही हर समय नए धर्मपंथों का उदय हुआ, ऐसा दिखाई देता है। जिन धर्मपंथों को अनुयायियों की ताकत मिली, उन्होंने अपनी जड़ें जमाईं। जैसे—ईसाई, बौद्ध, जैन। जिन्हें ऐसी ताकत न मिली, वो पंथ नष्ट हो गए। जैसे—दीने इलाही, सार्वजनीन सत्यधर्म आदि। धर्म-मीमांसा या धर्मसुधार संविधान सुधार की तरह विधेयक पारित करके नहीं किया जा सकता। वह संचयित परिणामों से होनेवाली घटना है। जीवन के कई क्षेत्रों में ऐसी घटनाएँ होती रहती हैं। मनुष्य का कोई भी क्षेत्र स्वायत्त अथवा स्वतंत्र नहीं है। सब परस्परावलंबी हैं। लेकिन हम केवल जीवन को साँचे में ढली रचना समझकर एक-एक पड़ाव पर अभ्यासपूर्वक सुधार करके परिपूर्ण जीवन की रचना करना चाहते हैं! यथार्थ में यह संभव नहीं है।

धर्म क्या है, इसकी सूक्ष्मता से यहाँ माथापच्ची नहीं करनी है। वह चर्चा करने हेतु आवश्यक सूक्ष्मातिसूक्ष्म ज्ञान मुझे नहीं है, यह भी एक कारण है, परंतु महत्त्वपूर्ण

कारण यह है कि न्याय-वेदांत को लोग धर्म नहीं मानते हैं। ईसा प्रकाण्ड पंडित नहीं था। फिर भी उसका विद्रोह सफल हुआ; क्योंकि धर्म संबंधी बंधमुक्ति प्रेरणाओं को आवाज देने में और प्रस्थापित धर्म-चौखट में होनेवाली विसंगति दिखाने में वह सफल हुआ। कालबाह्य मूल्यों के प्रभावहीन होने से तथा नवविचारों के प्रभावी व्यवहार से लोग परिवर्तन की दिशा चाहते हैं। हम जब ऐसा कहते हैं कि हिंदू धर्म की बुनियादी मूल्य व्यवस्था ही विषमाधिष्ठित है, तो वास्तव में यह विधान भूतकाल को संबोधित करके किया होता है। जन्म से जातीय वरीयता का पुनरुज्जीवन आज कोई नहीं चाहता। आरक्षित पदों के विरुद्ध होनेवाले आंदोलन बेरोजगारी की भयंकरता का परिणाम हैं। ये आंदोलन जातीय वर्चस्व स्थापित करनेवाले आंदोलन नहीं होते। (इसका मतलब ये आंदोलन वैध होते हैं, ऐसा बिलकुल नहीं है।)

दिशा-दर्शक प्रवाह

'न स्त्री स्वातंत्र्यम् अर्हति' यह अब हिंदू धर्म का मूल्य नहीं है। स्त्रियों के आरक्षण के विरोध में असंतोष का भाव भले ही व्यक्त होता हो फिर भी आज नहीं तो कल वह स्थान उन्हें देना ही पड़ेगा, यह सर्वमान्य है। यह स्त्रियों का काम नहीं, ऐसा विरोधी भी नहीं कहते और कह भी नहीं सकते हैं। लखनऊ में मुस्लिम महिलाएँ मस्जिद में जाकर नमाज अदा करती हैं। 'मृत्युदंड' फिल्म में नायिका जब पति को सुनाती है, "पति ही रहो, परमेश्वर बनने की कोशिश मत करो।" तब दर्शकों से तालियाँ मिलती हैं। यह बदलाव किस दिशा की ओर मुखातिब है, इससे स्पष्ट होता है। ऐसे दिशा-दर्शक प्रवाह बड़ी संख्या में दिखाई देते हैं।

किस सूक्त में क्या लिखा है, इस बात पर कोई भी समाज अड़ा नहीं रहता। वह गतिशील रहता है। पृथ्वी गोलाकार है या नहीं, इस पर 'बाइबिल प्रमाण' या 'विज्ञान प्रमाण' ऐसा संघर्ष हुआ है। कई लोगों ने अपनी जान गँवाई है। परंतु अंत में ज्ञान के स्तर पर पृथ्वी गोलाकार है, इस सत्य को स्वीकार करके समाज आगे बढ़ता गया। उसी प्रकार से पाठशाला के पाठ्यक्रम में अंतर्भाव किया गया। लोगों ने चर्च में जाना नहीं छोड़ा। परंतु विज्ञान चर्च का अधिकार क्षेत्र नहीं है, यह कृति से स्पष्ट हुआ। अर्थात व्यावहारिक जीवन और अति व्यापक धार्मिक संरचना में जहाँ व्यावहारिक जीवन पर विपरीत परिणाम करनेवाले संघर्ष होते हैं, वहाँ पर लोग व्यावहारिकता का मार्ग अख्तियार करते हैं। यह बदलाव अधिकृतता से धर्मशास्त्र कबूल करता है, इसकी परवाह लोग नहीं करते हैं। इसीलिए धर्म के न्याय-वेदांत की जाँच करके हम कुछ निष्कर्ष तक पहुचेंगे तो, ऐसा नहीं है कि वे निष्कर्ष ठोस होंगे।

उपरोक्त उदाहरण से और एक महत्त्वपूर्ण बात स्पष्ट होती है कि भौतिक विज्ञान का क्षेत्र एवं धर्म का क्षेत्र इसमें लोग फर्क कर सकते हैं। किंतु यह व्यावहारिक

समझदारी प्रगतिवादियों में दिखाई नहीं देती। जैसे, अंधविश्वास और धर्म में अलगाव है। कुछ स्थानों पर दोनों एक से लगते हैं, पर वास्तविक रूप में ऐसा नहीं है। यह स्पष्ट भी किया जा सकता है। परंतु इसके अलावा हम अंधविश्वास और धर्म को एकरूप मानने की अपरिहार्यता निश्चित कर अंधश्रद्धा निर्मूलन के लिए धर्मश्रद्धा निर्मूलन आंदोलन ही छेड़ते हैं।

अंधश्रद्धा निर्मूलन समिति के नेताओं ने यथासमय इस पर रोक न लगाई तो एक समाजोपयोगी आंदोलन के विनाश हेतु वे खुद ही जिम्मेदार साबित होंगे। 'सीमित भूमिका में असीमित कार्य' यह किसी भी संगठन की धारणा होनी चाहिए। बावजूद इसके प्रगतिवादी संगठन हमेशा उलटा ही आचरण करते आए हैं। यह कभी न कभी रुकना चाहिए।

अरुण ठाकुर के पत्र का उत्तर तो मैंने दिया ही किंतु उसके पूर्व श्री अवधूत परलकर ने आक्रामक तथा मुँहतोड़ उत्तर दिया, वह निम्नलिखित है।

धर्मश्रद्धा उन्मूलन भी चाहिए

'अंधश्रद्धा निर्मूलन या धर्मश्रद्धा निर्मूलन' यह लेख (म.टा. 29 दिसंबर) पढ़ा। धर्म के मूल तत्त्व और धर्म के समाज में प्रचलित वर्तमान भयावह रूप में होनेवाली गड़बड़ी समझ ली तो अरुण ठाकुर को 'चलो शनि-शिंगणापुर, चोरी करने के लिए' यह आंदोलन अटपटा नहीं लगेगा।

प्रत्येक धर्म में मूल नीति तत्त्व बहुतांश रूप में समान हैं। प्रखर नास्तिक भी उसे स्वीकार करेगा, ऐसा उनका स्वरूप है। धर्म जब कर्मकांड, रस्म-रिवाज स्तर पर आता है तब उसका विकृतिकरण होता है तथा वह मत-मतांतर के लिए कारण बन जाता है। नैतिकता झूठ की नींव पर खड़ी न हो, ऐसा किसी आंदोलनकर्ता को लगने लगता है। ईश्वरीय प्रकोप के भय से समाज योग्य आचरण करे, चोरी से परावृत्त हो तो उसे 'नीतिमान समाज' संबोधित करके संतुष्ट रह सकते हैं क्या? यह विवादास्पद प्रश्न है क्योंकि यह 'ईश्वर से डरनेवाला समाज' बन गया है। ऐसे समाज से वह नास्तिक ही अधिक 'नीतिमान' है, जो 'ईश्वर' आस्तित्व में है ही नहीं। यह बात पता होने के बाद भी चोरी करने का खयाल भी मन में नहीं लाता।

धार्मिक आतंकवाद जानने की इच्छा रखनेवालो 'शनिमाहात्म्य' पढ़ो और समाज की रचना इस तत्त्व से करनी है क्या, यह निश्चित करो।

धार्मिक आडंबर के पीछे जो यथार्थता है, उसे जानने का समय अब आ चुका है। अंधश्रद्धा को बढ़ावा देनेवाली संस्था, इस ईश्वरीय संकल्पना का समाज में प्रचलित रूप है, यह समझ में आने के पश्चात् 'ईश्वर को रिटायर करो' ऐसी माँग होने लगी। धर्म की जनप्रियता किस पर आधारित है, इसकी ठीक से जाँच-पड़ताल

होनी चाहिए। चमत्कारों की अधिकता न होती तो क्या ज्ञानेश्वर-तुकाराम का जयघोष होता, इसका अध्ययन होना चाहिए।

यथासमय अतिरेकी आंदोलन छेड़कर धर्म में होनेवाली गड़बड़ी को दूर करना होगा। स्त्री के दर्शन से स्वामी महाराज अशुद्ध होते होंगे और धर्मश्रद्धा ऐसे अधर्मी धर्मपंडितों को सबक सिखाने में रोड़ा अटकाती है, तो अंधविश्वास उन्मूलन के साथ ही धर्मश्रद्धा आंदोलन छेड़ना अनिवार्य है। ऐसा नहीं है कि आंदोलन से तुरंत कुछ परिवर्तन होगा। परंतु आंदोलन के एकत्रित परिणामों से धर्म सुधार संभव है।

—अवधूत परलकर, माहिम, मुंबई।

महाराष्ट्र टाइम्स में लेख लिखकर तथा अन्यत्र कुछ लिखकर मैंने श्री ठाकुर को विस्तार से जो उत्तर दिया, वह निम्नलिखित है—

शनि-शिंगणापुर के संदर्भ में अंधश्रद्धा निर्मूलन समिति विगत दो वर्षों से आंदोलन चला रही है। इस संबंध में समिति की भूमिका स्पष्ट करनेवाली पुस्तिका समिति ने दो वर्षों से नगर जिले में बड़े पैमाने पर वितरित की है। व्याख्यान भी दिए हैं। 'चलो शनि-शिंगणापुर चोरी करने के लिए' यह कृति कार्यक्रम नहीं है, बल्कि चमत्कार मीमांसा के लिए वाच्यार्थ द्वारा उसे समझना चाहिए, यह मेरा प्रतिपादन भी स्पष्टत: समाचार-पत्रों में छपकर आया था। अरुण ठाकुर द्वारा बिना सोचे-समझे किया गया लेखन एकतरफा, विपर्यस्त और मूल विषय से हटकर है। समिति पर यह अकारण अन्याय है। अर्थात लोग ईश्वर के भय से चोरी नहीं करते तो उसे विरोध क्यों किया जाता है? यह संभ्रमावस्था उनकी तरह कई लोगों के मन में हैं, इसलिए यह लेखन किया गया है। संक्षेप में समिति की भूमिका निम्नानुसार है—

चोरी और लूट का सिलसिला

वास्तविकता कुछ और ही है। चोरी नहीं होती, इसलिए (छोटे गाँव के) घरों में दरवाजे नहीं है, यह सच है लेकिन रात को तख्ता लगाकर गेट बंद किए जाते हैं। वजह यह बताई जाती है कि घर के अंदर कुत्ता, गधा जैसे प्राणी न घुस जाए। व्यापारी, दुकानदार सब रुपए अपनी जेब में रखते हैं। शनिदेव के सामने रखे पैसों के संदूक में ताला न लगाया तो पैसे चोरी होते हैं। लेकिन ताला लगाया तो लौकिकता में बाधा आती है। अत: उसमें सूराख रखा जाता है। नीचे नटबोल्ट से बंद किया गया है। पुलिस स्टेशन में भी चोरी की कई केस दर्ज हैं। मई, 1999 में शनि जयंती तथा शनि अमावस एक ही दिन आने के कारण काफी भीड़ हुई। परिणामस्वरूप अधिक मात्रा में चोरियाँ हुईं। सभी समाचार-पत्रों में भी चोरियों के समाचार छपकर आए। जैसे, 'दैनिक लोकसत्ता' का यह समाचार देखिए :

कई लोगों का सोना-रुपए गायब

पार्किंग के पास स्नान करते समय, धनकवडी (पुणे) की शशिकला बाबुराव गायकवाड—इस महिला का मंगलसूत्र, अँगूठी तथा अन्य जेवर मिलाकर साढ़े आठ तोला सोना और दो हजार रुपए की नगद राशि चोरी हो गई। इनके पति बाबुराव यशवंत गायकवाड दिनभर शिंगणापुर में चोरी हुए सोने और रुपयों की खोज में लगे रहे। पुलिस में उन्होंने रपट लिखवाई। किंतु पुलिस टस से मस न हुई। किसी को गिरफ्तार भी नहीं किया गया। मुंबई के रोशन अग्रवाल को भी इसी प्रकार का अनुभव हुआ। सिंचाई चैनल क्रमांक चार के पास वे स्नान कर रहे थे। उन्होंने अपने कपड़े पास ही रखे थे, परंतु स्नान होने तक उनकी सोने के बटनवाली शर्ट और 850 रुपए की नगद राशि की चोरी हो गई। वे दिनभर बनियान और तौलिया पहनकर शिंगणापुर में घूमते रहे। स्नान करनेवालों पर नजर रखकर चोरों ने कई लोगों की घड़ियाँ, बैग्ज, चोरी किए। लेकिन पुलिस थाने में शाम तक किसी भी प्रकार की रपट दर्ज नहीं हुई थी। केवल शिकायत अर्जी ली गई थी। चोरी का अनुभव लेनेवाले भक्तगण पुलिस यंत्रणा एवं विश्वस्त मंडल के नाम से तीव्र नाराजगी व्यक्त कर रहे थे। अत: चोरी न होने का दावा करना यह दांभिकता है। यह बात देवत्व कल्पना से विसंगत है।

सन् 1991 में गुलशन कुमार द्वारा बनाई गई फिल्म 'सूर्यापोटी शनिदेव' ने शनिदेव के दैवी चमत्कार को पूरे भारत देश में पहुँचाया। परिणामस्वरूप भक्तों की भीड़ शनि-शिंगणापुर की तरफ बढ़ने लगी। (इस शनिभक्ति का लाभ गुलशन कुमार को नहीं मिला, उसका खून हो गया लेकिन आज तक उनके खूनियों का पता न चला।) शनि-शिंगणापुर में प्रचंड भीड़ होने लगी। हर रोज दस से बारह हजार भक्तगण आते हैं। शनि अमावस, शनि जयंती के अवसर पर इस संस्था को लाखों रुपए मिलते हैं। सन 1999 में नाताल के अवसर पर केवल तीन दिनों में पाँच लाख लोग आए। भक्तगणों को होनेवाली अनुभूति उद्वेगजनक है। इस संबंध में खुले तौर पर कइयों ने निषेध व्यक्त किया है तथा समाचार-पत्रों ने समाचार भी छापे। 'सार्वमत' इस स्थानिक दैनिक ने 'शिंगणापुर बन गया भक्तगणों को लूटनेवाला तीर्थक्षेत्र' इस शीर्षक से 14 मार्च, 1998 में समाचार छापा। इनके मतानुसार भक्तगणों की गाड़ी रुकते ही उनके पीछे लड़के दौड़े चले आते हैं। रहने की उत्तम व्यवस्था, गर्म पानी, पार्किंग सुविधा, अन्य सुविधा आदि का लालच दिखाकर वे भक्तों को अपने जाल में फँसाते हैं। भक्तों के पास दूसरा कोई विकल्प नहीं होता। परंतु धीरे-धीरे जेब खाली हो जाती है। श्रद्धा के नाम पर नारियल, तेल, पुष्पमाला, आदि पूजा-सामग्री ऊँचे दामों में बेची जाती हैं। तेल दुगुने दाम पर बेचा जाता है। पाँच रुपए की काली गुड़िया कुछ दुकानदार दो सौ इक्यावन रुपए में बेचते हैं।

भगवे रंग की लुंगी के बारे में भी यही होता है। वैराग्य और पवित्रता के नाम पर लुंगी पर काले अक्षरों में केवल 'जय शिंगणापुर' ऐसा नहीं लिखा होता है बल्कि दुकानदार मालिक का भी नाम होता है।

सच तो यह है कि पूरे श्रद्धाभाव से जल भी चढ़ाएँगे तो भगवान संतुष्ट होते हैं। परंतु शनिदेव को तेल के साथ, काली गुड़िया, शनियंत्र, नारियल, पुष्पमाला अर्पण करने से ही पीड़ाओं से मुक्ति होती है, इस कल्पना के तहत भक्तों को फँसाया जाता है। पूजा की थाली पच्चीस से पचास रुपए में मिलती है। प्रतिदिन दस हजार भक्तों के हिसाब से प्रसाद की थाली पर कम से कम पाँच लाख रुपए मिल जाते हैं। साथ ही कुछ हजार लीटर तेल हर दिन जाया होता है। सालभर में शनिदेव की मूर्ति पर अभिषेक के रूप में व्यर्थ जानेवाले तेल की कीमत करोड़ों रुपयों तक होती है। तेल विक्रेता प्रतिदिन 10 हजार रुपयों की तेल बिक्री करता है। सोनई नगर में होनेवाले तेल कारखानों में शिंगणापुर से ही कई ग्राहक होते हैं। देश की आधी जनसंख्या को पेटभर खाना नहीं मिलता है और भगवान के नाम पर हजारों लिटर तेल व्यर्थ हो जाता है। इस बात का समर्थन करना विश्वस्त मंडली के लिए भी कठिन कार्य होता है। इस तेल का पुनः उपयोग करने के लिए उसे साबुन कारखानों को देने का विचार है। अर्थात देवस्थान को और भी पैसा मिलेगा।

अभिषेक के लिए भक्तगणों को देवस्थान की कम से कम पाँच रुपए की रसीद लेनी पड़ती है तथा देवस्थान के पुजारी को कम से कम पाँच रुपए दक्षिणा देनी पड़ती है। दक्षिणा कितनी देनी है यह देना भक्तों पर निर्भर होता है। कई लोग अभिषेक की रकम डाक द्वारा भेजते हैं। ऐसे भक्तों का नाम देवस्थान की ओर से अभिषेक किया जाता है तथा नारियल एवं प्रसाद डाक द्वारा भेजा जाता है। ईश्वर-भक्ति डाक और डाकिए द्वारा करने की सुविधा यहाँ उपलब्ध है। देवस्थान के इलाके में जो दुकानें हैं, उनका प्रतिदिन 300 से 500 रुपए किराया है। अर्थात मासिक नौ हजार से पंद्रह हजार रुपए। यदि वह जगह देवस्थान की है, तो किराया देवस्थान को मिलता है और निजी मालमत्ता होगी तो उस जगह के मालिक को किराया मिलता है। मूला चीनी कारखाने में क्लर्क पद पर कार्यरत और मंदिर के विश्वस्त नाना बनकर को अपनी अमीरी शनिदेवता की ही कृपा-प्रसाद लगती है। बनकर इन दिनों देवस्थान परिसर में 18 लाख रुपए खर्च करके 'शनि माहात्म्य' नाम से होटल का निर्माण कर रहे हैं। महात्मा फुले ने जिसे शेटजी एवं भटजी द्वारा होनेवाली लूट कहा, इसका यह प्रत्यक्ष प्रमाण है। शनिदेव की कृपा होनेवाले इस गाँव में पाठशाला केवल सातवीं तक है। महाविद्यालय की व्यवस्था ही नहीं है। अस्पताल नहीं है। शनिदेव के कृपाशीर्वाद से गाँव संपन्न बना किंतु उससे हितसंबंध में घनिष्टता आई। चोरी न होनेवाले इस गाँव के लोग सत्प्रवृत्ति के होंगे ऐसा लगना स्वाभाविक है। परंतु ऐसा नहीं है। अन्य गाँवों की तरह जमीन

से संबंधित झगड़ा, मारकाट, झाँसा देना, आपसी संघर्ष इस प्रकार की शिकायतें शिंगणापुर गाँव से पुलिस थाने तक पहुँची हैं। शनिदेव की कथा में कई दृष्टांत है, परंतु गाँव के विकास एवं निरामय मानसिकता संबंधी दृष्टांत शनिदेव ने आज तक ग्रामवासियों को नहीं दिया है।

चमत्कार एवं वैज्ञानिक दृष्टिकोण

क्या चमत्कार धर्मश्रद्धा का हिस्सा है? स्वामी विवेकानंद कहते हैं, "जिस शुद्ध हिंदू धर्म का सम्मान मैं करता हूँ, वह चमत्कार पर आधारित नहीं है। चमत्कार एवं गूढ़ता के पीछे मत पड़ो। चमत्कार सत्यप्राप्ति के मार्ग में आनेवाले सबसे बड़ा रोड़ा है। चमत्कारों का पागलपन हमें नादान और कमजोर बनाता है।" हिंदू हृदय सम्राट सावरकर स्पष्ट रूप से सुनाते हैं, "चमत्कार या मन्नत आदि अज्ञान के प्रतिशब्द हैं। ज्ञान के नहीं है। भारतीय संविधान के अनुसार वैज्ञानिक दृष्टिकोण का पालन करना, नागरिकों का कर्तव्य है। शैक्षिक नीति में वह महत्त्वपूर्ण तत्त्व है। वैज्ञानिक दृष्टिकोण मान लिया जाए तो चमत्कारों के लिए कोई जगह नहीं है। महाराष्ट्र में लोग खुलेआम पूछते हैं, 'चमत्कार होते ही हैं, शनि-शिंगणापुर उसका उत्तम उदाहरण हमें मालूम है।' ऐसे समय में सत्यशोध आवश्यक बन जाता है। सत्यशोधन में जो सत्य सिद्ध होगा, वह कबूल करने की समिति की तैयारी होते हुए, संबंधितों का सत्यशोधन को अस्वीकार करना क्या दर्शाता है?"

महाराष्ट्र सरकार छात्रों को मूल्य-शिक्षा देती है। उसमें वैज्ञानिक दृष्टिकोण का मूल्य के रूप में अंतर्भाव है। शनि-शिंगणापुर में चोरी करनेवाला दृष्टिहीन हो जाता है। वह पागल हो जाता है। इस कल्पना से (चोरियाँ बंद न होते हुए) शनि-शिंगणापुर देवस्थान संबंधी दैवी चमत्कारों का प्रभाव निर्माण हुआ। प्रसार माध्यमों ने उसे हवा दी। चमत्कार को मानना मतलब वैज्ञानिक दृष्टिकोण को अस्वीकार करना है। दैवी चमत्कार होते ही हैं, यह दृढ़ विश्वास (जो संविधान के अंतर्गत वैज्ञानिक दृष्टिकोण का पालन करने के उद्देश्य के साथ विसंगत है) स्वीकारने का अधिकार यदि संबंधितों को होगा, तो विज्ञान के नियमों का उल्लंघन करनेवाले चमत्कार होते ही नहीं हैं, इस श्रद्धा का पालन करने तथा उसका प्रचार करने का समिति का अधिकार है यह समझना चाहिए या नहीं? ईश्वर के भय से व्यक्ति पाप कर्म नहीं करता है, तो ईश्वर नहीं है, ऐसा कहें क्या? यह मूल प्रश्न है। भारतवर्ष में प्रमाणभूत स्थिति यह है कि लोग ईश्वर को भी मानते हैं और सहजता से पापकर्म भी करते हैं। सत्य साईंबाबा चमत्कार करते हैं इसलिए क्योंकि उन्हें दैवी शक्ति प्राप्त हुई है, असीम संपत्ति प्राप्त हुई है। उसके आधार पर वे शिक्षा, स्वास्थ्य, पानी आदि की अच्छी सुविधा देते हैं। फिर भी उनका चमत्कार करने

तथा उसकी छानबीन करने के लिए मान्यता न देने को समिति अनैतिक है मानती है। नीति का स्वरूप, फलस्वरूप अथवा हेतुप्रधान दो प्रकार का ही हो सकता है। अपेक्षित फल (यहाँ चोरी न होना) मिलता है, तो कुछ लोगों को वह पर्याप्त तथा योग्य लगता है। साध्य पूर्ण होता हो तो, साधन की अधिक चर्चा क्यों करें, ऐसा एक विचार है। दूसरा विचार यह है कि डर से नीति उत्पन्न हो यह अंतिमत: ठीक नहीं है। समिति का मानना है कि नीति का उद्गम मानवी विवेक से हो। चोरी करना अनैतिक कर्म है, तो सत्य को समाज मन से छिपाना क्या अनैतिक नहीं है? शनि-शिंगणापुर के चमत्कारों का स्तुति पाठ करनेवाले सभी लोग समाज से सत्य छिपाने का अनैतिक कृत्य नहीं करते हैं क्या? चोरी संबंधी यह समझ सदाचार का पाठ पढ़ानेवाली 'श्रद्धा' हो तो वह 'अंध' कैसी हो सकती है? इसका उत्तर यह है कि यह अज्ञान को प्रसारित करनेवाला सदाचार है। अज्ञान का प्रसार करना यह चोरी नहीं समझा जाता, इस मिथ्या कथन से सदाचार निर्माण के पापड़ बेलना अधिक घातक है। मानव की प्रगति भय पर आधारित सदाचार से नहीं, बल्कि ज्ञान के विचार, प्रयोग, प्रवाह, तथा उससे निर्मित विवेकशीलता से हुई है, यह हम नहीं भूल सकते हैं। विज्ञान, निर्भयता और नीति यह अंनिस का ब्रीद है। भय पर आधारित नीति को अंनिस का विरोध है। विवेक का प्रयोग निर्भयता से करके जो सत्य सामने आएगा उस पर आधारित नीति अंनिस को अधिक श्रेयस्कर है। मान लीजिए कि किसी बच्चे ने अपने पिता से पूछा, "बाबा! शनि-शिंगणापुर के घरों को दरवाजे न होते हुए भी चोरियाँ नहीं होतीं। चोरी हो भी गई तो चोर दृष्टिहीन हो जाता है या वह भ्रमिष्ट होता है, क्या यह सच है? क्या यह अंधश्रद्धा है?" अधिकांश माता-पिता "यह सदाचार सिखानेवाली अच्छी श्रद्धा है तथा अंधश्रद्धा नहीं है," ऐसा उत्तर देंगे। यह बात सच है या झूठ इसके संबंध में चुप्पी साध लेंगे। परंतु समिति के कार्यकर्ताओं से उनके घर के या आसपास के बच्चों द्वारा यह प्रश्न पूछा जाएगा तो समिति कार्यकर्ता कहेंगे, "चलो इसकी छानबीन करते हैं। छानबीन में जो सामने आएगा, उसे सत्य मानेंगे।" मुझे नहीं लगता कि इस प्रकार की छानबीन करने के लिए अस्वीकृति देनेवाला पालक समाजहित के लिए सुसंगत और वैज्ञानिक दृष्टिकोण के लिए सुसंगत वर्तन करता होगा। परंतु फिर भी उदात्त धर्म कल्पना से नीति का आचरण किया जाए तो समिति उसका स्वागत करती है। किंतु शनि-शिंगणापुर में तो वास्तविकता कुछ और ही है।

धर्म संबंधी समिति की भूमिका

अंधश्रद्धा निर्मूलन समिति व्यक्ति के धर्म एवं उपासना स्वातंत्र्य का पूर्णत: सम्मान करती है। व्यावहारिक पक्ष में समिति इस संदर्भ में निष्पक्ष भूमिका अपनाती है।

किसी धर्म का पालन करनेवाले, किसी देवता की उपासना करनेवाले अथवा पूर्णरूपेण नास्तिक होनेवाले ऐसे हर प्रकार के लोग समिति के सदस्य बन सकते हैं। समिति के मंच से धर्म की ओर से या धर्म के खिलाफ रवैया अपनाया नहीं जाता। समिति का संबंध शोषण, जालसाजी एवं गुमराह करनेवाले अंधविश्वास के खिलाफ है। यदि अंधविश्वास धर्म के नाम पर होता है, तो वहाँ पर धर्म चिकित्सा अटल है। यह धर्म का विरोध नहीं, बल्कि धर्म का परिष्करण है। ईश्वर नहीं है, यह डॉ. लागू की भूमिका है, समिति की नहीं। लेकिन गणेशजी पर होनेवाले श्रद्धा स्वातंत्र्य का मतलब यह नहीं है कि गणेश दूध पीता है, इस बात को प्रचारित करने का परवाना मिला हो। साथ ही शनिदेवता की श्रद्धा मतलब यह नहीं है कि उसके दैवी प्रकोप के चमत्कारों का भी समर्थन किया जाए, यह समिति को मान्य नहीं है। महाराष्ट्र के समाजसुधारकों के विचार इससे भी ज्यादा कठोर एवं स्पष्ट हैं।

प्रबोधनकार ठाकरे कहते हैं, "मैंने शनि-माहात्म्य बहुत बार पढ़ा है। एकाध काल्पनिक उपन्यास से बढ़कर मुझे उसका महत्त्व प्रतीत न हुआ। उसको पढ़कर किसी का उलटा नसीब ठीक होता हो, इस पर मेरा भरोसा नहीं है। उसमें कोई रहस्यमयी ताकत होगी या है इस पर मेरा विश्वास न तब था न अब है।"

स्वातंत्र्यवीर सावरकर तो हिंदू हृदय सम्राट हैं। उनका विचार है कि "शनि देवता है ऐसा मानना अंधेपन की निशानी है। उससे भी बढ़कर अंधेपन से ग्रस्त एवं हास्यास्पद धर्म का भोलापन यह है कि पृथ्वी पर स्थित एक पत्थर को तेल चढ़ाकर, शनि-माहात्म्य की पोथी पढ़ी अथवा किसी ऐरे-गैरे को दान दिया तो शनि प्रसन्न होता है, यह उपदेश करना। शनि यदि शनि-माहात्म्य से प्रसन्न होता है, तो लकड़ी के खंबे पर लगाया गया, इस गाँव के रास्ते पर होनेवाला केरोसिन का लालटेन भी किसी 'लालटेन माहात्म्य' की पोथी से लाभान्वित क्यों नहीं होता? केरोसिन के बिना वह क्यों नहीं जलता है?"

महाराष्ट्र में इस कार्य में योगदान देनेवाले संतों एवं समाजसुधारकों की विरासत है। सत्यनारायण में होनेवाला दैववाद, चमत्कार, चातुर्वर्ण्य मान्यता, इस झूठ पर गाडगे बाबा तथा प्रबोधनकार ठाकरे ने कोड़े बरसाए हैं। नासिक का सिंहस्थ कुंभमेला कुछ शतकों तक अत्यंत पवित्र धर्म कार्य माना गया था। इस मेले की दांभिकता पर संत तुकाराम से लेकर कविश्रेष्ठ कुसुमाग्रज तक सभी ने कोड़े बरसाए हैं या यूँ कहिए कि इस मेले की दांभिकता की पोल खोलने का कार्य किया है। उत्तम कांबले द्वारा लिखी गई 'मेला साधुओं का या मौकापरस्त साधुओं का?' यह पुस्तक चर्चित है। ऐसी परंपरा होने के बावजूद भी यह कठिन कार्य है। ईश्वर के नाम पर, धर्म के नाम पर पशुहत्या न हो यह समिति का आंदोलन यथोचित है, ऐसा ठाकुर कहते हैं। महाराष्ट्र में तकरीबन डेढ़ सौ मेलों

में समिति ने पशुहत्या पर रोक लगाई है। साथ ही यह हमारे धर्म तथा बहुजन संस्कृति में हस्तक्षेप है, इस कारण से कई बार शाब्दिक तथा प्रत्यक्ष रूप से मार भी खाई है। ठाकुर को जो काम अच्छा लगता है, वह अन्य कुछ समूहों को आक्षेपाई लगता है। इससे कार्य की कठिनता एवं पेचीदापन ध्यान में आएगा। अपने आपको सत्यशोधक आंदोलन के अनुयायी कहलानेवाले वास्तविक रूप से इस मामले में चुप्पी साधकर बैठते हैं, यह आज की सबसे बड़ी समस्या है। समिति धर्मचिकित्सा की न्याय-वेदांत चर्चा नहीं करती परंतु विघातक, कालबाह्य रूढ़ि-परंपराएँ, कर्मकांड प्रथा इन सबका कृतियुक्त विरोध तथा प्रबोधन भी करती है। यह सच्चे धर्म भाव पर हमला नहीं बल्कि उसके लिए लाभदायी बात है ऐसा समिति को लगता है।

संविधान में होनेवाली धर्मनिरपेक्षता की भूमिका समिति धर्म के लिए प्रमाण मानती है। अत: व्यक्ति को धर्म पालन और उपासना करने की पूरी स्वतंत्रता है। मात्र यह निरपवाद नहीं है। राष्ट्रीय एकता, कानूनी सुव्यवस्था, सार्वजनिक नैतिकता, सार्वजनिक आरोग्य, नागरिकत्व संबंधी मूलाधिकार इसका धर्म द्वारा संकुचन होता हो, तो वहाँ धार्मिक स्वतंत्रता सीमित करने की भारतीय संविधान की ही भूमिका है, और यह समिति को प्रबोधन तथा कृति के लिए फायदेमंद लगती है।

सामाजिक नैतिकता सद्विवेक बुद्धि से संबंधित हो

व्यक्तिगत एवं सामाजिक जीवन में होनेवाली नैतिकता समिति के लिए अत्यधिक महत्त्वपूर्ण है। धर्म के नाम पर जो भी संस्थाएँ या व्यक्ति नैतिकता का आचरण करते होंगे, दीन-दलितों की सेवा करते होंगे, अनिष्टता के विरुद्ध डटकर खड़े रहते होंगे, उन सबके प्रति समिति को आदर है। फिर भी ऐसे आचरण की चिकित्सा करना समिति को उचित नहीं लगता।

वैसे भारत में तो उलटा यह अनुभव रहा है कि हिंसा, क्रूरता, भ्रष्टाचार, संपत्ति का लोभ तथा कई सामाजिक दुर्गुण, ईश्वर और धर्म का हर क्षण जयघोष करनेवाले व्यक्ति या संस्था में शत-प्रतिशत पाए जाते हैं। लेकिन इसके सम्माननीय अपवाद भी हैं। साथ ही धार्मिक दृष्टि से नीति प्रधान समाजसुधार का जो कार्य करते हैं, उन्हें समिति का आदरयुक्त अनुमोदन है। समिति का यह प्रयास है कि सद्विवेक बुद्धि के आधार पर सामाजिक नैतिकता की नींव डाली जाए। प्राचीन काल में दैवी प्रकोप के भय से देवताओं को कोई स्पर्श नहीं करता था। संप्रति यह देखा गया है कि लोगों को ईश्वर का भय ही नहीं लगता है। इसीलिए मंदिरों के इलाकों में होनेवाले पेड़ों को बड़ी भारी संख्या में काटा जा रहा है। वैसा ही चोरी के संदर्भ

में है। चोरी करना मतलब अन्य व्यक्ति के अधिकार में अधिक्षेप करना है तथा यह समाजविरोधी कृत्य है, इस कल्पना का आधार होना चाहिए। ईश्वर का भय यह अंतिम आधार नहीं हो सकता। मनुष्य विचारशील प्राणी है इसलिए वह उचित विचार करके उसी आधार पर विवेकी समाज हित संबंधी नीतियुक्त वर्तन करेगा, ऐसा मान सकते हैं। समिति का प्रयास सत्याधिष्ठित धार्मिक प्रेरणाओं का आदर करते समय भी विवेकाधिष्ठित मानस निर्माण का रहेगा। परंतु शनि-शिंगणापुर के संबंध में तो यह सवाल ही नहीं उठता। वहाँ के कथित चमत्कार साफ-साफ शोषण को मान्यता प्रदान करते हैं। दैवी चमत्कार और स्त्री-पुरुष विषमता धर्मश्रद्धा का हिस्सा नहीं हैं, इस बात को भारतीय संविधान तथा संतों और समाजसुधारकों ने रेखांकित किया ही है।

भानमती उन्मूलन की मुहिम

अंधविश्वास पर चर्चा करते समय जानबूझकर भानमती पर प्रश्न उपस्थित किए जाते हैं। भानमती की करनी देखी है, ऐसा पूरे विश्वास के साथ कहनेवाले बैठक या सभा में दो-चार मिलते ही हैं। भानमती के कुछ प्रकार काफी मशहूर हैं। जैसे, घर पर अपने आप पथराव होना, सुखाने हेतु रखे कपड़ों में अचानक आग लगना, शरीर पर कपड़ों के अंदर भिलावाँ के चिह्न दिखाई देना, अनाज के डिब्बे का ढक्कन अपने आप खुलकर धान्य गायब होना, बंद अलमारी और संदूक से वस्तुओं का नदारद होना। भानमती काफी पहुँची हुई हो तो लकड़ी की तख्ती से बर्तन नीचे गिरना, घर के अंदर होनेवाली अलमारी, कुर्सियाँ, टेबल आदि का अपने आप इस कमरे से उस कमरे में जाना, बिना किसी कारण के आग लग जाना, आँखों में कंकड़ और काँच निकलना और घर में बने प्रत्येक व्यंजन में कड़वाहट आना आदि ऊटपटाँग बातें देखने को मिलती हैं, जिससे पूरा घर परेशान होता है। आस-पड़ोस में रहनेवाले भी अचरज में पड़ते हैं। लोगों को डर तथा आश्चर्ययुक्त कौतूहल होने लगता है।

भानमती करके टोना-टोटका भी किया जाता है। घर में हमेशा किसी का बीमार रहना, परिवार में झगड़े होना, लाइलाज बीमारी, गाय का दूध देना बंद होना, हमेशा असफलता, दुर्घटनाएँ—ये सारी टोना-टोटका की बाधाएँ हैं, ऐसा माना जाता है।

उपर्युक्त सभी घटनाओं के अलावा मराठवाड़ा के कई इलाकों में भानमती का शरीर में संचार होता है। ऐसी महिलाएँ अभुआती हैं, रोती हैं, जमीन पर लेटकर गिड़गिड़ाती हैं, अनाप-शनाप बातें करती हैं, मूर्च्छित हो जाती हैं, उन पर मानो एक नशा हावी हो जाता है। उनके सर्वांग में दर्द होता है, कभी-कभी तो ये कुत्तों जैसी आवाज में बोलती हैं। यह विशेष भानमती संपूर्ण भारत देश में केवल मराठवाड़ा में ही दिखाई देती है।

आदिम मानव के लिए जगत् का कार्यकारण भाव समझ पाना असंभव था। उसने प्रकृति को नाम दिया 'यातुशक्ति' (जादू—यह शब्द यातु शब्द का ही अपभ्रंश रूप है)। समाज धारण की अच्छी क्रियाओं को शुक्लयातु माना जाने लगा। शत्रु को बीमार बनाना, सौतन को नि:संतान करना, धान की राशि में आग लगा देना आदि सब क्रियाएँ कृष्णयातु मानी जाने लगीं। इसी का दूसरा नाम भानमती या काला जादू

बना। मानसिक कष्ट देनेवाली, जल्दी स्पष्ट न होनेवाली घटना भानमती कहलाती है। इसकी विशेषता यह है कि इसकी घटनाएँ हमेशा गूढ़ और डरावनी होती हैं।

भानमती से ग्रस्त व्यक्ति संबंधी कुछ अंधविश्वास भी सामने आते हैं। ऐसे लोग अपने केश संभार से छत से लटकते हैं। छोटे से कोने में या खूँटी पर बैठते हैं। उनकी आँखों से, नाक से, कान से सूइयाँ, सूए, कीलें बाहर निकलती हैं। ये इनमें से कुछ लोकप्रिय (गलत) धारणाएँ हैं।

भानमती का जानलेवा यथार्थ

वैज्ञानिक दौर में, समाजसुधारकों के महाराष्ट्र में इक्कीसवीं सदी की दहलीज पर इन सब गलत और असंभव, फालतू बातों पर विचार करने की जरूरत ही क्या है, ऐसा हमें लगा तो भी यथार्थ कुछ और ही है। मराठवाड़ा में स्थित सभी लेकिन परभणी, बीड, लातूर, नांदेड़ इन जिलों में अधिकतर भानमती के उपरोक्त सब रूप जनमानस में, खासकर देहाती तबके में अपना प्रभाव दिखाते हैं। अंधविश्वास की यह मानसिकता किसी के लिए जानलेवा सिद्ध होती है, अथवा प्रत्यक्ष रूप में जान लेती है, इसका शब्दश: जानलेवा उदाहरण नांदेड़ जिले में घटित हुआ। 26 जनवरी, 1993 के गणतंत्र दिवस के दिन शिलवणी (तहसील—देगलूर, जिला—नांदेड़) गाँव में दत्तु सटवाजी सूर्यवंशी, यह गाँव का कोतवाल, गाँव में भानमती करता है इसलिए गाँववालों ने इस नवबौद्ध की बुरी तरह से पिटाई की। दूसरे दिन उसकी लाश एक खेत के पेड़ की टहनी पर लटकती हुई पाई गई तो शंकर इरनाईक वंजे—इस मातंग मजदूर को इतना पीटा गया कि तकरीबन पंद्रह दिन उसने घर से बाहर कदम भी नहीं रखा। इस वारदात को दबाने का बखूबी प्रयास हुआ लेकिन पाँच फरवरी को यह समाचार अखबारों में छपकर आया। मैं तुरंत लातूर जिले में होनेवाले उदगीर गाँव में पहुँचा। यहाँ पर डॉ. ना.य. डोले के नेतृत्व में 'लोक स्वतंत्रता संगठन' कार्यरत है। अंधविश्वास उन्मूलन समिति का शिविर भी 6-7 फरवरी को यहाँ था। शिलवणी गाँव जाने के लिए उदगीर नजदीक पड़ता था।

7 तारीख को हमने पौ फटते ही उदगीर छोड़ा। सुबह जल्दी गाँव पहुँचने के पीछे उद्‌देश्य यह था कि सब लोगों से मिलना संभव होगा। मार्गदर्शन एवं संपर्क हेतु रवी मोरे नामक उदगीर के हावगी स्वामी कॉलेज का छात्र, जो राष्ट्रीय सेवा योजना का स्वयंसेवक था, वह हमारे साथ था। उसका गाँव शिलवणी से केवल दो कि.मी. की दूरी पर था। शिलवणी गाँव में उसकी जान-पहचान थी। डॉ. रामेश्वर बाहेती की गाड़ी से हम चल पड़े। डॉ. रंगनाथ गुडसूरकर, डॉ. सुधाकर देशमुख, श्री. प्रभाकर मंगसलकर भी साथ थे। लोक स्वतंत्रता संगठन, महाराष्ट्र विज्ञान परिषद इन संस्थाओं में जी-जान लगाकर कार्य करनेवाली ये हस्तियाँ।

कच्चे रास्ते से 70 कि.मी. सफर कर 7.30 के आसपास हम शिलवणी पहुँचे। 3000 के आसपास की जनसंख्या वाला यह गाँव अच्छा लग रहा था। मुख्य रास्ते से गाँव में आने के लिए कोलतार की सड़क भी है। गाँव के मकान भी अच्छे थे और गाँव में एक बड़ी पानी की टंकी भी थी।

गाँव में प्रवेश करते ही हमें पुलिस जीप दिखाई दी और कई जगहों पर सशस्त्र पुलिस दल के जवान खड़े दिखाई दिए। माहौल में काफी तनाव था। लोग हमसे दूर खड़े थे। वे हमसे रास्ता काटने के विचार में थे। कुछ बातचीत को बढ़ावा देते हुए हमने गाँव के मंदिर में बैठक जमाई। धीर-धीरे गाँववाले इकट्ठा होने लगे। 26 तारीख को क्या हुआ, हमने इसकी जानकारी लेना आरंभ किया। दलित आंदोलन का कुछ समय सक्रिय कार्यकर्ता होने के कारण मुझे तजुर्बा था। घटित घटना नहीं होनी चाहिए थी, ऐसा लोग बताते थे। उस संबंध में झूठ-मूठ के आँसू भी बहाते थे। गाँव की घटना से किसी के संबंध का इनकार भी करते थे। महत्त्वपूर्ण जानकारी को छिपाकर फालतू बातें करते थे।

गाँव में डॉक्टर के रूप में दवा-दारू करनेवाले डॉ. एन.एस. उंदरे के जानकारी देते समय मुझे पुनः इन सब बातों की अनुभूति हुई। पहले उंदरे लातूर में एक नामचीन डॉक्टर के यहाँ कंपाउंडर के रूप में कार्यरत थे। बाद में उन्होंने शिलवणी और आसपास के देहातों में व्यवसाय शुरू किया। वे बातूनी थे। उनके मतानुसार भानमती अर्थात बहाना मती। बहाना मतलब ढोंग, मती अर्थात बुद्धि। संक्षेप में लोगों को बहानेबाजी से ठगने का काम। भानमती का यह अर्थ मैं समझाता हूँ। ब्राह्मण समाज में भानमती कभी भी क्यों नहीं होती, इसका विचार करो, ऐसा लोगों को समझाता हूँ, ऐसा वे बता रहे थे। भानमती अधिकतर स्त्रियों को ही होती है। स्त्रियाँ हँसती हैं, रोती हैं, भौंकती हैं, बेहोश होती हैं, उनकी बोलती बंद हो जाती है। बीड़ी का धुआँ नासिका में छोड़ने पर बोलती शुरू होती है। ये औरतें घर में कुछ काम नहीं करतीं। इस प्रकार की जानकारी उंदरे ने दी। निवृत्ति येडूरे, सी.आर.पी. के सेवानिवृत्त जवान, इनका कहना था कि यह बीमारी अस्पताल की नहीं ऐसा लोग मानते हैं। नांदेड़ में औषधि लेने भेज दिया तो लोगों का इस पर विश्वास नहीं होता। वे अन्य उपाय ढूँढ़ते हैं। पीतल के तावीज गले में बाँधते हैं। एक अन्य उपाय यह भी कि कागज पर कोष्ठक के समान आकार बनाकर उस पर तीन रंगोंवाला या सप्तरंगी धागा बाँधते हैं। उसे 'पलिते' कहते हैं। भानमती ग्रस्त व्यक्ति को यह पलिता पास रखने के लिए दिया जाता है।

26 जनवरी को हुई घटना का आरंभ कैसे हुआ, इसकी जानकारी बैठक में सामने आई। धोंडीपरगा यह उदगीर तहसील में स्थित गाँव। वहाँ बसवराव पाटिल रहता है। वह इसलिए प्रसिद्ध था कि वह भानमती से मुक्त करता था। अतः उसके पास लोगों का ताँता लगा रहता। खास बात यह थी कि उसने मौन धारण किया

था। वह स्लेट पर लिखकर बताता कि अमुक-तमुक भानमती किसने की है और यह किसके मुँह से जानकारी मिलेगी। इसे चेतावनी कहा जाता है। संबंधित व्यक्ति फिर सुधबुध खो देता है और बात करने लगता है। 26 जनवरी के कुछ दिन पहले गाँव के 60-70 लोग उसके पास गए थे। खास बात यह थी कि दस साल जिला परिषद की भूतपूर्व सदस्य रही स्त्री भी उनमें थी। उसको ऐसा लगता था कि उसको जो बीमारी है वह किसी भानमती विद्या प्राप्त व्यक्ति द्वारा किया गया विषप्रयोग है। 26 जनवरी के कुछ दिन पहले श्री बसवराज पाटिल ने स्लेट पर लिखा कि सौ. कमलाबाई केशव माने को चेतावनी मिलेगी। आश्चर्य की बात यह कि दस मिनट में ही कमलाबाई के शरीर में संचार हो गया। उसके दो दिन बाद पुनः उसके शरीर में संचार हुआ। गाँव में भानमती करनेवाले सात व्यक्तियों के नाम संचार अवस्था में उसने जाहिर किए।

इसमें नरसिंगराव दोमाटे, बी.ए. तक पढ़ा उनका बेटा पंढरी दोमाटे, राजेंद्र जयराम माने, राजेंद्र मुंजीप्पा, नारायण वारिक, दत्तू सटवाजी कोतवाल, शंकर इरनाईक वंजे आदि के सात नाम थे। मंदिर में बैठक के लिए उपस्थित गोविंदराव नामदेव साधु ने अन्य जानकारी दी। उसका यह कहना था कि कमलाबाई के शरीर में संचार होने से लोगों का इस पर भरोसा हुआ। हर साल की तरह सुबह आठ बजे ग्राम पंचायत के सम्मुख ध्वजवंदन के पश्चात् दत्तु सूर्यवंशी अपनी कोतवाली की जिम्मेदारी समझकर ग्राम पंचायत के सामने होनेवाले फहराते ध्वज की बाजू में बैठा रहा। दोपहर 12 बजे के आसपास गाँव के कुछ लोग उसे वहाँ से उठा लाए। तू गाँव में भानमती क्यों करता है? ऐसा धमकाया। दत्तु को शायद इस बात का बुरा लगा हो, क्योंकि शाम छह बजे उसने अपना घर छोड़ा। पौ फटते ही गले में फाँसी का फंदा और लटकता हुआ उसका शरीर ही पेड़ पर दिखाई दिया। उसके चचेरे भाई रानबा राम सूर्यवंशी ने नौ लोगों के नाम से रपट दर्ज कराई है। अब पुलिस क्या करती है, यह देखना है। बावजूद इसके हमारे पास कहने को कुछ नहीं। किंतु जो हुआ बहुत बुरा हुआ यही भावना गाँव में है। यह चर्चा समाप्त होने को आई, तब तक चाय भी आई। चाय न आती तो भी हम वहाँ से उठते। क्योंकि क्या बोलना है, और क्या नहीं बोलना है, इसका पक्का निर्णय कर जानकारी दी जा रही थी। दत्तू की हत्या के बाद पूछताछ के लिए गाँव में पहुँचे हम ही पहले थे। फिर भी हमें यह बात पता चली यह विशेष है।

क्या दत्तू ने आत्महत्या की?

गाँव को पार कर हम पास ही की दलित बस्ती में पहुँचे। रपट दर्ज करानेवाले दत्तू के चचेरे भाई रानबा और दत्तू के साथ हुई मारपीट जिसने कुछ समय देखी, वह

दत्तू की विवाहिता कन्या फुलूबाई नामदेव म्हेत्रे थी। उसे और रानबा इन दोनों को पुलिस ने बुलाया था इसलिए वे घर में नहीं थे। घर में था दत्तू का इकलौता लड़का मच्छिंद्र। उसने दसवीं कक्षा में 58 प्रतिशत अंक प्राप्त किए थे। वह शिवाजी कॉलेज, उदगीर में ग्यारहवीं कक्षा में पढ़ता था। उसे छोटी-सी उम्र में जबरदस्त सदमा पहुँचा था, जिससे उसका मन बेकाबू हुआ था। हमने पुलिस को खबर करके दत्तू के चचेरे भाई को और फुलूबाई को बुला लिया। इकहरे बदनवाली, नाक-नक्शे से अच्छी फुलूबाई अपने गाँव की आँगनबाड़ी में काम करती थी। उसने अपने आपको सँभाला था। घटित घटना के आरंभिक काल में वह चश्मदीद गवाह थी।

उसके कथन के अनुसार—ध्वजारोहण के पश्चात् वहाँ बैठे उसके पिताजी को व्यंकट हाडोले दोपहर एक बजे केशवराव माने की दुकान की ओर हाथ पकड़कर ले गया। वहाँ पर केशव उस पर क्रोधित हो गया। अपने पूरे परिवार पर करनी, भानमती करने में दत्तू का हाथ है, यह उसे निश्चित ही मालूम था। दत्तू बार-बार 'ऐसा कुछ भी नहीं है' हाथ जोड़कर कहता रहा। अपने पिताजी और दो बच्चों की कसम उसने ली। ईश्वर की, महादेव की, हनुमान की भी कसम ले चुका था। लेकिन उसे घेरे हुई भीड़ में से किसी को भी उस पर भरोसा न हुआ। दत्तू को लाठी से, हाथ से, सलई से पीटना शुरू हुआ। उसके पूरे शरीर, चेहरे पर घाव किए गए। इतने में किसी के ध्यान में आया कि उसकी लड़की दूर खड़ी डर से सहमी यह तमाशा देख रही है। 'झिप्री रांड़' ऐसी गालियाँ देकर उसे वहाँ से भगाया गया।

दोपहर में चार बजे दत्तू को रानबा के घर लाया गया। उसके दोनों घुटने फूट चुके थे। भानमती का सामान उसने रानबा के घर छिपाया है, इस कल्पना से यह मकान तहस-नहस किया गया। घर में गड्ढे खोदकर देखा गया। फिर भी कुछ मिला नहीं।

दत्तू को फिर गाँव में 6 बजे मारपीट करते हुए उसके ही घर लाया गया। उस समय दत्तू के जूते खून से सने थे (वे बाद में पंचनामा में जब्त हुए)। उसकी धोती पूर्णतः खून से लाल हुई थी। आनेवालों ने धमकाया, "गाँव के सामने तुम अकेले हो, यह ध्यान में रखो। रपट लिखाने की गलती न करना। यदि यह गलती की तो तुम्हारे लड़के और चचेरे भाई को हम देख लेंगे। हर घर से दस-बीस रुपए चंदा इकट्ठा किया तो हमारे दस-बीस हजार इकट्ठा होते हैं, यह मत भूलो।"

खून से सनी दत्तू की धोती, उसे दूसरी धोती पहनने को देकर बदली गई। लड़की को (अर्थात फुलूबाई को) धोती धोने का आदेश दिया। धोती बदलते समय दबी आवाज में दत्तू खून से भरी धोती न धोने को घरवालों को कह रहा था। लेकिन समूह की सामर्थ्य के आगे यह होशियारी न चली। उन्हें गवाह नष्ट करने थे। अतः कपड़े धोनेवाली फुलूबाई से खून के दाग न निकलते देख साबुन का इस्तेमाल कर धो डालने का आदेश दिया। दूसरी पोशाक पहने दत्तू को फिर

घर से बाहर लाया गया और सुबह 5:30 बजे दत्तू मिला तो गले में फाँसी का फंदा लगाये, पेड़ पर लटकता हुआ।

दत्तू ने पेड़ पर फाँसी लगाकर आत्महत्या की, ऐसा आभास अपराधियों ने तैयार किया। शिलवणी के पुलिस पाटिल ने मरखेल पुलिस थाने में खबर दी। मरखेल के हवलदार मारोती शेलके ने घटनास्थल पर जाकर लाश का पंचनामा किया और आकस्मिक मृत्यु लिखवाकर धारा 147, 142, 306 के तहत गुनाह दर्ज किया।

आठ बजे पोस्टमार्टम के लिए दत्तू की लाश को पास के मरखेल प्राथमिक स्वास्थ्य केंद्र में ले जाया गया। वहाँ डॉक्टर नहीं था इसलिए वहाँ से हातेगाँव और अंत में देगलूर ले गए। रात आठ बजे पोस्टमार्टम पूरा हुआ। रानबा टेंपो से दत्तू की लाश लेकर गाँव पहुँचा। सुबह उसका अंतिम संस्कार हुआ। 29 को रानबा ने पुलिस में शिकायत दर्ज कराई। केशव माने, धनाजी केशवराव माने, नागेंद्र बलीराम हाडोले, संताराम मेघाजी कांबले, सुदाम संताराम कांबले, धर्माजी संताराम कांबले इन छह लोगों पर गुनाह दर्ज कराया। विशेष बात यह है कि इसमें दो व्यापारी और एक डाकिया है। हमेशा की तरह पुलिस ने तत्परता नहीं (या पक्षपात किया) दिखाई। 5 तारीख को समाचार-पत्रों की सुर्खियों में यह खबर छपकर आई। जाँच कार्य में गति आई। तब तक सब गुनहगार रफूचक्कर हो गए थे। जब हम दत्तू के घर पहुँचे तब दत्तू के चचेरे भाई और लड़की फुलूबाई को बुलाकर पुलिस अपने ही अंदाज में पूछ रही थी। "अपना अंदाजा बताओ, फरार होनेवाले कहाँ गए होंगे?" अब वे बेचारे क्या बताएँगे?

कोतवाल की हत्या हुई, यह खबर पुलिस अधीक्षक अजय कुमार जैन को मिलते ही उन्होंने डी. एस.पी. वाघमारे को घटनास्थल पर भेज दिया। उनके द्वारा पूछताछ के बाद ही सचाई सामने आने की संभावना थी। अपने संदर्भ में केवल भानमती का वहम हुआ इसलिए दत्तू की आत्महत्या की बात असंभव है, यह ध्यान में रख डी.एस.पी. वाघमारे ने पूरी जानकारी वरिष्ठों को भेज दी और छानबीन के आदेश प्राप्त किए। तब तक सभी आरोपी फरार हुए यह सच है, परंतु खोजकार्य में आनाकानी की इसलिए मरखेल पुलिस थाने के पूछताछ संबंधी हवलदार को तुरंत नौकरी से हटाया गया। साथ ही शिलवणी गाँव के पुलिस पाटिल को पदमुक्त किया गया और गलत जानकारी देकर चशमदीद बातों को नष्ट करने का प्रयत्न करने के कारण हिरासत में लेकर 307 धारा के तहत गुनाह दाखिल किया गया।

हम दत्तू के घर में बैठे थे, तभी पुलिस अधिकारी हमसे मिलने आए। गाँव-गाँव में भानमती के विरोध में अंधश्रद्धा निर्मूलन समिति के कार्यकर्ता के रूप में हम कुछ करें, ऐसी उनकी इच्छा थी।

हम दत्तू के घर से बाहर निकले। बाजू में ही शंकर वंजे का घर था। घर क्या, घास की छतवाला वह झोंपड़ा था। गिरनेवाली दीवारों ने जैसे-तैसे सँभाल रखा

था। हमने झोंपड़े में प्रवेश किया। दरवाजे के पास ही चारपाई थी। उस पर दर्द से बेहाल कराहता शंकर सोया था। बाजू में उसकी विवाहिता कन्या विठाबाई मारुति गवली सहमी हुई खड़ी थी। शंकर की पत्नी अंजनाबाई पूरी तरह से टूट चुकी थी। उसने रोना शुरू किया। उसके पति पर जो झूठा इल्जाम लगा है और उसकी जान पर जो संकट आया है, उससे कभी भी उसका घात हो सकता है, इस बात से वह भयग्रस्त थी। शंकर के मुँह, हाथ, माथे एवं पीठ पर मारपीट के निशान थे। पूरा शरीर काला-नीला हुआ था। शरीर पर खून जमा हो चुका था। 26 तारीख को सुबह 10 बजे अपने दो जानवरों को शंकर चराने ले गया था। पाँच बजे घर लौटते समय शिवाजी हाडोले और व्यंकट हाडोले दोनों ने उसे रोका। 'मालिक (सरपंच) बुला रहे हैं', यह संदेश दिया। शंकर सरपंच के बाड़े पर पहुँचा, वहाँ पुलिस पाटिल भी थे। सरपंच ने कहा, "तुम जो जड़ी-बूटी करते हो वह ले आओ।" कुछ न करनेवाला शंकर उसे लाता कहाँ से? बाकी लोगों ने शोर मचाया कि 'भानमती में तुम्हारा नाम सामने आया है, उसे कबूल करो।' शंकर क्या जवाब देता? शोर-शराबा बढ़ने लगा तब सरपंच ने कहा, "यहाँ क्या बाजार लगा है? जाओ यहाँ से!"

शंकर को सरपंच के घर से बाहर निकाला गया और हंटर से पीटते केशव के घर लाया गया। सब घूँसे, लाठी, हाथ से उसे मारने लगे। चार घंटे पीटने के बाद उसके घर ले गए। शंकर के घर में पुराने बर्तन, मटमैली फटी थैलियाँ, मिट्टी के घड़े सबकी भानमती के सामान के लिए तलाशी ली। कुछ भी नहीं मिला। खूँटे पर शंकर की बीवी का कंगन लटका था। उसे भानमती की वस्तु मानकर भीड़ ने जब्त कर लिया। बाद में शंकर को घसीटते हुए केशव के घर ले गए। 'शिकायत मत कर, भाग मत जाना, हम सुबह फिर आएँगे' ऐसी धमकी देकर रात दस बजे उसे छोड़ दिया गया। चाहते हुए भी भाग जाना शंकर के लिए नामुमकिन था। मारपीट से बेहोश हुए शंकर को दस मिनट का रास्ता तय करके घर पहुँचने में एक घंटा लगा। बाद में सरकारी अस्पताल से उसने दवा लेकर फिर रपट दर्ज कराई थी। तबसे वह घर में ही सोया था।

दत्तू के लड़के और चचेरे भाई दोनों को धमकाया जा रहा था अतः वे डर गए थे। उनको ढाढ़स बँधाया गया। किसी भी संकट में आपके पीछे पहाड़ बनकर खड़े रहेंगे, ऐसा कहा गया। दत्तू लाल निशान दल के कोतवाल संगठन का सदस्य था। संगठन की ताकत उसे भी मिलने की संभावना थी। लड़के की शिक्षा हेतु तथा घर बनवाने के लिए मुख्यमंत्री कोष से तुरंत सहायता दी जाए, इसके लिए प्रयास करना हमने तय किया। साथ ही शंकर का मुफ्त में इलाज करने की तैयारी, लोक स्वतंत्रता संगठन के उदगीर के डॉक्टरों ने दिखाई।

इसके बाद रानबा ने हमें वह पेड़ दिखाया जिस पर दत्तू लटका हुआ पाया गया। पेड़ नजदीक ही था। दत्तू ने फाँसी लगाकर आत्महत्या नहीं की थी बल्कि

उसे खत्म कर आत्महत्या का दृश्य निर्माण करने के लिए पेड़ पर लटकाया गया था। इसे सिद्ध करनेवाली रानबा की सीधी-साधी किंतु सही दलील मन को भानेवाली थी। एक तो लटके हुए दत्तू की धोती का छोर पूर्णतः नीचे छूटा हुआ था। दत्तू पेड़ पर चढ़ा होता तो उसे वह छोर कमर तक उठाकर कमर में बाँधना पड़ता। दूसरी बात यह थी कि दत्तू के मृत शरीर पर, सिर को दोनों ओर कानों के नीचे तक ठीक-ठाक ढंग से ढके हुए एक बड़ा रूमाल मिला था। उसे किसी ने तो रखा ही होगा अन्यथा रूमाल का वैसे रहना असंभव था। दत्तू को बुरी तरह से लहूलुहान किया गया था। उसके दोनों पैर खून से लथपथ हो गए थे। ऐसी अवस्था में इतने ऊँचे और बड़े पेड़ पर चढ़ पाना मुमकिन नहीं था। डॉक्टर होने के कारण दो और बातें मेरी समझ में आईं। एक तो यह कि दत्तू ने खुद गले में फाँसी का फंदा डाल लिया होता, तो मृत्यु पश्चात् उसकी जिह्वा मुख से बाहर आती। दूसरी बात यह कि फाँसी लगाकर मृत होनेवाली व्यक्ति और पहले मृत होकर बाद में फाँसी पर लटकाए व्यक्ति के पोस्टमार्टम की छानबीन में कुछ ठोस फर्क दिखाई देते हैं। जैसे, मज्जारज्जू की बाजू में ऊपरी हिस्से में होनेवाला रक्तस्राव। (इसलिए शव विच्छेदन करनेवाले डॉक्टर विशेषज्ञ होने चाहिए। देगलूर तहसील में यह न होने की अधिक संभावना थी। हमें वह रिपोर्ट देखने को नहीं मिली, इसलिए उस पर अधिक बात करना ठीक नहीं है।)

भानमती की मरीज कमलाबाई

हम गाँव में आए। हमें कमलाबाई से मिलना था। उससे ही इस घटना का आरंभ हुआ था। लेकिन अब उससे मिलकर कुछ फायदा नहीं होगा, वह असंबद्ध उत्तर देगी ऐसा लगते हुए भी मिलकर तो देखें, इस कल्पना से कुछ बातचीत की। उसका पति समझदार था लेकिन हालातों का मारा। उसने समिति से मदद लेने की ठान ली और आप ही उपाय ढूँढ़िए, ऐसी उसने विनती की। समिति का यह उसूल रहा है कि भानमती का कोई भी किस्सा स्वीकृत करने से पूर्व उसका लिखित मंतव्य लेना। बस अड्डे पर ही उन्होंने मंतव्य लिखित रूप में दिया। उन दोनों के साथ बावगे चाय पीने के लिए होटल के फेमिली रूम में जाएँगे, उसके बाद पति, बच्चे को लेकर बाहर जाएगा और बावगे, पत्नी का साक्षात्कार लेंगे ऐसा निश्चित हुआ। प्लान के मुताबिक होटल में जाने के बाद श्री बावगे ने दिल खोलकर बात की और पत्नी का मंतव्य जान लिया और आश्चर्य यह कि उसके बाद भानमती हमेशा के लिए बंद हुई।

हुआ क्या था? गृहस्थी सानंद व्यतीत हो रही थी। परंतु एक दिन गाँव की बिरादरी की बुढ़िया ने कहा, "तुम्हारा पति खूनी है। वह जेल की यात्रा कर आया

है।" वह इस बात से अनजान थी। पति से स्पष्टता से पूछने की हिम्मत उसमें न थी। लेकिन यह बात उसके मन पर घाव कर गई। उस पर ही वह विचार करने लगी। फिर शरीर का बोझिल बनना, सूइयाँ चुभना शुरू हुआ। उसके पति को जेल हुई यह सच था। किंतु उस पर बेवजह आरोप होने के कारण किसी ने हत्या करके लाश उसके खेत में फेंक दी थी। इसीलिए उसे गिरफ्तार किया और जेल में रहना पड़ा। बाद में वह निर्दोष मुक्त भी हुआ। फिर उसकी शादी हुई। यह वाकया उसने पत्नी से छिपाकर रखा था। बावगे ने समझाया और वास्तविकता बताई। पति ने दो सालों में आपको न कष्ट दिया, न छला, उलटे बहुत प्यार किया। गृहस्थी में किसी चीज की कमी न होने दी। इस बात को भी समझाया कि वह पूर्णतः निर्दोष सिद्ध हुआ है। अतः बुढ़िया का भूत दिमाग से निकाल दो। कार्य में व्यस्त रहो। बच्चे के साथ दिल बहलाओ। बुवा, बाबा के पास न जाओ। किसी बात की जरूरत हो तो मुझे अथवा हमारी समिति को सहायता के लिए बुलाओ, ऐसी सलाह एवं विश्वास दिया। उस क्षण से उसकी भानमती हमेशा के लिए रफूचक्कर हो गई। अब माधव बावगे के रूप में उसे भाई भी मिला।

सताला-धानोरा

सताला-धानोरा, तहसील अहमदपुर, जिला लातूर, यहाँ कुछ सालों से 35 घरों की 35 औरतों को भानमती होती थी। शरीर में संचार होना, जमीन पर रेंगना, जोर से चिल्लाना, भौंकना यह सारा कुछ समय तक चलता था। सारी औरतें शरीर में संचार होने पर दो दलित व्यक्तियों का और एक यल्लम्मा की भक्त का नाम लेतीं। यह खेल गाँववाले देखते रहते। इसको लेकर गाँव के पुलिस पाटिल, सरपंच, इतना ही नहीं पुलिस थाने तक सब परेशान थे। समिति के अहमदपुर के शिविर में सरपंच के साथ उस गाँव के सात-आठ लोगों का शिष्टमंडल मिलने आया। उन्होंने पुलिस थाने को मदद संबंधी लिखित रूप में निवेदन दिया। 15 अगस्त, 1996 के स्वतंत्रता दिवस के अवसर पर डॉ. दिनेश पाटिल, डॉ. भालचंद्र डोंगलीकर, उत्रेश्वर बिरासदार आदि कार्यकर्ता वहाँ पहुँचे। भानमती से ग्रस्त 35 परिवारों के प्रमुख लोगों को बुलाकर ग्राम पंचायत में चर्चा हुई। राजनीतिक और जातिगत कारणों से यह हो रहा है। तनाव के कारण औरतें भयग्रस्त हुई हैं, परिणामतः उनके शरीर में संचार होता है। भानमती के कारण अपने मानसिक दुख को वे व्यक्त कर रही हैं, ऐसा कहा। गाँव और परिवार से संबंधित व्यक्तियों को यह ठीक लगा। लेकिन अचानक जिस परिवार से कोई बैठक में उपस्थित न था, ऐसे परिवार की जवान बहू के शरीर में संचार होने की खबर आई। लोगों में हलचल मच गई। कार्यकर्ताओं ने पूछा यह विज्ञान सच या भानमती सच? बेकाबू होकर अभुआनेवाली उस औरत के शरीर से भानमती को कार्यकर्ता

तुरंत रिहा करें, इस अपेक्षा से लोग देखने लगे। उग्र अमोनिया की गंध देना, यह इस संदर्भ में असरदार इलाज साबित होता है। कार्यकर्ताओं के पास अमोनिया थी। वह नाक तक पहुँचाई गई, उस औरत का शरीर स्थिर हो गया। वह औरत बिलकुल सामान्य हो गई। लोगों को आश्चर्य हुआ और कार्यकर्ताओं का कहना ठीक लगा क्योंकि इतने से इलाज द्वारा उस गाँव की भानमती भाग गई। गाँव ने धन्यवाद ज्ञापित किए। भानमती उन्मूलन की ठेठ मुहिम समिति ने कुछ महीनों बाद आरंभ की। उस समय उन्होंने डीजल और ड्राइवर के साथ जीप का बंदोबस्त किया। गाँव में जब मेरे कार्यक्रम का आयोजन किया गया तब गाँव के लोग तो उपस्थित रहे ही, अपने खर्चे से ट्रैक्टर भेजकर आसपास के गाँव के लोगों को भी आमंत्रित किया।

एक जबरदस्त मामला

धारूर से 16 कि.मी. दूरी पर पिंपरवाड़ा, लातूर जिले का गाँव। इस गाँव में सीताराम मुकिंदा तिडके का अदृश्य भानमती से ग्रस्त परिवार। श्रीमती जिजाबाई सीताराम तिडके, उम्र तकरीबन 50 साल, यह सीताराम की पत्नी और चार लड़कियाँ और दो लड़के, यह उनका परिवार। टीले के माथे से खाई तक 13 एकड़ जमीन, संपूर्णत: निरक्षर यह परिवार। एक छोटा लड़का सातवीं में पढ़ता है। टीले के ढलान पर एक कच्चा मकान बनवाकर अपनी गृहस्थी चला रहा था। बारिश के कारण प्राप्त खरीफ का अनाज कोठी में रखकर, माँ-पिताजी और छोटे भाई को सौंपकर, सीताराम अपने बच्चों-बहू के साथ सोलापुर जिले में गन्ना तोड़ने की मजदूरी करने जाता था। मेहनत के पसीने की कमाई यानी मजदूरी से घर खर्चा चलता था। अपने एक लड़के को पढ़ाने की जबरदस्त इच्छा रख सुख-चैन से रहनेवाला यह परिवार। सीताराम तिडके भले ही गँवार था, फिर भी गाँव में अक्लमंद के रूप में परिचित था। लेकिन उसका पूरा परिवार अंधविश्वास की चपेट में आया था। उनके शरीर में शिलका आने लगी।

सीताराम ने प्रथमत: धारूर के डॉ. तिडके, डॉ. मुंडे, डॉ. धर्मपाल, इनके अस्पताल में सबको दिखाया। राहत न मिलने पर, हम पर किसने भानमती की है, ऐसा उसके मन में आया तो समझदारों को दिखाना शुरू किया। चार सालों में उसने चिखती अंबा के अंबीर बाबा, वाटोले के दत्ताई दास, केंद्रवाड़ी के सैलानी बाबा, जिवा वाड़ी में दत्त स्थित भक्त ज्ञानोबा माऊली चवरे, दादाभाऊ तिडके (पिंपरवाड़ा), साहेब पवार, अश्रुबा दास तिडके (पिंपरवाड़ा), गोपालपुरा के पवरा देवी के रामराव महाराज, आडस का मालीजानता, उत्तरेश्वर पिंपरी के कीर्तने महाराज, माऊली चोरंबा के कोंडीराम कचार, बनसारोला की काशीबाई मालीन, सनगाँव तहसील केज के रुस्तुम मुंडे, कोलेवाड़ी का परभी मिसाल, इडीयवल के दो जोशी और आंजनढव

का जानता आदि के पास चक्कर काटे। हर एक ने तीन, पाँच, ग्यारह बार आने को कहा। नारियल, नीबू, भिलावाँ, सूई, बकरा, मुर्गा, नगद रुपए। कभी-कभी तो इलाज करनेवालों को किराए की जीप से लाना पड़ता। इसमें 15 से 16 हजार रुपयों का नुकसान हुआ। ऊपर से सबका यह कहना था कि "तुझे जबर की भानमती है, हमारे बस के बाहर है, तू किसी और के पास जा।"

अंततः सीताराम की बीमारी बढ़ती ही गई। उसके साथ कभी पत्नी, कभी लड़का तो कभी घर के सभी लोगों के जाने के कारण उनके भी मन में भय उत्पन्न होने लगा। धीरे-धीरे सबको भी वैसा ही अनुभव होने लगा। पिछले चार महीनों से तो पूरा परिवार ही इस पाशवी कृत्य का शिकार बन गया। कार्यकर्ताओं के आगमन पूर्व 26 दिनों से परिवार ढंग से खाना तक नहीं खा पा रहा था।

सीताराम बोलेगा तो गुत्थी सुलझेगी यह सोच कार्यकर्ताओं ने छुट्टी लेकर रुकने का निर्णय लिया। अब सीताराम के साथ सबके सामने खुली चर्चा शुरू हुई। इस पर क्या उपाय करें, जिससे से मुक्ति मिलेगी? यह पूछने पर सीताराम ने कहा कि अश्रुबा लिंबाजी तिडके, विट्ठल पाटिल बुवा तिडके, दादाभाऊ तिडके इन सेवकों पर मेरा शक है। इन सबको मेरे सामने उपस्थित किया जाए। मैं उनसे प्रश्न पूछूँगा। वे सब संतोषजनक उत्तर दें कि हमने आपका कुछ किया नहीं। यदि आपको ऐसा लगता है कि हमने कुछ किया है, तो हम सारा वापस निकाल लेते हैं। इसके बाद हम ऐसा नहीं करेंगे। ऐसा सबके सामने, ईश्वर को साक्षी मानकर (माधव बावगे को) अभिवचन दें। इससे मेरी भानमती दूर होगी। आज तक जो भी हुआ, उसे भूलकर फिर से सब सुख-चैन से रहेंगे।

रात नौ बजे का समय तय हुआ। तब तक सब भोजन कर फिर से इकट्ठा हों ऐसा कहा गया। उसके पूर्व माधव बावगे ने उपर्युक्त चारों के साथ रघुनाथ तिडके की उपस्थिति में अलग बैठक की। उन्हें समझाया और सकारात्मक उत्तर देने को कहा। सीताराम के घर के सामने चाँदनी रात में सब तय समय पर जमा हो गए। सीताराम ने चारों से चुभते सवाल पूछे। उन्होंने संतोषजनक उत्तर दिए। साथ ही उनके कथनानुसार कबूल भी किया। इसी दरमियान श्री दादाभाऊ शहाजी तिडके ने 'तेरी भानमती मैं निकालूँगा', यह अभिवचन सीताराम को दिया था। अतः सीताराम उसकी पुनरुक्ति करने लगा।

तब इस जानकार को कार्यकर्ताओं ने आवाहन दिया कि "आपको भानमती निकालनी आती है, तो आप कर भी सकते हैं।" उनके पास वह सामग्री भी थी। "मुझ पर भानमती करके दिखाओ और पाँच लाख रुपए प्राप्त करो। अपने पास होनेवाले मंत्रवाले नीबू, काली गुड़िया दे दो, मैं उन्हें फाड़कर जला देता हूँ। यदि ये सब किया तो मरीआई, खंडोबा क्रोध से मुझे समाप्त करेंगे। परंतु ऐसा न हो पाया तो यह सब झूठ, पाखंड है, इसे कबूल करना पड़ेगा।"

वास्तव में ऐसा कुछ नहीं हुआ। तब कार्यकर्ताओं ने सबको बताया कि पाखंडी लोग हाथ की दो हड्डियाँ, चिथड़ों की गुड़िया, लकड़ी की गुड़िया, नीबू, कीलें, सूजी, सूइयाँ ये सब दिखाकर लोगों के अज्ञान का फायदा उठाते हैं और उन पर मानसिक दबाव डालते हैं। अत: हम सब कमजोर मन के लोग आज तक हुए संस्कारों के कारण फँसते हैं। यह सब ढकोसला है, यह बताने पर उन्होंने कबूल किया हमें कुछ नहीं आता। न काला जादू करना आता है और न उतारना। परंतु आज तक हमने आपको उल्लू बनाया। उसकी सजा भुगतने को हम तैयार हैं। देखते-देखते रात के बारह बजे, लेकिन सीताराम के दिमाग से पहले भानमती निकालो इस सोच की गहरी छाप जमी थी। इस संदर्भ में बावगे ने सीताराम के लड़के भागवत (बंडू) से पूछ लिया। उसने बताया—तब सनगाँव के पाखंडी रुस्तुम मुंडे ने ग्यारह बार आने को कहा था। उसमें छह को पूर्ण किया था। पता चला उसे किराये की जीप से गाँव में लाया गया। उसने ग्यारह नीबू में भिलावें ठूँसकर, खोंसकर उन्हें मंत्रोक्त कर दिया और गोठ में चौखट पर गाड़ने को कहा। पिता-पुत्र ने मिलकर उसे अमावस के दिन गाड़ दिया था। कुछ मांत्रिकों ने खलिहान के बाजू में कँटीले पौधे पर सात पत्थर मंत्रित कर रखे थे। एक ने जहाँ नीम एवं पलाश के पेड़ एकाकार थे वहाँ दो लकड़ियों के बीच में पत्थर की खूँटी मंत्रित कर ठोंक दी थी, जिससे सीताराम दो दिन उस पेड़ से नीचे न उतरा। साढ़ू के आँगन के नीम के पेड़ तले मटके में मुर्गियों के सिर और पैर गाड़ दिए ऐसा बताया। अत: यह सब खोजने की ठान ली। कुदाली, फावड़े, बैटरी और युवाओं की मदद से खोदना प्रारंभ हुआ। गोठ में ग्यारह नीबू मिले। तब सीताराम लोगों को बताने लगा कि मेरा दिमाग अब खाली-खाली लग रहा है। ये सब मंत्रित पत्थर, खूँटी, नीबू, भिलावें, मिट्टी का घड़ा तथा अन्य सामग्री इकट्ठा करके श्रीधर प्रभू तिडके के खेत में जलाई। तब राहत पाते हुए रघुनाथ तिडके और प्रभू रामधन राठोड ने कहा, "सारे संकटों का नाश हो और बलि का राज रहे।" सीताराम ने कहा, "मेरी भानमती भाग गई।" सबको चाय दी गई। तब मुर्गे ने बाँग दी। कार्यकर्ताओं ने घड़ी देखी तो सुबह के चार बजे थे।

भानमती और मनोविज्ञान

प्रत्येक व्यक्ति के पास मन है। दिमाग मन का कार्य करता है। उसमें बुद्धि, भावना, व्यक्तिगत और सामाजिक व्यवधान, स्मरणशक्ति, विवेक आदि का समावेश होता है। फ्राइड ने मानवी मन के सामान्यत: दो भाग किए हैं—एक जाग्रत मन, दूसरा सुप्त मन। आसपास के परिवेश से उत्पन्न हुआ क्रोध, भय, द्वेष, घृणा आदि भावनाएँ, साथ ही जाग्रतावस्था में अभिव्यक्त न होनेवाले तनाव, सुप्त मन के अंदर दमित

होते हैं, संकलित होते हैं। यह तनाव जाग्रत अवस्था में न आने के कई कारण हैं। सीमित भाषा ज्ञान, सामाजिक दबाव, ऐसे कई कारणों की वजह से मानसिक तनाव जाग्रतावस्था में व्यक्त नहीं हो पाता। सास के प्रति होनेवाला क्रोध भाव, व्यसनी पति संबंधी आक्रोश, आर्थिक परेशानियाँ, ऐसी कई बातों से संबंधित नाराजगी सुप्त मन के अंदर होती है। विशिष्ट मर्यादा के बाद इन बातों का संकलन करने की मन की क्षमता खत्म होती है। जल को रोककर रखने की बाँध की क्षमता पूरी होने पर उसकी दीवार टूट न जाए इसलिए दरवाजे खोल दिए जाते हैं और पानी को प्रवाहित कर दिया जाता है। भानमती द्वारा अंतर्मन के अंदर होनेवाला दबाव कम किया जाता है। भानमती द्वारा बाधित व्यक्ति की प्रत्येक कृति—चिल्लाना, जोर से हँसना, गिड़गिड़ाना, जमीन पर लोटना, भौंकना, शरीर में संचार होना, यह सब तनाव कम करने के लिए होता है। भौंकना यह एक प्रकार का रोना ही होता है। दुख व्यक्त करने के इस प्रकार को 'हिस्टेरिकल हायपर वेंटिलेशन' (उन्मादावस्था के अतीव मन का खुलापन) कहते हैं।

मानसिक आपाधापी और उसके बाद विशिष्ट गति से, विशिष्ट समय भानमती का संचार होना, इसकी वजह मराठवाड़ा की मानसिकता ने दी हुई पारंपरिक शिक्षा है। भौंकनेवाली भानमती अन्यत्र दिखाई नहीं देती। इसका कारण मराठवाड़ा में होनेवाली पारंपरिक समझ, परिवेश, सामाजिक स्थिति और संक्षेप में जिसे हम कल्चर (संस्कृति) कहते हैं वह, सारा इस प्रकार के ढकोसलों का पोषक है। पीढ़ी दर पीढ़ी यह प्रकार चलता आया है तथा जारी है। अत: भानमती को वैज्ञानिक परिभाषा में 'कल्चर बाउंड सिंड्रोम' ऐसा कहते हैं। प्राय: यह व्यक्ति पारंपरिक विचारों से, संस्कृति से जकड़ा होता है, इसीलिए मराठवाड़ा की भानमती यह संस्कृति बाधित मनोविकार है। गहरी सामाजिकता, पिछड़ापन, शिक्षा का अभाव और आर्थिक दरिद्रता अधिक होनेवाले देहात में और अधिकतर महिलाओं में भानमती दिखाई नहीं दी तो ही आश्चर्य है।

भानमती का उपाय

भानमती का इलाज करनेवाले लोगों अर्थात बाबा, बुवा, महाराज, मांत्रिक आदि की मराठवाड़ा के गाँवों में कमी नहीं है। उनसे साक्षात्कार लेने पर एक महत्त्वपूर्ण सत्य उनके ही मुख से निकलता है कि भानमती बंद करने की किसी प्रकार की विद्या, तंत्र-मंत्र हमारे पास नहीं है। भानमतीग्रस्त व्यक्ति और उसके रिश्तेदारों का संतोष करना ही इसके पीछे उद्देश्य होता है। संयोग से अथवा अपनी प्रतिकार शक्ति के कारण कोई तंदुरुस्त हुआ तो उसका श्रेय मांत्रिक को मिलता है। ऐसे पाखंडियों के पास न जाना ही ठीक है।

बेंगलुरु के 'नेशनल इंस्टिट्यूट ऑफ मेंटल हेल्थ' ने मानसिक बीमारियों पर इलाज हेतु 'कम्युनिटी सायकी अॅट्री' नामक एक परियोजना चलाई थी। मनोरुग्णता का इलाज करते समय मानसोपचार विशेषज्ञ एक महत्त्वपूर्ण घटक है। साथ ही संबंधित मरीज के परिवारजनों को इस इलाज में जानबूझकर अंतर्भूत किया जाना भी एक महत्त्वपूर्ण पहलू है। ऐसी बीमारियों के इर्द-गिर्द बाहरी बाधा, इस अंधविश्वास का गूढ़ घेरा होता है। गाँव के मान्यवरों को (सरपंच, अध्यापक, सरकारी अधिकारी) चाहिए कि वे इस अंधविश्वास संबंधी स्पष्ट भूमिका अपनाएँ और यह आवश्यक एवं महत्त्वपूर्ण भी है। इस उपाय योजना का भी सामूहिक मानसोपचार पद्धति में समावेश है। चतुर्थ महत्त्वपूर्ण पहलू यह है कि जिस पारिवारिक, सामाजिक परिवेश के तनाव से यह मानसिक बीमारी निर्मित होती है, उसका निराकरण करना यह सरकार, समाजसेवी अथवा सामाजिक कार्यकर्ताओं द्वारा हो सकता है।

नांदेड़ अंधश्रद्धा निर्मूलन समिति के कई वर्षों से अध्यक्ष होनेवाले डॉ. नंदकुमार मुलमुले एक मानसोपचार विशेषज्ञ हैं। वैसे ही डॉ.जोशी, नांदेड़, डॉ.पाटिल पति-पत्नी, लातूर, ये सब मानसोपचार विशेषज्ञ आंदोलन से जुड़े हैं। उनके ही नेतृत्व में भानमती-सर्वेक्षण, भानमती संबंधी प्रबोधन, प्रत्यक्ष गाँव में जाकर लोगों में होनेवाले अंधविश्वास का निराकरण और उपचार शिविर जैसे समारोह गत आठ वर्षों से समिति आयोजित कर रही है। डॉ. मुलमुले ने ग्यारह सौ से भी अधिक मरीजों के इलाज किए हैं। फिर भी आज की तारीख में लोगों का अंधविश्वास बड़े पैमाने पर कायम है। अत: इसी हेतु समूचे मराठवाड़ा में भानमती प्रबोधन की यह साहसी मुहिम है।

भानमती संबंधी उपाय योजना खासकर स्त्रियों के संबंध में ही करनी चाहिए क्योंकि काफी संख्या में स्त्रियाँ ही इस अंधविश्वास की शिकार होती हैं। स्त्रियों की संख्या अधिक होने के कारण उनका संवेदनशील स्वभाव, इच्छाओं का दमन, लैंगिक अतृप्तता, पति तथा बच्चों संबंधी होनेवाली अपेक्षाओं की पूर्ति न होना, पारिवारिक परेशानियाँ, आर्थिक चिंता आदि अनेकविध बातों में होते हैं। मनोचिकित्सा, मानसिक तनाव लानेवाली बातों को नष्ट करना यह उपाय हो सकता है। स्त्री सुधार का व्यापक संदर्भ भी ध्यान में रखना होगा। महिलाओं को शिक्षा, समानता, आर्थिक स्वतंत्रता, सामाजिक प्रतिष्ठा ये बातें जिस मात्रा में प्राप्त होंगी उसी अनुपात में भानमती का भौंकना बंद होगा।

भानमती मनोविकार है। इसे दवाइयों, मानसोपचार, सामाजिक यथार्थ में परिवर्तन करने से समाप्त किया जा सकता है। यह समझ में आना, इसे मानना और इसका समाज में प्रचार करना यह महत्त्वपूर्ण कार्य है। हमारी कार्य योजना ऐसी ही रहती थी। समाज के कई वर्गों में भानमती संबंधी आकर्षण था। हमारी हर

जीप में भानमती के संदर्भ में चमत्कार दिखानेवाला एक तो कार्यकर्ता रहता था। वैसे ही पुस्तक विक्रेता और पोस्टर्स लगानेवाले दो कार्यकर्ता जीप में रहते थे। हर जीप में एक महिला कार्यकर्ता भी रहती थी। जीप के आगे गाँव में जानेवाला एक मोटरसाइकिल सवार भी रहता था। यह पूरा नियोजन पहले कागज पर होता। इसमें से अधिकतर को हमने साकार किया और कार्यकर्ताओं ने संकटों का, उलझनों का डटकर मुकाबला किया और मुहिम यशस्वी हुई।

मुहिम की तैयारी के लिए 50 हजार पत्रक वितरित किए। गाँव की दीवारें नारों से रँगीं। कार्यक्रम संयोजक जिम्मेदार व्यक्ति हर गाँव में निश्चित किए गए। हर गाँव के दो संपर्क में होनेवाले व्यक्तियों की तहसील के अनुसार बैठकें ली गईं। 'मैंने अनुभूत की भानमती' इस विषय पर निबंध स्पर्धा का आयोजन किया गया। जिलाधिकारी एवं जिला परिषद के मुख्य कार्यकारी अधिकारी द्वारा एक संयुक्त पत्र लेने का सफल कार्य कार्यकर्ताओं ने किया। इसमें उन्होंने इस उपक्रम का स्वागत कर उसमें सक्रिय होने का आवाहन किया।

निलूभाऊ फुले और तत्कालीन स्वामी रामानंद तीर्थ विश्वविद्यालय के कुलपति जनार्दन वाघमारे की उपस्थिति में लातूर में मुहिम आरंभ हुई। एक-दूसरे को अलविदा कर वहाँ से समूह निकलते थे और अपने तहसील, गाँव पहुँचते ही एक फेरी होती थी। फिर एक तरफ पोस्टर्स लगते और बिक्री के लिए किताबें रखी जाती थीं और दूसरी ओर जाहिर कार्यक्रम के लिए कार्यकर्ता मंच पर विराजमान होते थे। भानमती कैसे होती है, यह विचार सुनने के लिए लोगों में दबी उत्सुकता रहती थी। लेकिन चमत्कार संबंधी प्रयोग अबाल वृद्धों को खुश करते। भानमती के कारण बाधा के चिह्न कैसे उठते हैं? मटके में भूत कैसे बंद होता है? नारियल, नीबू तथा हाथ से भानमती कैसे निकलती है? कर्णपिशाच अपने मन के अंदर होनेवाले भाव कैसे जान लेता? और अपने आप वस्त्रों में आग कैसे लगती है ? ये और ऐसे ही अन्य चमत्कार लोग तल्लीनता से देखते रहते। बाद में उसके पीछे जो कारण है, वह बताने पर खुद कैसे फँसे यह सोचकर आत्मग्लानि से उनका मन भर आता। यह कार्यक्रम पूरा कर समूह अन्य गाँव की तरफ हो लेता। सुबह आठ बजे शुरू हुए कार्यक्रम रात डेढ़-दो बजे तक चलते। फिर सुबह उठकर अन्य गाँवों की ओर काफिला निकल पड़ता। पूर्वतैयारी के बावजूद भी सब कुछ मनचाहा थोड़े ही होता है। कुछ जगहों पर ध्वनिक्षेपक नहीं थे। कुछ जगहों पर तो कार्यक्रम की किसी भी प्रकार की पूर्वतैयारी तक न होती। कुछ स्थानों पर भोजन के समय भूखे अतिथि हमारे यहाँ आए हैं, इस बात को दुर्लक्षित किया जाता। इन बातों से कार्यकर्ता कभी डाँवाडोल न हुए, न ही पीछे हटे। कार्यकर्ता स्वयं लोगों को गाँव से इकट्ठा करते घूमते। गला फाड़कर भाषण देते और चाय पीकर अन्य गाँव की ओर कूच करते। कई बार तो कार्यक्रम शुरू हुए हैं और उसी समय भानमती शरीर में संचार हुई

औरत मंच पर आती। कई बार ऐसा भी होता कि गाँव की पंचक्रोशी में होनेवाली भानमती के उदाहरण दिए जाते। इससे कई लोगों के आपसी संबंधों में कटुता आती। साथ ही जनक्षोभ का सामना भी करना पड़ता। इस मुहिम में ही भानमती उपचार शिविर के लिए इच्छुक लोगों के नाम दर्ज किए जाते। उन पर उपचार शिविर भी संपन्न हुए। प्रत्यक्ष रूप में लोगों का इसको कम मात्रा में प्रतिसाद मिला। यह मुहिम चलाने के लिए कार्यकर्ताओं ने कई वस्तुएँ चंदे के रूप में जमा कीं। इतने बड़े पैमाने पर होनेवाली यह मुहिम मात्र 35 हजार में यशस्वी हुई। ऐसी ही मुहिम आगे चलकर परभणी में हुई। वहाँ पर हम तकरीबन 100 देहातों तक पहुँचने एवं संपर्क करने में सफल हुए।

यदि राज्य सरकार के गृह विभाग, शिक्षा विभाग, एवं आरोग्य विभाग इन सबने सहकार्य किया तो सन 2001 तक मराठवाड़ा से भानमती का उन्मूलन करने का हौसला समिति रखती है।

भूतों की खोज में

भूत से भेंट हेतु हमारा आंदोलन गेंडेमाल (तहसील—जावली, जिला—सतारा) पहुँचा। उसे अब एक दशक पूरा हो गया है। गेंडेमाल यह गाँव हिंदू नववर्षारंभ गुढी पाडवा के बाद दस दिन पूरा खाली होता। लोग पास में होनेवाले न्हाते बुद्रूक गाँव में रहने जाते हैं और 'इसे कालभैरव का पलायन' कहते हैं। इन दस दिनों में गाँव में कालभैरव एवं भूतगणों का राज्य होता है, ऐसा कहा जाता है। इस काल में किसी ने गाँव में जाने की गलती की तो उसे हमेशा के लिए सबक मिले, इस प्रकार की चोट इन भूतगणों से मिलती। सालों से चलता आया यह (अंध) विश्वास। इसकी प्रत्यक्ष अनुभूति लेने के लिए उन दस दिनों में गेंडेमाल में ठहरने एवं रहने की बात समिति ने की। उसे पूरे महाराष्ट्र से उस समय जो अभूतपूर्व प्रतिसाद मिला, उससे मुझे भूत की लोकप्रियता समझ में आई। दस दिन उस गाँव में रहने के बावजूद भी हम सुरक्षित रहे। फिर भी ग्रामवासियों का भ्रम दूर न हुआ। उनके मतानुसार हमें यह सफलता इसलिए मिली, क्योंकि रातभर हम भूतों का ग्रंथ पढ़ते रहे। साथ ही हमने विशेष सुरक्षा के लिए गाँव के वर्तुलाकार रूप में चुपचाप मंत्रों से युक्त भस्म डाल दिया था। इससे भूतों की एक न चली। इसका मतलब यह कि आज भी सामान्य जनों के मन में भूत संबंधी काफी कौतूहल, कुछ हद तक आशंका और अधिक डर भी है।

भूत के घेरे हुए व्यक्ति के चेहरे के भाव बदल जाते हैं। आवाज में बदलाव आता है। आँखें मींचना शुरू होता है। अविरल रूप से वह बड़बड़ाता रहता है। कभी-कभार घंटों तक चुप्पी साध लेता है। कभी तो सामान्य व्यक्ति थक जाएगा इतनी मेहनत करने लगता है। ये पूरा उसे भूत के घेरने का परिणाम है। अत: यह मनोरुग्णता का लक्षण दिखाई देता है। यह हुआ भूत के संबंध में एक विचार। भूत के संबंध में और एक धारणा है, मनुष्य का होनेवाला मरणोपरांत अस्तित्व। इस बारे में हमारे समाज में काफी जिज्ञासा भाव है। मृत व्यक्ति भूत-योनि में जाता है क्या? वह योनि कैसी होती है? भूत दिखने में कैसा है? ऐसे कई प्रश्न मानवी मन में होते हैं। साथ ही भूत संबंधी सुनी हुई रंजक बातों का वर्णन उनके मन में स्थित होता है। मृत व्यक्ति का भूत होता है, यह संस्कार बचपन में ही मिलता है। अत: यह आजीवन रहता है। यह संस्कार ठोस न हुआ तो वह छूट जाए, ऐसा कुछ घटित

भी नहीं होता। अत: भूत का डर और रहस्यात्मकता कायम रहती है। भूत नहीं, यह मनुष्य का मन मान ले तो एक प्रमुख अंधविश्वास से वह बाहर निकलेगा। इसके साथ ही भूत घेरता है ऐसा मानकर मांत्रिक, देवऋषि, इनसे करवानेवाले अयोग्य और अमानुष उपायों से छुटकारा मिलेगा, इस कल्पना से समिति ने 'भूत का शोध मन का बोध' यह मुहिम शुरू की।

भूत की खोज में अमावस की सैर

इस सैर का मतलब यह था कि भूत नहीं है यह विचार लोगों तक पहुँचाना। यदि यह सत्य मान लें कि भूत है, तो उसका श्मशान में होना निश्चित है। अमावस का दिन भूतों के लिए तीज-त्योहार का दिन होने के कारण भूत से मिलने अमावस के दिन श्मशान में जाने के लिए सैर का आयोजन कई शाखाओं ने किया। इसकी खूब चर्चा भी हुई तथा यह बात कइयों को अच्छी लगी। महाराष्ट्र में सर्वप्रथम यह प्रयोग बार्शी समिति के कार्यकर्ता पा.न.निपाणीकर ने किया। आठ-दस हजार जनसंख्या के पांगरी गाँव की पाठशाला में वे अध्यापक थे। उनका यह ढाढ़स कठिन कार्य था। परंपरागत विचारधारा, अभिभावकों का विरोध, इस पृष्ठभूमि में यह मुहिम सफल होगी या नहीं इसकी आशंका उन्हें भी थी। लेकिन परिणामों की परवाह किए बिना यह मुहिम करनी ही है, ऐसा निश्चय कर स्कूल के प्रधानाध्यापक कृ. अ. देशपांडे को उन्होंने यह कल्पना बताई। जिज्ञासावश उन्होंने भी मुहिम का स्वागत किया। फिर स्कूल के नीलकंठ मोरे, रामलिंग गायकवाड, रमेश मोहिते और अतुल देशपांडे इनकी मदद से मुहिम का नियोजन किया। नौवीं कक्षा के छात्र चुने गए। इसके लिए प्रथमत: नौवीं कक्षा की तीनों टुकड़ियों के छात्रों के साथ बैठक की। श्री निपाणीकर ने उन्हें भूतों-संबंधी कल्पना, सामाजिक वैचारिकता, इससे होनेवाले अनिष्ट प्रसंग इस संबंध में वैज्ञानिकता समझाई। भूत-पिशाच का डर मन से गायब करने के लिए इस मुहिम में समाविष्ट होने का आवाहन किया। परंपरागत संस्कार से बच्चों का समर्थन नहीं मिलेगा ऐसी कल्पना थी। लेकिन प्रत्यक्ष रूप में छात्रों से खूब प्रतिसाद मिला। अत: उनमें से बीस-पच्चीस छात्र चुन लिए।

अमावस के आठ-दस दिन पहले इन पच्चीस छात्रों के साथ बैठक की। गाँव से सात-आठ कि.मी. के परिवेश में भूतों के निवास के प्रसिद्ध स्थानों की जानकारी प्राप्त कर, वह लिखित रूप में प्रस्तुत करने को उनसे कहा गया। गिरी हुई इमारतें, पुरानी हवेलियाँ, निर्जन प्रदेशों के घने पेड़, कुआँ या तालाब, नदी के पुल ये स्थान विशेषकर भूतों के स्थान के रूप में प्रसिद्ध होते हैं। आत्महत्या, खून, दुर्घटना से मृत्यु, असमय मृत्यु, नवजात शिशु को जन्म देनेवाली औरत, ऐसा कोई न कोई कारण उसके पीछे रहता है। मृत व्यक्तियों की अतृप्त इच्छा, आकांक्षा पूर्ण करने

के लिए उनकी अतृप्त आत्माएँ भूत के रूप में भटकती हैं। अमावस और पूनम के दिन उस अधिकार क्षेत्र में आनेवाले व्यक्ति को वे घेर लेते हैं। यह विचार दूर-दूर तक फैला है। मुहिम में चुने छात्रों को—'मैं अपनी जिम्मेदारी पर भाग ले रहा हूँ।' ऐसा निवेदन तथा अभिभावकों से अनुमति लेने को कहा गया। दुर्भाग्य से कुछ गलत हुआ तो यह अनुमति ढाल का काम करेगी।

छात्रों ने सूचनाओं का पालन किया। तीन-चार दिनों में भूतों के स्थान और उनसे संबंधित बातों की लिखित रूप में जानकारी प्राप्त हुई। तकरीबन 25-30 जगहों की यह जानकारी थी। इससे उस इलाके में मोरे और मोहिते इन अध्यापकों के निर्देश पर हर अमावस को भूत दिखाई देता ही है, ऐसा लोक प्रवाद होनेवाला स्थान मुहिम के लिए निश्चित किया गया।

यह स्थान था पांगरी की नैऋत्य दिशा में गाँव से तीन-साढ़े तीन कि.मी. दूर नदी पर बना रेल का बड़ा पुल। उसके दक्षिण में आम के दो बड़े पेड़। इन पेड़ों के इर्द-गिर्द घने पेड़ थे। यह पूरा इलाका 'भूतों ने घेरा हुआ है,' इसी डर के कारण चर्चित था। केवल अमावस के दिन ही नहीं, सूरज ढलने के बाद भी इस स्थान पर जाने की किसी में हिम्मत न थी। हर अमावस को कई भूत हाथ में मशाल लेकर पुल पर नाचते हैं। सफेद वस्त्र पहने एक गौरवर्णीय जवान स्त्री, रात के बारह बजे पुल पर गाना गाती बैठी हुई दिखाई देती है। पुल के नीचे से तकरीबन 20 फीट के फासले पर बहनेवाली नदी के पानी में उसके पाँव डूबे होते हैं। एक लंबी दाढ़ीवाला बाबा हर अमावस को पुल से 200 फीट दूर आम के पेड़ पर बैठकर पुल तक पहुँचनेवाले हवा के लंबे झोंके लेता है। वह स्त्री और दाढ़ीवाला बाबा जहाँ बैठे हैं, वहाँ से हाथ में हाथ मिलाते हैं। ऐसी कई कहानियाँ उस स्थान को लेकर प्रचलित थीं। चौंकानेवाली बात यह थी कि यह सारा अपनी आँखों से देखा है, यह बतानेवाले लोग गाँव में मौजूद थे।

आठ-दस हजार जनसंख्यावाले इस गाँव में यह खबर फैल गई कि निपाणीकर सर अमावस की रात को, छात्रों को सैर कराने, भूत के घेरे हुए पुल पर ले जानेवाले हैं। साथ ही अपेक्षित प्रतिक्रिया भी हुई।

"नहीं-नहीं सर! उस पुल की ओर आप मत जाइए! अजी! भयानक जगह है वह! चार-पाँच लोग वहाँ मर गए हैं, उस चुड़ैल के घेरने के कारण! क्या समझे?"

"नहीं, आप खुद मौत के मुँह में क्यों जा रहे हो? आपमें से किसी एक को भूत घेर लेगा तब अक्ल ठिकाने आ जाएगी!"

"भगवान की कसम सर! मैंने अपनी आँखों से वहाँ भूतों का नाच देखा है। ...माँ कसम! यह झूठ नहीं है। ...शिरपा से पूछो! ...क्यों शिरपा? सच है या झूठ?"

"लेकिन यह बेवजह का काम करने की आवश्यकता ही क्या है? कुछ बुरा-भला हुआ तो जिम्मेदार कौन होगा?"

इस प्रकार से समझानेवाली, धमकानेवाली, उस पुल पर बच्चों को ले जाने पर रोक लगानेवाली प्रतिक्रियाएँ लोगों ने पाठशाला में आकर निपाणीकर सर को सुनाईं।

उधर बच्चों को भी धमकी दी गई। अतः इस मुहिम पर पानी फेरने की स्थिति बन गई। परंतु निपाणीकर सर ने ठान लिया था। बच्चों को इकट्ठा कर उन्होंने गाँववालों की विचार पद्धति और वैज्ञानिक विचारधारा में होनेवाला अंतर समझाया। फिर कठिन मानसिकता में तीन-चार दिन निकल गए। अब प्रत्यक्ष मुहिम का अमावस का दिन निकल आया। वह सोमवार था अतः वह सोमवती अमावस थी, धर्मशास्त्र में जिसका विशेष महत्त्व बताया गया है।

चुने हुए सब छात्रों को फिर से एकत्रित किया गया। आवश्यक सूचनाएँ दी गईं। रात का खाना, एक चद्दर, बैटरी, पानी पीने के लिए गिलास, यह सब लेकर रात को ठीक 8 बजे स्कूल में जमा होना निश्चित हुआ।

प्रत्यक्ष रूप में पच्चीस बच्चों में से केवल अठारह बच्चे और चार अध्यापकों में से नीलकंठ मोरे और अतुल देशपांडे ये दोनों उपस्थित थे। बच्चों को सख्त सूचना दी गई कि "कोई किसी को छेड़ेगा नहीं, नुक्ताचीनी नहीं करेगा, एक-दूसरे को डराएगा भी नहीं।"

रात में ठीक साढ़े आठ बजे अठारह छात्रों और तीन अध्यापकों के समूह ने भूतों की खोज में मुहिम के लिए निश्चित किए स्थान की ओर कूच किया। गाँव छोड़ते ही घने अँधेरे ने उन्हें घेर लिया। दो-दो लड़कों की नौ कतारें, सबसे आगे श्री मोरे, बीच में देशपांडे और सबसे पीछे निपाणीकर सर ये सब बीच रास्ते से, बैटरी के उजियारे में, मार्ग खोजते निकले। सब लड़के ऐसे चुप थे, मानो सबको साँप सूँघ गया हो। वह अँधेरा, आसपास के घने पेड़, और भूत की खोज में निकले हैं, इस एहसास का डर, इससे माहौल अधिक डरावना हुआ। इतने में एक लड़का जोर से चीखा और अचानक नीचे बैठ गया। सब अपनी जगह पर पुतले के समान स्थिर खड़े हुए। सबके मन में डर पैदा हुआ कि इसे भूत ने जकड़ लिया है। निपाणीकर उस लड़के के पास जाकर बैठ गए। बैटरी के प्रकाश में क्या हुआ यह देखने लगे। उस लड़के के अँगूठे को ठेस लगी थी और उस घाव के कारण अँगूठा लहूलुहान हुआ था। यही कारण था कि दर्द के मारे वह चीखा था। यह देख सब के तनावग्रस्त चेहरे और भयकंपित शरीर में ढील आई, सबको राहत मिली। घाव को कपड़े से बाँधा गया और सब आगे बढ़े।

ठीक 9 बजकर 40 मिनट पर सब उस नदी के भव्य पुल के पास पहुँच गए। रात के घने अँधेरे में वह ऊँचाईवाला पुल पौराणिक कथा के दानव जैसा डरावना लग रहा था। उस गंभीर एवं गूढ़तापूर्ण माहौल का असर अनजाने में सब के मन-मस्तिष्क पर हो रहा था। घने अँधेरे में उस भयानक इलाके से जलहीन नदी के बगल से राह खोजते, पुल और आम के पेड़ के बीच में नदी के बाजू में एक खेत

में, सब बैठ गए। पास के कुएँ से पानी की बकेट भरकर लाई गई। बच्चे खुलकर बात नहीं कर रहे थे। उनकी हँसी गायब थी। उनकी मानसिक धीर-गंभीरता ऐसे घने अँधेरे और डरावने माहौल के कारण डाँवाडोल होने लगी। इस तनाव को कम करने के लिए गीत गाना, कविता सुनाना यह कार्यक्रम शुरू हुआ। बच्चों में उत्साह आया। गप्पें हाँकते हुए मजे में खान-पान हुआ। फिर गाना, लतीफे सुनाना, अंधविश्वास उन्मूलन कार्य में आए निपाणीकर के अनुभवों के किस्से सुनना, यह सब करते हुए रात के पौने बारह कैसे बजे पता भी नहीं चला। बच्चों का मन हल्का हो गया।

भूतपिशाच आदि मंडली के अवतीर्ण होने का समय रात के बारह बजे का होता है, ऐसा कहा जाता है। दृश्य स्वरूप में उनका संचरण समय और घूमने का काल रात बारह से भोर तीन-साढ़े तीन के दरमियान होता है। यह गलतफहमी सर्वदूर तक पहुँची है। इसी कारण चौकीदारी करते हुए निरीक्षण करने का फैसला किया। सबको सावधानी की सूचनाएँ दी गईं। इतने में नदी की सूखी जगह से और आसपास के घने पेड़ों से अचानक भयानक आवाजें आने लगीं। उस नीरवता और सन्नाटे से भरे माहौल में उस भयावह आवाज के कारण सब भयकंपित हो गए।

अब छह छात्र और एक अध्यापक ऐसे तीन गुट किए गए। तीन गुटों को तीन स्थान दिए। एक गुट नदी पर होनेवाले पुल पर, दूसरा आम के पेड़ की तरफ और तीसरा नदी की सूखी जगह में। तीनों के बीच तय यह हुआ कि हर एक गुट अपने निहित स्थान का आधे घंटे तक मुआयना करेगा और किसी भी प्रकार की हलचल, अनपेक्षित आवाज, दृश्य की अनुभूति होते ही सीटी बजाकर अन्य गुटों को सूचित करेगा। तब अन्य गुट वहाँ इकट्‌ठा होंगे जहाँ से सूचना मिली। पूरी छानबीन करने के बावजूद भी कुछ अनुभूति न हुई तो सब गुट अपने मूल स्थान पर वापस जाएँगे। इस प्रकार गुटों में फेर-बदल कर जगहों का तीन घंटे निरीक्षण किया जाएगा। बाद में इकट्‌ठे होकर सभी सब स्थानों पर घूमेंगे। इस प्रकार सुबह चार-साढ़े चार बजे तक खूब मन लगाकर भूत की खोज करने का निर्णय हुआ।

ठीक सवा बारह बजे देशपांडे और उनके सहयोगी नदी की ओर, मोरे आम के पेड़ों की तरफ और निपाणीकर नदी पर होनेवाले पुल की तरफ जाने लगे। पुल का मिट्टी का टीला चढ़कर वे ऊपर आए। पुल की ओर मुखातिब होकर रेल की पटरी के बीच से चलते पुल के एक छोर तक पहुँचे। बैटरी के प्रकाश को इधर-उधर फैलाकर निरीक्षण आरंभ हुआ। इतने में..."स...स ऽ ऽ सर...सर! वह...वह... देखो, वह देखो!" ऐसी डरी हुई आवाज में एक छात्र चिल्लाया और नीचे गिर पड़ा!

उसकी डरी और सहमी हुई आवाज से सब भयचकित हुए। क्या हुआ, देखने के लिए, उसकी दिशा की ओर बैटरी की रोशनी डाली गई। किंतु क्षणमात्र में अन्य पाँच लड़के भी भयकंपित हुए। उनमें से दो-तीन 'भूत-भूत' कहकर चिल्लाने लगे।

उनकी चीख ने पूरे माहौल की शांति भंग कर दी। ये सारी बातें इतनी तीव्र गति से हुईं कि क्या घटित हुआ यह तुरंत निपाणीकर समझ नहीं सके। दूसरे क्षण ही उन्होंने बैटरी की रोशनी फिर से उस दिशा में डाल दी। और बाप रे!...क्षणभर वे भी भयचकित हुए...! विलक्षण...केवल विलक्षण!...पुल के बीचोबीच...पटरी की ओर...सफेद वस्त्र में एक स्त्री की आकृति...पुल से नीचे पैर किए बैठी नजर आती थी! 'बाप रे! असंभव!' ऐसा उन्होंने स्तंभित होकर कहा और आँखें विस्फारित कर अनिमेष नेत्रों से उस दृश्य की ओर देखते रहे। बच्चे तो भयकंपित हुए थे। इतने में अन्य दो गुटों के लड़के व अध्यापक 'भूत-भूत' ये शब्द सुनकर दौड़ते हुए ही पुल के पास आए और सामनेवाला दृश्य देखकर कंपित हुए। किसी के मुख से शब्द भी न निकला।

इस अवस्था को ज्यादा समय तक रखना किसी खतरे से खाली न था। एक क्षण में निपाणीकर सँभल गए। यह क्या माजरा है, यह जान लेने के लिए सीधे उस स्त्री की ओर निकल पड़े। मोरे और देशपांडे उनके साथ हो लिए। पर...पर यह क्या? वो जैसे ही आगे निकले वैसे वह स्त्री पीछे हटती जाने लगी! यह कैसा चमत्कार है? भूत ही इनसे डर गया। वे सब आगे बढ़ते गए। वह स्त्री पीछे हटती हुई पुल के दूसरी ओर गई। ये तीनों वहाँ पहुँचे और हँसें या रोएँ ऐसी अवस्था हो गई। बैटरी की रोशनी में देखा तो पुल के उस तरफ पुल खत्म होने का चिह्न था!... लीजिए...! खोदा पहाड़ और निकली चुहिया...! जोर से आवाज देकर उन्होंने सब बच्चों को निकट बुलाया। डरते, सहमते, सारे बच्चे कुछ दूरी पर आकर खड़े हुए। उनको ढाढ़स बँधाते पास बुलाया तो सचाई उनके सामने थी। तब सबने राहत की साँस ली। उनके चेहरे खिल गए। एक खंबे के टुकड़े को भूत समझकर सब डर गए थे। निपाणीकर ने बच्चों से कहा, "पूर्व संस्कारों की वजह से और भूत संबंधी मन की दृढ़ धारणाओं के कारण मामूली वस्तुएँ भी हमारी कल्पना के अनुसार आकार धारण करती हैं। इससे दृष्टिभ्रम होता है। अत: वे चित्र, विचित्र दृश्य भी सच लगने लगते हैं। देखिए! हम विज्ञान का अध्ययन करनेवालों की यह अवस्था, तो सामान्य मनुष्य का क्या हाल होता होगा? अब इस रोमांचकारी, भययुक्त अनुभव से भूत संबंधी तुम्हारा डर नष्ट होगा और वैज्ञानिक दृष्टि निर्मित होगी, ऐसा मुझे विश्वास है। बोलो! अब भूत से डरोगे?"

"नहीं-नहीं!" सारे बच्चे एक ही आवाज में बोले। "बहुत खूब!" उन्होंने कहा, "अब, यही देखो, वह स्त्री पीछे हट रही है, यह हमें द्रष्टव्य होना केवल आभास था। वैसे ही पुल की दीवार से नीचे लटक रही लताओं का उस स्त्री के पाँव सा दिखाई देना भी दृष्टिभ्रम ही है। ऐसे समय में 'भूत नहीं होते' इस वैज्ञानिक सत्य पर अपना दृढ़ निश्चय होना चाहिए। साथ ही निडरता से इस बात को अंजाम तक पहुँचाने के लिए मनोधैर्य चाहिए, बस!"

इस 'थर्रार नाट्य' में तकरीबन घंटा भर समय व्यतीत हुआ। इतने में उस मार्ग से दौड़नेवाली, बार्शी से लातूर जानेवाली रेलगाड़ी आती दिखाई दी। सब पुल पार करके तुरंत ढलान पर आकर रुके। रेलगाड़ी पास आई और पुल से थोड़ी दूरी पर रुकी। रेल की हेडलाइट से सारा परिवेश प्रकाशित हुआ। गाड़ी क्यों रुकी? उन्हें यह दिखाई दिया कि ड्राइवर केबिन से दो व्यक्ति नीचे उतरे, एक के हाथ में थैली, दूसरे के हाथ में पानी का प्याला था। पुल की किनारेवाली दीवार तक वे चलते गए। एक ने पुल की दीवार के पत्थर पर पानी डाल पत्थर को धोया, दूसरे ने थैली से नारियल और दो कागज की पुड़ियाँ निकालीं। उनमें से हल्दी और कुमकुम उस पत्थर पर डाल दिया। फिर मुँह से कुछ कहते, नारियल तोड़ा और नारियल के कुछ टुकड़े पुल पर और कुछ नीचे नदी के पात्र में डाल दिए। झुककर नमस्कार किया तथा इंजन की केबिन में चले गए। पूछने पर पता चला कि उस पुल पर स्थित भूत गाड़ी को दुर्घटनाग्रस्त न करें इसलिए हर अमावस को उस पुल पर नारियल फोड़ने की प्रथा कई सालों से थी।

यानी रेल विभाग को भी पुल के भूत ने नहीं छोड़ा था। सुबह चार-साढ़े चार बजे तक, उस परिवेश का कोना-कोना उन्होंने छान मारा परंतु अन्य किसी भी प्रकार का भूत अथवा उसका मित्र परिवार या रिश्तेदार उन्हें कहीं नहीं मिला।

महाराष्ट्र में कई स्थानों पर यह प्रयोग समिति की शाखाओं द्वारा किया गया। यह प्रयोग फायदेमंद रहा। नागरिकों ने एवं समाचार-पत्रों ने इस प्रयोग का स्वागत किया लेकिन सांगली के अंनिस को अनपेक्षित अनुभव हुआ। वहाँ के राजनीतिक दल के कार्यकर्ताओं ने इस प्रयोग पर तीव्र विरोध दर्शाया। कारण यह था कि इससे लोगों की धार्मिक भावना को ठेस पहुँची। काफी प्रयासों के बाद भी उनकी समझ में नहीं आया। बात यह थी कि इसके पीछे राजनीति होने के कारण उनको समझाना बड़ा कठिन कार्य था।

भूतों के महल में

भूत से मिलने की चुनौती कुरूंदवाड के कार्यकर्ताओं ने स्वीकार ली। मौजे घोसरवाड में कुरूंदवाड के आर्ट्स एंड कॉमर्स कॉलेज की राष्ट्रीय सेवा योजना का शिविर आयोजित किया गया। अंधविश्वास उन्मूलन समिति के कुछ कार्यकर्ता उसमें शामिल थे। घोसरवाड के आनंदराव शिंदे के महल में भूत है, ऐसी गाँववालों की गलतफहमी थी। साथ ही महल में जहरीले भौंरे हैं। जो महल में प्रवेश करता है, उसे काटते एवं मार देते हैं। बाद में उस मृत प्रवेशकर्ता पर टूट पड़ते हैं। यह गाँववालों की दृढ़ धारणा(गलत) थी। कहानी कुछ ऐसी थी—चालीस साल पहले महल के मालिक ने अनाज इकट्ठा करने के लिए गोदाम बनवाया था। व्यक्तिगत समस्या के कारण वे निवास के लिए कोल्हापुर गए। घर के मालिक के बंधु गणपतराव और उनके नौकर

आण्णाप्पा चिर्पे एवं जुगले को इस गोदाम में अनाज के साथ ही धन की हंडी होने की खबर मिली। धन के लोभ से उन तीनों ने एक रात उस महल में प्रवेश करने का प्रयास किया। तब उन्हें धन की तीन हंडियाँ और उस पर बैठा भूत यह भयावह चित्र दिखाई दिया। उन्हें जहरीले भौंरों ने काटा। वे घायल हुए। उसी समय अचानक महल आग की चपेट में आ गया। इस घटना से तीनों को जबरदस्त सदमा पहुँचा। फिर कुछ ही दिनों में कम-अधिक अंतराल से तीनों की मौत हुई। अत: महल के भूत और भौंरे इनके संदर्भ में लोगों का विश्वास और भी पक्का हो गया।

यह गलतफहमी दूर करने के लिए भूत न हो तो भी जहरीले भौंरे होने की संभावना को ठुकराकर साहस के साथ महल में प्रवेश करने की जरूरत थी। अंनिस के कार्यकर्ता विजय शिंदे, रियाज मुल्ला, प्रा. जे.पी. जाधव, राम मुद्गल, प्रा. हुजले इन्होंने यह चुनौती स्वीकार करने की ठान ली। समिति का यह मानना था कि भाषणबाजी से प्रत्यक्ष कृति करना अच्छा है। कहा जाता है कि 'सौ सुनार की और एक लुहार की।' इसके उत्साह से कॉलेज के रा.से.यो. के कुछ छात्र-छात्राएँ तथा गाँववाले भी तैयार हो गए। भूत के महल में प्रवेश करते समय हजारों गाँववाले उपस्थित थे। उनमें से कुछ डर की भावना पैदा कर रहे थे। बाद में मुहिम को सफलता मिलने पर आपको देखकर ही भूत भाग गए, ऐसा मत व्यक्त करने से भी ये नहीं चूके। कुछ भी हो, कैसे भी हो, भूत भाग खड़े हुए और कुछ लोगों के मन में होनेवाले भूत के प्रति डर की भावना दूर हुई, हमारे लिए यह पर्याप्त था।

खवीस का पत्थर

खवीस का पत्थर हटाने की घटना भी ऐसी ही थर्रानेवाली है। कहानी देहू-मालवाड़ी गाँव की है और वह ऐसी है—छत्रपति शिवाजी महाराज संतश्रेष्ठ तुकाराम के लिए नजराना ले आए। वह नजराना लेने के लिए तुकाराम ने इनकार किया, लाया हुआ नजराना शिवाजी महाराज वापस नहीं ले जा सकते थे, अत: उन्होंने मालवाड़ी के जंगल में वह नजराना गाड़कर उस पर पत्थर रखा। उस पत्थर की रक्षा करने के लिए एक व्यक्ति को नियुक्त किया। उसके मरने के बाद आज भी यह खवीस उस गुप्तधन की रक्षा करता है। रात में अकेला आदमी खवीस के पत्थर के समीप से जाने लगे तो 'मैं आऊँ क्या?' ऐसी आवाज आती है। अमावस की रात को जो खवीस का पत्थर उस स्थान से हटाएगा उसे उसके नीचे होनेवाला गुप्तधन मिलेगा अथवा उसकी मृत्यु होगी, यह अंधविश्वास देहू-मालवाड़ी गाँव के लोगों में कई वर्षों से विद्यमान है। मालवाड़ी महानुभाव संप्रदाय का गाँव। इस गाँव के शंकर पलंडवाल के खेत में यह खवीस का पत्थर है। गाँव अंधविश्वास से ग्रस्त है। गाँव में श्रीकृष्ण मंदिर है। उस मंदिर में भूतबाधाग्रस्त एक महिला को मंदिर में लाया

गया। अंनिस के कार्यकर्ताओं ने प्रतिवाद किया। परंतु उस समय इच्छुक लोगों से सहयोग न मिलने के कारण आगे कुछ न हो पाया। किंतु गाँव के दस-पंद्रह लड़के समिति में शामिल हुए।

स्थानीय कार्यकर्ताओं के सहयोग के कारण खवीस का पत्थर हटाने के लिए उत्साह निर्माण हुआ। गटार अमावस का दिन था। मालवाड़ी गाँव के समिति कार्यकर्ता चंद्रसिंग टिलेकर, कृष्णा टिलेकर, रमेश कांबले, अनिल शेवकर, देहू के मिलिंद देशमुख आदि ने एक दिन पहले ही खवीस के पत्थर के आस-पड़ोस का परिवेश साफ किया। वहाँ बिजली की सुविधा की। दूसरे दिन पुणे शाखा के कई कार्यकर्ता शाम को मालवाड़ी पहुँचे। मालवाड़ी गाँववालों को एक ही समय जिज्ञासा और भय ने ग्रस लिया। रात नौ बजे के आसपास समिति के कार्यकर्ता पत्थर हिलाने के लिए खुरपी, फावड़ा, हँसिया माँगने हेतु हर घर के चक्कर काटने लगे। अनुभव कुछ अलग ही था। कार्यकर्ताओं ने अपने घर से सामग्री उपलब्ध कराई।

पत्थर हिलाने की घड़ी पास आते ही ग्रामस्थ इकट्ठा होने लगे। रात ग्यारह बजे गाँव के कार्यकर्ताओं ने अपना कार्य शुरू किया। इतने में अपने आपको नेता माननेवाले, समाज में धाक जमानेवाले, शराब के नशे में चूर कुछ लोग वहाँ पहुँचे। समिति कार्यकर्ताओं को विरोध दर्शाया। वे सुनने की मानसिकता में न थे। अंत में पुलिस ने उन्हें समझाया। पत्थर वहाँ से हटाने के लिए उन्हें राजी करने में रात के बारह बजे। पत्थर के नीचे क्या मिलेगा, पत्थर को हटानेवाले कार्यकर्ताओं का क्या होगा, इस पर लोगों की निगाहें रुकी थीं। नीचे गुप्तधन मिलेगा, फिर उस संबंध में क्या भूमिका लेनी होगी, किस प्रकार हंगामा खड़ा करना होगा आदि कुछ लोगों ने ठान लिया था। वह बड़ा-सा, खवीस का पत्थर कार्यकर्ताओं ने दूर किया। उसके नीचे न धन मिला और न ही नुकसान हुआ। खुदाई करते समय अंधविश्वास और विषमता का तीव्र विरोध करनेवाले संत तुकोबा के देहू का निवासी बाहर का भूत गाँव में न आए और गाँव का भूत बाहर जाए इसके लिए प्रथानुसार लोग गाँव के फेरे लगाकर दही-चावल डाल रहे थे। उनके पीछे दलित बस्ती के कुछ लोग जोर से आवाज लगाते जा रहे थे। ऐसा कहा गया कि गटार अमावस के बाद ईश्वर बंदी होते हैं और भूत रिहा होते हैं। अत: गटार अमावस के दिन गाँव की चहुँ दिशा में दही-चावल डालकर उसके पीछे गाँव के निम्न जाति के लोग चिल्लाते चले जाएँ, यह रूढ़ि है। इससे बाहर के भूत गाँव में नहीं आते ऐसा लोगों का मानना है।

दुर्घटना स्थल पर भूत से भेंट

ये सब ऐसी कथाएँ थीं, जो भूतकाल में प्रचलित हो गई थीं। परंतु जब घटना ताजा होती है, उस समय अफवाह से उत्पन्न होनेवाली घबराहट अधिक होती है। एकाध

दुर्घटना में कई लोगों की मृत्यु होना, यह दुर्दैवी घटना परंतु मनुष्य का अंधविश्वासी मन बड़ी अजीब चीज है। उसे तुरंत अनुभूति होती है कि उन दुर्घटनाग्रस्त जीवों की इच्छाएँ अधूरी रही हैं। अत: उनका परिवर्तन भूत में हुआ है। चालीसगाँव-औरंगाबाद रास्ते पर कन्नड़ के समीप घाटी में औरंगाबाद-अमलनेर बस दुर्घटनाग्रस्त हो गई। उसमें मृत 28 मुसाफिरों के भूत उस स्थान पर चक्कर काटते हैं इस अफवाह के कारण घबराहट फैल गई। अंनिस को कुछ लोगों ने चुनौती दी। चुनौती देनेवालों का यह कहना था कि आप में हिम्मत है और आप भूत ही नहीं मानते तो अमावस के दिन रात बारह बजे एक घंटा तो दुर्घटनाग्रस्त स्थल पर रुककर दिखाएँ। तब आपको भूत की ताकत का अंदाजा हो जाएगा। वहाँ केवल रुकना ही नहीं बल्कि भूत आपको घेर ले तो जो जरूरी है, वह सब आपको करना पड़ेगा। संक्षेप में जो चीजें भूत को अच्छी लगती हैं, उन्हें जानबूझकर ले जाएँ। अर्थात शरीर में सेंट लगाना, साथ में मांस, नमकीन, पकौड़े आदि चटकीले पदार्थ ले जाना और अमावस की रात बारह बजे उस स्थान पर जाकर खाना।

अंनिस ने चालीसगाँव की इस चुनौती को स्वीकारा तथा यह भी कहा कि हम तो उस जगह पर जरूर जाएँगे परंतु चुनौती देनेवाले भी हमारे साथ उस स्थान पर आएँ और भूत नहीं होता इसका अनुभव लें। इस शर्त को सब ने कबूल किया किंतु रात 10 बजे चुनौती देनेवालों में से राजेंद्र देवकर ही उपस्थित थे। अंनिस के 20-22 कार्यकर्ता एकत्रित हुए थे। भूत के मिलते ही तस्वीरें खिंचवाने के लिए साथ में कैमरा लिया था। तीन मोटर और तीन स्कूटर से सब निकले। प्रथमत: शर्त के अनुसार देवकर ने आगे स्कूटर पर सवार कार्यकर्ताओं के शरीर में सेंट लगाया। उस स्कूटर पर बैठे कार्यकर्ता ने मीट का डिब्बा खुला ही रखा। उससे निकलनेवाली गंध तो सबको पागल करने लगी, ऐसा प्रतीत हुआ भूत के पहले ये जीवित भूत ही उस पर धावा बोलेंगे। नमकीन, पकौड़े आदि मसालेदार पदार्थ भी खुले रखे थे।

गाड़ियाँ निकलीं। रास्ता अच्छा था। बारिश न होने के कारण रास्ता जल्दी कट गया और ग्यारह बजे गाड़ियाँ दुर्घटना स्थल पर पहुँचीं। जहाँ दुर्घटना हुई थी और जिस जगह पर दुर्घटनाग्रस्त मृत शवों को कुछ दिन पहले कतार में रखा था, उस जगह पर जाजम बिछाया और कार्यकर्ता बैठ गए। भूत से मिलने आने के कारण बातें भी भूत के बारे में ही हो रही थीं। भूत को कोई देखे या न देखे फिर भी भूत संबंधी बातों की जमा-पूँजी सबके पास होती है। साथ में लाए चटपटे व्यंजन सभी ने मिलकर खाए। आधी रात समाप्त हुई। फिर भी भूत, कार्यकर्ताओं को दर्शन देने के पक्ष में न थे। कुछ कार्यकर्ता जहाँ से बस गिरी उस टीले पर घने अँधेरे में और उत्साह से गए, यह देखने कि कहीं भूत वहाँ तो नहीं रुक गए? अंतत: देवकर का भ्रम पूर्ण रूप से टूट गया। उन्होंने मुक्त मन से और खुलेपन से यह कबूल किया कि भूत का अस्तित्व संबंधी अपना अंधविश्वास दूर हो गया। अब से समिति के

कार्य में सक्रिय योगदान देने का मनोदय भी जाहिर किया। वापस निकलते समय रात के दो बजे। सारी रात वहाँ पर जागते हुए बिताई, इतना हर एक का उत्साह था। परंतु दूसरा दिन काम पर जाने का था तथा व. पु.काले की कथा में होनेवाला भूत चुपचाप आकर काम कर जाएगा, इसकी संभावना उसके बारे में बिलकुल न थी।

भूचाल की जगह पर

क्या अचानक मृत होनेवाले मनुष्य सच में भूत बन जाते हैं? इस प्रश्न के गंभीर बनने की और एक अर्थ से प्रभावी होने की संभावना महाराष्ट्र में एक दुर्घटना के कारण निर्मित हुई। लातूर और उस्मानाबाद जिले में भूकंप आया। तकरीबन चालीस हजार लोग एक क्षण में मृत हो गए। ऐसी घटना होने पर जीवित रिश्तेदारों के मन में खूब तनाव आया। उनके उध्वस्त भाव-विश्व को सँवारना, उनका मानसिक पुनर्वसन करना बहुत जरूरी था। मराठवाड़ा के भूचाल में अंनिस ने कुछ केंद्रों द्वारा प्रयास किया। छह महीनों तक यह कार्य चला और काफी हद तक सफल भी हुआ। इसके साथ एक कल्पना सामने आई। इतनी बड़ी संख्या में लोगों के मृत होने के कारण उजड़े इलाकों में भूत होने की अफवाह दूर तक फैली थी। हम सबने भूत नहीं होते, इसे सिद्ध करने के लिए संकट का मौके में रूपांतरण किया। इस इलाके में नियमित मुलाकातें शुरू थीं। उस दौरान आई अमावस को हमने चुना। समिति के कई कार्यकर्ता पूरे महाराष्ट्र से उस दिन सालेगाँव (मानव लोक संस्था का पुनर्वसन केंद्र) और सास्तूर में शाम तक पहुँचे। वहाँ से जीप द्वारा कार्यकर्ताओं को रात में भूचाल से उजड़े हुए गाँवों में पहुँचाया गया। इन गाँवों के पास ही कुछ समय के लिए खड़े किए गए राहत केंद्र थे। वहाँ के गाँववालों को अपने साथ लिए कार्यकर्ताओं ने खँडहर बने उनके गाँव में रात बिताई। उन्हें इस बात का एहसास भी कराया कि उनके मन का डर निराधार है।

सात बौने व्यक्ति

भूतों की इस भीड़ में एक और अलग भय-कथा घटित हुई। कोंकण में रत्नागिरि जिले की गुहागर तहसील में आनेवाला पड़वे नामक गाँव। इस गाँव में घबराहट फैली थी। इस गाँव में, दो-ढाई फीट के सात नाटे आदमियों ने हंगामा खड़ा किया था। ये देर रात में आते थे। उनकी आँखें और होंठ लाल थे। किसी के भी साथ मारपीट करते थे। सोए हुए लोगों के पाँव खींचते थे। एक औरत का तो इन्होंने गला ही दबाया। कई लोगों के घर की छत पर पथराव होने लगा। एक बार डरावने चेहरे दिखाई दिए हैं ऐसा गाँव के एक डॉक्टर ने ही कहा। ऐसी घटनाएँ अधिकतर मुस्लिम बस्ती में ही हो रही थीं।

आतंक और भय का माहौल तैयार हुआ। रातभर सौ-डेढ़ सौ लोग पहरा देने लगे। रत्नागिरि जिले के जिला परिषद के शिक्षा सभापति हुसैन खान फडनाईक ने अंधविश्वास उन्मूलन समिति, दापोली शाखा से संपर्क किया। उनकी ओर से मुझ तक यह वारदात पहुँची। समिति के सम्मोहन विभाग के कार्यवाहक ओंकार पाटिल एवं करमाला के शब्बीर शेख जाँच हेतु पड़वे गाँव पहुँचे।

ऐसे मामलों के खोज कार्य हेतु समिति ने अच्छे तंत्र का निर्माण किया है। उसके अनुसार गाँववालों को अंधविश्वास का एहसास कराया जाता है। प्रत्यक्षदर्शियों के साक्षात्कार अलग रूप से और बंद कमरे में लिए जाते हैं। इससे प्रसारित हुई और प्रसारित की गई बातों और यथार्थता में होनेवाली विसंगति सामने आती है। यहाँ भी ऐसा ही हुआ। इन साक्षात्कारों के बाद घबराहट और वास्तविकता में होनेवाला अंतर स्पष्ट हुआ। सामने से गला दबाया बतानेवाली औरत की पीठ पर नाखून के निशान मिले, जो बिल्ली के नाखून से बने निशान जैसे थे। छीना-झपटी का एवं क्रूर बौनों संबंधी वह किसी भी प्रकार का ब्योरेवार वर्णन न कर सकी। नींद में पाँव खींचे गए ऐसा बतानेवाला लड़का बोला कि दरवाजे के सामने जागते बैठे थे उसके पिताजी, जिनका सत्रह नंबर का चश्मा था। रात में उन्होंने चश्मा नहीं लगाया था। कोई पैर खींचने लगा तो मैं चिल्लाया और पिताजी ने पास की लाठी आजू-बाजू में घुमाई तो बौने लोग भाग गए। ओंकार पाटिल और शब्बीर शेख डॉक्टर के घर गए। उसी दिन डॉक्टर के घर की चाय अचानक गायब हो गई। ऐसा कई बार हुआ था। अब भी आप जाँच कर सकते हैं, ऐसा भी उन्होंने कहा। परंतु वास्तव में ऐसी चुनौती को नकारा गया। जाँच-पड़ताल गहराई से करने पर ऐसा कुछ नहीं हुआ यह डॉक्टर ने कबूल किया। लेकिन इसी बहाने कुछ बातें स्पष्ट हुईं। किसी घर में चोरी न होना, मारपीट का कोई सबूत न होना। बौने व्यक्तियों का वर्णन करनेवाले उनकी पाँच से साढ़े पाँच फीट ऊंचाई बताते हैं। चेहरा तो किसी ने न देखा। आग बरसानेवाली लाल आँखें, लाल होंठ ऐसा वर्णन अतिरंजित है। घर में, दरवाजे में, माले पर, सब जगह चूहे और बिल्लियाँ अधिक होती हैं। घर की बिजली अपने आप चालू और बंद होती है। जहाँ ऐसा होता वहाँ की वायरिंग पुरानी हो चुकी होती है तथा वायर बिना प्लग के सीधे सॉकेट में जुड़ी होती है। छोटे-बड़े धक्के से बिजली का चालू बंद होना, यह सहज हो सकता है।

गाँव में ओंकार पाटिल और शब्बीर शेख बैठक लेते थे। उनके साथ दापोली के कार्यकर्ता विकास घारपुरे, आप्पा सावंत रहते थे। इस बैठक में सभी ने कई मुद्दे ठोस रूप में सामने रखे। संसार में भूत का अस्तित्व नहीं है। पूरे कोंकण में दो साल पहले ही समिति ने 'भूत की शोध, मन का बोध' मिशन हाथ में लिया था। कुछ भी हाथ न लगा। कुरान में भी भूत न होने की बात स्पष्ट कही गई है। 'भूत दिखाओ, पाँच लाख कमाओ' समिति की यह चुनौती कोई नहीं स्वीकारता। डर के मारे कुछ लोगों को तो

ऐसी आकृतियों का आभास भी हुआ। बाद में उसमें अफवाहों को मिलाकर उन्हें लोगों में फैलाया गया। बहुत डरावना माहौल निर्मित होने के कारण साहस के साथ किसी ने भी सत्य परीक्षण न किया। ऐसी अफवाहें कौन प्रसारित करता है, इसकी खोज करना गाँववालों का काम है। घटित घटनाओं की संभावनीय वजहें क्या हो सकती हैं, यह उन्हें समझाना पड़ा। भूत एक तो अफवाह होता है या आभास अथवा मानसिक तनाव से उत्पन्न मस्तिष्क के अंतर्गत हार्मोन्स का परिवर्तन। इसकी वैज्ञानिक और शास्त्रीय जानकारी दी गई। गाँववालों के ध्वनिमुद्रित किए साक्षात्कार सुनाए गए। जाँच-पड़ताल को विश्लेषित किया गया। निष्कर्ष बताए गए। ओंकार पाटिल ने आभास का निर्माण कैसे होता है, इसका प्रदर्शन किया। शब्बीर भाई ने चमत्कार के कुछ प्रयोग दिखाकर गाँववालों की मानसिकता को भयमुक्त किया। अपने घरों के दरवाजे बंद कर शांति से सोने का आवाहन किया। लेकिन एक ही बैठक में सब लोगों के मानसिक आतंक को समाप्त करना मुश्किल कार्य था। फिर भी संतोष यह था कि लोगों के विचारों को एक नई और अलग दिशा मिली। बैठक के बाद लोग आपस में चर्चा करने लगे। कुछ लोगों का यह आग्रह था कि उस रात हम गाँव में ही रुक जाएँ। अतः कार्यकर्ता गाँव में रहे। रात भर गाँव में पहरा भी दिया गया। दस-पंद्रह दिनों के बाद पहली बार गाँव ऐसी शांति से सो गया था। सिर्फ कुछ एक घरों में लोग जाग रहे थे। रोज रास्ते पर सौ-डेढ़ सौ गाँववालों द्वारा आग जलाने और पहरा देते कार्यकर्ताओं के कारण यह तादाद 10-15 तक आई। गाँव में किसी भी प्रकार की डरावनी, अनहोनी न घटी। कार्यकर्ता उलटे पाँव लौट आए। दो दिनों के बाद जानकारी मिली कि ऐसी घटनाएँ पूर्णतः रुक गई हैं। यहाँ दो बातों का विशेष उल्लेख करना होगा। एक तो यह कि मुस्लिम मुहल्ले में किसी ने भी बाबा भगत अथवा उनके तावीज को इस दौरान नहीं अपनाया। दूसरा यह कि कार्यकर्ताओं को पूरे गाँव ने सहयोग दिया और उनके निष्कर्षों पर शांति से चिंतन भी किया।

भूत दिखाने की चुनौती और उसकी अजीबोगरीब कहानी

हर बार हमारी सोच के अनुसार ही सब कुछ घटित नहीं होता। भूत का ठेठ मुकाबला करते समय क्या बीत सकती है, इसका सबक महादेव चव्हाण मांत्रिक के भूत दिखाने की चुनौती से मिला।

सांगली जिले के हमारे कार्यकर्ताओं को महादेव चव्हाण मांत्रिक से मिलाने का कार्य क्षितिज शिंदे नामक ज्योतिषी ने किया। सांगली के एक दैनिक में क्षितिज शिंदे भूत पर एक ऐयारी धारावाहिक लिखता था। उसके लेखों के शीर्षक—'भूत के जन्मदाता ब्रह्मचारी' से 'कम्युनिस्ट भूत' यहाँ तक वैचारिक होते थे। उसके मतानुसार विश्व में 70 से 80 प्रतिशत दुर्घटनाएँ दुष्ट पिशाच की बाधा से होती हैं।

स्त्रियाँ पूर्व पुण्य न हो तो चुड़ैल या पिशाच भूत योनि में जाती हैं। अनैतिक मार्ग से पुत्र प्राप्त करनेवाली स्त्री जचगी के समय मर गई तो पिशाच योनि में प्रवेश कर अपने बालक के साथ रहती है। ब्राह्मण मर गया तो उसका ब्रह्मसमंध होता है और लोभी ब्राह्मण की मृत्यु हुई तो उसका ब्रह्मराक्षस होता है। कुछ सौ साल पहले के भूत आज भी भटकते नजर आते हैं। वे अदृश्य होते हैं। परंतु दृश्य रूप में भटकते हुए परेशान कर सकते हैं। असीम जीवात्माएँ (स्पिरिट्स) हमारे आसपास हमेशा भटकती रहती हैं। हमसे कुछ ही दूरी पर उनके सूक्ष्म जीव कार्यरत होते हैं। वे हमारे शरीर की ऊर्जा खींचते हैं। भूतों के जगत में साम्यवाद होता है। सब भूत समान होते हैं परंतु अच्छे भूत पथ प्रदर्शन करते हैं, तो बुरे भूत भगत के बस में होकर बदले की भावना से अपनी वासनाओं को पूर्ण करते हैं।

'भूत दिखाओ, पाँच लाख रुपए कमाओ' यह समिति की चुनौती रजिस्टर्ड डाक से क्षितिज शिंदे के घर पहुँची। जवाबी डाक की एक महीने तक प्रतीक्षा कर सांगली अंनिस के छह कार्यकर्ता डॉ. प्रदीप पाटिल के नेतृत्त्व में क्षितिज शिंदे के घर पहुँचे। हम भूत के दर्शन करने आए हैं, ऐसा कार्यकर्ताओं का कहना था। भूतों का अस्तित्व होता ही है, इस पर क्षितिज शिंदे का दृढ़ विश्वास था। उसका यह कहना था कि मेरे जो गुरु हैं, वह हमेशा भूतों के सहवास में रहते हैं। विशेष मंत्रों से वह भूतों को अपने काबू में रखते हैं। उन भूतों को वह दिखाते भी हैं। भूत से बाधित लोगों को राहत पहुँचाते हैं। सीधे उससे मिलना तय हुआ। जयसिंगपुर से चार-पाँच कि.मी. दूरी पर खंजिरे बाग नामक बस्ती है। अनगिनत उतार-चढ़ाव, गड्ढे, भीमकाय पत्थर, इससे व्याप्त बंजर भूमि पर महादेव चव्हाण का खपरैल की छत का घर था। बारह बाई आठ का विस्तृत कमरा था। दीवारें कच्ची थीं। एक ओर कंपाउंड था। यह नाथपंथीय भगत पैंसठ साल का था। सिर पर सफेद बाल और घनी सफेद मूँछें थीं। आँखें बड़ी, स्पष्ट आवाज, धोती और कमीज पहने। माथे पर लगा तिलक, सामने जलता हुआ धूप। एक ओर काले धागे के बंडल, तंत्र-मंत्र के चौकोर कागज, शंकर, कृष्ण, कानिफनाथ इनकी तस्वीरों से व्याप्त दीवारें। कार्यकर्ता सामने बैठ गए। क्षितिज शिंदे ने कहा, "ये अंधविश्वास उन्मूलन वाले हैं, भूत देखने आए हैं।"

गुरु ने ऊँची आवाज में कहा, "दिखाएँगे भूत। अभी दिखाए होते, पर भूतों को काबू में रखनेवाले चार लड़के आज बाजार गए हैं।"

प्रदीप ने कहा, "भूत होते कैसे हैं? हम ही नहीं बल्कि आज तक दुनिया में किसी से भी यह भूत नहीं मिला। आप तो भूतों के राज्य में रहते हैं। अतः क्या आप बताएँगे भूत कैसे होते हैं।"

"राक्षस जैसा मुख होता है।" गुरु चव्हाण ने कहा। उसके 25-30 भक्तगण जो हमारे पीछे बैठे थे, वे चिल्लाए, "हाँ-हाँ! हमें दिखाया है, इन्होंने भूत...।"

"और शरीर, हाथ-पाँव कैसे होते हैं? आपके और हमारे जैसे ही लेकिन मुड़े होते हैं किसी भी दिशा में..." कार्यकर्ताओं के साथ आए दै. सकाल के चिंतामणि सहस्त्रबुद्धे ने कहा, "तो फिर कब दिखाएँगे भूत?"

"बृहस्पतिवार को आना। अब जाओ। भूत-पिशाच सब दिखाऊँगा।" भूत दिखाने का दिन निश्चित हुआ—बृहस्पतिवार और समय सुबह 11.00 बजे। सभी समाचार-पत्रों में खबर छपी। 'सावधान! आनेवाले बृहस्पतिवार को भूत के दर्शन। भगत महादेव चव्हाण प्रत्यक्ष भूत दिखाएँगे।' समिति की सांगली शाखा की ओर लोगों के पत्राचार का सिलसिला शुरू हुआ। जिस प्रकार का अनुभव गोंदेमाल के समय हमें हुआ था, बिलकुल वही अनुभव यह भी था। सबकी यही इच्छा थी कि 'हमें भी देखने आना है।' सांगली शाखा के कार्यकर्ताओं को लगा कि आने दो लोगों को। हो जाने दो दूध का दूध और पानी का पानी। लोगों का भ्रम तो दूर होगा। कम से कम भ्रम तो टूटेगा। अत: कार्यकर्ताओं ने हर तरफ चुनौतीवाले परचे लगा दिए। 'भूत देखने चलो।' माहौल बन गया। चारों तरफ यही चर्चा कि भूत दिखाई देगा या नहीं? खंजिरे बाग जिस पुलिस थाने के इलाके में आता था, वहाँ बंदोबस्त हेतु कार्यकर्ताओं ने अर्जी दी और पुलिस से अधिक बंदोबस्त देने की माँग की।

भूतदर्शन कार्यक्रम के ऐन मौके पर कुछ मुद्दों पर तकरार न हो इसलिए पहले दिन डॉ. शीतल भरगुडे एवं डॉ. प्रदीप पाटिल फिर एक बार क्षितिज शिंदे से मिले। महादेव चव्हाण की ओर से क्षितिज शिंदे ही सब देख रहा था। क्षितिज शिंदे को दो बार निवेदन पढ़कर बताया गया जो इस प्रकार था—

1. तथाकथित भूत दृश्य रूप में मनुष्य जैसी वेशभूषा में दानव के मुखवाला होता है, ऐसा भगत ने बताया है। अदृश्य परछाईंसम अथवा चित्रसम निर्देशित किए हुए इस वर्णन के सिवाय होनेवाला कोई भी भूत, भूत न होगा।
2. दूसरा मुद्दा महत्त्वपूर्ण था। मांत्रिक चव्हाण ने दूसरी चुनौती समिति को दी थी कि 'मैं जिस भूत को बुलाऊँगा वह भूत आपमें से किसी के भी घर का, घर में होनेवाली वस्तुओं का हूबहू वर्णन करेगा।' ऐसे में समिति के पाँच कार्यकर्ताओं के संदर्भ में वर्णन करनेवाले कागज बंद लिफाफे में रखे जाएँगे और भूत के बताने पर प्रत्येक लिफाफा खोला जाएगा। वर्णन में अचूकता होगी, तो समिति 'भूत' मान्य करेगी।
3. भूत दिखाई देने पर उसकी परीक्षा समिति की ओर से एक बार ली जाएगी।
4. भूत दिखाई न देने पर क्षितिज शिंदे और चव्हाण दोनों को फिर एक मौका दिया जाएगा।

अंतिम मुद्दा यह था कि भूत का अस्तित्व भगत इस तरीके से दिखाएगा—ताली बजाकर, समिति के कार्यकर्ताओं को हानि पहुँचाकर। क्षितिज शिंदे ने इन सभी मुद्दों पर नो ऑब्जेक्शन के हस्ताक्षर कर कागज लौटा दिया। उसके जरा

भी विचलित न होने से लोगों को अचरज भी हुआ। कई लोगों को लगने लगा कि भूत यकीनन दिखाई देगा।

लेकिन क्षितिज शिंदे का यह उत्साह अस्थायी था। शाम के सात बजे सभी समाचार-पत्रों से डॉ. प्रदीप पाटिल को फोन आए कि क्षितिज शिंदे ने समिति द्वारा शर्तें रखने के कारण कार्यक्रम न करने की घोषणा की है। अलबत्ता समिति द्वारा समाचार-पत्रों को तुरंत सफाई दी गई कि भूत देखने के लिए समिति खंजिरी बाग जाएगी ही। महादेव चव्हाण ने समिति को वचन दिया है और वे उस पर कायम रहेंगे, यह समिति को विश्वास है।

इस रोमांचक नाटक में शामिल होने के लिए मैं सुबह दस बजे जयसिंगपुर बस स्टैंड पहुँचा। जयसिंगपुर से खंजिरे बाग की ओर जाते समय मुझे थोड़ा अंदाजा होने लगा कि आगे क्या होनेवाला है। गाँव से लोगों के समूह खंजिरे बाग की ओर जा रहे थे। जब मैं वहाँ पहुँचा तो उस विस्तृत बंजर भूमि पर दो-तीन हजार साइकिलें और कुल सात-आठ हजार लोग जमा थे। मेरे वहाँ पहुँचने तक हमारे कार्यकर्ता विजय उत्सव शुरू करने की तैयारी में जुट गए थे।

महादेव चव्हाण ने इतनी भारी भीड़ की अपेक्षा नहीं की थी। यहाँ चल रही गतिविधियों को देखकर उसने पूरी तरह से पीछे हटने का पैंतरा अपनाया। उसने स्पष्टत: कबूल किया, "भूत वगैरह कुछ नहीं होते। मुझे माफ कर दो।"

प्रदीप पाटिल ने कहा, "भीड़ के सामने जाकर कहो कि मैंने झूठ कहा, मुझे माफ करें।"

चव्हाण इसके लिए राजी हो गया। सामने खड़ी भारी भीड़ को देख वह भुनभुनाया, "माफ करें, भूत नहीं होता।" और दौड़कर अपने कमरे में चला गया।

यह सब घटित होने तक मैं वहाँ पहुँच गया था। महादेव चव्हाण से यह सब लिखित रूप में लेने की बात मैंने उठाई। अंदर जाकर उससे ऐसा लिखवा भी लिया। मैंने सोचा कि बाहर जाकर लोगों को यह लिखित कबूलनामा सुनाऊँगा। लेकिन दो कारणों से यह संभव न हुआ। एक तो हमारे पास लाउडस्पीकर नहीं था और उस बंजर मैदान में मेरी आवाज पहुँचना संभव न था। दूसरी बात यह थी कि लोगों को इस इकरारे जुर्म में तनिक भी रस नहीं था। उन्हें भूत देखना था और इसी उत्साह से वे केवल सांगली, कोल्हापुर से ही नहीं बल्कि दूर-दराज से, रत्नागिरि, उस्मानाबाद से मुँहअँधेरे वहाँ पर आए थे। 'मैं भूत नहीं दिखा सकता' यह महादेव चव्हाण का कबूलनामा बेशक समिति की दृष्टि से महत्त्वपूर्ण था पर लोगों के लिए वह निरर्थक था। उन्हें तो बस भूत देखने आने और न देखने मिलने का बहुत गुस्सा था। इसी कारण वे एक ही अनुरोध कर रहे थे कि 'महादेव चव्हाण को बाहर बुलाइए। उसे ही कबूलनामा पढ़ने दें। हमें उससे ही प्रश्न पूछने हैं।' लेकिन गुस्से से बेकाबू भीड़ की माँग को स्वीकृति देना अक्लमंदी की बात नहीं थी। हमें 'भूत नहीं' के

इकरारे जुर्म में रस था। यह वैचारिक संघर्ष था। अब तो गुस्से से बेकाबू जनता द्वारा चव्हाण को ही 'भूत योनि' में भेजने का खतरा स्पष्टता से नजर आ रहा था।

स्वाभाविक रूप से अब चव्हाण की सुरक्षा की जिम्मेदारी समिति पर आ चुकी थी। हमने पुलिस थाने में संदेश भेजा। कुरूंदवाड समिति के कार्यकर्ताओं ने महादेव चव्हाण के घर के चारों ओर घेरा बनाया। इससे बेकाबू भीड़ को घर में घुसने से रोकना संभव हुआ। मैं और प्रदीप पाटिल भीतर जाकर महादेव चव्हाण को धीरज बँधा रहे थे। पुलिस नहीं आ रही थी और वातावरण में पल-पल तनाव बढ़ रहा था। इसका हल क्या निकालें तथा परिस्थिति को कैसे नियंत्रित करें, इसका विकल्प किसी को सूझ नहीं रहा था। आखिरकार भीड़ में से किसी ने एक पत्थर उठाकर महादेव चव्हाण के घर की ओर दे मारा। भीड़ को तुरंत ही एक साधन मिल गया। कई हजार खाली हाथों और अनगिनत पत्थरों से क्या भयावह परिणाम निकलेगा, यह स्पष्ट दिखाई दे रहा था। घर के आधे से अधिक खपरैल चकनाचूर हो गए। महादेव चव्हाण के घर की तीनों औरतें वहीं मौजूद थीं। पत्थरों ने उनके सिर को निशाना बनाया। वे जख्मी हो गईं। सिर से खून बहने लगा। हमें आगे के भीषण भविष्य का अंदाजा हो गया था। इतने में कहीं से 'पुलिस आई, पुलिस आई' का शोरगुल हुआ। पथराव थोड़े समय के लिए रुक गया। पुलिस आई थी, पर वह बिलकुल अकेली थी। बताया गया कि थाने के निरीक्षक, सहायक निरीक्षक तथा अधिकतर पुलिसकर्मी किसी चीनी मिल की चुनावी सुरक्षा के लिए गए थे। पुलिस थाने में केवल दो ही हवलदार थे और उनमें से आधी फोर्स उन्होंने हमारे यहाँ भेजी थी। पुलिस दिखाई देने पर स्वाभाविक रूप से लोगों को लगा कि पीछे से और पुलिस आ रही है। कुछ समय के लिए शांत माहौल का लाभ उठाकर घायल औरतें पीछे की दिशा में खंजिरे बाग की बस्ती की ओर भाग गईं। सिपाही को माहौल देखकर इस बात का अंदाजा हो गया कि यह उसके अकेले के बस की बात नहीं। वह उलटे पाँव लौट गया।

खंजिरे बस्ती के मुट्ठी भर लोगों से अपनी बस्ती की औरतों का बहता हुआ खून देखा नहीं गया। वे गुस्से से पागल हो उठे और 'खून का बदला खून' से प्रतिशोध लेनेवाले अंदाज में सामनेवाले जनसमूह पर पथराव करने लगे। शांत हो गए लोगों को इस हमले ने भड़का दिया। वे पुलिस को लौटता हुआ देख चुके थे। इसके चलते उन्होंने भी 'ईंट का जवाब पत्थर से' देने की नीति अपनाई। अब महादेव चव्हाण के घर में लोग न घुस जाएँ, इसके लिए वहाँ सुरक्षा गार्ड के रूप में रुके समिति के कार्यकर्ताओं पर दोनों ओर से पत्थरों की वर्षा होने लगी। घर के हर एक खपरैल के टुकड़े-टुकड़े हो गए। पत्थर सीधे अंदर आने लगे। घर के लोगों का बचाव करने के लिए अंदर बैठे मैंने और प्रदीप पाटिल ने सिर पर पीतल की बाल्टी, हंडी वगैरह लेकर अपने आपको बचाया। ऊपर से आनेवाले पत्थर

बर्तनों पर गिरकर टन-टन की आवाज कर रहे थे। आखिरकार हिंदी सिनेमा की तरह अंतिम क्षण में पुलिस की गाड़ी आई। परिस्थिति की गंभीरता को देखकर वे जीप को जितना संभव हो सका महादेव चव्हाण के दरवाजे के नजदीक ले आए। हमने महादेव चव्हाण को घर से बाहर निकाला। उसे चोट न पहुँचे इसलिए कड़ी सुरक्षा में उसे गाड़ी तक पहुँचाया और गाड़ी पुलिस थाने की ओर रवाना हुई।

पुलिस थाने में एक सहायक निरीक्षक बैठा था। उसने संक्षेप में कहानी सुनी। उसे इस मामले में दिन-दहाड़े भीड़ द्वारा डाले गए डाके का केस याद आया। हमारे खिलाफ महादेव चव्हाण के रूप में गवाह था ही, इसीलिए हमें थाने में बैठने की धमकी देकर घटना का आँखों देखा हाल देखने वह घटनास्थल की ओर रवाना हुआ। परिस्थिति की गंभीरता को हमने भाँप लिया था। फौजदारी मुकदमे की संभावना अटल थी। महादेव चव्हाण के घर की क्षति, पथराव में महिलाओं का घायल होना आदि कारण हमारी ओर ही इशारा कर रहे थे। भीड़ हट गई थी और निर्दोष बरी होने का विश्वास होने पर भी फौजदारी मुकदमे में तीन-चार साल तक कोर्ट का चक्कर लगाने के आसार नजर आ रहे थे।

कहते हैं, 'जरूरतमंदों के पास अकल की कमी होती है।' जैसे यह सच है वैसे ही 'जरूरत से ही अक्ल आती है' यह भी सच है। हमारी समझ में आया कि इस मामले में महादेव चव्हाण ही हमें बचा सकता है। यदि वह किसी भी प्रकार की शिकायत न होने का बयान जबानी दे तो मुकदमा दायर ही नहीं होगा। हमने महादेव चव्हाण से यह बात की। हमने उसे समझाया कि हमारा झगड़ा उससे नहीं, भूत से है। उसे हमने ही बचाया था और इसे वह देख भी रहा था। उसकी माँग इतनी ही थी कि हम उसके घर पर खपरैल छत बनवा दें। हमने झट से इसे स्वीकृति दी। मुझे लगा कि उसके मन में एक अज्ञात सा डर बसा था। इकट्ठा हुई भारी भीड़ को वह हमारी ही ताकत समझ बैठा। उसे लगा होगा कि यदि हमारे ऊपर मुकदमा दायर किया तो मुकदमे की सुनवाई के दिन भी ऐसी भारी भीड़ के रोष का सामना उसे करना पड़ेगा।

पुलिस उपनिरीक्षक वापस आए। उनके साथ उस थाने के पुलिस निरीक्षक भी थे। वे मुझे अच्छी तरह से पहचानते थे तथा मेरे प्रति आदरभाव भी रखते थे। एक ओर यह सहानुभूति और दूसरी ओर शिकायत न होने का महादेव चव्हाण का बयान। अत: मुकदमा दर्ज न करने का निर्णय हुआ। हम वहाँ से निकल पड़े। हमने महादेव चव्हाण के रिश्तेदारों को उन तीनों घायल औरतों को लेकर पुलिस थाने में घुसते हुए देखा। फिर क्या हुआ पता न चला। किंतु इतना पक्का था कि हमें वहाँ से निकलने में थोड़ी देर होती तो सीन बदल सकता था।

भूत का शोध, मन का बोध

अनेक छोटे-छोटे अनुभवों की पूँजी के साथ हम एक बड़ी मुहिम के लक्ष्य तक पहुँचे। सतारा में मेरे ही घर महाराष्ट्र के प्रमुख कार्यकर्ताओं की बैठक हुई। इसमें 'भूत का शोध, मन का बोध' इस मुहिम के लिए कोंकण का इलाका निश्चित किया गया और यथासमय संपूर्ण महाराष्ट्र में मुहिम को पहुँचाना निश्चित हुआ।

कोंकण का आग्रह स्वाभाविक था क्योंकि समूचे कोंकण में भूत के संबंध में कौतूहल एवं अज्ञान है, यह हमें मालूम था। इस मुहिम का नेतृत्व करने के लिए पनवेल के मानसोपचार विशेषज्ञ डॉ. प्रदीप पाटकर के रूप में विशेषज्ञ संयोजक उपलब्ध थे। वे समिति की पनवेल शाखा के अध्यक्ष भी थे। यह शाखा सक्षम थी।

डॉ. प्रदीप पाटकर ने उत्तम नियोजन किया। वह गाँव-गाँव के लोगों तक पहुँचाया गया। 'लोकप्रभा' साप्ताहिक ने उसे काफी लोकप्रियता प्रदान की। परिणामस्वरूप यह नियोजन प्रभावी रूप में चारों ओर पहुँचा। समिति का यह आवाहन मूलत: पठनीय है।

महाराष्ट्र अंधश्रद्धा निर्मूलन समिति
भूत शोध मुहिम (भूत की खोज)
जाहिर आवाहन

प्रिय दोस्तो!

हममें से कई भूत से डरते हैं, यह सर्वमान्य है। भूत ने हमें घेर लिया है, इस भय से ही कई लोग मानसिक रूप से बीमार हो जाते हैं। भूत के चंगुल से बचाने के लिए मांत्रिक द्वारा उस व्यक्ति के कई इलाज किए जाते हैं। कई बार मांत्रिक उस व्यक्ति को इलाज करने के बहाने पीटता है। धुआँ देकर उसकी साँस फुलाता है। हाथ-पाँव, पेट, सिर को अंगारों से दाग देता है। भूत के लिए बलि हमने सुनी और देखी है। भूत से छुटकारा पाने के चक्कर में फिजूल खर्च करने के कारण कई गरीब परिवार कर्ज से बेहाल हैं। भूतबाधा हुई ऐसा मानकर कई शारीरिक, मानसिक बीमारियों के उचित समय पर इलाज नहीं किए जाते। अंत में वह बीमारी जानलेवा साबित होती है।

अक्सर देखा जा चुका है कि 'घर में भूतों का डेरा है' इस आशंका से कई लोग अपने मकान छोड़ देते हैं। उस घर के रास्ते पर से गुजरना भी टाल देते हैं। पानी की कमी होने के बावजूद वहाँ के कुएँ का पानी लेना बंद करते हैं। विशेष दिन, विशेष समय को अशुभ समझते हैं। उस दिन महत्त्वपूर्ण काम भी टाल दिए जाते हैं। अधिकांश इलाकों में भूत के आतंक में लोग जीवन व्यतीत करते नजर आते हैं।

भूत यह केवल मानवीय कल्पना है। डरावनी फैंटेसी है। भूत कभी भी नहीं थे, कहीं पर भी नहीं हैं, यह अंतिम सत्य है। यह अंनिस की ठोस भूमिका है। अत: भूत से न डरें। महाराष्ट्र अंनिस ने ही भूत से बाधित स्थान, तथा आतंकित लोगों को भूतमुक्त करने के उद्‌देश्य से प्रत्यक्ष कृति कार्यक्रम आरंभ किया है।

भूत संबंधी भय माननेवाले और भूत का भय मन से निकालने के लिए इच्छुक सब हमारे इस कार्यक्रम में सक्रिय हो जाएँ, यही हमारी कामना है।

कृपया आप हमें केवल इतनी जानकारी दें कि आपके आसपास भूत कहाँ रहते हैं। कौन से लोगों को उन्होंने बाधित किया है। अंनिस के कार्यकर्ता प्रत्यक्ष उस स्थान पर भूत को चुनौती देकर, उससे मिलने का प्रयास करेंगे। हम भूत की सुविधानुसार, आवश्यकता के अनुसार वहाँ अकेले रहेंगे।

मनुष्य को चाहिए कि भूत का डर मन से निकालकर मन को निर्भय बनाए, यह हमारे इस कार्य के पीछे का उद्‌देश्य है। तभी पाखंडी, मांत्रिक, भगत इनकी ओर लोग नहीं जाएँगे। घिनौने उपाय, अत्याचार न होंगे। बलि लेना और देना बंद हो जाएगा, यह हमारा विश्वास है। कुछ मात्रा में क्यों न हो भूत के नाम पर चलनेवाले अविवेकी, अवैध, निराधार मामले कम होंगे ऐसा ठोस रूप में हमें लगता है।

प्रत्यक्ष कृति कार्यक्रम में गाँववालों से चर्चा कर इस संबंध में उचित जानकारी उन तक पहुँचाना ही हमारा प्रयास है।

मनुष्य निर्भय होकर जीवनयापन करे। अंधविश्वास के नाम पर होनेवाला मनुष्य का शोषण रुक जाए, ऐसा अंदर से जिन्हें लगता है, उन सभी पाठकों से हम सहयोग का आवाहन करते हैं। कृपया अपना प्रतिसाद पत्र द्वारा अथवा हमारे कार्यकर्ताओं से प्रत्यक्ष चर्चा कर व्यक्त करें। अपने गाँव के पास ऐसी भूतबाधा से पीड़ित व्यक्ति अथवा स्थानों की जानकारी तुरंत बताएँ। कार्रवाई के लिए हम आगे चलकर आप से संपर्क करेंगे।

आएँ, अपने मन से भूतों को पूर्णत: निकाल दें। अन्य भाइयों को भूत के डर का शिकार होने से बचाएँ।

आपका,

प्रबोध दलवी	**डॉ. प्रदीप पाटकर**
समन्वयक,	कार्याध्यक्ष,
कोंकण विभाग	महाराष्ट्र अंधश्रद्धा निर्मूलन समिति, पनवेल

अंधश्रद्धा निर्मूलन समिति,	'निरामय', जि. रायगड
आनंदनगर, पनवेल,	द्वारा डॉ. पाटकर का मानसोपचार केंद्र,
जि. रायगड, पिन–410206	टेलीफोन एक्सचेंज,
फोन नं. 7451195	नई बिल्डिंग के सामने,
कार्याध्यक्ष,	पनवेल, जि. रायगड

इस प्रकार की जानकारी प्राप्त होने पर सीधे मुहिम का नियोजन करने की ब्योरेवार सूचनाएँ तथा यथोचित जानकारी देनेवाला एक फॉर्म भी हम उन्हें भेज देते थे। वह इस प्रकार था—

महाराष्ट्र अंधश्रद्धा निर्मूलन समिति, पनवेल

'भूत की खोज मुहिम' के अंतर्गत हमने निम्नलिखित प्रश्नावली तैयार की है। आपसे प्राप्त जानकारी पूर्णतः गुप्त रहेगी तथा उस जानकारी का कोई भी दुरुपयोग न हो इसका ध्यान रखा जाएगा। आपके अमूल्य सहयोग की अपेक्षा है।

1. जानकारी देनेवाले का नाम एवं उम्र—

   पता—

   पेशा—

   भूत संबंधी स्वयं की भूमिका—भूत है / नहीं

2. आपको मालूम हो तो भूत की जानकारी—

   नाम—

   उम्र—

   विस्तृत पता—

   निवास के अंदाजन वर्ष—

   भूत की विशेषता—

   भूतबाधा संबंधी विशेष दिन—

   विशेष समय—

   विशेष व्यक्ति—

   क्या करें तो इस भूत की निश्चित बाधा होगी?

   किस कृति से भूत नहीं है, यह मानेंगे?

   भूत से पीड़ित व्यक्ति की जानकारी

   नाम एवं उम्र—

   पता—

   कहाँ और कब भूतबाधा हुई?

   कितने समय तक भूत ने उस व्यक्ति को जकड़ रखा?

   भूतबाधा के लक्षण कौन से थे?

1. बोलने में हुआ परिवर्तन—संशय / भय / धमकियाँ / घेरने का कारण बताना / माँगें / असंगति / बड़बड़ाना।
2. आचरण में विक्षिप्तता—विचित्र भावभंगिमा / विचित्र वर्तन / अन्य व्यक्तियों पर धावा बोलना / यूँ ही हँसना या रोना / टकटकी लगाकर देखना / अकेले खामोश बैठना / अस्वच्छता / नंगे बदन घूमना / जागना / खान-पान टालना।
3. शारीरिक बीमारियाँ (साथ में या बाद में हुईं)—फिट्स / सिरदर्द / ज्वर / कै होना / दस्त लगना।
4. इलाज क्या किए? मंत्र / तंत्र / चढ़ावा / अंगारा भभूत / शारीरिक हमला / विधि / बलि / वैद्यकीय इलाज।
5. इलाज कहाँ और किसने किए?
6. इलाज के पश्चात्—जरूरी आराम मिला क्या?
   कुछ समय के लिए राहत मिली या पूर्णत: ठीक हो गए?
   फिर से बीमारी शुरू हुई हो तो—
   कितने दिनों बाद शुरू हुई?
   लक्षण क्या थे?
   इलाज के लिए तकरीबन कितना खर्चा आया?
   इस मामले में व्यक्ति मृत हुआ हो तो—
   उसके मृत्युपूर्व लक्षण कौन से थे?
   उसकी मृत्यु का कारण क्या था?

संपर्क हेतु पते—

प्रबोध दलवी
समन्वयक,
कोंकण विभाग,
अंधश्रद्धा निर्मूलन समिति,
आनंदनगर, पनवेल,
जि. रायगड, पिन–410206

डॉ. प्रदीप पाटकर
कार्याध्यक्ष,
महाराष्ट्र अंधश्रद्धा निर्मूलन समिति, पनवेल
'निरामय', जि. रायगड
द्वारा डॉ. पाटकर का मानसोपचार केंद्र,
टेलीफोन एक्सचेंज, नई बिल्डिंग के सामने,
पनवेल, जि. रायगड

महाराष्ट्र अंधश्रद्धा निर्मूलन समिति द्वारा भूत की खोज मुहिम की रूपरेखा

(अ) निम्नलिखित प्रकार से स्थानीय कृति समिति स्थापित करें। अंनिस कार्यकर्ता / ग्राम पंचायत सदस्य, पंच / सरपंच, स्थानीय पुलिस, स्थानिक पत्रकार, स्थानीय स्वयंसेवी संगठन के कार्यकर्ता, डॉक्टर, शैक्षिक क्षेत्र से संबंधित व्यक्ति।

(ब) स्थानीय कृति समिति कार्यकर्ताओं के कार्य—

1. समाचार-पत्र, पाठशाला, महाविद्यालय आदि स्थानों पर इस कार्यक्रम की जानकारी पहुँचाना, प्रकाशित करवाना, संवाददाताओं से जानकारी लेना।
2. जानकारी प्रपत्र भरकर केंद्रीय समिति की ओर पहुँचाना। इस हेतु स्थानीय मांत्रिक के सामने होनेवाली भीड़ का उपयोग कर लेना।
3. स्थानिक लोगों से संपर्क कर उनसे सहयोग प्राप्त करना।
4. प्रत्यक्ष कृति कार्यक्रम के संदर्भ में—

कार्यक्रम का समय, दिन, स्थान तय करना। उस स्थान की पहले ही उचित छानबीन कर पशुओं द्वारा तथा समाज विघातक व्यक्तियों द्वारा, उपक्रम में बाधा उत्पन्न करने का प्रयास कैसे रोका जाए यह पहले सोच रखना। इसका पहले ही बंदोबस्त करना। प्रत्यक्ष कृति के कार्यक्रम में हिस्सा लेनेवाले कार्यकर्ताओं के पास पशुओं से बचने के लिए हथियार, टॉर्च, संदेश व्यवस्था होनी चाहिए। पुलिस तथा स्थानिक समिति से इस संबंध में चर्चा कर मुनासिब इंतजाम तथा कार्यक्रम में सक्रिय कार्यकर्ताओं की डॉ. पाटकर मानसोपचार विशेषज्ञ के साथ बैठक का आयोजन अनिवार्य होगा। प्रत्यक्ष कृति के समय आनेवाले कार्यकर्ताओं के निवास एवं भोजन की जिम्मेदारी लेनी होगी। वैसे ही रात के समय श्मशान या अन्य सुनसान, भय उत्पन्न करनेवाले स्थलों पर कार्यकर्ताओं के रहने का इंतजाम करना होगा। इस बात से गाँववालों को ज्ञात कराएँ। कार्यक्रम के पूर्व, उस रात स्थानीय समिति की बैठक अनिवार्य है। साथ ही कार्यक्रम के दूसरे दिन सुबह पंचायत या पाठशाला, महाविद्यालय में गाँववालों की बैठक का आयोजन कर उसमें भूत, टोना-टोटका आदि खौफ फैलानेवाली कल्पनाओं संबंधी चर्चा हो। फिर एक बार उन भूत से मुक्त स्थलों का सामाजिक उपयोग हो, इसका आग्रह किया जाए।

कार्यक्रम संबंधी समाचार तुरंत तैयार कर उसे अखबारों में छपवाएँ। चुनौती भूत संबंधी हो, देवी-देवता संबंधी चुनौती इस मुहिम में टाल दें। जनमानस में गलतफहमी का निर्माण न हो इस ओर अवश्य ध्यान दें। केंद्रीय समिति के साथ चर्चा के पश्चात् कार्यक्रम के बारे में जल्दबाजी या उतावलेपन के रवैये को टाल दें। चुनौती स्वीकार करते समय उसमें भूतबाधा से तथा भूत के खौफ से त्रस्त समाजबंधुओं के संदर्भ में आत्मीयता प्रदर्शित करें। उनके साथ घमंड एवं असभ्यता का वर्तन न हो। भाषा और व्यवहार संयमित हो। एक ही कृति से संघर्ष और प्रबोधन हो। वाद-विवाद के चक्कर में न पड़कर प्रत्यक्ष कृति पर जोर देना जरूरी है। उसे अधिक से अधिक देहाती लोगों तक पहुँचाना जरूरी है। कार्यक्रम में ज्यादातर स्त्रियों का समावेश हो, इसके लिए प्रयास करें। आरंभ में अल्प प्रतिसाद मिले तो नाराज न होएँ। जैसे ही कृति कार्यक्रमों की संख्या बढ़ेगी, वैसे ही लोग इस

कार्यक्रम की ओर आकर्षित होते रहेंगे। हम बार-बार उन तक पहुँचने का प्रयास करें। एक जन प्रतिभागी मुहिम के रूप में इसका यथोचित स्वरूप हो।

आरंभिक सभा

मुहिम का आरंभ जनवरी 92 को ख्यातिलब्ध साहित्यकार विजय तेंडुलकर तथा अभिनेता एवं मानसोपचार विशेषज्ञ डॉ. मोहन आगाशे इन हस्तियों की उपस्थिति में हुआ। अपना मंतव्य व्यक्त करते समय डॉ. प्रदीप पाटकर ने मुहिम के उद्देश्य को यथोचित शब्दों में व्यक्त किया। उन्होंने कहा, "हम सबको अर्थात अंनिस के कार्यकर्ताओं को भुईकोट किले में रहनेवाले पीर महाराज, जिनकी आँखें इतनी लाल हैं, मानो आग बरसा रही हैं, उनसे मिलना अच्छा लगेगा। बबूल के पेड़ के पास उड़नेवाले सूक्ष्मांड नामक पिशाच को देखने की तीव्र इच्छा मन में है। दैतीन, खवीस, मुंज्या आदि मंडली का साक्षात्कार लेना है। चुड़ैल जो ठहाके मारकर हँसती है, हरा वस्त्र पहनकर हमेशा कुएँ के पास मिलती है ऐसा कहते हैं, उससे जरा मिलना है। शाम के वक्त संध्या की रोशनी में दिखाई देनेवाले कुछ पशु जो समूह में रहते हैं और लाशों को कब्र से उकेरते हैं वे मिल जाएँ तो उनके भी हालचाल पूछने हैं। जलाशय के पानी में, आसरा देवियों के दर्शन हुए तो उनका भी साक्षात्कार लेना है।

"इसके अलावा और एक वेरायटी देखनी है। कहा जाता है कि भूतों में संकर होता है और हाईब्रिड भूत भी जन्म लेते हैं। लोगों के लिए यह मसालेदार विषय होता है। ऐसे भूतों से मिलने की तीव्र इच्छा है। 'भूत की खोज' मुहिम संबंधी 'लोकप्रभा' में जानकारी पढ़ने के बाद कुछ लोगों ने सुझाव दिया कि जहर को क्यों परखना चाहते हो? एकाध खवीस आपका कामतमाम करेगा। कुछ ने कहा कि भूतों की खोज करने के लिए आठ-आठ, दस-दस हजार की संख्या में क्यों जाते हो? हिम्मत है तो अकेले जाओ। कुछ हमेशा की तरह पेश आए, 'तुम लड़ो, हम कपड़े सँभालते हैं।'

"हमारे गाँव कब आएँगे? हमें आपकी जरूरत है। आपको आना ही पड़ेगा, क्योंकि इस गाँव में भूतों ने ऊधम मचाया है। भूत के नाम पर कई घिनौनी घटनाएँ हो रही हैं। अत: आप अवश्य आएँ। इस प्रकार के विनती पत्र भी मिले। कई लोगों के मन में भूतदया है कि भूत बेचारे आराम से जीते हैं। उन्हें क्यों परेशान करते हो? क्यों उन्हें जगाते हो? कुछ लोगों को ऐसा भी लगता है कि कहीं अंनिस का यह पब्लिसिटी स्टंट का फंडा तो नहीं? कुछ ने सुनाया, मान लो, आप कहते हो भूत नहीं, फिर है तो क्या? कई अच्छे, होशियार ईमानदार लोग कसम खाकर भूत को देखने का दावा करते हैं। आप उन्हें झूठा साबित करेंगे क्या? कुछ यह भी पूछते हैं कि भूत से बाधित होने पर मांत्रिक, बुवा के पास हम नहीं जाएँगे, परंतु क्या आपके पास कोई दूसरा उपाय है? उनके पास न जाए तो फिर हम कहाँ जाएँ?

आज तक आपने कहानियों, उपन्यासों, सिनेमा, नाटकों में 'भटकती आत्मा' देखी है। परंतु इन भूतों के शहरों एवं गाँव के कारनामों में थोड़ा-सा अंतर है। दस वर्ष की छोटी-सी कुंदा ज्वर से बीमार होती है, तो बड़बड़ाना शुरू करती है। तब उसे भूतबाधा हुई ऐसा मानकर उसे भगत के पास ले जाया जाता है। उसके हाथ में सुलगते हुए अंगारे रखे जाते हैं। उसकी मुट्ठी भींच दी जाती है। उसके उपरांत कुंदा असहनीय पीड़ा के कारण आक्रोश कर सीधी-सरल बातें करने लगती है। तब भूत ने उसे छोड़ दिया, ऐसा माना जाता है। आज कुंदा जली हुई हथेली लेकर भविष्यहीन जीवन जी रही है। वह ठीक से पढ़-लिख नहीं सकती। खाना नहीं बना सकती।

"रायगड जिले में कई लोग बरौनी और माथे पर दिए दाग लेकर समाज में घूमते हैं। किसी शारीरिक और मानसिक बीमारी के चलते उन्हें दाग ही दिए जाते हैं। तीन-चार साल के बच्चे को भूतबाधा हुई इसलिए डॉक्टर के पास ले जाना बेकार समझकर उसके माथे पर भगत का दिया हुआ भस्म लगाया जाता है। ऐसे बच्चे तड़पकर मर जाते हैं। या तो टायफाइड (मियादी बुखार), मेनिनजायटिस जैसी बीमारियों के शिकार हो जाते हैं।

"मेरा लड़का स्वस्थ नहीं, इसका मतलब किसी ने टोना-टोटका किया है, ऐसा अंधविश्वास बड़े विश्वास से पाला जाता है। बहू या कन्या का गर्भ नहीं रहता है, तब इसके कारण भी लोग भगत के पास ही खोजने लगते हैं। भगत बताता है कि सामनेवाली पड़ोसन ने टोना-टोटका किया है। परिणामत: उन दो पड़ोसियों में आजीवन बैर निर्माण होता है। मारपीट, खून-खराबा होता है। गाँव में संसर्गजन्य बीमारी आई और डिमेंशिया जैसी बीमारी से असंबद्ध बातें करनेवाली बुढ़िया को टोना-टोटका करनेवाली समझकर उसे विवस्त्र कर उसे गाँव में घुमाया जाता है या मार दिया जाता है। आज भी, घर में संपन्नता लाने के लिए किसी नन्हे बच्चे की नरबलि दी जाती है। जहरीले साँप ने काटा तो खून में गुठलियाँ बनती हैं और व्यक्ति मर जाता है। मज्जासंस्था का पक्षाघात होने से भी व्यक्ति की मृत्यु होती है। ये सब इसलिए होता है क्योंकि उस समय भगत के इलाज पर भरोसा किया जाता है, वैद्यकीय इलाज नहीं मिलते।

"कई मनोविकारों से ग्रस्त तथा दिमाग की बीमारियों के मरीज आज गाँव-गाँव में भूतबाधा से पीड़ित हैं। अत: उन्हें 'काम के न काज के दुश्मन अनाज के' ऐसा समझा जाता है। इसी कारण आज कइयों के जीवन व्यर्थ बीतते नजर आते हैं। कुंदा हमारी कुछ नहीं लगती, तीन-चार साल के मरनेवाले बच्चों से हमारा कोई संबंध नहीं होता, जिस बुढ़िया को अपमानित कर जुलूस निकाला जाता है वह हमारी दादी नहीं होती। इन सभी से हमारा कोई सरोकार न होने से यह सवाल खड़ा होता है कि 'भूत की खोज' मुहिम क्यों? किसलिए? इन सब लोगों तक पहुँचना, उनकी समस्याएँ जान लेना, उनकी सहायता करना और उसके जरिये मुहिम जारी रखना,

ऐसा उद्‍देश्य लेकर आज हम आपके सामने उपस्थित हैं। यह केवल अंनिस की मुहिम नहीं। जो मनुष्य हैं, जिनके मन में आज भी मानवता जीवित है, उन सबकी यह मुहिम है। अकेले भूत से मिलने जाओ, इस चुनौती के अनुसार अंनिस का हर कार्यकर्ता जहाँ भूत है, वहाँ अकेला रहेगा और भूत नहीं यह साबित करेगा।

" 'भूत नहीं है' ऐसा लोगों को मौखिक रूप में बताने से जनजाग्रति नहीं होती। अत: जहाँ भूतों का निवास है, ऐसे स्थानों पर जाकर हम भूतों से मिलने का प्रयास करेंगे। 'भूतों की प्रत्यक्ष अनुभूति लो' ऐसा भूतों को माननेवाले लोग कहते हैं। इसलिए हम भूत से मिलने के लिए तत्पर हैं। आज कई जगहों पर भूत के भय से घर खाली पड़े हैं। सरल रास्ता होते हुए भी पूरे गाँव का चक्कर लगाकर 5-10 कि.मी. से औरतें पानी ले आती हैं। पीने को पानी नहीं मिलता, फिर भी कई कुएँ भूतों के कुएँ मानकर उपेक्षित होते हैं। ये सब बातें, रास्ते, घर, कुएँ आदि समाज अपने उपयोग में लाए। लोगों के भय की समाप्ति के लिए जहर या भूत का इम्तहान लेने की हमारी तैयारी है। इसमें किसी का नुकसान नहीं क्योंकि जहाँ भूत ही नहीं, वहाँ भय और साहस कैसा?

"हर व्यक्ति मरते समय पीछे आत्मा छोड़ जाता है तथा वह आत्मा बिना शरीर के चलती है, बोलती है, लोगों को नुकसान पहुँचाती है, इन बातों पर वैज्ञानिक युग में भरोसा करना मूर्खता है। विज्ञान के सारे लाभ लेना और वैज्ञानिक दृष्टि से परहेज रखना यह कैसी जिद? हमेशा से अलग, विचित्र घटना घटित होने पर उसे अतींद्रिय शक्तियों का सबूत मानकर चिल्लानेवाले लोग उस घटना संबंधी कारण की मीमांसा करने का प्रयास कभी करते ही नहीं। प्रत्यक्ष रूप में इस कल्पना को मन से निकाल देना कठिन बन जाता है। पढ़े-लिखे लोग कहते हैं कि हमने भूत को देखा। ये लोग झूठ नहीं बोलते, यह पक्का है।

"भूत का दिखाई देना इसका महत्त्वपूर्ण कारण यह है कि जिस मन का भूत के अस्तित्व पर दृढ़ विश्वास है, उस मन को विशेष माहौल में होनेवाला वहम या आभास होता है। उसकी ज्ञानेंद्रियों द्वारा उसे प्राप्त होनेवाली जानकारी और उसके मन का लगाया हुआ गलत अर्थ, इस कारण ही भूत का आभास होता है। अधूरा एवं गलत निरीक्षण, भूत की कल्पना पर तुरंत विश्वास रखने की प्रवृत्ति, जो घटित हुआ उसके पीछे होनेवाली वैज्ञानिक वजह खोजने का भय, आलस्य और टालमटोल यह भूत दिखाई देने संबंधी महत्त्वपूर्ण कारण है।

"छोटे बच्चे बड़े हठीले होते हैं। वे अधिक परेशान न करें, इसलिए उन्हें डराने हेतु उधर न जाओ, भूत आएगा, बुवा आएगा ऐसा बड़े लोग कहते हैं। वे भूत संबंधी रंजक, रहस्यमयी कथा बताते हैं। बच्चों की कहानी की पुस्तकें तो भूत, राक्षस, जादू इस विषय पर ही होती हैं। चाँदोबा स्थित बेताल बच्चों जैसा ही बड़ों के दिल में घर कर बैठा है। सिनेमा में होनेवाले भूत तो डरानेवाले होते हैं। अत: भूत संबंधी डर

का भाव मनुष्य की मृत्यु तक उसके मन पर हावी रहता है। भूत और उसकी बाधा होने पर कई मांत्रिक-तांत्रिक, बाबा, भगत इकट्ठे आते हैं। ये सब झूठी मंडली के लोग बाद में भूत कल्पना की जड़ें मजबूत करते हैं। बावजूद इस भूतबाधा के कुछ प्रकार ऐसे हैं कि जो अचानक निर्मित होते हैं और जो अचानक उलटे पाँव लौट जाते हैं। अत: इसी कारण कई बार भूत से मुक्ति दिलाने का श्रेय मांत्रिक को मिलता है। कामोन्माद-सी कई बीमारियाँ जल्दी निर्मित होती हैं और उनसे राहत भी तुरंत मिलती है। इसी वजह से भूत की खोज मुहिम का उद्‌देश्य भूत खोजने के आगे है। लोगों के मन में होनेवाली भूत के प्रति डर की भावना को निकाल देना, उन्हें निडर बनाना, वैज्ञानिक दृष्टि का पालन करना और अपने दुख के कारण आसपास के सामाजिक, आर्थिक और राजकीय परिवेश से खोजकर, स्वतंत्र रूप से उसके लिए प्रयास करना। संघर्ष एवं प्रबोधन ये दोनों बातें भूत की खोज मुहिम द्वारा प्रस्तुत करना, हमारा यह प्रयास हमेशा से रहा है। महत्त्वपूर्ण बात यह कि लोगों में मानसिक आरोग्य के संदर्भ में उदासीनता नजर आती है। विकासशील देशों में तकरीबन 2 से 3 दशलक्ष जनसंख्या के पीछे एक, दो या तीन मानसशास्त्रज्ञ होते हैं और इसीलिए मनोविकारों के संदर्भ में ज्ञान हर जगह पहुँचे इस दृष्टि से पोस्टर्स, प्रदर्शनी, नुक्कड़ नाटक, लेख, व्याख्यान, संगोष्ठी, गाँववालों के साथ संवाद ऐसे कई मार्ग द्वारा यह जानकारी लोगों तक पहुँचाने का हम प्रयास कर रहे हैं।

"कुछ गाँववालों ने यह पूछना आरंभ किया है कि अब ये जो हुआ, उसे ठीक करने की जिम्मेदारी कौन लेगा? इसका उत्तर ढूँढ़ना कठिन कार्य है। परंतु एक उपाय अंनिस अपने हाथ में ले रही है। वह उपाय है प्राथमिक आरोग्य केंद्र के कर्मचारियों को प्राथमिक मानसशास्त्र का प्रशिक्षण देने का प्रयास करना। हमारी समिति के मानसशास्त्रज्ञ खुद प्रयास करेंगे और यदि सरकार की कुछ योजना होगी तो उसमें हाथ बटाएँगे। इसीलिए मैं सबको आवाहन करता हूँ कि इस मुहिम में शामिल हो जाएँ।"

इस आवाहन के बाद भूत के काल्पनिक गुब्बारा होने के कारण एक बड़े से गुब्बारे पर काल्पनिक भूत का चित्र बनाकर विज्ञान, चिकित्सा एवं आत्मविश्वास इस संदेश के तीर से नई पीढ़ी का प्रतिनिधित्व करनेवाली छोटी लड़की ने भूत इस कल्पना के गुब्बारे को फोड़ दिया। उद्‌देश्य यही था कि भूत के कारण जो तकलीफ हम सहन करते हैं, वह तकलीफ सहन करने की नौबत नई पीढ़ी पर न आए। प्रख्यात साहित्यकार विजय तेंडुलकर ने गुब्बारे के फूटते ही 'भूत की खोज' मुहिम का उद्‌घाटन होने की उद्‌घोषणा की।

अंनिस की 'भूत की खोज' मुहिम का भूमिका संबंधी विवेचन करते समय मैंने कहा, "महाराष्ट्र अंधश्रद्धा निर्मूलन समिति की 'भूत का शोध, मन का बोध' मुहिम संबंधी खास बात एक वाक्य में कहनी होगी कि यह यहाँ के जनमानस के साथ मूल्यात्मक परिवर्तन का संवाद करनेवाली मुहिम है। हमें यह महसूस हुआ कि हम

जो बताते हैं, उसमें नवीनता तो है नहीं; आत्मा भी नहीं है। यह आज की तारीख में केवल मैं बताता हूँ, ऐसा नहीं तो सौ साल पहले आगरकर ने जो बताया वहीं मैं बताता हूँ। संतश्रेष्ठ तुकाराम ने तो उनसे भी पहले कहा है—

सिर के बढ़ाकर बाल, लाते हैं देह में भूतों को,
वे नहीं होते सज्जन, वहाँ न होता आत्मतत्त्व।"

यह जो आत्मचिंतन है, इस संदर्भ में आत्म चेतना को जिस समाज ने भुला दिया, ऐसे समाज के साथ मूल्यात्मक परिवर्तन का संवाद आरंभ करने हेतु विभिन्न गतिविधियों के अंतर्गत अंनिस द्वारा शुरू की गई 'भूत की खोज' इस मुहिम की तरफ हम देखते हैं। यह संवाद करने हेतु हमारा निकष यह है कि अनुसंधनात्मक वृत्ति, निर्भयता और करुणा इसके आधार पर हम लोगों से बात करना चाहते हैं। कई लोगों से प्रतिसाद मिलता है। कारण यह है कि ऐसी बातों की निश्चय ही आवश्यकता है। हम जानते हैं कि लोगों की मृत्यु कई कारणों से होती है। कोई दुर्घटना से, कोई दिल का दौरा पड़ने से नहीं रहता, तो कोई स्त्री बच्चे को जन्म देते समय परलोक सिधार जाती है। इनमें से जो मृत पुण्यात्माएँ होती हैं, सीधे स्वर्ग चली जाती हैं। पापी आत्माएँ नरक में रह जाती हैं तथा शेष आत्माएँ बीच ही में भटकती रहती हैं। ऐसी आत्माएँ अपनी इच्छा और वासना को पूरा करने के लिए पेड़ पर डेरा डालती हैं। वे भूत बन जाती हैं। लोगों को यह ठीक लगता है क्योंकि उनके लिए यह रोचक विषय होता है। टूटा महल, गिरे हुए बुर्ज, पनघट, श्मशान ये सब भूत की हाउसिंग कॉलोनियाँ होती हैं। आज शहरों में, गाँवों में जिस प्रकार की भीड़ हुई है, वैसी भीड़ भूतों की भी हुई है। अतः इमली के पेड़, बरगद के पेड़, इन पर बेचारे भूतों को डेरा जमाना पड़ता है। मेहमान के लिए जैसे खास व्यंजन हम बनाते हैं, वैसे ही पीला चावल, उलटे पैरों का मुर्गा, ये भूतों के पसंदीदा व्यंजन होते हैं। जैसे दशहरा, दीवाली त्योहार होते हैं, वैसे ही भूतों के राज्य में पूनम, अमावस होती है। भूत का सिर नहीं होता, उसकी आँखें सीने पर होती हैं। उसकी परछाईं नहीं होती इसलिए उसका प्रतिरूप दिखाई नहीं देता। भूत के पाँव उलटे होते हैं। यह जो हमें जानकारी दी ज़ाती है, यह वहम है या सही, यह देखने के लिए अपने पास खोज वृत्ति होनी चाहिए। साथ ही उसके पीछे कारण होनेवाली मनोरुग्णता की प्रक्रिया समझ लेनी चाहिए। मनोभ्रम (हैलोसिनेशन) विकृति में मनुष्य को किसी आकृति का आभास होता है और उसी आभास को वह व्यक्ति सच मानता है। अन्य लोगों को वह आकृति दिखाई नहीं देती और केवल अज्ञान के कारण लोग उस व्यक्ति को लेकर मानसोपचार विशेषज्ञ के पास जाने की बजाय बाबा-भगत की शरण में जाते हैं। एक महिला को यह भ्रम होने लगता है कि कोई आकृति हमेशा उसका पीछा करती है और उससे कहती है कि मैं झाँसी की रानी की कुलस्वामिनी देवी हूँ और तू झाँसी की रानी का पुनर्जन्म है। युद्ध

में उस समय धराशायी होने के कारण अपने शेष देवी-देवताओं के अधूरे पूजापाठ अब तूम पूरे करो, तुम्हें यही बताने मैं आई हूँ। यह औरत सतारा, सांगली में घूम रही थी। अंनिस ने इसे रोक दिया। यह उस औरत का मजाक उड़ाने का विषय नहीं बल्कि उस औरत को हुई गंभीर मानसिक बीमारी का है।

अंनिस के आंदोलन से संबंधित एक स्त्री कार्यकर्ता डॉ. सुनंदा अवचट, इन्होंने ओतूर में 519 मानसिक बीमारी से पीड़ित मरीजों की जाँच की और वे सभी इससे पहले किसी न किसी बाबा-भगत, देवऋषि के पास हो आए थे। उसमें उनकी मेहनत, समय, पैसा बर्बाद हुआ था। अस्पताल में भर्ती होने से पूर्व 90 प्रतिशत मरीजों ने बाहरी दवा-दारू ली थी। इस संबंध में एक व्यापक जनप्रबोधन पोस्टर, पुस्तिका, भाषण अथवा प्रयोगों एवं संवाद द्वारा लोगों तक पहुँचाना यह जनहित का एक आयाम अंनिस के आंदोलन में हमेशा रहा है।

विकृत वर्तन करनेवाले लोगों को मानसोपचार विशेषज्ञ के पास जाने की सलाह देते ही वे पहले अपनी जेब का अंदाजा लेते हैं। उन्हें खर्च के डर से मानसोपचार विशेषज्ञ नहीं, भगत यथोचित लगता है। अत: मानसिक बीमारियों का इलाज करनेवाली कम्युनिटी सायकिअट्री अथवा सामूहिक मानसोपचार पद्धति नामक एक व्यवस्था खड़ी करने का हमारा मानस है। उसमें हमारे कार्यकर्ता केवल कार्यकर्ता के रूप में ही काम करेंगे और जिसके घर में यह समस्या निर्मित होती है, उसके परिवारवालों की जो खास जिम्मेदारी होती है, उसे वे समझाएँगे, गाँववालों को जो भूमिका निभानी है, उसे भी हमारे कार्यकर्ता समझाएँगे।

स्थानीय लोग डॉक्टरों के पास होनेवाली उपलब्ध सुविधाओं की सहायता लेंगे। ये हालात बदल जाएँ और उस व्यक्ति को आराम मिले इसके लिए कुशल अंनिस कार्यकर्ता प्रयास करेंगे। इसके लिए जरूरी शिक्षा एक ओर महाराष्ट्र सरकार द्वारा स्थापित महाराष्ट्र इंस्टिट्यूट ऑफ मेंटल हेल्थ यह संस्था और देगी दूसरी ओर अंधश्रद्धा निर्मूलन समिति भी यह काम करेगी। साथ ही, हर जिले में स्थित अंनिस के मानसोपचार विशेषज्ञ भी इस कार्य को अंजाम देंगे। राष्ट्रीय तथा अंतरराष्ट्रीय ख्याति प्राप्त साहित्यकार विजय तेंडुलकर अंनिस आंदोलन के वरिष्ठ मित्र हैं। तेंडुलकर ने एक बार कहा था कि “समाज अंधविश्वास का शिकार होता है, क्योंकि समाज की वह जरूरत होती है।” कई कारणों से वह जरूरत निर्मित होती है। उनमें से कुछ कारण अंनिस खत्म नहीं कर सकते। लेकिन मुमकिन कारण एवं उन्हें निर्माण करनेवाली समाज व्यवस्था ये दोनों परिवर्तित करने का हमारा प्रामाणिक प्रयास होता है। इस प्रयास के पीछे करुणा का सूत्र है।

ख्यातनाम अभिनेता और मानसोपचार विशेषज्ञ डॉ. मोहन आगाशे ने ‘भूत की खोज’ इस मुहिम के उपलक्ष्य में अपने विचार प्रस्तुत किए हैं। “अंनिस ने जिस गहराई तक जाकर समाज में होनेवाली अंधश्रद्धा की खोज की है, उसमें से ‘भूत

की खोज' यह एक आंदोलन है। आंदोलन, इस शब्द से मुझे डर लगता है। क्योंकि जिस समय कोई विषय शास्त्रीय पद्धति के आधार पर जाँचा जाता है, तब उसमें जो अड़ियल भूमिका होती है, उसे भी परखा जाता है। अंनिस कार्यकर्ताओं की जो ठोस नीति है, वह अब तक उन्हें प्राप्त अनुभूतियों पर आधारित है।

"'भूत की खोज' आंदोलन की विचारधारा मेरे विचारों से मिलती-जुलती है। भूत होता कैसा है, कहाँ होता है, और क्या वह मुझे मिलेगा? इन प्रश्नों के उत्तर ढूँढ़ना यह 'भूत की खोज' आंदोलन का उद्‌देश्य नहीं है। बल्कि जिसे भूत माना जाता है वह वास्तव में क्या होता है और उसका इलाज ढूँढ़ना यह है। मेरे पास आनेवाला मनोरुग्ण व्यक्ति स्वयं कुछ बताए, इससे पहले ही उसके स्नेहीजन ही शिकायत करने लगते हैं कि इसे भूत ने घेर लिया है। तब उन्हें उनकी भाषा में समझाना अत्यधिक कठिन होता है।

"आज मेरी व्यावसायिक शिक्षा के कारण मेरे और समाज के बीच दरार पड़ने लगी है। मेरे द्वारा प्रयुक्त सिजोफ्रेनिया, मेंटल डिसऑर्डर, उन्माद ऐसे शब्दों की परिभाषा लोगों के समझ में नहीं आती। उनसे मेरा आत्मीयता का संबंध नहीं रहता है। हम जिसे सिजोफ्रेनिया कहते हैं, उससे पीड़ित व्यक्ति को लोग 'पागल' कहते हैं। पागल शब्द समाज में इतना व्यापक है कि विचित्र वर्तन करनेवाले व्यक्ति से लेकर बेवजह खुद के कपड़े फाड़नेवाले मनुष्य तक को हम सब 'पागल' कहते हैं। उन दोनों में होनेवाला अंतर हमारी समझ में नहीं आता। पुणे के ससून अस्पताल में 15-16 वर्षों से मनोविज्ञान का अध्ययन करने के दौरान मरीज को जाँचते समय पता चला कि वह व्यक्ति कुछ अनाप-शनाप बोलता है, इसलिए लोग उसे यहाँ ले आते हैं। तीन-चार साल पहले भूतबाधा होने से इसकी दिमागी हालत बिगड़ गई, ऐसा स्पष्टीकरण भी देते हैं। उस दौरान वहाँ प्रचलित होनेवाले बाबा, भगत, देवऋषि, पाखंडी साधु या आयुर्वेदाचार्यों से उस व्यक्ति को मिलाया जाता है। काफी हद तक पैसा भी खर्च किया जाता है।

"अस्पताल क्यों ले आए? ऐसा पूछने पर वह इतने दिनों तक परेशान नहीं करता था पर अब खूब परेशान करता है, ऐसा बताया जाता है। उस मरीज को जब सहानुभूति की जरूरत होती है तब उसे कष्ट देनेवाले इलाज किए जाते हैं। परिणामस्वरूप वह अधिक विचित्र वर्तन करने लगता है तब लोग उसे मेंटल अस्पताल में ले आते हैं। यह सब अज्ञान का नतीजा होता है।

"मानसिक और काल्पनिक धारणाओं को समझने में हम गलती करते हैं। भूत कल्पना है या कि मानसिकता है इस पर विचार करना चाहिए। भूत है, ऐसा दृढ़ भूत का अस्तित्व माननेवाले शिक्षित और अनपढ़ जो लोग हैं, उनके इस भ्रम का सक्षमता से निरसन करना चाहिए। यह बिना खोज किए हम कर नहीं पाएँगे, ऐसा मुझे लगता है। यही भूमिका 'भूत की खोज' इस मुहिम द्वारा ली गई है। इस संदर्भ

में लोकशिक्षा का और उसके लिए आवश्यक साधन व इलाज का समन्वय होना जरूरी है। भूत का शरीर में संचार होना यह पारंपरिक धारणा होने पर भी उचित समय, उचित स्थान पर शरीर में संचार होने पर ही समाज उस व्यक्ति को बाधित व्यक्ति मानने को तैयार होता है। पाश्चात्य लोगों को यह भूत का संचार अचरज में डाल देता है। अंनिस के आंदोलन का मकसद समाज में अज्ञानवश होनेवाली झाँसा देने की प्रवृत्ति के विरुद्ध काम करना है। यह आंदोलन समय परिवर्तन के संकेत देता है। 'भूत की खोज' मुहिम के लिए जिला, तहसील, और ग्रामीण स्तर पर मानसिक इलाज की सुविधाएँ उपलब्ध होना अत्यधिक आवश्यक है। जिसके लिए 'महाराष्ट्र इंस्टिट्यूट ऑफ मेंटल हेल्थ' सहयोग देगा।"

ख्यातनाम नाटककार तथा साहित्यकार विजय तेंडुलकर ने उलटे पाँववाले भूतों तक न रुकते हुए सीधे पाँवों के भूतों से आपको लड़ना है, ऐसा व्यंग्य किया है। मनुष्य के पास जो ज्ञान है उसके सीमित होने पर भी उस ज्ञान के आधार पर खुली आँखों से, किसी को बिना नुकसान पहुँचाए उस ज्ञान का उपयोग करना चाहिए। ऐसा कहकर उन्होंने अंनिस के 'भूत की खोज' इस मुहिम को शुभकामनाएँ दीं।

इसके बाद कृति कार्यक्रम था प्राप्त पत्रों के आधार पर पास-पड़ोस के भूतों का समाचार लेना। इसके साथ ही मरीजों के लिए मानसोपचार सुविधा उपलब्ध कराई गई। परंतु अल्प प्रतिसाद के कारण कुछ महीनों तक प्रासंगिक उपक्रम ऐसा स्वरूप इस मुहिम को प्राप्त हुआ। अत: सीधे गाँव-गाँव तक पहुँचने का निर्णय लेकर उसकी तैयारी आरंभ हुई।

कोंकण मुहिम की पूर्व तैयारी

यह चुनौती काफी व्यापक थी। अलिबाग से बांद्रा, यहाँ तक कि रायगड, रत्नागिरि व सिंधुदुर्ग जिले में तीन जत्थों के साथ निरंतरता से तकरीबन डेढ़ सौ कार्यक्रम करने का नियोजन था। इसलिए पहले उस गाँव तक पहुँचना, संयोजन समिति तैयार करना, जत्थे में होनेवाले कार्यकर्ताओं के निवास एवं यात्रा का इंतजाम, बड़ी संख्या में आनेवाले श्रोताओं के लिए बैठक का आयोजन, ध्वनिक्षेपक, मंच की तैयारी, इन सब बातों का संयोजन ढंग से होना जरूरी था। माहौल बनाने के लिए गाँव-गाँव की दीवारों को रंगीन बनाया जाएगा। पोस्टर्स लगेंगे। हैंडबिल बाँटे जाएँगे। इन सब की आवश्यकता थी। साथ ही मुहिम के दौरान वितरण हेतु साहित्य का निर्माण करना था। अन्य प्रकाशकों से अंधविश्वास उन्मूलन पर आधारित किताबें मँगवाकर उनकी बिक्री करवानी थी। माहौल बनाने के लिए महाराष्ट्र स्तर पर इस विषय से संबंधित निबंध स्पर्धा का आयोजन, पोस्टर्स प्रतियोगिता, भूतों की खोज में जानेवाले कार्यकर्ताओं को विशेष प्रशिक्षण देना, यह सब आवश्यक था। इसके

लिए मितव्ययिता करने पर भी 60,000/- रुपए की राशि अनिवार्य थी। यह पूँजी जमा करनी थी। बावजूद इसके प्रत्यक्ष कार्यक्रम में ठीक समय पर पहुँचने से लेकर मुहिम को प्रभावी बनाने तक कई संभाव्य बाधाओं का खयाल रखना था।

चार-पाँच महीनों तक काफी भागदौड़ हुई। रायगड जिले में प्रबोध दलवी, उल्हास ठाकुर, मनोज म्हात्रे, इन्होंने डॉ. प्रदीप पाटकर के नेतृत्व में रायगड जिले का पूर्ण संयोजन तो किया ही, पर संपूर्ण मुहिम के लिए समान जिम्मेदारियों को पनवेल शाखा ने पूर्णता प्रदान की। अनिल पटवर्धन एवं विकास घारपुरे इन दोनों ने रत्नागिरि जिले में आयोजित तिरसठ समारोह के संयोजन कार्य में खूब कष्ट उठाए। सिंधुदुर्ग जिले में ॲड. जनीकुमार कांबले, पांडुरंग येजरे इन्होंने भी एड़ी से चोटी तक का जोर लगाया। चिपलुन तहसील के समारोह में श्रमिक सहयोग एवं संवाद इन दो संस्थाओं का महत्त्वपूर्ण योगदान रहा। अनेक स्थलों पर अध्यापक समूह के समक्ष यह विषय रखने की कल्पना थी। रत्नागिरि में इस कारण जिला परिषद अध्यक्ष तथा शिक्षा विभाग के सभापति से मुलाकात की। उन्होंने अपनी ओर से सहयोग ना कर पाने की मजबूरी जताई, बल्कि शिक्षक संगठन से मिलने की राय दी। किंतु जिला शिक्षा अधिकारी इंगवले से भेंट करने पर उन्होंने प्रशासकीय स्तर की भूमिका में इस प्रश्न को तुरंत हल किया। उन्होंने हमसे कहा, हम शिक्षक प्रशिक्षा के कार्यक्रम करते हैं। सुबह 11 से 2 बजे तक हमारे विषय प्रस्तुत होंगे। दोपहर 2 से 4 आप अपने विषय प्रस्तुत करें।" अपने अधिकार में उन्होंने परिपत्रक भी जारी किया। सिंधुदुर्ग जिले के शिक्षा अधिकारी ने इसे मंजूर किया। (परिणामस्वरूप इन दो जिलों में शिक्षक सम्मेलन सफलतापूर्व संपन्न हुआ। इसके संयोजन में किसी भी प्रकार का तनाव समिति को महसूस नहीं हुआ।)

पूर्व तैयारी संबंधी एक हिस्सा प्रकाशन का था। डॉ. प्रदीप पाटकर ने इस आपाधापी में मानसिक बीमारी पर एक पुस्तिका लिखी। बारह दिनों में इस पुस्तिका की काफी खपत हुई। मन की बीमारियाँ, भूतबाधा इस संबंध में लोग हमेशा जो प्रश्न पूछते हैं, वे प्रश्न और उनके उत्तर डॉ. प्रसन्न दाभोलकर ने लिखकर दिए। साप्ताहिक 'लोकप्रभा' में मुहिम से पहले वे प्रश्न एवं उत्तर छपकर आए और माहौल बन गया। दापोली शाखा ने बाद में इसके फोल्डर्स करीने से छपवाकर लिये। मुहिम में उसकी खूब जोर-शोर से बिक्री हुई।

मुहिम में भाषण देनेवाले कार्यकर्ताओं के प्रशिक्षा शिविर दापोली, पनवेल, सतारा में संपन्न हुए। मन की बीमारियाँ, मन का स्वास्थ्य इस संदर्भ में विस्तार से मुद्दे समझाए गए। उदाहरण बताए गए। बावजूद इसके कार्यकर्ताओं ने मनोरंजक पद्धति से विषय को प्रस्तुत किया। वैसे श्रोतावर्ग का मानसिक स्तर शायद इसका कारण था लेकिन हम भाषण में स्थानीय संदर्भ इकट्ठा देने में कमजोर साबित हुए। (जैसे—'देवाचार' यह प्रकार कोंकण में सरेआम दिखाई देता है। परंतु उसके

संदर्भ में जानकारी उपलब्ध न होने के कारण वह मुद्दा प्रस्तुत न हो सका। लोगों के अनुभव से संबंधित ऐसे विषय छूटने के कारण उनसे संवाद करने एवं संप्रेषण में बाधा उत्पन्न होती है। अतः आगे चलकर ऐसी मुहिम की पूर्वतैयारी में ही इन बातों पर हमने गौर किया।) मुहिम से पहले रत्नागिरि जिले के गोताडवाडी की श्मशान भूमि में प्रदीप कचरे ने छात्रों के साथ अमावस के दिन डेरा डाला। मराठी एवं अंग्रेजी समाचार-पत्रों में इसे काफी लोकप्रियता मिली। इसका फायदा माहौल बनने में हुआ। मुहिम के संबंध में समिति की निश्चित व कुछ विस्तार से भूमिका समिति ने ही तैयार की थी, जो चारों ओर पहुँची। वह निम्न प्रकार से थी—

'भूत का शोध, मन का बोध' मुहिम के पहले

आज भी हममें से कई लोगों में भूत, पिशाच, मृतात्माओं का भय कायम है। चमत्कार संबंधी जिज्ञासा और आश्चर्य की भावना आज भी है।

भूतबाधा से ग्रस्त लोगों को ठीक करने में काफी पैसा, समय तथा ऊर्जा जाया होती है। कोंकण में धार्मिक रूढ़ियों के नाम पर काफी शोषण किया जाता है। भूतग्रस्त मरीजों को कभी-कभी अपने प्राणों से भी हाथ धोने पड़ते हैं।

यही कारण है कि कोंकण के लोगों का मानसिक स्वास्थ्य संबंधी प्रबोधन, भानमती, टोना-टोटका, भूतबाधा आदि फरेबों को बेनकाब करना तथा लोकशिक्षा में परिवर्तन लाना आवश्यक हो गया है। इसी कारण अंधश्रद्धा निर्मूलन समिति ने 'भूत का शोध, मन का बोध' इस मुहिम का आयोजन किया है, जिसका नेतृत्व मानसोपचार विशेषज्ञ डॉ. प्रदीप पाटकर कर रहे हैं।

1 से 12 दिसंबर, 1992 के दरमियान इस मुहिम के अंतर्गत रायगड, रत्नागिरि, सिंधुदुर्ग इन तीन जिलों की यात्रा निश्चित हुई है। अंनिस के महाराष्ट्र स्तर के कई कार्यकर्ता इसमें कोंकणवासियों से संवाद करने का प्रयास करेंगे। पोस्टर्स, लोकनाट्य, लोकगीत, चर्चा, व्याख्यान आदि द्वारा इस मुहिम का उद्देश्य लोगों तक पहुँचाकर उनकी उलझनें, प्रश्न जान लेने का प्रयास भी किया जाएगा।

छात्र, शिक्षक, आरोग्य सेवा से संबंधित कर्मचारी तथा कार्यकर्ता, स्वयंसेवी संस्था के कार्यकर्ता, ग्रामवासी, इनके साथ विशेष रूप से संवाद होगा तथा विभिन्न मनोविकारों और अंधविश्वास के अशास्त्रीय इलाजों के संबंध में जानकारी दी जाएगी। इस प्रकार के 100 से 150 कार्यक्रम अधिकांश स्थानों पर होंगे।

मुहिम के उद्देश्य निम्नांकित हैं—

1. जीवन संबंधी शास्त्रीय दृष्टिकोण का बीजवपन करना।
2. समाज के लिए नुकसानदेह और अमानवीय तथा अशास्त्रीय अंधविश्वासों पर प्रतिबंध लगाना।

3. सामान्य व्यक्ति को मनोविकार संबंधी प्रश्नों की शास्त्रीय जानकारी देना। जैसे, भूत का भय क्यों निकाल देना चाहिए?

इस मुहिम के चलते हमेशा उपस्थित होनेवाला प्रश्न, 'भूत है या नहीं' इसे एक ओर रखा परंतु उसका खौफ भी समाज के मन को नियंत्रित करने एवं कुछ अनुशासन हेतु क्या आवश्यक नहीं है? 'भूत का भय कायम रहे' यह विचार भी अनेकों ने अपने-अपने तरीके से रखा।

इस प्रश्न का उत्तर देने के लिए, अंधविश्वास दूर करने में अंधश्रद्धा निर्मूलन समिति की बुनियादी भूमिका समझनी होगी। उपलब्ध ज्ञान और परिस्थिति के सहयोग से जाँच-पड़ताल करने के बाद, जो विचार टिकता नहीं वह अंधविश्वास होता है। संक्षेप में जो श्रद्धा जाँच ली नहीं जाती, वह अंधविश्वास हो सकती है। समाज मन अपनी श्रद्धा का परीक्षण क्यों नहीं करता? अथवा श्रद्धाओं की, विचारों की चिकित्सा वह क्यों टालता है? इस प्रश्न का उत्तर समाज मन की रचना को ऐतिहासिक दृष्टि से समझने पर ही मिल सकता है।

आदिम काल से हमारे लिए अज्ञात होनेवाले विश्व से संबंधित व हमारे नियंत्रण से बाहर होनेवाली प्रकृति संबंधी कई रहस्य मनुष्य के मन में हैं। दिव्य कल्पनाओं के आधार पर अज्ञात, काल्पनिक चित्र तैयार करना एवं उसे ही सच मानना तत्कालीन परिस्थिति में अनिवार्य होता है। इसलिए आज हम जिसे अंधविश्वास कहते हैं, उन कल्पनाओं को मनुष्य की असहायता ने ही जन्म दिया है। आज मनुष्य ने प्राकृतिक सीमाओं को लाँघ लिया है, लेकिन मात्र प्राप्त ज्ञान एवं अनुभव के आधार उस अनुपात में पुरानी, कालबाह्य कल्पनाओं को उसने त्याग नहीं दिया है। इसका एक कारण मनुष्य की कमजोरी एवं उसमें आत्मविश्वास का अभाव दिखाई देना है। पीढ़ी दर पीढ़ी समाज का विशेष हिस्सा इस अंधविश्वास तले दब चुका है, उसका शोषण हुआ है। शोषण से संबंधित ऐसे अंधविश्वास पर हमला करना तथा समाज मानव को खतरे से उबारना एवं हर दिशा में बदलती चुनौतीपूर्ण परिस्थिति का हिम्मत से मुकाबला करने के लिए उसे तैयार करना समिति के लिए अभिप्रेत है।

इसीलिए 'भूत की खोज' इस मुहिम की चुनौती केवल भूतों को नहीं, भूत के भय से अत्यंत असुरक्षित, पीड़ित जीवन जीनेवाली और उससे शोषित जनता से संवाद कर उसकी कमजोरी दूर करने का आवाहन हम सभी कार्यकर्ताओं के लिए है।

निरामय मानसिकता का माँग-पत्र

हमारा हमेशा ही यह प्रयास होता है कि मुहिम का स्वरूप प्रबोधनात्मक एवं रचनात्मक रहे। अत: निरामय मानसिकता का माँग-पत्र तैयार कर उसका स्वरूप,

लोगों को समझाएँ, उस पर उनके हस्ताक्षर लेकर उसे सरकार के सामने प्रस्तुत करें, यह उपक्रम हमने मुहिम के दौरान ही पूरा किया। इस जाग्रति-पत्र का विमोचन कोंकण कृषि विश्वविद्यालय के कुलगुरु डॉ. श्रीरंग कदरेकर के प्रथम हस्ताक्षर से हुआ। संपूर्ण मुहिम में इस कल्पना का स्वागत हुआ। (और आगे चलकर हमेशा की तरह सरकार स्तर पर कुछ नहीं हुआ।) निरामय मानसिकता का यह माँग-पत्र निम्न प्रकार था।

प्रति,
मुख्यमंत्री,
महाराष्ट्र राज्य, मुंबई 400032

विषय : निरामय मानसिकता का माँग-पत्र प्रस्तुत करने हेतु...

महोदय,

महाराष्ट्र अंधश्रद्धा निर्मूलन समिति, कोंकण विभाग में 'भूत की खोज' यह मुहिम बड़े पैमाने पर क्रियान्वित कर रही है। इस मुहिम के एक हिस्से के रूप में महाराष्ट्र राज्य सरकार की ओर कुछ महत्त्वपूर्ण माँगें हम निरामय मानसिकता के माँग-पत्र द्वारा प्रस्तुत कर रहे हैं।

निरामय मानसिकता का माँग-पत्र

1. भूतबाधा, देवी का संचार, टोना-टोटका, काला जादू, भानमती इस संबंध में घिनौनी इलाज पद्धति, उसके दुष्परिणामों के रूप में होनेवाली मानसिक बीमारियों को ध्यान में रखकर सरकार को उपलब्ध स्वास्थ्य व्यवस्था में प्रभावी मानसिक स्वास्थ्य सुधार सेवा उपलब्ध करा देनी चाहिए। जिले के सभी अस्पतालों में मानसिक बीमारी संबंधी इलाज की सुविधा होना जरूरी है। इस क्षेत्र से संबंधित कर्मचारियों को मनोविकारशास्त्र की प्राथमिक स्तर की शिक्षा देनी चाहिए।
2. उपर्युक्त घिनौने इलाजों पर प्रतिबंध लगानेवाला कानून बने अथवा प्रचलित कानून में होनेवाली त्रुटियाँ दूर कर जादू-टोना, टोना-टोटका आदि कुप्रथाओं में लोगों को फँसानेवाले, लोगों में डर फैलानेवाले पाखंडी लोगों को कानून की परिधि में लाया जाए।

(टिप्पणी—ब्रिटिश पार्लियामेंट ने सन् 1735 में चेटूक, टोना-टोटका करके लोगों को गुमराह करनेवालों पर प्रतिबंध लगाने हेतु 'विचक्राफ्ट एक्ट' कानून बनाया था। कर्नाटक सरकार ने भी टोना-टोटका संबंधी जो जाँच समिति स्थापित की थी (जी.ओ.नं. एच.डी. 35, पीएचक्यू 80, दि. 11.08.1980) उसकी रिपोर्ट पर सरकार गौर करे।

3. इस संदर्भ में लोकजाग्रति हेतु जनसंचार माध्यम, अध्यापकों तथा स्वयंसेवी संस्थाओं की मदद से सरकार यथोचित निर्णय ले। सरकार को चाहिए कि जहाँ पर ऐसी नौटंकी नजर आए, उसे जाँचकर शास्त्रीय दृष्टिकोण से उसकी छानबीन करे तथा जनसंचार माध्यमों द्वारा झाँसा देने की प्रवृत्ति का जनता के सामने पर्दाफाश करे।
4. शिक्षा में शालेय स्तर पर वैज्ञानिक दृष्टि, अंधश्रद्धा उन्मूलन एवं मानसिक स्वास्थ्य संबंधी विषयों का पाठ्यक्रम में समावेश करे।

इस माँग-पत्र को सामाजिक शुभचिंतक के नाते मेरा पूर्णत: समर्थन है।

भवदीय,

क्र. नाम पदनाम पता हस्ताक्षर

1 दिसंबर, 1992 को मुहिम की शुरुआत हुई। उस समय पूरे देश में बाबरी मस्जिद की हवा बह रही थी। परंतु आगे चलकर कौन सा संकट आनेवाला है, इसकी खबर हमें भी नहीं थी। ऐसा आज लगता है। एक अर्थ से यह भी सही रहा क्योंकि ऐसे माहौल में भी इस विषय पर संवाद सुनना लोग कैसा पसंद करेंगे, यह वास्तव ही उससे स्पष्ट हो गया।

पनवेल यात्रा को विदा करते समय नानासाहब गोरे और एन.डी. पाटिल उपस्थित थे। समाज की मूर्खता को नष्ट करने के लिए ऐसी मुहिम जरूरी है। सद्विवेक बुद्धि जाग्रत करना, समाज को निर्भय बनाना, ये उद्देश्य इस मुहिम द्वारा सफल होंगे, ऐसी आशा एन.डी. पाटिल ने व्यक्त की। नानासाहब ने कहा, "'भूत का शोध, मान का बोध' यह मानसिक रचना प्रस्तुत करनेवाली मुहिम है, ऐसा मैं मानता हूँ। राष्ट्र निर्माण के लिए ऐसे मुहिमों की आवश्यकता होती है।"

मुहिम का क्रमश: लेखा-जोखा न संभव है, न ही जरूरी। परंतु मुहिम से क्या प्राप्त किया, क्या रहा यह समझ लेना चाहिए।

अंधविश्वास संबंधी ज्ञान में (!) निश्चित वृद्धि हुई। पनवेल से वेंगुर्ला तक के इलाके में चेडा, डाव, मुंजा, सनी आई, मुंजासमंध, ब्रह्म समंध, कृष्मांड, लासवट, चालगता, खोतबुवा, बिच्छू उतारना, छोटे बच्चों के शरीर से कीड़े निकालना, सात आसरा, चकवा, जरब लगाना, हूक लगाना, ऐसे कुकर्म देखे गए। सातवीं कक्षा के छात्रों द्वारा पूछे जाएँ, ऐसे प्रश्न कई स्थानों पर अध्यापकों ने पूछे। उनका यह कहना था कि अब तक मंत्र-तंत्र, विद्या, भूत-प्रेत, टोना-टोटका इस पर अगर इतना साहित्य प्रसारित हुआ है तो उसमें कोई तो सत्यता होगी। कम से कम एक प्रतिशत तो? उन्हें समझाने पर भी उनके पल्ले यह बात पड़ी और उनका समाधान हुआ ऐसा उनके चेहरों से नहीं लगता था। मुहिम पूर्ण कर वापसी के बाद 'क्या भूत मिल गया?' इस प्रश्न के 'नहीं' उत्तर पर 'फिर मुहिम का क्या प्रयोजन?' ऐसे

प्रश्न पूछनेवालों में अनपढ़ ही नहीं शिक्षित, शहरी भी थे। यह भूत की खोज नहीं थी बल्कि लोगों के मन में होनेवाला कल्पना का भूत ही कैसे भ्रम का रूप लेता है, इसकी खोज थी। यह समझाते-समझाते नाकों में दम आ जाता।

प्रत्यक्ष रूप में मुहिम अपना इष्टांक लाँघकर 163 गाँवों तक पहुँची। सभी कार्यक्रम सर्वोत्तम हुए। परंतु जहाँ समिति का अपना संगठन था वहाँ और भी कामयाबी मिली। जहाँ पर किसी अन्य संगठन ने जिम्मेदारी ली वहाँ पर भी कार्यक्रम अच्छा हुआ। मात्र जिस स्थान पर केवल एकाध कार्यकर्ता ने अतिउत्साह से कार्यक्रम की जिम्मेदारी स्वीकार कर ली, उस स्थान पर कार्यक्रम अधिक प्रभावी न हुआ। इसका अर्थ यह कि ऐसे आंदोलन के लिए समिति का संगठन सर्वदूर पहुँचना आवश्यक है। कार्यकर्ताओं के व्याख्यान अधिकांश स्थानों पर सफल हुए। बोलने में रोचकता चाहिए थी परंतु उसके साथ ही वैचारिकता की भी जरूरत थी। कार्यकर्ताओं को उस कार्य में पर्याप्त सफलता नहीं मिली, इस हेतु कठोर परिश्रम करने की जरूरत महसूस हुई। निरामय मानसिकता का जाग्रतिपत्र लोगों तक पहुँचाने में हम कमजोर साबित हुए। साथ ही जानबूझकर पूछे गए टेढ़े सवाल, अनपेक्षित परिस्थिति, इस मामले में भी अधिक चौकन्ने एवं साहसी होने की जरूरत महसूस हुई।

समाचार-पत्र, पुलिस विभाग, शिक्षा विभाग से काफी सहयोग मिला। इस सहयोग में वृद्धि होने की जरूरत महसूस हुई। पुस्तक बिक्री हुई और अपेक्षा से कई गुना अधिक सकारात्मक प्रतिक्रियाएँ मिलीं। अल्प कीमत की पुस्तिका काफी संख्या में बेची जाती है, यह विश्वास मिला। चंदा इकट्ठा करना यह किसी भी मुहिम का महत्त्वपूर्ण अंग होता है। समिति हमेशा कार्यक्रम करती रहती है। इतने पैसे समिति कहाँ से लाती है? ऐसा प्रश्न अनेकों को कई बार सताता है। मुहिम के लिए राशि लोगों से ही ली जाती है। मुहिम सफल होने के लिए पर्याप्त चंदा उपलब्ध भी होता है, यह मेरा दस वर्षों का तजुर्बा है। फिर भी मुहिम के लिए चंदा इकट्ठा करना इसे सामूहिक जिम्मेदारी के रूप में देखा नहीं जाता। काफी दूर तक विचार करें तो इससे उलझनें उत्पन्न हो सकती हैं। अत: उस दृष्टि से अधिक सतर्क रहने की जरूरत फिर से मुहिम के कारण महसूस होने लगी।

लोगों की प्रचंड जिज्ञासा यह मुहिम के लिए सर्वाधिक मौलिक बात सिद्ध हुई ऐसा मुझे लगता है। दर्शकों में सभी स्तर, उम्र के स्त्री-पुरुषों की सक्रियता थी। युवा और महिलाओं की संख्या द्रष्टव्य थी। 6 दिसंबर को बाबरी मस्जिद गिराने के कारण पूरे देश में कमाल का अस्थिर, प्रक्षुब्ध माहौल निर्मित हुआ था। संगठनों द्वारा परस्परविरोधी बंद का आवाहन करने के कारण कार्यक्रम का संयोजन करना कठिन था। ऐसी संवेदनशील परिस्थिति में किस घटना या बात का क्या अर्थ लगाया जाएगा और उसकी फलश्रुति क्या होगी, यह बताना कठिन था। परंतु मुहिम स्थगित करने का विचार हमने टाल दिया। लोगों के प्रतिसाद के कारण यह बात समझ में

आई कि कुछ हटकर होनेवाले विषयों पर लोग संवाद सुनने को बेताब हैं। केवल राजापुर में कार्यक्रम खारिज करना पड़ा। दापोली में ऐसी भारी भीड़ थी कि पुलिस के मतानुसार इतनी भीड़ शरद पवार और बाल ठाकरे की सभा में भी नहीं होती थी। कणकवली हम 8 तारीख को पहुँचे। कणकवली में शिवसेना का गढ़ था। उस दिन भारत व्यापी बंद के कारण पूरे गाँव में भयावह सन्नाटा था। फिर भी शाम को हमारी सभा को सुनने मधु मंगेश कर्णिक के साथ हजार-डेढ़ हजार लोग उपस्थित थे। हम कुडाल पहुँचे। वहाँ तो दुगना संकट था। भारत व्यापी बंद तो था ही, साथ ही कुडाल में एक पुतले को जूतों की माला पहनाई गई थी। अत: वहाँ का माहौल अधिक तनावग्रस्त था। इसलिए शाम को होनेवाला समारोह हमें रोकना पड़ा। मैं अपने सहकर्मियों के साथ जिला पुलिस प्रमुख से मिलने गया। वे अंधविश्वास निर्मूलनवाले न थे, परंतु इस विषय में रुचि रखनेवाले और अच्छे कार्य में सहयोग देनेवाले उदारमना थे। उनसे हमने कार्यक्रम करने की अनुमति माँगी। माहौल को मद्देनजर रखते हुए बंद हॉल में कार्यक्रम करेंगे यह भी बताया वे तो हमसे भी एक कदम आगे बढ़े। उन्होंने कहा, "आप इतना अच्छा कार्य करने हेतु यहाँ तक आए हैं, अत: निश्चित रूपरेखा के अनुसार कार्यक्रम आप प्रस्तुत करें। लोगों के क्रोध की चिंता न करें। हम किसलिए हैं?" फिर गाँव के बंद होते हुए भी पुलिस की इजाजत से बड़े उत्साह से कार्यक्रम संपन्न हुआ।

चमत्कार की चुनौतियाँ

अंनिस की मुहिम कहते ही, अनायास ही चमत्कारों की चुनौतियाँ आती ही हैं।

'भूत का शोध, मान का बोध' यह मुहिम कोंकण में हुई और दूसरे ही दिन अलिबाग के समीप होनेवाले खंडाला गाँव में भास्कर पाटिल ने समिति को चुनौती दी। यह चुनौती भूत से संबंधित नहीं थी। परंतु दैवी या पिशाच शक्ति किसी के पास नहीं होती, ऐसा आपका दावा होता है। उसको लेकर पाटिल ठोस रूप में चुनौती दे रहे थे। उनका यह कहना था कि अपनी निजी बीमारी के कारण तंग आकर उन्होंने साधना की और उसके आधार पर उन्होंने घर के लोगों की बीमारियों को दूर करने में सफलता प्राप्त की, परंतु उसके लिए सिद्धि प्राप्ति भी हुई। अत: कोई भी बीमारी केवल पंद्रह मिनट में वे ठीक कर सकते हैं, ऐसी चुनौती थी। जिस समय प्रत्यक्ष चुनौती प्रक्रिया का ब्योरा निश्चित करना शुरू हुआ, उस समय उन्होंने अपने दावे में थोड़ा सुधार कर यह बताया कि किसी भी प्रकार का ज्वर दवाओं के बिना केवल पंद्रह मिनट में ठीक कर सकता हूँ। अस्थमा जैसी गंभीर बीमारी एवं लंबी बीमारियों को दूर करने के लिए मुझे एक दिन पर्याप्त है। मुहिम समाप्त होने पर अलिबाग में इस संबंध में परीक्षण करना निश्चित हुआ। पाटिल को अपनी शक्ति

पर इतना भरोसा था कि उन्होंने यह परीक्षण जल्दी करने का आग्रह किया। अग्रिम राशि जमा करने की तैयारी भी दर्शायी।

मामला यहाँ तक पहुँचने से हमने परीक्षण की शर्तें निश्चित करना, उन्हें स्टैंप पेपर पर लिखना आदि तैयारियाँ पूरी कीं। हमेशा की तरह प्रत्यक्ष परीक्षण तथा जाँच-पड़ताल न हुई। चुनौती देनेवाले की मानसिकता को भाँपकर, हम इस बात को यूँ ही खींचकर अपना समय बर्बाद कर रहे हैं, यह समझ में आ गया।

महाड तहसील की जाहिर सभा में महाड के नजदीकी गाँव के रास्ते पर होनेवाले बरगद के पेड़ के नीचे अमावस को निवास करने की चुनौती मिली और उसको स्वीकार भी किया गया।

रत्नागिरि जिले में लांजे तहसील में स्थित शिपोशी नामक गाँव से एक चुनौती दी गई। गाँव से दो कि.मी. पर जो आम का पेड़ हैं, उसे तोड़ दिया तो पेड़ पर होनेवाली शक्ति हमें नुकसान पहुँचा सकती है। प्रसंगवश मृत्यु भी हो सकती है। कार्यकर्ताओं ने इस चुनौती का स्वीकार कर पेड़ की दो मजबूत टहनियाँ तोड़ दीं और उन टूटी टहनियों की ओर आँखें फाड़-फाड़कर ग्रामवासी देखते रहे।

सिंधुदुर्ग जिले के सावंतवाडी से 14 कि.मी. की दूरी पर स्थित नेरवडे कोनापाल गाँव के संचारीबाबा विश्राम अप्पा जाधव की दी हुई चुनौती संपूर्ण सिंधुदुर्ग जिले में चर्चा का विषय बनी। गाँव में स्थित देवराई के पेड़ काटकर दिखाएँ ऐसी चुनौती बाबा की तस्वीर के साथ सिंधुदुर्ग जिले के सभी प्रमुख अखबारों की सुर्खियाँ बनने के कारण लोगों में जिज्ञासा बढ़ गई। उस गाँव को मुहिम के कार्यकर्ताओं ने भेंट दी। उसमें सिंधुदुर्ग जिले के मुहिम संयोजक ॲड. देवदत्त परूलेकर, श्री संजय देशमुख, आप्पा सावंत, मिलिंद देशमुख, मनोज दर्णे आदि का समावेश था। चुनौती प्रक्रिया का ब्योरा निश्चित करने दस रुपए का स्टैंप पेपर भी साथ में ले गए थे।

पेड़ को काटने के लिए उक्त विभाग की अनुमति समिति खुद प्राप्त करेगी, ऐसी तैयारी भी थी। लेकिन यह क्या? प्रत्यक्ष रूप में जाधव ने अपनी हार मान ली। उस समय गाँव के एक हजार लोग उपस्थित थे। उसमें भी 'यह चुनौती मेरे नाम पर अखबारों ने जानबूझकर परेशान करने के लिए प्रकाशित की है' इस जाहिर प्रकटन से सारे संवाददाता उन पर आगबबूला हो गए, क्योंकि जाधव ने बड़े अरमान से केवल चुनौती न दी थी, अपनी तस्वीरें भी साथ में दी थीं। प्रत्यक्ष चुनौती स्वीकार करने का समय आते ही चुनौती देनेवाले भाग खड़े होते हैं, इस अनुभव से हम भलीभाँति परिचित थे ही।

सावंतवाडी के समारोह में सोनाली दामले—इस लड़की ने कुछ चुनौतियाँ लिखित रूप में कार्यक्रम के समय भेज दीं। उसमें एक ऐसी चुनौती थी कि कुडाल शहर के वायमन गार्डन चाल में फिलहाल कोई नहीं रहता, अत: वहाँ चार दिन, चार रातें रहकर दिखाएँ। दूसरी चुनौती यह कि आजरे के पुल पर रात 12 बजे के बाद एक भी अन्न का कण न गिराते हुए खाना खाने की हिम्मत और तीसरी

चुनौती कुडाल के मठातिठा इस तिठे पर रात 12 से 3 बजे तक रुकना। अत: उसी सभा में ये सारी चुनौतियाँ स्वीकार की जाने का मैंने जाहिर आवाहन किया। यह भी बताया कि वायमन गार्डन चाल में हम चार दिन रहकर दिखाएँगे। आगे चलकर हमारे समिति के कार्यालय के लिए वह चाल मालिक हमें दे।

महाराष्ट्र राज्य से छह कि.मी. दूरी पर ग्राम काकेल, जिला रत्नागिरि में मुंबई-गोवा मार्ग पर एक बँगला बरसों से भूत बँगला नाम से चर्चित था। वह खाली था। फिर भी इस बँगले को हम देख लें, ऐसी विनती श्रीमती उषा प्र. कुडालकर ने की।

समारोप समारोह वेंगुर्ला में था। उस कार्यक्रम के पहले संध्या के समय नगर निगम में शहरवासियों के साथ संवाद रखा गया। इस संवाद में रामा बोवलेकर व जया चुडनाईक चुनौती ले आए। वेंगुर्ला गाँव के समीप मानस देवस्थान संबंधी वह चुनौती थी। इस देवस्थान पर रात के 11 बजे से भोर के 3 बजे तक कोई अकेला व्यक्ति कोई भी वाद्ययंत्र बजाए ऐसी चुनौती थी। उनके मतानुसार उस देवता को इस प्रकार की आवाज मंजूर न होने के कारण किसी में यहाँ यह साहस न था। साहसी को अपनी दैवी शक्ति का, चमत्कार का पाठ पढ़ाने में ईश्वर पूर्णत: समर्थ था। इससे हमारे ऐसे चमत्कार नहीं होते, इस चुनौती का भी भंडाफोड़ होनेवाला था। यह चुनौती स्वीकारते ही उन्होंने ताशा—यह वाद्य बजाने की जिद की। यह आपको मानना होगा अन्यथा रात की सभा में हो-हल्ला मचाएँगे ऐसा धमकाया। अर्थात चुनौती अस्वीकार करने की कोई वजह थी ही नहीं। केवल चार घंटे निरंतर ताशा बजानेवाला और इरादों का पक्का होनेवाला कार्यकर्ता खोजना था। ऐसे मौके पर कभी भी रोक लगाने की समिति की परंपरा नहीं है। अत: रात की जाहिर सभा में मैंने आरंभ में ही चुनौती स्वीकार करते ही और संबंधितों ने देवस्थान की मान्यता लेते ही प्रक्रिया को अंजाम देने की बात को जाहिर किया। यह अनुमति संबंधित लोगों द्वारा न लाने के कारण यह चुनौती अंजाम तक न पहुँच सकी। मात्र तीन सालों बाद सिंधुदुर्ग जिले में फिर इस प्रकार की चुनौती दी गई और उसे सफलता से पूरा भी किया गया (उसका ब्योरेवार वर्णन पुस्तक में अन्यत्र है)।

क्या साध्य हुआ

इतनी बड़ी मुहिम के माध्यम से हमने क्या साध्य किया? महत्त्वपूर्ण बात यह कि देहातों में सामान्य स्तर के अनपढ़ स्त्री-पुरुषों तक एक पूर्णत: अलग विचारधारा पहुँचाई। भूतबाधा होना और भूत का शरीर में संचार होना, यह भ्रम है, ऐसा विचार घंटे दो घंटे के कार्यक्रम से उनके मन को स्वीकृत होगा, हमें विश्वास नहीं था। यह मुहिम का उद्देश्य भी न था। परंतु भूत और उसका शरीर में संचार यह निरा भ्रम है, यह बतानेवाले और डटकर प्रस्तुत करनेवाले कई लोग थे। ऐसे माहौल का निर्माण

तथा चित्र खड़ा करना, यह भी अंधश्रद्धा निर्मूलन आंदोलन की दृष्टि से महत्त्वपूर्ण बात थी। यह चिकित्सक, वैचारिक प्रस्तुतीकरण इतने बड़े पैमाने पर प्रभावी रूप से हुआ, यह एक उपलब्धि मानी जाएगी। अंधश्रद्धा निर्मूलन का आंदोलन बुवा-बाबा का नकाब उतारनेवाला और देव धर्म के अस्तित्व को नकारने का कार्य करनेवाला आंदोलन है, यह गलतफहमी दूर होने के लिए यह मुहिम सहायक सिद्ध हुई। मुहिम में प्रस्तुत किए गए सामाजिक, मानसिक प्रश्नों के कारण अंनिस के कार्यक्रम को विशेष पहलू प्राप्त हुए। अंनिस का कार्य झूठा क्यों न हो, परंतु देव, धर्म, बाबा, गुरु इनका आधार निकाल लेने का काम है, यह भ्रम दूर होकर ये अपना दुख जाननेवाले और सहयोग करने लोग हैं, ऐसा समिति का रूप सामने आ गया। इस मुहिम के उपरांत तुरंत कोंकण विभाग में अंनिस का संगठनात्मक कार्य न बढ़ सका यह सच है, परंतु डुंगेश्वर की चुनौती स्वीकारते समय और नरेंद्र महाराज के विरोध में जन आंदोलन छेड़ते समय भविष्य में जो प्रतिसाद कोंकण में मिला, उसकी पूर्व तैयारी यह कार्यक्रम था ऐसा मान सकते हैं।

इसके बाद हमने कोंकण में मानसोपचार विशेषज्ञ के सहयोग से मानसिक मरीजों के जाहिर शिविर लिए। उस स्थान के जनरल प्रैक्टिशनर ने मानसिक बीमारी संबंधी मानसोपचार तज्ञों द्वारा प्रबोधन करने का प्रयास किया। मानसिक समस्या समुपदेशन व इलाज केंद्र बनाने की कल्पना इससे ही सामने आई। महाराष्ट्र मानसिक उपचार केंद्र के संचालक डॉ. मोहन आगाशे को यह कल्पना अच्छी और उपयुक्त भी लगी। उन्होंने महाराष्ट्र सरकार को और ऐसे दो केंद्रों का प्रस्ताव दिया। विशेष बात यह थी कि कार्यकर्ताओं के सहयोग से शासकीय अपेक्षाओं के आधे खर्चे में ये केंद्र चल सकते थे। दो बार केंद्रों की मंजूरी प्राप्त करने का प्रयास डॉ. आगाशे ने पूरी कोशिश के साथ किया। दोनों समय वह प्रयास नाकामायाब रहा। इसलिए मुहिम को संस्थात्मक कार्य का आधार आगे न प्राप्त हो सका। फिर भी सांगली में अब समिति द्वारा इस प्रकार का एक केंद्र शुरू हुआ है। सावंतवाडी में भी हो रहा है। समिति से संबंधित कई मानसोपचार विशेषज्ञ स्वतंत्र रूप से नहीं, इसके लिए पूरक कार्य सोद्देश्य कर रहे हैं। आंदोलन एवं कार्यकर्ताओं को उम्मीद एवं ऊर्जा देने का कार्य इस मुहिम ने अवश्य पूर्ण किया है। मुहिम का नेतृत्व करनेवाले डॉ. प्रदीप पाटकर ने मुहिम पर आधारित एवं प्रकाशित हमारे मासिक के विशेषांक का संपादन किया था। उसके समापन में उन्होंने लिखा था—

मालूम न था
अंनिस का आश्वासक आधार देनेवाला
इतना भव्य आकाश होगा,
अपने तारांगन में भी ऐसे असीम
स्वयंप्रकाशी तारे होंगे।

यदि इस सफर में
ये सब होंगे हमारे साथ
तो फिर,
कोई भी रात, कोई भी अँधेरा
अल्पायुषी ही होगा।
पीड़ितों के आँसू पोंछने का
उन्हें मदद का हाथ देने का
अपना काम अब
अधिक आसान लग रहा है...

मन्नतों की पशुहत्या की फाँस

महाराष्ट्र में मेलों का मौसम शुरू होने पर महाराष्ट्र की ग्रामीण देहाती मानसिकता की सामाजिक, सांस्कृतिक प्रतिच्छवि उसमें स्पष्ट दिखाई देती है। मन्नतें पूरी करने के लिए दी जानेवाले पशुओं की बलि इन मेलों में मिलनेवाली एक समान विशेषता है। मांढरदेवी की कालूबाई, चिवरी की लक्ष्मी माँ, आरेवाडी का विरोबा ये कुछ नाम हैं, और कई नाम बढ़ भी सकते हैं। असीमित पशुहत्या, गंदगी, शरीर में देवता का संचार होनेवाले स्त्री-पुरुषों के झुंड और इन सबके बीच खुशी से विचरण करनेवाला लोकसमूह देखते ही मन-मस्तिष्क में एक ही समय में अनेक प्रश्नचिह्न और विस्मयचिह्न खड़े होते हैं।

इसके विरोध में बगावत करना कठिन है। लाख-दो लाख की भीड़। दूर-दराज से आए भक्तगण। गरीब, अनपढ़ लोग। परंपराओं का जतन करनेवाले, माननेवाले, शेखी बघारनेवाले लोग। मेले की बंजर भूमि पर यत्र-तत्र डेरा डाले, उन्हें समझाएँ कैसे? और किसलिए? इस संघर्ष में समय, मेहनत एवं पैसा व्यर्थ क्यों गँवाएँ? गाडगे महाराज ने जहाँ घुटने टेक दिए, अब आप वह कार्य करने निकले हैं, ऐसे ताने सुनने की हमें अब आदत-सी हो गई है। निश्चित सफलता की कल्पना कर हम अंधविश्वास के खिलाफ जानलेवा लड़ाइयाँ नहीं लड़ते।

बलि-प्रथा के विरोध में आंदोलन करते समय मुख्य आरोप यह होता है कि आप अहिंसा तथा शाकाहार के प्रचारक हैं क्या? सहजता से यह भी प्रश्न किया जाता है कि "इतने बकरे तो पुणे-मुंबई के कत्लखाने में रोज मार दिए जाते हैं। उधर कीजिए ना सत्याग्रह। केवल हिंदू धर्म पर ही यह कृपा क्यों? मुसलमानों में होनेवाली कुर्बानी भी रोको।" इस प्रकार की व्यंग्यपूर्ण बातें भी की जाती हैं।

इस प्रकार तिरस्कृत लहजे में बोलनेवाले लोगों को कम से कम एक बार पशुहत्या का होनेवाला मेला देखना चाहिए। मुझे लगता है कि जो नजदीक से

आरेवाडी के मेले में होनेवाली पशुहत्या का दृश्य देखता है वह व्यक्ति जीवनभर उसे भूल नहीं सकता। आरेवाडी में छह वर्षों तक हमने असफल सत्याग्रह आंदोलन किया। हर साल वही भीषण दृश्य और वैसी ही निर्ममता। तकरीबन बीस मुल्ला बकरों की बलि देते हैं। बकरों के खून और मांस का कीचड़ होता है। प्रति सेकंड एक बकरे का सिर धड़ से अलग होता है। इस गति से एक घंटे में लगभग बारह सौ बकरे मारे जाते हैं। सुबह पाँच से दोहपर दो बजे तक यह बर्बरता चलती रहती है। इसका मतलब दस से ग्यारह हजार बकरे इतने समय में मारे जाते हैं। आरेवाडी में पशुहत्या की संख्या तुलना में अधिक है। लेकिन जहाँ-जहाँ पशु बलि दी जाति है, वहाँ कम-अधिक मात्रा में यही चित्र होता है। मृत बकरों को भक्तगण बाहर ले आते हैं। उनकी चमड़ी निकालकर साफ करने के लिए जिस पानी में डुबोई जाती है, वह पानी और भक्त जिस पानी का उपयोग करके मांस पकाते हैं, वह पानी कमाल का गंदा होता है। इस पानी में पका हुआ मांस खाकर डायरिया न हुआ तो इसे बिरोबा की कृपादृष्टि ही कहना होगी।

ऐसे मेलों में लोगों का प्रबोधन करके पशुहत्या रोकने का प्रयास करना हो तो इस हेतु काफी संयम और कोशिश की आवश्यकता होती है। लाखों की संख्या में जमी भीड़ को इस प्रथा के कारण होनेवाले शोषण तथा अमानुष वृत्ति का एहसास नहीं होता। बल्कि उन्हें इस प्रथा का पालन ही धार्मिक आचरण और अधिकार प्रतीत होता है। ऐसे मेलों में पशुहत्या रोकने का प्रयास समिति ने विगत कई सालों से किया है। इस प्रबोधन कार्य में बहुत कुछ गँवाया भी है। चिवरी के मेले में होनेवाली पशुहत्या पर समिति ने रोक लगाई है। लगभग डेढ़ सौ जगहों पर यह पशुहत्या रोकने में सफलता मिली है। चिवरी में मेले के दौरान होनेवाली पशुहत्या रोकने हेतु की गई तैयारी और प्रत्यक्ष अनुभव पर पाठक नजर डालें तो इस आंदोलन का रूप स्पष्ट हो जाएगा।

चिवरी का संघर्ष

हर साल डेढ़-दो लाख भक्तगण चिवरी गाँव, जिला उस्मानाबाद में आते हैं। सोलापुर-हैदराबाद राष्ट्रीय महामार्ग पर अंदर छह मील दूरी पर होनेवाला चिवरी छोटा-सा गाँव है। गाँव में लक्ष्मी-माता की मेला-परंपरा पुरानी है, परंतु विगत बीस सालों में बलि प्रथा पनपी है। हर साल डेढ़ सौ भैंसें, पाँच हजार बकरे और दस हजार मुर्गे मारने की रसीदें कट गई हैं। साल 1990 तक का इसका रिकॉर्ड मिलता है। आंदोलन के प्रयास से भैंसों की संख्या चौदह तक पहुँची इतना ही! बाकी आँकड़े वैसे ही रहे। सन 1991 में एक महीना पहले से ही कमर कसकर प्रयास शुरू हुए। सोलापुर जिले की अंधश्रद्धा निर्मूलन समिति और उस्मानाबाद के समता मंच ने

एक महीना प्रचार-मुहिम पर जोर दिया। सौ से अधिक व्याख्यान, बैठक, नुक्कड़ नाटक तथा सभाओं का आयोजन किया गया। मेले में आनेवाला बहुसंख्यक समाज दलित, खानाबदोश एवं बंजारा और लमाण, हरिजन से था। पोतराज यशवंत फडतरे, मारुति बनसोडे इन अंनिस के कार्यकर्ताओं ने इस पिछड़े समाज की बस्ती में पहुँचकर बलि प्रथा के विरोध में जंग छेड़ने का प्रयत्न किया। प्रतिसाद अच्छा मिला। एक स्थान पर पिटाई भी हुई। बार्शी के प्रा. जाधव पर चाकू से हमला होते-होते रहा।

सिद्रामप्पा आलुरे गुरुजी इस इलाके के भूतपूर्व विधायक एवं गांधीवादी कार्यकर्ता। एक शिक्षा संस्थान के संचालक। अपने सहकर्मियों और छात्रों के साथ वे इस कार्य में सक्रिय हुए। उस इलाके के सभी समाचार-पत्रों ने इस विचार को बल प्रदान किया, विस्तार से समाचार दिए। अग्रलेख लिखे। इस माहौल में मेले के पहले दिन उस्मानाबाद के जिलाधिकारी बा.भ. पाटिल और जिला पुलिस प्रमुख सुबोध कुमार जायसवाल ने चिवरी में बैठक की तथा पशुहत्या की कानूनन मनाही का ऐतिहासिक फैसला जाहिर किया। माहौल गर्म होता गया। मेले के लिए कोई एक हजार भक्तगण दाखिल हुए ही थे। ये लोग रात को देवस्थान के विश्वस्त, गाँव के सरपंच और पंच मंडली के घर पहुँचे। घर के साथ उन्हें भी जलाने की धमकियाँ दी गईं। फिर भी विश्वासू सदस्य पंचमंडली देवी के सम्मुख बकरा, मुर्गा न काटने के मुद्दे पर अडिग रहे। परंतु गाँव के घर में या बंजर भूमि पर होनेवाले मकान में हत्या हुई तो चलेगा इस प्रकार की सहमति दर्शाई। दूर-दराज से खर्च करके बलि देने के लिए जानवर ले आनेवाले भक्तों की मानसिकता को ध्यान में रखते हुए यह निर्णय सही था। दूसरे दिन मेरे साथ बात करते समय अगले वर्ष शाकाहारी मीठा मेला करेंगे लेकिन पहले इसकी घोषणा की जाएगी, ऐसी भूमिका विश्वासू सदस्यों ने ली।

पाँच तारीख को सुबह मुख्य रास्ता छोड़कर धूल से सने चिवरी के रास्ते से मैं जाने लगा तब मुझे मेले का अंदाज आया। धूप से तप्त होनेवाली अस्त-व्यस्त बंजरभूमि, रुकने के लिए जगह तथा पाखाने की सुविधा न थी। अस्वच्छ और अपर्याप्त पानी। इन सब बातों की चिंता न करते हुए तकरीबन एक लाख लोग बंजरभूमि पर इकट्ठा हुए थे। ट्रक, टेंपो, बैलगाड़ियाँ, मिठाई की दुकानें, खिलौनों की दुकानें और मन्नतों के नारियल की दुकानों की भीड़ लगी थी। जहाँ देखो वहाँ जनसागर दिखाई देता था, फिर भी लोगों का यह कहना था कि मेले में इस साल अधिक लोग नहीं आए।

सत्याग्रहियों की संख्या छह-सात सौ थी। मेले की ओर आनेवाले रास्तों पर उन्होंने डेरा जमाया था। नारेबाजी, गीत बजाना, लोगों से विनती, हैंडबिल बाँटना शुरू था। उस्मानाबाद समता मंच, नलदुर्ग राष्ट्रीय योजना के कार्यकर्ता 'ग्यानबा

तुकाराम, बकरे का क्या काम?' यह नारा देते हुए फुले-आंबेडकर का जयघोष करते हुए मेले में घूम रहे थे।

लक्ष्मी-माता मंदिर के सामनेवाले मैदान में भक्तगण समूह के साथ आते थे। चिंदियों का लहँगा, हाथ में चाबुक, खुले बाल, पाँव में घुँघरू और पूरे चेहरे पर सिंदूर लगाया हुआ भड़कीला रंग। ऐसे पोतराज बड़ी भारी संख्या में वहाँ खड़े थे। वाद्ययंत्र बज रहे थे और इस आवाज से कई स्त्री-पुरुषों के शरीर में देवी-माँ का संचार होने के कारण वे अपनी सुध-बुध खो बैठे थे। जवान लड़कियों से बूढ़ी महिलाओं तक हर उम्र की औरतों के शरीर में देवीमाता बस चुकी थी अत: हाथ में बेंत की छड़ी लेकर बेताल होकर वे नाच रही थीं। कुछ नौजवान भी बीच में ही छलाँगें लगा रहे थे। लड़कियों के शरीर को स्पर्श करते थे। नये जत्थे के आते ही पहलेवाला गुट आगे बढ़ता था। इसी भीड़ में जमीन पर लोट-पोट होते, आगे बढ़नेवाले स्त्री-पुरुष धूल से सने होते थे। उन्हें छूकर लोग नमस्कार करते थे। देवी के नाम पर छोड़ने के लिए लाए छोटे-बड़े भैंसों को रंगीन वस्त्र और फूलों की मालाएँ पहनाकर बाजू में बाँधकर रखा जाता था। उन्हें भी लोग नमस्कार करते थे। मंदिर के दायीं ओर लंबे-चौड़े चौतरे पर टीन की शेड थी। पुलिस का एक दल वहाँ मौजूद था। 'आम स्थानों पर पशुहत्या करना गुनाह है तथा उसके कारण दंड एवं सजा दोनों हो सकते हैं।' यह इशारा बार-बार ध्वनिक्षेपक द्वारा दिया जा रहा था। दूसरी ओर थाली में रोटी, गुड़, चावल, नारियल ऐसा भोग लेकर भक्तों की कतारें आगे बढ़ रही थीं।

दोपहर 11.30 बजे यह चित्र अचानक ही बदल गया। काशिनाथ घोडगे नामक एक युवक सौ-डेढ़ सौ लोगों के समूह के साथ मंदिर के सामने आ गया और 'जय भवानी, जय शिवाजी' के नारे गूँजने लगे। काशिनाथ घोडगे ने अपने हाथ में लटकनेवाले मुर्गे को हाथ ऊंचा करके हिलाया। देवी के सम्मुख होनेवाली पशुहत्या बंद करवानेवालों का विरोध दर्शाने के लिए उस मुर्गे की बलि देवी के सामने देने का उसका आग्रह था। पुलिस ने उसे समझाने का काफी प्रयास किया। पर वह अपनी जिद पर कायम था। काशिनाथ और सहयोगियों की जिद, पुलिस की मनाही, सत्याग्रहियों की उपस्थिति, बेफिक्र होकर नाचनेवाले पोतराज, इस कारण से माहौल में तनाव बढ़ता गया। मुर्गे को बचाने की खबर काशिनाथ और उसके सहकर्मियों को मिली। अनपेक्षित बात हुई। मुँह पर सिंदूर का लेप लगाए, नंग-धड़ंग नाचनेवाले पोतराज ने काशिनाथ के हाथ से मुर्गा छीन लिया। उसकी गर्दन अपने दाँतों तले ली। जोर से चबाई। मुर्गे की गर्दन को शरीर से अलग किया। शरीर फेंक दिया, गर्दन से आगे का हिस्सा अपने मुँह में पकड़ रखा। नीचे गिरनेवाले खून की धार के नीचे काशिनाथ के साथियों ने अँजुली धर दी। काशिनाथ के कपड़ों पर उसके पंजों की मुहर लगाई। 'हिंदू धर्म की जय' यह घोषणा देते हुए काशिनाथ

को कंधे पर उठाकर जुलूस निकाला। सत्याग्रहियों के आग्रह के बावजूद पुलिस ने इस संदर्भ में कार्रवाई टाल दी।

इसके बाद बंजरभूमि पर भक्तगणों ने इस दुष्कर्म को इजाजत समझकर अपने चाकू निकाले और तकरीबन पाँच-छह सौ बकरे और हजार के आसपास मुर्गियाँ काटी गईं। पुलिस ने वहाँ से चाकू और चमड़े जब्त किए। परंतु उन्होंने भी मंदिर के सामने होनेवाले मैदान पर ही ध्यान केंद्रित करके मेले में होनेवाली अन्य घटनाओं को साफ नजरअंदाज किया।

आंदोलन का पूरा प्रभाव नजर आ रहा था। जानबूझकर मामले को हवा देने हेतु दी गई 'जय भवानी, जय शिवाजी' घोषणा को अल्प प्रतिसाद मिला था। मेले में पशुहत्या विरोध उजागर करते हुए घूमनेवाले कार्यकर्ताओं के गुट को समूह ने किसी भी प्रकार की तकलीफ न दी। मेले में जानवर कम लाये गए थे। काफी लोग जानवर वापस ले गए। कसाई, चमड़े के व्यापारी इसे देखकर क्रोधित हो गए। दूर-दराज से जानवर ले आए भक्तगण इस आदेश से नाराज हो गए। बलि दिए जानेवाले जानवरों के पीछे रुपए, दो रुपए, पाँच रुपए की रसीद मेला-समिति देती थी। उनके धंधे में घाटा हो गया। अत: वे चिंतामग्न हो गए। परंतु इन मर्यादाओं के बावजूद सभी के सहयोग से चिवरी में होनेवाली पशु बलि रोकने में अंनिस का एक कदम आगे बढ़ा और महाराष्ट्र के सामने नि:संदेह पहला आदर्श स्थापित हुआ।

मेले के दूसरे दिन वहाँ आधी रात को भूतों का मेला लगता है, ऐसी मान्यता थी। वहाँ हुई पशुहत्या के खून और हड्डियों का स्वाद लेने के लिए भूत आते हैं ऐसी धारणा थी। इसका आतंक ऐसा था कि लाखों का मेला लेकिन दूसरे दिन चार बजे तक पूरा मंदिर, मैदान खाली हो जाता था। 'जग में भूत कहीं नहीं होता वह आपके और हमारे मन में ही होता है' ऐसा माननेवाली सत्याग्रही मंडली ने निश्चित किया कि दूसरे दिन रातभर मेला स्थान पर डेरा जमाकर भूत का न होना साबित करने के लिए कार्यकर्ता शाम छह बजे से भोर चार बजे तक रुके रहें। उस समय आगे क्या होनेवाला है, इसकी किसी को कानोंकान खबर न थी। चिवरी गाँव के मेले में नाटक खेला जानेवाला था। लेकिन वहाँ पर एक भयावह नाटक ने जन्म लिया। सत्याग्रहियों पर क्रोध जाहिर करनेवाले भड़कीले भाषण हुए। आगामी वर्ष में पशुहत्या न करने संबंधी आदेश दिया गया तो उसे तोड़कर अनगिनत पशुओं की बलि देने का संकल्प किया गया। धार्मिक भावना को ठेस पहुँचानेवालों को सबक सिखाने की बात हुई। इसे कार्यान्वित भी किया गया। सुबह सफलता से सत्याग्रह आंदोलन पूरा कर वापस आनेवाले सत्याग्रहियों का रास्ता पत्थरों से रोका गया। गाड़ी के काँच तोड़े गए एवं तोड़फोड़ की गई। कोई घायल हुआ तो किसी के हाथ की हड्डी टूट गई।

आलुरे गुरुजी और बाकी कार्यकर्ताओं पर हुए पूर्वनियोजित हमले का संपूर्ण महाराष्ट्र में तीव्र निषेध किया गया। पुलिस ने संबंधित क्रूरकर्माओं को पकड़कर, उन पर कानूनी कार्रवाई की। इस प्रकार से कुछे खट्टे तो कुछ मीठे अनुभवों को झेलते हुए इस आंदोलन को सफलता प्राप्त हुई। इस दौरान अमरीका-इराक में घमासान लड़ाई की खबरें होते हुए भी समाचार-पत्रों ने हमारी सफल लड़ाई के समाचार आठ-आठ कॉलम में प्रकाशित किए। कार्यकर्ताओं का आत्मविश्वास दुगना हो गया। हर साल कार्यकर्ता चिवरी के मेले में जाते हैं और वहाँ पशुहत्या बंदी मुहिम को बड़ी गंभीरता एवं निरंतरता से सँभालते हैं।

पुरजोर कोशिश और कर्तव्याभास

सन् 1992 में 'हर हाल में इस साल हम पशुहत्या करके ही रहेंगे' ऐसा सीना ठोंककर कुछ जातिवादी तथा राजनीतिक दलों के पूँजीवादी नेताओं ने नारेबाजी के साथ खुली चुनौती दी। परंतु इसकी चिंता न करते हुए पशुहत्या के विरोध में आंदोलन के कार्यकर्ताओं ने, हमेशा की तरह पूर्व तैयारी के साथ सुबह ग्यारह बजे चिवरी की बंजरभूमि का रुख किया। इस समय सोलापुर, उस्मानाबाद, सतारा, करमाला, बार्शी एवं टेंभूर्णी आदि शहरों से तकरीबन 150 कार्यकर्ता दाखिल हुए और महाराष्ट्र अंधश्रद्धा निर्मूलन समिति, महाराष्ट्र पशुहत्या प्रतिबंधक समिति, छात्रभारती संगठन, महाविद्यालय के साथ बी.एड., डी.एड. और बी.पी.एड. के छात्र, तुलजाभवानी देवदासी हित संगठन, अखिल महाराष्ट्र जैन संगठन, आदिश्वर सेवा मंडल तथा डॉ.आंबेडकर स्टूडेंट्स एसोसिएशन आदि संगठन शामिल हुए।

मेले के स्थान पर पहले ही दिन सत्याग्रहियों द्वारा विभिन्न प्रकार के आवाहन किए गए। प्रचार कार्य और पुलिस विभाग द्वारा किए गए विशेष सावधानी के उपाय, इन कारणों से मेले में तनाव का वातावरण स्पष्ट रूप से महसूस होता था। इस वर्ष मेले में भीड़ कम थी। लेकिन पिछले वर्ष पशुहत्या विरोधी प्रचार होने पर भी तीन हजार बकरों को मेले में लाया गया था। इस वर्ष कम संख्या में पशु होने के कारण उन पर पुलिस की कड़ी नजर थी; अतः लोग पशुओं को वापस ले गए। कुछ दैनिक समाचार-पत्रों के प्रतिनिधियों ने प्रत्यक्ष मेले में शामिल स्त्रियों से मुलाकात करके उनके मंतव्य प्रकाशित किए। स्त्रियों का कहना था कि पशुहत्या को रोकने के कारण वे बहुत संतुष्ट हैं। उन्होंने होनेवाला खर्च, कर्ज के बोझ, साथ में गैरकानूनी व्यवसाय आदि से मुक्त होने की खुशी व्यक्त की थी। मात्र एक वर्ग की नाराजगी महसूस हो रही थी। इसमें व्यवसाय नष्ट हुआ। कट्टरपंथी सनातनियों का रोश सहना पड़ा। इनमें से अतिउत्साही विरोधियों ने एक भैंसे का सवाद्य जुलूस

निकाल पशु बलि देने का माहौल बनाया। पुलिस की तत्परता के कारण यह अनर्थ टल गया। दूसरी ओर कुछ लोगों ने मंगलवार और शुक्रवार के दिन होनेवाली पशुहत्या बंद करने की सूचना दी। कुछ लोगों ने 'इस मेले में हर हालत में हम पशुहत्या करेंगे ही' ऐसी सीना ठोंककर घोषणा की। किंतु प्रत्यक्ष कृति कहीं नजर न आई। परंतु चिवरी की बंजरभूमि पर पुलिस और कार्यकर्ताओं का जमावड़ा हो गया था।

जिस स्थान पर पहले पशुहत्या होती थी, वहाँ पर पुलिस ने लोहे की तटबंदी खड़ी की थी और इस मेले में पशुहत्या न हो तथा भक्तगणों की सुरक्षा के लिए नलदुर्ग, उमरगा, उस्मानाबाद आदि स्थानों से 175 पुलिसकर्मियों और एस.आर. पी. के एक दल की माँग की थी। मेले के स्थान पर पहले शराब बड़े पैमाने पर बेची जाती थी, परंतु विगत चार वर्षों से शराब की एक बूँद भी इस मेले की परिधि में न आ सकी। पहले चिवरी ग्राम के कुछ दलित बंधु, भैंसा काटने के काम में अग्रणी थे, परंतु स्थानीय युवाओं ने और प्रा. चिमणे ने उनका मत परिवर्तन करके इस कार्य से उन्हें हमेशा के लिए परावृत्त किया।

सन् 1995, इस चौथे वर्ष में भी अंनिस ने खून का एक कतरा तक गिरने नहीं दिया और चिवरी के मेले में अपनी 'हैटट्रिक' दर्ज की। इस वर्ष बीस-पच्चीस हजार से अधिक भक्तगण महालक्ष्मी के मेले में दाखिल हुए थे। चिवरी में हर साल आनेवाली श्रीमती राऊबाई अहिरे, मुकाम धानुरी, तहसील उमरगा की महिला ने 'विगत चार सालों से पशु बलि बंद होने के कारण, मैं देवी माँ को पुरणपोली का भोग लगाकर दर्शन लेकर जाती हूँ' ऐसा पत्रकारों और कार्यकर्ताओं को बताया। चिवरी में इस वर्ष 10 भैंसे, 10 मुर्गे और एक बकरे की नीलामी की गई इसकी पुलिस द्वारा घोषणा की गई।

तुलजापुर में तुलजाभवानी माता को नवरात्रोत्सव के समापन के उपलक्ष्य में एक बकरे की बलि जिलाधीश की सम्मति से दी जाती है। अत: फरवरी 1996 के चिवरी मेले में महालक्ष्मी देवीमाता को कम से कम एक बकरे की बलि चढ़ाने की इजाजत देने की बात रखी गई। लेकिन अंनिस के कार्यकर्ताओं ने तुरंत वरिष्ठ पुलिस अधिकारी से संपर्क किया और इस माँग को अपना स्पष्ट इनकार दर्शाया। तब पुलिस ने भी इन लोगों को इजाजत नहीं दी।

मेले के पहलेवाले दिन कार्यकर्ताओं की उपस्थिति में पुलिस ने दिनभर में 22 मुर्गे, 10 भैंसे, 9 भेड़ें तथा 7 बकरे जब्त किए।

एक आदिवासी महिला भक्त ने 'आप हमें मन्नत क्यों नहीं पूरी करने देते?' ऐसा कहकर अपने शरीर पर केरोसिन डाल लिया। 'पशु के बजाय अब मैं अपनी ही बलि देवी को चढ़ाती हूँ', ऐसा कहकर खुद को जलाने का प्रयास किया। तब कार्यकर्ताओं ने उसे तुरंत पुलिस को सौंप दिया। प्रात: तीन बजे के आसपास कुछ

लोग बकरा एवं भैंसा काटने के लिए आए। उनका पुलिस और कार्यकर्ताओं ने डटकर विरोध किया। उस समय पुलिस और कार्यकर्ताओं पर तूफानी पथराव हुआ, माहौल तनावपूर्ण बना। पुलिस ने भी लाठीचार्ज करके यह हमला रोक दिया। इस स्थिति को बड़ी कुशलता से पुलिस ने नियंत्रित किया।

ईश्वर के नाम पर सार्वजनिक स्थान पर मन्नत पूरी करने हेतु पशु की हिंसा न करें, यह किसी भी विवेकी व्यक्ति के लिए स्वीकृत होनेवाला विचार है। लेकिन वास्तव कुछ और ही होता है क्योंकि मेले में होनेवाली ऐसी पशु हिंसा को धर्मपालन का कर्तव्य माननेवाले कई भक्त तैयार होते हैं। इस संबंध में चिकित्सक दृष्टिकोण अपनाना उन्हें अपनी धर्मश्रद्धा पर ठेठ हमला ही प्रतीत होता है। साथ ही पशुहत्या से मन्नत पूरी करने का प्रत्यक्ष परमात्मा से किया करारनामा होता है। मन्नत पूर्ति से पशुहत्या अनिवार्य बन जाती है। ऐसी अवस्था में लोगों से बात करना कठिन कार्य है। उसके बाद पशुहत्या के दिन जाकर वहाँ बोलना तो बहुत ही कठिन होता है।

तीन आक्षेप

पशुहत्या की प्रथा के विरोध में आंदोलन करते समय कई प्रश्न पूछे जाते हैं। उनमें से मुख्य तीन प्रश्न हमेशा पूछे जाते हैं : एक तो यह कि पशुहत्या का विरोध करना अगर जैन लोगों का धर्म होगा (इस आंदोलन में सब ओर जैन बंधुओं का समावेश होता है) तो पशु की हत्या करना यह हमारी धर्मभावना है। हमें अपनी परंपरा के अनुसार वर्तन करने का अधिकार है। हमारे धर्म और व्यक्ति स्वतंत्रता को नकारनेवाले आप कौन हो? मेले में मन्नत पूरी करने हेतु होनेवाली पशुहत्या कई स्थानों पर प्रमुखतः गड़रियों के मेलों में होती है। सांगली जिले में कवठेमहाकाल तहसील के आरेवाडी का मेला, नासिक जिले के वडांगली का मेला, अकोला जिले के उमरीपोहरा का मेला, ये विशेष उदाहरण हैं। इन सभी जगहों पर समिति के कार्यकर्ताओं ने आंदोलन किया है और उस समय संबंधित लोगों के धर्म एवं व्यक्ति-स्वातंत्र्य का मुद्दा ही संघर्ष का कारण बना है।

दूसरा मुद्दा यह है कि समिति-कार्यकर्ता शाकाहार-प्रचारक नहीं हैं। वे खुद मांसाहारी हैं। अतः पशुहत्या रोकने संबंधी प्रयास करने का उन्हें अधिकार ही नहीं है। तीसरा मुद्दा हिंदुत्ववादियों की ओर से उपस्थित किया जाता है कि पशुहत्या पर आपका रोक लगाना उचित है। परंतु केवल हिंदुओं की इस कुप्रथा का समिति उन्मूलन करना चाहती है, इस बात को हमारा विरोध है। बकरीद के दिन होनेवाली पशुहत्या का भी आपको विरोध करना चाहिए। इस प्रकार के अन्य आक्षेपों के संदर्भ में समिति की क्या भूमिका है?

धर्मपालन की स्वतंत्रता

किसी धर्म का प्रचार अथवा किसी धर्म का विरोध करना यह समिति का कार्य नहीं है। सवाल यह है कि सार्वजनिक स्थानों पर ईश्वर के नाम से घिनौनी और क्रूर पद्धति से होनेवाली पशुहत्या किसी भी प्रकार से धर्म पालन का हिस्सा हो सकती है? इसका ठोस उत्तर है—नहीं।

बलि देने की कुप्रथा प्राचीन तथा सार्वत्रिक है। अति मानवीय शक्ति को वश में करने के लिए तथा उसकी कृपा के लिए आभार व्यक्त करने हेतु उसे अर्पण किए पदार्थ को ही बलि कहा जाता है। यह पशुहत्या द्वारा होनेवाला बलिदान पवित्र और गूढ़ शक्ति से युक्त माना जाता है। तुलनात्मक धर्मशास्त्र का अध्ययन कि पिछली शती का उत्तरार्ध शुरू होने पर, यह प्रथा कैसे उत्पन्न हुई? इस विषय में अध्येताओं ने कई उत्पत्तियाँ प्रस्तुत कीं। देवताओं की कृपा प्राप्त करना तथा उनसे शत्रुत्व नष्ट करना इस हेतु उन्हें दी जानेवाली दान-दक्षिणा ही बलि का आद्यस्वरूप था, ऐसा ए.बी.टायलर (1862 से 1939) को लगता है। देवताओं की जरूरत को मनुष्य की जरूरत की तरह ही समझा जाता है और उसे कुछ चीजें अर्पित की जाती हैं, ऐसा ई.बी. वेस्टर मार्क (1832-1917) का विचार है। पवित्र एवं लौकिक विश्व को जोड़नेवाली दुआ ही बलि का स्वरूप है, ऐसा मार्सेलमॉस ने कहा है। एलिमड के मतानुसार बोआई या फसल काटने के समय दी जानेवाली पशु बलि समाज को शक्ति प्राप्ति हो इसके लिए की जानेवाली नवविधि है। बलि का मतलब है देवता को दिया जानेवाला लालच। वह देवता के साथ किया जानेवाला समझौता है। बलि के कारण मनुष्य को देवता के साथ सहभोज का मौका मिलता है। बलि दिए गए पदार्थ के स्वयं देवता होने के कारण, उसे खाने का मतलब है देवता का भक्षण करके उसकी शक्ति प्राप्त करना। बलि के द्वारा पीड़ादायक देवता को हम अपने से दूर रख सकते हैं। बलि मतलब देवता से जो मिला है, वही उसे लौटाना है आदि विचार बलि के संदर्भ में अध्येताओं द्वारा व्यक्त किए गए हैं।

सवाल यह है कि धर्म के स्वरूप का पालन किया जाए या उसे त्याग देना चाहिए? पशुहत्या की प्रथा धर्म कल्पना को उन्नत करती है या अवनत? अभिमान किसका किया जाए? दुरभिमान किसका छोड़ दिया जाए? धर्म की अच्छी बातों का आग्रह करते समय सर्वंकष अभिनिवेश की भूमिका हितकारी है या अहितकारी? 'ऐसे कैसे परमात्मा बकरे का प्राण लेता है' यह संतों की वेदना, क्या धर्म भावना के विकास का ही रूप नहीं है? पशुहत्या द्वारा प्राकृतिक यातुशक्ति की पूजा बाँधना तथा इष्ट फलप्राप्ति करवाना यह आदिमानव की धर्मकल्पना हुई। इक्कीसवीं सदी की दहलीज पर वह कैसे चलेगी? इसमें कालसापेक्ष परिवर्तन चाहिए या नहीं?

सच पूछो तो यह सवाल ही नहीं उठता। चूँकि उन्नत धर्म कल्पना में इस प्रकार के कालबाह्य कर्मकांडों का कोई स्थान ही नहीं। हर जीव में एक ही परमात्मा, सब उसकी ही संतानें, उस दयालु परमकरुणाकर ईश्वर की पूजा, उसकी ही एक संतान को मारकर करना, इस क्रूरता और दरिंदगी को भाँपकर संतों ने इस प्रथा का विरोध किया है। गाडगे बाबा ने तो एक मौके पर अपनी गर्दन आगे की और 'ईश्वर के लिए बकरे की गर्दन पर छुरी चलाने से पहले मेरी गर्दन पर चलाओ' ऐसा आवाहन किया। देवता के नाम पर सार्वजनिक स्थान पर हजारों की संख्या में होनेवाली यह हत्या ईश्वर कल्पना का ही अवमूल्यन है। धर्म की नैतिकता का सार कौन सा और शोषण करनेवाली प्रवृत्ति कौन सी? इसका कृतियुक्त संवाद पशुहत्या विरोधी जाग्रति से जनसामान्य के साथ अंनिस करना चाहती है। खुले मन से जागरूक बनकर विचार करें तो किसी को भी देवता के नाम पर होनेवाली पशुहत्या कायम रखना, यह धर्मपालन-स्वतंत्रता का हिस्सा नहीं हो सकता, यह विचार मान्य हो जाएगा।

धर्म विचार नहीं तो समाज हित का विचार

मेले में होनेवाली पशुहत्या रोकने के लिए होनेवाले आंदोलनों में शाकाहार, मांसाहार का मुद्दा हमेशा आगे आता है। समिति के साथ इस कार्य में कई बार जैन-बंधु सम्मिलित होते हैं। उनका पशुहत्या विरोध का आग्रह धर्म-भावना से होता है। वैज्ञानिक दृष्टि से शाकाहार ही श्रेष्ठ है, ऐसा उनका ठोस मत है। मेले में देवता के नाम पर मन्नत पूरी करने के लिए होनेवाले कत्ल रोकने की अंनिस माँग करती है। परंतु समिति पशुहत्या को पाप माननेवालों में से नहीं है। शाकाहार ही सर्वश्रेष्ठ आहार है, इस संदर्भ में मतभिन्नता है। पूरे विश्व में इसकी चर्चा है। फिर भी समिति मुमकिन स्थानों पर ऐसी मुहिम संयुक्त रूप से चलाती है। चूँकि मेले में होनेवाली पशुहत्या को रोकना इसका मुख्य उद्देश्य है।

मेले में भगवान के नाम पर हजारों की संख्या में पशुओं का जो कत्ल होता है, वह बीभत्स, घिनौना, दृश्य देखने से मध्यवर्ग दूर ही रहता है। पशुहत्या होनेवाले इन मेलों में कनिष्ठ, गरीब, बहुजन समाज ही अधिक संख्या में होता है। लोकमत बनाने और बदलने की शक्ति होनेवाले मध्यवर्गियों ने ये घटनाएँ देखीं, तो मुझे भरोसा है कि हमारी माँग ये लोग उसी क्षण पूरी करने का प्रयास करेंगे। कितनी सफाई और गति से कसाई की छूरी चलती है। खून की नहर बहती है। पाँव तले खून से सनी मिट्टी का कीचड़ होता है। वहाँ सभी ओर गंदगी फैली होती है। पानी की सुविधा अधूरी होती है। जिस पानी से लोग भोग बनाते हैं; उसे देखकर तो उल्टी होगी। मन्नत माँगे जानेवाले अधिकांश मंदिर खुले मैदान में होते हैं।

वृक्षों की छाँव न के बराबर होती है। हवा के कारण धूल उड़ती है, खुले मैदान में रखे मांस, खून पर वह जम जाती है। केवल प्रथा मानकर जिन्होंने बकरा मार दिया है, वे उसके मांस पर हल्दी डालकर उसे धूप में सुखाते हैं। कुछ लोग बकरे की चमड़ी, सिर, कम दामों में खरीदकर शहर में जाकर बेचने के चक्कर में होते हैं। जिनकी मांस खरीदने की हैसियत नहीं, ऐसे गरीब फेंका हुआ मांस, हड्डियाँ, आँत, उठाने की होड़ में रहते हैं। दूसरी ओर शेष मांस थैलियों, धोती में बाँधकर वापस गाँव ले जानेवाले भक्त भी होते हैं। चारों ओर बदबू से घुटन होती है। ऐसे भोजनोपरांत पेट की बीमारी न हो जाए तो आश्चर्य! इससे ठीक होने हेतु फिर ईश्वर को मन्नत माँगी जाती है। जिस गाँव से बड़ी संख्या में मन्नतें पूरी की जाती हैं, उस गाँव के डॉक्टरों के पास मेले के बाद कुछ ही दिनों में कौन से मरीज, किस कारण आते हैं, इसकी जाँच-पड़ताल करने पर तो यह वास्तव अधिक स्पष्ट होगा।

पशुहत्या की अर्थनीति

मेले में होनेवाली पशुहत्या का अंनिस इसीलिए विरोध करती है कि इस कर्मकांड के पीछे गरीब को गरीब ही रखने का षड्यंत्र होता है। मन्नत अधूरी रह जाए तो ईश्वर के क्रोध का डर यह काम करता है। मन्नत के अलावा परंपरा एवं प्रथा के अनुसार धार्मिक कृत्य के नाम पर पशुहत्या अटल होती है। इस प्रकार मन्नत पूरी करने का डर हो या प्रथा पालन का आग्रह, यह गरीबों के लिए अनिवार्य होता है। जलगाँव जिले के चालीसगाँव तहसील के 52 पाड़ों पर नवरात्रि के दरमियान होनेवाली पशुहत्या रोकने में समिति को सफलता मिली। एक-एक पाड़े पर तकरीबन 400 से 500 बकरे मारे जाते थे। बकरे की कीमत की सोचें तो, 1000/– रुपयों का व्यय तथा शराब का खर्च अलग से। अत: एक दिन में 5 लाख रुपयों का व्यर्थ खर्चा। 50 पाड़े का हिसाब हुआ ढाई करोड़ रुपए। यही रकम इकट्ठी प्रयोग में लाई जाए तो उसी पाड़े के युवाओं का विकास होगा।

महाराष्ट्र में हर साल तकरीबन 4 से 5 हजार मेलों में कुल मिलकर 4 से 5 लाख बकरों की मन्नत पूरी करने हेतु बलि दी जाती है। एक बकरा खरीदने का दाम सामान्यत: 1000/– रुपए, उसे सरकारी गाड़ी में लाने की पाबंदी, इसलिए टेंपो अथवा बैलगाड़ी का नियोजन करना पड़ता है। साथ में दो-चार व्यक्तियों का अलग खर्च। अत: मन्नत पूरी करने के लिए होनेवाला कुल व्यय डेढ़ से दो हजार रुपए होता है। गरीब व्यक्ति के लिए यह राशि मतलब उसकी दो-तीन महीने की कमाई होती है। अर्थात अच्छा रोजगार मिला तो यह संभव। इतना पैसा उसके पास शेष नहीं बचता, उसे कर्ज लेना पड़ता है। अधिक ब्याज से लिया कर्ज चुकाने तक

अगला मेला आता है। सालभर में एकाध मन्नत पूरी करनी ही होती है। गरीबों को कर्जदार बनाने में मेला-मेलों की मन्नतें पूरी करना (देवता के नाम पर कर्मकांड) इससे अन्य कारण न होगा। अपनी हैसियत के अनुसार वही डेढ़-दो-ढाई हजार रुपया खर्च कर अपने बच्चे को नियमित मांसाहार दिया तो उनके लिए फायदेमंद होगा। एक ही दिन मिलनेवाला पेटभर खाना, किस काम का? जो बात व्यक्ति के संबंध में है, वही बड़े पैमाने पर सामाजिक स्तर पर लागू है। भारत जैसे विकासशील राष्ट्र की सबसे पहली जरूरत होती है, विकास के लिए जरूरी पूँजी की बचत। मन्नत पूरी करनेवाले 5 लाख लोगों में हर व्यक्ति के लिए 2 हजार रुपए से हिसाब लगाया जाए तो 100 करोड़ रुपए हो जाते हैं। केवल महाराष्ट्र राज्य की पशुहत्या की यह अर्थनीति हमें निश्चित रूप से कंगाल बनानेवाली है। बजाय इस व्यय के पुरण-पोली अथवा लापसी-पूरी का भोग चढ़ाएँ। ये विकल्प समिति ने कई स्थान पर सूचित किए हैं। इसे मान्यता भी मिली है।

अंधश्रद्धा उन्मूलन केवल हिंदू धर्म का ही क्यों?

समिति द्वारा महाराष्ट्र में आंदोलन शुरू किए तकरीबन दस वर्ष हो गए। यह उपर्युक्त सवाल शुरुआती दौर में जिस तिरस्कृत भावना से पूछा जाता था, आज पूछा नहीं जाता। प्रश्न पूछने का हेतु प्रामाणिक आशंका न होकर बुद्धिभेद करने की इच्छा होती है। मेले में पशुहत्या रोकने की मुहिम के दौरान प्रबोधनात्मक विचार सुनते समय भक्तगण यह सवाल बतौर अपवाद पूछते हैं। सवाल उठाया जाता है, खुद को हिंदुत्व के ठेकेदार समझनेवाले कलम बहादुरों से। इस संबंध में स्पष्टीकरण अनगिनत व्याख्यानों के माध्यम से, कई लेखों में, समिति के मानक ग्रंथों में हर समय प्रस्तुत किया गया है। फिर भी पुनश्च एक बार सम्मुख रखता हूँ।

समिति केवल हिंदू धर्म के अंधविश्वासों का उन्मूलन करती है, यह बात झूठ है। समिति के ग्रंथों में इस संदर्भ में अब सबूत उपलब्ध हैं। अंधविश्वास श्रद्धा के क्षेत्र में होनेवाला कालाबाजार है। कालाबाजार करनेवाला व्यक्ति किस धर्म का है, यह देखा नहीं जाता। समिति ने मुस्लिम, ईसाई, जैन तथा बौद्ध इन सब धर्मों में होनेवाली गलत परंपराओं, कर्मकांड के विरोध में संघर्ष किया है। हैद्रा, तहसील अक्कलकोट, जिला सोलापुर का ख्याजासैफन मुलुक, यह एक महत्त्वपूर्ण मेला जिसमें 5 से 10 हजार तक की तादाद में पशुहत्या होती थी। गड. तहसील, जिला उस्मानाबाद, दर्गाशरीफ तहसील अंबड, जिला जालना, यवलवाडी तहसील पाटोदा, जिला बीड, उमेदपुर तहसील, जिला सोलापुर, कुरोली (पि.) तहसील पंढरपुर, जिला सोलापुर, वाघोली तहसील मोहोल, जिला सोलापुर, गदेवाडी तहसील पैठण, जिला औरंगाबाद, ऐसे कई पीरों के मेले में होनेवाली पशुहत्या समिति ने रोक दी। इस

सफलता के लिए समिति ने काफी पापड़ बेले हैं। साथ ही बीबी दारफल तहसील, जिला सोलापुर के अल्लाउदी बाबा के उर्स, बोरामणी के परिदल मालिक के उर्स और गुंजेगाँव के बेगमबाई, सांगोला तहसील स्थित वाणी चिंचाले के गैबीपीर में समिति कार्यकर्ताओं ने सफलता से प्रबोधन किया है।

यह सब समझ लेंगे तो समिति ने जिन विभिन्न अंधविश्वासों के खिलाफ संघर्ष किया, उनमें से 80 प्रतिशत से भी ज्यादा हिंदुओं के थे, यह सचाई है। देश में मौजूद 80 प्रतिशत हिंदू जनता भी इसका एक कारण है। स्वाभाविक रूप से समिति की ओर अंधविश्वास संबंधी 100 प्रकरण आते हैं तो 80 प्रकरण हिंदुओं में होनेवाले अंधविश्वास के होते हैं। यह सामाजिक यथार्थ है। यह ना भूलें कि हिंदू धर्म में अंधविश्वास उन्मूलन करनेवाले समाजसुधारकों की परंपरा काफी संपन्न है। समिति के लिए मनुष्य का धर्म उसकी पहचान नहीं है। जाति-धर्म का लेबल कुछ भी हो, सबको भारतीय नागरिक समझकर प्रबोधन के प्रवाह में लाने का समिति का प्रयास है। सही मुद्दा यह है कि यह समाजसुधार हेतु हितकारी है या नुसानदेह? नुकसानदेह होगा तो किसी के लिए न होगा। हितकारी होगा तो सभी के लिए होगा, यह निर्विवाद है। समिति के कार्य की प्रशंसा करना (समाजसुधारकों के महाराष्ट्र में यह कहना ही पड़ता है) तत्पश्चात उसके संदर्भ में बेबुनियाद प्रश्न उठाते रहना, यह समिति के बढ़ते प्रभाव से असहनीय होकर प्रतिक्रिया स्वरूप किया हुआ आरोप है, बस, यही समिति की मान्यता है।

मेले में पशुहत्या पर रोक लगाने के लिए किया जानेवाला आंदोलन एक निरंतर चलनेवाला आंदोलन है। इसे चिवरी जैसी सफलता प्राप्त होती है। कई बार यह जीत मर्यादित रूप में हासिल होती है तो कभी एकदम असफलता मिलती है। आंदोलन का यह रूप भी पाठकों के सामने आए इसीलिए आगे दो अलग चुनौतियाँ दी हैं।

बंजारा पाड़े पर किया गया प्रबोधन

जलगाँव जिले की चालीसगाँव तहसील में बंजारा समाज के छोटे-बड़े ऐसे 52 पाड़े हैं। हर एक पाड़े की जनसंख्या तकरीबन 1000 से 2000 है। यहाँ प्रत्येक पाड़े पर नवरात्रि के प्रथम दिन कम से कम 400 से 500 बकरों की बलि देने की परंपरा थी। विशेष बात यह है कि जिन देवताओं के मेले नवरात्रि की प्रथा का हिस्सा बन चुके थे उन पाड़ों में शिक्षा, स्वास्थ्य व अन्य नागरी सुविधाओं का पूर्णतः अभाव था। रास्ते नहीं, अपर्याप्त प्राथमिक पाठशाला, शिक्षा का अभाव। हर समय आपसी संघर्ष, जाति-धर्म की अराजकता, मान-सम्मान, देवी-देवताओं को बलि, उसके अनुसार मद्यपान और बिक्री, गुंडागर्दी, शरीर में देवी का संचार, भूतबाधा, टोना-टोटका या चेटूक आदि पर अंध भरोसा, विकृत अंधविश्वास, उससे

उत्पन्न बीमारियाँ और निजी अस्पताल में खर्च का बोझ, यह सब यहाँ हमेशा का कुचक्र। ऐसे पाड़ों में पशुहत्याओं का विचार पहुँचाना और सफल बनाना यह काफी कठिन कार्य था।

इन पाड़ों में से तलेगाँव पाड़े का इंदल चव्हाण कार्यकर्ता समिति के चालीसगाँव के कार्यकर्ता श्री नागेश सावंत और राजेश ठोमरे के संपर्क में आया। कार्यकर्ताओं की कई बैठकें हुईं तथा तलेगाँव के दो पाड़ों में पशुहत्या रोकने का प्रथम प्रयास तय हुआ। तलेगाँव में नवरात्रि के प्रथम मंगलवार को मेला लगता था। इसमें सात-आठ सौ बकरों की बलि दी जाती थी। इस मेले के पूर्व कार्यकर्ताओं ने तकरीबन डेढ़ महीने तक संपर्क बनाये रखा। पाड़े पर सभी लोग मजदूरी करनेवाले। वे सुबह जल्दी घर से निकलते थे। अत: कार्यकर्ता चालीसगाँव से निकलकर सुबह सात बजे से पहले पाड़े पर पहुँचते। लोगों से बातचीत करते। व्याख्यान, प्रश्नोत्तर एवं चमत्कारों के प्रयोग होते थे। लोगों का अच्छा प्रतिसाद मिलता था। मेले के दिन कार्यकर्ता स्वयं दस किलो मिठाई लेकर मेला-स्थल पहुँचे। उन्होंने देवी का मीठा भोग मानकर सबको मिठाई बाँटी। फिर स्थानीय नागरिकों ने भी मीठा भोग चढ़ाया। बिना किसी शिकायत अथवा संघर्ष केवल प्रबोधन से यह परिवर्तन हुआ। चालीसगाँव से पाँच कि.मी. की दूरी पर चार छोटी बंजारों की बस्तियाँ हैं। करगाँव पाड़े पर शरद पूर्णिमा से तीन दिनों का चंदालाल महाराज का मेला लगता है, जिसमें सभी पाड़ेवाले लोग हाजिर रहते हैं। यह देवता भी शाकाहारी है। सन् 1992 में इस स्थान पर कार्यकर्ताओं ने प्रबोधन-कार्य का आरंभ किया। प्रथम प्रयास में रिवाज तकरीबन 40 प्रतिशत कम हो गए, तो सन 1994-95 में तकरीबन 80 प्रतिशत पशुहत्या पर रोक लगाने में हम कामयाब रहे।

सभी बावन पाड़ों पर पशुबलि प्रथा रोकने के लिए मेला, पशुहत्या बंदी परिषद आदि का आयोजन करने की कल्पना सामने आई। बावन पाड़ों पर जोर-शोर से तैयारी हो गई। इस परिषद में उत्तम कांबले, एन.डी. पाटिल प्रमुख अतिथि के रूप में उपस्थित थे। पु.ल. देशपांडे का विशेष संदेश प्राप्त हुआ था। बावन पाड़ों पर औरंगाबाद, धुले, जालना, नासिक जिले से तकरीबन पाँच सौ प्रतिनिधि अपने जेबखर्च से आए थे। इस व्यापक परिषद का परिणाम हुआ और इससे सन् 1995 में सब पाड़ों पर तकरीबन 75 प्रतिशत पशुहत्या रोकी गई।

सन् 1995 में उस्मानाबाद जिले की तुलजाभवानी के सामने पशुहत्या न करने का आदेश जिलाधिकारी ने दिया। वहाँ के पुजारियों ने औरंगाबाद खंडपीठ में फरियाद की। औरंगाबाद खंडपीठ ने परंपरा शुरू रखने का आदेश दिया। इस फैसले से माहौल बदल गया। कार्यकर्ता असहाय बन गए। कानूनी फैसले का हवाला देकर, पशुबलि की परंपरा, बड़े उत्साह से पूरी हो गई। करगाँव पाड़े में पशुहत्या फिर से शुरू हो गई।

आरेवाडी का असफल संघर्ष

आरेवाडी (तहसील कवठेमहाकाल, जि. सांगली) का मेला तो कार्यकर्ताओं के लिए परीक्षा सिद्ध हुआ। सन् 1990 से छह वर्ष तक यह सत्याग्रह जारी था। भक्तगण जिस मार्ग से मेला-स्थान पर आते थे, उसी मार्ग पर हम अपना डेरा डालते थे। पूरे दो दिन वहाँ से निरीक्षण शुरू रहता। हर साल हजारों बकरों को काटकर रुपयों की बरबादी से अच्छा है कि बकरे भगवान के नाम पर छोड़ दो। उनका पोषण करनेवाली संस्था खोल दो। सब उसके सदस्य एवं लाभार्थी बनें, ऐसा आवाहन हम करते रहते। इसके साथ ही गीत और संवाद के अन्य कार्यक्रम भी शुरू रहते। समिति के साथ कृषि-गोरक्षा समिति, ऑल इंडिया स्टूडेंट फेडरेशन, परिवर्तन ग्रुप, समाजवादी महिला सभा, राष्ट्र सेवादल, श्रमिक महिला संगठन, सर्वोदय मंडल, ऐसी कई संस्थाओं ने तथा उनके अनेक महाराष्ट्रीय कार्यकर्ताओं ने इसमें हिस्सा लिया। मेले में मौन जुलूस निकालकर हैंडबिल बाँटे गए।

इस प्रबोधन सत्याग्रह को उत्तम प्रतिसाद मिला था। सांगली में मेले में होनेवाली पशुहत्या रोकने के लिए राज्यव्यापी परिषद का आयोजन किया गया। प्रत्यक्ष मेले में भी सत्याग्रह करके कार्यकर्ताओं ने अपने आपको बंदी बनाया। हर साल जिलाधिकारी और जिला पुलिस प्रमुख के साथ विचार-विमर्श करना और नकार-घंटानाद सुनना, यह तो हमेशा हुआ था। जिलाधीश कचहरी के सामने कई बार धरना-आंदोलन हुआ। एक बार तो सांगली के चौक में बकरों के साथ दिनभर धरना आंदोलन हुआ। यशवंत सेना गड़रिया समाज का संगठन है। प्रारंभ में उन्होंने आंदोलन का विरोध किया, परंतु बाद में बातचीत होने पर आंदोलन को सहयोग दिया। छह साल में यही प्रबोधन, सत्याग्रह बना। एक मौन मुहिम हुई। दो राज्यव्यापी मेले हुए। जिस गाँव से बड़ी संख्या में भक्तगण आते हैं, उस गाँव में तीन महीनों तक प्रबोधन व व्याख्यान की मुहिम चलाई गई। हजारों पत्रक बाँटे गए। सरकारी अधिकारियों को निवेदन दिए गए। अखबारों में निरंतर लेखन हुआ। सैकड़ों समाचार छपकर आए। हर वर्ष कार्यकर्ता तीन-तीन महीनों तक इसी कार्य में व्यस्त रहे। इसके साथ ही आर्थिक स्थिति में सुधार आ गया। अत: सन् 1997 के बाद दो वर्ष में ही सत्याग्रह आंदोलन में रुकावट आई। सन् 1999 में सत्याग्रह को नया परिमाण मिला।

उच्च न्यायालय का फैसला

सन् 1991 में मुंबई उच्च न्यायालय में तथा 1996 में मुंबई उच्च न्यायालय के औरंगाबाद खंडपीठ में यह प्रथा बंद हो जाए, इसलिए सरकार के विरोध में रिट-

पिटीशन दाखिल किया गया। इस समस्या पर हमेशा से कार्यरत कृषि गो सेवा संघ, मालेगाँव संस्था ने यह रिट-पिटीशन दाखिल किया था। 1997 में मुंबई में रिट-पिटीशन का फैसला सामने आया। परंतु फैसले और कृषि गो सेवा संघ की माँग में अंतर था। बाद में उन्होंने औरंगाबाद खंडपीठ में दाखिल किए रिट-पिटीशन पर पूरी तरह से ध्यान केंद्रित किया। इस संस्था के औरंगाबाद के वकील सी.आर. देशपांडे ने भी खूब मेहनत की। दि. 23/07/1998 को महाराष्ट्र सरकार की ओर से ए.जी.पी. श्री देशमुख ने न्यायालय में यह स्पष्ट प्रतिपादन किया कि सरकार द्वारा भगवान के नाम पर पशु और पंछियों की होनेवाली हत्या रोकने का फैसला किया गया है। इस प्रकार की हत्या रोकने के लिए, हर प्रकार के संभव उपाय किए जाएँ तथा उचित कदम उठाएँ जाएँ। इस पर संतोष व्यक्त कर न्यायमूर्ति माने व कोचर ने उपरोक्त पशु-पंछियों की रक्षा हेतु आदेश दिया। याचिका का हेतु सफल हुआ। आंदोलन को बड़ी सफलता प्राप्त होने की संभावना निर्मित हुई। इसके बाद महाराष्ट्र की मेलों का मौसम शुरू हुआ। 31 जनवरी को वडांगली, जि. नासिक में मेला हुआ। उच्च न्यायालय के इस आदेश की कॉपी जिलाधिकारी एवं जिला पुलिस प्रमुख, नासिक, वडांगली देवस्थान के ट्रस्टी, वडांगली ग्राम पंचायत और संबंधित पुलिस स्टेशन सभी को प्रत्यक्ष रूप में तथा रजिस्टर्ड डाक से रवाना की गई। मेले के दौरान अंनिस और अन्य समविचारी कार्यकर्ता पशुहत्या बंदी का विरोध करने उपस्थित थे। बावजूद इसके आदेश पर अमल न हुआ और तीन से चार हजार तक पशुओं की हत्या हुई। इस संबंध में कृषि गो सेवा संघ, मालेगाँव द्वारा महाराष्ट्र के गृहविभाग के सचिव, पुलिस महानिरीक्षक अरविंद इनामदार, जिला पुलिस प्रमुख और जिलाधीश इन पर उच्च न्यायालय के आदेश का उल्लंघन करने के जुर्म में मुकदमा दर्ज किया गया। इसी दौरान कोल्हापुर, सांगली, सतारा, सोलापुर इन जिलों में कई मेले थे। समिति के कार्यकर्ता संबंधित जिले के पुलिस प्रमुखों से जाकर मिले। उन्होंने हर प्रकार की सहायता करने का आश्वासन दिया। उनकी सक्षमता की खूबी आरेवाडी में दिखाई देनेवाली थी। आरेवाडी में समिति कार्यकर्ताओं ने पशुहत्या पर रोक लगाने का आग्रह किया। दूसरी ओर से हिंसात्मक धमकी भी दी गई। जिलाधिकारी कार्यालय में उभयपक्षों की बैठक हुई। शब्दछल करने में होशियार सरकार ने नया मुद्दा उठाया। उनका यह कहना था कि ईश्वर के नाम पर पशुहत्या करने पर पाबंदी है। परंतु प्रथा के रूप में पशुहत्या करने में उन्हें कोई आपत्ति नहीं है। अतः न चाहते हुए भी समझौता करना पड़ा।

मंदिर से कुछ दूरी पर बनाए गए स्थान पर पशुहत्या करें, अन्यत्र खुले में कहीं पर भी यह कर्म न करें तथा यह पशुहत्या देवता के नाम करने पर प्रतिबंध होने के कारण मांस; भोग लगाने हेतु मंदिर में न ले जाएँ इस तरह का वह

समझौता था। प्रत्यक्ष खुले में पशुओं को मारा गया। भोग भी चढ़ाया गया। इस संबंध में पुलिस अधिकारियों द्वारा रोक लगाने के कार्यकर्ताओं द्वारा किए प्रयास असफल हुए। अत: इस स्थान पर भी पुलिस अधिकारियों पर मुकदमा दर्ज करने की नौबत आई। उच्च न्यायालय में सरकार द्वारा दिया गया निवेदन तथा उस आधार पर न्यायालय द्वारा दिया फैसला यह हर तरह से अधिक सख्त होने की आवश्यकता स्पष्ट हुई।

अब पशुहत्या रोकने का आदेश अधिक सुनिश्चित एवं परिपूर्ण पारित हो, ऐसा समिति का प्रयास जारी है। तकरीबन 150 मेलों में होनेवाली पशुहत्या समिति ने रोक दी है। आंदोलन के स्तर पर भी यह बात सुकून देनेवाली है।

ज्योतिष विरोधी जंग : कृति कार्यक्रम

सतारा में अखिल भारतीय ज्योतिष सम्मेलन का आयोजन हुआ। उपस्थिति बड़ी संख्या में थी। वहाँ ज्योतिष विश्वविद्यालय की स्थापना करने की उद्घोषणा भी हुई। इस सम्मेलन के माध्यम से फलज्योतिष 'शास्त्र' क्यों नहीं है, इस संदर्भ में 21 प्रश्न उपस्थित विद्वज्जनों से पूछे। लेकिन एक भी प्रश्न का उत्तर किसी ज्योतिषी अथवा उनकी संस्था ने नहीं दिया। (आज भी कोई ज्योतिषी अधिकृत रूप में प्रश्नों के उत्तर दे। हमारे प्रश्न और उनके निरर्थक उत्तर से ही बेबुनियादी ज्योतिषशास्त्र लोगों के सामने बेनकाब होगा इसका हमें भरोसा है।)

परंतु इस सम्मेलन की चर्चा इन प्रश्नोत्तरों के कारण नहीं बल्कि समिति के 'दैववाद की होली' इस अभिनव आंदोलन के कारण हुई। इसमें अपनी जन्म कुंडलियाँ दैववाद का प्रतीक समझकर कई लोगों ने जला दीं। साथ ही पंचांग के शुभ-अशुभ मुहूर्तों की निरर्थकता की लोगों के मन-मस्तिष्क पर मोहर लगाने हेतु उन्हें स्वतंत्र पन्ने पर लिखकर उनकी होली जलाई गई।

कार्यक्रमों की घोषणा हुई और धमकियाँ मिलने लगीं। सम्मेलन के अध्यक्ष डॉ. वाईकर ने धमकी दी कि "आंदोलनकर्ता अपनी पत्नी का सिंदूर मिटाकर एवं मंगलसूत्र तोड़कर ही आंदोलन में आएँ। (इस पर महाराष्ट्र टाइम्स ने अग्रलेख लिखा था।) सतारा में प्रत्यक्ष सम्मेलन में अंनिस के वैचारिक प्रतिपादन का प्रतिवाद करने की बजाय 'ज्योतिष यह हिंदू धर्म का हिस्सा है', ऐसी भूमिका ली गई। इससे भी बढ़कर 'हिंदू एकता' संगठन ने 'कुंडली व पंचांग हिंदू धर्म का हिस्सा है, अत: उसे जलाने का कार्यक्रम हिंदू धर्म पर हमला है', ऐसा जाहिर किया। यह कार्यक्रम करनेवालों को सबक सिखाने की बात की गई। इस हिंदू एकता में शिवसेना, विश्व हिंदू परिषद, बजरंग दल, हिंदू एकता आंदोलन आदि का समावेश था।

दैववाद की होली—वैचारिक भूमिका

दैववाद की होली और उसमें अपनी कुंडलियाँ एवं शुभ शगुनों को जला देने के पीछे समिति की ठोस वैचारिक भूमिका इस प्रकार थी—जन्म समय के आधार पर नवजात

शिशु की जो जन्म कुंडली प्रस्तुत की जाती है, उसमें ही कई बातें अशास्त्रीय घटित होती हैं। परंतु इस विचार को हम कुछ समय के लिए बाजू में रखेंगे। इस कुंडली के आधार पर ज्योतिषी, संबंधित व्यक्ति के जीवन की प्रमुख घटनाएँ बताते हैं। अर्थात व्यक्ति की शिक्षा, अर्थार्जन, विवाह, संतान, दुर्घटना, विदेश गमन, धनलाभ आदि के संदर्भ में विशेषज्ञ ज्योतिषी ज्योतिषशास्त्र का आधार लेते हैं। ऐसा कथित फलज्योतिष हम मानते हैं। इसका अर्थ यह है कि व्यक्ति के जन्म लेते ही जीवन की उसकी दशा और दिशा पूर्णत: निश्चित होती है। इसे ही हम नसीब, नियति, प्रारब्ध, संचित इन शब्दों से संबोधित करते हैं। ग्रहगोलों के भ्रमण द्वारा व्यक्ति के भावी जीवन के संकेत समझे जा सकते हैं, ऐसा ज्योतिषी उनके शास्त्रों के आधार पर ठोस रूप में कहते हैं।

इसका मतलब है, आपके जन्म लेते समय ही आपका आयुर्मान प्राक्तन के अनुसार नियत किया होता है। वह अपरिहार्य एवं अटल होता है। फलज्योतिषी यह नियति बदल नहीं सकते परंतु इसे जान सकते हैं। इसलिए प्रिय व्यक्ति की मृत्यु हम टाल नहीं सकते, परंतु उस समय उपस्थित रह सकते हैं। यह नसीब ब्राह्मणों को दान-दक्षिणा देने से, उनकी बताई विधि करने मात्र से, राशि-पत्थर प्रयुक्त करने से परिवर्तित किया जा सकता है। अत: इसके लिए पुरोहित की शरण में जाना पड़ता है।

यह भूमिका ही मनुष्य को एक ही झटके में पराश्रित करनेवाली है। अत: यह अशास्त्रीय भी है। मनुष्य की आयु उसके कर्तृत्व व सामाजिक अवस्था पर निर्भर होती है। ग्रहगोलों की गति से उसका रत्तीभर संबंध नहीं है। हिरोशिमा पर अणुबम गिराया गया। एक ही क्षण में लाखों की संख्या में लोग परलोक सिधार गए। उन सबकी कुंडली में ठीक उसी सेकंड को मृत्यु योग न था। परंतु यह योग युद्धजन्य सामाजिक स्थिति के कारण आ गया। तकरीबन सौ साल पहले किसी भारतीय स्त्री की कुंडली में शिक्षा का योग था ही नहीं। समाजसुधारकों के कारण समाज गतिशील बना। परिणामस्वरूप स्त्री शिक्षित बनी, साक्षर हो गई। कहाँ बाधा बनीं कुंडलियाँ? इसका अर्थ ही यह है कि मनुष्य का भविष्य ग्रहगोल, तारे और कुंडलियों के चौकोनों से निर्मित नहीं होता। बल्कि वह निश्चित होता है मन, मस्तिष्क और कलाई के मिलाप से। अत: मनुष्य के पैरों में भाग्यवाद की बेड़ियाँ डालने की प्रतीक होनेवाली कुंडली को जला देना चाहिए।

पंचांग में चाँद, सूरज के उदय और अस्त के समय, अमावस, पूर्णिमा, ग्रहण आदि की जानकारी होती है। ये खगोलशास्त्र के प्राथमिक ज्ञान पर आधारित होती है। साथ ही शुभाशुभ शगुनों का विस्तृत उल्लेख होता है। अमुक समय शुभ और अमुक समय अशुभ यह सब मन का खेल है। इसका कोई भी प्रमाण नहीं है। अगर संकल्प अच्छा हो, नैतिक हो, ईमानदारी से पूर्ण करने का प्रयास हो तो हर घड़ी समान और अच्छी ही होती है, ऐसा अंनिस का मानना है। शुभ शगुन में ब्याहने के

बावजूद हमारी कई बहनों को विधवा क्यों होना पड़ता है? शुभ शगुन पर लड़ाई के लिए रवाना हुई पेशवाई क्यों हार गई? तथा बिना शुभ शगुन के लड़नेवाला गोरे फिरंगी कैसे जीत गए?

ऐसा मार्मिक सवाल डेढ़ सौ वर्ष पहले महात्मा फुले ने पूछा था। फिर भी शगुन संबंधी हमारा पागलपन खत्म नहीं हुआ। चुनाव में खड़े होनेवाले अधिकांश उम्मीदवार शुभ घड़ी पर ही प्रपत्र भरते हैं। उनमें से एकाध को छोड़कर सब निश्चय ही पराजित होते हैं। शगुन देखकर होनेवाले ब्याह को लीजिए। पुरोहित द्वारा बताए निश्चित दिन और समय पर ब्याह संपन्न कराने से कितनी असुविधाएँ, उलझनें, सहनी पड़ती हैं। शगुन के दिन मेलों में काफी भीड़ होती है। एक ही समय पर अधिक विवाह होने के कारण हर विवाह में उपस्थित होना असंभव होता है। ब्याह संबंधी व्यवस्था से जुड़ी अन्य बातों पर अत्यधिक तनाव आ जाता है। खर्चे में बेहिसाब वृद्धि होती है। विवाह अच्छे मनोदय से होनेवाला मंगल कार्य होता है। उसके लिए किसी भी समय को हम शुभ क्यों नहीं मानते? ज्योतिषी, ब्राह्मण के पास हम अपनी बुद्धि गिरवी क्यों रखें? एड़ी से चोटी तक पसीना बहाकर शगुन पर हुई शादी के परिणाम क्या होते हैं? महाराष्ट्र की छह लाख परित्यक्ता बहनें और दहेज-बलि की अनागिनत घटनाएँ इसका बेबाक सबूत हैं।

पुलिस की तानाशाही

समिति ने दैववाद की होली करना जाहिर किया। दो दिन पहले पुलिस थाने से मुझे बुलावा आया। पुलिस निरीक्षक का कहना था कि "आप समारोह रद्द करें अथवा पंचांग और कुंडली को उससे दूर रखें।" इसका कारण पूछने पर उत्तर मिला कि पंचांग व कुंडली हिंदू धर्म का हिस्सा हैं और आपका समारोह धार्मिक भावना को ठेस पहुँचाता है। इससे सामाजिक शांति भंग होती है। मैं और समारोह के संयोजक ॲड. संजय देशमुख विचार-विमर्श हेतु गए थे। हमने भूमिका अपनाई कि पंचांग सार्वजनिक है। अत: प्रत्यक्ष कुंडली की बजाय उसकी प्रतिकृति जलाएँगे। लोगों की भावना को अकारण ठेस पहुँचाना यह समिति की कार्यपद्धति कदापि नहीं थी। जन्म कुंडली मतलब व्यक्ति के जन्म समय होनेवाले ग्रहगोल की अवस्था का लेखन। यह बात पूर्णत: व्यक्तिगत है और इसका धर्म के साथ कोई संबंध नहीं है। इसीलिए पंचांग एवं कुंडली की होली हम करेंगे ही। जाहिर तौर पर खुले मैदान में समारोह करने पर प्रतिबंध लगानेवाली सूचना मुझे रात दस बजे दी गई। समारोह के लिए पुलिस सुरक्षा देने से भी स्पष्ट शब्दों में इनकार किया गया।

फिर भी हमने यह समारोह खुले मैदान में निश्चित किया। यह जगह निजी संस्था का सुरक्षित स्थान था। हम पंचांग जलानेवाले नहीं थे। अत: संघर्ष के दो मुद्दे हमने

कम किए। परंतु कुंडली जलाने के मुद्दे पर तनाव का माहौल बना हुआ। वरिष्ठ पुलिस अधिकारी से चर्चा हुई। उनका भी कहना था कि कुंडली केवल हिंदू धर्म में ही है। अत: आपने उसे जलाया तो भावनिक प्रक्षोभ होगा। प्रत्यक्ष न जलाकर उसकी प्रतिकृति जलाएँ तो प्रयोजन तो वही होगा इसलिए कुंडली न जलाने का मौखिक आदेश दिया गया। इससे पहले 'सरकार किसकी है जान गए ना?' यह संकेत सुनने में आया था। जिला पुलिस अधिकारी के पास यह माँग की गई कि धर्मभावना भड़काने हेतु जिम्मेदार ठहराकर नरेंद्र दाभोलकर को कैद किया जाए। स्वभावत: माहौल तनावपूर्ण था। परंतु अपना मुद्दा छोड़ने का हमें कोई कारण दिखाई न दिया। अत: इजाजत न दी तो समिति के अध्यक्ष प्रा. एन.डी. पाटिल एवं समिति के कार्याध्यक्ष के नाते मैं, हम दोनों अपनी कुंडली सत्याग्रही वृत्ति से जलाएँगे और उसकी सजा खुशी से स्वीकार करेंगे, ऐसा मैंने सुनवाया। कैसा परिणाम हुआ यह ठीक याद नहीं लेकिन दोपहर बारह बजे कुंडली जलाने की अधिकृत अनुमति मिली।

हमारा कार्यक्रम शाम 6.30 बजे था। शाम पाँच बजे हिंदू एकता संगठन का जुलूस निकला। समाचार-पत्रों में उसके समाचार आए थे। 'सबक सिखाने के लिए' जुलूस में आने का आवाहन करनेवाले फलक गाँव में लगाए गए थे। ज्योतिष परिषद के चलते उन्हें और हवा मिली। संयोजन चार-पाँच संगठनों ने मिलकर किया था। इतना कुछ होने पर भी जुलूस में केवल 46 लोग शामिल हुए थे। स्वाभाविकत: जुलूस को रंगीन बनाने का प्रयोग किया गया। इसके लिए गधे का सहारा लिया गया। पकड़कर लाए उस गधे की पीठ पर एक ओर डॉ.नरेंद्र दाभोलकर, तो दूसरी ओर कुमार मंडपे और पीछे संजय देशमुख के नाम लिखे गए। (हर एक अपनी समझ, संस्कृति व सभ्यता के अनुसार ही चिह्नों का चुनाव करेगा यह तय ही होता है।) जुलूस गांधी मैदान पर आ गया। गला फाड़कर भाषण किए गए। उस जाहिर सभा में भी केवल 65 लोग उपस्थित थे।

चुनौती का पर्चा

'दैववाद की होली' इस समारोह के पत्रक सतारा शहर के कई परिवर्तनवादी संगठनों के हस्ताक्षर से सुबह ही घर-घर तक पहुँचे थे। वह पत्रक इस प्रकार था—

"सातारावासियों को आवाहन—'दैववाद की होली' इस समारोह में शामिल हो जाओ। 3 से 5 नवंबर, 1995 को सतारा में अखिल भारतीय ज्योतिष सम्मेलन हो रहा है। इसके पूर्व ये सम्मेलन महाराष्ट्र में जहाँ-जहाँ हुए उस स्थान पर परिवर्तनवादी संगठनों ने उनके सम्मुख जो प्रश्न उपस्थित किए, उनके संतोषजनक उत्तर कभी नहीं मिले। इस सम्मेलन के पूर्व तत्कालीन सम्मेलन के कार्याध्यक्ष, अध्यक्ष, महाराष्ट्र ज्योतिष महामंडल के अध्यक्ष इन सबको हमने प्रश्न भेजे। उन प्रश्नों के यथोचित

उत्तर प्राप्त नहीं हुए। यह वास्तविकता सतारावासियों के सामने आए, इसलिए यह पत्रक हम प्रसारित करते हैं।

ग्रहतारों की गति खगोलशास्त्र एवं गणित के आधार पर तय की जा सकती है। मात्र व्यक्ति के जीवन में अच्छा-बुरा, शुभ-अशुभ घटित करने की कोई शक्ति ग्रहों में नहीं होती। दो हजार वर्षों के इतिहास का दावा करनेवाले तथाकथित फलज्योतिष शास्त्र ने इस संबंध में किसी भी प्रकार का प्रमाण अब तक प्रस्तुत नहीं किया है। भारतीय संविधान में वैज्ञानिक दृष्टिकोण स्वीकारना यह नागरिकों का कर्तव्य बताया गया है। इस बुनियाद पर लोगों को अशास्त्रीय फलज्योतिष को मनोरंजन से अधिक स्थान अपने जीवन में नहीं देना चाहिए, यह हमारी विनती है।

फलज्योतिष ग्रहों की गति द्वारा व्यक्ति को नियति के संकेत देता है, ऐसा ज्योतिषी बताते हैं। मतलब व्यक्ति का पूरा जीवन नसीब पर आश्रित होता है, यह गलत है। मनुष्य का कर्तृत्व, समाज की व्यवस्था, व्यक्ति के जीवन को आकार देते हैं। नवग्रह और नसीब के साथ उसका कतई संबंध नहीं ऐसा हमें ठोस रूप से लगता है। इसी कारण समाज मन को भाग्यवादी बनानेवाले ज्योतिष से दूर रखना चाहिए ऐसा हमारा आवाहन है। व्यक्ति के बचपन में ही उसकी जन्म-कुंडली तैयार होती है। यह व्यक्ति के भाग्यवाद को बचपन से ही महत्त्व देनेवाली मानसिक एवं शारीरिक दुर्बलता है। निर्धारण करके उसे उखाड़ देने हेतु इन जन्म कुंडलियों की हम 4 नवंबर, 1995 को शाम 6.30 बजे सार्वजनिक होली कर रहे हैं। समाजहित से प्रेरित प्रामाणिक प्रयास से किए जानेवाले कार्य के लिए हर समय उसका हर लम्हा शुभ ही होता है। ऐसे अंधविश्वासों को मजबूत करनेवाले पंचांगों की होली हम करने जा रहे हैं।

प्रयत्नवाद को स्वीकार करने के लिए, नियतिवाद को ठुकराने के लिए, निर्भय बनने के लिए समाजसुधारकों का उत्तरदायित्व चलाने के लिए 'दैववाद की होली' इस कार्यक्रम में आप सम्मिलित हो जाएँ यह विनती है।

प्रभावी कार्यक्रम

'दैववाद की होली' यह समारोह मुक्तांगण के सामने नियोजित रूप में संपन्न हुआ। स्त्री-पुरुष, बच्चे-बूढ़े ऐसे 150 लोग थे। कई प्रगतिवादी संगठनों के प्रतिनिधि उपस्थित थे। उन्होंने अपने समर्थन का पुनरुच्चार किया। कुमार मंडपे ने संकल्प-पत्र का पठन किया। उस पत्र को उनके साथ सभी ने दोहराया। बच्चों ने, स्त्रियों ने तथा अन्य कार्यकर्ताओं ने अपनी-अपनी कुंडलियों की होली की। समिति के अध्यक्ष प्रा. एन.डी. पाटिल एवं चिंतक डॉ. आ.ह. सालुंखे के भाषण हुए। डॉ. सालुंखे ने अपने भाषण में कहा, "2300 साल पहले चाणक्य ने भी दैववाद अथवा ज्योतिष

शास्त्र को नकारा था। इस कथित शास्त्र पर ज्योतिषियों का विश्वास होता ही है, ऐसा नहीं। भोली-भाली जनता को भरोसा रखने के लिए मजबूर करना और उनका आर्थिक शोषण कर अपनी भौतिक अवस्था में सुधार लाना, यह उनका उद्देश्य होता है। ऐसा करके हजारों सालों से चली आ रही शोषण परंपरा कायम रखने का यह प्रयास है। इसी मानसिकता ने हमारी सैकड़ों पीढ़ियों को अविकसित रखा। दैववाद की होली इस बहाने अब मानसिक-मुक्ति का विचार सामने आता है।"

प्रा. एन.डी. पाटिल ने कहा कि "फलज्योतिष यह एक पाखंड है, सनातनी लोगों की उपजीविका का साधन है।" साथ ही उन्होंने कहा कि "सतारा का ज्योतिष सम्मेलन जिनके नेतृत्व में हो रहा है, उस ज्योतिर्भास्कर जयंत सालगाँवकर ने गत वर्ष 'कालनिर्णय वर्तमान' नामक दैनिक शुरू किया। इसे शुरू करते समय शायद उनकी यह मनीषा होगी कि यह कुछ समय तक तो चले तथा उनके कथित शास्त्रानुसार उन्होंने दैनिक की कुंडली की रचना कर भविष्य भी देखा होगा। परंतु कुछ कारणों से डेढ़ या दो महीनों में ही यह दैनिक बंद हो गया।" अत: फलज्योतिष की निरर्थकता इससे बढ़कर और क्या हो सकती है? ऐसा प्रश्न भी उन्होंने किया।

दैववाद की होली—संकल्प-पत्र

मेरे जन्म-समय के ग्रहों की स्थिति का मुझ पर किसी भी प्रकार का प्रभाव नहीं है, इस पर मेरा विश्वास है। इसी कारण ग्रहों की स्थिति दर्शानेवाली यह जन्म कुंडली भ्रामक है, ऐसी मेरी मान्यता है। मेरी यह भी मान्यता है कि यह कुंडली मेरे जन्म के समय से ही अज्ञानता से मेरे पैरों में बँधी दैववाद की बेड़ियों जैसी है। इसलिए सार्वजनिक रूप से मैं इसका दहन करना उचित समझता हूँ। मैं इसे मानसिक गुलामी तथा दैववाद की होली मानता हूँ।

इस कुंडली के संबंध में महात्मा फुले, डॉ.बाबासाहब आंबेडकर, स्वातंत्र्यवीर सावरकर, स्वामी विवेकानंद, महात्मा गांधी, विनोबा भावे इन सबकी धारणा भी समिति की विचारधारा से अलग नहीं थी, इसका मुझे गर्व है।

बाह्य ग्रह की स्थितियों का मनुष्य जीवन पर कोई भी दैवी असर नहीं होता, यह मेरी निश्चित धारणा है, इसलिए मैं शुभ शगुन की कल्पना को निरर्थक ठहराता हूँ। मेरी राय में कभी भी कार्य की शुरुआत अच्छी वृत्ति से करने में कोई हर्ज नहीं है। शुभ शगुन बतानेवाली जानकारी दिग्भ्रमित करनेवाली होती है जो समाज तथा व्यक्ति को कई बार मुसीबत में डाल सकती है। इसलिए पंचांग में शुभ शगुन की दी गई जानकारी दूसरे कागज पर लिखकर, उसे समिति जला रही है।

"महाराष्ट्र की सत्यशोधक परंपरा पर मुझे गर्व है। मेरी कृति उन विचारों के समांतर है। भारतीय संविधान में वैज्ञानिक दृष्टिकोण को अपनाना हर भारतीय नागरिक

का कर्तव्य बताया गया है। दैववाद की होली कार्यक्रम में मैं अपनी कृति के द्वारा यह कर्तव्य पूरा कर रहा हूँ।"

दैववाद की होली कार्यक्रम कई परिवर्तनवादी संगठनों को भा गया, इसलिए उसे पूरे महाराष्ट्र तक पहुँचाने की घोषणा समिति ने की। इसके चलते 'हिंदू एकता' जैसे समन्वित संगठन ने भी सतारा के समान ही पूरे महाराष्ट्र में इसका विरोध करने की घोषणा की। वैचारिक विरोध की चुनौती से डगमगाने पर धार्मिक भावनाओं की शरण लेने का उनका पुराना तरीका था। इसमें नया कुछ नहीं था। समाजसुधारकों के विचारों को व्यावहारिक तौर पर लागू करनेवाला अंधश्रद्धा उन्मूलन का यह आंदोलन बड़ी दृढ़ता से इस चुनौती का मुकाबला भविष्य में भी करता रहेगा।

इस आंदोलन के कारण कई मुद्दे सामने आए। इस संबंध में संगठन में, हितैषियों में विचार-विमर्श हो, इसलिए मैंने समिति के मुखपत्र में इस विषय को प्रस्तुत करनेवाला एक लेख लिखा। आंदोलन के नियोजन का उसमें उल्लेख था। 'मिळून साऱ्याजणी' मासिक की विद्याताई बाल को वह अच्छा लगा। एकाध आंदोलन की पूर्व तैयारी, रचना, नियोजन, अमल कैसे करें, इसका आदर्श उदाहरण लगा इसलिए उन्होंने अपनी मासिक पत्रिका में वह पुनर्मुद्रित भी किया। उसका सारांश इस तरह से था—

नियोजनबद्ध आंदोलन की रूपरेखा

अंधविश्वासों के विभिन्न प्रकारों के विरोध में हम हमेशा संघर्ष करते हैं। अनेक गतिविधियों का आयोजन करते हैं। फलज्योतिष विरोध में इस प्रकार की राज्यव्यापी लड़ाई हमने कभी की नहीं। यह जंग अन्य जंगों से अलग और कठिन है, ऐसा मैं मानता हूँ। अत: मैंने इसे पूरी ताकत और तैयारी के साथ लड़ने की जरूरत महसूस की। इसके कुछ प्राथमिक कारण स्पष्ट थे। एक तो भानमती, भूत, चेटूक, चमत्कार ये मामले अंधविश्वास के हैं। इन्हें माननेवाला एक छोटा परंतु निश्चित वर्ग समाज में मौजूद है। फलज्योतिष के संबंध में ऐसा नहीं है। वह शास्त्र अस्तित्व में नहीं ऐसा माननेवाला वर्ग समाज में तुलना में छोटा है। दूसरी बात यह है कि फलज्योतिष शास्त्र ही नहीं यह प्रतिपादन बौद्धिक होता है। इसे प्रयास से समझ लेना पड़ता है। लोग इसके लिए तैयार नहीं होते। तीसरा कारण अंधविश्वास विरोधी कार्यक्रमों में होनेवाली भीड़, इसके पीछे चमत्कारों का प्रस्तुतीकरण, यह महत्त्वपूर्ण हिस्सा होता ही है। परंतु यह फलज्योतिष विरोधी भाषण में सहायक साबित नहीं होता। चौथी बात यह कि जो समाचार-पत्र, जनसंचार माध्यम अंधविश्वास के विरोधी समाचार विस्तार के साथ छापते हैं, फलज्योतिष को पाखंडी ठहराने के लिए उनका सहयोग नहीं मिलता।

सतारा में 3 से 5 नवंबर, 1995 को जो अखिल भारतीय ज्योतिष सम्मेलन हुआ, उसके उपलक्ष्य में फलज्योतिष की निरर्थकता लोगों को समझाने हेतु सतारा शाखा ने जो मुहिम चलाई, उसके माध्यम से कई प्रश्न सामने आए।

सतारा अंधश्रद्धा निर्मूलन समिति की तैयारी

अपना आंदोलन परिणामकारक हो, इसलिए सीमित साधन सामग्री में ही सतारा अंनिस ने उचित तैयारी की थी।

- यह आंदोलन समिति तक सीमित न रखकर समिति द्वारा आंदोलन के लिए अन्य परिवर्तनवादी संगठनों, मजदूर संगठन आदि का सहयोग जानबूझकर लिया गया था।
- स्थानिक समाचार-पत्रों में लेख दिए।
- फलज्योतिष विज्ञान क्यों नहीं, इस संबंध में पाठकों को विचारप्रवण करनेवाले छह प्रश्नों का एक खाका हर सप्ताह महाराष्ट्र के समाचार-पत्रों को भेज दिया। जिले के दैनिकों ने तो छापा ही अन्यत्र कुछ स्थानों पर भी ये प्रश्न छपकर आए। सबको विचार करने को खुराक दी गईं।
- कानूनी पंडित रामजेठमलानी ने बोफोर्स घोटाला कांड में हर रोज एक प्रश्न राजीव गांधी से समाचार-पत्र द्वारा पूछना शुरू किया था। उसी आधार पर 'फलज्योतिष—दिमाग तो लड़ाओगे?' इस शीर्षक से रोज एक अलग प्रश्न स्थानिक समाचार-पत्र की सुर्खियों में दस दिन पूछा गया। इस प्रश्न का उत्तर ज्योतिषी दे और वह भी छपकर आए ताकि इसके द्वारा ज्योतिष की असमर्थता लोगों की समझ में अपने आप आए, इसके लिए समिति ने प्रयास किया। ज्योतिषियों द्वारा प्रतिसाद न देने की बात बहुत कुछ स्पष्ट कर गई।
- फलज्योतिष के विरोध में जाहिर व्याख्यान दिए। एक ही मंच पर ज्योतिषियों के साथ विचार-विमर्श करने की तैयारी दर्शायी। इसमें भी ज्योतिषियों ने दूर रहना पसंद किया।
- गाँव में हर जगह चर्चा आरंभ होगी, इसलिए समिति के कार्यकर्ता वैचारिक दृष्टि से पूर्णतः सक्षम हों इसके लिए उनको दो दिन का प्रशिक्षण कुमार मंडपे ने दिया। इसमें अन्य संगठनों के कुछ कार्यकर्ता भी उपस्थित थे।
- इस विषय की समिति ने राज्यस्तरीय विशेषज्ञ घाटपांडे तथा रिसबूड, इनसे संपर्क किया ही था।
- फलज्योतिष के सत्य स्वरूप को स्पष्ट करनेवाला एक बड़ा (8 × 6) फलक गाँव में बीचोबीच लगाया।

- इस उपक्रम को समर्थन देनेवाले 17 परिवर्तनवादी संगठनों के नाम पत्रक निकाले गए। ढाई हजार पत्रक घर-घर तक पहुँचाने का नियोजन किया गया।
- सम्मेलन की पूर्वसंध्या को ही मुख्य सड़कें ज्योतिष को चुनौती देनेवाले वाक्यों से रंग दीं।
- विवेक काशीकर ने पहले फलज्योतिष को बेनकाब करनेवाले पोस्टर्स तैयार किए थे। उनको सब जगह चिपकाया गया।
- इस दौरान होनेवाले विविध कार्यक्रमों में लोग सम्मिलित हों, इसलिए खत लिखकर उनसे संपर्क किया।

संगठन कुशल—कुमार मंडपे और संजय देशमुख इन दोनों के नेतृत्व में संयोजन समिति ने खूब मेहनत से पूरी मुहिम का नियोजन किया। उससे जुड़ी कुछ उल्लेखनीय बातें निम्न हैं—

- दैनिकों के संपादक, संवाददाता को उनकी वैयक्तिक भूमिका समझाना।
- सम्मेलन संयोजन समिति के कार्याध्यक्ष कलाणी के साथ मित्रतापूर्वक चर्चा करके, यह संघर्ष व्यक्तिद्वेष का नहीं बल्कि विचारों का है, इसे स्पष्ट करना।
- आंदोलन शांतिपूर्ण माहौल में हो, इसलिए उसे भंग करनेवालों पर कार्रवाई जरूर करें, ऐसा स्वयं ही आग्रह करना। साथ ही 'दैववाद की होली' इस कार्यक्रम का जाहिर स्थल बदलने की होशियारी दिखाकर संभाव्य हो-हल्ले को टालना।
- पहले से ही शुभ शगुन स्वतंत्र पन्ने पर लिखकर जलाएँगे, यह समझदारी की भूमिका लेना। इसके साथ ही कुंडलियाँ जलाने के निर्णय पर कायम रहना।
- संयोजन में कई संगठनों तथा महिला, लड़कों का समावेश हो इसलिए विशेष प्रयास करना।
- चेहरे से राशि पहचानने का आवाहन कोई देता है तो तुरंत स्वीकारना और उसके द्वारा आंदोलन का विचार ठोस रूप में लोगों के सम्मुख लाना।

इस मुहिम के द्वारा विचार मंथन हेतु निम्नलिखित प्रश्न उपस्थित हुए—

1. गणेश का दुग्ध प्राशन और अब फलज्योतिष विरोधी मुहिम में एक बात मोटे रूप में ध्यान में आई कि अपने आपको हिंदुत्ववादी माननेवाली शिवसेना, विश्व हिंदू परिषद, बजरंग दल ऐसे संगठन अपने कार्य में विरोधक के रूप में बाधा डालते ही हैं। हमारे इतना समझाने पर भी कि देव-धर्म संबंधी हमारी भूमिका निष्पक्ष है, उसे कबूल करने की उनकी कतई मानसिकता नहीं होती है। लोगों का इस आंदोलन को मिलनेवाला

समर्थन उन्हें जँचता नहीं तथा स्वीकार्य नहीं है। फिर लोगों को भ्रमित करने के लिए वे अंनिस देवी-देवता,धर्म, संस्कृति को डुबाना चाहती है, ऐसा घोषित करने लगे। उनका यह कथन बेबुनियाद है, परंतु उससे उन्हें होनेवाला लाभ यह कि विषय धर्म रक्षा पर अर्थात मुद्दों से मुक्कों पर आता है। अब इस माहौल का, वास्तविकता का प्रतिकार कैसे करें? अन्य संगठन, वामपंथी इनके साथ सहकारिता में कैसे वृद्धि लाएँ? ये विचार आवश्यक हैं। सतारा में पुलिस ने ही हमें सुनाया कि 'उनके हाथ में सत्ता है।' यह संदर्भ भी अब समझना होगा।

2. हम गलत परंपरा के खिलाफ होनेवाला आंदोलन चलाते हैं। ऐसे आंदोलन में एक ही समय पर दृढ़ता एवं लचीलापन आवश्यक होता है। इसमें दोनों ओर मात्र बनावटी छलिया मनोवृत्ति में बहुत अंतर है। प्रवृत्ति व लचीलापन और विनम्र सूझ-बूझ के साथ यह संतुलन बनाए रखना बहुत जरूरी होता है। इसका कोई कायम सार्वजनिक और अंतिम निकष नहीं है। परंतु इस संबंध में निर्णय कैसे लें, इनके कुछ व्यावहारिक सूत्र कार्यकर्ताओं को मालूम हों। संगठन में इस पर विचार मंथन आवश्यक है।

3. हमने समिति सदस्य के रूप में कभी भी जातीय परिभाषा में व्यवहार नहीं किया। किंतु बहुजन समाज के सभी जाति-धर्म के कार्यकर्ता हमेशा इस आंदोलन में रहे हैं। वे हमेशा ही हमारा बलस्थान रहे हैं। हमें अस्वीकार है लेकिन समाज जाति मानता है। कई बार सामाजिक व्यवहार भी उसी पद्धति से होते हैं। इसका ठोस उदाहरण इस सम्मेलन के कारण सामने आया, ऐसा कार्यकर्ताओं को लगा। ज्योतिष सम्मेलन में कई परिचर्चाएँ हुईं। उसमें हिस्सा लेनेवाले वक्ताओं की नामावली छपी थी। उसमें 75 प्रतिशत ब्राह्मण थे। सम्मेलन के लिए आए प्रतिनिधियों की जाति के अनुसार संख्या प्राप्त नहीं हुई परंतु तर्क की गुंजाइश यह है कि वे अधिकांश ब्राह्मण जाति के होंगे। सम्मेलन पर छाप छोड़नेवाले, महत्त्वपूर्ण समझौता समिति में समावेश करनेवाले, बहुसंख्यक ब्राह्मण ही थे। अब गुरुडम, भानमती, मंत्र-तंत्र, टोने-टोटके ऐसे अंधविश्वास पालनेवाले लोग मुख्यत: बहुजन समाज के होते हैं। लेकिन जब उसे तथाकथित शास्त्र मानकर गौरवान्वित हुए तथा ब्राह्मण समाज में प्रमुखता से होनेवाले इस अंधविश्वासी फलज्योतिष पर आघात किया जाता है, तब इन लोगों को कमाल का क्रोध आता है। बहुजन समाज के अंधविश्वास का विरोध दर्शाते समय ब्राह्मण समाज एवं मीडिया को हमारा आंदोलन उचित लगता है। तो क्या फलज्योतिष विज्ञान की परिभाषा में ब्राह्मणों का षड्यंत्र है,

लोगों को भ्रमित कर उन्हें अपने जाल में फँसाकर पेट भरने का यह एक धंधा है, ऐसी भूमिका हम लें ?

4. इस बहाने से और एक आरोप भी अधिक तीव्रता से किया गया कि अंनिस हिंदू धर्म के खिलाफ है। इस आरोप का हमारा उत्तर यह होता है कि हमारी धर्म संबंधी भूमिका निष्पक्ष है। किसी भी धर्म में होनेवाले अंधविश्वासों का हम उतना ही विरोध करते हैं। वास्तव में धर्म का नाम लेकर अपने खिलाफ लोगों को भड़काने का काम करनेवाले संगठन के अधिकांश कार्यकर्ता नैतिक मूल्यों के संबंध में सजग एवं आग्रही होते हैं। प्रामाणिकता, सचाई, परोपकारिता, ऐसे कई जीवन मूल्य कार्यकर्ता आचरण में लाते हैं। हेतुत: वे निर्व्यसनी होते हैं। स्त्री-पुरुष अपने वर्तन में वक्त के पाबंद और संयमी होते हैं। यह सब हम इसलिए करते हैं, क्योंकि हम विवेकी आंदोलन चलाते हैं। अर्थात विवेकी वर्तन करना यह हमारी नैतिकता होती है। दूसरा विचार करें तो यह विवेकी वर्तन उच्च स्तरीय धार्मिक वर्तन ही है क्योंकि प्रत्येक धर्म ने इस सदाचार का आग्रह किया है। सच यह है कि सच्चे धार्मिक हम ही हैं। मूर्तिपूजा, जप-तप, कर्मकांड, इसमें लिप्त न होनेवाले नैतिक धर्म का पालन हम करते हैं। किसी भी स्वरूप का अंधविश्वास फिर भले वह फलज्योतिष का क्यों न हो, मनुष्य को भ्रमित करता है, सत्यधर्म से दूर ले जाता है इसीलिए हम आंदोलन करते हैं। हमारा विरोध करनेवाले ही वास्तव में सच्चे नैतिक धर्म को डुबोनेवाले हैं। हम उस नैतिक धर्म से अंधविश्वास की कालिख दूर कर लोगों तक पहुँचाने का अतीव उन्नत कार्य करनेवाले सच्चे धर्मवादी हैं। हमारी ऐसी भूमिका से समाज-मानस पर उसका कैसा परिणाम होगा? अपने आंदोलन की यह भूमिका कितनी प्रतिकूल और कितनी अनुकूल है?

नाड़ी-भविष्य नामक पाखंड

भाग्यवाद की होली शुरू हुई। साथ ही फलज्योतिष के पाखंड के खिलाफ संघर्ष आरंभ हुआ। फलज्योतिष कितने मायावी रूप लेकर सम्मुख आता है, उसे समझ लेना उद्बोधक एवं रंजक भी होगा।

भविष्य कथन के कई प्रकार हैं। भृगु संहिता उनमें से सर्वाधिक विश्वसनीय पद्धति मानी गई है। इसकी कथा ऐसी कही जाती है कि लाखों अथवा करोड़ों साल पहले हिमालय के आसपास के स्थानों पर त्रिकालज्ञ योगी इकट्ठा हुए। उन्होंने अनंत काल से इस धरा पर जन्म लेनेवाले जीवों का भविष्य देखा और भूर्जपत्र पर उसे लिखकर रखा। अनेकविध आपत्तियों के कारण इस पर लिखी अधिकांश सामग्री नष्ट हुई परंतु भृगु संहिता काफी संख्या में उपलब्ध रही। शशिकांत ओक ने 4 जून, 1996 के 'पुढारी' दैनिक में इस संबंध में लेख लिखा, वह 'अगस्त नाड़ी' ग्रंथ भी इस प्रकार में ही आनेवाली एक संहिता थी। हजारों साल पहले मनुष्य का लिखा भविष्य इस ग्रंथ द्वारा मिला, यह सोचकर शशिकांत ओक को अचरज हुआ। हिंदी, अंग्रेजी, मराठी समाचार-पत्रों में उन्होंने लेखन किया। अलग-सा विशेषांक भी प्रकाशित किया। इस संबंध में अपना हेतु जिज्ञासु का है, ऐसा प्रतिपादन ओक करते हैं। कौन से अलौकिक सामर्थ्य के कारण यह सिद्ध हुआ होगा? उसे मालूम कर लेने पर कौन सा लाभ मानव-जाति को होगा? इसकी उत्सुकता उन्हें थी, यह उनका कहना था। हेतु कोई भी हो। दो बातें मुझे और अंनिस को आक्षेपार्ह लगीं। एक यह कि यह अनुभव किसी भी वैज्ञानिक कसौटी पर न जाँचते हुए वह सत्य ही है, सिद्ध ही है, ऐसा ढोल पीटना। दूसरा यह कि इस संरचना के लिए प्रारब्ध, पुनर्जन्म, अतींद्रिय शक्ति का आधार लेना तथा उसे भी सत्य की प्रतिष्ठा देने का प्रयास करना। इन आरोपों का समाचार अंत में लेंगे ही। अत: इन ग्रंथों की वैज्ञानिक जाँच के बहाने उनका, मेरा और वैज्ञानिक जयंत नारलीकर का हुआ पत्राचार समझ लेते हैं।

नाड़ी ग्रंथों की अद्भुतता से अत्यधिक प्रभावित शशिकांत ओक ने जयंत नारलीकर को विस्तृत खत लिखा। अपने कार्यबाहुल्य से समय निकालकर नारलीकर ने ओक को उत्तर लिखा। वह पूरा खत पठनीय है। वह पत्र इस प्रकार है—

16.01.1995
पुणे

विंग कमांडर शशिकांत ओक, सस्नेह नमस्ते।

नाड़ी भविष्य पर आधारित आँकड़ों से संबंधित पुस्तक पढ़ने को भेज दी इसके लिए धन्यवाद! पुस्तक में ब्योरेवार तथा व्यक्तिगत अनुभवों का वर्णन है। मैंने कभी नाड़ी भविष्य का अनुभव नहीं लिया परंतु निम्नलिखित कारणों से उसको लेकर मुझे संदेह है।

1. आज तक मुझे सुनी, पढ़ी अनुभूति से पूर्णतः सप्रमाण एक भी उदाहरण नहीं मिला। प्रत्यक्ष आपके अनुभव और आपकी ही पुस्तक में होनेवाली घटना इनकी असंगति से यह स्पष्ट होता है।
2. नॉस्ट्रॅडॅम्स के भविष्य कथन का खूब ढिंढोरा पीटा जाता है। परंतु जिन्हें उस पर विश्वास रखने की इच्छा होती है, वे प्रत्यक्ष घटनाओं की खींचातानी कर उन्हें नॉस्ट्रॅडॅम्स के लेखन के साथ जोड़ते हैं। नाड़ी भविष्य संबंध में यही होता है।
3. आज तक जन्मे और आगे चलकर जन्म लेनेवाले सब व्यक्तियों के भूर्जपत्र पहले से ही तैयार हैं, यह कल्पना असंभव प्रतीत होती है। यदि इसे सच मानकर चलें, तो फिर उस आधार से भारत की जनसंख्या भविष्य में कितनी होगी, वह हमें मालूम होनी चाहिए। जैसे, 2000, 2010, 2050 में जनसंख्या कितनी होगी?
4. यदि हम यह भी मानकर चलें कि एकाध व्यक्ति का संपूर्ण भविष्य लिखकर रखा है, तो फिर अप्रिय घटनाओं के निरसन के लिए कर्मकांड क्यों सूचित किए जाते हैं? यहाँ दो अंधविश्वासों की टकराहट होती दिखाई देती है।

यदि इन विषयों की वैज्ञानिक जाँच-पड़ताल होनी है, तो वह मुझ जैसे अकेले व्यक्ति का भूर्जपत्र-भूत-भविष्य जाँच कर नहीं होगी। 1000-2000 व्यक्तियों के सैंपल (नमूने) लेकर वस्तुनिष्ठता से निकष का पालन करने पर वैसी जाँच हो सकेगी।

सधन्यवाद।

आपका
जयंत नारलीकर

इस खत की एक कॉपी जयंत नारलीकर ने मुझे भी भेज दी। उन्हें उत्तर देते हुए ओक ने 2 फरवरी, 1995 के खत में लिखा कि नाड़ी-भविष्य कथन में ज्योतिष-सी जानकारी का संबंध न होकर ऋषियों ने, प्रज्ञाचक्षुओं से जो देखा वह लिखकर रखा है। अतः यह बात बौद्धिक स्तर पर आधारित भविष्य कथन की परिसीमा

को लाँघती है। नॉस्ट्रॅडॅम्स ने गूढ़ भाषा में भविष्य लिखा है। अतीव स्पष्ट रूप में भविष्य लिखनेवाले नाड़ी ग्रंथ उससे कई गुना बढ़कर हैं, ऐसा भी उन्होंने लिखा है। जन्म लेनेवाले हर एक का भविष्य लिखना यह कल्पना असंभव-सी लगती है। इस बारे में ओक का कहना है कि भविष्य देखने कौन आएगा, इसका ज्ञान उन महान ऋषियों को था। अत: उतने ही लोगों की पट्टियाँ उन्होंने लिखकर रखीं। इस पत्र के साथ ही खुद के संदर्भ में एक पट्टी की पूर्ण तस्वीर और उसमें से कुछ पंक्तियों की बृहद् तस्वीर ओक ने श्री नारलीकर को भेज दी।

समिति की ओक को चुनौती

इस दौरान मुझसे ओक का पत्राचार शुरू था। 15.02.95 के अपने प्रथम खत में मैंने उन्हें लिखा कि उनकी संरचना पर भरोसा रखा तो प्रारब्ध, कल्पना और उसे पहले ही जान लेने की अमोघ शक्ति ऐसे दो वैज्ञानिक पहलुओं को पराजित करनेवाले निष्कर्ष निकलते हैं। इसीलिए अतीव स्पष्टता से विज्ञान के विरोध में जानेवाली यह वास्तविकता चुनौती समझकर समिति जाँचना चाहती है। इस जाँच कार्य की जो पद्धति मैंने सूचित की थी वह इस प्रकार थी—

1. 10 व्यक्तियों के अँगूठे के निशान और अन्य जानकारी ओक को भेज दी जाएगी। ये निशान लेने की कुछ विशेष पद्धति हो तो उसके लिए मद्रास से ओक अथवा अन्य कोई विशेषज्ञ पुणे आए व निशान ले। इसका खर्चा समिति करेगी।
2. इन व्यक्तियों का जीवन में होनेवाला नाम, शिक्षा, विवाह, बच्चे ऐसी बातें निश्चित रूप से जाँची जाएँगी। ऐसी महत्त्वपूर्ण बातों में होनेवाली सत्यता, उस व्यक्ति के अँगूठे के निशान एवं अन्य जानकारी इसके आधार पर नाड़ी ग्रंथ द्वारा श्री ओक बताएँ।
3. पहले ही सीलबंद करके रखे हुए मूल उत्तर के साथ ये उत्तर सबके सामने जाँचे जाएँगे तथा उनकी अचूकता जाहिर की जाएगी।
4. दो बार इस प्रकार की जाँच की जाएगी, चूँकि बाद में किसी को शिकायत न रहे।
5. नाड़ी-ग्रंथ देखने की फीस समिति देगी। मद्रास से पुणे आने-जाने का (रेल यात्रा सेकंड क्लास में) तथा पुणे में निवास-भोजन का खर्चा समिति देगी।
6. समिति की इसलिए पाँच लाख रुपयों की चुनौती है। इसे जीतना हो तो 5 हजार रुपए की अग्रिम राशि जमा करनी होगी। नाड़ी ग्रंथ कसौटी पर खरा उतरा तो पाँच लाख रुपए, पाँच हजार अनामत रकम के साथ

संबंधितों को दिए जाएँगे। यदि वे असफल हुए तो पाँच हजार रुपए जब्त किए जाएँगे।

7. चुनौती अस्वीकृत कर यह प्रतियोगिता संपन्न करनी है तो अग्रिम राशि की जरूरत नहीं।
8. अन्य कोई जरूरी प्रावधान हो तो वह भी सूचित करें। परंतु उसका हेतु प्रतियोगिता शीघ्र और अच्छी लेने का हो।

श्री ओक ने 22.02.95 को मुझे पत्र लिखा और सूचित किया कि वैज्ञानिक कसौटी पर कोई भी बात परखकर मान्य करने का अंनिस का दृष्टिकोण किसी सज्ञान को उचित लगेगा ऐसा है। उन्हें अंनिस के कार्य का आदर है। साथ ही दस-बीस लोगों के अँगूठे के निशाने से भविष्य जानकर नाड़ी ग्रंथ की अचूकता अंनिस सिद्ध करनेवाली हो तो पाँच लाख का ड्राफ्ट साथ में ले आना क्योंकि अब तक हजारों वर्षों से करोड़ों लोगों ने अपनी जानकारी हूबहू मिलती है, यह अनुभव किया है।

ऐसा सूचित करने को वे भूले नहीं। अत: मैंने अँगूठे के निशान भेजने की तैयारी की। जाँच की फी (राशि) ड्राफ्ट से भेजता हूँ ऐसा सूचित किया। उसके साथ ही उनके ही पत्र में किए लेखन के अनुसार लिखा कि जिन व्यक्तियों का भविष्य देखा जा रहा है, उनका नाम, संतानों की संख्या, शिक्षा, व्यवसाय के संदर्भ में जानकारी भेज दें। उसकी सीलबंद किए लिफाफे के अंदर होनेवाले जानकारी के साथ जाँच-पड़ताल की जाएगी तथा सबके लिए जाहिर की जाएगी।

नाड़ी ग्रंथवालों की घपलेबाजी

चुनौती प्रक्रिया में इसके बाद घोटाला शुरू हुआ। ओक द्वारा भेजे 23.03.95 के खत से मुझे पता चला कि व्यक्ति की जानकारी केवल उसके अँगूठे के निशान से नहीं बताई जाती। अँगूठे के निशान का प्रयोग उस व्यक्ति के संदर्भ में केवल किरमिचों की गठरी खोजने में होता है। उसके बाद एक-एक पन्ना पलटकर उस पर लिखी जानकारी पढ़ी जाती है। वह आप पर लागू होती है या नहीं यह जाँचा जाता है। वह व्यक्ति 'हाँ' या 'ना' कहकर अपना पन्ना खोजने के कार्य में मदद करता है। जाँच-पड़ताल में व्यक्ति का सही पन्ना मिलने पर प्रक्रिया पूरी होती है। इस संपूर्ण प्रक्रिया में भविष्य जान लेनेवाले व्यक्ति (जातक) की सही जानकारी पन्ना खोजनेवाले को पहले से ही मालूम होना जरूरी है। इस खत का मैंने 02.04.1995 को उत्तर दिया—

नाड़ी ग्रंथ से प्राप्त होनेवाली जानकारी उस व्यक्ति को पहले ही मिलने के कारण उसमें विशेष कुछ नहीं। परंतु यह ग्रंथ में लिखी जानकारी किरमिचों पर कैसी आई? यह अनुसंधान का विषय है। इसके लिए उन पन्नों की और उसकी भाषा की सचाई जाँचनी होगी।

इसी दौरान इस संबंध में दो गंभीर आक्षेप निर्मित हुए। स्वयं का भविष्य जिस पट्टी पर है; स्वयं का नाम उसमें पढ़ सकते हैं, ऐसा दावा ओक ने किया। वे तस्वीरें उन्होंने पहले डॉ. जयंत नारलीकर को तत्पश्चात मुझे भी भेजीं। 21 मार्च को डॉ. नारलीकर ने एक खत लिखा कि तमिल भाषा जाननेवाले कई लोगों द्वारा डॉ. नारलीकर ने श्री ओक की भेजी हुई पट्टियाँ जाँच लीं। उनमें से कोई भी ना उस तथाकथित 'तमिल' भाषा को पढ़ सका और ना ही उस पर 'शशिकांत' यह ओक का नाम पहचान पाया। यह सब अविश्वसनीय है, ऐसा स्पष्ट मत डॉ. नारलीकर ने व्यक्त किया। मैंने भी तमिल जाननेवालों से वह लिपि पढ़वाने का प्रयास किया। वे भी उस लिपि को पढ़ न सके। इस सबसे ओक अपने आपको चालाकी से बचाना चाहते थे। उनका यह कहना था कि, भाषा कूट तमिली है। अत: वह उसके विशेष अभ्यासक को ही समझ में आती है। भाषा कोई सी भी हो, भविष्य बराबर कैसे आता है बोलो?

उपर्युक्त प्रतिपादन ढंग से पढ़नेवाले हर व्यक्ति को नाड़ी ग्रंथवालों की होशियारी (सच कहें तो चालाकी) समझ में आएगी।

1. ग्रंथ के अंदर का सही पन्ना खोजने के लिए व्यक्ति अपने जीवन की काफी जानकारी पहले ही देता है। अत: वह गुप्त नहीं रहती।
2. यही जानकारी बाद में ग्रंथ के पन्नों पर है ऐसा आभास निर्माण कर व्यक्ति को संतुष्ट किया जाता है। उस पन्ने की प्रतिकृति दी जाती है। गूढ़ भाषा में लिखा वह पन्ना व्यक्ति के लिए निरर्थक ही होता है। व्यक्ति की सुविधा हेतु तमिल भाषा में जानकारी की एक कॉपी बनाकर उसे दी जाती है। बताई हुई जानकारी गूढ़ लिपि में प्राचीन पन्ने पर मौजूद है, इस कल्पना से व्यक्ति भविष्य फल को सत्य मानने लगता है। इस बारे में दूसरी संभावना अब्राहम कोवूर ने लिखी है। भविष्य पूछने गए व्यक्ति से जानकारी प्राप्त की जाती है तथा ग्रंथ का उचित पन्ना मिलने हेतु उससे एक-दो दिन का समय माँगा जाता है। इस दरमियान पुरानी दिखाई देनेवाले पन्ने से (विशेष प्रक्रिया से वह पन्ना पुराना दिखाई देगा। ऐसा जानबूझकर प्रयास किया जाता है) संबंधित व्यक्ति की जानकारी लिखी जाती है तथा वह पन्ना व्यक्ति के सम्मुख रखा जाता है।

निश्चित चुनौती

इस पूरे मामले को समिति ने चुनौती दी तथा ओक को भी सूचित किया।

1. भविष्य जिस व्यक्ति का देखना है उसकी आवश्यक जानकारी (माँ, पिता, पति-पत्नी इनके नाम, जन्मतिथि, नक्षत्र, दिन, संवत्सर, जन्म समय

की ग्रहस्थिति, शिक्षा, नौकरी) आदि समिति देगी। केवल संतान-संख्या की जानकारी नहीं देगी। अन्य सब जानकारी देने के कारण नाड़ी ग्रंथ में पन्ना प्राप्त होने में कोई समस्या नहीं होगी। उस पन्ने से बच्चों की संख्या, उनमें लड़के और लड़कियाँ कितनी यह संदर्भ मिलेगा ही, वह पहले से ही सीलबंद उत्तर से जाँचकर देखें। वह 90 प्रतिशत सही आया तो नाड़ी ग्रंथ का अद्‌भुत सामर्थ्य हमें कबूल होगा। वैज्ञानिक परख में हमेशा आवश्यक परिमाण में सैम्पल (नमूना) लेना पड़ता है। यहाँ तो पूर्व जानकारी के आधार पर या अन्य प्रकार से पूछताछ कर बच्चों की संख्या ज्ञात करवाने की संभावना को नकारा नहीं जा सकता। इसलिए 100 व्यक्तियों के अँगूठे के निशान समिति ओक को देगी। उन व्यक्तियों की पूरी जानकारी भेज दी जाएगी। जाँच की पूरी राशि समिति नगद देगी तथा पर्याप्त मोहलत भी देगी। आवश्यक समय लेकर केवल एक ही प्रश्न का उत्तर नाड़ी ग्रंथ से मिले यह अपेक्षा मात्र रहेगी। आरंभ में यह असुविधाजनक लगने पर परीक्षण हेतु केवल 10 निशान भेज दिए जाएँगे।

2. ओक को संबंधित नाड़ी ग्रंथों के कुछ पन्ने अथवा उसके छोटे टुकड़े रेडियो कार्बन परीक्षणार्थ प्राप्त कराने की व्यवस्था करनी होगी जो अब दुनियाभर में बिलकुल सही ठहरा है। इससे संबंधित पन्ने की आयु का पता चलेगा। पन्ने सौ-पाँच सौ वर्ष पुराने के निकले तो पूरा ग्रंथ एक क्षण में ही उल्लू बनानेवाला सिद्ध होगा।

ओक इस प्रश्न की ओर वैज्ञानिक दृष्टि से देखते हैं, अत: चुनौती के निमंत्रण को स्वीकार करेंगे ऐसी आशा है। ओक ने कभी भी इस बात की तैयारी नहीं दर्शायी, यह बताने की जरूरत नहीं।

इसके साथ ही अंतिम परंतु अत्यंत महत्त्व का एक मुद्‌दा व्यापक आंदोलन की दृष्टि से लोगों को याद दिलाना मुझे आवश्यक लगा। इस विषय में हर स्थान पर ओक ने जो कलम चलाई उसमें अधिक मात्रा में अंधविश्वासी वक्तव्य दिए। जैसे, 'नाड़ी ग्रंथ रचना' इस लेख में उन्होंने यह भी लिखा कि मनुष्य के सात अंग होते हैं, उनमें से चौथे मानस शरीर में कुंडलिनी विकसित होती है और उसके फलस्वरूप अतींद्रिय शक्ति प्राप्त होने से हजारों साल पश्चात् उत्पन्न होनेवाले लाखों मनुष्यों की अचूक भाग्यरेखा मालूम होने की अदभुत व अलौकिक शक्ति प्राप्त होती है।

यह पूर्ण विवेचन अवैज्ञानिक है। पुनर्जन्म के स्पष्ट संकेत नाड़ी ग्रंथ के अंतर्गत प्राप्त होते हैं, इसका भी कोई प्रमाण नहीं। बस इन सबसे एक अत्यधिक घातक निष्कर्ष निकलता है कि मनुष्य के जन्म लेते समय ही उसका पूर्ण जीवन पहले से ही नियंत्रित किया होता है। वह प्रारब्ध व नियति के हाथों की कठपुतली होता है। व्यक्ति अपने कर्तृत्व से अपना जीवन, मानवी समाज निर्माण करता है। उसमें

होनेवाला दुख, दरिद्रता, अन्याय दैवी न होकर मानवी होने के कारण उसे दूर करने की जिद व्यक्ति के अंदर हो सकती है। किसी अदृश्य शक्ति ने अपना पूरा जीवन पहले से ही नियंत्रित किया है और हम उसके हाथ में होनेवाली कठपुतलियाँ हैं, यह कल्पना ही मनुष्यता, पुरुषार्थ को खोखला बनाती है। नाड़ी ग्रंथ जैसे ग्रंथ वैज्ञानिकता का झूठा रौब जमाते हुए इस नसीब का वैज्ञानिक आधार होने का आभास निर्माण करते हैं। भाग्यवाद का बीजारोपण करते हैं। नियतिवाद को विकसित करते हैं। परिवर्तन को बाधित करते हैं।

अंधश्रद्धा निर्मूलन समिति का यह परिवर्तन का व्यापक आंदोलन होने के कारण ऐसे विचारों का हर स्तर पर मुकाबला करना उसे आवश्यक लगता है।

अंधविश्वास का बोध

इस पूरे पत्राचार के बाद कुछ समय बीत गया और 'अंधविश्वास का बोध' यह शशिकांत ओक की पुस्तक सन 1999 के आरंभ में प्रकाशित हुई। 150 रुपए कीमत की यह पुस्तक तकरीबन 200 पन्नों की है। इस पुस्तक का एकमात्र उद्देश्य मुझ पर और डॉ. जयंत नारलीकर पर क्रोध व्यक्त करना है। इस पुस्तक में पृष्ठ आठ पर वे कहते हैं, मैंने जयंत नारलीकर से विनती की कि 'आप अपनी पट्टी देखें' यह ओक की तीव्र इच्छा है। कार्यबाहुल्य के कारण आपसे यह संभव न हो तो अपने अँगूठे का निशान और अन्य जानकारी भेज दें तो आपकी पट्टी खोजकर तस्वीर और यह कैसेट भेज सकूँगा। इसे डॉ. नारलीकर के दिए उत्तर का संदर्भ ऊपर आ चुका है। वह खत मेरे पास आने के कारण इस संघर्ष के साथ मैं भी जुड़ गया। इसके उपरांत हुए पत्राचार द्वारा मिलीं चुनौतियाँ दर चुनौतियाँ, शशिकांत ओक ने अपनी खास शैली में एवं सुविधानुसार 'अंधविश्वासों का बोध' पुस्तक में छपवाई हैं। इस पुस्तक में नाड़ी ज्योतिष का संदर्भ भी विपर्यस्त है। परंतु फिर भी ओक का प्रतिपादन व उसमें होनेवाली निरर्थकता को सप्रमाण खारिज किया जा सकता है।

नाड़ी-ज्योतिष फलज्योतिष का ही एक हिस्सा है। फलज्योतिष मूल रूप में एक झूठा विज्ञान है। अतः नाड़ी ज्योतिष अथवा भृगु संहिता ये पाखंड के रूप हैं। जन्मकुंडली से पृच्छक का भूत-भविष्य सही बता सकते हैं, यह फलज्योतिष का दावा जितना सच (!) उतना ही नाड़ी-ज्योतिष का दावा सच मानना होगा। नमूने के तौर पर ओक ने अपने (न) हुए एक अनुभव को 'ग्रहांकित' के अगस्त 1995 अंक में दिया है। वह पढ़ने योग्य है। वह अनुभव काफी कुछ बताता है। ओक का तांबारम गाँव से तबादला होनेवाला था। तबादला कहाँ पर होगा, यह जानने की उत्सुकता स्वाभाविक रूप से उन्हें थी। नाड़ी केंद्र उनके घर जैसा ही था। अतः नाड़ी पट्टी

से तबादले का स्थान मालूम होगा ही, इस मनोदय से वे वशिष्ठ नाड़ी केंद्र पहुँचे। परंतु वहाँ उनको निराशा हुई। उन्होंने अपने आपको सँभाला क्योंकि उत्तर न मिला तो भी इसका मतलब यह नहीं कि नाड़ी कर्ता को इसका उत्तर मालूम न हो। बस उचित घड़ी नहीं आई थी। उन्हें इसका ही कौतूहल लगता कि उनके चिरंजीव का नाम तो महर्षि ने हजारों साल पहले ही नाड़ी पट्टी पर लिखा है! नाड़ी ज्योतिष की जो लौकिकता है, वह इसी वजह से है। नाड़ीवाले स्वामी लोगों को ऐसा आभासित करते हैं कि पृच्छकों का नाम, उनके माँ-बाप का नाम, उनके बच्चों के नाम भी हजारों साल पहले किसी ऋषि-मुनि ने ताड़ पट्टी पर हमेशा के लिए लिखे हैं और अब उनका ही पठन होता है। अपना नाम किरमिच पर लिखा है, इसका ही लोगों को अचरज लगता है। यह पूरा ठगी और उल्लू बनाने का मामला है, ऐसा वहम भी उन्हें नहीं होता।

ये ताड़ पट्टियों पर के भविष्य हजारों साल पहले किसी त्रिकालदर्शी महर्षि ने अपने अंतर्ज्ञान की सहायता से लिखकर रखे हैं, ऐसा बिना दिक्कत प्रचार ओक करते हैं। परंतु उन्हें यह मालूम नहीं होता कि उन किरमिचों पर होनेवाला मजमून 16-17वीं शती से अधिक प्राचीन होना असंभव है। इसका कारण यह है कि अब प्रचलित फलज्योतिष ग्रीक ज्योतिषियों द्वारा इ.स. के 2-3 शती पूर्व भारत में लाया गया। उससे पहले भारतीय ज्योतिषशास्त्र नक्षत्रों पर आधारित था। उसमें राशि का कहीं पर भी उल्लेख नहीं है। महाभारत में भी राशि का उल्लेख नहीं है। ऐसा शं.ना. दीक्षित ने अपने 'भारतीय ज्योतिषशास्त्र का प्राचीन इतिहास' इस ग्रंथ में नमूद किया है। 12 राशि, उनके नाम, उनके गुणविशेष, उनके अधिपति, वैसे ही सात दिन व उनके नाम यह सामग्री ग्रीक ज्योतिष से हूबहू भारतीय ज्योतिष ने ली। ग्रीकों का राशि चक्र सायन पद्धति का था। उसके पश्चात् तकरीबन 5-6 शती के उपरान्त इ.स. की 3-4 शती में भारतीय ज्योतिषियों द्वारा निरयन राशि प्रचार में लाई गई। वही आज प्रयुक्त है। नाड़ी पट्टियों में जिस अर्थ में निरयन राशि पर आधारित कुंडलियों का उल्लेख आता है, वैसे ही दिन के नामों का भी उल्लेख होता है। अत: उसमें प्राप्त मजमून 16-17वीं शती से अधिक पुराना नहीं यह स्पष्ट है।

श्री ओक के अनुसार प्रत्येक पट्टी पर हर एक व्यक्ति का भविष्य लिखा होता है। आज तक जन्म लिए और आगे चलकर जन्म लेनेवाले सभी व्यक्तियों के भूत-भविष्य इस प्रकार से मौजूद हैं यह वे पहले बताते थे, पर वैसा कहना निराधार, निरर्थक सिद्ध होगा, ऐसा किसी के समझाने पर उन्होंने उसे दुरुस्त किया। उसमें कहा गया कि जितने पृच्छक भविष्य जानने हेतु केंद्र में आनेवाले हैं, उतने ही पृच्छकों की पट्टियों पर उन दूरदर्शी महर्षियों ने उनके नाम के साथ उनका भविष्य लिखकर रखा है। परंतु यह दुरुस्त विधान भी पूर्णत: गलत कैसे है, यह उस विधान की तर्कशुद्ध परिणति किसमें होती है, यह देखने पर समझ में आएगा।

नाड़ी ज्योतिष के फलज्योतिष का ही हिस्सा होने पर भी, प्रचलित फलज्योतिष में और नाड़ी ज्योतिष में एक मूलभूत अंतर है। वह ऐसा है कि फलज्योतिष के अंतर्गत आनेवाले भविष्य राशिचक्र के कितने अंश का, कितना हिस्सा जन्म के समय उदित हुआ था, इस एक ही बात का विचार कर पहले ही किसी ने बताया हुआ है। यह नाड़ी ज्योतिष रेडीमेड कपड़े जैसा है, ऐसा क्यों न कहें क्योंकि उसमें कस्टमर साइज की नाड़ी फिटिंग उपलब्ध है।

नाड़ी मतलब एक पल का समय। एक पल मतलब 24 सेकंड। आठों पहर अर्थात 24 घंटों में 3600 पल हैं। हर एक पल का भविष्य किसी के बताने पर एक दिन के 3600 भविष्य तैयार होंगे। निश्चय ही किस पल से शुरुआत करनी है यह निम्नलिखित पद्धति से तय किया जाता है।

राशिचक्र के अंश 360 में 30-30 अंश की 12 राशियाँ होती हैं। प्रत्येक अंश की 10 मान लें तो 3600 हिस्से होते हैं। उन्हें क्रम दें। दूसरे अंश के 10 हिस्सों को 11 से 20 क्रम दें। ऐसा करते-करते मेष राशि के 30 अंश के 300 हिस्से कर उन्हें 1 से 300 क्रम देते हैं। अगली राशि वृषभ, उसके 300 हिस्सों को 301 से 600 क्रम देते हैं। इस प्रकार सभी 12 राशियों के 3600 हिस्से कर उन्हें 1 से 3600 अनुक्रम देते हैं।

अब मेष राशि के पहले अंश का पहला दशमलव हिस्सा जिस पल में विकसित हो जाता है, उस पल से अंदाज बताना आरंभ करना, एक-एक पल का अंदाज एक-एक पट्टी पर लिखकर तथा पट्टियों को एक से क्रम देना इस प्रकार 3600 दशमलव हिस्सों में विभाजित होनेवाली 3600 अंदाज पट्टियाँ तैयार होंगी।

जातक के जन्म के समय कितने क्रम की राशि का कौन सा क्रम उदित था, वह जन्म कुंडली से मालूम होता है। अंदाज का कथन करना वही उस जातक का भविष्य! यह है नाड़ी ज्योतिष की थियरी। नाड़ी पट्टियों की मूल संख्या 3600 से ज्यादा होना असंभव है।

प्रत्येक नाड़ी पट्टी हर जातक के लिए व्यक्तिगत होती है, ऐसा कहना निरी मूर्खता है। क्यों? देखें यदि पट्टी पर व्यक्ति का नाम, पिता का नाम, जन्म कुंडली यह सब टंकित हो तो ऐसी 3600 पट्टियाँ केवल 3600 ग्राहकों के लिए पर्याप्त हैं। जहाँ रोज के 10-15 ग्राहक आते हैं, वहाँ इतनी पट्टियाँ एक वर्ष में पूर्ण समाप्त होंगी। अत: ये केंद्र जो वर्षों से शुरू हैं, वे उन पट्टियों का बार-बार बिना प्रयोग किए चल रहे हैं क्या? हजार साल के कामकाज में रोज कम से कम 10 ग्राहकों के भविष्य कथन किए जाएँ तो 3 करोड़ 60 लाख पट्टियाँ एक हजार वर्ष में खराब हो जाती हैं। ओक के कथन के अनुसार वह पट्टी उस व्यक्ति के होने तक यूनीक होती है और उसका बाद में उपयोग नहीं किया जाता। तो इन पट्टियों का क्या किया जाता है? ओक बताते हैं कि वे पुनः मूल पुलिंदे में बाँधकर रखी

जाती हैं। हजारों वर्षों की प्राचीनता की डींग हाँकते हुए ओक इस हिसाब पर गौर नहीं करते। अंधविश्वास ऐसा ही होता है। अँगूठे के निशान लेना, उसके आधार पर आपकी पट्टी खोजना, आपके ही मुख से सहजता से आपकी जानकारी कथन करवा लेना, वही आपको पढ़कर सुनाना। इस पाखंड के कारण ये विंग कमांडर महाशय प्रभावित हुए हैं, इतना ही।

ओंकार पाटिल की स्वानुभूति

अंनिस समिति के एक प्रमुख कार्यकर्ता ओंकार पाटिल ने खुद तटस्थता के साथ चेन्नई के आसपास के नाड़ी-केंद्रों को भेंट देकर वहाँ की कार्यप्रणाली का अनुभव लिया है तथा इसे 'किर्लोस्कर' दीपावली (1996) अंक में प्रकाशित किया गया है। साथ ही इसे—'प्राचीन ज्योतिष के तीन तेरह' को अंनिस द्वारा प्रकाशित पुस्तक में भी समाविष्ट किया गया है। इस लेख को पूरा पढ़ना चाहिए। नाड़ी पट्टियाँ खोजने के बहाने से पृच्छक से सैकड़ों प्रश्न पूछकर उससे पूरी जानकारी निकाली जाती है और बाद में नाड़ी पट्टी पढ़ने का ढोंग करते समय वही जानकारी उसे सुनाई जाती है, ऐसा यह मामला है। यह चालाकी सर्वसामान्य श्रद्धालु लोगों के ध्यान में नहीं आती। पृच्छक के जन्म समय की बात इसी तरह पूछी जाती है और उसके आधार पर कुंडली बनाकर पृच्छक के हाथ में रखी जाती है। परंतु दिखाया ऐसे जाता है कि वह कुंडली पट्टी में ही लिखी थी। नाड़ी पट्टी पर कूट लिपि में लिखा गया मजमून आम इनसान के लिए पढ़ना संभव नहीं होता है। नाड़ी वाचक जो कहेगा वही सच मानने की मानसिकता होती है। ओंकार के मतानुसार हम जो जानकारी देते हैं, वह आपकी किरमिच खोजने में सहायता करने के लिए होती है। वही जानकारी हजारों साल पहले कूट लिपि में तथा तमिल जैसी सुदूर प्रदेश की भाषा में कैसे लिखी गई है, यही चमत्कार की नींव है। परंतु यह चमत्कार सच ही घटित हुआ है या नहीं, इस बात को मराठी मनुष्य किस आधार पर समझने की चेष्टा करेगा? ओक को यदि इतनी व्याकुलता है तो वे उस कूट लिपि की बारहखड़ी अपने स्वामी की मदद से, देवनागरी लिपि में रूपांतरित कर प्रकाशित करें। (संस्कृत समझनेवाले दक्षिणी लोगों को देवनागरी लिपि का उत्तम ज्ञान होता है।) तो पट्टी में आनेवाले नाम के बारे में क्या कहा जाए?

अर्थात जिस समय वैज्ञानिक आधार से बोलने का प्रश्न आता है, उस समय अखिल भारतीय ज्योतिष सम्मेलन के लिए इकट्ठा हुए ज्योतिषी हों या दैवी चमत्कारों का प्रचार करनेवाले नाड़ी ग्रंथ के ओक जैसे समर्थक, सभी अर्थपूर्ण मौन धारण करते हैं, ऐसा हमारा अनुभव रहा है।

वास्तुशास्त्र की भ्रामकता

हर व्यक्ति को अपनी वस्तु, अपना घर प्रिय होता है। जीवन में आनेवाले सुख-दुख को वह अपने घर की चारदीवारी में ही अनुभव करता है। जन्म से लेकर मृत्यु तक के संस्कार वह उस घर में प्राप्त करता है। व्यक्ति की भाव-भावना अपने घर से बिलकुल सहजता से जुड़ी रहती है। यह घर सुविधाजनक, सुरक्षित और सुख प्रदान करनेवाला हो, यह प्रत्येक की भावना होती है। घर की आवश्यक बातें जैसे, रसोई, स्टोरी रूम, कपड़े सुखाने अथवा बर्तन साफ करने की जगह, शौचालय, गुसलखाना ऐसी छोटी-मोटी सब सुविधाएँ होना घर की जरूरतें होती हैं। घर मजबूत, दीर्घकालिक हो मतलब वह सुरक्षित हो ऐसी प्रत्येक व्यक्ति की इच्छा होती है। इसी कारण घरों के कई प्रकार देखने को मिलते हैं। कम-अधिक मात्रा में यही बात घर के फर्नीचर, व्यवसाय के ऑफिस अथवा कारखाने पर भी लागू होती है।

वास्तु के निर्माण में कई चीजें महत्त्वपूर्ण होती हैं। जहाँ पर वास्तु तैयार करना है, वह स्थान (वहाँ का परिवेश, जमीन का स्तर, वहाँ की आबोहवा, धूप, तापमान, बारिश आदि) साथ ही वहाँ के आसपास वाले परिवेश से प्राप्त होनेवाली सामग्री का प्रयोग कुशलता से करके वास्तुरचना का निर्माण करना वैज्ञानिक तथा कलात्मक हिस्सा है। इस वास्तु में रहनेवाला व्यक्ति जैसे बुद्धिमान होता है, वैसे ही भावुक भी होता है। इसलिए उसकी सामाजिक स्थिति, आदतें, चाल-चलन, आचरण, भाव-भावना इनका वैज्ञानिकता से एवं कलात्मकता से प्रयोग करना ही वास्तुशास्त्र कहलाता है।

व्यक्ति जीवन के सारे सुख-दुख का अनुभव वास्तु में करता है। वास्तु में रहनेवाले व्यक्ति के सामने प्रश्न खड़े होते हैं—घर में हर समय बीमारी क्यों आती है? निश्चित होनेवाली लड़की की शादी क्यों टूटती है? घर में झगड़े क्यों होते हैं? व्यवसाय में असफलताएँ क्यों मिलती हैं? ऐसे कई प्रश्न हों तो सबका उत्तर एक ही बताया जाता है, 'वास्तु दोष होने के कारण।' घर के सदस्यों को होनेवाली बीमारियाँ उनके स्वास्थ्य संबंधी दिनक्रम, उनकी खानपान की आदतों पर आधारित नहीं होतीं बल्कि व्यक्ति के अपना सिर उत्तर दिशा में करके सोने की

आदत से होती हैं। लड़की की शादी टूटने का दहेज, मानापमान कारण नहीं होता, बल्कि घर में अग्नि को किस दिशा में प्रज्वलित किया जाता है, इस पर निर्भर होता है। परिवार में झगड़े, मानसिक संघर्ष का संबंध सदस्यों के स्वभाव विशेष से न होकर घर सजाने के लिए दीवानखाने में रखे कैक्टस के पौधों के कँटीलेपन से होता है। व्यवसाय की मंदी का कारण गलत आर्थिक-नीति एवं बाजार में तीव्र प्रतियोगिता न होकर, ईशान्य दिशा में शौचालय बनवाने की बड़ी गलती होता है।

इसका इतना ही अर्थ है कि मनुष्य का मन वैज्ञानिक दृष्टि से कम ही सोचता है। उसके मन के खेल कुछ और ही होते हैं। इसलिए घर-परिवार, व्यापार की स्थिति केवल सुविधाजनक और सुरक्षित नहीं बल्कि लाभान्वित होनी चाहिए। मतलब यह कि उस वास्तु में रहते ही सुखों की बरसात शुरू हो जाए, ऐसी अपेक्षा मनुष्य करता है। लड़की की शादी अच्छे घर में हो जाए, लड़के को शैक्षिक सफलता प्राप्त हो, बीमारी घर से भाग जाए, खूब शोहरत प्राप्त हो जाए, ऐसे कई सपनों के पुल व्यक्ति बाँधता है। उन्हें साकार करनेवाला घर उसकी मंशा होती है। इनका परस्पर संबंध क्या है? कार्यकारण भाव कौन सा है? इस पर सोचने की आवश्यकता ही उसे महसूस नहीं होती। यही बात व्यवसायों के स्थानों की है। तुरंत ही व्यवसाय गति से तरक्की करे, मजदूरों की समस्या का निर्माण ही न हो, दुर्घटना टले, इसके लिए संक्षेप में व्यावसायिक लोगों को लाभप्रद स्थान अपेक्षित होता है। आवश्यकता के अनुसार उसकी परिपूर्ति करना उनका व्यावसायिक सूत्र होता है तथा 'दुनिया झुकती है, झुकानेवाला चाहिए', इस दुनियादारी का उसे अनुभव होता है। इसीलिए आर्किटेक्चर कॉलेज में पाँच साल बिताकर वह वास्तु विशारद उपाधि प्राप्त करता है तथा वास्तु से लाभ कैसे होगा, इसकी खोज जैसे विश्वकर्मा ने की, उसी प्रकार वह भी करता है और वास्तुशास्त्री नाम से पहचाना जाता है। वैसे दोनों का विषय वास्तुशास्त्र ही है। पर एक का जोर आधुनिक विज्ञान पर दूसरे का प्राचीन दैवी ज्ञान पर है। वास्तव में भारतीय वास्तुशास्त्र अति प्राचीन और अत्यंत सुस्पष्ट है। संदर्भ हेतु एक संस्कृत श्लोक तथा उसका अर्थ देखिए—

शाश्वतं सुंदर वास्तु, उपयुक्तं च तदङ्भवेत।
शरीरं साधनं धर्म, वास्तुक्षेमः सुयन्तृकम्।
योगः कर्मसु कौशलम् मानकः वास्तु कौशलम्।
उर्ध्वं जिगातु भेषजम्, उर्ध्वं जिगातु बंधकम्।
जातस्यही ध्रुवो मृत्युः, वास्त्वायु सिमीतं तथा।
यथा रूपरसो गंधः शब्दः स्पर्शश्च मैथुनात्।
एतैरन्य विजानाति, सममेतन् द्वयोरपि।
एतद्वैवत्। एतद्वैतम्॥

- वास्तु सुगठित सुंदर, मजबूत और उपयुक्त हो।
- जिस प्रकार मनुष्य शरीर धर्म का पालन करता है, वैसे ही वास्तुशास्त्री उपर्युक्त गुणों का पालन करने का प्रयास करता है।
- योगशास्त्र के आचरण से जिस प्रकार मानव की शारीरिक व मानसिक अर्हता विकसित होती है, वैसे ही स्थापित प्रमाणों के आचरण से वास्तु उत्तम बनता है।
- उचित मात्रा में दवा का जिस प्रकार रोग निवारणार्थ प्रयोग होता है, वैसे ही वास्तु निर्माण में सीमेंट या चूने का प्रभाव होता है।
- जन्म लेनेवाले हर एक की मृत्यु अटल है, वैसे ही वास्तु का आयुर्मान सीमित होता है।
- आकार, स्वाद, नाद, गंध और स्पर्श आदि भावनाएँ जिस प्रकार मानव पर लागू होती हैं, वैसी ही भावनाएँ वास्तु में स्थित होती हैं।
- यही आदि तत्त्व हैं।

परंतु फिलहाल तो 'कौन गौर करता है?' ऐसी स्थिति है।

वर्तमान स्थिति

कुछ वर्ष पूर्व तक, दक्षिण तक सीमित रहनेवाला यह प्राचीन वास्तुशास्त्र बड़े धूमधाम से कुछ समय से बुद्धिवादी महाराष्ट्र में सम्मान के साथ प्रचलित हुआ है। मुंबई, पुणे, नासिक, औरंगाबाद इन महानगरों के साथ ही जिला एवं तहसील स्तर तक इस तथाकथित शास्त्र ने हंगामा मचाया है। अपना घर बनाते समय वास्तुकार की सलाह लेना अनिवार्य माना जाने लगा है। बहुत से पक्के मकान वास्तुकार की सलाहनुसार फिर से बनाए जाते हैं तथा बिलकुल सहजता से लाख-दो लाख खर्च होते हैं। इसके अलावा कारखाने के प्रवेशद्वार से लेकर पानी की टंकी तक कोई चीज अचानक बदली जा रही है, यह भी देखने को मिलता है। यह अमीरों का पागलपन है, ऐसा कहना गलत नहीं होगा। बहुसंख्यक मध्यवर्गीय अब बहुमंजिली मकानों के फ्लैट में रहते हैं। इमारत की एक मंजिल पर 3 से 4 ब्लॉक होते हैं। स्वाभाविक रूप से उनके दरवाजे अलग-अलग दिशा में होते हैं। जिस पुणे में समझदार लोग रहते हैं वहाँ अब जिन फ्लैटों का मुख्य दरवाजा पूर्व दिशा की ओर होता है उनकी बिक्री सबसे पहले हो रही है, क्योंकि कहते हैं कि उनसे लाभ ही लाभ होता है। अन्य दिशा में मुख होनेवाले फ्लैटों की बिक्री कछुए की गति से होती है।

कुछ स्थानों पर तो यह दोष मिटाने हेतु द्वार के सामनेवाले सीढ़ियों पर काफी बड़ा आईना लगाया जाता है। द्वार के प्रतिबिंब का मुख तो उचित दिशा में होता है। गृहनिर्माण व्यावसायिक और आर्किटेक्ट इन दोनों में भी अब अंतर बना है।

घर बनाने से पहले लोग आधुनिक वास्तुशास्त्रज्ञ आर्किटेक्ट के पास जाते समय तथाकथित वास्तुकार द्वारा बनवाया गया नक्शा ही लेकर जाते हैं। यह वास्तुकार कई बार कला, कानून, वाणिज्य जैसे अन्य विषयों का उपाधिधारक होता है। लेकिन मजेदार बात यह है कि, ऐसे वास्तुविशेषज्ञ आर्किटेक्ट पर भी भारी पड़ते हैं। अंधश्रद्धा उन्मूलन के हमारे आंदोलनकर्ताओं को यह उपेक्षित सलाह मिलती है कि "अब शिक्षितों में कहाँ है अंधविश्वास? यह कार्य अनपढ़ देहाती लोगों में जाकर करिए।"

अब हम तथाकथित वास्तुशास्त्र के कारण होनेवाला आर्थिक नुकसान, बौद्धिक कंगाली और मानसिक बीमारी इस संदर्भ में दयनीय वास्तव पर प्रकाश डालते हैं।

प्रत्येक वास्तु अलग होता है। उसमें होनेवाले वास्तुदोष भी अलग-अलग होते हैं। वास्तु में होनेवाले मुख्य दोषों के कारण ही घर में परेशानियाँ होती हैं। दोयम दोष जो मुख्य दोष के पूरक होते हैं, उदाहरणार्थ मुख्य दोष उत्तर या ईशान्य दिशा में हो तो उसका पूरक दोयम दोष दक्षिण या नैऋत्य दिशा में हो सकता है। अन्य दोष, मुख्य दोष और दोयम दोष को पूरक होते हैं। घर में फर्नीचर की रचना, शौचालय की दिशा, सोने की पद्धति, दीवान में बैठक की रचना आदि कई बातों पर ये दोष निर्भर होते हैं। अर्थात आग्नेय दिशा में रसोईघर, ईशान्य में पानी की टंकी, ऐसे कुछ उत्तम गुण भी वास्तु में हो सकते हैं।

इन सभी परिणामों की कल्पना न होने के कारण वास्तु दोष वैसे ही रह जाते हैं। इससे उस घर में होनेवाले व्यक्तियों का बार-बार दुर्घटनाग्रस्त होना, शस्त्रक्रिया, असमय मृत्यु, आग, खून, आत्महत्या, निरंतर बाँझपन, मंदबुद्धि आदि समस्याएँ दिखाई देती हैं। इतना ही नहीं बल्कि, परेशान करनेवाले बच्चे, घर की अशांति, विवाह की उलझनें, नौकरी की परेशानी आदि बातें भी वास्तुदोष के कारण ही मानी जाती हैं। अत: वास्तु निर्माण के समय कुछ बातों की ओर निश्चय ही ध्यान देना चाहिए। क्या रसोईघर नैऋत्य या ईशान्य कोने में तो नहीं है? आँगन में चारों तरफ से ढलान तो नहीं है? दक्षिण दिशा में कुआँ या पानी की टंकी तो नहीं है? अपने घर के बीचोबीच कुआँ या पानी का हौद तो नहीं है? ईशान्य दिशा की बाजू में कहीं शौचालय तो नहीं है? सोते समय आपका सिर दक्षिण दिशा में रहता है या उत्तर में? ईशान्य दिशा के कमरे में बेकार का सामान या बड़ी तिजोरी तो नहीं रखी है? घर का प्रवेशद्वार नैऋत्य दिशा में तो नहीं है? घर से बाहर निकलते समय आपका मुँह दक्षिण की ओर तो नहीं होता है? कार्यालय या घर में किसी के साथ भी बात करते समय आपका मुँह दक्षिण या पश्चिम की ओर तो नहीं रहता है? देवालय में ईश्वर की तस्वीर या आपका मुख दक्षिण दिशा में तो नहीं होता है ना? आपका देवालय नैऋत्य दिशा के कोने में तो नहीं ना? सोते समय अपना सिर बीम के नीचे तो नहीं आता है ना? टीवी अथवा फ्रिज ईशान्य कोने में तो नहीं रखा है?

भ्रामक वास्तुशास्त्र की दलीलें

विज्ञान को नकारना वर्तमान विश्व में किसी के लिए भी संभव नहीं है। यही कारण है कि इन वास्तुतज्ञों को भी अपनी भाषा थोड़ी-बहुत शास्त्रीय बनानी होती है। जैसे, ऋषि-मुनियों ने अपनी दिव्यदृष्टि से अदृश्य शक्ति कंपन पर सर्वांग विचार करके किस प्रकार का वास्तु निर्माण करने पर उसमें निवास करनेवाले मनुष्य पर उसका प्रभाव क्या हो सकता है, यह विभिन्न ग्रंथों द्वारा स्पष्ट किया गया है। सूरज का तेज एवं उसकी गर्मी और पृथ्वी का चुंबकत्व हम पर प्रभाव डालता है। हमारे द्वारा बनाए गए घर की रचना के कारण ये किरणें रोकी जाती हैं तो दरवाजे और खिड़कियों के माध्यम से कुछ मात्रा में हम तक पहुँचती हैं। फिर वे उसी मात्रा में शरीर के जीवरसायन पर तथा उसके द्वारा मनुष्य के मन पर असर करती हैं।

वैज्ञानिक दृष्टि से उदित होनेवाले सूरज की किरणें अमूल्य होती हैं। सुबह 5 से 7 तक की किरणों में अल्ट्रावायलेट किरणें होती हैं। इन किरणों का घर में प्रवेश होने पर सब बीमारियों का, बुरे विचारों का नाश होता है। इसीलिए पूर्व दिशा में वास्तु का दरवाजा होना फायदेमंद होता है। पूर्व की ओर मुख करके जितना काम कर सकते हैं, वह करें। इससे उत्तम सफलता प्राप्त होती है। विचारों का यह भोलापन शुरू हो गया तो स्वाभाविक रूप से बातें किसी भी दिशा में भटक जाती हैं और उससे बेबुनियाद निष्कर्ष निकाले जाते हैं। जैसे, घर का कुआँ या बोरवेल, पानी की टंकी का स्थान कहाँ पर है और उसका क्या परिणाम होता है?

उसका यह संबंध देखिए—ईशान्य से संपन्नता प्राप्त होती है, पूर्व से वैभव प्राप्ति होती है, आग्नेय से पुत्रनाश होता है, दक्षिण—पत्नी या स्त्री की मृत्यु एवं नैऋत्य—मकान मालिक की मृत्यु होती है, पश्चिम से धन लाभ होता है, वायव्य से बेवजह दुश्मनी निर्मित होती है, उत्तर से सुख एवं संतोष प्राप्त होता है। घर के बीचोबीच अर्थात ब्रह्म स्थान में कुआँ अथवा कूपनलिका होने पर संपत्ति का ह्रास होता है। मानसिक अस्थिरता, अशांति ये बातें इस वास्तु में रहनेवाले परिवार के जीवन में अवश्य घटित होती हैं।

अब ऐसी जटिलता हो तो जमीन खरीदने की बात, खरीद-बिक्री का व्यवहार नहीं रह जाता। इसमें दैवी बातों का मिश्रण होता है। इस बारे में वास्तुशास्त्रज्ञ की सलाह देखिए—"कभी भी जमीन सस्ते में मिलती है तो उसे मत खरीदिए या जगह अपनी सुविधा के अनुसार पाठशाला, घर, ऑफिस के नजदीक है, इसलिए न खरीदिए। वह जमीन वास्तुशास्त्र के नियमों के अनुसार है या नहीं देखिए। अर्थात जमीन की ढलान, प्लॉट के पास होनेवाले रास्ते, गड्ढे आदि पर विचार करके ही जमीन खरीदें। ये सारी बातें वास्तुशास्त्र के अनुसार होती हैं तो ही उस पर बनाए घर में संपन्नता प्राप्त हो सकती है।"

प्राचीन शास्त्र के नाम पर शुरू होनेवाला यह कल्पना विलास फिर स्वैर हो जाता है। फिर भी इसे वास्तुशास्त्र का शास्त्रीय आधार समझ लिया जाए ऐसा दावा भी किया जाता है। इसके कुछ नमूने देखिए। दिशा माहात्म्य बताने के लिए बताई हुई उत्तर दिशा में वस्तु या व्यक्ति स्थिर होता है। वह सहजता से अपना स्थान नहीं छोड़ता। जैसे, ध्रुवतारा। यह दिशा कुबेर की होने के कारण उस तरफ धन और वैभव का असीम भंडार है। यदि घर का मुख उत्तर में है तो कुबेर देवता की दृष्टि सदैव उस परिवार पर होती है। कोई आर्थिक अभाव नहीं होता। पश्चिम दिशा बेकार, जो वरुण की होती है। बारिश पर इसका अधिकार होता है। इस दिशा में रहकर कोई बात की तो वह बनती नहीं। अत: इस दिशा में कम से कम खिड़कियाँ, दरवाजे रखें। इससे उस दिशा का वास्तु पर असर नहीं होता। दक्षिण अर्थात मस्ती, ऐयाशी, व्यसन, झगड़ा, नुकसान, मृत्यु। वास्तु पुरुष मंडल में दक्षिण दिशा में यम देवता होता है, ऐसा माना जाता है। अत: इस दिशा में कम खिड़कियाँ एवं द्वार हों अथवा ना हों तो ज्यादा ठीक।

वास्तु पुरुष

इस पूरी वैज्ञानिक (!) दबंगबाजी के बाद अगर इसे नजरअंदाज किया जाए तो जो होगा उसका भड़कीला कल्पनाचित्र तो तैयार किया जाता ही है। नजरअंदाज करने से परिणामों को भुगतना पड़ता है। बार-बार दुर्घटनाएँ, हमेशा की बीमारी, शस्त्रक्रिया, असमय मृत्यु आदि वास्तुदोष के कारण निर्मित होते हैं। बाँझपन, बुद्धिहीनता, पागलपन, आत्महत्या, ये समस्याएँ घर में होने से वास्तुदोष की जरूर खोज करनी चाहिए। व्यवसाय में परेशानी, असफलता, आर्थिक समस्या, कुँवारापन, घर की अशांति ये सब वास्तुदोष के कारण ही घटित होते हैं। यह सब सुनने पर 'होम स्वीट होम' इस कल्पना द्वारा घर बनवाने चला मनुष्य वास्तु और वास्तुशास्त्र की शरण में न गया तो ही आश्चर्य होगा। (वास्तुशास्त्र ऐसा-वैसा शास्त्र बिलकुल नहीं है। अपने देश की संपन्न धार्मिक विरासत उसके पीछे खड़ी है। पाश्चात्य देशों में लोग घर बनवाते समय दिशा देखेंगे तो वह बारिश, हवा और धूप को ध्यान में रखकर। परंतु वास्तु द्वारा बनाए भूखंड पर आठ दिशाओं में आठ देवी-देवताओं का आवास होता है तथा इनकी कृपा संपन्नता लाती है, इसकी कल्पना उन अभागियों को कहाँ से होगी!) आज भी वास्तुशांति करते समय जो पूजा पुरोहित करता है, उसका धार्मिक संदर्भ कितने लोगों को मालूम होता है? वह इस तरह से है—देव और दानवों के युद्ध में दानवों की हार होने के कारण दानवों के गुरु भार्गव ने जयप्राप्ति हेतु यज्ञ किया। यज्ञसमाप्ति के बाद शांत हुए भार्गव के घर्मबिंदु यज्ञभूमि पर गिरे। इससे 'यज्ञायबलि' पुनरुज्जीवित हुआ और बढ़ते-बढ़ते एक महाकाय 'छागासुर' बन गया। भार्गव की आज्ञा से उसने

स्वर्ग तक चढ़ाई करके देवताओं को स्वर्गलोक से भगा दिया। छागासुर से डरकर सब देवता भगवान शंकर की शरण में आए। उन्होंने एक भूत का निर्माण करके प्रथम भार्गव और बाद में छागासुर इन दोनों का निष्पात करने की आज्ञा दी। भार्गव ने चालाकी से पलायन करके सीधे भगवान शिव के कान से उदर में आश्रय लिया। शंकर भगवान ने उसे अभय दिया। अभय मिलते ही भार्गव ने अपने शुक्र मार्ग द्वारा मुक्तता कर ली। इस प्रकार से वे शुक्राचार्य बने। भार्गव ने छागासुर को बचाने के लिए उसे भगवान शंकर की शरण में जाने की सूचना दी। उसे शंकराभिमुख अर्थात ईशान्य की ओर मुँह करके मुँह के बल पड़ी अवस्था में ही सशर्त आश्रय मिला। उनकी शर्त यह कि वहाँ से न उठते हुए अपने शरीर पर देवताओं को वास्तव्य करने देना। इस प्रकार किसी भी इमारत का भूखंड वास्तुपुरुषरूपी असुर से व्याप्त होता है तथा उसके शरीर के अलग-अलग अवयवों पर तरह-तरह के देवताओं का निवास होता है। वास्तु पूजन से हम उन्हें प्रसन्न कर लेते हैं।

वास्तुपुरुष हर रोज पहली यामिनी में उत्तर की ओर सिर करके, दायीं ओर सिर रखकर, पूर्व की ओर देखता रहता है और उसके पैर दक्षिण दिशा में होते हैं। दूसरी यामिनी में, पूर्व की ओर सिर, पश्चिम की ओर पैर, दक्षिण दिशा की ओर दृष्टि होती है। तीसरी यामिनी में दक्षिण में सिर, उत्तर में पैर और पूर्व की ओर दृष्टि होती है। चौथी यामिनी में पश्चिम में सिर, पूर्व में पैर और उत्तर की ओर दृष्टि होती है। जमीन में वास्तुपुरुष की जहाँ नाभि होगी वहाँ शिला स्थापन करें।

1. भादों से कार्तिक मास तक पूर्व की ओर सिर, दक्षिण दिशा की ओर दृष्टि होती है, इसलिए इन तीन महीनों में पश्चिम की ओर दरवाजा होनेवाला पूरब का घर और दक्षिण द्वार वाला उत्तर का घर बना सकते हैं।
2. मार्गशीर्ष, पूस और माघ महीने में वास्तुपुरुष का सिर दक्षिण में तथा दृष्टि पश्चिम दिशा में होती है। अत: उत्तर दिशा में द्वार होनेवाला दक्षिण दिशा का घर और पश्चिम दिशा में द्वार होनेवाला पूर्व दिशा का घर बना सकते हैं।
3. फागुन, चैत, बैसाख मास में वास्तुपुरुष का सिर पश्चिम में तथा दृष्टि उत्तर दिशा में होती है, इसलिए पूर्व दिशा में दरवाजा होनेवाला पश्चिमगृह तथा उत्तर दिशा में दरवाजा होनेवाला दक्षिणगृह बनवा सकते हैं।
4. जेठ, आषाढ़, सावन महीने में वास्तुपुरुष का सिर उत्तर दिशा में तथा दृष्टि पूर्व की ओर होती है। इसलिए इन तीन महीनों में दक्षिण दिशा में मुख्य द्वार होनेवाला उत्तरगृह और पूर्व दिशा में मुख्य द्वार होनेवाला पश्चिमगृह बना सकते हैं।

बैसाख, सावन, कार्तिक, मार्गशीर्ष, माघ और फागुन ये महीने घर बनवाने के लिए अनुकूल होते हैं।

इतना सब कुछ लिखने का प्रयोजन क्या है? यह लिखनेवाली ही जाने। सृष्टि में होनेवाली वायु, अग्नि, जल आदि प्राकृतिक शक्तियों के लिए अनुकूल होनेवाला घर मानव बनवाए, ऐसा वास्तुशास्त्रज्ञों ने अपने अनुशीलन के बाद तय किया है। उनमें से कइयों ने अपने अनुभवों के आधार पर कुछ मूल सूत्र सामने रखे हैं। पर इस वास्तुपुरुष का उल्लेख करनेवाला या उसका रूप-रंग, कामकाज अथवा उसके प्राकृतिक लक्षणों के विषय में बतानेवाला उनमें कोई नहीं है। यह वास्तुपुरुष हमेशा दाईं करवट पर ही सोता है और तीन महीने के बाद अपने सिर की दिशा बदलता है। वास्तुपुरुष के पैर एवं उसकी दृष्टि के सामने जो स्थान है, वहाँ उस महीने में घर बनवाना आरंभ न करें। जहाँ उसका सिर और पीठ है उस दिशा में गृह निर्माण करवाएँ। वास्तुपुरुष हर समय अपना सिर, पैर, भला क्यों इधर से उधर करता है? सालभर एक दिशा में क्यों सोता है? ठीक है, वास्तु के लिए वह करता भी है, तो वह क्या करता है? और उसका अनुकरण करके मानव को अपना घर भला क्यों बनवाना चाहिए? उसमें ग्रामनाम और नक्षत्र को अनुकूल होनेवाले, इस वास्तुपुरुष की स्थिति के अनुसार घर बनवाने से हमें अमुक फल की प्राप्ति हुई ऐसे विश्वास के साथ, मन में कोई आशंका न रखते हुए कोई बतानेवाला है? ऐसा कोई होगा तो ही इन सभी बातों को ध्यान में रखना उचित होगा।

आभासी विज्ञान

केवल प्राचीनता एवं धार्मिकता पर्याप्त नहीं, इसलिए साथ में (नकली) वैज्ञानिकता को लाया गया है। कुछ आर्किटेक्ट, इंजीनियर और गृहनिर्माण व्यावसायिक शास्त्र का नाम लेकर ऐसे मामलों को हवा देते हैं। एनर्जी फ्लो थीअरी, टोपोलॉजी थीअरी और कॉन्डंट थीअरी, हार्टमन ग्रिड ऐसे शब्द आने से निश्चित ही शास्त्र का आभास होता है। ऐसा दावा किया जाता है कि वास्तुशास्त्र प्रायोगिक नहीं बल्कि निरा शास्त्र है। उसमें विद्युत चुंबक, आकाशस्थ ग्रहगोल के परिणाम, कॉस्मिक किरणों का व्यक्ति पर असर पड़ता है। जैसे, पोलाद की सरियों का उपयोग करके बनाए गए वास्तु में पृथ्वी के गर्भ में होनेवाले चुंबक और वास्तु में होनेवाले लोहे से विद्युत चुंबकीय क्षेत्र तैयार होता है। व्यक्ति के आसपास का यह चुंबकीय क्षेत्र, गृहनिर्माण में उपयोग में लाए गए लोहे के कारण छिदता है। उसके कारण सूक्ष्म विद्युत प्रवाह निर्मित होता है। अपनी मज्जा संस्था से जो विद्युत स्पंदन जाते हैं, उन पर भी उसका असर होता है तथा मानसिक अवस्था से लेकर कई बीमारियाँ उत्पन्न हो सकती हैं। खून में लौह तत्त्व होता है। विद्युत चुंबकीय क्षेत्र का इस लौह तत्त्व पर असर होता है। इससे रक्ताभिसरण में गंभीर दोष हो सकते हैं। इन बातों को टालना है तो वास्तुशास्त्र का पालन करना ही इसका सर्वोत्तम इलाज है।

प्रारब्ध और वर्ण व्यवस्था का समर्थन

इतना पर्याप्त नहीं है इसलिए इस प्रस्तुति को प्रारब्ध इस कल्पना को जोड़ दिया जाता है। ऐसा कहा जाता है कि वास्तुशास्त्रानुरूप बनवाया गया घर व्यक्ति को अपना भाग्य अनुकूल करने में मदद करता है। लेकिन अगर ऐसा नहीं हुआ तो? बी.एन. रेड्डी पूर्व सांसद तथा वास्तुशास्त्री भी हैं। उनके मतानुसार राजीव गांधी, वी.पी. सिंह, नरसिम्हाराव, चंद्रशेखर इन प्रधानमंत्रियों को जब वे सत्ता में थे तब और उसके बाद भी जो भुगतना पड़ा, इसका कारण उनके घरों के दरवाजे दक्षिण-पश्चिम में थे। उनका नसीब ही उलटा-पुलटा हो गया। यही दरवाजे यदि पूर्व-उत्तर दिशा में होते तो तकदीर बदल जाती। सबसे गंभीर बात यह है कि इस प्राचीन वास्तुशास्त्र ने वर्ण व्यवस्था का स्पष्ट समर्थन किया है। इस शास्त्र के अनुसार—

श्वेतवर्ण, मीठे गुण एवं घी की गंध वाली भूमि ब्राह्मणों को, श्वेतवर्ण, तीखे गुण और खून की गंध वाली भूमि क्षत्रियों को; पीले वर्ण, कड़वे गुण और अन्न की गंध वाली भूमि वैश्यों को और कृष्ण वर्ण, अर्क स्वाद, मद्य की गंध वाली भूमि शूद्रों को दी जाए। अर्थात यह तथाकथित वास्तुशास्त्र भारतीय संविधान के मूल्यों से सीधा द्रोह करता है। वर्ण, जाति व्यवस्था का समर्थन करनेवाली बातों का विज्ञान की कसौटी पर समर्थन करना असंभव ही है।

आयन का विवरण

वास्तुशास्त्र में जो अनगिनत निरर्थक पद्धतियाँ खम ठोंककर बैठी हैं, उनमें से एक है—आयन।

आयन का अर्थ मर्म, अर्थात अत्यंत महत्त्वपूर्ण मर्म का हिस्सा, परिणाम, नाप-तौल, शरीर के मुख्य अंग, एकाध प्रश्न का महत्त्वपूर्ण अंश, एक प्रकार का आभूषण, आमदनी, लाभ, अश्वशाला, स्त्रियों के निवास स्थान पर पहरा देनेवाला पहरेदार, ऐसा होता है।

वास्तुशास्त्र में घर के गर्भ की लंबाई-चौड़ाई के गुणाकार को आयन कहते हैं। आयन घर को जीवन देता है। उसी से गृहस्थों को स्वास्थ्य, भोग-भाग्य मिलता है, यह धारणा है। गृहनिर्माण में आयन की सुविधा एक आचरण बना है।

सबसे पहले घर के गर्भ का मतलब क्या है यह देखेंगे। दो दीवारों के बीच की जगह को गर्भ कहते हैं। कुछ लोग दीवारें छोड़कर ली गई नाप को गर्भ कहते हैं। कुछ लोग दीवार की आधी चौड़ाई से दूसरी दीवार की आधी चौड़ाई तक को तो अन्य कुछ लोग दीवार की पूरी चौड़ाई के साथ ली गई नाप को गर्भ कहते हैं। कुछ तरह-तरह से इसकी व्याख्या करते हुए नजर आते हैं। प्राचीन काल में पत्थर

की दीवारें 24 इंच चौड़ी होती थीं। आजकल 18 या 16 इंच चौड़ाईवाली दीवार होती है। ईंट की दीवारें 14 या 9 इंच की होती हैं। इसकी कौन सी चौड़ाई प्रमाण मानकर लें? ऐसे सटीक पद्धति न होनेवाले सूत्रों को कैसे मान्यता मिलेगी भला?

कोई भी एक ऐसी पद्धति से न होनेवाले नाप-तौल द्वारा निश्चित किया गया गृहगर्भ का आयन गृहनिर्माण हेतु कैसे अनपयुक्त होता है, यह सहज समझ में आ सकता है।

आयन निश्चिति हेतु लगनेवाले नाप-तौल के लिए घर के मालिक के हाथ का परिमाण लेकर या उसकी वरिष्ठ पत्नी के हाथ का परिमाण लेकर (अर्थात प्रत्येक गृहनिर्माण करनेवाले व्यक्ति को एक से अधिक पत्नियाँ होनी चाहिए?) या वरिष्ठ पुत्र के हाथों का परिमाण या अंत में वास्तुशिल्पी के हाथों का परिमाण लेकर घर का नाप-तौल कर सकते हैं, ऐसा बताया गया है। क्या वर्तमान युग में इस प्रकार का नाप लेकर घर बनवाना संभव है? ऐसे अलग-अलग हाथों से परिमाण लेकर घर बनाया तो आयन का क्या महत्त्व रहेगा? इससे आयन के सुफलितों का लाभ कैसे मिलेगा? अच्छा, घर कैसे भी बनाएँ, उसका नाप-तौल किसी न किसी हाथ के आकार से क्या सुमेलित नहीं होगा? यदि ऐसा है तो शास्त्र के अनुसार अच्छे-बुरे फल मिलने की संभावना न के बराबर होगी और उलटा-पुलटा परिणाम नहीं निकलेगा?

आयन के आठ प्रकार निश्चित किए गए हैं जो इस तरह हैं—(1) ध्वज आयन, (2) धूम आयन, (3) सिंह आयन, (4) श्वान आयन, (5) वृषभ आयन, (6) खर आयन, (7) गज आयन और (8) काक आयन।

आयन संबंधी मार्गदर्शन के लिए निम्नलिखित सूत्र तैयार किए गए हैं—

घर की लंबाई का चौड़ाई से गुणा किया जाए तो प्राप्त संख्या को नौ से गुणा करने पर आनेवाली संख्या को आठ संख्या से छेद देना। बाकी एक रहे तो ध्वज आयन, दो बाकी रहे तो धूम आयन, तीन बाकी रहे तो सिंह आयन, चार बचे तो श्वान आयन, पाँच बचे तो वृषभ आयन, छह बचे तो खर आयन, सात बचे तो गज आयन और आठ बचे तो काक आयन मान लें ऐसा कहा है। परंतु आठ से छेद देने पर यदि शेष शून्य बचता है, तो क्या करें, इस विषय में कुछ नहीं कहा गया है। हाँ, कौन सा आयन कैसे फलित होता है यह जरूर बताया गया है। ध्वज आयन सकल शुभमय है, अतः वह धनविजय प्राप्त कराता है। धूम आयन जीवन को व्याधिग्रस्त करते हुए पत्नी के स्वास्थ्य को हानि पहुँचाता है। सिंह आयन शत्रु का विनाश करता है। इतना ही नहीं, बल्कि आर्थिक रूप से संपन्न, सदा सुहागन बनाए रखता है और असहाय को शूर बनाता है। श्वान आयन के अशुभ परिणाम होते हैं एवं वह रोगी बनाता है। वृषभ आयन शुभदायी धन लाभ करवाता है। खर आयन हमेशा अर्थपूर्ण सैर करवाता है। गज आयन जीवन को तेजोमय बनाकर शुभ कार्य करवाता है तथा काक आयन शोक प्रदान करके जीवन को छिन्न-भिन्न कर

छोड़ता है, ऐसा कहा गया है। और पूर्व दिशा में ध्वज आयन का प्रमाण गिनकर स्नानगृह, आग्नेय कोने में धूम आयन के नाप-तौल से रसोईघर, दक्षिण में सिंह आयन के नाप-तौल से शयनगृह, नैऋत्य में श्वान आयन का नाप-तौल करके आयुधागार, पश्चिम दिशा में वृषभ आयन से भोजनशाला, उत्तर दिशा में गज आयन आ जाए इस उद्‌देश्य से खजाना और ईशान्य कोने में काक आयन के हिसाब से देवालय बनवाना सफल सौख्य का आधार होता है, ऐसा कहा गया है।

इन आयन के विषय में और उनके फल का अध्ययन करने से यह दिखाई देता है कि पुराने जमाने में आयन रजवाड़ों के लिए और अन्य विशाल महलों के लिए निश्चित किए गए हैं। सामान्य व्यक्ति के घर के लिए नहीं, क्योंकि आयनों के आठ प्रकारों से यह दिखाई देता है कि उस समय के राजाओं के किलों में गज (हाथी), अश्व, श्वान आदि पशुओं के लिए निवासस्थान एवं पंछियों के लिए पिंजड़े होते थे। हिंस्र पशुओं के लिए भी विशेष आवास तैयार किए जाते थे। शायद पशुओं के स्वभाव विशेष के अनुसार तथा उनके खानपान की आदतों के हिसाब से वे आवास स्थल तैयार किए होंगे। प्राचीन वास्तुग्रंथ में आयन निर्णय संबंधी भिन्न-भिन्न पद्धतियाँ दिखाई देती हैं। आयन वास्तु निर्माण का सामर्थ्य बतानेवाला केवल एक अंश है, इसको ध्यान में रखते हुए वास्तुशास्त्र में वह अत्यंत महत्त्वपूर्ण है, ऐसी उसकी प्रशंसा करके साधारण घरों के लिए भी उसे लागू किया जाता है, यह आश्चर्य की बात है।

11 जौ की नाप-तौल से लेकर 32 हस्तों तक के घर में आयन की आवश्यकता नहीं, ऐसा कुछ वास्तुशास्त्रज्ञों ने लिखा है। 8 जौ का 1 इंच होता है, ऐसा कहा है। 11 जौ का मतलब है 1 इंच से 3 जौ अधिक, ऐसा नाप होता है। ऐसे नाप-तौल से किस प्रकार घर बनवाना संभव होगा, इसकी कल्पना करना ही ठीक होगा। 16 हस्तों से कम और 32 हस्तों से अधिक होनेवाले घरों को आयन का पालन करने की जरूरत नहीं होती है, ऐसा 'वास्तुचिंतामणि' ग्रंथ में कहा गया है। 'मुहूर्त मार्तंडम्' नामक ग्रंथ में चार दिशाओं के चार बाजुओं को आयन पालन करने की जरूरत नहीं होती है, ऐसा कहा है। इसके अलावा गाँव में होनेवाले घरों को तो आयन की जरूरत ही नहीं होती है, ऐसा भी कहा गया है।

इस प्रकार से तरह-तरह के अभिप्राय और अलग-अलग पद्धतियों से यह कहा जा सकता है कि कुछ वास्तु निर्माण को आयन लागू होता है तो कुछ वास्तुओं को नहीं। यह अगर वैश्विक शास्त्र होगा तो एकाध सूत्र उससे संबंधित होनेवाले सब विषयों और वस्तुओं पर एक ही प्रकार से लागू होना चाहिए। वे केवल कुछ एक पर ही लागू होते हैं, यह कहने का कोई मतलब ही नहीं है। यह आयन नामक प्रकार सब प्रकार के गृहनिर्माण के लिए आवश्यक है, यह कहीं पर भी नहीं कहा गया है। इतना ही नहीं तो वास्तु में होनेवाला दोष सुधारने के लिए भी आयन उपयुक्त सिद्ध

नहीं होता। उलटा घर बनवानेवालों के लिए वह अनिवार्य बन गया है। लेकिन कुछ लोगों को घर बनवाने के लिए आयन प्रतिबंधकारक सिद्ध हुआ है।

डरानेवाला शास्त्र (!)

प्राचीन दैवी वास्तुशास्त्र के आदेश कितने अशास्त्रीय हैं और उसी समय आम लोगों में उसका कैसे आतंक फैलानेवाले हैं, इसकी झलक के रूप में गौरू तिरुपति रेड्डी की वास्तुशास्त्र पर आधारित बिक्री का उच्चांक प्राप्त करनेवाली पुस्तक से थोड़ी सी जानकारी नीचे दे रहा हूँ। शास्त्र मनुष्य को निर्भय बनाता है लेकिन यह वास्तुशास्त्र उसे कैसे आतंकित करता है, इसको समझने के लिए इतना काफी है।

घर के इर्द-गिर्द होनेवाली सड़कें और उनकी संख्या घर को प्रभावित करती है। आपकी उन्नति या दुर्गति के लिए वे काफी हद तक कारण बनती हैं। एक ही रास्ता होनेवाले स्थल की अपेक्षा दो रास्तेवाला स्थल अच्छा, तीन रास्तोंवाला स्थल उससे भी अधिक अच्छा, चार रास्तोंवाला स्थल सर्वोत्तम! अगर घर का उत्तर या पूर्व दिशा से रास्ता होगा तो वह भाग्य की बात होती है। पूर्व से बाहर निकलने के बाद अगर रास्ता पूर्व आग्नेय की ओर ले जाता हो तो वह जगह तुरंत छोड़नी चाहिए। अगर घर से सीधे ईशान्य, पूर्व या उत्तर की ओर जानेवाला रास्ता हो तो ऐसा स्थल न चुनें। इस प्रकार का आना-जाना महादुर्दशा की ओर ले जाता है। पूर्व-आग्नेय ऐसा रास्ता होनेवाला घर काफी बुरा प्रभाव डालता है। पूर्व या दक्षिण में रास्ता होनेवाला स्थल छोड़ देना चाहिए। इस प्रकार का रास्ता रद्दी-कचरा माँगता है ऐसा वास्तुशास्त्र बताता है।

वास्तुशास्त्र के अनुसार घर बनाते समय दरवाजों, खिड़कियों, स्नानगृह, शौचालय, कुआँ आदि की जैसे रचना की जाएगी उसके अनुसार घर में रहनेवाले लोगों को अच्छे-बुरे परिणाम भुगतने पड़ते हैं। घर के आँगन में लगाए पेड़-पौधे भी विशिष्ट जगह में लगाए जाएँ तो ही वे स्वास्थ्य की दृष्टि से सुखकारक सिद्ध होते हैं। घर के आँगन में नारियल और अन्य बड़े पेड़ दक्षिण नैऋत्य से आग्नेय तक, पश्चिम नैऋत्य से वायव्य तक लगाए जा सकते हैं। पूर्व, उत्तर और ईशान्य दिशा में किसी भी प्रकार के पेड़ न लगाएँ। छोटे पौधे लगाएँ तो बेहतर।

छाछ बनाने की मथानी पूर्व की दीवार से लगाकर न रखते हुए जमीन में एक लाठी गाड़कर या दीवार में एक लंबी कील ठोंककर उससे लटकाएँ। छाछ मथनेवाले का मुख हमेशा पूर्व दिशा में हो। साथ ही रसोईघर में चूल्हा आग्नेय कोने में पूर्व की ओर न रखते हुए उसे पूर्व दिशा में रखकर पूर्व की ओर मुख करके खाना बनाना अत्यंत महत्त्वपूर्ण होता है।

रसोईघर में होनेवाले पानी के घड़े पूर्णतः ईशान्य में न रखते हुए पूर्व और उत्तर की दीवार को स्पर्श न हों ऐसे रखने चाहिए। ईशान्य में घड़े के नीचे चौथरा तैयार न करें। लेकिन नैऋत्य की ओर चौथरा बनाकर उस पर घड़ा रख सकते हैं।

झाड़ू, मूसल, लाठियों को नैऋत्य कोने में रखें। ईशान्य कोने में कुछ समय के लिए भी न रखें।

कमरा साफ करके निकाला हुआ कचरा ईशान्य में इकट्ठा न करें। उसे तुरंत बाहर फेंक देना चाहिए। मूसल, जाँत, ग्राइंडर और भारी वस्तुएँ पश्चिम, दक्षिण, नैऋत्य में कमरे के लिए अनुकूल हों, ऐसे रखिए।

आलमारी को नैऋत्य कोने में उत्तर की ओर मुख करके रखना अति उत्तम। पूर्व की ओर मुख करके रखा तो भी चलेगा। कुछ लोग उत्तर कुबेर का स्थान है इसलिए तो कुछ लोग ईशान्य ईश्वर का स्थान ऐसा मानकर अलमारियाँ उत्तर दिशा के कमरे में उत्तर दिशा की दीवार से सटाकर या ईशान्य के कोने में रखते हैं। ऐसा करने से उन्हें आर्थिक विपरीत परिणाम भुगतने पड़ते हैं।

रेफ्रिजरेटर, आयरन, टेबल, जूतों का रैक, सोफा-सेट वगैरा दक्षिण-पश्चिम कमरों में उसी दिशा की दीवार से सटाकर रखें। टेरेस पर होनेवाला टीवी का एंटीना नैऋत्य दिशा में चौथरा बाँधकर रखें। ईशान्य में न रखें। मवेशियों का चारा रखने की जगह दक्षिण या पश्चिम में हो तो चलेगा।

शयनगृह या अन्य किसी भी कमरे में पूर्व-उत्तर में अधिक खुली जगह रखें तथा दक्षिण-उत्तर में कम रखें। दक्षिण की ओर सिर रखकर सोने से अच्छा लाभ मिलता है। इसलिए 'गाँव के सभी लोगों ने आग्रह किया तो भी उत्तर दिशा में सिर न करें। दान धर्म न कर पाए तो भी ठीक है लेकिन दक्षिण में सिर रखकर सोना आवश्यक है' ऐसे मुहावरे तेलुगु भाषा में प्रचलित हैं। पूर्व की ओर सिर करना भी अच्छा होता है। लेकिन किसी भी स्थिति में उत्तर या पश्चिम दिशा में सिर मत रखिए। दीवार से सटाकर खड़ी करके रखी हुई चारपाई को पश्चिम-दक्षिण की दीवारों को सटाकर रखना उत्तम। बाईं करवट पर सोने की आदत स्वास्थ्य के लिए लाभदायक होती है।

प्रत्येक घर में पूजा का कमरा ईशान्य में बनाने की पद्धति है। फिर भी कई लोग ईशान्य में देवालय के स्थान पर वजनदार सामान रखकर अपना जीवन बोझिल बनाते हैं। पूर्व ईशान्य की दीवार में आला बनाकर, चौथरे की बजाय जमीन पर आसन लगाकर अपने इष्ट देवी-देवताओं की निष्ठा से पूजा करना श्रेष्ठ होता है। ईश्वर के लिए मंडप बाँधना हो तो पश्चिम दिशा की दीवार से सटाकर बँधवाया जाए। ईशान्य में ईश्वर की पूजा करने से अवकृपा होती है। वैसे ही घर को आवश्यक होनेवाले दरवाजे, खिड़कियाँ ईशान्य में रखें। वे नैऋत्य में न हों। खाना खाने के बाद थाली धोकर पानी नैऋत्य, आग्नेय, वायव्य या दक्षिण-पश्चिम दिशा में न फेंकें। बर्तन धोया हुआ पानी पूर्व-उत्तर दिशा में ईशान्य की ओर गिरेगा ऐसी व्यवस्था करें।

बुजुर्गों की तथाकथित गवाही

व्यवसाय में वृद्धि करनी हो तो कुछ नामचीन लोगों की सलाह आवश्यक ही है। कुछ दिन पहले टाइम्स ऑफ इंडिया में इस प्राचीन वास्तुशास्त्र का पालन करनेवाली कंपनियों के नाम आए थे। उसमें लार्सन टुर्बो, इंजीनियरिंग कंपनी, लिंटास, विज्ञापन की अग्रणी कंपनी, जी टीवी का दिल्ली स्टूडियो, इस्पात का लौह कारखाना, बिरला कंपनी का सेंच्युरी केमिकल, साथ ही जहाज बनानेवाली कंपनी, हिंदुस्तान मोटर्स, ओरियंट फैन जैसी बड़ी-बड़ी हस्तियों के बयान थे। इन कंपनियों ने अपने उद्योगों की नई फैक्टरियाँ वास्तुशास्त्र के अनुसार बनवाई हैं। कई कंपनियों ने पुरानी जगहों पर इस शास्त्र के अनुसार बदलाव किए हैं। कई कंपनियों ने कर्मचारियों की अंतर्गत बैठक व्यवस्था में बदलाव किया है। इसके कारण इन कंपनियों का अधिक विकास हुआ है। कुछ कंपनियों को तो निर्यात संबंधी ऑर्डर मिले हैं। इस तरह का उनका मत समाचार-पत्रों में दर्ज किया है।

ऐसी ही एक गवाही है आंध्र प्रदेश के भूतपूर्व मुख्यमंत्री तथा केंद्रीय मंत्री डॉ. चेन्ना रेड्डी की। उन्होंने कहा है कि "मेरे बँगले की नैऋत्य दिशा में बनवाया गया पानी का तालाब वास्तुशास्त्र के नियमों को भंग करता था।" उस नियम के अनुसार वहाँ कुछ मजबूत और ऊँचा निर्माण-कार्य हो इसके लिए उन्होंने वहाँ गैरेज बनवाया। अपेक्षित ऊँचाई प्राप्त करने हेतु उस गैरेज पर और दो मंजिलें बनवाईं। इस कारण उनका विकास हुआ। जब वे उत्तर प्रदेश और पंजाब के राज्यपाल थे, तब भी उन्होंने राज्यपाल भवन में वास्तुशास्त्र के अनुसार बदलाव किए। उनको पता था कि वे उस घर में कुछ दिनों के लिए ही रहनेवाले हैं लेकिन उनका यह कहना था कि वहाँ जो भी कोई आएगा, उसे पूरी जनता के हित के निर्णय लेने हेतु किये गए ये बदलाव उपकारक सिद्ध होंगे।

कुछ समय पहले के उदाहरण हैं–जब आंध्र के एन.टी. रामाराव दुबारा मुख्यमंत्री बने तब उन्होंने वास्तुशास्त्र के अनुसार सचिवालय के प्रवेशद्वार की दिशा बदल दी। अन्य भी कुछ बदलाव किए। उनको पदच्युत करके मुख्यमंत्री बने उनके दामाद चंद्रबाबू नायडू ने फिर आंध्र के सचिवालय में अपनी उन्नति के लिए वास्तुशास्त्र के अनुसार बदलाव किए और कार्यालय की वास्तुरचना ही बदल दी। प्रधानमंत्री देवेगौड़ा ने प्रधानमंत्री पद की शपथ लेने के पश्चात् प्रवेश करते समय वास्तुशास्त्र का ही आधार लिया तथा ऐन मौके पर बदलती सलाह के अनुसार अपने निवासस्थान भी बदल दिए। यह सब यहीं खत्म नहीं होता है। कुछ दिन पहले बेंगलुरु में वास्तुशास्त्रज्ञों की परिषद हुई। उसमें यह माँग की गई कि कर्नाटक राज्य के गृहनिर्माण के नियम प्राचीन वास्तुशास्त्र की दृष्टि से सुसंगत नहीं हैं, इसलिए उनमें परिवर्तन करना चाहिए। इन सबके साथ वास्तुशास्त्र के कारण

होता यह है कि उस वास्तु में रहनेवालों के नसीब 25 प्रतिशत बदल जाते हैं। शेष 75 प्रतिशत उनके पूर्व प्राक्तन के कर्मों पर निर्भर होता है, यह बताना भी परिषद नहीं भूली।

प्राचीन वास्तुशास्त्र की सत्यता एवं असत्यता

प्राचीन विरासत के प्रति स्वाभिमान होना इसमें कुछ गलत नहीं है। परंतु प्राचीन काल में हमारे पास सब कुछ था ही और वही सर्वश्रेष्ठ था और है, यह दुराग्रह है। सही क्या है, गलत क्या है? इष्ट क्या है, अनिष्ट क्या है? शास्त्रीय क्या है, अशास्त्रीय क्या है? यह वस्तुनिष्ठ विचार वैज्ञानिक युग में करना सहज संभव है। (हमेशा ऐसा कहा जाता है की वास्तुशास्त्र का संबंध सीधा वेदों से है, इसलिए जाँच-पड़ताल करते समय आशंका का कोई कारण नहीं है। जबकि वास्तुशास्त्र के विकृत संदिग्ध आशय को खुद का मकान बनवानेवाले और नाजुक भावनाओं से जुड़े जनसामान्यों के मन में घुसाकर संभ्रम निर्माण करना गलत है।)

प्राचीन काल तकनीकी दृष्टि से विकसित नहीं था। गृहनिर्माण की पद्धतियाँ काफी सीमित थीं। जमीन की सतह पर होनेवाले गृहनिर्माण में लकड़ी के खंबे, शहतीर, धरन, कड़ी, पटाव आदि का इस्तेमाल किया जाता था। घर की जमीन का बाजू तिरछा हो तो कड़ीपाट की रचना करने के लिए पर्याप्त विकसित तकनीक न होने के कारण काफी परेशानी होती थी। इसलिए भूखंड आयताकार हो ऐसा नियम था। परंतु वर्तमान विज्ञान के विकसित काल में भूखंड कैसा भी हो कंक्रीट के तंत्र से इच्छित आकार तैयार करना संभव होने के कारण, भूखंड तिरछा न हो यह नियम गैरलागू हो जाता है। हाँ, भूखंड तीन रास्तों के टी जंक्शन के सामने न हो, यह सोच तत्कालीन परिस्थिति के अनुसार उचित थी। प्राचीन काल में रास्तों पर बहुत धूल थी। घोड़े, रथ, बैलगाड़ी आदि वाहन इन रास्तों पर तेज रफ्तार से जाने के कारण तीन रास्तों पर होनेवाले मकान पर धूल जमा होकर पूरे घर को मटमैला कर देती थी। इसलिए जहाँ तीन रास्ते जुड़े हों वहाँ घर न हो यह नियम उचित ही था। लेकिन वर्तमान युग में कोलतार एवं सीमेंट के पक्के रास्ते होते हुए इस नियम का पालन करना सुविधाजनक नहीं लगता।

पुराने जमाने में गृहनिर्माण के लिए प्लॉट या भूखंड यह संकल्पना ही नहीं थी। घर भी एक-दूसरे पास तथा एक-दूसरे से सटाकर बनाए जाते थे। ऐसी स्थिति में दक्षिणमुखी घर हो तो ऐसे घर में वायुविजन (वेंटिलेशन) ठीक से नहीं होता था, इसके परिणामस्वरूप उसमें रहनेवालों के स्वास्थ्य में गिरावट आती थी। अत: दक्षिणमुखी घर न हो, ऐसा नियम था। वर्तमान युग में भूखंड पर घर बनवाते समय घर के आजू-बाजू में खाली जगह छोड़ने का रिवाज है। यह सरकारी नियम भी

है। वास्तुरचना का प्रगल्भ तंत्रज्ञान उपलब्ध होते हुए, आज भी हम प्राचीन नियमों को प्रमाण मानेंगे तो यह विचार कालबाह्य सिद्ध होगा। प्लॉट की किस दिशा में कुआँ, जलप्रवाह, नदी, जलाशय है यह देखना वर्तमान दौर में हास्यास्पद लगता है। इमारत की छत पर होनेवाली पानी की टंकी द्वारा नल से घर में पानी पहुँचाने की सुविधा होने पर भी कुआँ, तालाब, नदी आदि का विचार करने की बात करनेवाले व्यक्तियों के प्रति दया भाव जाग्रत होता है।

उष्ण कटिबंध में हवा की दिशा पश्चिम एवं दक्षिण इन दिशाओं से मौसम के अनुसार बदलती रहती है। यह सूत्र ध्यान में रखकर रसोईघर आग्नेय दिशा में हो ऐसा शास्त्र में कहा है। पहले रसोई चूल्हे पर बनाई जाती थी। इस कारण रसोई घर में धुआं होता था। यदि आग्नेय को रसोईघर हो तो हवा की दिशा के नुसार धुआं अपने आप बाहर जाएगा। अत: यह परंपरा स्थिति के अनुसार थी। परंतु वर्तमान समय में गैस, स्टोव, बिजली पर चलनेवाला चूल्हा यदि इस्तेमाल करते हैं तो इस नियम का पालन आवश्यक नहीं रहता है।

विचार तो करेंगे?

प्राचीन शास्त्र में गड़बड़ी तथा हो-हल्ला, इसके सिवा क्या है? दुनिया के किसी भी इलाके के डॉक्टर को खून में होनेवाली शुगर की रिपोर्ट दिखाई या फेफड़े की तस्वीर दिखाई तो शुगर या टी.बी. हो तो सबका निदान एक ही आएगा। इसीलिए तो वैद्यक 'शास्त्र' है। एक ही इमारत के लिए दो वास्तु विशेषज्ञों की सलाह ली तो वो सलाह परस्पर विरोधी होती है क्योंकि इसका आधार ही शास्त्रीय नहीं है। वास्तु लाभदायक है या नुकसानदेह है ऐसा मान लिया तो इसका प्रभाव किस पर पड़ता है? उस वास्तु के मालिक पर या उसमें रहनेवाले किरायेदार पर? इसका कहीं जिक्र नहीं मिलता। कहा जाता है कि अगर भूखंड का आकार तिकोना है तो उसमें रहनेवालों में झगड़े शुरू होते हैं। ऐसा निष्कर्ष देनेवाला यह शास्त्र हास्यास्पद प्रतीत होता है। वैसे ही ऑफिस के फर्नीचर की पुनर्रचना की तो व्यवसाय में सफलता कैसे मिलेगी? घर पश्चिम-दक्षिण दिशा में हो तो बीमारी निश्चित आएगी, ऐसा इस तथाकथित शास्त्र का दावा है। सच में देखा जाए तो बीमारी का संबंध स्वास्थ्य की आदतों और गंदगी से होता है या घर का द्वार किस दिशा में है इससे? एक बार अगर वास्तु लाभदायी है यह मान्यता मिल गई, तो अस्पताल, मंदिर, कारखाने, व्यापारी, उद्योग समूह, शिक्षा-संस्थाओं का वास्तु निर्माण इस शास्त्र के निकषों के आधार पर हो यह माँग होना स्वाभाविक है। साथ ही फलज्योतिष का समावेश विश्वविद्यालय के पाठ्यक्रम में किया जाए और साथ ही इंजीनियरिंग पाठ्यक्रम में वास्तुश्रद्धा शास्त्र को स्थान दिया जाए यह भी माँग की जा सकती है। इतना सब

शास्त्रीय था तो उसका बारीकी से प्रयोग करके बनवाए गए कई मंदिर कैसे लूटे गए? लेकिन इसके बारे में कोई नहीं सोचता।

बौद्धिक दीवालियापन, मानसिक गुलामी

मनुष्य और समाज व्यवस्था प्रश्न निर्माण करती है। घर की बनावट पर उसमें रहनेवाले युवकों की बेरोजगारी निर्भर नहीं होती। उसका संबंध होता है, देश की अर्थनीति से। कारखाने का भूखंड और वहाँ की इमारत का मजदूरों में हुए हिंसाचार से कोई संबंध नहीं होता। वह होता है मालिक-मजदूर संबंध से। खूब प्रगति होना, संपन्न होना यह व्यक्ति की मेहनत और गतिमान अर्थकारण पर निर्भर होता है।

यह समझ में आता है लेकिन जँचता नहीं है। सामान्यत: ऐसी दलीलें दी जाती हैं कि अगर अधिक नुकसान नहीं होता तो इस शास्त्र का आधार लेकर प्रतीति होती है या नहीं यह क्यों न देखा जाए? बाकी के छोटे-बड़े नुकसान छोड़िए परंतु इस तर्कनिष्ठ विचार से, तथाकथित वास्तुशास्त्र के अधीन जाने का मतलब है देश के संविधान का और मानव जाति का अपमान करना। भारतीय संविधान में नागरिकों के जो कर्तव्य बताए गए हैं, उनमें एक महत्त्वपूर्ण कर्तव्य है—'वैज्ञानिक दृष्टिकोण का प्रसार करना।' यह दृष्टिकोण यानी कार्यकारण भाव की जाँच करना। कोई कार्य अगर घटित होता है तो उसके पीछे कोई-न-कोई कारण होता है। दूसरी ओर घर में कुएँ के स्थान के कारण ऐश्वर्य प्राप्ति से लेकर मृत्यु आने तक के परिणाम या दरवाजे की दिशा विशिष्ट रखने से संपन्नता प्राप्त होना, पश्चिम दिशा नुकसानदेह और दक्षिण में यमदेवता इन सभी बातों में जरा-सा भी कार्यकारण भाव नहीं होता है। इसमें केवल आँखों में धूल झोंकना एवं गुमराह करने की साजिश है!

दूसरे रूप में देखें तो सरकार द्वारा घर बनाने के नियम सामान्यत: लोगों का स्वास्थ्य अच्छा रहे, आग, भूकंप जैसी आपदाएँ आएँ तो एक ही समय में सबका नुकसान न हो, इस उदात्त हेतु से शास्त्रीय नींव पर आधारित होते हैं। घर बनवाते समय सब कमरों की प्राइवेसी कायम रखी जाए, दीवानखाना, शयनकक्ष हवा की उचित दिशा में और शौचालय, स्नानगृह हवा की विरुद्ध दिशा में हो यह देखना चाहिए। चबूतरे पर बेसिन, गटर जिस बाजू में हो उसके विरुद्ध बाजू में गैस सिलेंडर रखने की जगह होनी चाहिए। रसोईघर में एक्जॉस्ट फैन की व्यवस्था हो आदि कार्यकारण भाव से संबंधित मामूली बातें आम लोगों को भी समझ में आती हैं। इसके भी आगे सलाह देनेवाले आर्किटेक्ट अब तहसील स्तर तक उपलब्ध हैं।

प्राचीन वास्तुशास्त्र को अपनाते समय यह सयानापन अपने आप खत्म हो जाता है। बौद्धिक दृष्टि से यथोचित ऐहिक व्यवहार को दोयम स्थान मिलता है। सामाजिक दुर्गति हो जाती है। अनुसंधान कार्य भी पीछे रह जाता है। व्यवसाय की

असफलता, घर के सदस्यों की बीमारी, झगड़ा इन सबकी अलग ही वजहें बताई जाती हैं। वास्तु की गलत रचना हुई हो तो उसको तोड़कर दुबारा अमीर बन सकते हैं, लेकिन गरीबों का बहुत बुरा हाल होता है। नए पाखंड को बढ़ावा मिलता है। मनुष्य अपनी विवेक शक्ति गँवा देता है। इच्छाशक्ति गिरवी रख देता है। वह सहज ही डरपोक और कमजोर बनता है। (वास्तु लाभकारी है या नहीं है इस रहस्य के साथ ही वे लोग भविष्य, मंत्र, तावीज, यज्ञ, होम, हवन, बाबा, गुरु, महाराज आदि के जाल में फँसते हैं। अपना विवेक खो देते हैं। व्यक्तिगत स्वतंत्रता भी खो बैठते हैं। आँखें बंद करके पाखंडियों के निर्णयों का समर्थन करते हैं। उसे शास्त्र कहकर गौरवान्वित होते हैं। अपने जीवन और जनमानस में दैववादी विचारों को पक्का करके उन्हें प्रेरित करते हैं।) किसी भी प्रकार का लाभ नहीं मिला तो, ऐसा क्यों? यह प्रश्न उनके मन में नहीं आता है बल्कि इसके बजाय अपना पूर्व प्रारब्ध ही इसके लिए जिम्मेदार है, ऐसा वे कहते हैं। वास्तुशास्त्र भी क्या करेगा? ऐसा मानकर अपने आपको तसल्ली देते हैं। महानगरों में रहनेवाले उच्च शिक्षितों में पनपनेवाली यह मानसिकता मन को विषण्ण करनेवाली है तथा भयसूचक संकेत भी देती है।

तथाकथित प्राचीन वास्तुशास्त्र के वर्तमान जीवन में पड़नेवाले हर कदम के साथ महत्त्वपूर्ण गृहनिर्माण के प्रश्न का और व्यक्ति, समाज, देश को आधुनिक बनाने के प्रयास का एक-एक कदम पीछे ही पड़ रहा है।

वास्तु (श्रद्धा) शास्त्र का अनर्थ

वास्तुशास्त्र की इस पूरी प्रस्तुति को विज्ञान की कसौटी पर परखने का प्रयास करेंगे तो, उससे गड़बड़-घोटाले के सिवा हाथ में और कुछ नहीं लगता। भारतीय संविधान में नागरिकों के बुनियादी कर्तव्यों के रूप में वैज्ञानिक दृष्टिकोण और शोध बुद्धि का उल्लेख किया गया है। शास्त्र में कार्यकारण भाव, वस्तुनिष्ठता एवं सार्वभौमिकता आदि निकष देखे जाते हैं। कार्यकारण भाव की कसौटी पर वास्तुशास्त्र का कोई भी दावा जाँचने पर केवल निराशा ही मिलती है। वास्तुशास्त्र में बताए गए फल तथा संकट आने पर बताए गए उपायों में कार्यकारण भाव का पूर्णत: अभाव दिखाई देता है। घटित घटना के पीछे वास्तु के संदर्भ में सुसंगति से सिद्ध होनेवाला कोई कारण मिलता ही नहीं है। इसलिए वास्तुशास्त्र में ढकोसले एवं फरेब के सिवाय कुछ नहीं होता।

पानी का संग्रह वास्तु के किस हिस्से में हो, इसका कथित वास्तुशास्त्र में असामान्य महत्त्व है। इन नियमों का पालन न करने से होनेवाले परिणाम भी गंभीर होते हैं। इसमें घर के प्रिय व्यक्ति की मृत्यु से लेकर संपूर्ण दरिद्रता से घिरने की संभावना होती है। प्रश्न यह है कि वास्तु में पानी का संचय कहाँ हो? इसमें कौन सा अधिक शुभ है? नल का? टंकी का? शहर के इलाके में होनेवाले जलकुंभ का? या शहर में जिस नदी या तालाब से पानी आपूर्ति होती है, वहाँ का? और अगर उसे ही मान लेना है तो वही विकल्प सही है या गलत है यह किस आधार पर मान लिया जाए?

कार्यकारण भाव के इस विषय के साथ वस्तुनिष्ठता का विषय भी महत्त्वपूर्ण है। ये दैवी वास्तुशास्त्रज्ञ द्वारा दिए जानेवाले सभी उदाहरण पूर्णत: व्यक्तिनिष्ठ होते हैं। वस्तुनिष्ठ कभी नहीं होते। ऐसा कहा जाता है कि ईशान्य दिशा में होनेवाला शौचालय तोड़ दिया जाए और उसे उचित दिशा में बनाया जाए तो यह निश्चित है कि बंद कारखाना भी शुरू हो जाता है। बंद कारखाना शुरू होने के अन्य परिमाणों को हम क्षण भर के लिए भूल जाएँ लेकिन महाराष्ट्र के औद्योगिक क्षेत्रों में स्थित हजारों कारखाने आज भी बंद हैं। इस संदर्भ में उनका लेखा-जोखा मिलना चाहिए। सरकार मुंबई शहर में 40 लाख मकान बना रही है। उनके दरवाजे की दिशा और

पानी का संकलन पूर्व-उत्तर ऐसे ईशान्य में ही हो ऐसा अगर कानूनन किया जाए तो अपने आप ही उस घर में सुख, संपन्नता आएगी और मुंबई में होनेवाली गरीबी तथा कंगाली भी नष्ट हो जाएगी।

परंतु इस तरह 'दूध का दूध पानी का पानी' करने की चुनौती देते ही, ये वास्तु पंडित पीछे हट जाते हैं। अत: उनके प्रस्तुतीकरण को शास्त्र कहना यह उस शब्द का अपमान ही है। एक तो उसे फरेबी वास्तुशास्त्र कहिए अथवा डॉ. जयंत नारलीकर ने जैसा सूचित किया उसके अनुसार वास्तुश्रद्धा कहिए।

कोई विचार प्राचीन होने से या वेद में होने से वह निरर्थक सिद्ध नहीं होता है तथा उसे स्वीकार भी नहीं मान सकते हैं। इसलिए प्राचीन वास्तुशास्त्र में काल सुसंगत कुछ हो तो उसे जरूर स्वीकारना होगा। एक साल पहले पुणे में प्राचीन एवं आधुनिक वास्तुशास्त्रज्ञों की एक संगोष्ठी का आयोजन किया गया था। उस परिषद में इस क्षेत्र के सर्वोच्च स्थान पर विराजमान मद्रास के वैदिक वास्तुशास्त्र संस्था के प्रमुख स्थापति गणपति उपस्थित थे। लेकिन उन्होंने इस चर्चा में प्राचीन वास्तुशास्त्र के किसी भी वैज्ञानिक निष्कर्षों को प्रस्तुत नहीं किया। पूरी चर्चा संयोग, ज्योतिष, भाग्य, नसीब इनमें ही उलझ गई। इस संदर्भ में यह सवाल पूछा जाता है कि क्या पूर्वजों ने वास्तुशास्त्र लिखते समय विचार ही न किया होगा? जो पुराना है वह अच्छा हो तो इसे मानने में क्या हर्ज है? परंतु चमकनेवाली पीली वस्तु सोना है या पीतल इसके लिए धातु की भी अग्नि परीक्षा होती है, तो वास्तुशास्त्र जैसे संवेदनशील विषय की चिकित्सा न करते हुए उसे सम्मान क्यों दिया जाता है?

विज्ञान के तीसरे निकष सार्वभौमिकता के संबंध में भी भ्रामक वास्तुशास्त्र परहेज रखता है। शुगर की रिपोर्ट दिखाने पर संबंधित व्यक्ति को मधुमेह है या नहीं इसका उत्तर विश्व के प्रशिक्षित डॉक्टर अचूक देते हैं। इसलिए वैद्यक शास्त्र है। लेकिन एक ही जगह पर किसी वास्तु का निर्माण करना हो तो उसके बारे में दो वास्तुशास्त्रज्ञों की सलाह लेने पर कई बार वह एक-दूसरे के विपरीत पाई जाती है तथा वे खुद का ही सही है, इस जिद पर अड़े रहते हैं। विश्व के विभिन्न हिस्सों में इस तरह के शास्त्रों में कहीं पर भी एकरूपता नहीं दिखाई देती है। जिसमें सार्वभौमिक नियम आस्तित्व में ही नहीं है वह वास्तुश्रद्धा शास्त्र कैसे हो सकती है? अगर उसको शास्त्र बनाने की इच्छा है तो संबंधितों को बेखौफ होकर और व्यवस्थित रूप से जाँच के लिए आगे आना चाहिए।

वास्तु बनवाने का संबंध संबंधित जगह की हवा, पानी, तापमान, धूप, बारिश, जमीन का स्तर, उपलब्ध वास्तु घटक इन पर आधारित होता है। इस संदर्भ में अब बहुत सारा शास्त्रीय ज्ञान उपलब्ध है तथा सरकार द्वारा भी वास्तु निर्माण के संबंध में पर्याप्त स्पष्ट और उपयुक्त नियम दिए गए हैं।

प्रारब्ध का खौफ

समझदार व्यक्ति भी अनजान बनकर व्यवहार करता है क्योंकि अधिकांश लोग नसीब, भाग्य, नियति, प्रारब्ध, संचित इन कल्पनाओं को मानते हैं। नसीब अपने हाथ में नहीं होता है और हम उसे बदल भी नहीं सकते हैं, यह बात पता होने के बाद भी दूसरी ओर हमारा मंत्र, तंत्र, यज्ञ, याग, ग्रहशांति आदि के द्वारा नसीब को अनुकूल करने का प्रयास भी जारी रहता है। प्रारब्ध, ज्योतिष और वास्तुशास्त्र एक-दूसरे से संलग्न हैं, यह भूमिका कई वास्तुशास्त्रियों और ज्योतिषियों की है। उनके मतानुसार प्रारब्ध वास्तुशास्त्र का अविभाज्य घटक है। एक ही दिशा में मुख होनेवाले, एक ही इमारत में रहनेवाले, एक ही फ्लैट में रहनेवाले व्यक्तियों को उस वास्तु का एक जैसा लाभ नहीं मिलता है। इसलिए प्रत्येक व्यक्ति का नसीब अलग-अलग होता है। वास्तुदोष की आपदा वास्तु में रहनेवाले संपूर्ण परिवार पर न आकर किसी एक व्यक्ति पर आती है, इसका भी कारण प्रारब्ध ही बताया जाता है। बात इस तरह से बनाई जाती है कि वास्तुशास्त्र के अनुसार बनवाया गया वास्तु आपके प्रारब्ध को आपके लिए अनुकूलता प्रदान करता है। परंतु उसकी भी एक सीमा है और वह है आपके पूर्वजन्म की कर्मसंचित। लोग पारिवारिक, व्यावसायिक समस्याओं से डरे होते हैं। उलझन और संकटों से घिरे होते हैं। मानसिक रूप से हड़बड़ाए रहते हैं। ऐसी स्थिति में अच्छे विचारों पर चलने तथा प्रभावी प्रयास करने के बदले उन्हें दैव बदलने के लिए वास्तु पंडितों का आधार महत्त्वपूर्ण लगता है। नया घर बनवाते समय या कारखाना शुरू करते समय तो उन्हें वास्तुशास्त्र द्वारा नसीब और भाग्य की गारंटी मिलने का भ्रम होता है। वास्तु किसके लिए लाभप्रद होता है या किसके लिए नुकसानदेह होता है? घर के मालिक के लिए या उस घर में रहनेवाले किरायेदार के लिए? इस तरह के सरल लेकिन महत्त्वपूर्ण सवाल भी उनके मन में नहीं उठते हैं। बल्कि वास्तुपंडित दृढ़तापूर्वक बताता है कि अमीर दगड़ू सेठ हलवाई देवस्थान या तिरुपति बालाजी के ऐश्वर्य का रहस्य यह है कि वे मंदिर और उनमें होनेवाली मूर्तियाँ वास्तुशास्त्र के अनुरूप हैं। अत: समृद्धि अपने आप आएगी तो इसमें आश्चर्य की क्या बात है? ईश्वर का भी अगर नसीब होगा तो आम मनुष्य की क्या बात है?

ग्राहक कानून का प्रयोग किया जाए

स्वास्थ्य के लिए दवाइयाँ आवश्यक होती हैं। व्यक्ति दवाइयों का उपयोग कुछ समय के लिए ही करता है। परंतु बारीकी से जाँच-पड़ताल, परीक्षण किए बिना दवाइयाँ बाजार में नहीं लाई जातीं। परीक्षण के बिना दवाई तैयार करना लोगों की

जिंदगी के साथ खिलवाड़ करना होता है, इसलिए वह एक जुर्म भी होता है। जिस वास्तु में जीवनभर रहना है और व्यवसाय करना है, उसके संबंध में तथाकथित शास्त्रीयता बिना कोई जाँच किए बाजार में कैसे लाई जा सकती है? क्या ग्राहक के सामने भूलभुलैया खड़ा करने का यह प्रकार आपत्तिजनक नहीं है? उपाधि प्राप्त डॉक्टर इलाज करते समय गलती करेगा तो उस पर ग्राहक संरक्षण कानून लागू होता है। किसी भी प्रकार की उपाधि न होने पर भी वास्तु की तोड़फोड़ करके घर मालिक को काफी खर्चे में डालनेवाले वास्तु पंडित पर भी यह कानून लगाया जाना जरूरी है। विशेषत: आधुनिक विज्ञान पर आधारित उत्तम पद्धति से विकसित एक स्वीकृत वास्तु रचनाशास्त्र के अस्तित्व में होने के बाद भी वास्तुश्रद्धा के नाम पर अंधविश्वास प्रसारित करनेवाले तथाकथित पंडितों को कानूनी जिम्मेदारियों का सामना क्या नहीं करना चाहिए?

चर्चा में यह बात भी आती है कि वास्तुशास्त्र शास्त्र नहीं है, यह विरोधी लोग साबित करें। इसमें एक बात ध्यान में रखना आवश्यक है कि जो लोग अपनी वैज्ञानिकता के ढोल पीटते हैं, उनकी पूरी जिम्मेदारी है कि वे इसके संबंध में विज्ञान को सिद्ध करें, लेकिन इस संदर्भ में कोई हलचल नहीं दिखाई देती। लेकिन तब भी लोगों की भावनाओं के साथ होनेवाले खिलवाड़ तथा वास्तुशास्त्र के प्रसार को रोकना होगा।

गरीबों के घरों की समस्या

कम खर्च में वास्तु के साधनों का अच्छा उपयोग करके बनाया गया घर ही आज के वास्तुशास्त्र की जरूरत है। इस देश के करोड़ों लोगों का अपना खुद का घर नहीं है। आनेवाले समय में भी मिलने की संभावना नहीं है। लाखों परिवार इस तरह के झोंपड़े या नरक समान झोंपड़पट्टियों में रहते हैं कि उनके लिए 'घर' शब्द का प्रयोग करना उनका मजाक उड़ाने जैसा है। फुटपाथ पर रहनेवाले कई लोगों के लिए तो आसमान ही छत है। आजादी का स्वर्ण जयंती वर्ष मनाते समय सबसे महत्त्वपूर्ण जरूरत यह है कि इन लोगों को छोटा क्यों न हो लेकिन अपना एक घर दिया जाए। नौवीं पंचवर्षीय योजना में एक करोड़ सत्तर लाख घर बनवाने का उद्देश्य है। लेकिन पारंपरिक पद्धति से सीमेंट, स्टील, ईंट की मदद से घर बनवाना हो तो ये सारे घटक आवश्यक मात्रा में उपलब्ध नहीं हैं। आवश्यकता की तुलना में सीमेंट का उत्पादन काफी कम है और अगर सीमेंट, स्टील उपलब्ध हैं तो उनकी कीमत आम लोगों के बस में होनी चाहिए। इससे भी कई कठिन प्रश्न हैं। जैसे, इतने घर बनवाने हों तो 180 अरब ईंटें लगेंगी। ये ईंटें बनती हैं मिट्टी के उपजाऊ ऊपरी स्तर से। उसके तैयार होने में लंबा समय लगता है क्योंकि जमीन

को बंजर बनाकर उससे ईंटें बनती हैं। इन सब बातों को छोड़कर स्थानिक परिवेश में प्राप्त होनेवाले, आर्थिक दृष्टि से योग्य लगनेवाले वास्तु घटक का प्रयोग कर कम दाम में और किफायती मजबूत घर कैसे बनवाए जा सकते हैं, यह आज का जरूरी वास्तुशास्त्र है।

बुद्धि गिरवी रखना

इसके साथ ही एक और महत्त्वपूर्ण बात है। मनुष्य की सबसे बड़ी विशेषता है उसका बुद्धिवादी मन और विचार करने की आजादी। मनुष्य जिस समय यह विचार स्वातंत्र्य अन्य किसी के पास किसी कारणवश गिरवी रखता है तो क्या उस समय मनुष्य में मानवता बचती है? अत: आजादी का स्वर्ण जयंती उत्सव मनाने का मतलब ही नहीं है। तथाकथित वास्तुशास्त्र बिलकुल यही घटित करवाता है। वह भी जिनके कंधों पर देश का बोझ है, ऐसा माने जानेवाले उच्च विद्या विभूषित लोगों और उद्योगियों के साथ यह होता है। भारत की वर्तमान स्थिति ऐसी क्यों है? बढ़ते भ्रष्टाचार के कारण? राजनीतिक अपराध के कारण? अकार्यक्षम सरकार के कारण? या असीमित सत्ता लालच के कारण? वास्तव का आधार होनेवाले ये सारे प्रश्न भ्रामक वास्तुशास्त्र एक ही झटके में खारिज करता है। देश के प्रमुखों के निवासस्थान वास्तुशास्त्र की दृष्टि से कैसे गलत हैं, इसको उपर्युक्त आपत्तियों के साथ जोड़ा जाता है। श्रीलंका का आकार उस देश में होनेवाले अशांति के लिए जिम्मेदार है, ऐसा सीना ठोंककर बतानेवाले वास्तुशास्त्री भारत की सद्य:स्थिति का भी विश्लेषण उसी तरह से करेंगे इसमें कोई आश्चर्य नहीं है। भ्रामक वास्तुशास्त्र के चंगुल में फँसा हुआ व्यक्ति अपना आत्मविश्वास खो देता है। लेकिन उसे काफी डरपोक एवं कमजोर बनाया जाता है। अपना नियंत्रण भी वह खो देता है। प्रयास करना भी वह छोड़ देता है। विवेक एवं इच्छाशक्ति को पूर्ण विराम देता है। इतना कुछ खोने के बाद भी यदि उसे कुछ मिल भी जाता है तो (इसकी संभावना बिलकुल नहीं है) वह मानसिक गुलाम बन जाता है। इस मानसिक गुलामी को खत्म करने के लिए हमें भ्रामक वास्तुशास्त्र का कड़ा विरोध करना चाहिए।

बुजुर्ग वास्तुशास्त्रियों के विचार

इस मानसिक गुलामी को खत्म करने के लिए समिति ने पुणे में महाराष्ट्र स्तरीय भ्रामक वास्तुशास्त्र संबंधी वैज्ञानिक घोषणा-पत्र प्रस्तुत करनेवाली परिषद आयोजित की। इस परिषद के लिए शास्त्रज्ञ डॉ. जयंत नारलीकर उपस्थित थे। पुणे महानगरी के आर्किटेक्ट एसोसिएशन तथा बिल्डर एसोसिएशन के अध्यक्ष और डॉ. जयंत

नारलीकर के हस्ताक्षर से जनता के विचारार्थ एक घोषणा-पत्र इस समय प्रस्तुत किया गया। प्रो. राजेंद्र कोल्हटकर एक वरिष्ठ वास्तुविशारद हैं तथा पंडित जवाहरलाल नेहरू तंत्र विद्यापीठ, हैदराबाद के वास्तु विभाग के प्रमुख भी हैं। उन्होंने इस परिषद में उद्‌बोधक विचार प्रस्तुत किए, जो इस प्रकार हैं—

"वास्तुशास्त्र शास्त्र था, है और आगे भी रहेगा। केवल वास्तुशास्त्र का अर्थ और उसका उपयोग कब किया जाए यह अधिक महत्त्वपूर्ण है। वास्तुशास्त्र यह तत्कालीन वस्तुओं पर निर्भर था। उस समय बड़े स्पॅन नहीं बाँध सकते थे, इसलिए 8 से 10 फीट पत्थर के खंबे थे। उसके बाद लकड़ी का उपयोग किया जाने लगा। अब आर.सी.सी. आया और वास्तुशास्त्रियों से पूछा जाए तो वे कहेंगे कि आर.सी.सी. से उन्नति नहीं होती है। यहाँ पर और दो खंबे बढ़ाइए। समांतर खंबे रखिए, ऐसा सुझाव वे देते हैं। तत्कालीन लोगों ने वास्तु निर्माण के दौरान शास्त्रीय दृष्टिकोण रखा था। तत्कालीन परिस्थिति के अनुसार कुछ परीक्षण किए जाते थे। उस समय दिया प्रज्वलित करके यह देखा जाता था कि हवा की दिशा किस ओर है। आज भी यह सही है। लेकिन आज हमें उससे भी अच्छे उपकरण मिले हैं। उनका उपयोग करना चाहिए या नहीं? जमीन की बेअरिंग क्षमता नापने के लिए 1 फीट × 1 फीट गड्ढा खोदकर उसमें पानी डालकर 3 दिन तक रखें। वह पानी जमीन में अंदर तक पूरा चला जाए तो, वह जमीन अच्छी नहीं है, थोड़ा सा बच जाए तो वह जमीन थोड़ी अच्छी है और पूरा पानी वैसे का वैसा ही रहे तो वह जमीन सबसे अच्छी है। यह परीक्षण आज भी लागू हो जाता है। क्या इसे आगे भी जारी रखा जाए?

वास्तुशास्त्र की कई बातें आज भी लागू हो जाती हैं लेकिन इसमें जो दहशत और पाखंड ठूँस दिया गया है, जो फिअर सायकॉसिस बनाया गया है, उस पर हमारा आक्षेप है। दूसरी बात यह है कि पुराण में जो कुछ कहा गया है वह सब अच्छा है, ऐसा हमें नहीं कहना चाहिए और यह वृत्ति हमें छोड़नी चाहिए। संक्षेप में कहा जाए तो इन सबके संदर्भ में ग्राहक नियंत्रण कानून लागू करना चाहिए। आज मैं यदि आर्किटेक्ट हूँ और वास्तु निर्माण में यदि मुझसे कुछ गलती हुई और उसका परिणाम अगर मेरे कस्टमर को भुगतना पड़ा है तो वह मुझे ग्राहक न्यायालय में खींच सकता है। मुझे उसका जितना नुकसान हुआ है उसकी पूरी भरपाई देनी पड़ेगी। इसी तरह वास्तुशास्त्रज्ञों ने जिस प्रकार बताया है उनके अनुसार अगर उन्नति न हुई तो उनके खिलाफ कोर्ट में मुकदमा चलाना चाहिए और उनको सजा भी होनी चाहिए। यह मैं नहीं कह रहा हूँ बल्कि वास्तुशास्त्र की 'मयमत' पुस्तक में लिखा है कि जिन्हें वास्तुशास्त्र का पूरा ज्ञान नहीं वे वास्तुशास्त्र की प्रैक्टिस न करें। जिनको इसका पूरा ज्ञान है उनको ही इसका उपयोग करना चाहिए। अधूरे ज्ञान के कारण अगर कुछ विपरीत हुआ तो, उसकी सजा मिलनी चाहिए। 'जो प्रवाहित है वही शास्त्र है, जो निश्चल है वह शास्त्र नहीं है।'

वास्तु निर्माण पद्धति में प्राचीन काल से विकास होता रहा है। ये वास्तुशास्त्री क्या करते हैं? मानव को जन्म से ही घर की आवश्यकता महसूस हुई। पहले गुफाएँ थीं। बाद में घर बनाए गए। पहले एक मंजिला मकान थे। बाद में दुमंजिला मकान बनाए गए। इस प्रकार से यह शास्त्र विकसित होता चला गया। लेकिन आज के वास्तुशास्त्री शास्त्र को सीमाओं में बाँध रहे हैं। वास्तुशास्त्रियों की कूपमंडूक वृत्ति होती है। आंध्र प्रदेश में वास्तुशास्त्र का अधिक बोलबाला है। महाराष्ट्र की संस्कृति पहले ऐसे थी कि मेहेरबाबा, साईंबाबा, गजानन महाराज, नारायण महाराज ये महाराष्ट्र में थे। लेकिन उनके भक्तगण आंध्र प्रदेश में थे। लेकिन आज वे उधर हैं और गंगा उलटी बह रही है अर्थात उनके भक्त महाराष्ट्र में हैं। प्राचीन काल में वास्तुशास्त्र को धार्मिकता का मुलम्मा क्यों दिया गया, इसका भी एक कारण है। मैं स्वीकार करता हूँ कि पहले दहशतवाद की जरूरत थी। पहले इमारत बनाने के लिए नियम नहीं थे। टाउन प्लैनिंग एक्ट नहीं था। टाउन प्लैनिंग विभाग भी नहीं था। उस समय लोगों को यह बताना पड़ता था कि वास्तु इस प्रकार से बनवाएँ क्योंकि वास्तु लोगों के आराम के लिए है। वे अच्छे से जीवनयापन करें, स्वस्थ रहें इसलिए वास्तु होता है। लेकिन इन सबके साथ धर्म को जोड़ दिया जाए तो लोग डरकर नियमों का पालन करने लगेंगे। परंतु आज इसकी जरूरत नहीं है क्योंकि अब बिल्डिंग बायलॉज, टाउन प्लैनिंग एक्ट आ चुके हैं। अत: प्राचीन पद्धति का पालन करना अब सही नहीं है।

आंध्र में एक चीफ इन्स्पेक्टर ऑफ बिल्डर वास्तुशास्त्र का अध्येता था। फैक्टरी बंद करने का अधिकार उनके पास होता है। उसने बताया कि जहाँ पूर्व की ओर बहनेवाली नदियाँ होती हैं, वहीं बरकत होती है। अर्थात आंध्र ही उसकी नजर में था क्योंकि गोदावरी, कृष्णा पूर्व की ओर बहनेवाली नदियाँ हैं। मैंने उसे बताया कि वर्तमान में सबसे समृद्ध प्रदेश पंजाब और महाराष्ट्र हैं। लेकिन वहाँ पूर्व की ओर बहनेवाली नदियाँ ही नहीं हैं। उस व्यक्ति ने यह बताया कि अगर मैं ऑफिस में अमुक दिशा में मुख करके बैठ जाऊँ तो मेरा प्रमोशन हो जाएगा। ठीक है, लेकिन अगर मेरे सबॉर्डिनेट मेरी तरफ पीठ करके बैठ जाएँ तो क्या होगा? क्या उन्हें प्रमोशन नहीं चाहिए? उसके पास इसका उत्तर नहीं था। ये सब बातें जो बताई जाती हैं वे दूसरों को डराने के लिए होती हैं और यह सब खुद की झोली भरने के लिए किया जाता है।

आंध्र प्रदेश में रेड्डी की एक पुस्तक बाजार में आ रही है। उसमें उन्होंने बताया है कि कुवैत में जो हमला हुआ था उसमें सद्दाम क्यों हार गया? उन्होंने उसका यह कारण बताया कि वह अमुक दिशा में चला गया इसलिए। भोपाल में यूनियन कार्बाइड की दुर्घटना क्यों हुई? इसका भी उन्होंने वास्तुशास्त्र के अनुसार कुछ कारण दिया है। मैंने उनसे पूछा कि दुर्घटना होने के एक दिन पहले क्यों नहीं

बताया? वास्तुशास्त्रियों को सब कुछ घटना के पश्चात् ज्ञात होता है। घटना घटित होने के बाद उसके कारण बताए जाते हैं। वास्तुशास्त्रियों के अनुसार अगर कुछ करने के बाद भी दुर्घटना घटित हो जाती है तो यह कारण बताया जाता है कि आपके ग्रहों की स्थिति ठीक नहीं है। बाद में अगर पूछा जाता है कि आप ग्रहों की स्थिति सुधारने के लिए क्या करते हैं? तो उस समय उनके पास कोई उत्तर नहीं होता।

वास्तुदोषों के द्वारा हमें यह पता चलता है कि क्या घटित होगा। इन सब दोषों की एक सूची तैयार करें। उसी के अनुसार सर्वे करके जाँच-पड़ताल करें, अगर ऐसा कहा जाए तो वे ऐसा नहीं करेंगे। एक वास्तुशास्त्री ने एक पुस्तक में 400 सूत्र बताए हैं। वे जैसा हम कहते हैं—'तीन तिगाड़ा काम बिगाड़ा' अथवा 'बोट से जाओगे तो कब आओगे' इस प्रकार के सूत्र हैं। एक कहावत है—'पूरब की ओर से घर में प्रवेश करेंगे तो पूरब दिशा शुभ होने के कारण आपको मिठाई प्राप्त होगी और पश्चिम दिशा अशुभ होने के कारण आपकी हानि हो जाएगी।' उन्होंने लिखा है कि अमुक दिशा से घर में प्रवेश करेंगे तो परिवार के मुखिया की मृत्यु हो जाएगी तथा तमुक दिशा से घर में प्रवेश करेंगे तो घर की औरत मरेगी। अत: आपको निश्चित करना होगा कि स्त्री की मृत्यु होनी चाहिए या पुरुष की। उसी के अनुसार घर में प्रवेश करें। हैदराबाद में और एक नया पागलपन शुरू हुआ है। फ्लैट के विज्ञापन आते हैं। उनमें बताया जाता है कि—'75 प्रतिशत वास्तु, 60 प्रतिशत वास्तु शुभ।' जब कोई जला हुए पेशेंट अस्पताल में आता है तो, उस समय 40, 50 प्रतिशत ऐसा लिखते हैं। वह साइंटिफिक (शास्त्रीय) होता है। वैसे ही आप 40, 60 प्रतिशत वास्तु कहते हैं, परंतु यह अनसाइंटिफिक (अशास्त्रीय) होता है।

ये लोग जो दावा करते हैं, उसकी वैज्ञानिक जाँच होनी चाहिए। ये लोग दो-चार उदाहरण बताते हैं, परंतु वे पर्याप्त नहीं हैं। हजार-दो हजार उदाहरण होने चाहिए तथा उनका संख्याशास्त्रीय दृष्टिकोण से अध्ययन होना चाहिए।

असफलता को छुपाने के लिए वास्तुदोष बताए जाते हैं। हमें एक जनहित याचिका दाखिल करनी चाहिए। राज्यकर्ताओं ने वास्तु के नाम पर सरकारी कार्यालयों तथा बँगलों में जो रुपए खर्च किए हैं, वह पूरा खर्च वे अपनी जेब से करें। अत: उसके लिए मुकदमा चलाना चाहिए। एन.टी. रामाराव के सेक्रेटेरिएट का प्रवेशद्वार ठीक उत्तर दिशा में था। उन्होंने पूरब की ओर की पूरी बस्ती को हस्तगत किया। बाद में गरीबों के घर गिराए। वहाँ से एक नया रास्ता बनवाया और दरवाजा बिठाया। बाद में वे पूर्व दिशा से ही अंदर आने लगे तथा उत्तर दिशा से बाहर जाने लगे। आगे चलकर हार्ट अटैक से उनका निधन हुआ, यह आप सब जानते ही हैं। बी.एन. रेड्डी ने वास्तुशास्त्र पर एक पुस्तक लिखी है। उन्होंने पहले हैदराबाद में 7 मंजिलोंवाली इमारत बनवाई। सन् 1981 में उस इमारत का एक हिस्सा गिर गया। उसके बाद उन्होंने वास्तुशास्त्र के अनुसार अपना घर बनवाया। एक साल के

अंदर उनकी पत्नी का देहांत हुआ। पहले वे सांसद थे। पिछला चुनाव वे हार गए। यह बात आपको पता है कि वास्तुशास्त्रियों की सलाह से ही नरसिम्हाराव जब घर में थे, उसी दिन नए प्रधानमंत्री देवेगौड़ा ने घर में प्रवेश किया। इसका कारण यह था कि नरसिम्हाराव को किसी ने सलाह दी थी कि आप अमुक दिन ही प्रधानमंत्री निवास छोड़ें और देवेगौड़ा को बताया था कि आप किसी निश्चित दिन ही घर में (प्रधानमंत्री के) प्रवेश करें। उस घर की तीन सीढ़ियाँ भी तोड़ी गईं और नई सीढ़ियाँ बनवाई गईं। पूरा खर्चा करदाताओं की जेब से किया गया। वह सब खर्चा वापस दिया जाए इसके लिए याचिका दाखिल करनी चाहिए।

जिन लोगों को फँसाकर, वास्तुशास्त्र की बातें बताकर डराया जाता है, उनका नैतिक साहस बढ़ाने के लिए तत्पर जानकारी सेवा (हॉट लाइन सेंटर) और सलाह केंद्र (काउंसिलिंग सेंटर) अंनिस को शुरू करना चाहिए।

समिति को चुनौती

लेकिन वास्तुशास्त्र क्या चीज है, यह भी इसी घोषणा-पत्र परिषद में ही मालूम होना था। पुणे के दत्ता नरवणे खुद को वास्तुशिल्पज्ञ कहते हैं। परिषद के दौरान उनका हर समय यह प्रयास जारी था कि उन्हें मंच पर बोलने का मौका दिया जाए। उनको अनुमति न मिलने पर उन्होंने परिषद में आए लोगों को पर्चियाँ बाँटीं। उसमें जो लिखा गया था और उन्होंने जो चुनौती दी थी वह इस प्रकार की थी—

दत्ता नरवणे
वास्तुशिल्पज्ञ
एस.एन.डी.टी
कार्यालयीन बंद वास्तु, कर्वे रोड, पुणे।

वास्तु/भूखंड/रचना/निरीक्षण/परीक्षण/प्रतिवेदन/कार्य क्र. 2290/06 जुलाई, 1996, कर्वे रोड, पुणे।

आग्नेय व्याघ्रमुखी त्रिकोणीय दिशाहीन भूखंड किसी भी प्रकार के रहन-सहन के लिए घातक तथा खतरनाक होता है। ऐसे भूखंड पर वास्तु का निर्माण करने में कई बाधाएँ आती हैं। यदि वास्तु का निर्माण किया जाए तो भी वह वास्तु रहनेवाले के लिए निरुपयोगी होता है क्योंकि इस वास्तु की दिशा आग्नेयमुखी है। इसके साथ चुंबकीय प्रवाह भूखंड और वास्तु के मध्य से जाने से वास्तु और भूखंड दोनों अस्थिर बने हैं। साथ ही इस भूखंड का आकार त्रिकोणीय है, जिससे केवल पाँच ही दिशाएँ हैं, जिसमें दक्षिण, आग्नेय, पूरब, ईशान तथा उत्तर ही हैं, बाकी पश्चिम, नैऋत्य तथा वायव्य दिशा न होने से यह भूखंड दिशाहीन बनता है। किसी भी भूखंड के लिए 4 मुख्य दिशाओं के साथ 4 उपदिशाओं का होना अनिवार्य होता है। इसके

साथ चुंबकीय प्रवाह का भूखंड से समांतर जाना आवश्यक रहता है। उससे भूखंड और वास्तु का निर्माण स्थिर होता है। इस त्रिकोणीय भूखंड में जो वास्तु है उसका निर्माण करीब-करीब ब्रह्म स्थान में कर दिया जाता है और दक्षिण की ओर थोड़ा ज्यादा अंतर छोड़ दिया गया है। साथ ही इस वास्तु की रचना आग्नेय दिशा की ओर की गई है और मुख्य द्वार आग्नेय दिशा में है। साथ ही इस वास्तु की आग्नेय और वायव्य दिशाओं में बहुत ज्यादा अंतर है तथा ईशान और नैऋत्य दिशाओं की चौड़ाई कम है। दक्षिण का हिस्सा लंबा होने के साथ पश्चिम का कोना कटा हुआ है। इसी कारण यह वास्तु पिछले 25 वर्षों से खाली पड़ा है तथा इस पर किया गया खर्च भी व्यर्थ है।

आग्नेयमुखी वास्तु मानवी वास्तव्य के लिए घातक होता है। आग्नेय ही दक्षिण की उपदिशा है। सूर्य के ताप से आग्नेय दिशा अधिक गर्म होती है। साथ ही पानी, हवा, जमीन भी गर्म होती है। उसमें दक्षिण का चुंबकीय प्रवाह मिलने से उस इलाके में विषम लहरों का विवर निर्माण होता है। इस विवर तथा इस आग्नेय दिशा के वातायन का मानवी शरीर पर प्रभाव होता है। जब-जब वास्तव्य करने का प्रयास हुआ, तब-तब इस आग्नेयमुखी दरवाजों के कारण अनेक समस्याएँ निर्मित होकर वास्तु का निर्माण भी अधूरा ही रहा है। वास्तव्य करने हेतु किए गए प्रयास व्यर्थ हुए हैं क्योंकि आग्नेयमुखी मुख्य द्वार यह वास्तुशास्त्र में निषिद्ध माना गया है। वह मानवी वास्तव्य के लिए घातक है।

इसका वास्तुशास्त्रीय कारण यह है कि पूरा विश्व पृथ्वी, जल, अग्नि, वायु और आकाश इन पंचतत्त्वों का मिश्रण है। मनुष्य का शरीर भी इन्हीं पंचतत्त्वों का मिश्रण है। वास्तुनिर्माण के समय हम इनका प्रयोग करते हैं।

बाहरी पृष्ठों पर इन पंचतत्त्वों का प्रभाव अधिक होता है। परंतु अंत:पृष्ठ पर सूक्ष्म प्रभाव होता है। इस प्रभाव पर नियंत्रण रखना मानव के लिए संभव नहीं है।

प्रकृति में स्थित पंचतत्त्वों को मानव जीवन से संतुलित करना काफी आवश्यक होता है क्योंकि पृथ्वी ग्रह की गति को संतुलित करना आवश्यक होता है। इस संतुलन में प्रभाव के दबाव को कुशलतापूर्वक व्यवस्थित किया जाता है। इसमें जो बदलाव हो जाता है उससे थोड़ी गड़बड़ी होती है और गृह का संतुलन बिगड़ जाता है। वास्तु पर इसका ही असर होता है और इसके चलते वहाँ जो मनुष्य रहता है उस पर भी इसका असर होता है।

सूरज, सूर्यप्रकाश, सूरज की गर्मी, सूरज के किरणों के परिणाम, वास्तु की दिशा, पृथ्वी के चुंबकीय क्षेत्र और विश्व के पृथ्वी पर होनेवाले परिणाम इन प्राकृतिक, भौगोलिक बातों पर आधारित प्राचीन वास्तु महापंडित आद्य विश्वकर्मा ने वास्तुशास्त्र की खोज की। प्राचीन वास्तुशास्त्र सामाजिक कल्याण हेतु संशोधित किया गया शास्त्र है।

इन सबके बारे में विचार करते हुए हम जिस वास्तु में रहते हैं उस वास्तु के परिणाम हमारे रोजमर्रा के जीवन पर होते हैं। जिस भूखंड पर एस.एन.डी.टी. का मालिकाना हक है उस वास्तु के महत्त्वपूर्ण जगह पर होने के कारण बाजार में उसकी काफी कीमत होगी। लेकिन व्यवस्थापन के लिए लाखों रुपए खर्च करने के बाद भी इस वास्तु को आधा-अधूरा रखने का क्या कारण हो सकता है, इसकी मीमांसा होना आवश्यक है।

मेरे विचार से गंभीर वास्तुदोष के कारण ही यह घटित हुआ है। ऐसे उदाहरण कई जगहों पर देखने को मिलते हैं।

अंनिस के कार्यकर्ता इस भूखंड और वास्तु में रहने का साहस दिखाएँ। वे इस वास्तु में पूरे परिवार के साथ रहें क्योंकि वास्तु के पारिवारिक, आर्थिक, मानसिक, शारीरिक तथा सामाजिक परिणाम जो इस वास्तु में रहते हैं उनके प्रभाव उन पर होते हैं। इसे प्रमाणित करने के लिए इस वास्तु के निर्माण में किसी भी प्रकार के बदलाव न करके उसमें कम से कम 6 महीने तक रहने का साहस दिखाएँ और जो वास्तु 20-25 साल तक बंद था उसका उपयोग करने की यह चुनौती है। अधिवास करने से पहले लिखित प्रतिज्ञापत्र अवश्य देना होगा। पाँच पंचों के सामने सारी बातें तय करना अनिवार्य होगा।

इस वास्तु में अधिवास करने की शर्तें—

1. पूरे परिवार के साथ रहना होगा।
2. रसोई, शयनगृह तथा स्नानागार की जगह हम तय करेंगे। शयनगृह में पलंग की जगह हम निश्चित करेंगे।
3. रसोई का गैस रखने की दिशा भी हम तय करेंगे।
4. इस प्रकार की व्यवस्था कर दी जाएगी।

आप इस वास्तु में 6 महीने तक रहने का साहस दिखाएँ। स्वयं आपको इसका अनुभव होगा और बाद में ही वास्तुशास्त्र पर टिप्पणी करें।

हमारा निवेदन है कि बेवजह वास्तुशास्त्र पर अनर्गल बातें करने में कोई मतलब नहीं है। अकारण प्राचीन वास्तुशास्त्र को बदनाम न करें।

आपका
(दत्ता नरवणे)

जब भी ऐसी चुनौतियाँ मिलती हैं उन्हें स्वीकार करने की समिति की पद्धति है, जिस कारण आपकी वैचारिक दृढ़ता लोगों तक सीधे पहुँचती है। इसलिए मैंने तुरंत घोषित किया कि (1) संबंधित व्यवस्थापन की अनुमति से समिति के कार्यकर्ता इस वास्तु में हमेशा रहने के लिए तैयार हैं। (2) केवल इस एक ही वास्तु में नहीं बल्कि महाराष्ट्र में इस तरह की जो भी लाभ न देनेवाले वास्तु हैं उनमें 'समिति

कार्यालय' शुरू करने की समिति की तैयारी है। (3) इसके भी आगे जाकर सभी दृष्टि से अशुभ वास्तु का निर्माण भ्रामक वास्तुशास्त्र विशेषज्ञ करें, उस वास्तु में सपरिवार निवास करने के लिए समिति के कई कार्यकर्ता तैयार हैं।

उपस्थित लोगों ने जोरदार तालियों से इस निर्धारण का स्वागत किया।

भ्रामक वास्तुशास्त्र संबंधी वैज्ञानिक घोषणा-पत्र

इसके बाद भ्रामक वास्तुशास्त्र संबंधी वैज्ञानिक घोषणा-पत्र का वाचन हुआ। वह घोषणा-पत्र निम्नलिखित है—

मानव विकास के इतिहास में वैज्ञानिक दृष्टिकोण ने बहुत बड़ी भूमिका निभाई है। इसी कारण वस्तुनिष्ठ ज्ञानप्राप्ति का मार्ग संभव हुआ है। भारतीय संविधान में नागरिकों के कर्तव्यों का जिक्र है, उसमें वैज्ञानिक दृष्टिकोण और शोध बुद्धि को अपनाना महत्त्वपूर्ण कर्तव्य बताया गया है। नई शिक्षा नीति में वैज्ञानिक मनोभावों की निर्मिति को महत्त्वपूर्ण माना गया है।

निरीक्षण, तर्क, अनुमान, प्रयोग पद्धति और कार्यकारण भाव को वस्तुनिष्ठता से जाँचना वैज्ञानिक दृष्टिकोण का प्रमुख लक्षण होता है। लेकिन इसके विपरीत मानवीय बुद्धि और जीवन को कोई अज्ञात शक्ति नियंत्रित करती है, इस तरह की बात पर अधिकतर लोग विश्वास रखते हैं। इस शक्ति की शरण में जाना, उसकी पूजा करना, उसका आशीर्वाद प्राप्त करने में ही अपना भला होने की मानसिकता इस विश्वास से ही बनती है। हर पल विज्ञान की देन को अपनानेवाला मनुष्य विज्ञान की विचारधारा को नकारता नजर आ रहा है।

इसका प्रतिबिंब भ्रामक वास्तुशास्त्र में मिलता है। वास्तुकला महाविद्यालय में पढ़ाया जानेवाला सूत्र आधुनिक विज्ञान पर आधारित होता है और शुभ-अशुभ, लाभ-हानि का संकेत देनेवाली तथाकथित वास्तुकला का दैवी ज्ञान भ्रामक कल्पनाओं पर आधारित होता है। उसकी प्रस्तुति में कई अशास्त्रीय कल्पनाएँ वैज्ञानिक परिभाषा में प्रस्तुत करने से सत्य की खोज करना कठिन बनता है। समाज दिग्भ्रमित हो सकता है। इसके साथ वास्तु से लाभ होने की कल्पना सीधे भाग्य और नियति से व्यक्ति और वास्तु को जोड़ देती है। ये सारी बातें अवैज्ञानिक हैं, साथ ही साथ समाज और राष्ट्र के लिए हानिकारक भी हैं। इस देश के करोड़ों गरीबों के घरों की प्रमुख समस्या यह है कि प्रदेश में प्राप्त सामग्री का उपयोग कर अच्छे घरों का निर्माण कैसे किया जाए? ऐसे स्थिति में समाज की इस समस्या का उचित ज्ञान अधिक प्रभावशाली ढंग से रखना आवश्यक तथा हितकारक है। इसलिए अपने जीवन की समस्याओं की पहचान ऐसी भ्रामक कल्पनाओं के माध्यम से न करते हुए प्रयत्नवाद और वैज्ञानिक दृष्टिकोण से करने का आवाहन हम इस घोषणा-पत्र के द्वारा कर रहे हैं।

इसके पठन के बाद डॉ. जयंत नारलीकर ने सबसे पहले अपना हस्ताक्षर कर इसे प्रसारित किया।

भ्रामक चर्चा

परिषद के माध्यम से भ्रामक वास्तुशास्त्र के घोषणा-पत्र का विषय पूरे महाराष्ट्र में व्यापक रूप में चर्चित रहा। मराठी के साथ-साथ अंग्रेजी के समाचार-पत्रों ने भी इसे प्रकाशित एवं प्रसारित किया। यह विषय मध्यवर्ग की जिज्ञासा के साथ निर्माण विभाग से सीधे संबंध रखता था। गृहनिर्माण व्यवसायियों और वास्तुनिर्माण शास्त्रज्ञों (आर्किटेक्ट) में इस विषय पर दो खुले गुट थे और वे हर जिले में थे। कुछ गृहनिर्माण व्यवसायियों और वास्तुशिल्प विशेषज्ञों का इन सभी बातों पर अटल विश्वास था और इसका प्रचार भी वे बड़े जोरों से करते थे। एक गुट ऐसा था, जो इस मामले का समर्थन नहीं करता था लेकिन उनके पास आनेवाला ग्राहक यदि इसकी माँग करता है तो उसके अनुसार बदलाव करने में वे विरोध भी नहीं करते थे। उनका मानना था कि वे व्यवसाय करने के लिए बैठे हैं, लोगों को वैज्ञानिक दृष्टिकोण सिखाने के लिए नहीं। ग्राहक का समाधान ही उनका मूलमंत्र था। इसके भी आगे जानेवाला गृहनिर्माण व्यवसायियों और वास्तुशिल्पकारों का एक वर्ग था और वह आज भी है। उन्हें अपने पेशे में पनपनेवाला पाखंड स्वीकार नहीं था। इनमें से कुछ लोग तो सार्वजनिक तौर पर इसका विरोध करने की इच्छा रखते थे। स्वाभाविकत: उन्हें अंधश्रद्धा निर्मूलन समिति का यह अभियान उपयुक्त और आवश्यक लगा। इसी विषय पर महाराष्ट्र में कई जगहों पर गृहनिर्माण व्यवसायियों और वास्तुशिल्प विशेषज्ञों के संगठनों ने मेरे व्याख्यान आयोजित किए। इन सभी जगहों पर भारी भीड़ थी और हमेशा मेरे भाषण के लिए आनेवालों से यह श्रोता वर्ग भी अलग था।

पहली सभा पुणे में हुई। वहाँ 'वास्तुप्रकाश' नामक सुप्रसिद्ध पुस्तक के लेखक श्रीहरि लिमये के साथ वाद-विवाद का कार्यक्रम था। श्रीहरि पेशे से इंजीनियर थे। उनकी पुस्तक में लिखे निवेदन के अनुसार उन्हें व्यवसाय में यश नहीं मिलता था। उसकी वजह से आर्थिक स्थिति भी ठीक नहीं रहती थी। इसी दौरान उन्हें वास्तुशास्त्र का संदर्भ मिला। उन्होंने इसका अध्ययन किया और आज की दुनिया को प्राचीन वास्तुशास्त्र की पहचान कराने के लिए 'वास्तुप्रकाश' की रचना करके उसे प्रकाशित करवाया। महाराष्ट्र में ख्यातिलब्ध साहित्यकार की किताबों की तीन हजार प्रतियाँ बिकना अच्छा माना जाता है। ऐसी जगह पर लिमये की 'वास्तुप्रकाश' नामक पहली ही पुस्तक का तीन हजार प्रतियों का पहला संस्करण केवल दो महीने में बिक गया। अगले दो वर्षों में बारह संस्करण निकाले

गए। (महाराष्ट्र के पढ़े-लिखे मध्यवर्ग की मानसिकता को उजागर करने के लिए यह काफी है। पत्नी ने इस पुस्तक को पढ़कर उसके अनुसार शौक से बनाए गए घर की तोड़फोड़ करके उसमें बदलाव करके पूरी बर्बादी की, व्यथित होकर ऐसा बतानेवाले कई उच्च शिक्षित लोग मुझे महाराष्ट्र में जगह-जगह पर मिले।)

श्रीमान लिमये आधा-पौना घंटे तक बोलेंगे और बाद में मैं बोलूँगा। कार्यक्रम के लिए उस समय के 'टाइम्स ऑफ इंडिया' के पुणे संस्करण के संपादक आनंद आगाशे अध्यक्ष होंगे, ऐसा पहले ही तय किया गया था। आवश्यकता के अनुसार हमें दुबारा बोलने का अवसर देने की भी योजना थी। कार्यक्रम के समय घमासान वर्षा हो रही थी, सभागार खचाखच भरा हुआ था। लोग बरामदे में छाते लेकर खड़े थे। क़ार्यक्रम के आरंभ में आगाशे ने अपने विचार व्यक्त किए। बाद में हरिभाऊ लिमये का भाषण हुआ। तब तक एक घंटा बीत चुका था। मैं मंतव्य के लिए खड़ा हुआ और बिजली चली गई। सभागार में आवाज पहुँचना कठिन था। लेकिन पुणे में बिजली तुरंत आने की संभावना के कारण कार्यक्रम को रोक दिया गया। खचाखच भरे सभागार में बहुत गर्मी हो रही थी। बहुत समय हुआ बिजली नहीं आई और बिजली आने की संभावना भी नहीं थी। लेकिन एक भी श्रोता अपनी जगह से हिलने का नाम नहीं ले रहा था। अगर लोग शांति बनाए रखेंगे तो मैं पूरी ताकत के साथ बोल सकूँगा यही अंतिम विकल्प बचा हुआ था। मैंने लगभग पौन घंटे तक भाषण दिया और उसके बाद प्रश्नोत्तर का दौर चला। कार्यक्रम खत्म होने के बाद भी बिजली नहीं आई लेकिन एक भी श्रोता अपनी जगह से नहीं हिला। मुंबई, अकोला, सोलापुर, बेलगाँव, कोल्हापुर, इचलकरंजी, सांगली, जलगाँव जैसी कई जगहों पर मैंने 'वैज्ञानिक दृष्टिकोण और वास्तुशास्त्र' इस विषय पर व्याख्यान दिए और लगभग हर जगह पर इसी प्रकार की अनुभूति मिली।

मुंबई की चर्चा में 'वास्तुशास्त्र' पुस्तक के रचयिता और उच्च न्यायालय में कई वर्ष तक वकालत करनेवाले एक वकील ने एक ठोस वक्तव्य दिया। जिस मिल (फैक्टरी) में शौचकूप ईशान दिशा में होता है, वह व्यवसाय निश्चित तौर पर असफल होता है। ईशान दिशा 'ईशा' यानी साक्षात भगवान की दिशा है। इसी कारण उस दिशा में शौचकूप बनवाकर भगवान को अपमानित करने का परिणाम तो भुगतना ही पड़ेगा। ये शौचकूप धार्मिक विधि-विधान द्वारा नैऋत्य दिशा की ओर हटाने से बंद कारखाने दुबारा शुरू होने की बात भी उन्होंने दृढ़ता से रखी। महाराष्ट्र की कई औद्योगिक बस्तियों में हजारों मिलें बंद पड़ी हैं। उनमें से जिन मिलों के शौचकूप ईशान दिशा की ओर हैं, उन्हें हटाकर नैऋत्य की ओर ले जाने की आसान-सी तरकीब सरकार द्वारा की जानी चाहिए। बंद मिलें पुनः शुरू होंगी,

पूँजी में वृद्धि होगी, मजदूरों को रोजगार मिलेगा, इस प्रकार का प्रयोग क्यों न किया जाए? यह प्रश्न मैं जगह-जगह पर आयोजित सभाओं में पूछता था। वस्तुत: यह प्रयोग करने का काम समिति का नहीं है इस बात को भी मैं स्पष्ट करता था। मेरा प्रतिपादन यह है कि जो लोग वास्तुशास्त्र को शास्त्र की श्रेणी में आंकने की बात करते हैं, उन्हें इस बात का वस्तुनिष्ठ प्रमाण देना चाहिए। लेकिन इस चुनौती को कभी भी स्वीकार नहीं किया गया। दूसरी महत्त्वपूर्ण बात यह है कि वास्तु का प्रवेशद्वार किस दिशा में है। पूर्व दिशा में या उत्तर दिशा में होनेवाला दरवाजा सुख और समृद्धि लाता है। प्राचीन वास्तुशास्त्र के इस नियम का जिक्र पहले भी एक लेख में किया गया है।

यदि ऐसा है तो एक अच्छा अवसर सरकार को मिला था। मुंबई में चालीस लाख झोंपड़ियों का पुनर्वसन करके उन्हें महाराष्ट्र की सरकार मुफ्त में घर देनेवाली थी। इस नए घर में रहनेवालों को सुख और संपन्नता प्राप्त हो, ऐसी सरकार के साथ सबकी स्वाभाविक इच्छा थी। अत: इन सब घरों के दरवाजों को पूर्व या उत्तर की ओर बिठाकर इसकी प्रत्यक्ष अनुभूति संभव है। (लेकिन इन घरों का निर्माण-कार्य आगे चलकर 'न ऊधो का लेना, न माधो का देना' सिद्ध हुआ। वैसे वह अलग बात है।)

भ्रामक वास्तुशास्त्र घोषणा-पत्र परिषद में जो एक मुद्दा अक्सर सामने आता था उसे मैं आंदोलन के कृति कार्यक्रम के रूप में सभी भाषणों में रखता था, उसे प्रतिसाद भी मिलता था। वह मुद्दा यह था कि जिसको आधुनिक विज्ञान के नियमों की प्राथमिक समझ है, अगर उसने प्राचीन वास्तुशास्त्र की पुस्तकें पढ़ी होंगी तो उसमें अंतर्भूत आभासी विज्ञान का मायाजाल सहजता से उसकी समझ में आएगा। ऐसी स्थिति में इंजीनियरिंग महाविद्यालय के पाठ्यक्रम में इस प्राचीन वास्तुशास्त्र का समावेश किया जाए। किंतु वास्तु निर्माण के जो शासकीय नियम हैं उन्हें इस शास्त्र के अनुसार बदलने के लिए आज के भ्रमचित्त राज्यकर्ता राजी नहीं होंगे, इसलिए हमें सचेत रहना जरूरी है। वास्तुशास्त्र में होनेवाली सारी कल्पनाएँ उस शास्त्र द्वारा प्राप्त होनेवाले नसीब से जोड़ी गई हैं।

वास्तुशास्त्र के अनुसार अगर वास्तु का निर्माण किया जाए तो उन्नति होती है तथा संपन्नता भी आती है। अर्थात नसीब भी खुश हो जाता है और अगर इससे संबंधित निर्णय लेने में कोई भूल हुई तो लड़ाई-झगड़े, दरिद्रता से लेकर मृत्यु तक कुछ भी भुगतना पड़ता है, ऐसा इस वास्तुशास्त्र की पुस्तक में स्पष्ट कहा गया है। दैवी प्रकोप का भय और उससे संरक्षण के लिए वास्तुशास्त्र द्वारा दैवी इलाज ऐसा स्वरूप इसको प्राप्त होता है। दैवी उपचार तथा उसका प्रचार करना चिकित्सा के क्षेत्र में दंडनीय अपराध है, तथा दैवी वास्तुशास्त्र प्रचार को दंडनीय अपराध के रूप में स्वीकृति मिले, यह मेरी माँग होती।

चुनौती और मैं

समिति के अध्ययनशील कार्यकर्ता डॉ. प्रदीप पाटिल ने 'भ्रामक वास्तुशास्त्र' नाम से अध्ययनपूर्ण पुस्तक लिखी है। इस पुस्तक का विमोचन समारोह पुणे के बालगंधर्व नाट्यगृह में डॉ. श्रीराम लागू के हाथों संपन्न होनेवाला था। वह बहुत अच्छी तरह से हुआ, लेकिन उस समय मैंने जिस खबर की घोषणा की उससे हंगामा खड़ा हुआ। इस विमोचन समारोह की प्रस्तावना में मैंने कहा कि पिंपरी चिंचवड महानगर निगम के आयुक्त प्रवीण सिंग परदेशी ने आयुक्त पद की जिम्मेदारी लेने के बाद अपने सरकारी निवास में वास्तुशास्त्र के अनुकूल आवश्यक बदलाव किए हैं। वस्तुत: इस बदलाव के लिए हुआ खर्च महानगर निगम के कोश से अर्थात नागरिकों से लिए गए टैक्स से किया गया है। इसलिए पूरे खर्च की रकम परदेशी को महानगर निगम की तिजोरी में जमा करनी चाहिए। असल में सार्वजनिक तौर पर आरोप-प्रत्यारोप करना मेरी वृत्ति नहीं है। लेकिन मुझे यह जानकारी इस कार्यक्रम में आने से कुछ समय पहले ही उनके पूर्व आयुक्त द्वारा ही मिली थी। मुझे वह बात विश्वसनीय लगी और आंदोलन में गति लाने के उद्देश्य से मैंने जाहिर तौर पर उसका उल्लेख किया।

समारोह खत्म होते ही पत्रकारों के द्वारा परदेशी को फोन किए जाने लगे। उन्होंने इस बात से साफ इनकार करते हुए इसे प्रमाणित करने की मुझे चुनौती दी। जिनसे मैंने यह जानकारी प्राप्त की थी, वह प्रत्यक्ष प्रमाणित थी, लेकिन जानकारी देनेवाले के भी उच्च पद के अधिकारी होने के कारण उन्होंने सार्वजनिक तौर पर भूमिका लेने से इनकार कर दिया। इससे मेरी समस्याएँ बढ़ गईं। दूसरी ओर परदेशी ने मेरे ऊपर मानहानि का मुकदमा दायर करने की घोषणा की।

दादासाहब नाईकनवरे पुणे के बड़े व्यवसायी तथा अंधश्रद्धा निर्मूलन आंदोलन के बुजुर्ग व्यक्ति भी हैं। उन्होंने परदेशी से संपर्क कर हम दोनों की भेंट कराने की इच्छा प्रकट की। इस आधार पर परदेशी के घर मुलाकात तय हुई। नाईकनवरे के साथ मैं परदेशी के आलीशान निवास में सुबह दस बजे पहुँचा। उस समय वे महानगर निगम में थे। दादासाहब ने फोन पर उनसे संपर्क किया। हम सीधे घर गए इसलिए उन्होंने नाराजगी जताई। हम थोड़े परेशान थे क्योंकि भेंट घर पर ही तय हुई थी। परदेशी की सूचना के अनुसार हम उनके घर से निकलकर महानगर निगम में उनके कार्यालय पहुँच गए। वहाँ पर अच्छी तरह से पूरी चर्चा हुई।

उन्होंने कहा कि वे भी अंधश्रद्धा निर्मूलन आंदोलन में रुचि रखते हैं। उन्होंने बताया कि जब वे सोलापुर के जिलाधिकारी थे उस समय उन्होंने उत्सवों में की जानेवाली पशुहत्या को बंद करने के लिए कार्य किया था। उन्होंने यह भी कहा कि वास्तुशास्त्र पर उनका विश्वास नहीं है। इस बात से मेरी अड़चनें थोड़ी

और बढ़ गईं। तब तक मेरे ध्यान में यह बात आ चुकी थी कि उन्होंने जिस निवासस्थान में प्रवेश करने से पूर्व जो बदलाव किए थे, उनके सबूत मिलना भी कठिन था, क्योंकि यह काम करनेवाले सब उनके कनिष्ठ नौकर थे और जिस उच्च पदस्थ अधिकारी ने यह जानकारी दी थी, वे भी कुछ कहने के लिए तैयार नहीं थे। दूसरी ओर परदेशी कह रहे थे कि ऐसी बातों पर मेरा विश्वास नहीं है, यह बात मेरी दृष्टि से महत्त्वपूर्ण थी। निवासस्थान में बदलाव करने की बात व्यक्तिगत अभिरुचि की थी और प्राचीन वास्तुशास्त्र को आधार मानकर बदलाव करने की बात अंधविश्वास की थी, जिसके बारे में परदेशी नकारात्मक भूमिका ले रहे थे। मैंने उनकी इस भूमिका के आधार पर इस विवाद को खत्म करने का मन बनाया।

उनके कमरे से हम तीनों बाहर निकलते ही पत्रकारों के ग्रुप ने हमें घेर लिया। मैंने साधारण रूप से उपर्युक्त आशय का निवेदन किया और यह विवाद खत्म होने की घोषणा की। परदेशी भी वहाँ थे लेकिन उन्होंने विरोध में कुछ नहीं कहा। बाद में इससे संबंधित मेरी जो भूमिका थी उसका एक पर्चा सभी समाचार-पत्रों को पहुँचाया गया।

दूसरे दिन समाचार-पत्रों में छपी सारी खबरें पूर्णत: परदेशी के समर्थन में थीं। मेरे पीछे हटने तथा गलती स्वीकारने की बात लिखी गई थी। परदेशी के आयुक्त होने के कारण समाचार-पत्रों पर उनका विशेष प्रभाव दिखाई दिया। आज जब भी सोचता हूँ तो लगता है कि इस मामले में मैंने गलती की। मुझे उस समय पत्रकारों को लेकर परदेशी के घर पर जाना चाहिए था और वहाँ घर का दरवाजा उत्तर की ओर है, इसे दिखाना चाहिए था। परदेशी के यहाँ आने से पहले यहाँ का दरवाजा पश्चिम दिशा में था, इसका नक्शा दिखाना चाहिए था। मेरी जानकारी सही थी, संभवत: सत्ता के बल पर उसे झूठा ठहराने का प्रयास किया जाता, फिर भी यह जंग मुझे अंत तक लड़नी चाहिए थी। परदेशी ने दरवाजे की दिशा बदली है, लेकिन इसका प्रमाण मिलेगा या नहीं, इस विचार से मैं आशंकित था। साथ ही 'वास्तुशास्त्र के अनुसार मैंने बदलाव नहीं किये हैं', परदेशी की इस बात पर मैंने विश्वास किया, जिसके कारण मेरे वक्तव्य तथा वक्तव्य के कारण आंदोलन की भी हानि हुई। आज लगता है कि मुझे इसे टालना चाहिए था। वस्तुत: आंदोलन ने इस असफलता को स्वीकारा। पूरे महाराष्ट्र में भ्रामक वास्तुशास्त्र के विरोध में आवाज उठाई गई और एक सीमा तक इसका लाभ भी हुआ। लेकिन भ्रामक वास्तुशास्त्र में बने हुए संबंध और क्या वास्तु से लाभ मिलेगा, इस कल्पना से भ्रमित होनेवाले लोगों के मन की सीमा इस आंदोलन के लिए थी, यह आज भी हमें खुले मन से स्वीकार करना पड़ेगा। परंतु इसे विचार की हार नहीं माननी चाहिए।

वास्तुशास्त्र : समर्थकों की दलील

1. वास्तुशास्त्र के नाम पर अंधश्रद्धा तथा समाज का शोषण न हो आदि बातें कबूल हैं लेकिन इस शास्त्र को गलत नहीं समझना चाहिए।
2. एलोपैथी के डॉक्टर को होमियोपैथी, आयुर्वेद, एक्युप्रेशर ये पद्धतियाँ मान्य नहीं होतीं। लेकिन इससे ये पद्धतियाँ त्याज्य नहीं होतीं। उन प्रणालियों के कारण कितनों की बीमारी में सुधार हुआ है। आज के आर्किटेक्ट, इंजीनियर को वास्तुशास्त्र को समझना चाहिए।
3. विज्ञान में परीक्षण किया जाता है और यह सच है कि विज्ञान के प्रयोग से कोई भी जाँचकर देख सकता है। लेकिन कई ज्ञान की शाखाएँ व्यक्ति केंद्रित हैं और उसमें परीक्षण नहीं होता है, जैसे मानसशास्त्र, संगीत आदि। अत: वास्तुशास्त्र में परीक्षण न हो तो भी कुछ फर्क नहीं पड़ता।
4. विज्ञान को पुनर्जन्म स्वीकार नहीं है। लेकिन अचानक किसी सुदृढ़ बालक की मृत्यु हो जाती है तो उसका कारण विज्ञान के पास नहीं होता है। विज्ञान की सीमा होती है। इसका उत्तर खोजने के लिए अगर किसी ने पुनर्जन्म के शास्त्र को आगे किया तो वह गलत नहीं है। वैसे ही वास्तुशास्त्र भी गलत नहीं है।
5. बड़े-बड़े व्यापारी, सर्जन अपने किसी काम की शुरुआत करने के लिए मुहूरत देखते हैं, ग्रहों की स्थिति देखते हैं। ये लोग बुद्धिवादी ही होते हैं। फिर भी उन्हें अदृश्य शक्ति का प्रभाव महसूस होता रहता है। वास्तुशास्त्र को पाखंड न समझें।
6. आज गुरुत्वाकर्षण, चुंबकीय क्षेत्र जैसी संज्ञाएँ प्रयुक्त होती हैं। प्राचीन काल में ये संज्ञाएँ नहीं थीं। अमुक दिशा में अमुक देवता होता है ऐसा कहा जाता था। सूर्य-चंद्र के कारण मानवी मन पर स्पंदन होते हैं, वैसे ही दिशाओं के कारण भी होते हैं। अमुक दिशा लाभप्रद होती है अमुक दिशा अहितकारी होती है ऐसे नियमों की ऋषि-मुनियों ने खोज की। उनका अध्ययन करें। इस पर टिप्पणी करना गलत है।

विरोधकों का प्रतिवाद

1. वास्तुशास्त्र के नियम हास्यास्पद हैं। पुणे की लक्ष्मी रोड पूर्व से पश्चिम ओर विस्तारित हुई है। उत्तर और दक्षिण दिशा में होनेवाली दुकानों की अच्छी कमाई होती है। दक्षिण दिशा अशुभ है ऐसा नहीं दिखाई देता।
2. प्राचीन काल में समुद्र पर्यटन पर रोक लगाई गई थी और यदि कोई करता था तो उसे प्रायश्चित्त करना पड़ता था। इसके कारण समाज की साहसी

वृत्ति खत्म हुई। वही बात वास्तुशास्त्र के तथाकथित नियमों के कारण हो रही है।

3. कई मंत्री वास्तुशास्त्र के अनुसार अपने अधिकृत निवासस्थान में बदलाव करते हैं। फिर भी उन्हें लाभ नहीं मिलता। इस बदलाव के लिए करदाताओं द्वारा दी गई राशि खर्च होती है और ऐसी स्थिति आ जाती है कि सरकार के पास पाठशाला, अस्पताल चलाने के लिए पैसा नहीं बचता।
4. आज हम प्राचीन और ऐतिहासिक काल के घोड़े तथा तलवार का उपयोग नहीं करते हैं। उसी तरह से प्राचीन वास्तुशास्त्र भी आज निरुपयोगी है। इतना ही नहीं, वह हानिकारक भी है। इससे समाज को गुमराह किया जाता है या ठगाया जाता है।
5. प्राचीन काल में बीच में खुली जगह और चारों ओर इमारतें रहती थीं। आज इस तरह की व्यवस्था नहीं हो सकती क्योंकि जमीन के दाम बढ़ गए हैं। पहले घर के पास कुआँ रहता था। अमुक दिशा में पानी नहीं होना चाहिए, इस बात में कोई तथ्य हो सकता है। लेकिन आज बंद टंकियाँ होती हैं, पाइप रहते हैं। मान लीजिए कि वास्तुशास्त्र एक शास्त्र है, फिर भी अब वह कालबाह्य हो गया है।
6. अंधश्रद्धा की काल्पनिकता पर वैज्ञानिक प्रमेयों के अलंकार चढ़ाना बाबागिरी है। पृथ्वी का चुंबकीय क्षेत्र या ऐसे ही कुछ प्रमेयों का उल्लेख करना, विज्ञान की अतिरंजना करना आदि बातें रास न आनेवाली हैं। व्यक्ति के प्रभाव की दृष्टि से व्यक्ति का नजदीकी चुंबकीय क्षेत्र कम शक्ति का होता है। वेल्डिंग मशीन का चुंबकीय क्षेत्र अधिक शक्ति का होता है, इसकी जानकारी वास्तुशास्त्रियों को नहीं होती है।
7. किसी व्यवसाय या व्यापार से लाभ न मिलने का कारण यह होता है कि ठीक से मार्केटिंग न करना या दुकान में आकर्षण न होना। दिशाओं की शुभाशुभता एक फरेब है। वास्तुशास्त्र की आड़ से फलज्योतिषी अपना धंधा चलाते हैं और अपनी झोली भरते हैं।
8. वास्तुशास्त्र में चातुर्वर्ण्य का उल्लेख किया गया है। जैसे, ब्राह्मण को बंजर (सफेद) जमीन लेनी चाहिए और शूद्रों को उपजाऊ (काली) जमीन लेनी चाहिए। ऐसे प्राचीन ग्रंथों में किए गए उल्लेख आज स्फोटक ही साबित होंगे इसलिए उनको नहीं बताया जाता है, लेकिन ये ग्रंथ कितने आक्षेपार्ह हैं यह इसके आधार पर समझ में आएगा। इन ग्रंथों का अध्ययन करके ही विरोधक वास्तुशास्त्र पर टीका करते हैं।
9. ऋषि-मुनि क्या कहते हैं, यह न बताते हुए, कितनी इमारतों का प्रत्यक्ष सर्वेक्षण करके व निवासियों के साक्षात्कार लेकर शास्त्र की जाँच-पड़ताल

की है, यह वास्तुशास्त्री नहीं बताते क्योंकि वैसे सर्वेक्षण किए ही नहीं जाते हैं। दरवाजा किसी भी दिशा में क्यों न हो, हर इमारत में मृत्यु होती ही है।

10. वास्तुशास्त्रियों द्वारा दी गई सलाह के अनुसार इमारत बनवाई जाए और फिर कोई अशुभ घटना हो गई तो इसका कारण 'प्रारब्ध-नसीब' बताकर वास्तुशास्त्री कन्नी काटते हैं। वास्तुशास्त्री वैज्ञानिक मनोवृत्ति को नकारते हैं और दैववाद को बढ़ावा देते हैं।
11. कई वर्षों की शिक्षा लेकर, प्रवेश के लिए रुपए खर्च करके आर्किटेक्ट और इंजीनियर तैयार होते हैं। इमारत का नियोजन करते समय उसमें रहनेवालों का जीवन अच्छा हो इसके लिए वैज्ञानिक तत्त्वों के अनुसार दरवाजे, सीढ़ियाँ, खंबे, खिड़कियाँ, दीवारें, फर्श ऐसी कई बातों का नियोजन किया जाता है। इसको मूर्खता साबित करते हुए कोई वास्तुशास्त्री जो पहली या दूसरी कक्षा तक पढ़ा होता है, आधा घर बनने के बाद घर के मालिक को डराता है। देवता, विश्वकिरण, वास्तुपुरुष आदि बातों का जिक्र करके सीढ़ियाँ तोड़ दीजिए और उसे दूसरे कोने में बनाइए, इस प्रकार की सलाह देता है। घबराया हुआ मालिक खूब खर्चा करके उसे पूरा करता है। यह सब सामाजिक आतंक का हिस्सा है।
12. आजकल समाचार-पत्रों में विज्ञापन आते हैं कि बिल्डर का कोई प्रोजेक्ट 80 या 90 प्रतिशत वास्तुशास्त्र के अनुसार है। आज इंजीनियर, डॉक्टर, व्यापारियों द्वारा कोई गलती होती है तो उनके खिलाफ मुकदमा चलाकर आप जितना नुकसान हुआ है उसे ले सकते हैं। उसी प्रकार अगर वास्तुशास्त्री द्वारा दी गई सलाह गलत साबित हुई तो उसके खिलाफ भी मुकदमा चलाने का नियम होना चाहिए। कोई तो जनहित याचिका कोर्ट में पेश करें।
13. संस्कृत श्लोकों का जिक्र करने पर उसमें जो जानकारी होती है वह प्राचीन है ऐसी कई लोगों को गलतफहमी होती है। कई श्लोक वर्तमान काल में लागू किए जाते हैं।
14. वास्तुशास्त्र की व्याख्या बदलनी चाहिए। उसे वास्तुश्रद्धा कहना चाहिए। यह शास्त्र विज्ञान नहीं है।
15. वास्तुशास्त्री मंडली द्वारा अशुभ बताई गई इमारत को उपयोग में लाने के लिए अंधश्रद्धा निर्मूलन समिति तैयार है और समिति इसकी घोषणा करती है। सबसे इजाजत लेकर ऐसी इमारत समिति को देनी चाहिए।

कर्मकांडों का मायाजाल

अंधश्रद्धा निर्मूलन समिति के चार उद्देश्य हैं। पहला, शोषण और ठगनेवाले अंधविश्वासों का विरोध करना। दूसरा, समाज में वैज्ञानिक दृष्टिकोण का निर्माण करना। तीसरा, धर्म की विधायक, कृतिशील, काल-सुसंगत मीमांसा करना। चौथा, स्वयं का जीवन विवेकाधिष्ठित नैतिकता में व्यतीत करना। पहले प्रकार से संबंधित जारी संघर्ष समाज के सामने है। वैज्ञानिक दृष्टिकोण के सृजन के लिए शिक्षा का प्रसार महत्त्वपूर्ण है। साथ ही समिति आंदोलन और कई उपक्रमों का आयोजन करती है। धर्म के न्याय-वेदांत की चर्चा करने में आंदोलन को दिलचस्पी नहीं है। लेकिन जो अर्थहीन, कालबाह्य कर्मकांड हैं, रूढ़ि-परंपराएँ हैं उनके बारे में समिति हर समय संघर्ष करती रहती है तथा उनके लिए विधायक विकल्प देने का प्रयत्न भी करती है। अर्थात यह करने का मतलब है खुद में विवेकवादी दृष्टिकोण का निर्माण करना तथा उसे निरंतर बनाए रखने का प्रयास करना। इनकी वैचारिक और आंदोलन की प्रस्तुति 'अंध रूढ़ियों की बेड़ियों को तोड़ें' इस मुहिम का विचार और आचरण है।

मनुष्यता बुद्धि में है

मनुष्य की मानवता उसकी बुद्धि में है। अन्य प्राणियों की तुलना में मनुष्य प्राणी का मस्तिष्क प्रगल्भ है। अन्य प्राणियों की तरह मनुष्य की भी अपनी इच्छा होती है। परंतु मानवी जीवन में शारीरिक जीवन के अलावा मानसिक जीवन का बड़ा हिस्सा होता है। मनुष्य को शारीरिक स्वास्थ्य चाहिए। साथ ही मानसिक ज्ञान भी चाहिए होता है। ज्ञानार्जन, नैतिक उन्नति, भाषा की समृद्धता, विविध कलाओं का विकास, इससे मनुष्य के मानसिक सद्गुणों में वृद्धि होती है। जब शारीरिक स्वास्थ्य के साथ मानसिक वृद्धि प्राप्त होती है, तब मनुष्य को आजादी मिलती है, ऐसा हम कहते हैं। अन्य प्राणियों में होनेवाली जीवन-इच्छा को मानवी स्तर पर स्वतंत्रता की प्रेरणा का रूप प्राप्त होता है।

बुद्धि की सहायता से ऐसी व्यापक स्वरूप की आजादी अधिकाधिक मात्रा में प्राप्त हो सकती है। मनुष्य की अनुभूति की बौद्धिक शक्ति के योग से छानबीन की

जाए तो जीवन को उपयुक्त ज्ञान का लाभ मिलता है। ज्ञान के द्वारा ही हम अनाज उगाना, कपड़ा तैयार करना, घर बनाना आदि जीवन के लिए जरूरी चीजों का निर्माण करते हैं तथा प्रकृति के नियमों का ज्ञान प्राप्त करते हैं।

अन्य प्राणियों में जिस प्रकार जीवन-इच्छा है, वैसी ही थोड़ा-बहुत विचार करने की शक्ति (बुद्धि) भी है। इस कारण से ही वे प्राणी जी सकते हैं, यह डार्विन ने प्रमाणित किया है। मानवी स्तर पर इन गुणों को हम स्वातंत्र्य की प्रेरणा व ज्ञानार्जन की इच्छा ही कहते हैं। मनुष्य के उन्नति की नींव स्वातंत्र्य की प्रेरणा और ज्ञान प्राप्त करने की लालसा में है।

इस पर गौर करना होगा कि केवल बुद्धि का इस्तेमाल करने से वैयक्तिक या सामाजिक प्रगति होती है, यह विधान गलत साबित होगा। क्योंकि बुद्धि एक साधन है। उस साधन का उपयोग उत्तम साध्य के लिए किया जा सकता है। कोई चोर भी अपनी बुद्धि के द्वारा चोरी कैसे सफल बनाई जाए इसके बारे में सोचता है। परंतु ऐसे चोर को हम बुद्धिजीवी नहीं मानते हैं। हम बुद्धि के द्वारा जब झूठ या अच्छा (नैतिक) बुरा (अनैतिक) निश्चित करते हैं और सत्य तथा नैतिकता के अनुसार व्यवहार करना निश्चित करते हैं, तो उस समय हम अपने आपको बुद्धिजीवी अथवा बुद्धिप्रमाणवादी कहला सकते हैं। उत्क्रांति से ही बुद्धि का (बायोलॉजिकल इवोल्यूशन से) सृजन हुआ है। बुद्धि का जब इस प्रकार से प्रयोग किया जाता है, तब उसे हम सद्विवेक बुद्धि कहते हैं। इस विवेक बुद्धि को जब हम पैना एवं प्रभावी बनाते हैं तब हम बुद्धि स्वातंत्र्य को प्राप्त कर सकते हैं।

अन्य प्राणियों में, मनुष्य प्राणी में भी रचनात्मक और हानिकारक दो प्रकार की प्रवृत्तियाँ दिखाई देती हैं। दूसरों के प्रति आत्मीयता, सहानभूति तथा सत्यप्रियता जैसी सत्प्रवृत्तियाँ और स्वार्थ, क्रोध जैसी असत्प्रवृत्तियाँ अर्थात ये दोनों ही प्रवृत्तियाँ स्वाभाविकता से मनुष्य में पाई जाती हैं। इनमें से समाज हित के लिए जो उपयुक्त प्रवृत्तियाँ हैं उनको बढ़ावा देना तथा समाज के लिए हानिकारक होनेवाली प्रवृत्तियों को कम करके उन्हें खत्म करना ही हमारी विवेक-बुद्धि का एक महत्त्वपूर्ण कार्य है।

अंधविश्वास का निर्माण

अंधविश्वास का कैसे निर्माण होता है और धीरे-धीरे वह कैसे प्रस्थापित होता है? मनुष्य सामाजिक प्राणी है। व्यक्ति की मूलभूत जीवन इच्छा के द्वारा समाज की निर्मिति हुई है। कई व्यक्तियों के एक साथ रहने तथा एक-दूसरे का सहकार्य करने से सबका जीवन सफल होने की संभावना बढ़ती है। इसके अलावा मनुष्य को दूसरे तरीके से भी मदद मिलती है। सामाजिक जीवन से ही भाषा की उत्पत्ति होती

है। एक पीढ़ी को मिला हुआ जीवनोपयोगी ज्ञान आनेवाली पीढ़ी को भी समाज से ही मिलता है। इसी प्रकार समाज में जिन रूढ़ियों का निर्माण होता है, उसमें से कुछ रूढ़ियाँ उन्नति के लिए उपयुक्त तो कुछ विकास के लिए विनाशकारी सिद्ध होती हैं। ये रूढ़ियाँ आचरण की होती हैं और विचारों की भी होती हैं। हिंदू समाज में आर्य लोगों की प्रतिष्ठा और वर्चस्व अबाधित रखने के लिए वर्ण व्यवस्था का निर्माण हुआ है। इसकी वजह से समाज में होनेवाले कुछ व्यक्ति समुदाय 'अस्पृश्य' कहलाने लगे। विचारों की अनिष्ट रूढ़ि भी हिंदू समाज में विकसित हुई है। उसमें से दैववाद एक रूढ़ि है। अन्य अनिष्ट वैचारिक प्रथा को परलोकवाद कह सकते हैं। रूढ़ियाँ अच्छी हैं या बुरी इसके बारे में कोई भी नहीं सोचता। जो कुछ लोग इसके बारे में सोचते हैं, उनको अगर ये अनिष्ट लगने लगें तो भी उनका विरोध करने का साहस उनके पास नहीं होता। परंतु उनमें से जो लोग बुद्धिप्रमाणवादी होकर धैर्यवान होते हैं, वे समाज का सांस्कृतिक सुधार कर सकते हैं। यह सच है कि अंत में सत्य की ही जीत होती है। सुधारकों की संख्या बढ़ती जाती है।

धर्म की सामर्थ्य

मानव जीवन में धर्म का एक विशेष स्थान है। विश्व के भूखंड में रहनेवाले हर प्रकार के जनसमूह में मानव की आदिम अवस्था में किसी न किसी स्वरूप में धर्म ने मनुष्य का साथ दिया है। वैज्ञानिक दृष्टिकोण का उदय और विकास महज चार सौ सालों की बात है। संघटित धर्म का उदय भी उसके कई सदियों पहले हुआ है। मानव को सच्ची दृष्टि देनेवाले वैज्ञानिक दृष्टिकोण की निर्मिति से पहले धर्म को विशाल स्वरूप और विलक्षण सामर्थ्य प्राप्त हुआ। जीवन के सभी आयाम धर्म कल्पना के प्रभुत्व से व्याप्त हुए और मानवी जीवन पर लंबे समय उसकी अप्रतिहत सत्ता चलती रही।

आज के वैज्ञानिक युग में भी हमारे देश में धर्म के अभिमान, अस्मिता एवं अहंकार को अधिकाधिक ताकतवर करने का प्रयास हर धर्म में शुरू है। मंदिर में जाना, कीर्तन, पोथी पढ़ना, तीर्थाटन, देवताओं के एवं धर्म के उत्सव, अनेक कर्मकांडों का सामूहिक आचरण आदि बातें बढ़ रही हैं। संबंधित धर्म की सर्वसामान्य सामाजिक इकाइयाँ ही नहीं, बल्कि शिक्षित और युवा पीढ़ी भी इसकी ओर आकर्षित होती दिखाई दे रही है। धर्माभिमान और धर्म विचार अलग-अलग बातें हैं। धर्माभिमानी व्यक्ति धार्मिक विचार कर सकता है, लेकिन वह ऐसा करेगा ही यह नहीं कहा जा सकता। धर्माभिमान में अधिक तीव्रता, कर्मकांड को सर्वोच्च प्रधानता तथा नैतिक धर्म में बढ़ोतरी यह आज के महाराष्ट्र का वर्तमान स्वरूप है। अंधविश्वास उन्मूलन का आंदोलन कृति के क्षेत्र में है। स्वाभाविक रूप से धर्म मीमांसा करते समय पहला संबंध कर्मकांड के साथ आता है। कई लोगों को ऐसा

करने से संस्कृति को धक्का तथा धर्म पर प्रहार लगता है। धर्म मीमांसा शुरुआत में ही लड़खड़ाती है। अंधश्रद्धा विरोध की लड़ाई केवल बाबागिरी, भूत भानमती, इनके विरोध में प्रासंगिक बन जाती है। वास्तव में होनेवाली रुकावटों को दूर कर अंधश्रद्धा निर्मूलन के कार्य को नया आयाम प्राप्त कर लेने हेतु 'अंध प्रथाओं की बेड़ियाँ तोड़ो' इस संकल्प की आवश्यकता है।

यातुप्रधान धर्म एवं कर्मकांड

विभिन्न प्रदेशों में रहनेवाले आदिमानव के सामाजिक जीवन में प्राथमिक धर्म भावना यातु प्रधान होती थी। ऐसा माना जाता था कि पूरे विश्व में सब के बीच एक यातु तत्त्व है। उसकी उपासना जिन कर्मकांडों से करनी है वे—यातुक्रियाएँ होती हैं। बारिश के लिए किये जानेवाले यज्ञ, युद्ध में शत्रु पराजित हो इसके लिए की जानेवाली विधि, घर में लाभ मिले इसके लिए की जानेवाली वास्तुपूजा, स्त्री की प्रसूति ठीक से हो इसके लिए तावीज, धर्मशाला तथा तालाब का निर्माण करते समय किए जानेवाले क्रियाकर्म तथा ग्रामदेवताओं के वार्षिक उत्सव ये सब यातुक्रियाएँ हैं।

यातु दो प्रकार के थे। फसल में वृद्धि हो, पुत्र प्राप्ति हो, व्यक्ति, परिवार, समाज का हित हो इसके लिए 'शुक्ल यातु' की आराधना की जाती थी। पड़ोसी के खेत की फसल बर्बाद हो जाए, सौतन को संतान प्राप्ति न हो, खून की उल्टियाँ होकर शत्रु मर जाए इसके लिए किए जानेवाले उपाय थे 'कृष्ण यातु'। टोना-टोटका, मंत्र-तंत्र फेंकना, काला जादू ये सारे उसके प्रकार हैं। नरसंहार तक की विधि इसमें दिखाई देती है। इसमें शक्ति की पवित्रता और निर्माण शक्ति क्षीण होने लगे तो उनका संभरण नरमेध विधि से होता है, ऐसी कल्पना थी। विश्व में होनेवाली आदिम स्वरूप की सभी धार्मिक कल्पनाओं की नींव इन विचारों से बनी थी। यातु निर्भरता पर आधारित यह धर्म जीवन संदेहवादी तत्त्व चिंतन तथा बाद में विज्ञान के प्रबल आघात के कारण दुर्बल होकर अस्त होना था। लेकिन जितनी इसकी संभावना थी, वह नहीं हो पाया।

मनुष्य का मन श्रद्धा में रमनेवाला है। हर समय इन श्रद्धाओं की जाँच-पड़ताल करना, पुरानी त्याज्य श्रद्धाओं को छोड़ देना, नई श्रद्धाओं का स्वीकार करना व्यक्ति और समाज के विकास के लिए आवश्यक होता है। अगर वर्तमान चुनौतियों का सामना करना है तो यातु निर्भरता, रूढ़ धर्मश्रद्धा से मानवी मन को मुक्त करना आवश्यक था। परंतु वैसा नहीं हो पाया। धर्म इस संज्ञा से निर्देशित होनेवाली समझ और आचार, यातु कल्पना इनमें आज भी एकरूपता दिखाई देती है। कर्मकांड की गति इससे कायम रहती है। कई बार आधुनिकता के नाम पर कर्मकांड बढ़ता ही जाता है। वास्तु निर्माण का उदाहरण लीजिए। आज भी अधिकांश शिक्षित लोग भी घर बनाते करते समय भूखंड का पूजन इस कल्पना से करते हैं कि उस जगह में

होनेवाली दुष्ट शक्ति नष्ट हो जाए। चौखट बिठाने के बाद उस पर काली गुड़िया उलटी टाँगते हैं। नीबू और मिर्च भी बाँधते हैं। घर बनने के बाद वास्तु की पूजा यानी वास्तुशांति की जाती है। कुलाचार हो तो पशुहत्या भी की जाती है। इनमें से अधिकतर विधियों के लिए ब्राह्मण ही उपस्थित होता है। समाजसुधारकों के विचारों पर चलनेवाला महाराष्ट्रियन शिक्षित समाज भी धर्म इस संज्ञा का तात्त्विक अथवा नैतिक आशय देखने के लिए उत्सुक नहीं है। धर्मश्रद्धा यानी पारंपरिक कर्मकांड, ऐसा सूत्र जनमानस में प्रचलित है।

संतों के प्रयासों का अपवाद अगर छोड़ दिया जाए तो ग्रामीण लोकसमूह के जीवन में यातु प्रधान श्रद्धा की परंपरा में ही अखंडता शुरू से है। कुलधर्म, कुलाचार, कुलदैवत आदि से संबंधित मान्यताएँ हैं। उच्च जाति से लेकर शूद्रों तक जो जातियाँ हैं उनमें इस परंपरा का अनुसरण करने की प्रवृत्ति दिखाई देती है। वारकरी संप्रदाय ने इसके विरोध में विद्रोह किया है। कई बाहरी बातों से पहचाने जानेवाले तथा व्यवहार में पाए जानेवाले जाति के चिह्नों को वारकरी संप्रदाय ने अबीर, तुलसी की माला, गोपाल काला को सार्वत्रिक करके समाप्त करने का प्रयास किया। वास्तव में पंढरपुर की प्रतिवर्ष वारी करनेवाले लोग पावित्र्य को बहुत मानते थे। गाँव में अलग बस्ती के साथ-साथ अलग-अलग पनघट भी बनाए जाते थे। जिस वारकरी संप्रदाय का कुछ शतकों का इतिहास है, उस संप्रदाय के लोगों में पिछली शताब्दी तक रोटी व्यवहार तथा एक-दूसरे को छूने पर भी पाबंदी थी और आज भी बेटी व्यवहार तो काफी दूर की बात है।

जातिभेद, देवताओं की उपासना, बलि देने की परंपरा, विवाह के बाद देवाचार के कार्यक्रम, वाघ्या-मुरली की प्रथा, मंत्र-तंत्र, शकुन, तावीज आदि बातें तथा उसके साथ आनेवाले कर्मकांडों का ब्राह्मण से लेकर शूद्रों तक और राजा से लेकर रंक तक सब लोग पालन करते हैं। यातु निर्भर कर्मकांड का विरोध करनेवाली श्रद्धा भी नागर समाज के कुछ लोगों के मन में निवास करती है। परंतु इन दोनों में संघर्ष नहीं दिखाई देता है। कई लोगों के अनुसार भगवान की भक्ति और उसके लिए किए जानेवाले कर्मकांडों का ही मुख्य स्थान है। किसी विशेष क्षेत्र में जाकर जाग्रत भगवान से मन्नत माँगना, किसी मंत्र को पढ़कर अभिषेक करना, किसी कारण हेतु पशु की बलि देना आदि बातों से पुण्य मिलेगा और भगवान अपनी मन्नत पूरी करेगा यह मानना ही मुख्य स्वरूप है।

महाराष्ट्र में यादव सत्ता के सुवर्ण दिन थे। उनके प्रधानमंत्री हेमाद्री ने सैकड़ों कर्मकांड तथा वृत्तों की आवश्यकता बतानेवाला 'चतुर्भुज चिंतामणि' यह ग्रंथ लिखा। उसमें तकरीबन 700 कर्मकांड हैं। अर्थात मनुष्य को रोज कम से कम दो कर्मकांडों को धर्म का आचरण समझकर पूरा करना चाहिए। इसकी वजह से श्रमिक, बहुजन समाज का पैसा, मुट्‌ठीभर पुरोहितों के पास जाने का रास्ता खुला हो गया। क्या सच

में 700 वर्षों में स्थितियों में परिवर्तन हुआ है? ऐसा नहीं है कि सावन में केवल वर्षा ही होती है बल्कि उसमें पूरे दिनों में तीज-त्योहार, व्रत वैकल्य भी होते हैं। नागपंचमी, रक्षाबंधन, सावनी सोमवार, शुक्रवार, मंगलागौर, कालाष्टमी, तरह-तरह की एकादशी, चतुर्थी की अखंड मालिका, हरितालिका, ऋषिपंचमी, गौरी गणपति, नवरात्रि तक शुरू रहती है। पूरे सालभर में पूजापाठ होते ही रहते हैं। 'हमारे यहाँ आज भी सभी व्रतों का पालन किया जाता है' ऐसा ऊपरी तौर पर गर्व से कहनेवाली गृहिणी पूजापाठ, पावित्र्य, दान-दक्षिणा, सुहागन भोजन आदि सभी कामों को सँभालते हुए तब तक करती है जब तक वह थक न जाए। इसके अलावा हर वर्ष कोई न कोई विशेष व्रत होता ही है। कभी लक्ष्मी का, तो कभी कोकिल का। इस व्रत का उद्यापन करने के लिए वसंत ऋतु में कोकिल की आवाज कहाँ से आएगी? ऐसे में उसके आवाज की रिकॉर्डिंग करके रिकॉर्डिंग बेचनेवाले पैसा बहुत कमाते हैं।

धर्म का रूप

व्यवहार में लोकजीवन का दमन जिस धार्मिकता के आधार पर होता है, उसका स्वरूप क्या होता है? उसमें परंपरा से चली आ रही रूढ़ियाँ, प्रथाएँ, कर्मकांड, सामूहिक उपासना, व्रत वैकल्य ऐसी अनेक बातें होती हैं। उसमें विवाह, नामकरण विधि, गोद लेना आदि का धार्मिक तथा लौकिक आधार होता है। कई कर्मकांडों का संबंध सीधे परलोक के साथ होता है। इसके आगे जानेवाले नैतिक मूल्य, आदर्श भी धर्म के आधार पर बताए जाते हैं। प्रथा, परंपरा, उपासना पद्धति, दार्शनिक-आध्यात्मिक नीति, कर्मकांड, समाज व्यवस्था आदि इकाइयाँ धर्म में सहजता से नहीं होती हैं। उनके मिलाप से धर्म साकार होता है और यह धार्मिकता व्यक्ति मानस में, समाज मन में एकत्रित होती है और गहराई तक पहुँचती है। धर्म के आधार पर कई परंपराओं, रूढ़ियों, और विवाह जैसी महत्त्वपूर्ण बातों के आचार नियम और संस्कार पद्धति कायम हो चुकी है। उसमें सांस्कृतिक आनंद, अर्थहीन कर्मकांड, शोषण करनेवाली बातें, अपायकारक यातु कल्पना आदि का मिश्रण होता है। पूरे जाति धर्म के लोगों के मन पर होनेवाली उसकी मजबूत पकड़ को देखने पर यह बात समझ में आती है कि उसका विरोध करना कितना आवश्यक है और वह कितना कठिन कार्य है।

कर्मकांडों का अर्थकारण

आम मनुष्य के जीवन में अघोषित गुलामी लादनेवाले इन कालबाह्य अनिष्ट कर्मकांडों को संबोधित करते हुए डॉ. बाबासाहब आंबेडकर ने 'अबोध धर्म संकल्पनाओं के

कारण देश कंगाल बन रहा है' ऐसे तीखे उद्‌गार निकाले थे। आज भी यह एक हृदय विदारक सत्य है। व्यक्ति के जीवन में नामकरण से लेकर तेरहवीं तक के सफर में कर्मकांड भी साथ होते हैं। केशकर्म संस्कार, मुंज, विवाह, वरदक्षिणा के नाम पर भरपूर दहेज, मृत्यु के बाद दसवें दिन पिंडदान, तेरहवें दिन गाँव को भोज, इस तरह की कई बातों में समय, मेहनत, पैसा तथा बुद्धि का कितना अपव्यय होता है यह बताना असंभव है। इसके पीछे क्या मानसिकता होती है, उसके कुछ उदाहरण आप देख सकते हैं—विवाह के समय वर-वधू के मस्तक पर अक्षत के रूप में चावल फेंके जाते हैं। केवल महाराष्ट्र में हर साल साधारणत: तीन लाख विवाह होते हैं। एक विवाह में पाँच से दस किलो अक्षत उपयोग में लाई जाती है। अर्थात हर साल 15 से 30 लाख किलो चावल एक कर्मकांड के लिए पैरों तले रौंदे जाते हैं। अर्थात इतना अनाज बर्बाद किया जाता है। परंतु इस संबंध में प्रश्न पूछना ही लोगों को आक्षेपार्ह लगता है।

लड़की को दानपात्र जैसी वस्तु समझकर बड़े हर्षोल्लास के साथ उसका कन्यादान किया जाता है। ऐसा करना लड़की का अवमूल्यन न समझकर वे इसे गर्व की बात समझते हैं। खुद की कोई भी गलती न होने के बावजूद भी एक स्त्री विधवा हो जाती है। उसे वैधव्य के कारण अपने लड़का-लड़की के विवाह समारोह से जानबूझकर दूर रखा जाता है। (सार्वजनिक शुभारंभ के रूप में संपन्न होनेवाले हल्दी-कुमकुम में आने की उस पर पाबंदी होती है और शुभकार्य में उसके अशुभ कदम न पड़ें इसकी खबरदारी ली जाती है।) कई जातियों में मृत्यु के पश्चात् दस-बारह दिनों तक सूतक यानी अशौच पालने के लिए सारे काम, उद्योग छोड़कर खुद को घर में बंद किया जाता है। पिंड को कौआ स्पर्श करता है या नहीं इसके लिए भी महत्त्वपूर्ण काम छोड़कर लोग राह देखते हुए समय बरबाद करते हैं। मृत व्यक्ति की बीमारी के दौरान लिया हुआ कर्ज होने के बावजूद भी वे उसकी तेरहवीं के लिए कर्जा लेकर पूरे गाँव को भोजन देते हैं। ये सारे आविष्कार धर्म के नाम पर बनाई गई परंपरा और कर्मकांड के होते हैं। उनको अंधविश्वास कहना मना होता है। मुस्लिम समाज में तीन बार 'तलाक' शब्द कहने से शादी एक क्षण में टूट जाती है। शादी के करार होने के कारण तलाक पीड़ित बीवी को भरण-पोषण राशि देने की आवश्यकता नहीं होती है। बच्चा होने की कोई संभावना न होने के बावजूद वे किसी बच्चे को गोद नहीं ले सकते।

भारत जैसे विकासशील देश में बचत करना ही राष्ट्र निर्माण की आर्थिक नींव होती है। इन कर्मकांडों से कितनी आर्थिक हानि होती है? एक साल में केवल पुणे शहर में साढ़े पाँच करोड़ रुपयों के पटाखे दीवाली में फोड़े जाते हैं। दीवाली मनाने के ऐसे कर्मकांड में साढ़े पाँच करोड़ रुपयों का धुआँ निकलता है। पहले से ही प्रदूषित पुणे शहर में जहरीली वायु की मात्रा बढ़ती है। ध्वनि प्रदूषण और दुर्घटनाओं की

संख्या अलग से बढ़ती है। महाराष्ट्र में हर साल मन्नत पूरी करने के लिए देवताओं के नाम पर मेले में पाँच से सात लाख बकरे काटे जाते हैं। बकरा खरीदकर उसे बैलगाड़ी या टेंपो से मेले की जगह पर लाने में कम से कम दो हजार तक का खर्च आता है। मन्नत पूरी करनेवाले अधिकांश गरीबों की यह दो-चार महीनों की कमाई होती है। अतः मन्नत पूरी करने के लिए उन्हें कर्ज लेना पड़ता है। अस्वच्छता, मारे हुए बकरे का मांस एक दिन में खत्म नहीं होता है, उसे कई दिनों तक खाने से होने वाली बीमारी के कारण काम पर न जाने से पूरे महाराष्ट्र में 100-150 करोड़ रुपयों की बरबादी। विवाह में कालविसंगत, असमर्थनीय, अनावश्यक किए जानेवाले खर्च ने सभी जाति-धर्म के शिक्षित-अशिक्षित, शहरी-ग्रामीण अथवा गरीब-अमीर सभी की सारी सीमाएँ लाँघ ली हैं। अब शादियों का खर्च भी दोनों पक्षों की ओर से 50 हजार से 1 लाख तक होता है। विशेषज्ञों का मानना है कि महाराष्ट्र में हर साल तीन लाख शादियों में बारह सौ या पंद्रह सौ करोड़ रुपए खर्च किए जाते हैं। तो दूसरी ओर कृष्णा नदी का पानी समय पर रोका जाए इसके लिए राज्य के अन्य विकास कार्यों को रोककर पैसों की मदद के लिए हम भीख माँगते हैं।

घृणित एवं कालबाह्य कर्मकांड

सामूहिक स्थान पर की जानेवाली देवता की पूजा और धार्मिक उपासना में कर्मकांड तथा अंधविश्वास महाराष्ट्र के कई मेलों में कदम-कदम पर दिखाई देता है। मन्नत पूरी करने के लिए खाल में धारदार शस्त्र आर-पार डाल देना, बैलगाड़ी पर रखे ऊँचे लाठीनुमा खंबे पर किसी व्यक्ति को टाँगकर उस बैलगाड़ी को दिनभर दौड़ाना, मंदिर के पत्थर पर टक्कर मारकर सिर फोड़ लेना, जंग लगे उस्तरे से सौ लोगों का माथा चीरकर भगवान को प्रदक्षिणा लगाना, मन्नत के बकरे का जिबह करना, भैंसा मारकर उसके खून में हाथ डालकर उसे पुजारी के शरीर पर तथा मंदिर की दीवार पर खून लगाना, धूल में दंडवत करते हुए मंदिर की प्रदक्षिणा पूरी करना, आज भी महाराष्ट्र में यह सब कुछ होता है। ये कर्मकांड गाँव-गाँव के मेलों में सम्मान से पूरे किए जाते हैं। इन सबका धार्मिक उपासना समझकर सम्मान किया जाए या मनुष्यता गिरवी रहती है इसलिए निषेध किया जाए?

गणेशजी के सामने अग्नि में लाखों मोदक समर्पित किए जाते हैं। क्या इसे उपासना स्वातंत्र्य के रूप में स्वीकार किया जाए या क्या विश्वशांति के नाम पर लाखों लोगों को जमा करके यज्ञ संस्कृति का पुनरुज्जीवन किया जाए? जो वैराग्य की मूर्ति है उस बाहुबली की मूर्ति पर सैकड़ों लीटर दूध, दही, घी, मकरंद की वर्षा करने का कर्मकांड धर्म उपासना के साथ सुसंगत है या विसंगत? जो कर्मकांड मुस्लिमों की पीर संस्था से संबंधित है उसे राष्ट्रीयकृत बैंकों से लेकर रेल प्लेटफॉर्म

तक सत्यनारायण के रूप में मनाना और उसमें समय का अपव्यय करना इष्ट है या अनिष्ट? पोथी में कहा गया है कि ब्रह्मदेव के मुख से ब्राह्मण, बाहु से क्षत्रिय, कंधे से वैश्य और पैरों से दलितों का जन्म हुआ है। उस पोथी को स्वीकार किया जाए या भारत के संविधान को?

प्रशासन और जनता कालबाह्य कर्मकांड के ढोल मिल-जुलकर कैसे पीटती है इसका एक ही उदाहरण पर्याप्त है। महापवित्र कुंभमेला हर 12 वर्षों के बाद नासिक में नियमित रूप से आयोजित किया जाता है। ऐसा कहा जाता है कि इस दौरान विशेष मुहूरत पर स्नान करने से 12 सालों के पाप मिट जाते हैं। इस तरह का कोई उपाय विश्व में कहीं न मिलने के कारण लाखों की तादाद में लोग यहाँ इकट्ठा होते हैं। कुछ साल पहले नासिक में आयोजित सिंहस्थ कुंभ मेले को ही याद करिए। वहाँ लाखों की संख्या में साधु (!) पूरा एक महीना डेरा जमाए रहे। आम भक्तों को हटाकर शाही स्नान को जाते समय वे छोटे बच्चों जैसा झगड़ा कर रहे थे। उन्होंने भजन, प्रवचन, कीर्तन, आध्यात्मिक चर्चा भी नहीं की। अन्नदान, ज्ञानदान, रक्तदान भी उन्होंने नहीं किया और उन्होंने एक भी पौधा नहीं लगाया। बल्कि उन्होंने हजारों किलो घी, श्रीखंड भरपेट खाया। सजाए गए घोड़ों, ऊँट, हाथी पर सवार होकर जुलूस भी निकाला। बड़ी-बड़ी गाड़ियों में घूमे। काफी साधु (!) आराम से हुक्का पीते रहे। कई साधुओं (!) ने चरस का भी सेवन किया। उसके बिना वे रह नहीं सकते थे। उनके धार्मिक आचरण की सुविधा के लिए सरकार ने 30 करोड़ रुपए खर्च किए। यह खर्चा सरकार ने उस समय किया जब महाराष्ट्र के आधे प्राइमरी स्कूलों में शिक्षकों, अच्छी इमारत, खड़िया और फलकों की कमी थी।

परंपराओं का मूल्यांकन होना चाहिए

आम मनुष्य के जीवन में धर्म प्रथा, परंपरा, रूढ़ि, व्रत वैकल्य ऐसे कर्मकांडों के रूप में आता है। जन्म से पहले और मृत्यु के बाद तेरहवीं तक यह कर्मकांडों की शृंखला शुरू ही रहती है। साथ ही यह व्यक्ति की जाति, कुल, कुलाचार, धर्म के अनुसार अलग-अलग होता है। इसके अलावा विशिष्ट त्योहार, दिन, उत्सव, मेले होते हैं। धार्मिक संकेत होते हैं। उनका इतिहास क्या है?

प्राकृतिक घटनाओं का अर्थ न समझनेवाले व्यक्ति का उन घटनाओं को दैवी मानना स्वाभाविक था। उसके साथ ही जंगली अवस्था से ही समाज में रहनेवाले इनसान को परिवार, समाज के लिए नीति-नियमों की जरूरत थी। स्वाभाविक प्रकृति के प्रति अज्ञान और नीति-नियमों का पालन हो इस जरूरत के कारण उन नियमों को देवताओं के नियम बताया गया और बाद में वे धर्म के नाम पर गठित हुए। जैसे-जैसे समाज का विकास होता है वैसे-वैसे धर्म की संकल्पना बदलनी चाहिए, क्योंकि

धर्म, रूढ़ि, प्रथा, परंपरा आदि मनुष्य द्वारा बनाई गई सीमाएँ हैं। अगर उन्हें तोड़ा नहीं गया तो समाज की उन्नति में रुकावट पैदा होती है। केवल शास्त्र के आधार पर सत्ताधारी जनता पर राज्य नहीं कर सकते हैं, इसलिए संबंधित काल में जनता को पकड़ में रखने के लिए इन प्रथाओं, परंपराओं का उपयोग होता है। समाज धर्म, रूढ़ि, प्रथा, परंपराओं की कल्पना की पकड़ में होते हैं। अगर उनका पालन नहीं किया तो हम समाज से बहिष्कृत हो सकते हैं यह डर अधिकांश व्यक्तियों में होता है। स्वाभाविकत: सत्ता को कायम रखने के लिए रूढ़ि, परंपरा, प्रथा, कर्मकांड उपयोगी साबित होते हैं। लेकिन कालबाह्य और कई बार कालविघातक बनी उन बातों के कारण समाज की उन्नति में बाधा उत्पन्न हो सकती है। ऐसे समय में विद्रोह करना आवश्यक हो जाता है।

लेकिन सारी प्रथा, रूढ़ि, परंपरा, नीति-नियमों का विरोध करना बड़ी सामाजिक व सांस्कृतिक भूल हो सकती है। हमें अच्छी ऐतिहासिक परंपराओं का रक्षण करना चाहिए। हमें उन पर गर्व होना चाहिए। इसके लिए इतिहास और परंपराओं का अध्ययन होना आवश्यक ही है। इसके साथ ही इन अच्छी परंपराओं का धर्मांध लोग अपने समाजीकरण, राजनीति के लिए उपयोग तो नहीं कर रहे हैं, हमें इसका भी ध्यान रखना चाहिए।

जटिल धार्मिक जीवन

भारत में धार्मिक जीवन विविधताओं से भरा है तथा वह अत्यंत जटिल है। जंगली अवस्था से संबंधित दैवी शक्ति से जुड़ी कल्पनाओं से लेकर गौतम बुद्ध, कबीर, ज्ञानेश्वर, तुकाराम आदि महात्माओं के उदारमतवादी धर्म विचारों तक अलग-अलग धर्म श्रद्धाओं और आचरण में इनका मिश्रण दिखाई देता है। हिंदू, मुस्लिम, ईसाई, बौद्ध, जैन, पारसी जैसे कई धर्मों के लोग भारत में रहते हैं। हिंदू धर्म में कई पंथ और संप्रदाय प्रचलित हैं। आर्यों के वैदिक व पौराणिक देवताओं और आर्येतरों के कुलदेवता तथा ग्रामदेवता का पुजारी भक्तिभाव से पूजन करते हैं। स्वाभाविकत: इसके आधार पर बनी रूढ़ि, प्रथा, कर्मकांड तथा परंपराएँ बहुआयामी हैं। इनसे राह निकालते समय साधारण व्यक्ति की मनोवृत्ति और उसे जो बचपन से धर्म-संस्कार मिले हैं तथा अपने आसपास की परिस्थिति, इन तीनों बातों के संदर्भ ध्यान में रखने चाहिए। क्या संभव है और क्या इष्ट और आवश्यक है इसका तालमेल रखना चाहिए।

लोक परंपराओं के अंतर्गत कई त्योहारों और कुलदेवताओं की प्रथा-परंपरा के बारे में और एक बात बताई जाती है कि इस देश के जोतिबा, खंडोबा, बिरोबा, सिदोबा जैसे कुलदेवता तथा मरीआई, जोखाई, कालूबाई जैसे ग्रामदेवता मेहनतकश बहुजन जातियों की सांस्कृतिक परंपराओं का महत्त्वपूर्ण हिस्सा हैं। वैसे ही बेंदूर,

नागपंचमी, हादगा जैसे त्योहार भी बहुजन समाज के ही हैं। इन त्योहारों की विधियों के लिए ब्राह्मण की आवश्यकता नहीं होती है। कुलदेवता एवं ग्रामदेवताओं की पूजा में भी ब्राह्मण की जरूरत नहीं पड़ती है। संबंधित जाति के पुजारी यह विधि करते हैं। लोक परंपराओं से आई और टिकी हुई संस्कृति (मेला, उत्सव, त्योहार, दैवत आदि) तथा धार्मिक नियमों के अनुसार निर्मित होनेवाली संस्कृति में अंतर्विरोध निर्माण होता है। भारतीय संस्कृति का इतिहास ब्राह्मण संस्कृति और बहुजन संस्कृति के बीच होनेवाले संघर्ष का इतिहास है। वैदिक धर्म ने ब्राह्मणी संस्कृति का आविष्कार किया है और ब्राह्मणेतर संस्कृति का आविष्कार लोकायत बुद्ध धर्म पंथों ने किया है। ब्राह्मणी धर्म का विषमतावादी कर्मकांड है और ब्राह्मणेतर समतावादी तथा विज्ञानवादी हैं। इस कारण रूढ़ि, परंपराओं का विरोध करते समय अगर हथियार प्राप्त करने हैं तो वे सॉक्रेटिस, न्यूटन, रसेल के अलावा चार्वाक, फुले, आंबेडकर आदि से प्राप्त करने चाहिए। अर्थात इस प्रतिपादन में होनेवाला सत्यांश मान्य करने के बाद भी बहुजनों की समझी जानेवाली और वर्तमान परिस्थिति में शोषण का आधार बनी परंपराओं का विवेक के आधार पर विरोध करना है या नहीं और वह संघर्ष बहुजन मुक्ति को लाभदायक है या हानिकारक यह प्रश्न आज भी शेष रह जाता है।

आज भी समाज में ऐसा दिखाई देता है कि धार्मिक रूढ़ि, परंपरा का मानसिक सामर्थ्य विलक्षण है। इसमें लोकभावनाओं का मिलाप अनाकलनीय और प्रखर है। इसकी वजह से संबंधित जनसमूह के मन में प्रथा-परंपरा के बारे में सत्य क्या है? इष्ट क्या है? सही क्या है? इसमें समाज का हित है या अहित है? आदि प्रश्न नहीं आते। अगर किसी ने पूछा भी तो प्रक्षोभ होता है। सभी धर्म, पंथ, जाति-उपजाति के देश, गाँव, परिवार, व्यक्ति जैसे प्रत्येक स्तर पर जानबूझकर या सहजता से यह मानसिकता कार्य करती है, मानसिक गुलामी का निर्माण करती है।

रूढ़ियों का वैज्ञानिक भाषा में समर्थन

आज अपने समाज में इस संदर्भ में एक नई मानसिकता बनाई जा रही है। बहुत से लोगों को लगता है कि ये रूढ़ियाँ, परंपराएँ कालबाह्य नहीं हैं, उन्हें आधुनिक विज्ञान की परिभाषा में समर्थन प्राप्त हो सकता है। इस जीवनसृष्टि में मनुष्य और अन्य प्राणियों में क्या फर्क है? आहार, निद्रा, भय, मैथुन ये सब दोनों में समान ही हैं। अगर मनुष्य उनसे अलग है तो वह अपनी विचार करने की बुद्धि से। इस सामर्थ्य को वैज्ञानिक दृष्टिकोण ने वस्तुनिष्ठ विश्लेषण का असामान्य पहलू दिया है। लाखों वर्षों का इतिहास होनेवाली मानव की दुनिया इस वैज्ञानिक दृष्टिकोण की मदद से चार सौ वर्षों में काफी बदल गई है। मानवीय इतिहास में यथार्थ ज्ञानप्राप्ति के एकमात्र और विश्वसनीय मार्ग के रूप में शास्त्रीय दृष्टिकोण का गौरव हुआ

है। सन 1976 में भारतीय संविधान में सुधार करके वैज्ञानिक दृष्टिकोण, चिकित्सक बुद्धि, मानवतावाद और समाज परिवर्तन के तत्त्व का पालन करना प्रत्येक भारतीय नागरिक का कर्तव्य है, ऐसा निश्चित किया गया। नई शैक्षिक नीति के मुख्य घटक में वैज्ञानिक मानसिकता की निर्मिति का जानबूझकर समावेश किया गया। इतना ही नहीं बल्कि शिवशाही (छत्रपति शिवाजी के काल में) में संस्कार शिक्षा में भी वैज्ञानिक दृष्टिकोण का संस्कार देना इस बात को प्रमुख स्थान मिला। साथ ही एक बात ध्यान में रखनी होगी कि इन सबके पीछे तर्क पर आधारित शुष्क गणितीय पद्धति का वैज्ञानिक दृष्टिकोण अभिप्रेत नहीं है, बल्कि मानव जीवन की कद्र करनेवाला, विवेकी, प्रेरणा देनेवाला एक मौलिक विचार अभिप्रेत है। रूढ़ि, प्रथा, परंपरा, कर्मकांडों से संस्कारित हुआ मन और दूसरी ओर आधुनिकता का आकर्षण इसमें स्वाभाविक ही एक अंतर्विरोध बना हुआ है। पुराने को छोड़ नहीं सकते और नए को नकार नहीं सकते हैं, इस प्रकार की संभ्रमावस्था निर्मित हुई है।

इसमें से कालबाह्य पुराना फेंक देने के बजाय आधुनिक विज्ञान के साथ उसका संबंध दिखाने का आग्रह शुरू हुआ। वेदवाणी नामक प्रकाशन ने अभी कुछ दिन पहले सभी कर्मकांड, उपासना, संस्कार आदि से संबंधित 'शास्त्र यह कहता है' इस नाम से एक पुस्तक प्रकाशित की है। दो साल में उसके 15 संस्करण निकले, इससे लोगों की मानसिकता समझ में आ जाएगी। यह दिखाई देता है कि ऐसी सभी पुस्तकों में हर समय सभी पुरानी बातों के लिए विज्ञान की भाषा के आधार खोजने की कड़ी मेहनत की गई है। इस तरह का लेखन मराठी में बड़े पैमाने पर हो रहा है और यह भी ध्यान में रखना जरूरी है कि इसकी खपत भी अच्छी हो रही है। गोमूत्र, गोबर, दूध, दही, घी यह एकत्रित करने पर पंचगव्य बनता है। उसका महत्त्व बताते समय ऐसा कहा गया है कि शास्त्रीय अनुसंधान से पंचगव्य की अनन्य साधारण मौलिकता प्रमाणित हुई है। छोटे बच्चों को होनेवाला हड्डियों का सुखंडी, गोमूत्र के सेवन से निश्चित ही ठीक होता है और यकृत की व्याधि पर भी गोमूत्र प्रभावी है ऐसी जानकारी बताई गई है। ऐसा दावा किया जाता है कि पीतांबर पहन लिया जाए तो धार्मिक कार्य के समय मंत्रोच्चार से निकलनेवाले स्पंदन और विद्युत लहरियाँ पूरे शरीर में संचारित होती हैं। उनके शीघ्रता से पूरे शरीर में संचरण होने के लिए घर्षण होनेवाला रेशमी और ऊन का वस्त्र अधिक उपयोगी होता है।

यज्ञोपवीत धारण करने के पीछे केवल धर्मशास्त्रीय संकेत है या वैज्ञानिक कारण? इस प्रश्न का उत्तर इस प्रकार से दिया जाता है, 'शरीर के पृष्ठभाग पर पीठ से जानेवाली एक प्राकृतिक रेखा है। वह विद्युत प्रवाह की तरह कार्य करती है। बाएँ कंधे से निकलकर वह कटि प्रदेश तक आती है। यह प्राकृतिक अर्थात अतिसूक्ष्म नस होती है। यह नस संकोची अवस्था में होती है तो काम-क्रोधादि विकारों की परिसीमा तक पहुँचने में प्रतिकार होता है। यज्ञोपवीत के कारण इस प्राकृतिक नस

के संकुचित होने के कारण व्यक्ति में विकार दोष कम होता है।' अब इतना अच्छा (!) शास्त्रीय स्पष्टीकरण देने पर 'जनेऊ तोड़ो - इनसान जोड़ो' इसके लिए संघर्ष करनेवाले लोकनायक जयप्रकाश नारायण को याद करने का क्या मतलब है?

वास्तुशांति के लिए शास्त्र होना ही चाहिए। वह इसलिए कि जिस दिन से वास्तु निर्माण की शुरुआत होती है वहाँ के कृमी (जंतु), कीटक, निरुपद्रवी जंतु और प्राणी, वनस्पति, पौधे आदि की हत्या होने के कारण उस स्थान की शांति भंग हो जाती है। साथ ही वास्तु निर्माण करनेवाले कामगार, कारीगर आदि के मन में जो विचार होते हैं उन विचारों के प्रक्षेपण वास्तु के कण-कण में संक्रमित होते हैं। इन सबके कारण वास्तु में होनेवाली शांति नष्ट हो जाती है। वास्तुशांति के साथ-साथ उदकशांति करना भी आवश्यक होता है क्योंकि घर में सूतक, रजस्वला आदि अपवित्रता के कारण पानी और अन्न पर कुसंस्कार होते हैं। इसलिए हर साल कम से कम एक बार उदकशांति करने का शास्त्र संकेत है।

मासिक धर्म में स्त्री की अपवित्रता का आज भी कई जगहों पर नियमित पालन किया जाता है। तीज-त्योहार, मंगलकार्य के पहले या बाद में मासिक धर्म आए इसके लिए कई महिलाओं में बेचैनी रहती है, इस रूढ़ि का इतना जबरदस्त प्रभाव है। लेकिन काम के लिए जिस महिला को बाहर निकलना पड़ता है उसको और समाज को इसके बारे में कैसे समझाया जाए इसका स्पष्टीकरण ऐसा है, 'प्रा. शीफ ने 1920 में काफी अनुसंधान और प्रयोग करके यह प्रमाणित किया है कि रजस्वला के हस्तस्पर्श से संवेदनशील वनस्पति और फूल सूख जाते हैं क्योंकि रजस्वला को 'आपस' नाम के जहरीले वनस्पति की उपमा दी गई है। रजस्वला के शरीर से निकलनेवाले स्पंदन मंत्रशक्ति के लिए हानिकारक होते हैं, जिस देश में स्पंदनों को नापने के लिए अत्याधुनिक यंत्र उपलब्ध हैं, ऐसे विकसित देश की प्रयोगशाला से निकाले गए निष्कर्ष सहजता से नकारे नहीं जा सकते। इस समय स्त्री किसी भी चीज को स्पर्श नहीं कर सकती। उसके हाथ का भोजन खाने से शरीर और मन दोनों में विकार होने की संभावना होती है क्योंकि इस काल में उसके देह से बाहर पड़नेवाली स्पंदन लहरों में कामवासना के बीज ठूँस-ठूँसकर भरे होते हैं। अत: रजस्वला को पवित्र ग्रंथ का पठन, मंदिर में जाकर दर्शन करना, पूजा तथा समाज के साथ संपर्क करना आदि बातें टालना आवश्यक ही नहीं अटल है। पता नहीं इस परिस्थिति के दबाव से इसमें क्या बदलाव होगा लेकिन कई महिलाएँ इस मानसिकता की शिकार हैं।

एक आशावादी उदाहरण

'विद्या का मायका' कहे जानेवाले पुणे जिले के कई देहातों में एक विदारक वस्तुस्थिति कुछ दिन पहले समाचार-पत्रों की सुर्खियों में प्रकाशित हुई थी। व्यक्ति की मृत्यु

के बाद तेरहवीं का गाँव भोज देने के संबंध में वह समाचार था। अगर व्यक्ति की मृत्यु निश्चित हुई हो तो और कुछ दिनों या महीनों का प्रश्न हो तो ऐसी व्यक्ति का इलाज बंद करने की माँग मरीज के रिश्तेदारों से की जाती है, यह होश उड़ानेवाली जानकारी उस समाचार में थी। कारण यह दिया था कि अंतिम उपचार के दौरान बहुत खर्चा होता है और व्यक्ति के बचने की संभावना कम होने के कारण यह होनेवाला खर्च व्यर्थ जाता है। निधन के बाद तेरहवीं का भोजन देना अनिवार्य होता है। अत: बीमारी के अंतिम दिनों का खर्च बचाकर उन पैसों को गाँव भोजन हेतु रखा जाता है, यह कड़वी सचाई उस समाचार में बताई गई थी। अब कई जगहों पर खाने-पीने के साथ-साथ कीर्तन भी होता है। इन अधिकांश गाँवों में श्मशान भूमि की समस्या है। बारिश के दिनों में लाश को जलाना कठिन हो जाता है। परंतु इसके लिए पैसे देने की मानसिकता किसी की नहीं होती है, इसका जिक्र भी उस समाचार में था। अगर एक व्यक्ति इन सभी चीजों में होनेवाले खर्च को बचाएगा तो 15,000/– रुपए बच सकते हैं और उसका उपयोग श्मशान भूमि के सुधार के लिए किया जा सकता है, इस तरह का भी एक अच्छा उदाहरण उस समाचार में दिया गया था।

पिंड को काक स्पर्श

मानवी जीवन में कर्मकांड अटल होते हैं। कर्मकांड के बिना कोई भी संस्कृति खड़ी हो नहीं सकती। मनुष्य की कृविशेषज्ञता बुद्धि का सामाजिक आविष्कार कर्मकांड से ही होता है। अत: कर्मकांड विरहित समाज जीवन नहीं हो सकता। सामाजिक आनंदोत्सव के लिए भी कर्मकांड जरूरी होते हैं। परंतु हमारा समाज मन जिस कर्मकांड में जकड़ा हुआ है, वह धर्मांतर्गत मिथ्या कल्पनाओं पर आधारित है। ऐसा कर्मकांड सच्चा धर्म नहीं है, यह संत और समाजसुधारकों ने सबको बताया लेकिन सब व्यर्थ रहा। मनुष्य का मन कर्मकांड के प्रभाव से इतना अंधा हो गया है कि स्पष्ट दिखाई देनेवाला झूठापन, शोषण भी उसे धार्मिक आचरण का अंग लगता है। पिंड को कौआ द्वारा छूने के उदाहरण को ही देख लीजिए। पिंडदान के दिन कौआ व्यक्ति के पिंड को छुए इसके लिए शिक्षित-अशिक्षित, शहरी-ग्रामीण लोग व्याकुल होकर श्मशान में घंटों खड़े रहते हैं। कौआ अगर पिंड को छूता है तो ये लोग अपने आपको धन्य समझते हैं। अगर उसने स्पर्श नहीं किया तो वे चिंतित हो जाते हैं।

कितनी बातें इसमें समाई हैं? एक—प्रत्येक व्यक्ति की आत्मा होती ही है। दो—आत्मा व्यक्ति के निधन के बाद कम से कम दस दिनों तक आसमान में भटकती रहती है। (अथवा स्वर्ग या नरक से दसवें दिन श्मशान भूमि में ड्यूटी करने के लिए हाजिर होती है।) तीन—यह आत्मा शुद्ध शाकाहारी मनुष्य की है लेकिन उसे

मांस खानेवाले कौए के अंदर जाने में कोई एतराज नहीं है। (क्योंकि उस आत्मा की इच्छा होने के बाद भी उसे शाकाहारी कौआ मिलना असंभव है।) चार—कौए के शरीर में प्रविष्ट इस आत्मा को मनुष्य का दिमाग भी प्राप्त होता है। साथ ही मनुष्य की भाषा भी, नहीं तो वह मनुष्य की भाषा कैसे समझ पाएगा? पाँच—जो लोग दशक्रिया विधि के लिए इकट्ठा हुए हैं उनके द्वारा आत्मा को क्या चाहिए इसके निश्चित होने के बाद कौआ तुरंत कृति करता है और उस निर्णय के लिए आत्मा को स्वीकृति प्रदान करता है। छह—यह काम पूरा होते ही बेचारी आत्मा तुरंत कौए की देह को त्याग देती है क्योंकि कौए कम और आत्माएँ ज्यादा होने के कारण आत्माएँ अपना नंबर कब आएगा, यह सोचते हुए कतार में खड़ी रहती हैं। सात—हर किसी सजीव में एक ही आत्मा होती है लेकिन कौआ एकमात्र अद्‌भुत पंछी है, जिसमें कभी-कभी एक ही समय दो आत्माएँ रहती हैं। एक उसकी खुद की आत्मा और दूसरी किसी अन्य व्यक्ति की। इन सबको तर्कशुद्धता से समझ लेने के बाद उसका खोखलापन सामने आता है।

सामूहिक अभिनिवेश

व्यक्तिगत जीवन के ये नियम सामूहिक जीवन में और भी ताकतवर और आक्रामक बनते हैं। मस्जिद के पास से हॉर्न बजाते हुए तेज गति से जानेवाली रेलगाड़ी की आवाज को धर्मांध मुस्लिम बांधव स्वीकार करेंगे लेकिन साल में एक बार हिंदुओं का जुलूस मस्जिद के सामने से गाजे-बाजे के साथ निकला तो वह इन मुस्लिम बांधवों को शाप के समान लगता है। कत्लखाने में हर रोज हजारों गायें काटी जाती हैं लेकिन मुस्लिमों के धार्मिक उत्सव में किसी गाय के काटे जाने पर जातीय दंगल आग की तरह फैल जाता है। अपरिग्रह की माँग करनेवाले जैन धर्म की पूजा और दिखावे पर किए जानेवाले खर्च को देखकर आश्चर्य होता है। सभी धर्म, जाति और पंथों में ऐसे कई उदाहरण सहजता से बताए जा सकते हैं।

कठिन संघर्ष

यह संघर्ष अंधविश्वास के हमेशा के संघर्ष से अधिक कठिन है, क्योंकि यह खुद से शुरू होता है। इसमें अपने संस्कारों से झगड़ना पड़ता है। सामाजिक दबाव को तोड़ना पड़ता है। रूढ़ि, प्रथा, परंपरा, तर्क की कसौटी पर परखकर तथा बतौर उसके आचरण करने के लिए खुद का मनोबल बढ़ाना पड़ता है तथा परिवार, मित्र, रिश्तेदार आदि से प्राप्त करना पड़ता है। इसके साथ ही हमारे इन विचारों से सहमत न होने के कारण किसी श्रद्धा और उसके साथ जुड़े कर्मकांडों का मजाक

नहीं उड़ाना चाहिए। एक तरफ भावनात्मक और धार्मिक विचार तथा उनका आचरण तो दूसरी ओर चिकित्सा और उसके आधार पर कृति करने की जिद इस तरह की जंग होती है। मतलबी लोग उसे और भी कठिन बना देते हैं। पूरा व्यवहार संवेदनशील जीवन व्यापार के साथ संबंधित होता है। फिर कई बार इससे बचने की कोशिश की जाती है।

व्यक्ति और समाज को विवेकी बनना चाहिए। चिकित्सक होना चाहिए। अंध रूढ़ि की बेड़ियों से मिलनेवाली गुलामी पहचान लेनी चाहिए और उसके खिलाफ निर्भयता से खड़े रहना चाहिए। महाराष्ट्र इस तरह का बने यह अंधश्रद्धा निर्मूलन समिति चाहती है।

संत विचारों का पाथेय

वास्तविकता यह है कि ऐसी रूढ़ि, कर्मकांड और परंपरा का किसी भी धर्म के नैतिक विचारों के साथ किसी भी प्रकार का संबंध नहीं है। इस बात को संबंधित धर्म के संतों, समाजसुधारकों तथा बुद्धिजीवियों ने हमेशा बताया है। हिंदू धर्म में तो बहुजन समाज को अपने लगनेवाले संतों ने इस प्रकार के कर्मकांड का सीधा और कड़ा विरोध किया है। परंतु भारतीय समाज में धर्मश्रद्धा अत्यंत प्रबल और गहराई तक पहुँची है। कई स्तरों के संबंधित व्यक्तियों की मानसिकता का वह अविभाज्य हिस्सा बनी है। इसलिए उस पर थोड़ा भी प्रहार हो जाए तो जनसमूह की तीव्र और प्रक्षोभक प्रतिक्रिया आती है। धर्म जीवन से जीर्ण एवं कालबाह्य रूढ़ि, प्रथा, परंपरा और धर्मकांडों को बाहर निकालना कठिन है। नए ध्येयवाद के बीजारोपण के लिए कौन सा मार्ग परिणामकारक और व्यावहारिक होगा, इसकी सावधानी से खोज करनी पड़ती है। संतों के विचारों का पाथेय इस मार्ग पर महत्त्वपूर्ण साबित होता है।

संतों का आंदोलन चौदहवीं शती में महाराष्ट्र में जोर पकड़ने लगा। उस समय भारत में और अन्य जगहों पर भी धर्म ही समाज का प्रेरक और नियामक ऐसा सर्वव्यापी तत्त्व था। तत्त्वज्ञान, आचार, उपासना और नीति ये धर्म के चार प्रमुख अंग हैं। भारत में उस काल में धर्म के लोभ से रूढ़िवाद का अनियंत्रित साम्राज्य जोरों पर था। लोगों के दैनंदिन जीवन से दूर गए किसी काल्पनिक, कृत्रिम, अवास्तविक जगत में दार्शनिक मशगूल थे। वैदिक परंपरा का कर्मविपाक सिद्धांत, पुनर्जन्म, मोक्ष, चातुर्वर्ण्य इन कल्पनाओं की पकड़ समाज और धर्म विचार पर थी। इसी कारण समाज जीवन शिथिल और निश्चल हुआ था। कालसापेक्ष नए विचारों को रूढ़िग्रस्त धर्म में आने की इजाजत नहीं थी। समाज जीवन के साथ धर्म का संबंध अर्थात शास्त्री तथा पंडितों के खंडन-मंडन के वाद-विवाद, वे भी संस्कृत में होते थे। स्वाभाविक रूप से पूरे समाज में परंपरावाद और कर्मकांड फैल चुका था।

'एथ वडिल जे जे करिती तया नावे धर्मु ठेविती' अर्थात बुजुर्ग लोग जो करते हैं उसी को यहाँ धर्म समझा जाता है, ऐसा रूढ़ियुक्त मार्ग खुद का हौसला खो चुके बहुजनों ने स्वीकारा था। दैनंदिन दरिद्रता तथा आपाधापी से छुटकारा मिले इसके लिए लाचारी से शूद्र देवताओं की उग्र उपासना में समाज व्यस्त था। मंत्र-तंत्र, जादू-टोना, मन्नतें, शरीर को पीड़ा देनेवाले हिंसक आचार, पशुहत्या जैसे व्यक्ति को अधिक क्रूर और संवेदनाशून्य बनानेवाले आचरणों की वृद्धि श्रमिक जातियों में विकसित हुई थी। दूसरी ओर उच्चवर्णियों या पुरोहितशाही की अर्थशून्य पोथी निष्ठा और कर्मकांडों की कर्मठता शिखर तक पहुँच गई थी।

इस पूरे माहौल के विरोध में संत निश्चय के साथ खड़े हो गए। संतों ने दिखाऊ और पाखंडी आचारों का हमेशा विरोध किया है। केवल मुंडन कराने से स्वर्ग मिलता हो तो जिन भेड़ों का हर समय मुंडन किया जाता है, उन भेड़ों को स्वर्गप्राप्ति क्यों नहीं होती? ऐसे उपरोधिक स्वर में कबीर जैसे कई संतों ने ढोंगी, पाखंडी, कर्मकांड का धिक्कार किया है। कर्मठ आचार की अपेक्षा विचारों को और विचारों से ज्यादा महत्त्व सभी संप्रदायों और संतों ने दैनंदिन निर्मल आचरण को दिया है। तुलसीमाला, एकादशी व्रत और आषाढ़-कार्तिकी की पंढरपुर की यात्रा यह वारकरी पंथ के आचरण का संकेत है लेकिन सन्मार्गी जीवन व्यतीत करना महत्त्वपूर्ण है, यह संतों ने प्रतिपादित किया है।

यह सच है कि संतों के कार्य का स्वरूप भक्ति संप्रदाय से संबंधित था, लेकिन उसका आशय 'अंध रूढ़ियों की बेड़ियाँ तोड़ो' इस आवाहन से संबंधित था। धार्मिक क्षेत्रों में कर्मकांडों की प्रबलता उच्चवर्णियों की उस क्षेत्र में होनेवाली तानाशाही के कारण थी। अत: संत एकनाथ ने स्पष्ट सवाल किया है कि संस्कृत भाषा भगवान से आई है, तो क्या प्राकृत भाषा चोरों से आई है? सभी संतों ने बहुजन समाज की बोलियों को प्रतिष्ठा प्रदान की। पुरोहितशाही का दबावतंत्र उखाड़ दिया। अनिष्ठ, अमानवी, प्रथा परंपराओं का दबाव कम किया। पाक और शुद्ध आचरण, प्रामाणिकता, भूतदया, समानता, जाति और लिंग भेद का विरोध आदि मार्गों से बहुजनों को उन्नति का मार्ग दिखाया।

आज भी यज्ञ संस्था का उदात्तीकरण जोरदार शुरू है। विश्वशांति यज्ञ, पर्जन्य यज्ञ आदि यज्ञों में विश्व कल्याण के नाम से जो अनाज मनुष्य के लिए होता है वह आग में समर्पित किया जाता है। संतों की यह भूमिका थी कि इसी जन्म में अपनी आँखों से भयमुक्तता की अनुभूति करना ही मुक्ति और परमानंद है। इसे पाने के लिए मन में संयम, उदारता, और निस्पृहता रखना ही सच्चा मार्ग है। इसके लिए किसी भी कर्मकांड की जरूरत नहीं है। 'अग्निहोम करने के लिए कई पेड़ों को काटा जाता है और सोमयाग विधि करने के लिए बकरा काटा जाता है' जो कि व्यर्थ है, ऐसा कहते हुए संतों ने हिंसक यज्ञ संस्था का धिक्कार ही किया है। जो

देवता स्वयं खाद्य पदार्थों के लिए लालची है तथा आम आदमी की तरह आत्मकेंद्री और विकाराधीन है, उनका भजन-पूजन करना ही व्यर्थ है।

संत तुकाराम जी ने देवताओं की बुभुक्षिता पर कड़ा प्रहार किया है।

रंडी चंडी शक्ति। मद्यमांसाते भक्षिती।
बहिरव खंडेराव। रोटी सुटी साठी देव॥

अर्थात रंडी और चंडी ये दोनों शक्तियाँ मद्य और मांस का सेवन करती हैं और बहिरोबा और खंडोबा के नाम पर अपना पेट भरने के लिए भिक्षा माँगी जाती है।

विभिन्न देवताओं की अज्ञानमूलक भक्ति की निरर्थकता को संतों ने हर समय स्पष्ट किया है। फिर भी इस प्रकार की भक्ति अपने समाज में केवल अनपढ़ लोगों में ही नहीं बल्कि शिक्षित लोगों में भी बड़े पैमाने पर दिखाई देती है। आज भी महाराष्ट्र के मेलों में अपनी मन्नत पूरी करने के लिए कुल पाँच से सात लाख बकरों की बलि दी जाती है। देवी का जागरण—गोंधल तथा उसके सामने बकरा मारकर झूठ-मूठ शरीर में संचार करके नाचनेवालों को संत एकनाथ पाखंडी कहते हैं। जीवित पशु का वध करके पत्थर को भोग चढ़ानेवालों को वे मूर्ख कहते हैं। इसके साथ ही 'म्हणती देवे मोठे-मोठे। पूजीताती दगडगोटे॥' (अर्थात बड़े-बड़े देवता कहकर हम पत्थरों को ही पूजते हैं) इस तरह से सबको सचेत भी करते हैं।

संतों ने जिस निडरता, संवेदना और मानवतावादी भूमिका द्वारा कर्मकांडों का निषेध किया है, साथ ही अनिष्ट रूढ़ि, प्रथा, परंपराओं का भी धिक्कार किया है, वर्णश्रेष्ठत्व का पर्दाफाश किया है, वैसा विचार, उच्चार, कृति आज करते समय दस बार सोचना पड़ता है। परिणाम क्या होंगे इस पर भी गौर करना पड़ता है। अत: इसमें संदेह नहीं है कि संत समय से भी आगे थे और उनके विचार भी उन्नत थे तथा वे अच्छे मार्गदर्शक भी थे। उठते-बैठते उनके नाम का जाप करनेवाले लोगों ने अगर उनके क्रांतिकारी विचारों को आगे बढ़ाया होता तो आज की यह रूढ़िग्रस्त मानसिकता इस रूप में नहीं दिखाई देती। लेकिन संतों की यह सीमा रही है कि भक्ति और उपासना के प्रांत में, जाति-धर्म भेद-समानता की भूमिका रखने वाले संतों ने प्रत्यक्ष व्यवहार में जाति व्यवस्था को जरा भी धक्का नहीं लगाया है। कर्मविपाकवाद, आत्मा का अस्तित्व और पुनर्जन्म इन विषमतावादी कल्पनाओं का विरोध संत नहीं कर सके।

वर्णाश्रम धर्म की चौखट और उससे निर्मित जातिभेद, विषमता, कुछ लोगों की गुंडागर्दी, तो कुछ लोगों का अज्ञान आदि बातों का निषेध संत करते रहे परंतु उनका समूल उच्चाटन नहीं हो सका। यह स्वीकार करना पड़ता है कि संतों की बहुजन समाज उद्धार की व्याकुलता को देश, काल और परिस्थिति की सीमाएँ थीं।

आत्मशक्ति जरूरी है

लेकिन इसमें संदेह नहीं है कि इन सीमाओं के साथ अनिष्ट रूढ़ि, प्रथा, परंपरा, कर्मकांड का विरोध करने के लिए संतों की यह परंपरा और व्रत उपयोगी हैं। परंपराओं तथा प्रथाओं की शरण में जाने की, कालबाह्य कर्मकांडों का पालन करने की वृत्ति आज भी समाज में हर जगह दिखाई देती है। इन प्रथा-परंपराओं तथा कर्मकांडों को नकारने से समाज क्या कहेगा, यह दबाव रहता ही है और दैवी प्रकोप का भय भी रहता है। अगर इस संघर्ष को निर्धार के साथ जीतना है तो, (सामाजिक, आर्थिक, परिवर्तन के साथ) निर्भय मन का भी साथ होना चाहिए। ऐसे नैतिक और भौतिक परिपूर्ण विकास के लिए मानव को भयमुक्त होना चाहिए। संतों का यही उद्देश्य था। उनके मतानुसार ईश्वर का अर्थ आंतरिक शक्ति प्रदान करनेवाली और निर्भय बनानेवाली आत्मशक्ति ही है। इस दृष्टि से हाल ही के संत गाडगे महाराज का कार्य महत्त्वपूर्ण है। अंध रूढ़ियों की जंजीरों को तोड़ते हुए भी काल संगत आचरण करते हुए आगे बढ़ने के लिए अंधश्रद्धा निर्मूलन समिति प्रयास कर रही है।

अंधरूढ़ियों की राजनीति

अंधरूढ़ियों और अंधविश्वासों का अविकसित देशों ने ही ठेका नहीं लिया है। बल्कि अमरीका जैसे यांत्रिक दृष्टि से उन्नत देश में भी ऐसे कई रीति-रिवाज और रूढ़ियाँ हैं जिन्हें देखकर यह कहना पड़ता है कि शैक्षिक रूप से विकसित देशों में भी क्या यही चलता है? वर्जिन मेरी की तस्वीर को पसीना आता है जिसको देखने के लिए भीड़ इकट्ठा होती है। एक कल्टलीडर ने बताया कि आत्मा ले जाने के लिए एक उड़न तश्तरी आकाश से आई है। उसके बाद चालीस लोगों ने आत्महत्या की। अर्थात भारत में जो चलता है, वही अफ्रीका और अमरीका में भी चलता है।

परंतु महत्त्वपूर्ण बात यह है कि पाश्चात्य देशों के सामाजिक जीवन में अवैज्ञानिक बातों, गलतफहमियों को तथा मुहूरत देखना आदि बातों को टाला जाता है। यदि कोई व्यक्ति ऐसा करने लग जाए तो, उसे मानसोपचार की आवश्यकता तो नहीं ना, ऐसा समझा जाता है। जैसे, चाँद पर जाने के लिए रॉकेट कब उड़ान भरेगा इसके लिए कोई शुभ मुहूर्त नहीं देखा जाता। अमरीकन प्रेसिडेंट के राज्यारोहण का समय, शपथ दिलानेवाला पादरी निश्चित नहीं करता। नया कारखाना या इमारत बनाते समय वहाँ बड़ी पार्टी का आयोजन किया जाता है। लेकिन वहाँ किसी भी प्रकार के धार्मिक समारोह का आडंबर नहीं होता। राष्ट्र के प्रधानमंत्री किसी ज्योतिषी से पूछकर राजनीतिक निर्णय नहीं लेते हैं या भ्रामक वास्तुशास्त्र के अनुसार अपने घर की पुनर्रचना नहीं कराते हैं। वैज्ञानिक दृष्टिकोण का दैनंदिन जीवन में प्रयोग

और सार्वजनिक जीवन में अंधश्रद्धा से दूर रहना, इन बातों का अब उन्नत राष्ट्र पालन करते हैं।

विश्व के उन्नत राष्ट्रों ने घातक अंधरूढ़ियों का विरोध करने का एक 'ह्यूमन एजेंडा' बनाया है। आज संसार में काफी जगहों पर, राजनीतिक स्वातंत्र्य और व्यक्ति स्वातंत्र्य का गला घोंटने के लिए अमानुष रूढ़ियों तथा कर्मकांडों का प्रयोग राजनेता और धर्मगुरु करते हैं। यानी अमानुष रूढ़ियाँ धर्मांध मूलतत्त्ववादी तथा तानाशाह लोगों के हाथों का एक प्रभावी शस्त्र है। यह एक बहुत गंभीर बात है। इसके संबंध में विश्व में कई उदाहरण मिलते हैं। अफ्रीका और गल्फ में स्त्रियों का 'फीमेल सर्कमसिजन' करना, ईरान, अफगानिस्तान आदि देशों में स्त्रियों को शिक्षा से दूर रखना और पर्दे में रखना तथा उन पर कई बातों की पाबंदी लगाना, छोटे-बड़े कारणों के लिए धार्मिक सेना के जासूसों द्वारा समाजसुधारक महिलाओं को पकड़कर खुलेआम पीटना, तीज-त्योहार के समय खिराज वसूल करना, अगर नहीं दिया तो मारपीट तथा उनके घर, दुकानों की तोड़फोड़ करना, जाति के नाम पर दलितों पर दबाव डालना आदि बातें सत्ताधारी और फासिस्ट द्वारा चलाए जानेवाले शस्त्र की प्रमाण हैं। यह अंधविश्वास और रूढ़ियों के दुष्परिणामों का चरम बिंदु है।

धर्मांध मूलतत्त्ववादी लोग समाज को दबोचने तथा अपनी हुकूमत चलाने और उनको पैरों तले कुचलने के लिए अंधरूढ़ि और कर्मकांडों का हमेशा प्रयोग करते हैं। अंधरूढ़ियाँ अनपढ़ समाज की कमजोर मानसिकता का प्रतीक होने के साथ-साथ क्रूर फासिस्ट राज्यकर्ताओं के हाथ का एक प्रभावी राजनीतिक शस्त्र बनी हैं। अंधरूढ़ियों का आवश्यकता के अनुसार प्रयोग करना मूलतत्त्ववादी या फासिस्ट लोगों के हाथ का दबाव बनाने का एक हथियार है। तथा ये लोग इतने क्रूर और चालाक होते हैं कि अपने रक्तरंजित खंजीर पर धर्म, भावनिकता और संस्कृति संवर्धन की झालर लगाकर निरागसता से, खुलेआम जीते समय उनकी धार्मिकता या सद्विवेक बुद्धि को थोड़ी भी ठेस नहीं पहुँचती। इस धर्मांधता, जातीयता और अंधरूढ़ियों के खंजीर समाजसुधारकों के विरुद्ध उपयोग करनेवाले धर्मांध फासिस्ट लोग पूरे विश्व के विकासशील देशों में तथा भारत में डेरा डाले हुए हैं। राजनीतिक उपयोगिता और स्वार्थ के लिए अंधरूढ़ियों को पालना तथा उनको परंपरा एवं संस्कृति संवर्धन इस तरह का लुभावना नाम देने के इस पाखंड को हमें पहचानना होगा।

विधायक कृतिशीलता

पिछले दस सालों से पूरे महाराष्ट्र में अंधश्रद्धा निर्मूलन समिति का अपनी सौ से भी अधिक शाखाओं के माध्यम से अंधश्रद्धा निर्मूलन का कार्य शुरू है। समिति ने बाबागिरी के कई प्रकारों के विरोध में हमेशा संघर्ष किया गया है। विज्ञान के नियमों से विसंगत होनेवाले दैवी चमत्कार दिखानेवाले को पाँच लाख रुपयों के इनाम का ऐलान किया गया। मन, मानसिक बीमारी, देवी का संचार, भूतबाधा के बारे में सभी ओर प्रबोधन किया गया। अचानक कपड़ों का फटना, जलना, पथराव होना, अन्न में विष्ठा का मिलना ऐसे आम लोगों को भयभीत करनेवाले भानमती के प्रकारों को समिति द्वारा सफलतापूर्वक बंद करवाया गया। मराठवाड़ा में भौंकनेवाली भानमती (जिस पर भानमती की गई है वह व्यक्ति कुत्ते की तरह आवाज निकालता है) मनोरुग्णता के खिलाफ बड़ी मुहिम चलाई है। दैववाद का गणित समझानेवाली जन्मकुंडली का विरोध करके फलज्योतिष विज्ञान के पाखंड को स्पष्ट किया गया है। टोना-टोटका, जादू-टोना करना, मंत्र-तंत्र, शकुन, अपशकुन, तावीज आदि के विरोध में हमेशा मुहिम चलाई गई है। पूरे महाराष्ट्र में आंदोलन की वैचारिक भूमिका स्पष्ट करने के लिए कई चर्चा सत्र तो नए उपक्रमों के साथ तो भारत में पहली बार अंधश्रद्धा निर्मूलन के लिए बनाए गए स्वतंत्र कानून, ऐसे कई उपक्रम समिति ने सफल बनाए हैं। सत्यशोध प्रज्ञा परियोजना द्वारा महाराष्ट्र के छह हजार अध्यापकों को प्रशिक्षण दिया गया है और एक लाख से अधिक छात्र-छात्राएँ इस परीक्षा में बैठे हैं। महाराष्ट्र के लोगों पर इसका प्रभाव दिखाई देता है। अंधविश्वास उन्मूलन के संदर्भ में जनजागरण दिखाई देता है। लोगों को इस बात का दूसरा पहलू महत्त्वपूर्ण लगता है। दलित आंदोलन के साथ दलित साहित्य भी लिखा गया। अंधविश्वास उन्मूलन के विविध पहलुओं पर पिछले कुछ सालों में पचास किताबें प्रकाशित हो चुकी हैं। यह आंदोलन का ही अप्रत्यक्ष परिणाम है। सहज रूप से लोग अपनी-अपनी जगह संघर्ष कर रहे हैं। यह भी एक अच्छा संकेत है।

प्रथा के संदर्भ में होनेवाली मानसिकता बदलनी चाहिए

अंधविश्वास उन्मूलन का आंदोलन आगे ले जाने के लिए अब रूढ़ि, प्रथा, परंपरा, उपवास आदि कर्मकांडों में जकड़े हुए सभी जाति-धर्मों के लोगों को इस मानसिकता से बाहर निकलने की आवश्यकता है। व्यक्तिगत रूप में निरर्थक, खर्चीली रूढ़ियों, प्रथा, परंपरा और कर्मकांडों का आचरण करनेवाले हजारों लोग हैं। सामाजिक, सामूहिक स्तर पर भी इसके बड़े आविष्कार दिखाई देते हैं। किसी विशेष मुहूर्त पर नदी में स्नान करने के लिए 15 से 20 लाख तक लोग इकट्ठा हो जाते हैं तो दूसरी ओर इस्तेमाल के लिए 10-15 लाख मुस्लिम बांधव इकट्ठा होते हैं। वहाँ इकट्ठा होनेवाले सभी लोगों को उनके द्वारा किया गया कार्य धर्म का ही आचरण लगता है। अगर इसकी विसंगति पर चर्चा की जाए तो उनको अच्छा नहीं लगता है। विज्ञान के नाम पर कर्मकांडों को फैलानेवाला भी एक समूह है। वह समूह कभी विश्वशांति के लिए यज्ञ करता है तो कभी अश्वमेध यज्ञ या कभी पर्जन्यवृष्टि के लिए यज्ञयाग। इन सबको बढ़ावा देनेवाले सभी दलों के राजनेता और तथाकथित समाजसुधारक हैं ही। इसलिए स्वाभाविक रूप से यह अंधविश्वास के विरोध की लड़ाई और भी कठिन बन जाती है।

कम से कम महाराष्ट्र में तो ऐसा नहीं होना चाहिए था। रूढ़ि, प्रथा, परंपराओं में जकड़ा हुआ धर्म सच्चा धर्म नहीं है इस बात को सभी साधु-संतों ने बार-बार बताया है। रामदास 'दासबोध' में कहते हैं कि धातु, पत्थर, मिट्टी, चित्र और लकड़ी में कैसे भगवान हो सकते हैं, यह हमारा भ्रम है। ऐसे भगवान के कई रूप हमने माने हैं, अब इसका बाजार बन गया है। भगवान और भूत को हमने एक ही बना दिया है। यह पूरा पाखंड है। समाज में स्थित अनिष्ट प्रथा, परंपरा तथा कर्मकांडों पर महाराष्ट्र के सभी समाजसुधारकों ने कड़ा प्रहार किया है।

कुछ कृतिशील कार्य

पिछले दस सालों में अंधश्रद्धा निर्मूलन समिति तथा उसके जैसे कई समविचारी संगठनों ने कार्य करते समय अच्छे प्रयास किए हैं। मानवता को कलंकित करनेवाली देवदासी जैसी प्रथा खत्म नहीं हुई लेकिन उसके विरोध में जनजागरण भी हो गया। कार्यकर्ताओं ने हजारों देवदासियों को जटा से मुक्त किया तथा देवदासी अध्ययन गुट की स्थापना हुई।

देवदासियों का व्यवसायाभिमुख पुनर्वसन, वृद्ध देवदासियों को पेंशन, देवदासियों के बच्चों को शैक्षिक छात्रावास जैसे कई प्रयास किए गए। मराठवाड़ा में देवी के लिए समर्पित किए गए पोतराजों को इस प्रथा को त्यागने के लिए तैयार किया

गया। महाराष्ट्र में तीन-चार हजार मेलों में सार्वजनिक जगहों पर देवी-देवताओं के नाम पर पशुहत्या की जाती थी। उनमें से कम से कम 150 जगहों पर प्रबोधन करके तथा आंदोलन करके उनको रोकने का प्रयास किया गया। इनमें से दस मेले मुस्लिम पीर बाबा के थे जिसके कारण कई बार मारपीट का सामना करना पड़ा।

सत्यशोधक विवाह पत्रिका

रूढ़ि, परंपरा के लिए अच्छा विकल्प देने का प्रयास समिति द्वारा जानबूझकर किया गया और उसके लिए कार्य भी किया। साथ ही कृतिशीलता भी दिखाई। इसमें सत्यशोधक विवाह परंपरा महत्त्वपूर्ण है। समिति द्वारा मुहूरत, दहेज, आदर-सम्मान, लेन-देन, बारात, रोशनाई, शराब पीना, खाना खिलाना आदि बातों को त्यागकर विवाह संपन्न कराए गए। समिति के दो कार्यकर्ताओं की विवाह पत्रिका नीचे दे रहे हैं। इससे आपको समिति की स्पष्ट भूमिका समझ में आएगी।

मोहन हिंगसे और पुष्पमाला कारंडे की विवाह पत्रिका का निम्न नमूना आप देख सकते हैं—

'जगामाजी एक सत्यधर्म खास! सांगा सर्वत्रास! ज्योती म्हणे!' म. फुले!

अर्थात महात्मा ज्योतिबा फुले कहते हैं कि मैंने जिस सत्यधर्म की बात की है, उस सत्यधर्म के बारे में पूरे विश्व को बता दीजिए।

प्रियजन, सस्नेह नमस्कार!

विवाह जैसे कार्यों में आदर-सम्मान, वर-दक्षिणा, निरर्थक कर्मकांड आदि के लिए जो अनावश्यक खर्च किया जाता है उसको देखकर हम विवाह समारोह में खुश नहीं रह पाते हैं। विवाह की खुशी को दुगना करने के लिए तथा बहुजन समाज की परिपूर्ण उन्नति के लिए युगपुरुष महात्मा फुले द्वारा 150 साल पहले पुरस्कृत की गई सत्यशोधक पद्धति से विवाह संपन्न होनेवाला है। अतिथि अपने विचार व्यक्त करनेवाले हैं। अत: आपसे प्रार्थना है कि आप उपस्थित रहें।

सुधीर सालेकर और शारदा पवार का अपने नाम से निकाला हुआ एक निमंत्रण पत्र—

विवाह...जिंदगीभर के लिए एक साथी चुनना और सहजीवन की शुरुआत करना यह एक नैसर्गिक और सुंदर बात है लेकिन...

विवाह कहें तो दहेज, आदर-सम्मान, लेना-देना, भेंट वस्तु, जन्मपत्रिका, मुहूरत, अर्थशून्य कर्मकांड, कालबाह्य संस्कार, गहने, अमीरी का प्रदर्शन, नाराजगी, किसी को मनाना, अन्नदान और मौजमस्ती के नाम पर किया जानेवाला खर्च अर्थात पैसों की बरबादी। इनके कारण हम अपनी खुशी ही खो बैठते हैं। इसी कारण विवाह की खुशी दुगनी हो जाए और उसे एक नया अर्थ प्राप्त हो इसके लिए हम

महात्मा फुले ने जिस सत्यशोधक विवाह पद्धति की शुरुआत की है उसके अनुसार विवाहबद्ध हो रहे हैं।

इस अवसर पर आप सादर आमंत्रित हैं।

तानाजी म्हस्के और रानी नलवडे के घरवालों द्वारा (विशेषत: उनके दादाजी द्वारा) बनाई गई पत्रिका द्रष्टव्य है :

तानाजी म्हस्के और राणी नलवडे दोनों ने पति-पत्नी के रूप में समानतापूर्वक सहजीवन बिताने का निर्णय लिया है। इस प्रतिज्ञा का भावपूर्ण कार्यक्रम गुरुवार, तिथि 16.5.91 दोपहर 4.30 बजे संपन्न करना तय हुआ है। हम आशा करते हैं कि इस समारोह में आप पूरे परिवार के साथ सम्मिलित होंगे। पति-पत्नी का नाता कैसा होना चाहिए तथा धर्मवाद, दैववाद आदि विषयों पर कुछ वक्ताओं के भाषण भी होंगे। आते समय किसी भी प्रकार की भेंट वस्तु न लाएँ।

सत्यशोधक विवाह के पीछे की भूमिका

सतारा में हुए विवाह में निमंत्रण-पत्रों के साथ इस विवाह की भूमिका स्पष्ट करनेवाले पत्रक भी इस उपक्रम को शुरू करनेवाली अंधश्रद्धा निर्मूलन समिति द्वारा बाँटे गए थे। वे इस प्रकार थे—

'बहुजन समाज के अनुकूल होनेवाली परंपराओं का अनुरोध अंधश्रद्धा निर्मूलन समिति करती है। इसलिए महात्मा फुले द्वारा सौ साल पहले शुरू की गई सत्यशोधक विवाह पद्धति में समय के अनुसार बदलाव करके उसे प्रत्यक्ष रूप में शुरू करना समिति का मुख्य उद्देश्य है। हमें लगता है कि सामुदायिक विवाह उसका ही एक प्रयास है।' इस विवाह के पीछे की भूमिका इस प्रकार है—

1. दहेज, अन्नदान, मंडप, रोशनाई, बैंड-बाजा, गहने, भेंटवस्तु आदि पर किया जानेवाला खर्च कम करना। विवाह साधारण पद्धति से किया जाए तथा खर्च केवल निमंत्रण-पत्र, पुष्पमाला तथा पुष्पगुच्छ आदि पर ही किया जाए। मंडप का खर्च कम हो इसलिए विवाह खुली जगह में करना।
2. विवाह सामाजिक और पारिवारिक संस्कार होने की वजह से उसे रिश्तेदारों तथा दोस्तों के साथ विधिपूर्वक संपन्न करना बहुजन समाज आवश्यक मानता है। साथ ही यह हर व्यक्ति के जीवन की खुशी का क्षण होता है। इसलिए विवाह के सामूहिक आनंद को बनाए रखने के लिए रजिस्टर्ड विवाह की बजाय सत्यशोधक विवाह अधिक अच्छा है। विवाह के इस स्वरूप में मान-सम्मान, रूठना, मनाना आदि बातों की अड़चनें नहीं आती हैं।
3. विवाह किसी भी अच्छे दिन और समय पर संपन्न हो सकता है। किसी निश्चित मुहूर्त पर विवाह की संकल्पना के कारण कार्यालय, विवाह की

सारी व्यवस्था, मेला आदि के कारण होनेवाली थकान कम हो जाती है। कुंडली, ग्रहयोग, मुहूर्त जैसी अंधविश्वास की बातें अपने आप ही दूर हो जाती हैं।

4. विवाह के मंगलाष्टक अर्थपूर्ण तथा मातृभाषा में होने के कारण सभी को समझ में आते हैं। विधि भी सीधी, सरल और कम समयवाली रहती है।
5. अक्षत के रूप में चावल की होनेवाली बरबादी पर रोक लगती है। किसी एक विवाह के लिए 5 से 10 किलो चावल की अक्षत बनाई जाती है। महाराष्ट्र में लगभग हर साल 3 लाख शादियाँ होती हैं। अर्थात 15 से 30 लाख किलो चावल पैरों तले रौंदा जाता है। उसके बजाय सुगंधित फूलों की पंखुड़ियों की अक्षत होने से समारोह भी संस्मरणीय बन जाता है। इससे फूलों की खेती करनेवाले किसान को भी आर्थिक लाभ मिलता है।
6. सत्यशोधक विवाह में मंगलाष्टक गाना तथा पति-पत्नी को कसम दिलाने का कार्य कोई भी व्यक्ति कर सकता है। इसके लिए जाति का बंधन नहीं होता है। सत्यशोधकी विवाह भटशाही के विरोध में तथा स्त्री समतावादी होने के कारण इसको ब्राह्मणेतर स्त्रियों द्वारा करना अधिक उचित रहता है।
7. अपने जीवन के खुशी के अवसर पर पति-पत्नी दोनों के द्वारा अपनी हैसियत के अनुसार किसी सामाजिक कार्य करनेवाली संस्था को सहायता करना इस विवाह के पीछे की कल्पना होती है।
8. अगर विवाह पारंपरिक पद्धति से किया जाता तो उसमें जो खर्च होता, उसको बचाकर दोनों पक्षों द्वारा उस बचे हुए पैसों में ज्यादा से ज्यादा रकम मिलाकर लड़की के खाते में जमा करना आज के इस युग में हर एक का कर्तव्य है। उत्पादन के लिए पूँजी और उसके लिए बचत करना ही व्यक्ति, परिवार और राष्ट्र सभी के लिए अनिवार्य हो जाता है। सिर्फ महाराष्ट्र में प्रतिवर्ष 1200 करोड़ रुपए शादी-ब्याह में खर्च किए जाते हैं। इस पर गौर करें तो इसकी जरूरत समझ में आती है।

सही तौर पर देखा जाए तो इसमें नया क्या है? 25 दिसंबर, 1873 में महात्मा फुले ने इस पद्धति से पहला विवाह संपन्न कराया। दूसरा विवाह 7 मई, 1874 को संपन्न हुआ। फिर ऐसे कई विवाह हर गाँव में होने लगे। लेकिन इस प्रकार के विवाह का ब्राह्मणों ने कड़ा विरोध किया। धर्ममार्तंडों ने कई प्रकार की बाधाएँ खड़ी कर दीं। पारंपरिक लोग इसकी क्रांतिकारकता को नहीं समझ पाए। चाँदे (तहसील कर्जत, जि. नगर) के सोनाजी बाबर-पाटिल के सहयोग से एक किसान का सत्यशोधक पद्धति से विवाह कराया गया। उस समय अपने वर्चस्व को ठेस पहुँचने तथा साढ़े चार आना दक्षिणा की हानि होने के कारण ब्राह्मण पुरोहित ने कर्जत कोर्ट में मुकदमा दाखिल किया। कोर्ट का फैसला ब्राह्मण पुरोहित के पक्ष

में चला गया इसलिए सत्यशोधक समाज ने उच्चतम न्यायालय में अपील की। उस कोर्ट ने फैसला सत्यशोधक समाज के पक्ष में दिया और यह भी आदेश दिया गया कि कोर्ट का पूरा खर्चा वह पुरोहित देगा। उज्ज्वला परंपरा होने के बावजूद आज भी सत्यशोधक समाज की आवश्यकता महसूस होती है। लेकिन परंपरागत मानसिकता के कारण उसे स्वीकार नहीं किया जाता। इसका कई बार विरोध किया जाता है। पता नहीं यह कौन सी मानसिकता होती है?

आज के विवाह का स्वरूप

कन्या वरयते रूपं माता वित्त पिता श्रुतम्।
बान्धवाः कुलमिच्छन्ति मिष्टान्नमितरे जनाः॥

इसका अर्थ यह है कि विवाह के समय लड़की की मानसिकता यह होती है कि उसे एक कर्तव्यवान पति मिले। लड़के के माँ की इच्छा होती है कि वधू का पिता वधू को बहुत सारे गहने पहनाए। वर के पिता का आग्रह रहता है कि विवाह बड़े धूमधाम से हो जिससे परिवार की कीर्ति में चार चाँद लग जाए। रिश्तेदारों का ध्यान रहता है कि शादी-ब्याह करते समय लड़की का परिवार अमीर हो। मेहमान यह देखते हैं कि भोजन में कितने प्रकार के व्यंजन बनाए हैं।

श्लोक पुराना है लेकिन उसका जो अर्थ है वह आज भी लागू होता है। विवाह का क्षण दोनों परिवारों के लिए महत्त्वपूर्ण और आनंददायी होता है परंतु हमारे पास होनेवाली और न होनेवाली संपत्ति का प्रदर्शन करने के लिए हम एक दिन में पैसे की बर्बादी करते हैं और उसकी वजह से हमें कई सालों तक दुख झेलना पड़ता है। अपनी तथाकथित प्रतिष्ठा का प्रदर्शन करते हुए इसमें लोगों को अन्नदान करके उन्हें तृप्त करना या पति-पत्नी के भविष्य के बारे में विचार करना यह भावना होती है, ऐसा कहना कठिन है। यह पूरा खर्च इधर-उधर से इकट्ठा किए गए तथा कर्ज से लिये हुए पैसों से होता है। किसी एक विवाह के लिए एकाध लाख रुपए की बर्बादी होती ही है। यह 'पहला' और 'अंतिम' कार्य है ऐसा कहना एक भ्रामक दलील होती है। आज के इस युग में जिनके दो बच्चे हैं उनके घर पहला और अंतिम कार्य होना लाजमी है। इस तरह से पहला और अंतिम कार्य धूमधाम से करने का आखिर नियम किसने बनाया? और यह भी कहा जाता है कि यह तो शानो-शौकत होती है। मौज तो सौ-पाँच सौ रुपए की होती है न कि एक लाख रुपए खर्च करके पैसे की बर्बादी करना। इसके वास्तविक सत्य होने के बावजूद भी कई पीढ़ियाँ अपने आप को इस गर्त में ले जाती हैं, इसको या तो मूर्खता कहेंगे या अंधापन।

धूमधाम से संपन्न विवाहों में एक-एक करके दलीलें सामने आ जाती हैं। कई लोगों को ऐसा लगता है कि 'अगर विवाह घर में ही करेंगे तो लोगों को मुँह

नहीं दिखा पाएँगे।' सच बात तो यह है कि लोगों को दूसरों के सुख-दुख से कोई लेना-देना नहीं रहता है। आपके घर का कार्य हो या ना हो इससे किसी को कोई फर्क नहीं पड़ता। ऐसा कहा जाता है कि 'शादी-ब्याह के प्रसंग में लोग इकट्ठा होते हैं तथा एक-दूसरे से मिलते हैं।' सच कहा जाए तो शादी-ब्याह के समय किसी पर भी ध्यान देना संभव नहीं होता। लोग किसी से ठीक से मिल भी नहीं पाते हैं। एक-दूसरे से केवल औपचारिक पहचान हो जाती है जिसका कोई महत्त्व नहीं रह जाता। बस परेशानी झेलनी पड़ती है। भेंटवस्तु के बारे में भी यही स्थिति दिखाई देती है। शादियों के लिए छपवाए गए कार्ड देखकर खुशी होने की बजाय भेंटवस्तु देने की कल्पना से ही मन में घबराहट पैदा होती है।

शादी-ब्याह के बाजार में सबसे पहले लड़की को दहेज के तराजू में तौला जाता है। लड़की के गुण, स्वभाव, शिक्षा, सौंदर्य आदि को गौण माना जाता है। सबसे ज्यादा महत्त्व इस बात को दिया जाता है कि दहेज के तराजू में लड़की वाले कितना वजन डाल सकते हैं। यह तराजू विवाह के बाद भी ऊपर-नीचे होता रहता है। वह कभी भी स्थिर नहीं रहता है। लड़की का पिता कर्ज लेकर या कुछ बेचकर कभी सोना तो कभी स्कूटर, फ्रिज, टीवी इस तरह की कई चीजें उस तराजू में डालता रहता है। इन सभी कीमती वस्तुओं के आगे मनुष्य के रूप में विवाहित होनेवाले लड़की की कीमत घटती ही जाती है। अनावश्यक खरीदारी, कालबाह्य मान-सम्मान, रोशनाई, बैंड बाजा और खानपान आदि के खर्चे के बारे में दहेज तय करते समय और विवाह के लिए वस्त्र खरीदते समय विचार किया जाता है।

विवाह के बाजार में लड़की के पिता का धन ही सब कुछ होता है, ऐसा नहीं है। संगणक के इस युग में उसी की मदद लेते हुए जाति, गोत्र, कुल ये सभी भेदभाव और जन्मपत्रिका में कितने गुण मिलते हैं, इस शास्त्र को भी महत्त्व दिया जाता है। लड़की का मांगलिक होना कितना अशुभ होता है! लड़की के पिता को यह बात पता चलते ही पूरा परिवार बहुत बड़े तनाव में आ जाता है। मंगल ग्रह की विज्ञान की पुस्तक में दी जानेवाली जानकारी कुंडली में होनेवाले मंगल के प्रभाव को दूर करने के लिए उपयोगी साबित नहीं होती। लेकिन अच्छी जन्मपत्रिका होने के बावजूद भी कई विवाह क्यों असफल हो जाते हैं? उनमें से कई लड़कियाँ कपूर की तरह क्यों जलाई जाती हैं? यह दलील जन्मपत्रिका के संबंध में जो भ्रम है उसे दूर नहीं कर सकती। जन्मपत्रिका देखकर तय किए विवाह ग्रहगोल तारों के शुभ अवसर पर संपन्न किए जाते हैं। दोनों परिवारों के लिए सुविधाजनक समय पर मुहूर्त निकलना किसी के ध्यान में नहीं आता है। इसलिए अच्छे मुहूर्त की भीड़ एक ही दिन, एक ही समय आ जाती है। उस मुहूर्त पर विवाह के लिए हॉल मिलने को लेकर बहुत परेशानी का सामना करना पड़ता है। साथ ही सभी जगह एक ही मुहूर्त पर विवाह होने के कारण व्यवस्था पर दबाव आ जाता है, लेकिन उस पर कोई ध्यान नहीं

देता। अंत में यही होता है कि 'विवाह कम खर्चे में करेंगे' ऐसा कहते-कहते सीमांत पूजन, होम हवन, खानपान, वीडियो शूटिंग आदि पर काफी खर्च किया जाता है। इन सबसे नवविवाहित दंपती को कुछ भी लाभ नहीं मिलता। बाद में दोनों पक्षों का समय कुछ साल कर्जा चुकाने में ही चला जाता है।

खर्चीले विवाह के लिए विकल्प

इन सबके लिए विकल्प ढूँढ़ने का प्रयास कई जगहों पर किया जा रहा है। कुछ सामाजिक संस्थाएँ, ज्ञाती लोग आगे आकर एक ही मंडप में सामूहिक विवाह का उपक्रम आयोजित करते हैं। यह उपक्रम समाज के लिए लाभदायक एवं उपयोगी है। वर्तमान युग में होनेवाले असीमित खर्चे के लिए यह एक अच्छा विकल्प है। फिर भी इस विवाह में पुरानी, त्याज्य सब विधियाँ और संस्कार किए जाते हैं। इस पर काफी खर्चा भी होता है। इसे रोकना चाहिए। कई बार तो अपने सामाजिक कार्य का दिखावा करने के लिए समारोह किया जाता है और उसमें नेताओं को सम्मानित करने में समय और रुपए बर्बाद किए जाते हैं। इसके कारण मुख्य उद्देश्यों के प्रति संदेह पैदा हो जाता है।

रजिस्टर्ड विवाह (कोर्ट मैरिज) यह एक आसान, प्रभावी तथा सभी धार्मिक कर्मकांडों को दूर रखनेवाली पद्धति है। वर्तमान कानून के अनुसार यह सही कानूनी विवाह साबित होता है। किंतु यह पद्धति कई कारणों से सफेदपोश समाज या घरवालों के विरोध के कारण किए जानेवाले विवाह तक ही सीमित रह गई है। कई बार तो विवाह रजिस्टर्ड पद्धति से की जाती है लेकिन बाद में स्वागत समारोह अर्थात रिसेप्शन बड़े धूमधाम से किया जाता है। इसलिए हमारे यहाँ होनेवाली विवाह पद्धति पाखंड लगने लगती है।

इसके लिए सत्यशोधक विवाह एक अच्छे विकल्प के रूप में खोजने का प्रामाणिक प्रयास है। कुछ बातें स्पष्ट होनी चाहिए। बहुसंख्यक लोगों को विवाह एक संस्कार लगता है और उनकी इच्छा होती है कि उसे सार्वजनिक तौर पर किया जाए। बहुजन समाज की तो यह सामाजिक मानसिकता ही बन गई है। सादगी ही सत्यशोधक विवाह का पहला सूत्र है। पारंपरिक ब्याह परंपरा में जितना खर्च होता है, उसमें से 90 प्रतिशत से भी ज्यादा खर्चे की बचत होती है, यह हमारा अनुभव रहा है।

मधुर सनई का रिकॉर्ड बजाने के लिए थोड़े ही पैसे लगते हैं। विवाह में पधारे लोगों को फूलों की पंखुड़ियाँ देने से माहौल रोमांटिक लगता है और चावल भी बच जाता है। सबसे अधिक खर्च होता है हॉल और मंडप के लिए। शाम के समय खुली जगह में विवाह विधि संपन्न करने से उसका भी खर्च बच जाता है। साथ ही ग्रहयोग और मुहूर्त आदि को भी मूलतः दूर ही रखा जाता है।

रजिस्टर्ड मैरिज मंगलाष्टक तथा संस्कारपूर्ण विवाह विधि के अनुसार संपन्न नहीं होती। परंतु सामूहिक समारोह में यह विधि महत्त्वपूर्ण होती है। सत्यशोधक विवाह के मंगलाष्टक अर्थपूर्ण होते हैं तथा नए मंगलाष्टक भी तैयार किए जा सकते हैं। उसमें से एक मंगलाष्टक में वर वधू को संबोधित करता है, तो दूसरे मंगलाष्टक में वधू वर को संबोधित करती है और तीसरे में उपस्थित लोगों द्वारा दोनों को संबोधित करना होता है। मीठी आवाज में उसे कोई तो गाता है। मंगलाष्टक कहनेवाला व्यक्ति ही वर-वधू को शपथ दिलाता है अथवा इन दोनों के लिए अलग-अलग व्यक्ति भी हो सकते हैं। परंतु महत्त्वपूर्ण बात यह है कि यह विवाह बहुजन समाज की स्त्री द्वारा संपन्न कराने की संकल्पना है। यह पुरोहित क्यों? ऐसी आपत्ति उठाई जा सकती है लेकिन इसे ध्यान में रखते हुए भी वर्तमान विवाह पद्धति में सत्यशोधक विवाह का आचरण क्रांतिकारी प्रतीत होगा, इसमें संदेह नहीं है। सामाजिक प्रतिबद्धता को समझते हुए हैसियत के अनुसार वर-वधू के द्वारा सामाजिक संस्थाओं को चंदे के रूप में कुछ राशि देना भी इसमें अलग बात है।

समिति द्वारा अब तक सौ से भी अधिक सत्यशोधक विवाह संपन्न कराए गए हैं। लेकिन सभी जगहों पर सादगी संभव नहीं हो पाती। कई बार मेहमानों को भोजन देने का आग्रह किया जाता है। साथ ही कुछ लोगों को हॉल या मंडप की आवश्यकता महसूस होती है। मुख्य बात यह है कि एक बार खर्च शुरू हो जाए तो उसे नियंत्रित करना कठिन होता है। लेकिन पूरे विवाह को सादगी से संपन्न करने के लिए दोनों पक्षों को राजी करना बहुत ही कठिन कार्य होता है। पूरे महाराष्ट्र में भाषण देने के बाद मुझे यह बात पता चल गई कि किसी भी अंधविश्वास पर बोलने की अपेक्षा विवाह में होनेवाले खर्च पर बोलना सभी स्तर के लोगों को भाता है। 'यह एकदम सही बात है' ऐसा कई लोग कहते हैं लेकिन उसके अनुसार जीवन में बहुत कम लोग प्रत्यक्ष आचरण करते हैं। विवाह का खर्चा बचाने के लिए कुछ जगहों पर 'यादी पे शादी' की पद्धति शुरू हुई है जिसे नगर जिले में 'गेट केन' विवाह कहते हैं। (यह शब्द कैसे आया यह भी एक गूढ़ है।) शब्द कोई भी हो लेकिन उसका अर्थ यह है कि विवाह तय करने के लिए जाना और विवाह करके ही लौटना। ऐसे झटपट मामले में खर्च भी काफी कम आता है। महाराष्ट्र के कुछ गाँवों में किसी विवाह पर केवल पाँच या दस हजार रुपए खर्च किए गए, ऐसी खबरें अखबार में आती हैं। लेकिन कुल समस्याओं को देखा जाए तो इनकी संख्या बहुत कम होती है।

निर्माल्य के बिना गणेश विसर्जन

महाराष्ट्र में गणेश विसर्जन करते समय भगवान की मूर्ति के साथ फूल तथा फूलमालाओं को नदी, तालाब तथा कुएँ में विसर्जित किया जाता है। इससे जलप्रदूषण

की समस्या बढ़ रही है। लेकिन लोगों के मन में गणेश विसर्जन के दौरान होनेवाली धर्म भावना को ध्यान रखते हुए उनका विरोध करना कठिन होता है। समिति की कोल्हापुर शाखा ने इसका विरोध किया। पंचगंगा नदी के किनारे हर किसी की थाली से फूल और अन्य चीजें हटाकर उन्हें एकत्रित किया, जिससे पाँच-छह ट्रक खचाखच भरे। आगे चलकर पूरे कोल्हापुर जिले में इस उपक्रम को समिति ने चलाया। इसमें काफी सफलता भी मिली। अब धीरे-धीरे महाराष्ट्र में कई स्थानों पर स्वयंसेवी संस्थाएँ इस उपक्रम को चलाने लगी हैं।

सन् 1998 में एक कदम आगे बढ़ाकर समिति ने तालाब में गणेश मूर्तियों का विसर्जन करने पर भी रोक लगाई। 'इतनी मिट्टी, रंग आदि से पानी प्रदूषित मत कीजिए' समिति की इस विनती को लोगों ने स्वीकार किया। धार्मिक भावना के लिए मूर्तियों को पानी में डुबोकर बाहर निकाला गया और समिति के हवाले किया गया। गणेश मूर्ति विसर्जन से जो काफी मात्रा में जल प्रदूषण होता है, उसके संबंध में ठाणे के स्कूली छात्रों ने जो निरीक्षण किया, उसे राष्ट्रीय पाठशाला स्तरीय विज्ञान परीक्षा में प्रथम पुरस्कार प्राप्त हुआ। उसके बारे में जानना बहुत महत्त्वपूर्ण है। ठाणे स्थित मासूंदा तालाब में गणेश विसर्जन के कारण होनेवाले जल प्रदूषण के बारे में निरंजन करंदीकर, वरुण चौबल, अमोघ वैशंपायन, देवदत्त दोशी आदि ने उचित पद्धति से अध्ययन किया। सन 1998 में इस तालाब में 21,600 किलो गणेश मूर्ति की मिट्टी मिल गई। इसमें 20,500 किलो प्लास्टर ऑफ पेरिस और 1150 किलो रंगद्रव था। रंगों में होनेवाली जहरीले द्रव की मात्रा को जाँचने के बाद यह पता चलता है कि स्थिति बहुत ही गंभीर है। अंधविश्वास के कारण इस तालाब की दुर्दशा हो गई है यह स्पष्ट निष्कर्ष छात्रों ने अपनी अनुसंधान रिपोर्ट में दर्ज किया, साथ ही जल प्रदूषण न हो इसके लिए उपाय भी बताए। जैसे, मूर्ति का विसर्जन प्रवाहित जल में करें, स्थिर जल में मूर्ति विसर्जित न करें। घर में एक ही मूर्ति को रखा जाए और गणेश चतुर्थी को उसकी प्रतिस्थापना करें। अगर मूर्ति मिट्टी की हो तो उसका आकार छोटा हो तथा वनस्पति से बने रंगों का उपयोग किया जाए आदि।

रूढ़ि-प्रथा के विरोध में संघर्ष

समिति ने कई रूढ़ि परंपराओं के बारे में अपने स्तर पर आवाज उठाई है। प्रत्यक्ष कार्य भी किया है। जैसे, प्रेत-दहन के पश्चात् जो राख बचती है, जो कि एक अच्छी खाद है; उसे फेंककर या पानी में डालकर प्रदूषण फैलाने से अच्छा है कि उसे इकट्ठा करके (बाद में खेत में इस्तेमाल करने की दृष्टि से) रखने के लिए रक्षाकुंड बिठाया जाए। इसके साथ ही मृत्यु के बाद अग्नि संस्कार न करते हुए एक गड्ढा खोदकर उसमें शरीर को दफना दें तथा उस पर एक पेड़ लगाएँ, यह

कल्पना प्रस्तुत की गई। एक उत्साही कार्यकर्ता ने ऐसे संकल्प-पत्र भरवाकर लेना शुरू किया तो मात्र कुछ ही दिनों में उसे हिंदू धर्म विरोधी कृत्य मानकर धमकियाँ मिलने लगीं। नेत्रदान और देहदान के फॉर्म कई कार्यकर्ताओं ने भरे हैं। खुद के घर के किसी प्रियजन की मृत्यु होने के बाद सभी ने अंतिम संस्कार किए बिना उसे समाज के लिए दान किया है। जैन धर्म में किए जानेवाले खर्चीले, निरर्थक, कर्मकांडों के विरोध में प्रबोधन, धरना आंदोलन, अनशन आदि बातों द्वारा विरोध दर्ज किया है। शिक्षा संस्थाओं के सुवर्ण महोत्सव में एक ही समय में किए जानेवाली 60 सत्यनारायण पूजा का विरोध करके धरना आंदोलन किया है। खुद को उच्चकुलीन मराठा माननेवाले समाज में आज भी विधवा विवाह नहीं होता है। अगर नववधू के पति की दुर्भाग्य से अचानक मौत हो जाती है तो उसे पूरा जीवन अकेले व्यतीत करना पड़ता है। इसके विरोध में समिति ने आवाज उठाई है। समिति के कुँवारे डॉक्टर कार्यकर्ता ने एक विधवा के साथ विवाह करके नया आदर्श प्रस्थापित किया है। निरर्थक रूढ़ियों, कर्मकांड तथा परंपरा आदि के कारण होनेवाले आर्थिक शोषण का हिसाब लोगों के सम्मुख समिति ने हमेशा रखा है।

अंध प्रथा की बेड़ियाँ तोड़ो

सतारा में 'अंध प्रथा की बेड़ियाँ तोड़ो' इस नाम से समिति ने महाराष्ट्रव्यापी संकल्प परिषद आयोजित की। उसमें जो विचार-विमर्श किया गया वह बहुत ही प्रेरणादायी था। इन विचारों को कृति में तब्दील करने के लिए समिति ने एक संकल्प-पत्र तैयार किया। युवा लोग उसे समझकर उसके अनुसार संकल्प करें, इसके लिए समिति अभियान भी चलाती है। अगर युवाओं को इन संकल्पों के बारे में समझाया जाए तो वे उसके महत्त्व को भी समझेंगे। यह अनुभव रहा है कि व्याख्यान के लिए उपस्थित 30 से 40 प्रतिशत युवा उस संकल्प को स्वीकार करते हैं। लेकिन यह अलग बात है कि वे अपने इस निश्चय को प्रत्यक्ष जीवन में कितना उतारते हैं। अंध प्रथा की बेड़ियाँ तोड़ने का हमारा प्रयास आज भी काफी हद तक विचारों तथा व्यक्तिगत उपक्रमों के स्तर पर है। उसे आंदोलन का रूप देने में समिति को सफलता नहीं मिली है। महाराष्ट्र में काफी समय तक विभिन्न धाराओं में इस अभियान को चलाना होगा। उसके द्वारा प्रभावी प्रबोधन करना इस मुहिम का महत्त्वपूर्ण हिस्सा है। समाज में कर्मकांड को प्रोत्साहित करनेवाले तथा परंपरा की चिकित्सा के बारे में असहिष्णुता का पालन करनेवाले लोगों को अंधे धर्माभिमान का पाठ पढ़ानेवाले माहौल की कमी नहीं है। उसे जानबूझकर बढ़ाने के लिए प्रयास किया जाता है। यह सच्चा धर्म नहीं है, संस्कृति का अर्थ भी यह नहीं है (और उसके अनुसार आचरण करने की जरूरत नहीं) यह बताने की जरूरत है। मानवी प्रतिष्ठा में बाधा लानेवाली

मूढ़ता को प्रोत्साहित करनेवाली और उन्नति के रास्ते में आनेवाली बाधाओं के प्रतिवाद, विरोध तथा विकल्प की पुनर्रचना करने की आवश्यकता है। व्यावहारिक रूप से देखा जाए तो समाज जाति-धर्मों में विभाजित होता है। संबंधित जाति धर्मों में होनेवाले धुरीणों के समर्थन के बिना सफलता मिलना कठिन है। आज की स्थिति यह है कि इन बातों को अस्वीकार करनेवाले लोग सभी धर्मों में हैं। सच तो यह है कि उनकी संख्या कम नहीं है लेकिन 'बुराई क्यों मोल लें? हम अकेले थोड़ी पूरे समाज को बदल सकते हैं?' आदि धारणाओं के कारण लोग चुप्पी साधकर बैठे हैं। अतः इसे अधिक बढ़ावा मिलता है। जो लोग चुप हैं उनको बोलने के लिए मजबूर करने की तथा कृति करने की जरूरत है। हमें आशा है कि परिषद के कारण यह प्रक्रिया शुरू होगी।

इसके साथ ही मानवी जीवन के आरोग्यदायी और समृद्ध अस्तित्व के लिए रोटी, कपड़ा, मकान, वाहन, टीवी इन भौतिक सुख-सुविधाओं के साथ आनंद व्यक्त करने के सामूहिक समारोह पद्धति की आवश्यकता होती है, यह भी जान लेना चाहिए। जीवन के सुख और दुख को अन्य लोगों तथा सगे-संबंधियों के साथ बाँटना यह मनुष्य की सांस्कृतिक जरूरत है। कर्मकांड के अतिरेक के कारण इन बातों को मनुष्य व्यक्त नहीं कर पाता है। साथ ही पूर्णतः कर्मकांड रहित विकल्प व्यक्ति को शुष्क बना सकता है। इसलिए विचार और कृति में बहुत अंतर दिखाई देता है।

ऐसा लगता है कि इस लड़ाई के द्वारा महाराष्ट्र के सांस्कृतिक नवजागरण का एक महत्त्वपूर्ण कदम आगे बढ़ेगा। परंतु उसके संबंध में सूक्ष्म चिंतन करने की आवश्यकता है। रूढ़ि, परंपरा कर्मकांड आदि पर कड़ा प्रहार करनेवाले संत तथा समाजसुधारकों ने मानवी जीवन में धर्म का स्थान इसके संबंध में अपनी बात को बहुत ही अच्छी तरह से स्पष्ट किया है। उनके इस धर्म चिंतन और अंधविश्वास उन्मूलन आंदोलन के दूरगामी परिप्रेक्ष्य का संबंध कैसा हो सकता है, इसके बारे में अधिक चर्चा होने की जरूरत है। इसके साथ ही संघर्ष का महत्त्वपूर्ण पहलू, धर्म चिकित्सा और मानसिक परिवर्तन होने के बाद भी, वह यहाँ के आर्थिक, राजनीतिक आशय से मुक्त नहीं है। महाराष्ट्र के अधिकांश समाजसुधारकों ने इसे सरल पद्धति से स्पष्ट किया है। आंदोलन में अंध रूढ़ियों की बेड़ियाँ तोड़ते समय इस व्यापक रचना का सारभूत आशय आत्मसात् करना चाहिए। समिति का आग्रह व्यापक समाज परिवर्तन के उद्देश्यों के साथ अपने आपको समर्पित करने का होता है।

विवेक जागरण : वाद-संवाद

डॉ. श्रीराम लागू से मेरा पहला परिचय 'लग्नाची बेड़ी' (विवाह का बंधन) इस नाटक के दौरान हुआ। सामाजिक कृविशेषज्ञता निधि का सचिव मैं था और डॉ. श्रीराम लागू अध्यक्ष थे। विश्वस्त मंडल की बैठक तक ही हम संपर्क में रहते थे। निधि संकलन के लिए 'लग्नाची बेड़ी' नाटक के तीस प्रयोग सुप्रसिद्ध अभिनेताओं के साथ हुए। डॉ. लागू उसमें थे ही। इससे हमारा एक-दूसरे से अधिक परिचय हो पाया। इसी दौरान 'तिमिरभेद' नामक अंधविश्वास निर्मूलन पर आधारित पुस्तक पर मेरा काम चल रहा था। इसी वजह से 'मैं बुद्धिजीवी कैसे बना' इस विषय पर डॉ. लागू का साक्षात्कार लेने की जिम्मेदारी मुझको सौंपी गई। अंतिम प्रयोग के दिन चिपलून में मैंने उनका साक्षात्कार लिया। डॉ. लागू ने अपनी मुँहतोड़ तथा तर्कपूर्ण शैली में ईश्वर से संबंधित अपने विचार रखे। साक्षात्कार के अंत में उन्होंने कहा कि "समय मिले तो पूरे महाराष्ट्र में ये विचार सार्वजनिक तौर पर रखने की मेरी इच्छा है। इसके बाद कई सारी गालियाँ सुनने की तैयारी भी मैंने की है।"

मैंने कभी नहीं सोचा था कि भविष्य में यह संयोग मेरे साथ आनेवाला है। उस समय मुझे नास्तिक बने कई वर्ष बीत चुके थे इसलिए डॉ. लागू के विचार समाज को अच्छे नहीं लगेंगे, यह जानकर भी मुझे वे विचार उतने धक्का पहुँचाने वाले नहीं लगे थे।

ईश्वर को रिटायर करो

सन 1991 में डॉ. लागू का आज तक चर्चित रहनेवाला लेख प्रकाशित हुआ। सच कहा जाए तो वह स्वतंत्र लेख नहीं था। ख्यातलब्ध बुद्धिजीवी डॉ. अब्राहम कोवूर की अंग्रेजी पुस्तक का मराठी अनुवाद प्रकाशित हो रहा था। उस पुस्तक के लिए डॉ. लागू ने प्रस्तावना लिखी थी। उसमें उन्होंने ईश्वर संबंधी अपने विस्तृत विचार (सूत्रबद्ध रूप में) प्रस्तुत किए थे। पुस्तक प्रकाशन के लिए कुछ समय था इसलिए इस प्रस्तावना को लेख के रूप में महाराष्ट्र टाइम्स में पहले ही प्रकाशित किया गया। लेख के लिए सटीक शीर्षक चाहिए था इसलिए लेख से ही एक वाक्य को शीर्षक

बनाया गया। वह शीर्षक सबको बहुत मनोरंजक लगा। उस शीर्षक के कारण वह लेख पाठकों को बहुत पसंद आया। वह शीर्षक था, 'परेश्वराला रिटायर करा' (ईश्वर को सेवामुक्त करो)। डॉ. लागू को और मेरे इस विषय पर जब भी वाद-प्रतिवाद होते थे तब संबंधित जिले के स्थानिक समाचार-पत्रों में यह लेख कभी-कभी पुनर्मुद्रित करने के लिए मैं देता था। उस प्रतिपादन पर 'महाराष्ट्र टाइम्स' में उस समय तीव्र प्रतिक्रियाओं का सैलाब-सा आया था। उसी तरह आज भी आता है।

'महाराष्ट्र टाइम्स' ने उस समय उनमें से कई प्रतिक्रियाएँ दो भागों में काफी जगह देकर प्रकाशित कीं। फिर भी कई लोगों के विचारों को जगह न मिलने के कारण प्रसिद्धि नहीं मिल सकी। लेकिन केवल आंदोलन कार्यकर्ता होने के कारण जनसंचार माध्यम मुझ पर अधिक मेहरबान रहे। मेरी प्रतिक्रिया छोटे लेख के रूप में स्वतंत्र प्रकाशित हुई। शीर्षक था, 'आपण कशासाठी लढत आहोत?' (हम क्यों लड़ रहे हैं?)

उस समय मुझे नास्तिक बने कई वर्ष बीत चुके थे। मेरे जीवन में एक समय ऐसा था कि मैं डॉ. लागू की तरह ही उतनी ही लगन से ईश्वर के न होने पर वाद-प्रतिवाद करता था। बाद में समिति ने ईश्वर और धर्म के संबंध में तटस्थता की भूमिका अपनाई। संगठन में यह निर्णय जिस समय हुआ, उस समय मैंने विरोध जताया लेकिन संगठन में इससे संबंधित मत-प्रदर्शन में मैं अल्पमत में रहा। इसलिए स्वाभाविक रूप से लोकतांत्रिक पद्धति से बहुमत को मैंने स्वीकार किया। लेकिन उस समय मैंने यह भी बताया कि "भविष्य में मैं लोकतांत्रिक तरीके से संगठन में अपना बहुमत बनाकर यह निर्णय बदल दूँगा।" यह बात आंदोलन के शुरुआती दौर की है।

ईश्वर-धर्म संबंधी तटस्थता

आंदोलन की तीव्रता के बाद यह बात मेरी समझ में आई कि देव-धर्म संबंधी तटस्थता की भूमिका अधिक उचित है। आंदोलन तटस्थ है, इसका मतलब यह है कि समिति में किसी भी विचारधारा का कार्यकर्ता आ सकता है। उसे ईश्वर और धर्म की भूमिका का विरोध करके ही आंदोलन में आना होगा, ऐसा कोई भी नियम नहीं है। यदि वह निजी जीवन में नास्तिक है, तो भी हम उसका प्रतिवाद नहीं करते हैं। कार्यकर्ता निजी जीवन में ईश्वर और धर्म मानता है या नहीं इसके आधार पर संगठन में उसकी स्थान-निश्चिति नहीं होती है। सभी दिशा में चलनेवाले अंधविश्वास विरोधी आंदोलन में वह कितना सक्रिय होता है, इस पर वह निर्भर करता है। लेकिन दो बातें स्पष्ट होती हैं कि एक तो समिति के मंच पर ईश्वर-धर्म से संबंधित किसी भी प्रकार के कर्मकांड कभी नहीं किए जाएँगे। तो दूसरी यह कि ईश्वर-धर्म के नाम पर समाज में हर समय होनेवाले असंख्य कर्मकांडों में संगठन के रूप में समिति

कभी भी सम्मिलित नहीं होगी। अपितु समिति कर्मकांडों की खुली चिकित्सा और जहाँ आवश्यक हो वहाँ उसका विरोध भी करेगी।

मुझे लगता है कि इस भूमिका पर तीनों तरह से विचार किया जाए तो वह सुसंगत तथा उपयुक्त भी है। सबसे पहले महत्त्वपूर्ण बात यह है कि हमारे देश के संविधान ने हर व्यक्ति को उपासना एवं धर्मपालन की स्वतंत्रता दी है। अतः उसका आदर करना अनिवार्य है। दूसरी बात यह है कि यह स्वतंत्रता निरपवाद नहीं है। राष्ट्रीय एकता, कानून सुव्यवस्था, सार्वजनिक चरित्र, सार्वजनिक आरोग्य, व्यक्ति स्वातंत्र्य के मूलभूत अधिकार आदि का टकराव जिस समय ईश्वर और धर्म के प्रति होनेवाली श्रद्धा के साथ होगा, उस समय देव-धर्म की आजादी को सीमित करने की संविधान की भूमिका समिति को महत्त्वपूर्ण और उपयुक्त लगेगी। यहाँ इस बात पर ध्यान देना है कि हमारे देश के संविधान द्वारा दिए गए धर्म स्वातंत्र्य का अर्थ है—उपासना पद्धति, अलौकिक कल्याण संबंधी श्रेयस्कर भूमिका और अध्यात्मिक उन्नति का स्वातंत्र्य। इसका अर्थ यह है कि इन सबका सम्मान किया जाएगा, केवल दैनिक भौतिक व्यवहार धर्मनिरपेक्ष तथा इहवादी दृष्टिकोण से किए जाएँगे तथा वे कानून के अनुसार चलाए जाएँगे। आंदोलन इन बातों का स्वीकार करता है और वह उपयुक्त भी है। तीसरी बात यह है कि समाज में परिवर्तन लाने के लिए वैज्ञानिक दृष्टिकोण से काम करनेवाले हमारे जैसे आंदोलन को मनुष्य की मनोवैज्ञानिक वास्तविकता को सूक्ष्मता से समझना चाहिए।

विवेक का वाद-संवाद

समाचार-पत्रों में होनेवाले वाद-संवाद वहीं तक सीमित रह गए। आगे दो साल बीत गए। बार्शी (जिला सोलापुर) में समिति के एक कार्यक्रम के लिए डॉ. लागू सोलापुर होकर जानेवाले थे। सोलापुर में सुबह के समय उनके पास समय था इसलिए उस समय सोलापुर की एक स्थानीय संस्था ने 'ईश्वर और धर्म' विषय पर एक विचार गोष्ठी का आयोजन किया था। मैं और डॉ. लागू के अलावा अन्य दो वक्ता भी थे। हर एक को विचार व्यक्त करने के लिए पंद्रह मिनट दिए गए थे। कार्यक्रम के लिए भारी भीड़ थी। लोगों को भी वह पसंद आया लेकिन समय की कमी हम सभी को बड़ी स्पष्टता से महसूस हो रही थी। दोपहर के समय डॉ. लागू के साथ बार्शी जाते समय मैंने उनसे यह विनती की कि इस विषय पर खुली चर्चा के कार्यक्रम के लिए आप मुझे दो महीने में एक दिन का समय दीजिए। उन्होंने उसे तुरंत स्वीकृति दी और एक महीने में दो दिन देने के लिए वे तैयार हो गए। उस समय उन्होंने फिल्म जगत से दूर रहने का निर्णय लिया था तथा बुद्धिप्रमाणवाद का विचार पूरे महाराष्ट्र में पहुँचाने की जिम्मेदारी उन्होंने उठाई थी।

इस कार्यक्रम को 'विवेक जागरण : वाद-संवाद' यह नाम दिया गया। हम जिन-जिन जिलों में जानेवाले थे वहाँ के कार्यकर्ता इसका इस तरह प्रचार करते थे—

विवेक जागरण : वाद-संवाद।

प्रतिभागी :

सिनेजगत के सुप्रसिद्ध बुद्धिजीवी अभिनेता

डॉ. श्रीराम लागू।

महाराष्ट्र अंधश्रद्धा निर्मूलन समिति के प्रवक्ता

डॉ. नरेंद्र दाभोलकर।

ईश्वर का अस्तित्व यही आद्य अंधविश्वास।

ईश्वर को रिटायर करो।

ईश्वर पर आधारित धर्म की आवश्यकता क्यों? हमें चाहिए मानवधर्म।

डॉ. श्रीराम लागू।

श्रद्धा और अंधविश्वास में अंतर है।

ईश्वर और धर्म के बारे में हम तटस्थ हैं।

मूल प्रश्न है अंधश्विश्वास उन्मूलन की कृति का।

डॉ. नरेंद्र दाभोलकर।

ईश्वर का अस्तित्व, धर्म का प्रयोजन, श्रद्धा-अंधविश्वास, धर्मांधता, धर्म निरपेक्षता, अंधविश्वास उन्मूलन जैसे बहुचर्चित विषयों पर वाद-प्रतिवाद।

अपने प्रश्न निम्न पते पर भेज दें।

सबका हार्दिक स्वागत है!

स्थान :

समय :

इसके साथ ही समाचार-पत्र में निवेदन देना, डॉ. लागू के 'महाराष्ट्र टाइम्स' में प्रकाशित लेख को पुन: प्रकाशित करवाना आदि कार्य किए जाते। साथ ही लोगों को प्रश्न भेजने के लिए आवाहन किया जाता। ढेर सारे प्रश्न पूछे जाते। इससे पता चलता है कि लोगों के मन में इसके बारे में कितनी जिज्ञासा है।

लोगों द्वारा लिखित रूप में भेजे गए प्रश्नों पर हम दोनों का सार्वजनिक साक्षात्कार का कार्यक्रम किया जाता। साक्षात्कार लेने के लिए आवश्यकता के अनुसार एक या दो और कभी-कभी तीन लोग भी रहते। मंच पर इनके अलावा कोई भी नहीं रहेगा और प्रास्ताविक स्वागत, आभार ज्ञापन आदि के लिए पाँच मिनट से ज्यादा समय नहीं देना है यह सूचना स्थानीय शाखा को पहले से दी जाती। इन कार्यक्रमों को जैसे-जैसे प्रसिद्धि मिलने लगी वैसे-वैसे कई संस्थाओं को इसके आयोजन की इच्छा होने लगी। वैसे इस तरह के प्रसिद्ध कार्यक्रमों को आयोजित करने का शौक रखनेवाला एक वर्ग ही समाज में उस समय तैयार हुआ था। लेकिन उसके द्वारा

'विवेक जागरण' का आयोजन किया जाए यह हमारी बिलकुल इच्छा नहीं थी। इसका आयोजन संबंधित जिला समिति की शाखाओं द्वारा करने पर ही मेरा जोर रहता। इसके चलते समिति के कार्य को विचार क्षेत्र के साथ व्यवहार में भी स्थान मिलता था। कभी-कभी ऐसे आयोजन में स्थानीय शाखाओं को परेशानी का सामना करना पड़ता था। यह उनके लिए संगठनात्मक कार्य का एक तरह से प्रशिक्षण ही रहता था। डॉ. लागू की गाड़ी से ही हम यात्रा करते। डॉक्टर को मानदेय देना तो दूर ही बल्कि गाड़ी में पेट्रोल डालवाने के लिए भी हमारी शाखाएँ कभी-कभी पैसा नहीं दे पाती थीं। स्थानीय खर्चे के अलावा समिति के पास जो पैसे बचते थे, वे पैसे दौरे के अंत में गाड़ी के पेट्रोल खर्च के रूप में मैं उनके हाथ में रखता था। डॉक्टर बिना गिने उसे स्वीकार करते थे। साधारणत: रहने की व्यवस्था ठीक होती थी। लेकिन कई बार स्थानीय समस्याओं के कारण यह भी संभव नहीं होता था। लेकिन इसके बारे में डॉक्टर कभी भी शिकायत नहीं करते थे।

डॉक्टर का मुँहतोड़ विवेचन

कार्यक्रम की शुरुआत में ही पहला प्रश्न डॉक्टर से पूछा जाता था और डॉक्टर द्वारा उसका विस्तृत उत्तर दिया जाता। उनके द्वारा दिया गया उत्तर मुख्य प्रश्न तथा उप-प्रश्नों के आधार पर होता था। फिर भी अपने 25 से 35 मिनट के प्रदीर्घ उत्तर में डॉक्टर का इस तरह से उत्तर होता था—

आजकल अंधविश्वास उन्मूलन एक फैशनेबल शब्द बना गया है। अंधविश्वास उन्मूलन यह प्रगतिशीलता का लक्षण माना गया है और हम प्रतिगामी हैं ऐसा कोई कबूल नहीं करना चाहता। अंधविश्वास का किया जानेवाला विरोध, यह केवल इस आधुनिक काल की ही घटना नहीं है बल्कि इसका प्राचीन काल से विरोध किया जा रहा है। चार्वाक का दर्शन वैदिक दर्शन से भी पुराना है। चार्वाक के भौतिकवाद तथा इहवाद को समाप्त करने की वैदिकों ने जी-जान से कोशिश की। परंतु वे भारतीय दर्शन से चार्वाक दर्शन को बाहर नहीं निकाल सके। अत: पाँच हजार वर्षों से यह हमला शुरू है। बीच में कपिल, कणाद, बुद्ध, महावीर, महानुभाव, ज्ञानेश्वर, तुकाराम, एकनाथ, फुले, आगरकर, आंबेडकर, हमीद दलवाई होकर चले गए लेकिन अंधविश्वास को हिला न सके। यह केवल हिंदू समाज के बारे में ही नहीं बल्कि ईसाई, मुसलमान, ज्यू आदि विश्व में व्याप्त सभी समाजों के संबंध में सच है। आज बीसवीं सदी समाप्त होने को है और धार्मिक पुनरुत्थानवाद गुस्से से फन निकाल रहा है। अंधविश्वास को धक्का लगाना तो बहुत दूर की बात है।

ऐसा क्यों? हजारों साल कई महात्माओं, विद्वानों द्वारा कोशिश करने के बाद भी अंधविश्वास जरा भी कम नहीं हुए हैं, आखिर ऐसा क्यों?

इसका एक कारण यह है कि अंधविश्वास और डिठार श्रद्धा इस तरह का अतार्किक फर्क अपने यहाँ किया गया है। गाँव के किसी एक स्त्री-लंपट बाबा पर होनेवाली श्रद्धा का मतलब है अंधविश्वास और सिद्धिविनायक मंदिर में होनेवाली पत्थर की मूरत पर होनेवाली श्रद्धा, मतलब डिठार श्रद्धा! बुद्धि भेद करनेवाले इस मिथ्या फर्क को हमने इतना स्वीकार किया है कि अखिल भारतीय स्तर की अंधश्रद्धा निर्मूलन परिषद का उद्घाटन करके हमारे मुख्यमंत्री हेलिकॉप्टर से तुरंत पंढरपुर जाकर विट्ठल की सपत्नीक महापूजा करते हैं। हमें इसमें होनेवाली विसंगति नहीं दिखाई देती है। डिठार श्रद्धा होना भी अंधविश्वास का विरोधी माना जाता है। मनुष्य को अंधविश्वासी नहीं होना चाहिए लेकिन डिठार श्रद्धा उसमें होनी चाहिए, नहीं तो वह पाखंडी और नास्तिक कहलाता है और नास्तिक होने जैसा दूसरा पाप समाज में नहीं है। इसलिए 'मैं अंधविश्वासी नहीं हूँ इसका मतलब प्रतिगामी नहीं हूँ, लेकिन मैं नास्तिक नहीं हूँ इसका मतलब पापी भी नहीं' ऐसा कहकर आप राहत भरी साँस ले सकते हैं। 'मैं अंधविश्वासी नहीं हूँ' कहकर मुझे प्रगतिशीलता का डंका बजाना आता है, यह समझाया जा सकता है और पंढरपुर, शिरडी, तिरुपति आदि उत्सवों में शामिल होकर भारतीय संस्कृति में होनेवाले आध्यात्मवाद के गीत गाए जा सकते हैं। इस खोखली और अपने आपको इससे दूर रखने की विचार पद्धति से अंधविश्वास कभी समाप्त नहीं हो सकते, यह धोखा लो समझ नहीं पाते।

अंधविश्वास खत्म होने चाहिए ऐसी जिद आखिर क्यों? सभी अंधविश्वास घातक होते हैं? कुछ तो निरुपद्रवी भी होते हैं न? वे रहें तो क्या नुकसान है?

कई अंधविश्वासों के कारण समाज का आर्थिक शोषण होता है, यह जाहिर है। आम और असाधारण लोगों के भोलेपन, निस्सहायता, श्रद्धा का बाजार लगाकर अमीर होनेवाले 'हरे कृष्ण' वाले, रजनीश, महेश योगी, चंद्रास्वामी या सत्य साईंबाबा जैसे बाबाओं की प्रतिष्ठा के ढोल इतने जोर से बजाये जाते हैं कि इस आवाज से उनके द्वारा शोषित असंख्य गरीबों की आवाज दब जाती है। यह बाबागिरी का खेल केवल बड़े शहरों में बड़े व्यापारियों द्वारा ही चलाया नहीं जाता है बल्कि कुटीरोद्योग के रूप में वह देहातों में विस्तारित हुआ है। समाज के सभी आर्थिक स्तर के लोगों का शोषण हो रहा है। आर्थिक दृष्टि से संपन्न व्यक्ति का जिस प्रकार शोषण होता है, वैसे ही आर्थिक दृष्टि से कमजोर लोगों का भी होता है। लेकिन संपन्न व्यक्तियों को उस शोषण से अधिक नुकसान नहीं होता, क्योंकि अन्य लोगों का शोषण कर के ही वे संपन्न बनते हैं। अत: अपना शोषण हुआ है, यह बात भी ध्यान में नहीं आती। फिर वे शोषण करनेवाले व्यावसायिक बाबाओं की जयकार करते हुए उन्हें समाज में प्रतिष्ठा दिलवाते हैं। इस प्रतिष्ठा के बल पर बड़े शहरों में इनके उद्योग तेजी से बढ़ते हैं, साथ ही इनका विस्तार देहातों तक पहुँचता है, इसके कारण वहाँ छोटे उद्योग चलते हैं।

आर्थिक शोषण के साथ-साथ जो शारीरिक, मानसिक और लैंगिक शोषण होता है, उस पर भी ध्यान देना होगा। भूतबाधा, पिशाच, चुड़ैल आदि कल्पनाओं के कारण तथा टोना-टोटका, जागरण-मरण के प्रयोग, मंत्र द्वारा साँप का जहर उतरवाना ऐसी बुद्धिहीन, विचारशून्य कल्पनाओं के कारण कई लोगों को अपने प्राण गँवाने पड़ते हैं अथवा भीषण विकारों का सामना करते हुए सारा जीवन एक भयानक डर की छाया में बिताना पड़ता है। देवदासी जैसी अमानुष प्रथा के कारण कितनी बेगुनाह स्त्रियों की बलि चढ़ाई जाती है। संतानप्राप्ति न होने के कारण कई स्त्रियों को बाबा की सेवा करने के लिए भेजा जाता है। इस घिनौने प्रकार से कितने परिवार बर्बाद होते हैं। हम जानते हैं कि कई स्त्रियों ने आत्महत्या की है।

अंधविश्वासों के कारण समाज का कई स्तरों पर शोषण होता है। शोषण करने के लिए कई बाबा, महाराज, ज्योतिषी घात लगाये बैठे होते हैं। इसलिए अंधविश्वासों का उन्मूलन होना चाहिए। परंतु अंधविश्वासों का समूल उच्चाटन करने का एक महत्त्वपूर्ण कारण यह है कि अंधविश्वासी व्यक्ति अपनी बुद्धि और विचारशक्ति पर होनेवाली पकड़ को खो बैठता है। अपनी बुद्धि और विचारशक्ति को वह कहीं तो गिरवी रखता है।

यह बहुत खतरनाक बात है। अपनी बुद्धि और विचारशक्ति को गिरवी रखना बहुत बड़ा अपराध है। यह मनुष्य द्वारा संपूर्ण मनुष्य जाति के लिए किया गया अपराध है क्योंकि मानव की मनुष्यता उसको प्रकृति द्वारा प्राप्त विचारशक्ति में समाहित है। अगर यह विचारशक्ति मनुष्य में न हो, अथवा उसने उसे गिरवी रखा हो, तो उसमें और पशु में कोई फर्क नहीं है। करोड़ों वर्षों से उत्क्रांत होनेवाले प्राणी जगत में मानव एकमात्र ऐसा प्राणी है, जिसके पास विचारशक्ति है। ऑर्थर कोस्लर के अनुसार वास्तविक रूप से देखा जाए तो घोड़ा, हाथी, और बंदर आदि का मस्तिष्क मानव के मस्तिष्क से समानता रखता है।

कहने का तात्पर्य यह है कि मनुष्यता की जो प्रमुख विशेषता (विचार शक्ति) है उसे हम किसी बाबा या मांत्रिक के पास स्वाधीन करके, जानबूझकर जानवर जैसा जीवन जिएँगे? तार्किक बुद्धिवाद की राह पर चलते हुए थोड़ा कठिन और कष्टदायक परंतु मनुष्य की तरह सम्मान से कैसे जिएँ यह मूल प्रश्न है।

अंधविश्वासी होना—फिर वह अंधविश्वास किसी बाबा पर हो, मांत्रिक पर हो, किसी दर्शन पर हो, किसी धर्मग्रंथ पर हो, मार्क्सिज्म पर हो या गांधीवाद पर हो, इसका मतलब मनुष्य द्वारा अपनी मनुष्यता को खोने जैसा तथा अपने बौद्धिक और वैचारिक स्वतंत्रता की अपने हाथों से बलि चढ़ाने जैसा है। और मानवी जीवन में स्वतंत्रता जितनी दूसरी कीमती वस्तु नहीं है।

अंधविश्वासी होने के गहन और मूलगामी अर्थ को लिया जाए तो 'अंधविश्वास निरुपद्रवी हो सकता है' ऐसा मूर्खतापूर्ण विधान हम कर सकते हैं?

ईश्वर संकल्पना में ही अंधविश्वासों का मूल है

कोई भी अंधविश्वास निरुपद्रवी नहीं होता है और कोई भी अंधविश्वास डिठार नहीं होता है। डिठार श्रद्धा यह वदतोव्याघात है। जिस प्रकार से प्यार अंधा होता है, वैसे ही श्रद्धा भी अंधी होती है। 'मेरी ईश्वर पर श्रद्धा है', ऐसा कहने से वह श्रद्धा डिठार नहीं होती। जिस वस्तु के अस्तित्व का (संकल्पना का) किसी भी प्रकार का प्रमाण, कुछ हजार वर्षों की खोज के पश्चात् भी उपलब्ध नहीं हुआ है, उस वस्तु पर होनेवाली या संकल्पना पर होनेवाली अर्थात ईश्वर की श्रद्धा डिठार कैसी? विरासत में मिले संस्कारों के कारण वह श्रद्धा प्रामाणिक हो सकती है, परंतु डिठार नहीं। भूत पिशाच ये भी संकल्पनाएँ ही हैं। ईश्वर संकल्पना जितनी पुरानी है उतनी ही वे पुरानी हैं, उनके अस्तित्व का भी कोई प्रमाण नहीं है। तो फिर केवल उनको अंधविश्वास माना जाता है और ईश्वर के प्रति होनेवाली श्रद्धा मात्र डिठार श्रद्धा है, यह कैसे हो सकता है?

'अंधश्रद्धा के बारे में विचार करते समय, बेचारे भगवान को बीच में क्यों घसीटें?' ऐसा कहकर हम उस विषय को टाल नहीं सकते हैं क्योंकि पूरी अंधविश्वास की जड़ ईश्वर संकल्पना में है, इस पर हमें गौर करना चाहिए।

इस पूरे विश्व का सृजन करनेवाली एक दैवी शक्ति है। उसे हम ईश्वर, देवता, अल्लाह, गॉड कहें या कुछ भी कहें, वह शक्ति केवल सृजन शक्ति ही नहीं, बल्कि वह नियंत्रित करनेवाली शक्ति भी है। विश्व के सारे व्यवहार अर्थात चाँद-सूरज की परिक्रमा से लेकर मनुष्य के दैनंदिन व्यवहार तक सारे इस शक्ति के नियंत्रण में होते हैं। जीवन सुखमय हो—ऐसा सबको लगता है—भौतिकों के साथ-साथ पारमार्थिकों को भी लगता है। अत: इस शक्ति की पूजा-अर्चना करके उसे प्रसन्न रखना चाहिए। अगर उसके खिलाफ कुछ भी किया तो वह क्रोधित हो जाती है तथा हमारे जीवन में हड़कंप मचाती है। हमें पछतावा होने पर हम उसकी आराधना करें तो, उसका क्रोध शांत हो जाता है और वह हम पर कृपा कर सकती है। पर वह हमारे जीवन से जो चाहे खिलवाड़ कर सकती है। ईश्वर संबंधी इस प्रकार की संकल्पना का रूप मनुष्य के मन में हजारों वर्षों से जड़ें जमाए बैठा है।

अंधविश्वास अधिकांशत: ईश्वर की कल्पनाओं से जुड़े हुए हैं। अमुक बुवा हवा से भभूत निकालता है या तमुक महाराज पानी का पेट्रोल करके दिखाता है। कैसे? क्योंकि उसे दैवी शक्ति प्राप्त है। भानमती क्यों होती है? क्योंकि कोई देवी क्रोधित होती है। ऐसे ही किसी के शरीर में भूत का संचार होता है या किसी के शरीर पर अतृप्त आत्मा अधिकार जमाती है, इस प्रकार की कई कल्पनाएँ हैं।

मेरा तर्कशास्त्र मुझे यह बताता है कि अंधविश्वास भोली समझ है। वह घातक होती है और समाज का अलग-अलग स्तर पर शोषण करती है। इतना ही नहीं,

बल्कि उस व्यक्ति को बौद्धिक और वैचारिक गुलाम भी बनाती है। अंधविश्वास मूलतः ईश्वर की कल्पनाओं से जुड़ा होता है। ईश्वर यह भी एक भोली समझ है। आप इसे एक उन्नत कवि कल्पना कह सकते हैं, लेकिन यह यथार्थ नहीं है। अतः अंधविश्वास उन्मूलन करना हो तो ईश्वर इस संकल्पना का ही उन्मूलन होना चाहिए। भूतबाधा, भानमती, बाबाओं के द्वारा किए जानेवाले तथाकथित चमत्कार आदि में होनेवाले पाखंड और बदमाशी को बेनकाब करना महत्त्वपूर्ण है। लेकिन इतना ही पर्याप्त नहीं है। यह केवल ऊपरी तौर पर मरहम-पट्टी होगी, मूल बीमारी वैसे ही बनी रहेगी। पुरानी अंधविश्वास से जुड़ी संकल्पनाएँ खत्म होंगी तो उनकी जगह पर नई संकल्पनाएँ सामने आएँगी। अतः मुख्य बीमारी का ही इलाज करना होगा और मुख्य बीमारी है, ईश्वर संकल्पना।

लेकिन यह काम कठिन है। हजारों सालों से जो कल्पना दिमाग में पैठ चुकी है, उसे उखाड़ फेंकना इतना आसान नहीं है। कर्मवीर शिंदे ने ज्योतिबा फुले के बारे में कहा है, "इसे पीठ लगाकर हिमालय को हिलाना कहते हैं।" परंतु यह संभव है तथा आवश्यक भी है। इस बात को ध्यान में रखना होगा कि किसी एकाध लेख, व्याख्यान या ग्रंथ के द्वारा यह काम संभव नहीं है। इसके लिए और कुछ पीढ़ियों को अपना जीवन दांव पर लगाना होगा। जब से विज्ञान का युग प्रारंभ हुआ है उस समय से यह कार्य शुरू हुआ है।

पृथ्वी समतल नहीं बल्कि गोलाकार है और सूरज उसकी परिक्रमा नहीं करता, बल्कि वह सूरज की परिक्रमा लगानेवाली ग्रहमालिका का एक ग्रह है। इसे जब विज्ञान ने चार सौ वर्ष पहले साबित कर दिखाया है, उसी समय अनजाने में क्यों न हो पर ईश्वर संकल्पना को जोर का धक्का लगा है। किसी भी प्रकार का वैज्ञानिक आधार न होते हुए भी चार्वाक ने पाँच हजार वर्ष पूर्व केवल तात्त्विक विचार के रूप में जो प्रस्तुत किया, वह आज सच साबित हो रहा है। इसके लिए बुद्धिवादियों को हर समय प्रयास करते रहना चाहिए।

सर्वसमावेशक मानव धर्म की आवश्यकता

ईश्वर की कल्पना को पूर्णतः नकारने में मुख्य बाधा यह है कि यह कल्पना धर्म विचार से जुड़ी हुई है। सभी धर्म ईश्वराधिष्ठित हैं। बौद्ध और जैन ये निरीश्वरवादी हैं, लेकिन निर्वाण तथा पुनर्जन्म को मानने के कारण निरीश्वरवाद का कोई महत्त्व ही नहीं रहता। जब 'निरीश्वरवादी बनो' ऐसा कहा जाता है तब उसका अर्थ अधार्मिक बनो, धर्म कल्पना को नकार दो, ऐसा लिया जाता है। अर्थात ऐसा अर्थ लगाने का अर्थ है स्वार्थी बनना। धर्म संकल्पना में 'जगन्नियंता' ईश्वर यह कल्पना अनुस्यूत होने का कोई कारण नहीं है। 'धर्म का अर्थ केवल मानव का पारलौकिक और

नैतिक जीवन' इतनी संकुचित परिभाषा पर्याप्त नहीं है। डॉ. इरावती कर्वे कहती हैं, "मानवी व्यवहारों का आर्थिक, राजनीतिक, सामाजिक, नैतिक आदि स्तरों पर दमन करनेवाली आचार संहिता ही धर्म है।" इस व्यापक व्याख्या को स्वीकार करना होगा। इसमें परमेश्वर संकल्पना का संबंध कहाँ आता है?

विवेक प्रेरणा कहाँ से मिलती है?

ऐसा कहा जाता है कि आध्यात्मिक जरूरत मानव की एक आंतरिक प्रेरणा है। लेकिन ऐसा दिखाई नहीं देता है। मनोविज्ञान ऐसा कहता नहीं है। जैसे हथौड़ा चलाने के कारण मजदूरों के हाथ में घट्ठा पड़ता है, उसी प्रकार हजारों वर्षों के संस्कारों के कारण मानव मन पर भी वह पड़ गया है। परंतु जैसे ही हथौड़ा चलाना बंद हो जाता है, वैसे ही वह घट्ठा गायब हो जाता है।

ईश्वराधिष्ठित धर्म संकल्पना अब पूर्णत: कालबाह्य हो गई है। इसलिए उसका त्याग करके धर्म की नई परिभाषा स्वीकृत करनी चाहिए। ईश्वर का अस्तित्व ही धर्म का मुख्य अधिष्ठान है ऐसा मानने के कारण मनुष्य के भौतिक व्यवहार और धार्मिक व्यवहार अलग-अलग हैं, ऐसा फर्क किया गया। इसी में बड़ी गफलत हो गई। मनुष्य का भौतिक आचरण चाहे जितना अनैतिक हो, उसे आध्यात्मिक संरक्षण प्राप्त करा देने के कई उपाय पुरोहितशाही ने खोज निकाले हैं। इसलिए एक ओर हिंसाचार, भ्रष्टाचार, दरिद्रता, अज्ञान आदि से घिरा समाज, तो दूसरी ओर अलौकिक विचारों में तल्लीन साधु-संतों का गुट और इन दोनों के बीच दुखी-पीड़ित, हताश समाज के सभी लोगों को मोक्ष और निर्वाण का लालच दिखाकर उनका शोषण करके अपनी झोली भरनेवाला दलाल (पुरोहित) वर्ग। इस प्रकार कुल मिलाकर मानवी समाज का एक अत्यंत अप्राकृतिक, घिनौना चित्र विश्व के सामने आ गया है। ईश्वराधिष्ठित धर्म इस एक संकल्पना के नाम पर जितना खूनखराबा इस धरातल पर हुआ है, उतना अन्य किसी कारण से नहीं हुआ—ना युद्ध से, ना बीमारी से ना ही दैवी प्रकोप से।

वास्तविक रूप से देखा जाए तो हमारे यहाँ 'धर्म' शब्द का प्रयोग काफी व्यापक रूप में किया गया है। केवल 'रिलीजन' इस अर्थ तक ही वह सीमित नहीं रहता। दुखी लोगों के आँसू पोंछना मेरा धर्म है। शरणार्थियों को अभय प्रदान करना धर्म है। प्यासे को पानी पिलाना यह धर्म है। नि:स्वार्थ भाव से लोककल्याण के लिए प्रयास करना राजधर्म है। ऐसे कई अर्थों में उसे प्रत्यक्ष आचरण में लाना होगा अर्थात इसका अर्थ है जरूरतमंद लोगों की सहायता करना। लेकिन ऐसा नहीं होता क्योंकि वह धर्म 'परमेश्वर', 'ईश्वर' इस संकल्पना में ही फँसा हुआ है। जीवन के सभी व्यवहारों का दमन धर्म से ही करना है, इस बात को धर्म भूल चुका है।

दलितों को पूरे घर-परिवार के साथ जिंदा जलानेवाला समाज कितना अधार्मिक कृत्य करता है, इस बात पर हम ध्यान नहीं देते हैं। हमारे भ्रष्ट राज्यकर्ता जब जनता के करोड़ों रुपए अपनी मौजमस्ती के लिए उड़ाते हैं, लेकिन वे लोगों के लिए पीने के पानी तक की व्यवस्था नहीं कर पाते हैं, तब उनके अधार्मिक आचरण से धार्मिक भावनाओं को ठेस नहीं पहुँचती है क्योंकि वे तिरुपति जाकर खुलेआम बालाजी की महापूजा करते हैं। हमारी धार्मिक भावनाओं को ठेस तब पहुँचती है, जब गणेशोत्सव के दौरान गणेश मूर्ति की उँगली टूट जाती है या जब मस्जिद में मांस का टुकड़ा मिलता है। हमें यह बात ध्यान में रखनी चाहिए कि ईश्वर-देवता आदि कल्पनाओं ने हमें कर्मकांडों में जकड़ दिया है और सच्ची धार्मिकता से दूर रखा है।

धर्म को जीवन के सभी व्यवहारों का दमन करना चाहिए। राजनीति, अर्थनीति, सामाजिकता आदि सभी बातें धर्म का ही हिस्सा होनी चाहिए। धर्म के नियमों के अनुसार ही राजनीति होनी चाहिए। धर्म के नियमों के अनुसार ही अर्थनीति होनी चाहिए। इसका अर्थ यह है कि अलौकिक चिंता तथा अतिमानवी दैवी शक्तियों के चंगुल,से धर्म को बाहर निकालकर उसे मानवता और नैतिकता के व्यापक बलबूते पर खड़ा करना होगा। जीवन के सारे व्यवहार केवल मानवता और नैतिकता इन निकषों पर तौलने चाहिए। तानाशाही के साथ-साथ जुल्मी, भ्रष्ट, अकार्यक्षमता से ग्रसित राजसत्ता को अधार्मिक मानना चाहिए, क्योंकि उसमें मानवता, नैतिकता का अधिष्ठान ही नहीं है। अत्याचार और शोषण का अर्थकारण भी अधार्मिक है, क्योंकि उसमें भी मानवता एवं नैतिकता का अधिष्ठान नहीं है। जिनसे जनता को नुकसान सहना पड़ता है वे सभी सामूहिक उत्सव भी अधार्मिक हैं।

ऐसे नए व्यापक, गहन, सर्वव्यापक मानव धर्म की अब इनसान को जरूरत है। पुराने सभी धर्म कालबाह्य हुए हैं। इसका महत्त्वपूर्ण कारण यह है कि सारे धर्म विज्ञान का उदय होने से पहले के हैं। तकरीबन हजार से पाँच हजार वर्ष पूर्व के हैं। विज्ञान का उदय महज चार सौ साल पहले हुआ है।

ईश्वर को निवृत्त करो

विज्ञान का उदय होने से पूर्व मनुष्य ने सांस्कृतिक क्षेत्र में बहुत उन्नति की थी। लेकिन ज्ञान के क्षेत्र में वह प्राथमिक अवस्था में ही था। पृथ्वी पर हर समय घटित होनेवाली कई भौतिक घटनाओं का कार्यकारण भाव या उनका अर्थ उसकी समझ में नहीं आता था। बारिश क्यों होती है? बिजली क्यों चमकती है? बादलों की गड़गड़ाहट क्यों होती है? दावानल क्यों लगता है? इतना ही नहीं, बल्कि स्त्री के पेट से जन्म लेनेवाले बच्चे के पीछे पुरुष भी एक कारण होता है, यह बात भी उसे काफी समय तक पता नहीं थी। ऐसी संभ्रमावस्था में मनुष्य ने कर्तुमकर्तुम सामर्थ्य

होनेवाले ईश्वर की कल्पना की और सभी अनाकलनीय घटनाओं की जिम्मेदारी उस विधाता पर छोड़ दी, इसमें कोई आश्चर्य की बात नहीं है। महात्मा फुले के शब्दों में सारे विश्व का निर्माता 'निर्मिक' और 'नियंता' ईश्वर यह कल्पना भव्य होने के बाद भी उस मानवी कल्पना शक्ति की सीमाएँ थीं। इसी वजह से ईश्वर का मानवीकरण होना अटल था। विधाता के रूप की जो कल्पना की जाती थी वह रूप मूलत: मानव की ही रही है। कभी उसके चार हाथ आए, तीसरी आँख निकल आई, कभी तीन सिर निकल आए लेकिन मूलत: वह मानव की प्रतिकृति ही रही है। अर्थात क्रोध, लोभ, हर्ष आदि मानवी विकार भी उसके माथे पर थोप दिए गए। अपने देश में वैदिकों ने इस आदिशक्ति तथा परमात्मा की कल्पना को अपनी अलौकिक प्रतिभा और बुद्धिचातुर्य से एक विलक्षण तेज प्रदान किया। चार्वाक ने इस कल्पना को चुनौती दी लेकिन उनके पास पर्यायी कल्पना नहीं थी, इसलिए विज्ञान का उदय होने तक अर्थात तकरीबन पाँच हजार साल इसी कल्पना ने सामाजिक धर्म भावना का दमन किया।

इस धर्म भावना को विज्ञान ने पहली प्रभावी चुनौती तकरीबन चार सौ साल पूर्व दी। विज्ञान ने मानव को अनाकलनीय लगनेवाली कई घटनाओं का अर्थ बताने तथा उसे प्रत्यक्ष प्रमाणित कर दिखाने की शुरुआत की। ईश्वर इस संकल्पना को वह पहला बड़ा झटका था। पिछले सौ सालों में विज्ञान ने बहुत तेजी से उन्नति की है। पूजनीय समझे जानेवाले चाँद पर भी मनुष्य ने कदम रखे। विज्ञान ने मानव के हाथ में पूरी मानव जाति को नष्ट करने की क्षमता रखनेवाले संहारक शस्त्र दे दिए। रेगिस्तान को भी हरा-भरा करने का चमत्कार कर दिखाया। विज्ञान ने मानव की भोग लालसा को भी तृप्त किया। मानव के लिए भौतिक सुख के कई द्वार खोल दिए। आज तक जिन बातों की जिम्मेदारी मानव ने ईश्वर पर छोड़ दी थी, उन सभी बातों की जिम्मेदारी अब विज्ञान ने ली है। मानो हजारों साल का जिम्मेदारी का बोझ उठाकर थक चुके ईश्वर ने अपने वारिस के रूप में विज्ञान को धरती पर भेज दिया हो। चाहें तो विश्व की निर्मिति ईश्वर ने ही की है, ऐसा माननेवाले लोग विज्ञान की निर्मिति भी ईश्वर ने ही की है इसे कबूल करें। लेकिन इस निर्मिति के पीछे, निवृत्त होने का ईश्वर का उद्देश्य समझकर उसे निवृत्त कर देना चाहिए।

विज्ञान जानबूझकर धर्म के विरोध में खड़ा नहीं हुआ है। वह जब सत्य की खोज में निकला तो खोज करते समय उसे यह मालूम हुआ कि परंपरागत धर्म द्वारा बताया गया सत्य एक तो अर्धसत्य है या पूर्ण असत्य है। इसको विज्ञान ने प्रत्यक्ष प्रमाणित भी कर दिखाया है। लेकिन विज्ञान का उदय होने के पश्चात् विशेषत: पिछले सौ साल में मानव की जो उन्नति हुई है, वह इसलिए हुई है क्योंकि विज्ञान ने परंपरागत धर्म के विरोध में खड़े रहने का साहस दिखाया, इसमें दो राय नहीं है। गैलीलियो की तरह धर्मसत्ता से डरकर पूरा विज्ञान चुप रहता तो

यह उन्नति नहीं हो पाती। आज के दौर में विज्ञान मानव के जीवन का मूलाधार बन चुका है।

और यहीं पर एक खतरनाक मोड़ है

ईश्वर का बोलबाला खत्म हुआ और उसकी जगह विज्ञान ने ली। विज्ञान ही अब ईश्वर बना है, ऐसी गलतफहमी विज्ञान को भी हुई है और हो रही है। इस गलतफहमी को समय पर दूर करना जरूरी है। यह सच है कि आज मानव को हर हाल में वैज्ञानिक दृष्टिकोण स्वीकारना होगा परंतु वैज्ञानिक दृष्टिकोण पर यदि नैतिकता का लगाम न हो तो विज्ञान मानव जाति के लिए विनाशकारी प्रमाणित होगा, ऐसी भयप्रद स्थिति है। हिरोशिमा पर अणुबम फेंकने के बाद जो विनाश हुआ है, उसे प्रत्यक्ष देखने के बाद अणुबम तैयार करनेवाले कई वैज्ञानिक भ्रमित तथा पागल हो गए थे, तो कई लोगों ने आत्महत्याएँ की थीं, इसका इतिहास आप जानते ही हैं। पिछले सौ सालों में विज्ञान ने तेजी से उन्नति की है। उसी तरह यह वास्तविकता है कि मानव का नैतिक पतन भी तीव्र गति से हुआ है। हमने देखा है कि मानव में हिंसक वृत्ति, असहिष्णुता, भोग लालसा, द्वेष, मत्सर, आदि प्रवृत्तियाँ पिछली शताब्दी में कितनी बढ़ गईं। विज्ञान का घोड़ा सफलता की धुंध में बेलगाम हुआ है, उसे समय पर नैतिकता की लगाम डालना आवश्यक है। अन्यथा वैज्ञानिक दृष्टिकोण ही एक अंधविश्वास बन जाएगा।

विज्ञानपूर्व मानव समाज और विज्ञानोत्तर मानव समाज में इतना अंतर आ गया है कि जिस ईश्वराधिष्ठित धर्म संकल्पना ने विज्ञान पूर्व समाज का हजारों साल दमन करने का असफल प्रयास किया है, उस धर्म संकल्पना में बदलाव लाना चाहिए। नए धर्म को ईश्वर का नहीं बल्कि मानवता, वैज्ञानिक दृष्टिकोण, तर्कनिष्ठ बुद्धिवाद और मुख्यत: नैतिकता का अधिष्ठान होना चाहिए। तभी जाकर अंधविश्वासों का सही अर्थ में उन्मूलन होगा।

समिति की भूमिका

डॉक्टर लागू का प्रतिपादन समाप्त होता है। उनके बोलते समय और उनका बोलना समाप्त होने पर सभागार तालियों से गूंज उठता है। डॉ. लागू की आवाज मूलत: जादुई समझी जाती है अर्थात वह जादुई है ही। उनके नाम और व्यक्तित्व में करिश्मा तो है, साथ ही प्रस्तुतीकरण स्पष्ट और तर्कशुद्ध होने के कारण श्रोता भी सम्मोहित हो जाते हैं। साथ ही श्रोताओं को अपराध भाव का भी अनुभव होता है। श्रोता वर्ग में एक प्रगतिवादी वर्ग होता ही है। वह मन ही मन खुश हो जाता है क्योंकि उसने

बहुत दिनों से ऐसे स्पष्ट और मुँहतोड़ विचार नहीं सुने होते हैं। अधिकांश श्रोता तो एक तरह से अस्वस्थ हो जाते हैं। उनके ईश्वराधिष्ठित श्रद्धालु विचारों पर कभी-कभार ही आघात होता है। उनकी यह स्थिति हो जाती है कि वे इसे स्वीकार भी नहीं कर पाते हैं न ही उसका विरोध कर पाते हैं।

फिर मुझसे पहला प्रश्न पूछा जाता है। मुझे डॉ. लागू के प्रतिपादन के परिप्रेक्ष्य में आंदोलन की भूमिका श्रोता वर्ग तक पहुँचानी होती है। डॉ. लागू से मुकाबला करते समय मुझे दो बातों की सहायता मिलती है। एक तो विषय पर होनेवाली पकड़ तथा मेरा अनुभव और दूसरे प्रवाहपूर्ण बात करने की आदत। समिति की देव-धर्म के संबंध में तटस्थ भूमिका है। परंतु कई लोगों की यह गलत धारणा होती है या आंदोलन के हितशत्रुओं द्वारा जानबूझकर यह गलत धारणा बनाई जाती है कि हमारा आंदोलन ईश्वर को डुबोने, धर्म को पैरों तले रौंदने तथा परंपराओं को उखाड़नेवाला आंदोलन है। मैं शुरुआत में ही इसका जिक्र करता हूँ। डॉ. लागू के आंदोलन का वरिष्ठ साथी होने के कारण उनके प्रस्तुतीकरण से समिति का कैसे विरोध है इसके बारे में उदाहरण के तौर पर एक किस्सा बताता हूँ।

"कॉलेज में हमारे एक प्राध्यापक को अध्यापन के दौरान छात्रों से प्रश्न पूछने की आदत थी। एक दिन उन्होंने कक्षा में मेरी तरफ उँगली उठाकर कहा, 'मिस्टर लागू खड़े हो जाओ, और मेरे प्रश्न का उत्तर दो।' स्वाभाविकत: मैं हड़बड़ाकर अगल-बगल में झाँकने लगा। फिर एक बार उन्होंने मेरी तरफ उँगली उठाकर कहा, 'श्रीयुत लागू, उठो और प्रश्न का उत्तर दो।' मुझे उठना पड़ा। मैंने खड़े होकर घबराकर कहा, 'सर मैं लागू नहीं हूँ।' उस पर हमारे प्राध्यापक ने घुमा-फिराकर कहा, 'आप श्रीयुत लागू हैं या नहीं इससे मुझे कोई मतलब नहीं है लेकिन यह प्रश्न आप पर ही लागू होता है। इसलिए उत्तर दो।' किस्सा खत्म करके मैं बताता हूँ कि सच तो यह है कि ईश्वर को निवृत्त करने की बात डॉ. श्रीराम लागू ने की और यह प्रश्न प्राध्यापक मुझसे ही पूछने लगे। इसीलिए यह वाद-संवाद का कार्यक्रम आयोजित किया गया है।" इस तरह शुरुआत में ही मैं लोगों को एक-दो बार हँसाता हूँ जिसकी वजह से वैचारिक तनाव से मन को थोड़ी राहत मिलती है।

इसके बाद प्रश्न का उत्तर प्रश्न के रुख के अनुसार होता है। अर्थात आरंभ से ही हम संविधान की चौखट में रहकर काम करते हैं। संविधान ने व्यक्ति को ईश्वर और धर्म को मानने की पूरी आजादी दी है। इसलिए मैं यह बताता हूँ कि उसका विरोध करना उचित नहीं है। इस संबंध में लेख में जिन बातों का जिक्र किया है, उनका संक्षेप में उल्लेख करके मैं प्रश्न का उत्तर देता हूँ। यह उत्तर प्रश्न के स्वरूप और उपस्थित श्रोताओं पर निर्भर होता है।

इसे इस तरह से स्पष्ट किया जाता है कि ईश्वर को नकारते समय 'ईश्वर' इस शब्द के साथ कई अर्थ जुड़े होते हैं तथा उस शब्द का उच्चारण करनेवाले व्यक्ति

अनुभूति की क्षमता के अनुसार उस अर्थ को स्वीकार करते हैं। जैसे, कुछ लोग ईश्वर को निर्माता मानते हैं, तो कुछ लोग विश्व का निर्माता तथा नियंत्रक दोनों मानते हैं। कुछ लोगों को वह अनादि, अनंत निर्गुण प्रतीत होता है तो कुछ लोगों को आनंद-निधान लगता है। कुछ लोगों को ईश्वर संकट के समय का मानसिक आधार लगता है, कुछ लोगों को वह धक्का सहन करनेवाले गाड़ी के शॉकएबसॉर्बर जैसा प्रतीत होता है, तो कुछ लोगों का चमत्कार करनेवाले तथा मन्नत पूरी करनेवाले ईश्वर पर विश्वास होता है। और कुछ लोग दीन-दुखियों की सेवा करने में ही ईश्वर को देखते हैं। इसलिए मैं यह सवाल पूछता रहता हूँ कि क्या ईश्वर के एक ही रूप को ये सभी निकष लगाना उचित है?

इसके बाद मैं समिति की भूमिका स्पष्ट करता हूँ। निर्मिक, ईश्वर कल्पना संबंधी समिति की भूमिका अज्ञेयवादी है। विश्व को नियंत्रित करनेवाला, चमत्कार करनेवाला, मन्नत पूरी करनेवाला ईश्वर समिति को नामंजूर है। निर्गुण-निराकार यह कल्पना हमें अर्थहीन लगती है और कोई अपने आनंद-निधान के रूप में ईश्वर की ओर देखता हो तो उसके आनंद को छीनने का कोई कारण नहीं है। समिति को लगता है कि मानसिक आधार के लिए ईश्वर को समीप करनेवाले मानव की अस्वस्थता को सहानुभूति से समझने की जरूरत है। नीतिमान वर्तन में ईश्वर का रूप देखनेवालों का समिति आदर करती है। स्वाभाविकत: मैं, डॉ. लागू के विचारों से सहमत नहीं हो सकता।

कई बार मैं इसका दूसरा स्पष्टीकरण यह देता हूँ कि ईश्वर यह कल्पना प्रत्यक्ष मेरे कार्य में कभी भी बाधा नहीं बनी है। इसलिए ये आंदोलन जिन-जिन अंधविश्वासों के विरोध में किए जाते हैं उनका मैं विश्लेषण करता हूँ और यह प्रतिपादन करता हूँ कि उनका विरोध करने के लिए ईश्वरी कल्पना नष्ट करना अत्यावश्यक नहीं है। अंधविश्वास अज्ञान पर आधारित है। वह अघोरी और अमानुष होता है। कई बार लोग उसके लिए नकली आध्यात्मिकता का आधार लेते हैं। अंधविश्वासों से संबंधित लोगों के हितसंबंध तथा विवशता होती है। मैं बताता हूँ कि मुझे कहीं पर भी यह दिखाई नहीं देता कि इन सभी अंधविश्वासों के विरोध में लड़ते समय ईश्वर को नकारना अत्यावश्यक है।

तीसरी प्रस्तुति मैं अंधविश्वास उन्मूलन का कार्य क्यों करें और किसलिए? इसे चतु:सूत्री के आधार पर कर देता हूँ। एक, शोषण करनेवाले, धोखा देनेवाले, गुमराह करनेवाले अंधविश्वास का विरोध करना, दूसरा, समाज में वैज्ञानिक दृष्टिकोण का प्रसार करना, तीसरा, धर्म में होनेवाली विशेषत: कालबाह्य रूढ़ि, परंपरा, कर्मकांडों की मीमांसा करना और चौथा, व्यापक परिवर्तन के आंदोलन में खुद जुट जाना। यह अंधविश्वास उन्मूलन कार्य की चतु:सूत्री है। इसका विवेचन करके मैं बताता हूँ कि इस चतु:सूत्री को कार्यान्वित करते समय ईश्वर को निवृत्त न करने की वजह से हमारे आंदोलन में कभी भी बाधा उत्पन्न नहीं हुई है।

मेरा यह प्रस्तुतीकरण तकरीबन 15 से 20 मिनट तक चलता है। उसके बाद प्रश्न-उत्तर के लिए समय दिया जाता है।

अक्सर पूछे जानेवाले कुछ प्रश्न

पूरे महाराष्ट्र में विवेक जागरण के कार्यक्रम पिछले सौ साल से किए जा रहे हैं। डॉ. लागू से कई प्रश्न पूछे गए, लेकिन उनमें से जो प्रश्न बार-बार पूछे गए और जिनके उत्तरों को हमेशा सराहा गया, ऐसे कुछ प्रश्न और उनके उत्तर इस प्रकार थे—

सच बताइए, जीवन में एक बार भी ईश्वर की याद नहीं आई?

मेरे जीवन में कई संकट आए। एक साधारण व्यक्ति पूरी तरह से टूट जाएगा ऐसे कई प्रसंग मेरे जीवन में आ गए। लेकिन ऐसे समय में मुझे ईश्वर ने बचाया यह खयाल गलती से भी मेरे मन में नहीं आया। मैंने अपने विवेक के बल पर ही इन सभी संकटों का सामना किया।

ईश्वर को निवृत्त किया जाए तो फिर समाज को नैतिकता का डर कैसे रहेगा?

डर से आनेवाली नैतिकता मुझे मान्य नहीं है। परंतु ईश्वर का अस्तित्व मान लेने से नैतिकता में वृद्धि होगी, इस बात के कोई प्रमाण नहीं हैं क्योंकि विवेकशील मनुष्य को अपने अच्छे-बुरे कर्मों की जिम्मेदारी स्वयं लेनी पड़ती है। परंतु कर्ता-धर्ता ईश्वर है, ऐसा मान लेने पर अपने पापों की जिम्मेदारी उस पर डालकर मनुष्य सहजता से अपने को मुक्त कर लेता है। ईश्वर को माननेवाला मनुष्य ऐसा कह सकता है कि मैंने चोरी नहीं की, बल्कि ईश्वर ने मेरे हाथों चोरी करवाई है। मैंने बलात्कार नहीं किया बल्कि उस क्षण ईश्वर ने मेरी मति-भ्रष्ट की थी इसलिए वह मेरे हाथों हुआ। आस्तिक मनुष्य सहज ही अनैतिक हो सकता है क्योंकि अपने प्रत्येक कर्म के लिए वह ईश्वर की तरफ उँगली उठाता है। लेकिन इस तरह का बचाव नास्तिक व्यक्ति नहीं कर सकता है। उसे अपने कृत्य की जिम्मेदारी खुद लेनी पड़ती है। ऐसा माना जाता है कि धर्म और नीति दोनों साथ में चलते हैं। लेकिन खुद को धार्मिक कहनेवाले कई लोग अनैतिक आचरण करते हैं। आज के दौर में ऐसी स्थिति है कि हमारे देश में अनैतिक बातों को छिपाने के लिए ही कई लोग धार्मिकता का नकाब ओढ़ते हैं।

अंधविश्वास को बढ़ावा देनेवाली फिल्मों में आप काम क्यों करते हो? क्या वह आपके विचारों से असंगत नहीं है?

मूलतः किसी कला-माध्यम के कारण समाज का मन बदलता है, यह मुझे

मान्य नहीं है। पिछले अस्सी वर्षों से मराठी का 'एकच प्याला' शराब की लत के कारण होनेवाले अपरिमित नुकसान का प्रत्ययकारी दर्शन करानेवाला नाटक मंच पर खेला जाता है। फिर भी शराबियों की संख्या बढ़ रही है। 'संत तुकाराम' इस फिल्म ने एक समय लोकप्रियता के सरे मानक तोड़ दिए थे लेकिन उस काल का समाज संतों के सद्‌गुणों को आचरण में नहीं लाया। सच तो यह है कि कोई भी कृति समाज की वास्तविकता पर बनी होती है। समाज में हिंस्त्र प्रवृत्तियों के कामांध लोग होते हैं, इसलिए विजय तेंडुलकर जैसे संवेदनशील साहित्यकार को 'गिधाडे' नामक नाटक लिखना पड़ा।

मैं जिस प्रकार की भूमिका निभाता हूँ वैसे ही मेरे विचार होते हैं, ऐसा समझना हास्यास्पद और गलत बात है। अगर मैंने बलात्कार करनेवाले खलनायक का रोल किया, तो इसका यह मतलब नहीं है कि मैं बलात्कार को सम्मति देता हूँ। आप क्या इस तरह का विपरीत अर्थ लेंगे? सच बात तो यह है कि मेरे जैसे कलाकार को हर समय नई-नई भूमिकाओं की चुनौती स्वीकार करने की इच्छा होती है और मैं उस चुनौती को स्वीकार करता हूँ। इसमें किसी भी प्रकार की तत्त्व विसंगति है, ऐसा मुझे बिलकुल नहीं लगता है।

ईश्वर पर होनेवाली श्रद्धा उत्तम कला निर्मिति के लिए आवश्यक मानी जाती है? इसके बारे में आपका क्या विचार है?

यह सच है कि ईश्वर और धर्म का आधार लेकर कला की निर्मिति बड़े पैमाने पर हुई है। इसका यह कारण है कि पाँच हजार वर्षों से पूरी दुनिया में धर्म की प्रधानता है। मनुष्य का विचार-विश्व ईश्वर और धर्म आदि कल्पनाओं से इतना व्याप्त कर दिया गया था कि अच्छे चित्र, शिल्प, काव्य ऐसी कलाकृतियों की निर्मिति का श्रेय अपने आप धर्म को दिया गया। लेकिन वास्तविकता यह है कि कला निर्मिति स्वयंभू है और वह मानव इस एकमात्र प्राणी को अवगत है। नास्तिक भी एक अच्छा कलाकार हो सकता है। ऐसा नहीं है कि ईश्वर और धर्म कला की निर्मिति के लिए अत्यावश्यक हैं।

आपने 'देवकीनंदन गोपाला' सिनेमा में गाडगेबाबा की भूमिका की, उस संबंध में कुछ बताएँगे?

जिस समय गाडगेबाबा की भूमिका मुझे करनी है, यह बात बताने के लिए लोग आए तब उनकी इस बात को दुत्कारते हुए मैंने कहा, "मुझे किसी भी बाबा की भूमिका करने में रस नहीं है।" उन्होंने शांत भाव से कहा, "इसका मतलब यह है कि आपको गाडगेबाबा के बारे में कुछ भी पता नहीं है।" और वे प्रबोधनकार ठाकरे द्वारा लिखी गई गाडगेबाबा की जीवनी मुझे सौंपकर चले गए। वह जीवनी

जब मैंने पढ़ी तब मैं खुद को अपराधी महसूस करने लगा। इतनी महान हस्ती होकर वह चले गए और हमें उनके बारे में कुछ भी पता नहीं है, इस बात का मुझे बहुत अफसोस हुआ। गाडगेबाबा एक महान व्यक्तित्व थे। इस इनसान ने करोड़ों रुपए जमा किए लेकिन एक-एक पैसे का हिसाब रखा। जीवनभर शरीर पर कपड़ों के नाम पर चिंदी और सिर पर खपरैल का टुकड़ा इसके अलावा किसी भी प्रकार की संपत्ति जमा नहीं की। उनके द्वारा बनाई गई कई धर्मशालाओं में से एक धर्मशाला के एक कमरे में उनकी पत्नी रहती है, यह बात जब उनको पता चली तो क्रोधित होकर उसको उन्होंने खदेड़ दिया। ऐसे महान इनसान की भूमिका निभाने का मुझे मौका मिला, इसी में मैं अपने आप को धन्य समझता हूँ।

आप ईश्वर को नहीं मानते फिर भी आप खुद का 'श्रीराम' नाम क्यों नहीं बदलते?

यह प्रश्न पूछते ही सभागार तालियों से गूँज उठता, हँसी की लहर उमड़ती। 'अब पकड़े गए' यह भाव होते। डॉक्टर लागू बताते—मेरा नाम मैं क्यों बदलूँ, इसका कोई संयुक्तिक कारण मुझे दिखाई नहीं देता है। मैं जब छोटा और नासमझ था, उस समय मेरे माता-पिता ने बड़े प्यार से यह नाम रखा है। यह स्पष्ट है कि उनकी राम पर निश्चित ही श्रद्धा रही होगी। यदि मुझे उस समय कुछ ज्ञान होता तो मैं जरूर चिल्लाकर यह नाम मत रखो, ऐसा कहता। अर्थात मैं नन्हा बालक होने के कारण इसका विरोध नहीं कर सका। माता-पिता के प्यार का प्रतीक होनेवाला मेरा नाम बदलने की मेरी इच्छा नहीं है क्योंकि उससे यही प्रमाणित होगा कि मैं राम को ईश्वर मानता हूँ और इसलिए मैंने अपना नाम बदल दिया। आप लोग राम को ईश्वर मानते हैं, इसलिए मेरा नाम राम कैसे यह प्रश्न आपके मन में उठता है। मैं बिलकुल ही राम को ईश्वर नहीं मानता। इसलिए मेरा नाम बदलने का कोई प्रश्न ही नहीं है।

बच्चों के मुस्लिम नाम

हम दोनों ने अपने बच्चों के नाम मुस्लिम रखे हैं, यह बात हम दोनों को भी पता नहीं थी। एक वाद-संवाद में किसी ने यह प्रश्न अचानक पूछा और तब जाकर हमें यह बात पता चली। हम दोनों ने यह निर्णय क्यों लिया? कैसे लिया? इसका सूत्र एक ही निकला। हमारे देश में किसी भी व्यक्ति का नाम या उपनाम बताते ही उसकी जाति और धर्म कौन सा होगा इसका अंदाजा सामनेवाला व्यक्ति लगाता है। इसके कारण उस व्यक्ति के साथ किए जानेवाले व्यवहार में भी अंतर आ जाता है। कुछ बड़े उच्च पदस्थ व्यक्ति हैं, जिनको मैं जानता हूँ वे निजी बातचीत के दौरान स्पष्टत: कहते हैं, "आप कुछ भी कहें, लेकिन मुसलमानों पर हमारा

भरोसा नहीं है।" सामनेवाले व्यक्ति का नाम मुस्लिम है, यह पता चलते ही अपने आप चुपचाप परंतु निश्चित ही अधिकांश हिंदुओं के मन में होनेवाली प्रतिक्रिया अपने-आप बदलती है। डॉ. लागू ने अपने लड़के का नाम तन्वीर रखा (उसका मतलब है दिव्य प्रकाश)। उनकी यही सोच थी कि अपने लड़के का नाम तन्वीर श्रीराम और उसने (तन्वीर ने) अपने बच्चे का नाम टॉम (अथवा हिंदू-मुस्लिम धर्म छोड़ अन्य कोई सा भी) रखा तो उसका नाम होगा, टॉम तन्वीर श्रीराम। ऐसा नाम सुनकर सामनेवाला व्यक्ति हैरत में पड़ेगा। उस नाम से उसके जाति-धर्म का पता लगाना कठिन कार्य होगा। डॉक्टर ने आगे यह बताया कि मेरा जो मनोदय था वह सफल नहीं हो सका क्योंकि तन्वीर यह मुस्लिम नाम है यह बात कई लोगों को समझ में नहीं आई। जिस प्रकार रणवीर वैसे तन्वीर ऐसा बहुधा उन्हें लगता होगा।

हमीद के बारे में ऐसा नहीं हुआ। अच्छे हिंदू नाम छोड़कर यह दुर्बुद्धि आपको क्यों सूझी? ऐसा प्रत्यक्ष-अप्रत्यक्ष सवाल पूछने वाले मुझे कई लोग मिले। यद्यपि हमीद यह नाम इस्लाम धर्म के पहले भारतीय सत्यशोधक हमीद दलवाई का था। फिर भी हमीद स्वयं इसके विरोध में क्रांति करे और यह विदेशी नाम त्याग दे, ऐसा कई लोगों ने उसको प्रत्यक्ष-अप्रत्यक्ष रूप में सुझाया। ऐसा नाम किसलिए? ऐसा ताना भी मारा जाता था। नाम के लिए कुछ लोग नाराज भी हो गए। जबकि हमीद नाम रखने के पीछे मेरा मनोदय यह था कि खुद का मुस्लिम नाम उच्चारने के बाद सामनेवाले हिंदू की आँखों में जाने-अनजाने में लेकिन एक अविश्वास और थोड़ी द्वेष की झलक मेरे बेटे को दिखाई दे और राष्ट्रीय एकता के लिए किए जानेवाले कार्य का मौन-संस्कार उसी वक्त हो जाए। लेकिन अब इस नाम को भी स्वीकार किया गया है। मेरा यह उद्देश्य है कि मुस्लिम नाम रखने के पीछे की भूमिका को न स्वीकारते हुए हमीद को स्वीकारा जाए। अपने विरुद्ध होनेवाली बात को धूर्तता से हजम करके उसका परिवर्तन का आशय बोथरा करने का इस देश के सांस्कृतिक ठेकेदारों का जो षड्यंत्र है उससे यह सुसंगत है। मुझे लगता है अगर बड़े पैमाने पर ऐसा हुआ तो हिंदू-मुस्लिमों में द्वेष भाव बढ़ाने का जो विधिवत प्रयास आज शुरू है, उसमें थोड़ा प्रतिबंध लग जाएगा।

अभिनेता नहीं कार्यकर्ता

डॉ. लागू जैसे बुजुर्ग कलाकार का विवेक जागरण के लिए मिला हुआ सहयोग तथा निलूभाऊ फुले द्वारा समिति के अन्य कार्यों में जो मदद मिली है, यह आंदोलन के लिए खुशी तथा गर्व की बात है। साथ ही उनके प्रति हमें बड़ी विनम्रता से कृविशेषज्ञता व्यक्त करनी चाहिए। किसी भी प्रकार की शर्तें इन नटश्रेष्ठों द्वारा नहीं रखी गईं। कार्यकर्ताओं के उत्साह के कारण जो कुछ सहना पड़ा उसके लिए भी उन्होंने कभी

नाराजगी नहीं जताई। निवास तथा भोजन की व्यवस्था ऐसी ही होनी चाहिए ऐसा उनका कभी भी आग्रह नहीं था। डॉ. लागू और निलू फुले को चाहनेवाले लोग पूरे महाराष्ट्र में मिलते हैं। इससे हमारे हर कार्यक्रम में बड़ी भीड़ जुट जाती थी। महान अभिनेता द्वारा समिति के लिए कार्य करने के कारण समिति के कार्य की प्रतिष्ठा भी बढ़ी और साथ ही आकर्षण भी। डॉ. लागू समय को बड़ी अहमियत देते थे। किसी कारण से कार्यक्रम के लिए अगर थोड़ी देर हो गई तो वे बेचैन हो जाते। कार्यक्रम के लिए दूसरे गाँव की तरफ निकलते समय वे समय का बड़ा खयाल रखते थे। कोल्हापुर में हमारा विवेक जागरण कार्यक्रम था। उसके दो दिन पहले ही उनके बेटे की दुर्घटना में मृत्यु हुई थी, जो उनके लिए बहुत बड़ा सदमा था। मैं उस समय औरंगाबाद में था। मैं उस समय तो पुणे नहीं जा पाया लेकिन ऐसी अवस्था में भी डॉक्टर का मेरे पास फोन आया, "माफ करें, कोल्हापुर का कार्यक्रम इस समय नहीं हो सकता। वह कार्यक्रम बाद में कभी करेंगे।" अपनी बात पर कायम रहना और संभव नहीं हुआ तो तत्परता से स्पष्ट बता देना ऐसे गुण आजकल बहुत दुर्लभ हैं। इसका एहसास सामाजिक कार्य करते समय अक्सर होता है। ऐसे समय उसका महत्त्व महसूस होता है।

हमने तय किया था कि कोई भी कार्यक्रम डेढ़ घंटे तक ही करना है। कार्यक्रम में कितनी भी रौनक क्यों न हो लेकिन जब डेढ़ घंटा खत्म होने के लिए पाँच-दस मिनट बाकी रहते थे, तो उस समय डॉक्टर लोगों की नजर बचाकर मुझे घड़ी दिखाते थे। अर्थात मैं भी इसका खयाल रखूँ। डेढ़ घंटे में अलग-अलग प्रश्न पूछे जाएँ तथा श्रोतावर्ग की अपेक्षा को ध्यान में रखकर इसमें से अधिकतर प्रश्न डॉ. लागू से पूछे जाएँ यह मेरी योजना रहती थी। वैचारिक प्रश्न डॉ. लागू से तथा आंदोलन से संबंधित प्रश्न मुझसे पूछे जाएँ इस प्रकार का स्थूल विभाजन किया गया था। 'ईश्वर की अनुभूति कैसे होती है?' इस तरह के प्रश्न का उत्तर हम दोनों देते थे। विषय वैचारिक और अलग होने से संभवत: पौन घंटे में श्रोतावर्ग या तो थक जाता या ऊब जाता। आंदोलन की दिशा से की गई मेरी प्रस्तुति उनका उचित मनोरंजन करने का कार्य करती थी। लोगों की इस विषय में जो रुचि थी उसको बेलगाँव के एक कार्यक्रम में परखा गया था। डॉक्टर हवाई जहाज से पणजी में उतरकर गाड़ी से बेलगाँव पहुँचनेवाले थे। लेकिन कुछ कारणवश उनको आने में देरी हो गई। कार्यक्रम के लिए काफी भीड़ इकट्ठा हुई थी। अंत में यह तय किया गया कि मेरा साक्षात्कार पहले लिया जाएगा और डॉक्टर के आने पर उनका साक्षात्कार बाद में लिया जाएगा। मैंने तकरीबन घंटेभर तक प्रश्नों का सामना किया और बड़ी तल्लीनता से श्रोतागण उनका उत्तर सुनते रहे।

हम कार्यक्रम के दौरान बीच में ही किसी को भी प्रश्न पूछने नहीं देते थे। साथ ही मंच पर भेजी गई चिट्ठियों की तरफ भी ध्यान नहीं देते थे। ऐसा न करने

पर कार्यक्रम करना संभव नहीं हो पाता क्योंकि कई प्रश्नों में से केवल 12 से 15 प्रश्नों के ही उत्तर दिए जा सकते थे। इसलिए स्वाभाविक रूप से हमारे प्रश्नों का उत्तर क्यों नहीं दिया? इस बात से नाराज होनेवाला एक वर्ग भी होता था। दूसरी ओर कुछ लोगों को कार्यक्रम के दौरान ही प्रश्न सूझते और उनका कहना होता कि उनके प्रश्न बहुत ही महत्त्वपूर्ण होते हैं, इसलिए कभी चिट्ठी भेजकर या कभी खड़े होकर, तो कभी-कभी सीधे मंच पर आकर वे अपना प्रश्न पूछते हैं। हमारे द्वारा कार्यक्रम के संयोजन में ही हर स्तर के प्रश्न और पहले से प्राप्त प्रश्न पूछे जाएँगे इस बात को पहले ही बताया जाता था। कई बार इसके लिए थोड़ा-सा अलग तरीका अपनाया जाता था। जो प्रश्न प्राप्त हुए होते उनको एक डिब्बे में डाला जाता और उसको हिलाकर उनमें से एक लड़के से चिट्ठियाँ निकालवाई जातीं। उन प्रश्नों के उत्तर हमें देने पड़ते। इसमें नुकसान यह होता था कि किसी भी प्रकार का प्रश्न आ जाता। इससे कार्यक्रम की मनोरंजकता कम हो जाती। साथ ही प्रश्न मेरे ही हिस्से में आने के कारण डॉ. लागू के विचारों को जानना रह जाता।

महफिल रंग लाई

'विवेक जागरण : वाद-संवाद' इस कार्यक्रम का प्रतिसाद स्थानीय समाचार-पत्रों में दीर्घकाल तक अपनी छाप छोड़ता रहा है। इसमें साधक-बाधक चर्चाएँ भी होती थीं, प्रभावी विचारमंथन भी होता था। यह पूरा कार्यक्रम जानबूझकर किया गया ढोंग है, इस तरह की चर्चा भी होती थी। उसमें कभी-कभी समाचार-पत्रों की पहल से नामचीन मंडली भी हिस्सा लेती थी। नासिक में समारोह के बाद 'महफिल रंग लाई लेकिन वाद-संवाद नहीं हो पाया' इस प्रकार का एक अभिप्राय नासिक के एक बड़े समाचार-पत्र के प्रतिनिधि ने लिखा, उसमें जो महत्त्वपूर्ण हिस्सा था वह निम्नानुसार है—

कुछ निश्चित उद्देश्यों से कार्यरत लोग जाहिर तौर पर विवाद-संवाद के लिए राजी नहीं होते, ऐसा हमेशा का अनुभव रहा है। लेकिन अंधश्रद्धा निर्मूलन समिति ने डॉ. लागू तथा दाभोलकर को एक ही मंच पर लाकर 'अब हो जाने दो फैसला' जैसी भूमिका (जाहिर तौर पर) ली और 'विवेक जागरण : वाद-संवाद' शुरू किया।

डॉ. लागू और डॉ. दाभोलकर की वाद-संवाद की महफिल अब पूरे महाराष्ट्र में एकदम बुलंदी पर है।

वैचारिक कार्यक्रमों से सभागार का 'हाउसफुल' होना अब संभव नहीं है। लेकिन डॉ. लागू और डॉ. दाभोलकर के इस वाद-संवाद के लिए सभी स्तरों के लोगों की भीड़ इकट्ठा हुई थी। 'देखते हैं, क्या कहते हैं?' इस उत्सुकता से लोग आए थे। लगे हाथ अपने प्रश्न पूछे जाएँ इस उत्सुकता से आए लोगों को पहले ही सूचित किया गया था कि 'कोई भी बीच में ही उठकर प्रश्न नहीं पूछेगा।' (अर्थात लागू और दाभोलकर से पूछे जानेवाले प्रश्न पहले ही इकट्ठा किए हैं, ऐसा सुरक्षात्मक रुख भी था।)

फिर दोनों ने दो-ढाई घंटे तक महफिल जमाए रखी! ये सारे सवाल-जवाब सुनते समय ऐसा लग रहा था जैसे डॉ. लागू का महाराष्ट्र टाइम्स में छपा हुआ लेख पढ़ रहा हूँ। डॉ. लागू जैसे श्रेष्ठ रंगकर्मी की तरह दाभोलकर भी जो उत्तर दे रहे थे, सुनकर ऐसा लग रहा था जैसे उसे कहीं पर पढ़ा है। स्पष्टता, सूत्रबद्ध प्रस्तुतीकरण...इसलिए वह प्रभावी था! लेकिन विंदा करंदीकर के शब्दों में कहना

हो तो, 'सब वही का वही!' उसे सुनकर ऐसा लग रहा था जैसे प्रश्नपत्र लीक होने के बाद छात्रों का बोर्ड में पहला या दूसरा नंबर आ जाना। अर्थात उसमें ना 'वाद' है ना ही 'संवाद'!

डॉ. लागू की 'परफॉर्मेन्स' जबरदस्त! उनकी आवाज में लोगों को बाँधकर रखने का करिश्मा है। इस करिश्मे के चलते उनके दिए विसंगत उत्तरों को भी तालियाँ मिलतीं।

'अंधविश्वास को बढ़ावा देनेवाली 'अनकही' जैसी फिल्म में आप काम करते हैं, क्या यह आपकी वैचारिक भूमिका से विसंगत नहीं है?' इस प्रश्न पर तो वे हड़बड़ा गए। लेकिन उन्होंने कहा कि 'पूर्णत: नास्तिक मनुष्य द्वारा आस्तिक मनुष्य की भूमिका करना, यह एक चुनौती होती है।' इस प्रकार का पलायनवादी उत्तर देकर, उसी रौब में 'प्रबोधन करना यह कलाकृति का कार्य नहीं' ऐसा निष्कर्ष भी उन्होंने प्रस्तुत किया।

क्या सिनेमा का समाज पर प्रभाव नहीं होता? लागू के मतानुसार होता है लेकिन बहुत कम मात्रा में। यानी सिनेमा देखकर लोग केवल राजेश खन्ना जैसी गुरु शर्ट पहनते हैं या देव आनंद जैसे बाल रखते हैं।

जनसंचार माध्यमों द्वारा घर-घर में पहुँचने वाले हिंसाचार और अधनंगे प्रणय के होनेवाले दुष्परिणाम विश्व के मनोवैज्ञानिकों की दृष्टि से सूक्ष्म अध्ययन और चिंता का विषय बन गए हैं तथा उनके निष्कर्ष कई बार प्रमाणित होने के बावजूद भी डॉ. लागू जैसे (जिसने बुद्धि गिरवी न रखी हो) अभिनेता द्वारा इसकी गंभीरता न समझते हुए इस प्रश्न को नजरअंदाज करना आश्चर्यजनक है।

हर घटना के कार्यकारण भाव को समझने की विचारशक्ति सभी प्राणियों में केवल मनुष्य को मिली है। उसको इसका उपयोग करना चाहिए। विवेक से आचरण किया जाए और बुद्धि गिरवी रखकर अपना आर्थिक, मानसिक शोषण नहीं होने देना चाहिए, यह भूमिका तर्कसंगत ही है। लेकिन इस मुकाम तक पहुँचनेवाला रास्ता बड़ा कठिन होता है। उसमें परिस्थिति अधिक कठिन हो जाती है। इसकी समझ वर्तमान दौर में बुद्धिवादियों में कम दिखाई देती है। इसलिए रुक्ष, अमानवीय बुद्धिवाद की शेखी एक तरफ तथा असहाय मनुष्यों की लाचार फौज दूसरी तरफ, ऐसा चित्र दिखाई देता है। अंधश्रद्धा निर्मूलन समिति अगर इनके बीच समन्वय, सुसंवाद लाना चाह रही हो, तो समिति की इस भूमिका का स्वागत ही करना होगा।

क्या ईंट पर ईंट रखने जितना जीवन आसान होता है?

अच्छी और मजबूत पकड़ के लिए दो ईंटों के बीच में थोड़ी सी नमी होनी चाहिए। खुरदरे पृष्ठभाग को जोड़कर निर्माण कार्य मजबूत करनेवाला 'जोड़' भी होना चाहिए।

वैसे जीवित रहना है, तो मनुष्य को क्या-क्या चाहिए?

दोस्त चाहिए। अपनी ही विचारधाराओं के लोगों में रहना अच्छा लगता है।

बुद्धिवादी कहलानेवाले व्यक्ति को भी आजीवन जिसकी संगत मिलती है, ऐसे एक 'इजम' की जरूरत होती है।

इतना ही नहीं तो रिश्ते असह्य होने के बावजूद हर एक को 'अपना घर' चाहिए।

ये सब मनुष्य की स्वाभाविक तथा मानसिक जरूरतें हैं। क्या उन्हें हम सहानुभूति से नहीं देखते?

वैसे ही अपनी परिधि के परे व्यावहारिकता से संबंधित एक अमूर्त कल्पना की ओर क्यों न देखा जाए? केवल सतही बुद्धिवाद और तकनीकी वैज्ञानिक दृष्टिकोण को लेकर जीते समय वर्तमान होड़ में एक-दूसरे का विरोध करनेवाले पाश्चात्य लोग भारतीय दर्शन की ओर आकर्षित होते हैं। इसमें भी उनकी 'मानसिक स्वास्थ्य की आस' छोड़कर दूसरा क्या होता है?

केवल बुद्धिवाद का आधार लेकर जीवन जीने का अब कौन सा क्षेत्र समाज में शेष है?

हर जगह पर अनीति और अनास्था से खोखली बनाई गई व्यवस्था ही मनुष्य को 'दैववादी' नहीं बनाती होगी?

जीवन की पहली महत्त्वपूर्ण परीक्षा देनेवाले दसवीं के नाबालिग छात्रों के भविष्य के साथ अगर ऐसा खेल होता हो और जिसको जीने की इच्छा है, ऐसे मरीज के शरीर से कुछ अवयव निकालकर परस्पर बेचे जाएँ तो लोगों के पास 'ईश्वर पर भरोसा' रखने के सिवा दूसरा कौन सा विकल्प हो सकता है?

प्रश्न केवल बुद्धिवाद से जीने का नहीं बल्कि आम लोग भी 'बुद्धिवाद से जीवन जी पाएँ' ऐसी समाज व्यवस्था के अस्तित्व का भी है।

क्या इस दिशा से किया जानेवाला कार्य सभी परिवर्तनवादी आंदोलन एकत्रित होकर नहीं कर सकेंगे?

इस कार्यक्रम से प्रेरणा लेकर वरिष्ठ संपादक दत्ता सराफ ने कुछ विचार व्यक्त किए। सुप्रसिद्ध साहित्यकार वसंत कानिटकर, डॉ. म.वा. कुलकर्णी ने भी कुछ लिखा। पूरे महाराष्ट्र से आई असंख्य प्रतिक्रियाओं में से केवल तीन प्रतिक्रियों को जगह की सीमा के कारण प्रस्तुत करता हूँ। इसकी वजह से इस विषय के अन्य पहलू भी पाठकों के सामने आ जाएँगे। उनके मन में जो उलझन हैं उसे भी वे व्यक्त कर पाएंगे।

मनुष्य केवल बुद्धि से जीवन व्यतीत कर सकता है, यही एक अंधविश्वास है! —दत्ता सराफ

प्रगतिशील विचार पद्धति का केंद्र बिंदु क्या है? प्रकृति में मनुष्य ही एक ऐसा प्राणी है जिसको बुद्धि तथा विचार शक्ति प्राप्त हुई है। इस मनुष्य ने एक बार अगर ईश्वर को स्वीकार किया तो वह अपनी बुद्धि तथा विवेक को ईश्वर के चरणों में

गिरवी रखता है। इस प्रकार अपने विचार और विवेक को खोकर अंधेपन से जीना ही सबसे बड़ा गुनाह है। मानव जाति को मानसिक रूप से बधिया करनेवाले ईश्वर से जैसे ही मुक्ति मिलेगी वैसे ही मनुष्य अपनी बुद्धि और विचारों से जीने लगेगा। यह ईश्वर के रिटायरमेंट का प्रमुख तर्क है।

आम लोग ईश्वर से मिलने जाते हैं। जाते समय पुष्पमाला, धूप, भोग (नैवेद्य), दक्षिणा लेकर जाते हैं। उसी समय ईश्वर की शरण आने की प्रक्रिया अर्थात श्रद्धा शुरू होती है। ऐसा इस विचारधारा को लगता है।

आँखों पर का चश्मा उतारने के बाद इस प्रश्न का दूसरा बाजू सामने आ जाता है...

हम अपने श्रद्धेय व्यक्ति से मिलने जाते हैं, खुशी के समय अपने रिश्तेदारों, दोस्तों से मिलने जाते हैं। तब उनके लिए कुछ न कुछ ले जाना यह अपनी सुसंस्कृतता का लक्षण है। ऐसे समय 'खाली हाथ नहीं जाना चाहिए' यह संस्कार हम नहीं भूलते। संस्कृति, प्रथा, श्रद्धा तथा प्रेम के खातिर एकाध गुलाब का फूल तो ले जाएँ, ऐसा हमें लगता है।

लेकिन ईश्वर पर होनेवाली श्रद्धा के कारण पुष्पहार, नारियल, शक्कर ले जानेवाले लोग तुरंत अंधविश्वासी साबित हो जाते हैं...यह कैसे? इन दो भावनाओं में मूलतः क्या फर्क है? श्रद्धा या प्रेम के खातिर अपनी खुशी से कुछ देना एक जगह पर सही तो दूसरी जगह गलत कैसे?

श्रद्धेय, तपस्वी, कर्तृत्वसंपन्न लोगों से मुलाकात हो जाने के बाद उनके कर्तृत्व तथा व्यासंग के कारण उनका आदर करने के लिए उनके सामने नतमस्तक होना, पदस्पर्श करना आदि मनुष्य के सुसंस्कृतता का लक्षण तथा वह गुण पूजन की निशानी है, ऐसा हम मानते हैं।

सफलता की बुलंदी पर होने के बाद भी किसी व्यक्ति के सामने नतमस्तक होना चाहिए, ऐसा किसी व्यक्ति के विचार हो तो उस व्यक्ति का उन्मत्त और आत्मघात अहंकार से बचाव होता है। यह स्थान मनुष्य का या किसी विचारधारा का या किसी साकार-निराकार ईश्वर का होगा...वह मनुष्य की मनुष्यता को सुरक्षित रखता है तथा प्राप्त की गई सफलता के भी आगे जाने की आंतरिक इच्छा मन में जाग्रत हो जाती है।

दुर्दैव के फेरे में घिरे हुए तथा जी-तोड़ मेहनत करने के बाद भी कई बार असफलता की दलदल में फँसनेवाले मनुष्य के लिए तो श्रद्धा एक संजीवनी होती है। आशाओं पर ही लोग जीवन व्यतीत करते हैं। ईश्वर का आशीर्वाद होगा तो हमें भी अच्छे दिन आएँगे। इस विश्वास से उनको बड़ा बल मिलता है।

सदाचार से जीवन जीनेवाले और जीवन की लड़ाई में लौकिकार्थ द्वारा पराजित होनेवाले लोग, व्यक्तिगत जीवन में असफल होते हैं। फिर भी कबूल करना ही होगा कि सामाजिक स्वास्थ्य उनके कारण ही स्थिर रहता है।

ईश्वर का आस्तित्व हो या न हो, लेकिन इस संकल्पना ने मनुष्य को असफलता में भी आधार दिया है तथा उसमें होनेवाला सदाचार, अच्छापन कायम रखा है।

मनुष्य सफलता में हो या असफलता में, ईश्वर भक्तों की जरूरत बन गया है। इन भक्तों के लिए ईश्वर व्याकुल नहीं है। ईश्वर लालच और वादों को लेकर भक्तों तक नहीं आता। जिसका मूलत: अस्तित्व ही नहीं है वह कैसे माँगेगा? जिसके अस्तित्व का एक भी सबूत पिछले हजारों वर्षों से मिला नहीं उसे कुछ न कुछ दिया जाए ऐसा मनुष्य को लगता है...

अंतत: यह एकतरफा व्यवहार है। मनुष्य की भावना तथा श्रद्धा का व्यवहार है। ऐसा लगता है कि अगर यह गलत है तो यह दोष मनुष्य का है न कि ईश्वर का। अंतत: अगर मीमांसा करनी हो तो वह मनुष्य की करनी होगी...कोई उत्तर मिलेगा तो वहीं पर!

"ईश्वर है या नहीं?" यह प्रश्न प्रत्येक मान्यवर व्यक्ति से पूछने की परंपरा हमारे यहाँ है। तात्यासाहब शिरवाडकर को किसी ने इसके बारे में प्रश्न पूछा, तब उन्होंने कहा, "जिसे ईश्वर चाहिए, उसके लिए वह है, और जिसे ईश्वर नहीं चाहिए, उसके लिए वह नहीं है।"

जिसके सामने रखा भोग (नैवेद्य) चूहा ले जाता है। दक्षिणा पुजारी हड़प करता है, वह ईश्वर कैसा? जो चूहे से अपने ही भोग का रक्षण करना नहीं कर सकता है, वह अपने भक्तों का और समाज का संरक्षण कैसे करेगा?

इस तर्क से जरूर तालियाँ मिलेंगी लेकिन बुद्धिवाद की कसौटी पर यह क्षणभर भी नहीं टिक सकता।

पत्थर की मूरत में ईश्वर नहीं है, ऐसा हम ही कहते हैं। वह मूरत भी खुद देवता होने का दावा नहीं करती। मनुष्य के पास भोग, दक्षिणा की भी माँग नहीं करती। उस अचेतन मूरत के सामने भोग की थाली इनसान ही रखता है...उसमें रखे पदार्थ चूहा ले जाएगा, यह तो निश्चित ही है।

प्रश्न यह है कि अचेतन पत्थर की मूर्ति के सामने खुद कुछ रखा जाए, ऐसा मनुष्य को क्यों लगता है? क्योंकि वह उसकी श्रद्धा, कृविशेषज्ञता और मानसिक स्वास्थ्य की जरूरत है।

बुद्धिप्रमाण को मैं निश्चित मानता हूँ लेकिन ऐसा लगता है कि 'मनुष्य केवल बुद्धि का आधार लेकर जीता है' यह एक अंधविश्वास है। बुद्धि मनुष्य का भेदक लक्षण है। यह सिक्के का एक पहलू है। दूसरी ओर भाव-भावना, रूढ़ि-परंपरा, संस्कृति-संस्कार, हक-जिम्मेदारियाँ, नागरिकता-उत्तरदायित्व इस तरह के कई घटक हैं। मनुष्य के अलावा अन्य किसी प्राणी में ऐसे घटक पाए जाते हैं क्या? डॉ. लागू और उनकी विचारधारा इसको कैसे नजरअंदाज कर सकती है? बुद्धि निराकार है। मनुष्य साकार है। 'बुद्धिवादी मनुष्य' ऐसा प्रमेय नहीं, बल्कि 'मनुष्य के लिए बुद्धि'

ऐसा प्रमेय है। मनुष्य और उसकी मनुष्यता, उसके मनोविचार और मनोविकार, आसपास होनेवाली चराचर सृष्टि और उसके इतिहास, भूगोल और वर्तमान आदि से कन्नी काटकर भविष्य कैसे साकार होगा?

नरहर कुरूंदकर ने एक लेख में अपनी भूमिका स्पष्ट करते हुए लिखा था, 'मेरा ईश्वर पर विश्वास नहीं है न ही मेरा धर्म पर विश्वास है। लेकिन ईश्वर और धर्म को माननेवाले असंख्य लोग मेरे आसपास फैले हुए हैं। उनसे दूर अलग होने पर भी मेरा विश्वास नहीं है। मैं अपने विचारों से समझौता नहीं करूँगा क्योंकि ये विचार मेरे जीवन की दिशा निश्चित करते हैं। मैं अपने आचरण में लचीलापन धारण करूँगा क्योंकि लाखों लोगों को अपने साथ लेकर जाने में मुझे अच्छा लगता है।'

इस भूमिका को सहमति दर्शाते हुए अंनिस के कार्यवाहक डॉ. नरेंद्र दाभोलकर कहते हैं—

"इस लचीलेपन का बिलकुल यह अर्थ नहीं है कि शरण में आना या अपनी दृष्टि से मौकापरस्ती करना। साथ ही कठोरता का यह मतलब नहीं है कि लोगों से बातचीत न करते हुए संबंध तोड़ देना।"

हो सकता है कि डॉ. लागू और डॉ. दाभोलकर की मंजिल एक हो लेकिन फिर भी उनके रास्ते अलग हैं। डॉ. दाभोलकर समाज के साथ मिल-जुलकर काम करते हैं, अत: वे जमीन से जुड़े हुए हैं। अनुभूति और परिस्थिति को समझते हुए अपनी कृति की पुनर्रचना करने का उनका प्रयास है। इसमें लचीलापन है।

ईश्वर एक सुंदर कवि कल्पना है—वसंत कानिटकर

ईश्वर—यह मनुष्य के विकास के दौरान अंतरंग से उपजी हुई एक सुंदर कवि कल्पना है। कवि कल्पना का स्वाद उसी भूमिका से लेना चाहिए। सुगंध की गंध नाक से लेनी होती है और मिठाई का स्वाद जिव्हा से लेना होता है। इसमें हेराफेरी नहीं चलती, इस बात को अगर मनुष्य जानता है, तो ईश्वर का परामर्श भाविक बनकर लेना चाहिए, न की उसे खींचकर लैबरेटरी में लाया जाए। उसका शवविच्छेदन करके अपने हाथ में कुछ नहीं लगनेवाला, इस बात को मनुष्य क्यों नहीं समझता है?

जीवन-प्रवाह से गुजरते समय मेरे ध्यान में एक बात आ गई है कि ईश्वर कल्पना जीवन-सरिता के दोनों तीरों से प्रवाह के साथ बहकर आई है। मंदिर तथा घर के देवालय में होनेवाला ईश्वर और इस विश्वनिर्मिति की रहस्य का खोज करनेवाले शास्त्रज्ञ के लिए ईश्वर से संबंधित सभी कल्पनाएँ भिन्न-भिन्न हैं। सावरकर ने 'मनुष्य का ईश्वर' और 'विश्व का ईश्वर' इन दो ईश्वर संकल्पनाओं को खोलकर बताया है। जिसे वे 'विश्व का ईश्वर' कहते हैं, वह एक प्रचंड प्राकृतिक शक्ति है। इनसान की क्षमता से परे, केवल क्षमता से परे ही नहीं बल्कि मनुष्य के अस्तित्व

की जिस शक्ति ने परवाह नहीं की, ऐसी शक्ति का रहस्य विज्ञान की मदद से जान लेना और इस शक्ति को अपने विविध उद्देश्यों के लिए कार्य में लाना इसमें पूजा-पाठ का कहीं संबंध ही नहीं आता है। बटन दबाने पर ही बिजली का दीया जलता है, न कि मंत्र-पुष्प या अक्षत अर्पण करने से जलता है। मनुष्य का ईश्वर वैसा नहीं है। मनुष्य को यह लगता है कि यह ईश्वर परम कारुणिक है। अपने जैसा ही है। स्तुति करने पर प्रसन्न होनेवाला और नतमस्तक होने पर इच्छाओं की पूर्ति करनेवाला। लेकिन यह अनुभूति भी सच नहीं है, यह भक्तगणों को स्वीकार करना पड़ता है। फिर ईश्वर का वर्ग विभाजन शुरू होता है। ऐसा कहा जाता है कि कुछ देवस्थान जागरूक होते हैं। यह सब डरपोक और कमजोर मानवी मन का खेल है।

मैं जब विश्वचिंतन में अपने आपको एकाग्र करता हूँ, मैं उस समय पूरा नास्तिक हो जाता हूँ। मानव आत्मा है या नहीं? इसका 'नहीं' उत्तर पाने के लिए मुझे प्रदीर्घ काल तक वेदांत का अध्ययन और चिंतन करना पड़ता है। अत: वेदांत भी एक सुंदर और भव्य कवि कल्पना है, ऐसा मैं ठोस रूप से कह सकता हूँ। बुद्ध के भी ऐसे ही विचार थे और प्रच्छन्न बुद्ध के रूप में जिनका उल्लेख हुआ है, वे शंकराचार्य भी इस बात को मानते थे। इतना ही नहीं, मुझे यह भी आशंका है कि गणेशोत्सव शुरू करनेवाले लोकमान्य तिलक वेदांती होते हुए भी कितने भावुक थे?

फिर भी ईश्वर का परम कारुणिक रूप नकारनेवाले विद्वानों को भाविक-भक्तों को तुच्छ मानने की बिलकुल जरूरत नहीं है। हो सकता है कि जीवन संबंधी गणित का भाविकों द्वारा दिया उत्तर गलत हो लेकिन क्या बुद्धिवादी भी इस गणित को सुलझा सके हैं? अगर ईश्वर का आधार साधारण मनुष्य के लिए ताकत देनेवाला होगा, तो वह आधार निकालकर उसे धराशायी करने से किसका भला होनेवाला है? सत्यनारायण की पूजा में भी मैं इसी भूमिका से जाता हूँ, प्रसाद ग्रहण करता हूँ तथा आँख बंद करके हाथ भी जोड़ता हूँ। इससे मेरी बुद्धि नापाक नहीं होती, जिससे अन्य लोगों को भी खुशी मिलती है। इस बात में ईश्वर के गरेबान में हाथ डालकर जिहाद पुकारनेवाले हमारे विज्ञानविद क्या प्राप्त कर रहे हैं?

बुद्धि ही ईश्वर है—म.वा. कुलकर्णी

प्राचीन भारतीय विद्वानों में चार्वाक जैसे विद्वान का अपवाद छोड़ा जाए तो अन्य सभी विद्वानों ने भारतीय समाज को बुद्धिनिष्ठा से अलग रहकर ईश्वरनिष्ठ बनाने का ही प्रयास किया है। ऐसा सर्वसाधारण विचार है। फिर इसमें वेद-उपनिषद-स्मृति और पुराण इस प्राचीन साहित्य को कटघरे में खड़ा किया जाता है।

ऐसी अवस्था में भी प्राचीन भारतीय ऋषियों ने (चार्वाक को छोड़कर कई ऋषियों ने) बुद्धिनिष्ठा ही ईश्वरनिष्ठा है, ऐसा समीकरण सूचित किया है। ऐसा किसी ने कहा तो, उस पर कोई बुद्धिनिष्ठ विश्वास करेगा? मुझे लगता है प्राय: नहीं।

परंतु वही विधान मैं करना चाहता हूँ तथा उसे तर्कनिष्ठता से स्पष्ट भी करना है। उपनिषद में जो एक मंत्र है (अर्थात जो विचार है) वह विचार करने योग्य है। वह मंत्र इस प्रकार है—

आत्मानं रथिनं विद्धि
शरीरं रथम् एव तु।
बुद्धि तु सारथिं विद्धि
मन: प्रग्रहम् एव च॥

इस मंत्र का अर्थ इस प्रकार है—शरीर रथ है और आत्मा इस रथ में सफर करनेवाला रथी है। बुद्धि इस रथ का सारथी है और मन उसके हाथ में होनेवाली लगाम है।

उपनिषद के इस मंत्र और गीता पर जो कृष्णार्जुन का चित्र है उसका एक साथ विचार किया जाए तो एक बात ध्यान में आएगी कि जीवात्मा अर्थात हम स्वयं जो अर्जुन के स्थान पर हैं, अपनी बुद्धि श्रीकृष्ण के अर्थात ईश्वर के स्थान पर है। अपना शरीर ही रथ है और अपनी बुद्धि ही अपना सारथी है। वही अपने रथ को योग्य मार्ग पर ले जाने के लिए अपनी पूरी ताकत लगाएगी। वह बुद्धि तथा सारथी अर्थात अपना श्रीकृष्ण, अपना ईश्वर है।

यह समीकरण प्रस्तुत करते समय एक बात स्पष्ट करनी होगी कि जिस कठोपनिषद से एक मंत्र ऊपर दिया है, वह कठोपनिषद गीता को मान्य नहीं, तो कई स्थानों पर गीता में इस उपनिषद में होनेवाला प्रत्येक शब्द आवृत्त हुआ है। इसलिए इस समीकरण को स्पष्ट करना संभव है।

ईश्वर के अस्तित्व को स्वीकार करनेवाले बुद्धिवादी एक बात भूल जाते हैं कि जिन्होंने ईश्वर संबंधी शिक्षा समाज को दी है, उन प्राचीन भारतीय ऋषियों ने (उदा. उपनिषदकारों ने) इस अध्यापन द्वारा मूलत: समाज को बुद्धिवादी होने की सलाह दी है। यह बुद्धि ही अपने इंद्रियरूपी घोड़ों को सही राह दिखानेवाली है और इसके लिए यह बुद्धि मन के लगाम को अपने हाथ में रखनेवाली है।

ऐसी स्थिति आ जाती है कि यह मन का लगाम एक तो ढीला पड़ जाता है और इससे इंद्रियाँ अपनी-अपनी इच्छानुसार जैसा जी चाहे वैसे मार्ग पर दौड़ना आरंभ करती हैं अथवा बुद्धि मन के लगाम को कितना भी खींचने का प्रयास करे लेकिन इंद्रियों की आकर्षण शक्ति इतनी जबरदस्त होती है कि वे उस लगाम को

ही खींचकर ले जाती हैं। इसके बाद बुद्धि का कुछ भी जोर नहीं चलता है। बुद्धि के अनुसार व्यवहार भी नहीं हो पाता। मन समझता है लेकिन उसे स्वीकार नहीं करता है, ऐसी स्थिति हो जाती है। अंधविश्वास का अर्थ ही क्या होता है? मन्नतें माँगने पर कुछ भी हासिल नहीं होता, यह बात बुद्धि को पता होती है लेकिन मन उसे स्वीकार नहीं करता, इसी को अंधविश्वास कहते हैं। केवल इसमें ही नहीं हम कई बातों में बुद्धि की बात न मानकर मन के आकर्षण के अनुसार व्यवहार करते हैं। जैसे, अपना लड़का जब चोरी करता है तब हम कोई भी रपट नहीं लिखाते हैं। बुद्धि न्याय देती है, मन प्रेम करता है।

हमें गीता और उपनिषद भी यह बताते हैं कि बुद्धि अर्थात प्रज्ञा ईश्वर के समान है। अगर आपको ईश्वर के स्वरूप को देखना है, तो आप उसे अपनी बुद्धि के स्थान पर देखें।

अपनी इंद्रियाँ भी आकर्षक मार्ग से ही अनिर्बंध सफर करती रहती हैं। इंद्रियों के हिसाब से आचरण करनेवाले व्यक्तियों को यही समझ में नहीं आता है कि हम ईश्वर का एक काल्पनिक रूप अपने सम्मुख रखकर निष्फल आराधना कर रहे हैं। वस्तुत: ईश्वर हमारे पास ही है। हमारी बुद्धि, हमारी प्रज्ञा ही सच्चा ईश्वर है। परंतु ऐसे ईश्वर से परिचित होने की इन लोगों की इच्छा नहीं होती है क्योंकि ये लोग स्वार्थी होते हैं। मन के साथ-साथ वे इंद्रियों के भी दास होते हैं। अपनी इच्छा, स्वार्थ को पूरा करने के लिए वे हर समय प्रयास करते रहते हैं।

उन्हें उनके पास होनेवाले ईश्वर, प्रज्ञा तथा बुद्धि की पहचान कराने की सच में जरूरत है। गीताकार ईश्वर के अस्तित्व को नकारते नहीं हैं। पर लेन-देन करनेवाले, बदले में कुछ तो देनेवाले, आधुनिक मनुष्य ने साधर्म्य रखनेवाला जो ईश्वर अपनी इच्छापूर्ति की अपेक्षा के लिए तैयार किया है, वह ईश्वर गीताकारों को मान्य नहीं है। गीता कहती है—

> ईश्वर: सर्वभूतानां
> हृद्देशेऽर्जुन तिष्ठति।

हे अर्जुन, ईश्वर सभी प्राणिमात्रों के हृदय में निवास करता है।

हर जीव में होनेवाले ईश्वर की पहचान करना आवश्यक है। जब इस प्रकार प्रयास किया जाएगा तब एक बात ध्यान में आ जाएगी कि अपनी सद्विवेक बुद्धि ही अपना ईश्वर है। जब भी हम कोई आचरण करते हैं, तब वह सही है या नहीं, यह हमें अपना हृदयस्थ ईश्वर (मतलब हमारी बुद्धि) निश्चित ही बताता है। परंतु अपना मन और इंद्रियाँ उसको नजरअंदाज करती हैं।

इस परमेश्वर को निवृत्त करने के बदले उसके द्वारा यह सारथ्य करने का कार्य व्यवस्थित करवाने की आवश्यकता है।

विवेक जागरण—चर्चा से मारपीट तक

असल में देखा जाए तो विवेक जागरण का वाद-संवाद पूर्णत: वैचारिक प्रबोधन का कार्यक्रम होता था, लेकिन विचारों का खुला आदान-प्रदान होने के लिए अच्छा वातावरण महाराष्ट्र में नहीं है। ईश्वर और धर्म के ठेकेदार बनकर अपनी राजनीति करनेवाले लोगों को मनुष्य के दिमाग को इन विचारों की आदत लगाना बिलकुल उचित नहीं लगता। इसी कारण कई जगहों पर बात चर्चा से मारपीट तक चली गई।

सांगली में हमारा कार्यक्रम संपन्न हुआ। डॉ. श्रीराम लागू रात दस बजे की गाड़ी से मुंबई जानेवाले थे। उन्हें विदा करने के लिए मैं और स्थानीय संयोजक रेलवे स्टेशन पर गए थे। गाड़ी आने में थोड़ा समय था। इतने में युवाओं का एक झुंड बड़ी तत्परता से डॉ. लागू की ओर आता दिखाई दिया। पहले हमें लगा कि वे डॉ. लागू के चहेते होंगे लेकिन उनके नजदीक आने पर उनका उद्देश्य हमारी समझ में आ गया। स्टेशन पर हल्की-सी भीड़ थी और हम कहाँ खड़े हैं इसकी निश्चित जानकारी उन्हें नहीं थी। इसी कारण 'कहाँ है वह डॉ. लागू' ऐसी भाषा का प्रयोग करते हुए वे डॉक्टर को ढूँढ़ रहे थे।

जब उन्हें हम दिखाई दिए तब वे हमारी ओर दौड़कर चले आए, हमें चारों ओर से घेर लिया और उन्होंने 'जय भवानी, जय शिवाजी', 'सनातन हिंदू धर्म की जय' जैसे नारे लगाने शुरू कर दिए। उन्होंने अपनी पहचान एक पक्के हिंदुत्ववादी संगठन के धर्मनिष्ठ कार्यकर्ता के रूप में कराई। बड़े जोश के साथ वे एक ही प्रश्न पूछ रहे थे, "आपने हमारे हिंदू धर्म के बारे में क्या कहा? हमारे भगवान को भला-बुरा क्यों कहा?" डॉ. लागू बता रहे थे, "मुझे जो बोलना था, उसे मैंने ठीक से बोल दिया है। सात-आठ सौ लोगों ने उसे सुना है। कल के अखबार में आपको वह पता चलेगा। मैंने जो कहा, उसे आप समझना चाहते हैं तो उस कार्यक्रम की रिकॉर्डिंग सुनिए। मैंने जो कहा, उसे समझ लेने के बाद चर्चा के लिए आ जाइए।"

स्वभावत: गाली-गलौज के इरादे से आए उन युवाओं की इस स्पष्टीकरण में बिलकुल रुचि नहीं थी। वे कुछ कृति करना चाहते थे। उनमें से एक ने नई बात उठाई कि "आप जय श्रीराम बोलिए।" हमने डॉक्टर की ओर देखा, जो इन धमकियों के आगे झुकनेवाले नहीं थे। लेकिन उन्होंने मन ही मन कुछ विचार किया और हँसते-हँसते कहा, 'जय श्रीराम' और एक सेकंड का पॉज लेकर आगे का शब्द कहा, 'लागू'। इससे घोषणा हुई 'जय श्रीराम लागू।' उस तनाव भरे वातावरण में भी हम जोर-जोर से हँस पड़े। गुस्से के साथ आए युवा बौखला गए। बिलकुल उसी समय गाड़ी प्लेटफॉर्म पर आ गई। डॉक्टर अंदर बैठ गए और आगे का युद्ध प्रसंग टल गया।

कुर्डुवाडी में कार्यक्रम स्थल की ओर जाते समय शिवसैनिकों ने हमें रोका। उन्होंने धमकी दी कि यदि हमारे ईश्वर के बारे में भला-बुरा कहा तो सभा में हंगामा करेंगे। वे सात-आठ लोग थे लेकिन उनके कहने से जान पड़ा कि कार्यक्रम में उनके जैसे विचारों के 50-60 लोग तो बैठे ही होंगे और कार्यक्रम में हंगामा करने की उनकी पूर्वनियोजित ही योजना थी। डॉ. लागू ने बड़ी शांति से अपना विवेचन पूरा किया। मैंने भी अपने उत्तर दिए। तकरीबन पौन घंटा हो गया, हमने जो कहा, उसमें भगवान का अकारण मजाक कब उड़ाया? हमारे कहने में आपत्तिजनक क्या है? यह बात श्रोतावर्ग में बैठे हुए उन लोगों को समझ में नहीं आई। पूरे वातावरण से वे भी प्रभावित हो गए। हमें रोकनेवाले 7-8 लोगों की टोली को यह स्वीकार नहीं था। बिना वजह तालियाँ पीटना, आवाजें निकालना, नारे लगाना जैसे कार्य उन्होंने शुरू कर दिए। लेकिन उनको किसी का सपोर्ट नहीं मिला। अंत में वे पंडाल से बाहर मंच के पीछे के रास्ते से गए। पाँच मिनट तक जोर-जोर से चिल्लाए, लेकिन तब तक कार्यक्रम तकरीबन खत्म होने को आया था। कृविशेषज्ञता ज्ञापित करते हुए डॉ. विलास मेहता ने इस मामले पर शिवसेना का नाम लेकर कड़ी टीका-टिप्पणी की।

हम नासिक जिले के दौरे पर गए थे। नासिक और निफाड के कार्यक्रम संपन्न हुए। हम निफाड के सरकारी अतिथिगृह में गहरे ठहरे थे। सुबह जल्दी निकलना था क्योंकि कलवण में सुबह 10 बजे कार्यक्रम था। मेरे कमरे के दरवाजे पर देर रात डेढ़ बजे किसी ने दस्तक दी। दरवाजा खोला तो कलवण से जीप भरकर कार्यकर्ता आए थे। उनका कहना था, कल का कार्यक्रम गाँव में होना असंभव है। हिंदुत्ववादी संगठनों ने कार्यक्रम में हंगामा करने की धमकी दी है। कार्यक्रम का हॉल गाँव के चौक में है। कल बाजार होने की वजह से बहुत भीड़ हो सकती है, जिसके कारण हंगामा होने की संभावना है। नुकसान के डर से हॉल व्यवस्थापक ने भी इनकार किया है। लाउडस्पीकर, माइक भी नहीं है, पुलिस की मदद भी नहीं मिलेगी, हम मजबूर हैं। कार्यक्रम रोकने के सिवाय दूसरा कोई विकल्प नहीं है। हमारी कलवण की शाखा संगठन की दृष्टि से बहुत कमजोर थी। वातावरण के तनाव के कारण वे चिंतित हो गए थे और मदद करनेवाले अन्य संयोजक भी घबरा गए थे।

इसके दो महीने पहले औरंगाबाद में कार्यक्रम के बाद हिंसक तरीके से हंगामा हुआ था। उस समय पहले ही मैंने ठान लिया था कि इन धर्मांध लोगों की दहशत के आगे बिलकुल भी नहीं झुकना है। इसी वजह से कलवण के कार्यकर्ताओं द्वारा किए गए निवेदन का मुझ पर कुछ भी असर नहीं हुआ। डॉ. लागू को देर रात डेढ़ बजे जगाकर उनके साथ चर्चा करना संभव नहीं था। इसी कारण शांति और दृढ़ता से मैंने उन्हें अपना फैसला सुनाया। मैंने कहा, "ऐसी किसी भी प्रकार की धमकियों से डरकर कार्यक्रम को न रोकने का निर्णय मैंने पहले ही कर लिया है। इसलिए कल मैं और डॉक्टर निश्चित समय पर कलवण पहुँचेंगे। जिस हॉल में

भाषण होनेवाला था, उसके आगे बाजार में खड़े रहकर, लाउडस्पीकर न मिलने की संभावनाओं को ध्यान में रखकर, जितना संभव हो सकेगा उतनी ऊँची आवाज में भाषण करेंगे। अगर हमारे मंतव्य में कोई आपत्तिजनक बात होगी तो पुलिस हम पर मुकदमा दायर करे। उस मुकदमे को हम कलवण में आकर चलाएँगे। हमारी अपेक्षा है कि पुलिस हमें संरक्षण दे। हमने उनसे विनती भी की है। अगर सुरक्षा न मिली तो भी हम कार्यक्रम नहीं रोकेंगे। इसके जो भी परिणाम होंगे, भुगतने के लिए हम तैयार हैं। यह मेरा फैसला है। सुबह छह बजे डॉक्टर के जगने पर उनसे चर्चा करेंगे। डॉक्टर जो भी फैसला करेंगे, मुझे मंजूर है। आप आज रात यहीं पर रुकिए और सुबह डॉक्टर से मिलकर चले जाइए।"

हो सकता है कि मेरा ऐसा कहना उनके लिए अनपेक्षित हो। बाहर से आनेवाले अथिति अपने जान की बाजी लगाकर आते हैं और हम संयोजक होने के बावजूद भी डरपोक की तरह पीछे हट जाते हैं, यह बात उनके मन को लगी होगी। मेरा यह मंतव्य समाप्त होते ही स्थिति में बदलाव नजर आया। उन सभी में नई उम्मीद जग गई। उन्होंने कहा, "हम डॉक्टर साहब से मिलने के लिए नहीं रुकेंगे। हम भोर में ही काम में लग जाएंगे। आप कार्यक्रम के लिए जरूर आइए।"

सुबह छह बजे जब डॉक्टर जग गए तब मैंने पूरा वृत्तांत उन्हें बताया। अर्थात निर्णय में कोई बदलाव नहीं होनेवाला था। केवल सावधानी के लिए हमने अपनी गाड़ी कार्यक्रम स्थल से दूर रखने का निर्णय लिया।

लगभग दस बजे हम कलवण पहुँच गए। वातावरण में निश्चित तौर पर बदलाव आया था। कार्यक्रम का निषेध करके उसका विरोध करनेवाले बोर्ड नजर नहीं आ रहे थे। कार्यक्रम के कई बोर्ड गाँव की मुख्य जगहों पर लगे थे। सभागार में माइक भी उपलब्ध हो गया। पुलिस की सुरक्षा में कार्यक्रम शुरू हुआ। अपनी इज्जत बचाने के लिए कुछ लोग जुलूस लेकर आ गए। कुछ समय तक नारेबाजी चलती रही। संयोजकों में से किसी ने उनको बताया कि यह पूर्णत: वैचारिक कार्यक्रम है। किसी भी ईश्वर या धर्म पर टीका-टिप्पणी करने से इस कार्यक्रम का कोई संबंध नहीं है। जुलूसकर्ताओं को बदले हुए वातावरण का अंदाजा लग गया। उन्होंने पीछे हटने का निर्णय लिया। इतना ही नहीं, बल्कि कार्यक्रम खत्म करके बाहर आने के पहले ही उनके निवेदन का आदर करके हमने ईश्वर तथा धर्म पर टीका-टिप्पणी नहीं की। इसलिए हमारे अभिनंदन का बोर्ड गाँव के मुख्य चौक में दिखाई दिया।

नांदेड़ के कार्यक्रम में भी यही हुआ। डॉ. लागू हिंदुओं के ईश्वर तथा धर्म पर टीका-टिप्पणी करते हैं। इसलिए उनका कार्यक्रम रोकने की जिम्मेदारी महापौर रहे शिवसेना नेता ने ली। पुलिस पर दबाव आ गया। जिला पुलिस प्रमुख ने समिति के कार्यकर्ताओं तथा कार्यक्रम के सहसंयोजक रोटरी क्लब के पदाधिकारियों को बुलावा भेजा। शिवसेना की धमकियाँ और दहशत को देखकर हम क्यों इस झमेले में पड़

गए ऐसा रोटरी क्लब के पदाधिकारियों को लगा, तब उन्होंने कार्यक्रम को रोकने की तैयारी दिखाई। परंतु हमारी नांदेड़ शाखा के अध्यक्ष गुणवंत पाटिल हंगेरीकर किसान संगठन के जुझारू कार्यकर्ता हैं। इसलिए उन्होंने ठानकर कार्यक्रम करने की बात की। उन्होंने ऐलान किया कि यदि पुलिस हमारी सुरक्षा करने में असमर्थ है, ऐसा अगर वह लिखकर देती है, तो वे इस पर पुनर्विचार करेंगे। अगर देखा जाए तो ऐसा करके पुलिस अपनी इज्जत दांव पर नहीं लगा सकती थी। कार्यक्रम शाम छह बजे था, लेकिन पुणे का कार्यक्रम खत्म कर नांदेड़ पहुँचते-पहुँचते कुछ कारणवश देरी हो गई। हमें पहुँचने में साढ़े सात बज गए। यह दौरा बहुत ही लंबा और भागदौड़ भरा रहा, जिसके कारण डॉ. लागू थक गए थे। इसलिए मैं ही कार्यक्रम में अधिक समय तक बोलूँगा और वे आराम करें, ऐसी इच्छा मैंने व्यक्त की। इतने में वरिष्ठ पुलिस अधिकारी ने आकर अनुरोध किया कि "कार्यक्रम करें लेकिन ईश्वर के बारे में कुछ न कहे।" मैंने कहा, "जो कुछ बोलना है, हम बोलेंगे (क्या बोलना है इसे हम तय करेंगे)। अगर उसमें आपको कुछ आपत्तिजनक लगे तो आपको जो करना है, वह आपका प्रश्न है। लेकिन शांतिमय तथा वैधानिक तरीके से चल रहे वैचारिक कार्यक्रम को गुंडागर्दी से तितर-बितर करने की बात करनेवालों को रोकना भी आप ही का काम है।"

तनाव को देखकर डॉक्टर की थकान गायब हो गई। हम कार्यक्रम में पहुँच गए। बहुत बड़ा सभागार दो घंटे तक हमारी राह देखते हुए खचाखच भरा हुआ था। कार्यक्रम अच्छा हो गया। लोगों का बढ़िया सहयोग मिला। महापौर हॉल के बाहर अपनी गाड़ी में बैठकर कार्यक्रम सुन रहे थे। विशेष बात यह थी कि इस कार्यक्रम का सीधा प्रसारण नांदेड़ केबल टी.वी. से किया गया, जिससे हजारों लोगों तक हमारे विचार पहुँच गए।

तरडगाँव (तहसील फलटण, जिला सतारा) में कुछ अलग ही घटित हुआ। इस गाँव में वारकरी संप्रदाय के लोगों की संख्या अधिक है। कार्यक्रम में मुख्यतः संतों के चमत्कार पर प्रश्न आए जिनके वैचारिक उत्तर भी हम दोनों ने दिए। दोपहर को दो बजे इस समारोह को खत्म करके हम छह बजे फलटण पहुँच गए। तब तक वारकरी संप्रदाय की ओर से हमारा निषेध करनेवाले बोर्ड कार्यक्रम स्थल पर लग गए थे। उससे संबंधित जानकारी लेने से पता चला कि गाँव में ज्ञानेश्वरी सप्ताह चल रहा था, जहाँ किसी ने यह खबर फैलाई कि लागू और दाभोलकर के कार्यक्रम में संतों का अपमान किया गया। यह सारी चर्चा जब चल रही थी, तब हमारे कार्यक्रम में उपस्थित रहनेवाले कुछ लोग वहाँ पर थे। उन्होंने हर तरह से समझाने का प्रयास किया कि लागू और दाभोलकर ने ऐसा कुछ भी नहीं कहा है। लेकिन इसके पहले ही जनमत पर विचारों के बदले विकारों ने अधिकार जमा लिया था। स्वाभाविकतः हमसे बदला लेने की बात कही गई। फलटण तक बात पहुँचाई गई। दूसरे दिन हमें

रोकने के लिए 'तरडगाँव बंद' की घोषणा हुई। कार्यक्रम के संयोजक रहे हमारे कार्यकर्ता सुरेंद्र घाडगे के घर तक गाँववाले चले गए। माहौल को जितना संभव हो सके उतना आक्रोशमय और अशांत बनाने के सारे प्रयास हुए।

हम दूसरे दिन सुबह दहिवड़ी के कार्यक्रम में जाने से पहले फलटण के विभागीय पुलिस प्रमुख से मिले। सुरेंद्र घाडगे और उनके पूरे परिवार को पूरी सुरक्षा देने की बात कही। जानबूझकर लोगों को दिग्भ्रमित किया गया है, जिसे दूर करने के लिए समय आने पर तरडगाँव आकर लोगों से चर्चा करने का भी भरोसा दिया। पुलिस अधिकारी ने ऐसा न करने की सलाह देकर गाँव में शांति बनाने का भरोसा दिलाया। आगे जाकर वातावरण में केवल सुधार ही नहीं हुआ, बल्कि सुरेंद्र घाडगे ने इन्हीं ग्रामीणों के सहयोग से परिवर्तन के कई कार्यक्रम गाँव में संपन्न किए।

औरंगाबाद में हमला

इन सभी घटनाओं में सबसे ज्यादा विस्फोटक अनुभव हुआ औरंगाबाद में। औरंगाबाद पीस एसोसिएशन, सत्यशोध और समता विचार मंच, 'दैनिक आपलं महानगर' (आपका महानगर) ने विवेक जागरण के कार्यक्रम औरंगाबाद में आयोजित किए थे। पहले दिन का कार्यक्रम दोपहर में विवेकानंद महाविद्यालय के प्रांगण में संपन्न हुआ। बाधा डालनेवाले कुछ इने-गिने मौकों को छोड़कर इसमें रौनक भी आई। कार्यक्रम की समाप्ति पर हमेशा की तरह डॉ. लागू सभागार से बाहर निकले और मैं हमेशा की तरह कार्यक्रम स्थल पर ही रुक गया। लोगों की आशंकाओं का समाधान, संगठन निर्माण पर चर्चा तथा समिति की पत्रिका ('साधना' साप्ताहिक) की सदस्यता पंजीकरण जैसे कार्यों के लिए मैं हमेशा ही रुकता हूँ। कुछ कार्यकर्ता प्रश्न पूछने आए थे। उन्होंने प्रश्नों की बौछार शुरू की, जिसकी मुझे अब तक आदत हो चुकी थी।

मैंने अच्छी तरह उत्तर देना शुरू किया लेकिन तुरंत मेरी समझ में आया कि प्रश्न पूछनेवालों का तेवर अलग है और मेरा लगन या आस्था से समझाना उनकी दृष्टि से कुछ काम का नहीं है। अपना अनुमान सही साबित होने के लिए मुझे ज्यादा समय तक राह नहीं देखनी पड़ी। प्रश्न पूछनेवालों में से एक आगे आया और उसने मेरे पेट में दो घूँसे लगाए। 'डॉ. दाभोलकर को मारे बगैर हम यहाँ से उनको जाने नहीं देंगे और भविष्य में इस प्रकार के कार्यक्रम नहीं होने देंगे' इस प्रकार की धमकियाँ देते हुए पतितपावन और बजरंग दल के कार्यकर्ताओं ने फायटर चाकू और कमर की बेल्ट निकालकर श्रोताओं को भी पीटना शुरू किया। इसके साथ 'जय भवानी, जय शिवाजी' तथा 'सनातन हिंदू धर्म की जय' जैसी घोषणाएँ भी जारी थीं। वहाँ की महिला कार्यकर्ता तथा बुजुर्ग लोग संतप्त युवाओं को समझा रहे थे लेकिन

उन्होंने किसी की एक न सुनी। एडवोकेट प्रवीण वाघ, भास्कर गंगावणे, सुभाष लोमटे, प्रा. विजय दिवाण, जयदेव डोले, नागनाथ फटाले, सुनीति धारवाडकर, पंडित मुंडे, उद्धव भवालकर, उपजिलाधीश दिलीप शिंदे आदि ने हमलावरों को समझाने का प्रयास किया, लेकिन वे समझने की मानसिकता में ही नहीं थे। इतने में मैदान में खड़ी डॉ. लागू की गाड़ी निकलने की खबर आई, जिसे सुनते ही 'हिंदू धर्म की जय' का नारा लगाते, वे मैदान की ओर दौड़े। डॉ. लागू की गाड़ी को रोका और घमासान वाद-विवाद हुआ। इतने में पुलिस आने की अफवाह फैल गई जिस कारण डॉक्टर की गाड़ी को जाने दिया। तब तक मैं भी गाड़ी तक पहुँच चुका था। हमारी गाड़ी वहाँ से निकलने पर पुलिस के न आने की बात हमलावरों की समझ में आई। उन्होंने आतंक फैलाकर कुछ और श्रोताओं तथा कार्यकर्ताओं को पीटा। इसमें चार कार्यकर्ता घायल हुए। इनमें से 'स्टुडेंट फेडरेशन ऑफ इंडिया' के बाबासाहब वालवणकर और 'कृषि उत्पन्न बाजार समिति' के संचालक भास्कर गंगावणे का अस्पताल में इलाज किया गया।

फिल्मी अंदाज में सब कुछ समाप्त होने के बाद पुलिस मौका-ए-वारदात पहुँच गई। तब तक हमलावर भाग गए थे। हमलावरों के खिलाफ उस रात क्रांति चौक पुलिस थाने में 'औरंगाबाद महानगर दैनिक' के उस समय के संपादक निशिकांत भालेराव की फरियाद पर भारतीय दंड विधान के अनुसार दफा 144, 344, 341, 323, 504 के तहत गुनाह दर्ज किया गया। दो दिन हम औरंगाबाद में रुके। परंतु किसी को भी हिरासत में नहीं लिया गया। हंगामे की खबर के बाद परिस्थिति पर काबू पाने के लिए राज्य आरक्षित पुलिस दल को बुलाया गया था। 'महानगर दैनिक' के कार्यालय के बाहर भी राज्य आरक्षित पुलिस दल के सशस्त्र जवान तैनात किये गए थे क्योंकि कार्यक्रम की जगह संभाजीनगर में आकर किसी को भी अंधविश्वास और नास्तिकता पर बोलने न देने की खुली धमकियों के साथ, 'हमारे खिलाफ लिखनेवाले पत्रकारों को भी हम देख लेंगे। उनके लेखन के साथ कार्यालय को भी जला देंगे।' ऐसी धमकियाँ पतितपावन के कार्यकर्ताओं ने दी थीं। मुझे और डॉ. लागू को सुरक्षा दी गई। हमने तुरंत इन सारी घटनाओं की निंदा की। घायलों की हालत का जायजा लिया। अलग-अलग प्रगतिशील संगठनों ने भी इस संबंध में तत्काल विरोध जताया।

इस घटना को दूसरे दिन औरंगाबाद के सभी समाचार-पत्रों ने स्पष्टता से तस्वीर के साथ पहले पन्ने पर छापा। लेकिन इनमें से 'देवगिरि तरुण भारत' और दैनिक 'सामना' की खबरों में इसे जानबूझकर गलत तरीके से छापा गया था। उसमें से महत्त्वपूर्ण हिस्सा यहाँ दे रहा हूँ ताकि उनका झूठ स्पष्ट हो सके।

> शिवाजी महाराज के बारे में अपमानजनक विधान,
> डॉ. श्रीराम लागू को भागना पड़ा।

संभाजीनगर—छत्रपति शिवाजी महाराज के बारे में अपमानजनक विधान करनेवाले डॉ. श्रीराम लागू को संतप्त राष्ट्रवादी युवाओं के घेरे से निकलते-निकलते नाक में दम आ गया। किराए के गुंडों के द्वारा उन युवाओं से मारपीट करनेवाले डॉ. नरेंद्र दाभोलकर और उनके गुंडों की अच्छी पिटाई हुई। 'वाद-संवाद' कार्यक्रम की परिपूर्ति 'वाद-विवाद' से हुई। शिवाजी महाराज के बारे में भला-बुरा कहनेवालों को इस तरह अच्छा सबक मिल गया। यह घटना आज रात सरस्वती भवन परिसर में घटित हुई।

कल शनिवार को विवेकानंद महाविद्यालय में आयोजित कार्यक्रम में डॉ. श्रीराम लागू ने शिवाजी महाराज के बारे में अपमानजनक विधान किए, "व्यास द्वारा 'महाभारत' में लिखी गई कहानियाँ तो किंवदंतियाँ हैं और शिवाजी की बारे में तो कई किंवदंतियाँ हैं। उनका कोई चरित्र ही नहीं है। शिवाजी द्वारा गाय को यम से बचाने का उल्लेख मिलता है, उन्हें गोब्राह्मणों का रक्षक बताया जाता है, लेकिन शिवाजी की झूठ बोलने की बात बताई नहीं जाती।" इसी प्रकार के अन्य कुछ विधान भी डॉ. श्रीराम लागू ने शिवाजी के बारे में कहे थे।

शिवाजी महाराज के बारे में इस प्रकार के विचार प्रकट करने के कारण डॉ. लागू और दाभोलकर से उत्तर मांगने हेतु कुछ युवा आज सरस्वती भवन सभागार में इकट्ठे हो गए। अलग-अलग पाँच संस्थाओं द्वारा आयोजित 'वाद-संवाद' का कार्यक्रम उन्होंने बड़ी शांति से होने दिया। कार्यक्रम के अंत में श्रोताओं को अपनी जिज्ञासाएँ शांत करने तथा प्रश्न पूछने की अनुमति दी गई। इसी कारण अपने प्रश्न पूछने के लिए जिज्ञासु युवाओं ने डॉ. लागू और दाभोलकर को घेर लिया तथा उन पर प्रश्नों की बौछार की। डॉ. लागू द्वारा शिवाजी महाराज के बारे में निकाले गए विधान के बारे में डॉ. दाभोलकर से बार-बार पूछने पर उन्होंने कहा, "मैं और डॉ. लागू इकट्ठे कार्य करते हैं, लेकिन इस संबंध में आप मुझसे कुछ न पूछिए, आपको जो कुछ पूछना है डॉ. लागू से ही पूछिए।"

युवा लोग जब डॉ. लागू की तरफ बढ़े तब दाभोलकर के साथ होनेवाले किराए के गुंडों ने उन युवाओं पर हमला किया। इस हमले का उत्तर देने हेतु वे सभी दाभोलकर और उनके कार्यकर्ताओं की ओर दौड़े और दोनों गुटों में मारपीट शुरू हो गई। इसी बीच डॉ. लागू भाग निकले और डॉ. दाभोलकर घेरे में फँस गए। उन्हें बहुत मार खानी पड़ी। भास्कर गंगावणे नामक कार्यकर्ता की भी पिटाई की गई।

संयोजकों में से एक ने क्रांति पुलिस चौकी से संपर्क किया। मौका-ए-वारदात पर पुलिस आने पर सरस्वती भवन परिसर में किसी के न होने की बात क्रांति चौक पुलिस थाने के पुलिस निरीक्षक श्रीकांत महाजन ने हमारे प्रतिनिधि से कही। सरस्वती परिसर में शांति होने की बात को उन्होंने स्वीकृति दी।

दैनिक 'सामना' का शीर्षक ऐसा था—

यानी शिवाजी ने झूठ कहा...हिंदू धर्म की भी संभावना की!

संभाजीनगर— छत्रपति शिवाजी महाराज ने झूठ बोला, ऐसे शब्दों में शिवाजी पर टिप्पणी करनेवाले डॉ. लागू और हिंदू धर्म पर टीका-टिप्पणी करनेवाले डॉ. दाभोलकर पर संतप्त युवाओं ने प्रश्नों की बौछार कर दी। लेकिन उन प्रश्नों का उत्तर देने से संयोजकों ने इनकार किया, जिसके कारण वहाँ पर हंगामा हुआ। कार्यक्रम के बाद सभागार से बाहर जा रहे डॉ. लागू और डॉ. दाभोलकर को युवाओं द्वारा रोकने का प्रयास किया गया जिसके कारण वहाँ पर हाथापाई होने से कुछ लोग घायल हो गए। इस संबंध में 'सामना' के प्रतिनिधि ने मौके पर उपस्थित लोगों से बातचीत की जिससे यह पता चला कि शनिवार को दोपहर 4 बजे विवेकानंद महाविद्यालय के मैदान में हुए कार्यक्रम में डॉ. लागू ने शिवाजी महाराज के बारे में अपमानजनक विधान किए। 'मौका देखकर शिवाजी महाराज भी झूठ बोले' ऐसा उन्होंने कार्यक्रम में कहा था। साथ ही सरस्वती सभागार में इतवार के कार्यक्रम में डॉ. दाभोलकर ने संतों की ईश्वरीय अनुभूति पर आशंका जतानेवाली बात कही थी। डॉ. दाभोलकर ने कहा कि "ईश्वरीय अनुभूति वाला मनुष्य या तो पागल होना चाहिए या तो वह झूठ बोलता होगा या वह सम्मोहन विद्या में वशीभूत होना चाहिए।" डॉ. लागू और दाभोलकर के उपर्युक्त कथन से युवा संतप्त हो गए। उन्होंने कार्यक्रम के बीच में ही प्रश्न पूछने का प्रयास किया। उनके प्रश्नों को नकारा गया इसी कारण कार्यक्रम खत्म होने पर उन्होंने अपने प्रश्न रखने का प्रयास किया। उस समय भी जब उन्हें नजरअंदाज किया गया तब संतप्त युवाओं ने हमला करने का प्रयास किया।

दूसरे दिन इस पूरे मामले पर डॉ. लागू और मैंने पत्रकारों से 'महानगर' के कार्यालय में चर्चा की। इसमें बड़े विस्तार से अपनी भूमिका हमने रखी जो संक्षेप में इस प्रकार थी—समाज में आजकल असहिष्णु और विद्वेष का वातावरण तैयार करने के प्रयास संगठित रूप से चल रहे हैं। इस वातावरण को स्वस्थ, निर्भय और विवेकी बनाने के लिए हम विवेक जागरण मुहिम चला रहे हैं। हमारे ऊपर औरंगाबाद में धर्मांध लोगों द्वारा जिस हिंसात्मक हमले का प्रयत्न किया गया, उससे हम यह मुहिम बिलकुल भी रोकनेवाले नहीं हैं। लेकिन विवेक जागरण के प्रयासों के बारे में सहिष्णुता दिखाने के बजाय इसका सुनियोजित विरोध करने की साजिश सत्ताधारियों के आशीर्वाद से चलनेवाले संगठनों द्वारा की जाने की बात बड़ी चिंताजनक है। डॉ. लागू ने बताया कि छत्रपति शिवाजी महाराज के बारे में मैंने किसी भी प्रकार अपमानजनक विधान नहीं किया है। इसके बारे में पूर्णत: झूठी, गलत और भड़काऊ खबर औरंगाबाद के दैनिक 'तरुण भारत' ने छापी। इस तरह की खबर को छापना और हिंदुत्ववादियों का हमला करना ये दोनों बातें एक ही समाज विरोधी प्रवृत्तियों के रूप हैं। इसके खिलाफ संवैधानिक तरीके से हमारा संघर्ष जारी रहेगा।

जिस मूल बात पर झूठ फैलाया गया था, उस पर डॉक्टर ने जो भी कहा था

उसके बारे में उन्होंने विस्तार से बताया। उनसे यह प्रश्न पूछा गया था कि क्या आपको ऐसा नहीं लगता कि साधारणतः पौराणिक, ऐतिहासिक किंवदंतियों का उद्देश्य व्यक्ति को नैतिकता का प्रमाण देना होता है? उस समय उन्होंने कहा कि इससे कई प्रश्न सामने आ जाते हैं। बाल शिवाजी की एक कथा हमारे पाठ्यक्रम में थी। बाल शिवाजी अपने दोस्तों के साथ खेल रहे थे। उस समय एक डरी हुई गाय दौड़ती हुई आई। उसके पीछे यवन आया। उसने पूछा, 'बच्चो गाय कहाँ गई?' उस समय बाल शिवाजी ने विपरीत दिशा बताकर गाय के प्राण बचाए। गाय के प्राण बचाकर शिवाजी ने नैतिक कार्य किया। लेकिन इसके लिए तो उन्हें झूठ बोलने की अनैतिकता को अपनाना पड़ा। अगर बाल शिवाजी राजे सच बोलते तो गाय के प्राण नहीं बच पाते। इस कथित किंवदंती में शिवाजी महाराज के बारे में किसी भी प्रकार अपमानजनक विधान नहीं है। लेकिन कुछ समाचार-पत्रों ने उसे विकृत बनाकर प्रस्तुत किया। लेकिन ऐसी दहशत से मैं डरनेवाला नहीं हूँ।

डॉ. लागू ने यह भी बताया कि अब समाज भावनाओं में बह रहा है। मनुष्य को विवेकवादी बनाने की जरूरत है। स्वातंत्र्य यह स्वयंभू मूल्य है। अगर सामाजिक अनाचार को रोकना है तो, इस स्वयंभू मूल्य का आदर करना होगा। सभी को विवेकवादी बनना होगा। विवेकवादी मनुष्य सहिष्णु बनता है और अपनी बुद्धि का उपयोग करके वह नीतिमान भी बनता है। इसीलिए विवेक जागरण की मुहिम चलाई जा रही है।

हमलावरों पर कठोर कार्रवाई हो और सूचना मिलने के बाद भी मौका-ए-वारदात पर पुलिस को देरी क्यों हुई? इसकी भी पूछताछ करें। ऐसी माँग वामपंथी प्रजातांत्रिक दल ने की। अर्थात इस परिषद में कुछ अन्य प्रश्न भी पूछे गए। उसमें एक प्रश्न यह पूछा गया कि आप जनसंचार माध्यमों के अंधविश्वास पर क्यों रोक नहीं लगाते? इस संबंध में बोलते समय मैंने कानून का पक्षपात एवं आंदोलन की सीमा बताई। दूसरे दिन प्रेस कॉन्फ्रेंस का समाचार देते समय 'देवगिरि तरुण भारत' ने सुर्खियों में समाचार का शीर्षक दिया—जनसंचार माध्यमों में होनेवाली अंधश्रद्धा रोकने की हममें हिम्मत नहीं है—डॉ. लागू / डॉ. दाभोलकर!

प्रेस काउंसिल द्वारा दिया गया फैसला

औरंगाबाद की हिंसक घटना के बारे में दैनिक 'देवगिरि तरुण भारत' और 'सामना' औरंगाबाद ने जो झूठी खबर प्रकाशित की, उस संबंध में हमने प्रेस काउंसिल में जाने का निर्णय लिया। वस्तुतः इस प्रकार की बातों की तह तक जाना हम जरूरी नहीं समझते हैं लेकिन इसके लिए कोई विकल्प भी नहीं था। हमला होने की झूठी खबर के छपने से समिति के साथ अन्याय हुआ है, इसलिए सचाई बतानेवाला

स्पष्टीकरण तुरंत भेजा। उसे कूड़ेदान में फेंका गया। उसके तीन महीने बाद पुन: एक रजिस्टर्ड पत्र भेजकर प्रेस काउंसिल के पास विधिवत अंग्रेजी में शिकायत दर्ज कराई। इस मामले में हरि नरके ने काफी मदद की। इसके बाद प्रेस काउंसिल ने इस मामले से जुड़े दोनों समाचार-पत्रों को पत्र भेजकर जानकारी माँगी। दैनिक 'सामना' ने इसके उत्तर में लिखा कि 'हमारी खबर वस्तुस्थिति पर आधारित थी और संबंधित पक्ष प्रेस कॉन्फ्रेंस को भी हमने अच्छी तरह से प्रकाशित कर दिया है। इसी कारण दाभोलकर प्रेस काउंसिल को जानबूझकर दिग्भ्रमित करने का काम कर रहे हैं और हमने किसी भी प्रकार से झूठी खबर नहीं छापी है।' 'तरुण भारत' ने तो प्रेस काउंसिल को उत्तर तक नहीं भेजा।

स्पष्टीकरण-प्रतिस्पष्टीकरण के बाद अंत में प्रेस काउंसिल की मुंबई की बैठक में हमारा मामला पहुँचा। प्रेस काउंसिल के चेअरमैन न्यायमूर्ति पी.बी. सावंत अपने सहकारियों के साथ सुनवाई के समय मौजूद थे। डॉ. लागू उस दिन किसी अन्य कार्यक्रम में व्यस्त रहने के कारण उपस्थित न रह सके। सुनवाई दोपहर में थी इसलिए हमारा वकील सुबह का काम पूरा करके दोपहर तक आनेवाला था, लेकिन वह समय पर नहीं पहुँच सका अत: अपना मुकदमा मैंने खुद लड़ने का निर्णय लिया। न्यायामूर्ति सावंत के महाराष्ट्रियन होने के कारण मुकदमा मराठी में ही चला, जिसके कारण हमें बहुत बड़ा लाभ हुआ।

प्रेस काउंसिल की यह कोशिश रहती है कि मामले को कानून के दायरे से बाहर दोनों पक्षों को समझा-बुझाकर आपसी सहयोग से न्यायपूर्वक सुलझा दें। उसके अनुसार न्यायमूर्ति सावंत ने दोनों समाचार-पत्रों के प्रतिनिधियों को कुछ बातें समझाईं। उन्होंने पहली बात यह बताई कि अंधश्रद्धा निर्मूलन समिति पिछले कई सालों से इस क्षेत्र में ईमानदारी से काम कर रही है, जिसे आप भी जानते हैं। इसलिए आपको खबर के लिए उनसे सम्पर्क करना चाहिए था। आपने हंगामे के समय उपस्थित छात्रों से ही वारदात के बारे में पूछा और एक दिन पहले की घटना के बारे में जानकारी ली। जबकि आपको उस खबर को छापने से पहले डॉ. लागू और दाभोलकर से भी राय लेनी चाहिए थी। न्यायमूर्ति सावंत ने दोनों समाचार-पत्रों से यह भी पूछा कि क्या आपको नहीं लगता कि अंधविश्वास उन्मूलन का कार्य आवश्यक और अच्छा है? इसके उत्तर में दोनों समाचार-पत्रों ने माना कि 'यह कार्य अच्छा है।'

न्यायमूर्ति सावंत ने उन्हें सलाह दी कि समाचार-पत्र के नाते आपको इस कार्य में मदद करनी होगी। उन्होंने उनकी सलाह चुपचाप सुन ली। 'तरुण भारत' का आक्षेप था कि 'दैवी अनुभूति के बारे में डॉ. दाभोलकर ने जो कहा, उससे हिंदू धर्म पर टीका-टिप्पणी हुई है।' न्यायमूर्ति सावंत ने बड़ी स्पष्टता से समझाया कि अपनी धर्म से संबंधित समझ को बढ़ाएँ। ईश्वरीय अनुभूति का प्रसंग सभी धर्मों में है और

उसकी समीक्षा करने से धर्म पर गैरवाजिब टिप्पणी नहीं होती। किसी भी धर्म से 'विवेक' श्रेष्ठ है। शिवाजी महाराज ने भी इसको निभाया है, यही डॉ. लागू द्वारा बताई गई किंवदंती का अर्थ है। अंधश्रद्धा निर्मूलन समिति का कार्य विवेकपूर्ण धर्म का पोषण करनेवाला है। फिर भी पूरी परिस्थिति के बारे में न्यायमूर्ति को गुमराह करने का प्रयास किया जा रहा था, जिसे सतर्क रहकर मैंने सप्रमाण खारिज किया, जिसके चलते उचित वस्तुस्थिति सामने आ गई।

प्रेस काउंसिल ने यह फैसला सुनाया कि विवेक जागरण कार्यक्रम के बारे में जो खबर दोनों समाचार-पत्रों में छपी है, उससे संबंधित डॉ. लागू और दाभोलकर का स्पष्टीकरण स्पष्ट रूप से प्रकाशित किया जाए। साथ ही इस संबंध में खेद जताया जाए। स्पष्टीकरण भेजने की जिम्मेदारी हमारी थी।

संबंधित समाचार-पत्रों को यह स्पष्टीकरण भेजने से पहले प्रेस काउंसिल के नतीजे की खबर हमने सभी समाचार-पत्रों को दे दी। वह स्पष्ट रूप से सभी अखबारों में छप गई। स्वाभाविक रूप से इस बात से 'तरुण भारत' के संपादक नाराज हो गए। उन्होंने छापे गए स्पष्टीकरण का जो अंक मुझे भेजा, उसके साथ एक खत भी भेजा था, जिसमें उनकी नाराजगी स्पष्ट रूप से झलकती थी। खत में लिखा था कि 'प्रेस काउंसिल के आदेश के अनुसार, 'देवगिरि तरुण भारत' के सभी संस्करणों में आप द्वारा भेजा गया स्पष्टीकरण छपवाया गया है। प्रेस काउंसिल ने आदेश दिया इसलिए आपने सभी समाचार-पत्रों में उससे संबंधित खबरें छपवाईं और बाद में अपनी सफाई हमारे पास भेजी। इसके बदले यदि पहले सफाई भेजी होती और उसके छपकर आने के बाद बाकी समाचार-पत्रों को खबर भेजी होती, तो अच्छा रहता। आप जैसे बुद्धिप्रमाणवादी को यह शोभा नहीं देता।' 'उलटा चोर कोतवाल को डाँटे', यह मुहावरा संभवतः यहाँ सही साबित हो गया। 'तरुण भारत' और 'सामना' द्वारा छपवाया गया स्पष्टीकरण इस प्रकार था—

डॉ. श्रीराम लागू और डॉ. नरेंद्र दाभोलकर के बारे में प्रकाशित खबरों के बारे में खेद व्यक्त करते हैं।

'देवगिरि', 'तरुण भारत', 'औरंगाबाद', 'सामना' के 1 अप्रैल, 1996 के अंक में 'शिवाजी महाराज के बारे में अपमानजनक विधान, डॉ. श्रीराम लागू को भागना पड़ा' इस शीर्षक के साथ खबर छपी। उससे डॉ. लागू और डॉ. दाभोलकर के साथ उनके विवेक जागरण कार्यक्रम को जो हानि पहुँची है उसके लिए दैनिक 'देवगिरि तरुण भारत' खेद व्यक्त करता है। उस खबर के बारे में श्री श्रीराम लागू और डॉ. नरेंद्र दाभोलकर का जो स्पष्टीकरण है, वह इस प्रकार है—

युवाओं को किराए के गुंडों से पिटवाने का प्रयास डॉ. श्रीराम लागू और नरेंद्र दाभोलकर ने किया है यह आरोप बेबुनियाद है। इसकी हम कड़े शब्दों में निंदा करते हैं। हमारे उपक्रम हमेशा से ही वैचारिक स्तर पर चलाए जाते हैं। इस खबर

में 'शिवाजी की बहुत सारी किंवदंतियाँ हैं, उनका कोई चरित्र नहीं है, शिवाजी कितना झूठ बोलते थे, यह बात बताई नहीं जाती' जैसे वाक्य डॉ. श्रीराम लागू के नाम से प्रकाशित किए गए हैं। डॉ. लागू शिवाजी महाराज का सम्मान करते हैं, इसके कारण उनके प्रति अनुदार निकालना संभव ही नहीं है। इस प्रकार के विधान उनके नाम पर प्रकाशित करना केवल एक षड्यंत्र है। इसको 'तरुण भारत' में कैसे छापा गया, इसके कारणों की खोज समाचार-पत्र के संपादक द्वारा करना आवश्यक है। औरंगाबाद के विवेक जागरण कार्यक्रम में बाल शिवाजी द्वारा कसाई से गाय के प्राण बचाने की कथा का संदर्भ लेकर डॉ. लागू ने यह विवेचन दिया था कि नैतिक समस्या को विवेक तथा बुद्धि के आधार पर कैसे सुलझाया जा सकता है। 22 मार्च, 1997 को प्रेस काउंसिल के अध्यक्ष न्यायमूर्ति पी.बी. सावंत के सामने इससे संबंधित विवेचन डॉ. दाभोलकर ने किया। उन्होंने नैतिकता की बुनियाद विवेक पर आधारित होने के विवेचन के लिए सहमति जताई। 'देवगिरि तरुण भारत' द्वारा छपी गई उपर्युक्त खबरें अच्छे सामाजिक कार्य को हानि पहुँचाती हैं, इस बात की ओर भी न्यायमूर्ति ने संबंधित पक्षों का ध्यान आकर्षित किया। क्या ऐसी खबरें अपने से असहमत रहनेवालों और उनके विचारों को जानबूझकर बदनाम करने के लिए फैलाई जाती हैं? संपादकों द्वारा इसकी खोज करके इस पर प्रतिबंध लगाना आवश्यक है। संपादक होने के नाते उनकी यह नैतिक जिम्मेदारी है, ऐसी राय डॉ. श्रीराम लागू और डॉ. नरेंद्र दाभोलकर द्वारा निकाले गए पत्र में स्पष्ट की गई है।

सभी बाधाओं पर विजय प्राप्त करते हुए और सभी चुनौतियों का सामना करते हुए विवेक जागरण वाद-संवाद ही नहीं, अंधविश्वास उन्मूलन का विवेकवादी आंदोलन आज भी अलग-अलग स्तरों पर, समाज के अलग-अलग तबकों तक उत्साह के साथ और दृढ़तापूर्वक चल रहा है। हम उम्मीद रखते हैं कि 'संघर्ष हमारा नारा है। भावी इतिहास हमारा है।'

सत्यशोध प्रज्ञा परियोजना

चौदह साल का एक लड़का। हाथ में जो भी कागज आए उसे फाड़ने की आदत लगी थी। फिर वह कागज समाचार-पत्र का हो या पुस्तक का, टिकट हो या कोई नोट हो, वह फाड़ देता था। उसके माता-पिता परेशान हो गए थे। कई डॉक्टरों को दिखाया इलाज शुरू किए। चिकित्सा, एक्स-रे, इनकी भरमार, फिर भी निदान नहीं हो पाया और इलाज तो दूर की बात। उसके माता-पिता डरे हुए थे। गाँव में एक नया डॉक्टर आता है। कुछ लोग उसे उसके पास ले जाने की सलाह देते हैं। अंतिम उपाय करके देखते हैं यह सोचकर माता-पिता लड़के को लेकर डॉक्टर के पास जाते हैं। डॉक्टर बच्चे को अपने कमरे में बुलाता है और माता-पिता को बाहर जाने को कहता है। डॉक्टर लड़के के साथ पाँच मिनट तक बातचीत करता है और माता-पिता को भरोसा दिलाता है कि 'अब इसे ले जाओ, अब आज से यह कोई कागज नहीं फाड़ेगा।' लेकिन माता-पिता को विश्वास नहीं होता। परंतु जैसा डॉक्टर ने कहा है वैसा ही होता है। उस दिन से लड़के का कागज फाड़ना पूर्णत: बंद हो जाता है। माता-पिता यह जानने के लिए उत्सुक हो जाते हैं कि ऐसा कौन सा मंत्र डॉक्टर ने लड़के को दिया जिससे यह बदलाव उसमें आ गया। डॉक्टर ने जिस दिन बुलाया है उस दिन वे लड़के को दोबारा लेकर जाते हैं। लड़के की कागज फाड़ने की आदत बंद होने के लिए वे डॉक्टर को धन्यवाद देते हैं। बड़ी जिज्ञासा से पूछते हैं, "डॉक्टर, इतनी सारी चिकित्साएँ होने के बाद और हजारों रुपए खर्च करने के बाद कोई इलाज नहीं हो सका। जबसे आपने बताया है उस दिन से लड़के ने कागज फाड़ना एकदम से छोड़ दिया।" डॉक्टर ने हँसते हुए उत्तर दिया, "मैंने उसे एकदम शांत भाव से, इतना ही कहा कि इसके बाद कागज फाड़ना बंद करो। कागज फाड़ना अच्छा नहीं होता है।" ऐसा कहने के अलावा कई इलाज उस पर किए गए थे, लेकिन कोई भी फर्क नहीं पड़ा।

अंधविश्वास उन्मूलन का विचार समाज तक पहुँचाने के लिए ऐसे ही ठेठ और ठोस प्रतिपादन की जरूरत होती है। इसको छात्र और अध्यापक इन दो स्तरों पर पूरा करने के प्रयास का मतलब है—सत्यशोध प्रज्ञा परियोजना।

यह बात छात्रों से कोई भी ठोस तरीके से नहीं कहता, ना भूत, ना चमत्कार, ना भानमती, ना फलज्योतिषशास्त्र, ना जारण-मारण, मंत्र-तंत्र ऐसी कोई भी बात नहीं होती है। वैज्ञानिक दृष्टिकोण द्वारा इसकी हम जाँच कर सकते हैं तथा सत्य को सहजता से समझ सकते हैं, ऐसे विश्वास का इस सत्यशोध परियोजना ने छात्र और शिक्षकों में निर्माण किया है।

भौतिक सुविधाओं का अर्थ विज्ञान ऐसा लिया जाता है और वैसे ही विज्ञान को पढ़ाया गया है और उसी प्रकार छात्र विज्ञान सीखते रहे हैं। इसके कारण वैज्ञानिक दृष्टिकोण के बारे में सोचना और उसे स्वीकार करना तो दूर ही रह गया। हमारी वर्तमान शिक्षा प्रणाली लोगों को शिक्षित बनाती है लेकिन समझदार नहीं बनाती। इसलिए वैज्ञानिक दृष्टिकोण के बारे में विचार, प्रचार तथा उसका प्रसार तुरंत होना चाहिए।

मुझे एक विज्ञान की अध्यापिका की कहानी याद है। सुबह चाय के लिए आमंत्रित करने के कारण हम उनके घर गए थे। बार-बार डोरबेल बजाने के बाद भी दरवाजा खोलने की हलचल दिखाई नहीं दी इसलिए खिड़की से झाँककर देखा। विज्ञान अध्यापिका आराम से पलंग पर बैठी थीं। हमारे कुछ पूछने से पहले ही उन्होंने कहा, "वे स्नान करने गए हैं। आने के बाद दरवाजा खोलेंगे।" चुप न रहकर मैंने पूछा, "आप क्यों नहीं खोलतीं? क्या आपका स्वास्थ्य ठीक नहीं है?" उन्होंने उत्तर दिया कि "मेरा स्वास्थ्य अच्छा है लेकिन आज सूर्यग्रहण है ना, इसलिए कुंडी नहीं खोल सकती।" मैं चकित रह गया। अच्छी (!) विज्ञान की आदर्श अध्यापिका होने के बाद भी पाँव भारी होने के कारण ग्रहण का पालन कर रही थीं। ग्रहण काल में दरवाजे की कुंडी खोलने से जन्म लेनेवाले में कोई नुक्स आ जाएगा, ऐसी उनकी मान्यता थी। सूर्यग्रहण कैसे होता है, इस बात की जानकारी होने के बाद भी विज्ञान की अध्यापिका अपनी बुद्धि गिरवी रखकर पारंपरिक पद्धति से अंधविश्वास का आचरण कर रही थीं। स्वाभाविक ही उनके छात्र भी वैसे ही बननेवाले थे। प्रकाश होते ही अँधेरा अपने आप मिट जाता है। परंतु विज्ञान और शिक्षा का प्रसार होने से अज्ञान और अन्धविश्वास का अँधेरा अपने आप नष्ट होगा, यह अपेक्षा पूरी नहीं हो सकी।

सन् 1976 में भारतीय संविधान में नागरिकों के अधिकारों के साथ-साथ उनके कर्तव्यों को भी शामिल किया गया। उनमें से एक महत्त्वपूर्ण कर्तव्य है, वैज्ञानिक दृष्टिकोण और चिकित्सक बुद्धि तथा मानवतावाद का विचार, प्रसार और उसको स्वीकार करना। नई शैक्षिक नीति में अंतर्भूत दस महत्त्वपूर्ण घटकों में से वैज्ञानिक अनुभव की निर्मिति करना यह महत्त्वपूर्ण घटक है। महाराष्ट्र में जो महत्त्वपूर्ण शिक्षा शुरू है उसमें यह भी एक मूल्य है।

वैज्ञानिक दृष्टिकोण का निर्माण

वैज्ञानिक दृष्टिकोण के निर्माण का आग्रह इसलिए क्योंकि अंधविश्वासी समाज कभी भी आधुनिक नहीं बन सकता। न ही वह कभी मानवतावादी बन सकता है। धर्मांधता और अंधविश्वास में स्वातंत्र्य, समता एवं सामाजिक न्याय इन सभी मूल्यों का अंत करने की शक्ति होती है। अंधविश्वासी व्यक्ति अपना कर्तृत्व और आत्मविश्वास दोनों को खो देता है। मनुष्य के व्यक्तिगत या संघटित प्रयासों से प्रतिकूल परिस्थिति का निराकरण हो सकता है। लेकिन अन्याय को खत्म कर सकते हैं, इस बात पर से भरोसा उठ जाता है। अंधविश्वास जितना व्यापक और सर्वस्पर्शी उतना ही सामाजिक परिवर्तन लाना कठिन होता है। इसीलिए अंधविश्वास के खिलाफ लड़ाई का ऐलान करना चाहिए और इसके लिए प्रभावी व्यूह रचना करनी चाहिए। और संस्कारक्षम उम्र में ही छात्रों को वैज्ञानिक अनुभूतियों के संस्कार देने होंगे। अर्थात इसके लिए पहले अध्यापकों में ही वैज्ञानिक दृष्टिकोण का निर्माण करना होगा। विधवा स्त्री के बारे में समाज की जो भावना और व्यवहार है इसका उदाहरण हम ले सकते हैं। शुभकार्य में विधवा स्त्री शामिल क्यों नहीं हो सकती? यह प्रश्न छात्र से पूछा जाए तो बहुधा 'वह मनहूस होती है' ऐसा उत्तर मिलता है। अर्थात दुर्दैव के आघात के कारण स्त्री के जीवन में आया वैधव्य उसे मनहूस साबित करता है। यह पूर्णत: गलत है। विधवा स्त्री भी एक स्वतंत्र व्यक्ति है। उसे स्वतंत्रता का अधिकार सभी स्तरों पर मिलना चाहिए। यह संस्कार शिक्षा द्वारा देना चाहिए। आज हमारे यहाँ होनेवाले महँगे, व्यर्थ और पुरोहितशाही के वर्चस्व को माननेवाले विवाह समारोह समाज के लिए विघातक हैं, ऐसा छात्रों को लगना चाहिए। यहाँ वैज्ञानिक दृष्टिकोण से आनेवाली जागरूकता केवल कार्यकारण भाव से संबंधित नहीं रहती बल्कि वह उसके आगे जाती है। विज्ञान के नियमों को तोड़ने वाले सभी काम चमत्कार नहीं होते हैं। इसलिए वैज्ञानिक दृष्टिकोण चमत्कारों का विरोध तो करता ही है, साथ ही उसके आगे जाकर अनिष्ट प्रथा, रूढ़ि, परंपराओं का विरोध करनेवाले संस्कारों को भी वह अपने जीवन में स्वीकार करता है। सत्यशोध प्रज्ञा परियोजना के माध्यम से इसे सफल बनाने की हमारी इच्छा थी।

समिति की कार्यकर्ती प्रा. प्रमोदिनी मंडपे द्वारा बालभारती की सहायता से किए गए एक अध्ययन से इस विचार की शुरुआत हुई। सतारा जिले के स्कूली छात्रों में पाया जानेवाला अंधविश्वास, उसके कारण और परिणाम तथा उसके उपायों का उन्होंने सर्वेक्षण किया। उसके जो निष्कर्ष निकले वे कुछ अलग एवं भयचकित करनेवाले थे। वे इस तरह कि जिन स्कूलों में केवल लड़कियाँ थीं उन स्कूलों में लड़कों के या कॉमन स्कूलों की अपेक्षा अंधविश्वास की अधिक मात्रा पाई गई। पारंपरिक संस्कारों के हावी होने के कारण तथा समाज में स्वच्छंदता से घुले-मिले

न होने के कारण स्वाभाविक रूप से लड़कियों की बुद्धिवादी समझ विकसित नहीं हुई थी। और जिन महिला स्कूलों में केवल महिला अध्यापिकाएँ थीं वहाँ की स्थिति तो बहुत ही विकट थी क्योंकि खुद वे अध्यापिकाएँ अंधविश्वास से बाहर नहीं आई थीं, जिसके कारण उनसे ही छात्राओं में अंधविश्वास का संक्रमण हो रहा था।

रिमांड होम (सुधारगृह) में होनेवाले बच्चों में अंधविश्वास कम था। विभिन्न उम्र-वर्ग में होनेवाले लड़के अपने-आप ही बहुत समझदार बन गए थे। वे एक-दूसरे से सीखते थे और खुद में उसके अनुसार बदलाव कर रहे थे।

देहात और शहरी दोनों क्षेत्रों के छात्रों में अंधविश्वास दिखाई देता है। केवल उनके प्रकार अलग-अलग होते हैं। इससे यह स्पष्ट होता है कि आधुनिकीकरण तथा शहरीकरण जैसी प्रक्रियाएँ भी अंधविश्वास को नहीं रोक पाईं।

छात्र अंधविश्वासी थे क्योंकि उन्हें पढ़ानेवाले अध्यापक अंधविश्वासी थे। अध्यापकों में होनेवाली अनिष्ट प्रथाएँ, कर्मकांड तथा रूढ़ियाँ छात्रों पर भी हावी हो गई थीं। अध्यापकों ने अपने अंधविश्वास की बातों की कभी जाँच भी नहीं की थी, न ही ऐसा करना उनको पसंद था। इस बात को हम समझ गए थे। फिर हमने महाराष्ट्रव्यापी एक शैक्षिक परिषद का आयोजन रयत शिक्षा संस्था के सहकार्य से किया। उसका विषय था, 'शिक्षा द्वारा वैज्ञानिक समझ को बढ़ाना तथा अंधविश्वास उन्मूलन के लिए उपाय करना'। इस परिषद में पूरे महाराष्ट्र से कई विद्वान, शिक्षाविद, सामाजिक कार्यकर्ता शामिल हुए थे। विचारों का बहुत आदान-प्रदान हुआ। कई उपाय सुझाए गए। अंधविश्वास उन्मूलन के विषय अध्यापकों पढ़ाने चाहिए, यह महत्त्वपूर्ण सूचना सामने आ गई।

परीक्षा उपक्रम की रचना

प्रथमत: हमने सतारा शहर की रयत शिक्षा संस्था की पाठशाला तथा महाविद्यालयों से संबंधित तकरीबन सौ अध्यापकों का एक प्रशिक्षण शिविर, आयोजित किया। उनकी सूचना और प्रतिक्रिया पर विचार करके आठवीं और नौवीं कक्षा के छात्रों के लिए पाठक्रम की एक पुस्तिका तैयार की। इसके बाद महत्त्वपूर्ण बात थी, छात्रों को प्रशिक्षित करना। प्रशिक्षित अध्यापकों ने यह पाठ्यक्रम अतिरिक्त कक्षाएँ लेकर छात्रों को पढ़ाया। बाद में छात्रों की परीक्षा ली गई। उत्तीर्ण छात्रों को वरिष्ठ विद्वान तर्कतीर्थ लक्ष्मणशास्त्री जोशी के हस्ताक्षर का प्रमाणपत्र दिया गया। शास्त्री जी जैसे महानुभाव के इस परियोजना का अध्यक्ष पद स्वीकार करने से हमारा सम्मान बढ़ गया। पहले वर्ष में केवल सतारा, कोल्हापुर, रत्नागिरि और धुलिया इन जिलों से बारह सौ छात्रों ने यह परीक्षा दी। यह बात समझ में आ गई कि अध्यापक और छात्रों को यह उपक्रम बहुत पसंद आया। अगले दो सालों में हमने तेजी से उसका

पूरे महाराष्ट्र में विस्तार किया और महाराष्ट्र के तकरीबन सभी जिलों में और कर्नाटक के बेलगाँव जिले में तथा गोवा राज्य में भी इस उपक्रम को प्रसारित किया। पाठ्यक्रम की किताबें अंग्रेजी तथा हिंदी भाषा में हों, ऐसी माँग संबंधित माध्यमों की पाठशालाओं से, साथ ही विदेशों में भी होने लगी। भारत सरकार के विज्ञान तकनीकी प्रसारण विभाग ने भी इस उपक्रम में अब दिलचस्पी दिखाई है। फिर भी यह उपक्रम आज तक किसी भी शासकीय अनुदान के बिना स्वयंसेवी पद्धति से शुरू है। पिछले सात सालों में तकरीबन 12 हजार अध्यापक प्रशिक्षित हुए हैं तथा डेढ़ लाख से अधिक छात्रों ने यह परीक्षा दी है।

अध्यापकों के प्रशिक्षण शिविर में उन्हें श्रद्धा और अंधविश्वास, वैज्ञानिक दृष्टिकोण, मन तथा मानसिक बीमारियाँ, भूतबाधा तथा देवी का शरीर में संचार होना, फलज्योतिष यह शास्त्र क्यों नहीं है, बाबागिरी के विरोध की वैचारिक भूमिका, भानमती, सर्प और अंधविश्वास, महिलाएँ और अंधविश्वास, अंधविश्वास उन्मूलन में संतों का योगदान, टोना-टोटका, मंत्र-तंत्र, भानमती का यथार्थ, रूढ़ि, कर्मकांड, परंपराओं की मीमांसा, पूजा-पाठ तथा नीति आदि के बारे में जो आंदोलन का दृष्टिकोण है ऐसे विषय पढ़ाए जाते हैं। शुरू में प्रशिक्षकों की संख्या कम थी इसलिए पूरे महाराष्ट्र में शिविरों के लिए घूमना पड़ता था। अब प्रत्येक जिले में तथा उसके आसपास के क्षेत्रों में समिति के प्रशिक्षक कार्यकर्ता बन गए हैं। वे ही शिविरों का आयोजन करते हैं।

अध्यापकों का अच्छा प्रतिसाद मिलता है। शिविर के दिन ड्यूटी लीव से जोड़े नहीं जाते हैं। आने-जाने का खर्च भी खुद करना पड़ता है। फिर भी नए विषय तथा आकर्षण के कारण और समिति को आंदोलन का नाम प्राप्त होने के कारण अध्यापक विशेष रूप से शिविर में उपस्थित रहते हैं। शिविर के भोजन खर्च को छोड़कर बाकी पूरा खर्च संबंधित स्थान के कार्यकर्ता स्वयंसेवी पद्धति से करते हैं। भोजन या नाशते के लिए जितना भी खर्च आता है, उसके लिए यशवंतराव चव्हाण प्रतिष्ठान, मुंबई द्वारा मदद दी जाती है। उनका आरंभ से ही सहकार्य और सहयोग रहा है, जिससे परियोजना की सफलता में उनका बहुत बड़ा योगदान है। तीन दिवसीय शिविर द्वारा बहुसंख्यक अध्यापकों में बदलाव आ जाता है। वे वैज्ञानिक दृष्टिकोण से विचार करने लगते हैं। यह मैं ठोस रूप से कह सकता हूँ कि वे स्वयं की खोज करने लगते हैं। अध्यापकों में जो बदलाव आ जाता है, उसका अनुभव बहुत ही उल्लासित करनेवाला होता है। इनमें से कई शिविरों में 'शिविर में आनेवाले आप और शिविर से वापस जानेवाले आप' इसमें काफी अंतर होता है। 'ऐसा आपको लगता है या नहीं?' इस प्रश्न का उत्तर 'हाँ' में ही मिलता है। शिविर से घर जाने के बाद जब आप शिविर के बारे में चर्चा करते हैं तब आपको 'शिविर से आने के बाद आप बहुत सयाने बन गए हो! बेकार में हमारा दिमाग मत चाटो।' ऐसी

प्रतिक्रिया हर घर में मिलती है या नहीं, इसका उत्तर शिविरार्थी अध्यापकों से जोर की हँसी तथा गर्दन हिलाकर मिलता है। शिविर खत्म होने के बाद अध्यापक जो प्रतिक्रिया देते हैं, उससे उनमें जो बदलाव आ गया है इसका अनुभव होता है। कई जगहों पर हमने शिविरार्थियों की लिखित प्रतिक्रियाएँ लीं। उसके द्वारा यह स्पष्ट हो गया कि उनको यह उपक्रम बहुत ही पसंद आ गया।

परियोजना के नतीजे

यह परियोजना शुरू करने के बाद उसके कुछ नतीजे तुरंत सामने आए हैं। वे इस तरह हैं—

— उस परिवेश में होनेवाले तथाकथित चमत्कार कम हो गए।

— गाँव में किए जानेवाले टोना-टोटका, भानमती आदि के पीछे जो विज्ञान और हठ की सफाई थी उसकी छात्र खोज करने लगे।

— इस उपक्रम के माध्यम से छात्राओं तक सहजता से पहुँच सके।

— परियोजना के पाठ्यक्रम की पुस्तकें आसान, आशयपूर्ण और सुव्यवस्थित हैं। वे पुस्तकें परीक्षार्थी छात्रों के घरवालों के साथ-साथ पड़ोसियों ने भी पढ़ीं। परीक्षार्थी छात्रों के प्रयास शुरू ही रहते हैं। इसलिए हम मान सकते हैं कि यह विचार एक बार छात्रों के दिमाग में बैठ गया तो यह विचार घर-घर में पहुँचेगा।

— पाठ्यक्रम पुस्तकों से परे कुछ काम करना चाहिए, ऐसा माननेवाला समर्पित और उत्साही भावना का एक अध्यापक वर्ग भी है, लेकिन क्या करना चाहिए, इसकी समझ उनके पास नहीं है। इस परियोजना के कारण उन्हें एक अच्छा उपक्रम मिला। इस परियोजना की परीक्षा द्वारा अध्यापक और छात्रों के मन में बैठा अंधविश्वास का भूत कैसे उतर गया और उनमें कैसे बदलाव आ गया, इसका जब हम विस्तृत ब्योरा देखते हैं तब हमें इस परियोजना की यथार्थता समझ में आती है।

कई शिक्षक खुद में जो बदलाव आया है उसको स्वीकार करते हैं। लिखित तौर पर भी प्रतिक्रिया भेजते हैं और स्पष्ट रूप से इस बदलाव से क्या फर्क पड़ा, इसके बारे में भी बताते हैं। संकष्टी व्रत रखनेवाले एक अध्यापक ने शिविर के बाद क्या हुआ, इस बारे में लिखा है, 'संकष्टी चतुर्थी के प्रति अमिट श्रद्धा और डर मेरे मन पर बाल्यावस्था से ही छाया हुआ था। पिछले साल परिवार के साथ गोवा गया था। संकष्टी चतुर्थी थी। चंद्रोदय कब है मालूम नहीं था। रास्ते में होनेवाले पान के ठेलों पर पूछा तो उनके पास कैलेंडर नहीं था। बाद में कराड में होनेवाली अपनी सासूमाँ को फोन किया और उनसे समय के बारे में पूछा। फिर मैंने संकष्टी चतुर्थी

का उपवास छोड़ा। इस वर्ष प्रज्ञा परीक्षा का प्रशिक्षण लिया। मेरे मन को यह बात रास आई। अब मैंने संकष्टी चतुर्थी का व्रत रखना ही छोड़ दिया। मेरे दोस्तों को विश्वास नहीं हो रहा था। उन्होंने मेरी परीक्षा ली। संकष्टी को जानबूझकर खाने पर बुलाया। मांसाहारी भोजन बनाया था और चंद्रोदय से पहले उन्होंने थाली परोसी। मैंने पेटभर खाया और मैं परीक्षा उत्तीर्ण हो गया।'

बच्चे अनुकरण से सीखते हैं। अध्यापकों के आचरण को परखते हैं। एक अध्यापक ने कहा कि "जबसे यह पाठ्यक्रम पढ़ाया है तब से बच्चों ने मुझ पर ध्यान देना शुरू किया है। क्या मैं सत्यनारायण की पूजा में जाकर नमस्कार करता हूँ? क्या मैं प्रसाद लेता हूँ? इस पर सूक्ष्मता से बच्चों का ध्यान रहता है। अब 'जैसी कथनी, वैसा करनी' के अनुसार आचरण करने की जिम्मेदारी मुझ पर आई है।"

जिस व्यक्ति के शरीर में संचार होता है, उस व्यक्ति में असीम ताकत होती है, ऐसी सबकी समझ है। इसमें अध्यापक भी अपवाद नहीं हैं। इसके बारे में एक अध्यापिका लिखती हैं, 'मेरी कक्षा के दौरान अंतिम बेंच पर बैठे एक असभ्य लड़के के शरीर में बीच-बीच में संचार होता था। हाथ-पाँव फैलाकर वह बेंच में अटका रहता था। मेरे साथ पूरी कक्षा भयभीत होती थी। कक्षा लेना बंद हो जाता था। उस लड़के के साथ क्या सलूक किया जाए, किसी को कुछ समझ में नहीं आता था। कक्षा से उस लड़के को बाहर निकालने की किसी में हिम्मत नहीं थी। इस कारण अनजाने में उस लड़के का आतंक ही कक्षा में फैल गया था। मैंने समिति के शिविर में प्रशिक्षण लिया। सबसे पहले शरीर में संचार होने का मतलब क्या है, उसके कारण क्या होते हैं तथा उसके लिए कौन से उपाय हैं, इसको समझ लिया। तब मेरी समझ में यह में आ गया कि संचार होने का यह प्रकार न प्रासंगिक मनोविघटन का है, न ही सम्मोहन का। यह एक पाखंड है।

'एक बार फिर उस लड़के के शरीर में संचार हो गया। अध्यापन का कार्य मुझे रोकना पड़ा। आजू-बाजू की कक्षाओं से अध्यापक आ गए। सारे पुरुष अध्यापक मुझे 'पीछे हटो, आगे मत बढ़ो' ऐसी बात करते थे। ऐसे में मैं आगे बढ़ी। उसकी कलाई पकड़ी और जोर से झटका दिया, और 'चलो उठो!' कहकर धमकाया। वह छात्र चुपचाप उठा और कक्षा के बाहर चला गया। सब चकित हो गए। हमेशा की परेशानी खत्म हो गई।'

एक प्रधानाचार्य ने बताया कि "हम मुहूर्त देखकर एस.एस.सी. के फॉर्म भरते थे। अगर अध्यापक अच्छा पढ़ाएँगे और छात्र अच्छी पढ़ाई करेंगे तो ही अच्छे परिणाम आएँगे, यह बात हमारी समझ में आ गई।"

एक अध्यापक की भेजी हुई हकीकत बड़ी उद्‌बोधक है। पाठशाला को इमारत की जरूरत थी। पैसे भी नहीं थे। हेडमास्टर ने दिमाग लगाया। पाठशाला के हर एक छात्र से पचास-पचास पैसे चंदे के रूप में इकट्ठा किए। उन पैसों से लॉटरी के

टिकट खरीद लिए। अब लॉटरी से जो भी पैसे मिलेंगे उन रुपयों से इमारत बनवाने की योजना बनाई गई। लेकिन लॉटरी नहीं लगी। इमारत भी नहीं बनी। लेकिन हर महीने छात्रों से पचास पैसे लेकर लॉटरी के टिकट खरीदने का कार्य शुरू रहा। ऐसी बकवास कल्पनाओं का विरोध करने की हिम्मत मुझे शिविर के द्वारा प्राप्त हो गई।

बुलढाणा जिले के एक अध्यापक शिविर के बाद मिले और कहने लगे कि "गाँव में जादू-टोने का बहुत आतंक है। मांत्रिक अंडे को छेदता है, जादू-टोना करता है, मंत्र फेंकता है। मांत्रिक का कहना है कि अंडे में जो द्रव होता है वह जैसे-जैसे सूखता है वैसे-वैसे जिस पर जादू-टोना किया है वह व्यक्ति भी क्षीण और कमजोर होने लगता है। इसलिए मांत्रिक का आतंक होना स्वाभाविक है। किसी भी प्रकार की शक्ति किसी के भी पास नहीं होती है, यह बात शिविर के कारण हम समझ गए हैं। इसलिए मांत्रिक और जादू-टोने से हम अब भयमुक्त हो गए हैं। गाँव के आदिवासियों में होनेवाले डर को खत्म करने का हमने बीड़ा उठाया है।"

पाठशाला में जब छात्र सत्यशोध परीक्षा देते हैं तब कई मजेदार किस्से भी सामने आ जाते हैं। एक साल प्रश्नपत्रिका में छात्रों के लिए प्रश्न था, जो हम आगे चलकर हर परीक्षा में पूछने लगे। इसका कारण यह था कि उस प्रश्न का जो उत्तर मिला था वह हमारी आँखें खोलनेवाला था। प्रश्न यह था कि अपने देखे हुए बाबागिरी करनेवाले एक व्यक्ति का पाँच-दस पंक्तियों में वर्णन करो। छात्रों ने मन लगाकर प्रश्नपत्रिका हल की थी। इस उत्तर में जिन नामों का जिक्र किया गया था उसमें स्कूल के या आसपास की पाठशालाओं के अध्यापकों के नाम थे। हर स्कूल में तावीज, मंत्र-तंत्र, भस्म-धूप देनेवाला या उस पर विश्वास रखनेवाला एकाध तो अध्यापक होता ही है। छात्रों ने ऐसे ही अध्यापकों को पकड़ में लिया था। कुछ अध्यापकों ऐसे और प्रधानाध्यापकों में जो बदलाव आया था वह सहजता से समझ में आ गया। यह बदलाव तब देखा गया जब राज्यपाल महोदय द्वारा एक आदेश निकाला गया और उसका विरोध किया गया।

कुछ साल पहले महाराष्ट्र में बारिश नहीं हुई। तत्कालीन राज्यपाल सी. सुब्रह्मण्यम को एक कल्पना सूझी। बारिश ठीक समय पर हो इसलिए छात्र परमेश्वर की प्रार्थना करें। खुद राज्यपाल महोदय की आज्ञा होने के कारण शिक्षा विभाग की यंत्रणा प्रचंड गति से कार्य में जुट गई। शिक्षाधिकारी का आदेश पाठशाला तक पहुँच गया। स्कूल शुरू होते समय सभी छात्र और अध्यापक मिलकर जाहिर तौर पर अपने इष्ट देवता की प्रार्थना करें तथा बारिश हेतु अनुकूलता निर्माण करें ऐसा वह आदेश था। सत्यशोध प्रज्ञा परीक्षा का जिन अध्यापकों तथा प्रधानाध्यापकों ने प्रशिक्षण लिया था उन्होंने इस आदेश का पालन नहीं किया। इस आदेश का पालन करने का अर्थ कालचक्र को पीछे घुमाना तथा महाराष्ट्र के समाजसुधारकों के विचारों का अपमान करना है, ऐसी जाहिर भूमिका उन्होंने ली। हमारे प्रार्थना नहीं

करने के बाद भी बादलों ने पाठशाला के पास बारिश गिराई, इस बात को बताना भी वे नहीं भूले।

छात्रों में बदलाव आ गया

अध्यापकों में जो बदलाव आया था वह छात्रों में भी दिखाई देना स्वाभाविक था। इस बदलाव के कुछ उदाहरण मैं देता हूँ, जिससे यह समझ में आएगा कि वे कितने आश्वासक हैं।

भालवणी (तहसील पंढरपुर, जिला सोलापुर) में रहनेवाला पोतराज का लड़का बचपन से ही जटाधारी था। लड़के को आगे चलकर पोतराज बनाने का माता-पिता ने दृढ़ निश्चय किया था। लड़के के मन में भी वही बात बैठ गई थी। लेकिन सातवीं कक्षा में इस छात्र ने मित्रों के कारण परीक्षा दी और उसके बाद उसके मन में पूर्णत: बदलाव आ गया। "मैं पोतराज नहीं बनूँगा," ऐसा उसने माता-पिता को साफ-साफ कह दिया। आगे चलकर अध्यापकों से कहकर अपने सिर पर होनेवाली जटाओं को भी उसने निकाल दिया।

सत्यशोध प्रज्ञा परीक्षा में एक लघुत्तरी प्रश्न पूछा गया था। अपने घर में होनेवाली अंधविश्वास से संबंधित तीन बातें लिखिए। बच्चे जागरूकता से उसको खोजने लगे। अपने माता-पिता से सवाल पूछने लगे। उनकी अड़चनें बढ़ गई। अत: उनके भी विचारों में बदलाव आ गया।

गुजरात की एक लड़की धुलिया जिले के सिंदखेडा में अपने रिश्तेदारों के यहाँ पढ़ाई करने के लिए आई थी। उसने सत्यशोध प्रज्ञा परीक्षा के लिए अपना नामांकन कराया और इसके माध्यम से उसने चमत्कार भी सीख लिए। छुट्टियों में जब वह गुजरात में अपने घर गई तब वहाँ पर उसके मोहल्ले में एक बाबा आया। वह लोगों से माचिस में से बीस तीलियाँ गिनकर लेता। उन्हें जलाकर राख कर देता और लोगों के सामने वह राख अपनी कलाई पर लगाता। कलाई पर अगर 'लड़का' शब्द बन गया तो औरत को लड़का होगा यह समझा जाता। लोग देखते ही देखते उसके चंगुल में फँस गए। यह सब परीक्षा देनेवाली छात्रा ने देखा। वह अपने घर में से माचिस की डिबिया लेकर आई और भोंदू बाबा से कहने लगी, "ठहरो, मैं तुम्हें ही लड़का होगा या नहीं यह बताती हूँ।" बाबा चकित हो गया। दर्शक भी जानने के लिए उत्साहित हो गए। लड़की ने पहले अपनी कलाई सबको दिखाई। बाद में बीस तीलियाँ जलाईं और उसकी राख कलाई पर लगाई। 'लड़का' शब्द लड़की की कलाई पर स्पष्टता से दिखाई देने लगा। अपनी पोल खुल गई यह बात जब बाबा समझ गया तो वहाँ से भाग गया और फिर उस गाँव में कभी दिखाई नहीं दिया। उस लड़की ने साबुन के द्रव से कलाई पर 'लड़का' यह शब्द पहले ही लिखा

था। उसके सूख जाने पर यह शब्द बिलकुल दिखाई नहीं देता था। उस पर राख लगाने से साबुन के सूखे द्रव पर राख चिपक जाती है और काले अक्षर उभर आते हैं। यह चमत्कार लड़की ने सत्यशोध प्रज्ञा परीक्षा के अपने पाठ्यक्रम से सीखा था।

ऐसी ही एक घटना कोड़ोली (जि. सतारा) गाँव में घटित हुई। वहाँ के संजय की मौसी की भैंस पर किसी ने टोना-टोटका किया था। भैंस का दूध कड़वा लग रहा था। रोज दूध गटर में फेंकने की नौबत आ रही थी। घर में देवऋषि का आना-जाना शुरू हुआ। संजय के ध्यान में जब यह बात आ गई तब वह मौसी से जाकर मिला। कोई मंत्र-तंत्र नहीं होता है यह बात उसकी सत्यशोध प्रज्ञा परीक्षा के पाठ्यक्रम की पुस्तक में लिखी थी। उसे उसने पढ़कर भी सुनाया, लेकिन मौसी इस समस्या से राहत चाहती थी अतः कड़वा दूध बंद हो, यही उस समस्या का समाधान था। संजय ने मौसी की भैंस पर नजर रखी। भैंस गाजर घास खाती है जिसके कारण दूध कड़वा लगता है, यह मौसी को दिखाया। भानमती जैसी कोई बात नहीं होती है। अपने आप कोई भी घटना नहीं घटित होती। घटित होने के पीछे कोई-न-कोई कार्यकारण भाव होता है। उसे खोजना, बदलना, और उस पर रोक लगाना अपने ही हाथ में होता है। भानमती की खोज कैसे की जाए इसका एक तंत्र ही समिति ने तैयार किया है। वह तंत्र शिविर में छात्रों को बताया और पढ़ाया जाता है। होशियार छात्र उसका उपयोग करके भानमती की खोज करते हैं और उसे तुरंत बंद कर देते हैं।

तासगाँव में भी ऐसा ही कुछ हुआ। उस गाँव के हिराजी ने एक गाय खरीद ली जो काफी दूध देती थी। वह गाँव में दूध बेचता था, जिसके लिए स्वयं गाय को दुहता था और छोटी स्टील की बाल्टी में जमा करके धारोष्ण दूध ग्राहकों को दे आता था। ताजा दूध मिलने के कारण ग्राहक भी खुश थे। लेकिन दो सप्ताह बाद अघटित घटित हुआ। बाल्टी को अच्छी तरह से धोने के बाद ही हिराजी उसमें दूध लेकर जाता था। उस दूध में छोटे-छोटे कंकड़ मिलने लगे। इसका कारण किसी को भी समझ में नहीं आ रहा था। ग्राहक भी नाराज हो गए। अंत में देवऋषि को आमंत्रित करना तय हो गया। लेकिन सत्यशोध प्रज्ञा परीक्षा देनेवाला घर का ही आठवीं में पढ़नेवाला राजाराम इसके लिए तैयार नहीं था। परीक्षा देते समय उसने यह अच्छी तरह से पढ़ा था कि भानमती या तंत्र-मंत्र झूठ होता है, हम उसकी खोज कर सकते हैं और उसे समाप्त भी कर सकते हैं।

राजाराम के कारण देवऋषि को बुलाना कुछ समय के लिए रोक दिया गया। राजाराम ने सोचा कि अध्यापक ने जो बताया है उसके अनुसार खोज की जाए। उसने तय किया कि दादाजी का पीछा बाल्टी धोने से लेकर घर-घर में दूध देने तक किया जाए। हिराजी सुबह ही हाथ में बाल्टी लेकर दूध देने के लिए निकला। राजाराम भी अपने दादा के पीछे-पीछे गया। उसे आश्चर्य हो गया क्योंकि उसे उसका उत्तर मिल गया था। उसने देखा कि कच्ची सड़क से हिराजी तेजी से चलता था।

हाथ में ली हुई बाल्टी हिलती थी। पाँव में पहनी स्लीपर फटाफट आवाज करती थी। उससे उड़नेवाले छोटे कंकड़ आवाज न करते हुए बाल्टी में होनेवाले दूध में गिर जाते। राजाराम ने अपने दादाजी से जर्मन केटली में दूध ले जाने का आग्रह किया और भानमती टल गई। राजाराम ने केवल सत्यशोध प्रज्ञा परीक्षा ही नहीं दी थी, बल्कि उसने जीवन की समस्या को वैज्ञानिक विचार पद्धति से हल करने की जो शुरुआत की थी, उसका यह यथार्थ उदाहरण है।

इससे अलग प्रसंग एक पाठशाला की प्रबंधन समिति पर गुजरा। पाठशाला में अधिकांश मुस्लिम लड़कियाँ थीं। उनमें से कई लड़कियाँ परीक्षा देना चाहती थीं। कुछ दिन बीत गए। स्कूल की परीक्षा शुरू हो गई। उस समय रमजान चल रहा था और रोजा रखने के दिन शुरू थे। दिनभर रोजा रखना और उसी समय अध्ययन करना, पेपर देना। इसमें होनेवाली विसंगति तथा उसकी निरर्थकता लड़कियों को स्पष्ट रूप से समझ में आ गई। उस समय वैज्ञानिक दृष्टिकोण को जीवन में स्वीकार करके सभी लड़कियों ने मिलकर रोजा न रखने का फैसला किया। आपको यह बात कहाँ से सूझी? ऐसा सवाल संतप्त होकर घरवालों ने पूछा। तब उन्होंने पाठशाला में प्रज्ञा शोध परीक्षा हेतु पढ़ाए जानेवाले पाठ्यक्रम के बारे में बताया। इस प्रकरण को आगे न बढ़ाते हुए यह बात वहीं पर खत्म हो गई। अन्यथा अंधश्रद्धा निर्मूलन समिति धर्म को डुबोती है ऐसा जो लोग हमारे बारे में प्रचार करते हैं, उनको इस बात से अधिक बढ़ावा मिल जाता।

महाराष्ट्र में ही नहीं, बल्कि पूरे भारत और विश्व में लोग एक दिन गणेशजी दूध प्राशन करने लगे। कई पढ़े-लिखे लोग दूध की कटोरी और चम्मच लेकर गणेश मूर्ति के पास जाने लगे। कई जगहों पर सत्यशोध प्रज्ञा परीक्षा देनेवाले परीक्षार्थियों ने अपने अभिभावकों को इससे दूर रखने का प्रयास किया। अभिभावकों ने बच्चों की एक न सुनी। परंतु छात्रों ने तरह-तरह के तर्क दिए। ऐसे तर्क उनके मन में आना ही एक तरह से हमारी परियोजना की सफलता थी। इस संबंध में एक अच्छा उदाहरण है। सूंड़ में दूध से भरा चम्मच लगानेवाले अपने पिताजी से एक लड़के ने पूछा, "बाबा, सूंड़ यह गणपति की क्या है?" पिता ने तुरंत उत्तर दिया, "अरे! इतना भी नहीं समझते। सूंड़ गणपति की नाक है।" इस पर छात्र ने निरुत्तर करनेवाला अगला प्रश्न पूछा, "बाबा, नाक से हम यदि दूध पीने लगें तो साँस फूल जाएगी और मृत्यु होगी। इसलिए प्रत्यक्ष बुद्धि के देवता श्री गणेशजी को सूंड़रूपी नाक से दूध पिलाया जाता है या नहीं, इतनी सी बात समझ में नहीं आती है?" इस पर पिताजी निरुत्तर हो गए।

सत्य साईंबाबा चमत्कार करते हैं और देश के राष्ट्रपति, प्रधानमंत्री, न्यायाधीश, उद्योगपति उनके पैर छूते हैं। यह अत्यंत दुर्भाग्य की बात है। लेकिन साईंबाबा की ताकत इतनी है कि उनके विरोध में हमारा आंदोलन काफी छोटा प्रमाणित होता

है। संतोष इस बात का है कि आनेवाली छात्रों की पीढ़ी तो इस परीक्षा के माध्यम से नया दृष्टिकोण स्वीकार रही है। जो प्रश्न सत्यशोध प्रज्ञा परीक्षा में पूछे जाते हैं, उनमें से एक बहुपर्यायी प्रश्न ऐसा होता है कि—

सत्य साईंबाबा हवा में खाली हाथ घुमाकर, हाथ से सोने की चेन निकालते हैं। क्योंकि—

— वे ईश्वर हैं।

— वे ईश्वर के दूत हैं।

— वे उत्तम जादूगर हैं।

— वे बदमाश हैं।

अधिकांश छात्र चौथा पर्याय ही सही पर्याय के रूप में चुनते हैं। मेरा अनुभव ऐसा है कि सत्य साईंबाबा चमत्कार करते हुए भी जादूगर क्यों नहीं हैं? तथा बदमाश क्यों हैं? इस संदर्भ में छात्रों से प्रश्न पूछने पर छात्र अचूकता से इस पर विचार कर रहे हैं इसकी जाँच-पड़ताल होती है।

अध्यापकों का संकल्प

अध्यापकों के शिविर में अध्यापकों में बदलाव दिखाई देना यह बहुत खुशी की बात होती है। खुद खर्च करके शनिवार और इतवार को छुट्टी लेकर ये अध्यापक शिविर के लिए आते हैं। कई बार तो वे स्वयं संकल्प लेते हैं। कोल्हापुर में ऐसे ही एक शिविर में तकरीबन डेढ़ सौ अध्यापकों ने प्रतिज्ञा ली। वह इस तरह—

—गणेश चतुर्थी के दिन चाँद नहीं देखना चाहिए क्योंकि ऐसा करने से चोरी का इल्जाम आता है। इस अंधविश्वास को दूर करने के लिए गणेश चतुर्थी के दिन जानबूझकर चाँद का दर्शन करेंगे।

—गणेश मूर्ति के साथ काफी फूल और फूल की मालाएँ पानी में डाली जाती हैं। इससे जलप्रदूषण होता है। अतः मालाएँ फेंकना पहले स्वयं बंद करेंगे और दूसरों को भी बताएँगे।

—नवरात्रि में कोल्हापुर में हर घर में नौ दिन देवी के नाम पर नंदादीप जलाया जाता है। हम इस तेल और घी का प्रयोग भगवान के सामने न हो इसके लिए भी प्रयास करेंगे।

—होली में लकड़ियाँ जलाने से पर्यावरण की हानि नहीं होने देंगे। इसके बदले हम लोगों को कूड़ा-कचरा जलाने के लिए प्रवृत्त करेंगे।

जिस साल यह शिविर हुआ, उसी साल अध्यापकों ने गणेश विसर्जन के दिन पंचगंगा के किनारे खड़े रहकर लोगों को पानी में फूल और फूल की मालाएँ फेंकने नहीं दीं। पहले ही दिन सात ट्रक फूलों और मालाओं को एकत्रित किया गया। आगे

इस उपक्रम को समिति के कार्यकर्ताओं ने पूरे कोल्हापुर जिले में प्रसारित किया। अब वह धीरे-धीरे पूरे महाराष्ट्र में प्रसारित हो रहा है।

'सत्यशोध प्रज्ञा परियोजना' का नामकरण अब 'विज्ञान जाग्रति परियोजना' ऐसा किया गया है। उसे विविध संगठनों के माध्यम से पूरे भारत में प्रसारित करने की संभावना है। उसके कई विस्तारित छोटे पाठ्यक्रम समिति ने तैयार किए हैं। वैज्ञानिक दृष्टिकोण, सर्प विज्ञान, मनोविकार, भूतबाधा, व्यसनमुक्ति, चमत्कार, सत्यशोधन और जवान होते समय आदि नामों से ये पाठ्यक्रम पहचाने जाते हैं। इस पूरी परियोजना के स्थिर होने के लिए कई लोगों ने परिश्रम किए हैं। लेकिन परियोजना संमन्वयक के रूप में कुमार मंडपे और हर साल आकर्षक प्रश्नपत्र तैयार करनेवाले अनिल चव्हाण ने जो सहयोग दिया उसका भी विशेष उल्लेख करना होगा। तर्कतीर्थ लक्ष्मणशास्त्री जोशी के निधन के बाद प्रधानमंत्री के पूर्व प्रमुख वैज्ञानिक सलाहकार डॉ. वसंत गोवारीकर इस परियोजना के अध्यक्ष बने। अब सत्यशोध प्रज्ञा स्वयं अध्ययन परीक्षा भी शुरू कर रही है। इसमें यह कल्पना है कि छात्रों जो प्रश्नपत्रिका दी जाती है उसे हल करते समय छात्र विभिन्न पुस्तकें पढ़ें और उनका निरीक्षण करें। साथ ही अन्य लोगों के साथ विचार-विमर्श भी करें।

अब महाराष्ट्र में तकरीबन 500 पाठशालाओं में यह केंद्र शुरू है। भारत के हर जिले में प्राथमिक एवं माध्यमिक अध्यापकों की संख्या दस हजार के आसपास है। पूरे भारत में यह संख्या 35 लाख के आसपास हो सकती है। यह दल भारतीय सैनिकों से भी बड़ा है। यह अध्यापक वर्ग ग्रामीण इलाकों में भी फैला हुआ है। नौकरी के कारण इसे आर्थिक स्थैर्य प्राप्त हुआ है। छात्रों से उनका ठेठ और घनिष्ठ संपर्क है। जिले के केवँल 2 प्रतिशत अध्यापकों का इसमें सामावेश हो गया है। हर जिले में कम-से-कम दो सौ अध्यापक एक ही समय अध्यापक और कार्यकर्ता के रूप में कार्य करने के लिए खड़े हो सकते हैं। इनमें से कई अध्यापकों को उनके गाँव में सम्मान मिलता है। जनमानस पर भी उनकी पकड़ है। हमने यदि उनकी उनकी ताकत की पहचान कराई तो वे परिवर्तन के क्षेत्र में पूरा देश हिला सकते हैं। अगर हम उन्हें सही दिशा में गतिशील बनाएँगे, तो सामाजिक मानसिकता में बदलाव आ सकता है। पाठशालाओं के बीच वैचारिक मंथन शुरू हुआ तो आज के छात्र कल के सजग नागरिक बनेंगे और इस सजगता के आधार पर कृति करने के लिए प्रेरित होंगे। वैचारिक क्रांति की दृष्टि से कृतिशील कदम आगे बढ़ेंगे।

खत्म न होनेवाला सफर

'शब्द' नामक दीपावली अंक के संपादक ने 'पीछे मुड़कर देखते हुए' इस कॉलम के लिए मैं लिखूं, ऐसा पत्र भेजा। उसमें एक वाक्य इस प्रकार था, 'इस कॉलम में असामान्य और ख्यातलब्ध व्यक्तियों को लेखन के लिए आमंत्रित किया है।' यह वाक्य स्वाभाविक रूप से मेरे अहं को बढ़ाने वाला था। मैं जिस कारण से ख्यात हूँ, उसी को ध्यान में रखकर लिखने के लिए कहा गया है। यह सच है कि मैं पिछले 20 सालों से अंधविश्वास उन्मूलन का कार्य कर रहा हूँ, लेकिन पिछले 10 वर्षों से मैं साने गुरुजी द्वारा शुरू किए गए 'साधना' साप्ताहिक का संपादक भी हूँ। यह साप्ताहिक पूरी तरह से विकसित हो रहा है। फिर भी महाराष्ट्र में अगर 100 लोगों से परिचित हुआ, तो उनमें से 95 लोग दाभोलकर और अंधविश्वास उन्मूलन का संबंध जोड़ देते हैं। उनमें से कई लोगों को 'साधना' साप्ताहिक के बारे में पता ही नहीं होता है। इस कारण से मैं 'साधना' का संपादक हूँ, यह बात उनके लिए अर्थहीन होती है।

सच तो यह है कि, मैं बहुत संघर्ष के बाद यहाँ तक पहुँचा हूँ। सब में कम-अधिक सफलता मुझे मिली है। उदाहरण के लिए देखा जाए तो मैं कबड्डी का राष्ट्रीय-अंतरराष्ट्रीय खिलाड़ी था। मराठी में कबड्डी से संबंधित एक अच्छी पुस्तक मैंने लिखी है। सरकार द्वारा दिया जानेवाला शिवछत्रपति क्रीड़ा पुरस्कार जो कि सर्वोच्च पुरस्कार है, मुझे कबड्डी के लिए मिला है। क्रीड़ा संघटक, क्रीड़ा स्तंभ लेखक, निवेदक ऐसी कई भूमिकाओं में 20 साल मैदान पर रहा। यही बात 'साधना' साप्ताहिक की भी है। अंधविश्वास उन्मूलन के कार्य के साथ-साथ मैंने व्यसनमुक्ति की एक बड़ी संस्था शुरू की। व्यसनमुक्ति का कार्य भी अच्छी तरह से शुरू है। लेकिन इनमें से किसी भी कार्य के लिए मुझे पीछे मुड़कर देखने को नहीं कहा गया है, ऐसी मेरी कल्पना है। ऐसा क्यों हुआ? इसका अंदाजा हम लगा सकते हैं। श्रद्धा और अंधविश्वास के बारे में हर उम्र, हर स्तर, स्त्री-पुरुष, शिक्षित-अशिक्षित, गरीब-अमीर सभी में एक जिज्ञासा पाई जाती है। इसलिए हर किसी के मन के साथ यह अंधविश्वास उन्मूलन का आंदोलन जुड़ गया होगा। अपने देश में पूँजीवादी मानसिकता है। यही कारण है कि संगठन की अपेक्षा व्यक्ति लोगों को

जल्दी भा जाता है। इसलिए अंधविश्वास उन्मूलन और नरेंद्र दाभोलकर यह एक समीकरण बन गया है और इसी कारण से इस कॉलम के लिए मेरा लेख मँगवाने की कल्पना का जन्म हुआ होगा।

'धारणा और सातत्य' ये दो चीजें हम जैसों के जीवन में दिखाई देती हैं। इसलिए 'वे भीड़ का हिस्सा बनकर, व्यक्ति बन जाते हैं', ऐसा मनोदय संपादक ने व्यक्त किया है। इसके भी आगे जाकर धारणा का मतलब केवल बौद्धिक स्पष्टता नहीं है, बल्कि जो जेहन के साथ हृदय को भी स्पंदित कर देती है और कृति के लिए नैतिक सामर्थ्य निर्माण करती है उसे धारणा कहा जाता है, ऐसा स्पष्टीकरण दिया है।

मुझे स्पष्ट रूप से कबूल करना होगा कि ऐसा मेरे साथ कभी घटित नहीं हुआ है। मैंने एम.बी.बी.एस. पूरा किया। व्यवसाय करने लगा। उसके साथ ही 'समाजवादी युवक दल' इस नाम से सामाजिक कार्य भी शुरू किया। मेरे कुछ मित्रों ने मिलकर यह संगठन शुरू किया था। ऐसे कई संगठनों का 70-80 के दशक में महाराष्ट्र में उदय हुआ। उन्हें 'एक्शन ग्रुप्स' कहा गया। शुरुआत होना, कुछ समय तक शोहरत पाना और कुछ समय बाद अस्त हो जाना यह नौबत सभी के हिस्से में आई है। अत: 71 में शुरू हुआ 'समाजवादी युवक दल', 82 में रुक गया। उसे एक अच्छा नाम देने के उद्देश्य से हम 'समता आंदोलन' नामक संगठन में विलीन हो गए। उस संगठन का भी कार्य रुक गया। उसी समय अंधविश्वास उन्मूलन का कार्य शुरू हो गया। उसका कारण था बी. प्रेमानंद की महाराष्ट्र व्यापी विज्ञान यात्रा। विज्ञान प्रसार का कार्य करनेवाले कुछ संगठनों ने मिलकर महाराष्ट्रव्यापी विज्ञान यात्रा निकाली थी। उसमें जो कई आंदोलन के समूह थे उसमें एक समूह बी. प्रेमानंद का था। बाबागिरी के चमत्कार जो आज हमने ग्रामीण देहातों तक पहुँचाए हैं, वे उस समय पहली बार महाराष्ट्र में दिखाए गए थे। उनको देखने के लिए मेले जैसी भीड़ लगी थी। मुझे लगा कि यह कार्य महाराष्ट्र के लिए उपयुक्त सिद्ध होगा, लेकिन यह नहीं सोचा था कि यह कार्य मैं करूँगा।

विज्ञान मेला संयोजन समिति में राष्ट्रसेवा दल एक प्रमुख संगठन था। उसके प्रमुख से मैंने विनती की कि, आप इस कार्य को प्रमुखता से आगे ले जाएँ। उनको वह कार्य उतना महत्त्वपूर्ण नहीं लगा। वैसे तो मेरे पास भी काफी समय था। व्यवसाय भी बंद किया था। व्यापक परिवर्तन के आंदोलन का मैं कार्यकर्ता था। मेरे संगठन का कार्य भी बंद हो गया था। जो व्यक्ति खाली होता है वैसे व्यक्ति को ही काम में लगाया जाता है। लेकिन मेरे बारे में वैसा नहीं हुआ, न ही किसी ने मुझे बुलाया। मेरे पास समय था इसलिए मैंने यह कार्य शुरू किया। कई लोगों को लगता है कि किसी घटना की प्रेरणा या किसी आघात के कारण मैं इसकी ओर आकर्षित हुआ था। लेकिन ऐसा नहीं हुआ था। इतना ही नहीं, मेरे कई मित्रों को मेरा यह निर्णय उस समय ठीक नहीं लगा था और आज भी उनको यह उचित नहीं लगता है।

उनके ही शब्दों में कहा जाए तो यह कार्य 'जादू के प्रयोग दिखाते' घूमना जीवन को व्यर्थ करने जैसा है और एक तरह से समय की बर्बादी है। लेकिन सातत्य की जो दूसरी बात संपादक ने प्रस्तुत की है, वह पूर्णतः मुझसे मेल रखती है। फिर भी यह सातत्य इस कार्य के लगाव के कारण नहीं आया है। हो सकता है कि पहले से ही मुझमें यह वृत्ति रही हो। मैं स्कूल में खिलाड़ी था। किसी धार्मिक कर्मकांड की तरह सालभर अर्थात 365 दिन मैं शाम के समय क्रीड़ा मंडल में जाता। खेलने से पूर्व मैदान की मरम्मत तथा कुली जैसे काम बहुत ही खुशी से करता था।

उस समय मैं कभी भी सतारा के रास्ते पर शाम को घूमने नहीं गया। शाम 6 बजे सिनेमा देखने की बात तो दूर ही रह गई। जब मैं 'साधना' का संपादक बना, उस समय अंनिस आंदोलन का कार्यक्षेत्र काफी हद तक फैला हुआ था। अतः 'साधना' की जिम्मेदारी मुझ पर सौंपनेवालों के मन में संदेह उत्पन्न हो रहा था। मंगलवार को अंक छपवाना, बुधवार को उसकी बाइंडिंग कराना और बृहस्पतिवार को 12 बजे तक उसे पोस्ट में पहुँचाना आदि बातें साप्ताहिक के लिए अपरिहार्य थीं। इसका क्रम बिगाड़ने का मतलब था कई समस्याओं को आमंत्रण देना। मेरी महाराष्ट्र भर में जो दौड़धूप है उसमें मैं यह कर पाऊँगा या नहीं इसके बारे कई लोगों को संदेह था। उस बात को अब 10 साल हो गए हैं। इस दौरान 'साधना' के 500 अंक प्रकाशित हुए। उनमें से एक बार भी मैंने इस कार्य में गड़बड़ी नहीं होने दी।

लेखन के लिए पीछे मुड़कर देखूँ और उसमें सावधानी के साथ ही व्याकुलता, अभिमान, गतानुरंजन की उत्सुकता पर भी भाष्य करूँ, ऐसी संपादक की अपेक्षा है। मन में थोड़ा तो अभिमान होगा लेकिन व्याकुलता नहीं होगी, गतानुरंजन तो बिलकुल ही नहीं है। मेरा यह स्वभाव भी नहीं है। वैसे तो मुझे कई पुरस्कार मिले हैं। उनमें से कुछ पुरस्कार तो बहुत ही मौलिक थे। उदाहरण के तौर पर देखा जाए तो, दशक के सर्वोत्तम कार्यकर्ता के रूप में दिया जानेवाला 10 लाख रुपयों का पुरस्कार मुझे पिछले साल अमरीका में महाराष्ट्र फाउंडेशन ने दिया। जितने पुरस्कार मिले हैं उनमें से किसी भी पुरस्कार का मानचिह्न मेरे घर में नहीं है। विगत स्मृतियों में खोनेवाला मैं नहीं हूँ। हर समय सतर्क रहता हूँ यह आप सटीकता कह सहते हैं। मैं कभी-भी 'आर या पार' इस पद्धति से मैदान पर नहीं खेला हूँ या समाजकारण में भी जीवन व्यतीत नहीं किया है। अतः परिवेश संबंधी तथा व्यवस्था संबंधी अंदाज गलत निकले, ऐसा मेरे साथ कभी नहीं हुआ है। हो सकता है कि मैंने कभी बड़ा खेल ही न खेला हो। पूरा कार्य करते समय परिस्थिति तथा लोगों के कारण मुझे कभी मुँह की नहीं पड़ी है। मैं कभी अपना सर्वस्व दाँव पर नहीं लगाता, इसलिए मुझे बर्बाद होने का भय नहीं है। लेकिन इस गतिशीलता पर मेरा विश्वास ही नहीं है या उस पद्धति से काम करने का मेरा स्वभाव नहीं

है। मन लगाकर की जानेवाली दीर्घकालीन कार्यबहुलता और जो साध्य करना है उसकी समझ ही मेरे कार्यपद्धति का स्वरूप है।

मुझे कभी अपमानित नहीं होना पड़ा है। मुझे कोई अपमानित कर सकता है, इस पर भी मेरा विश्वास नहीं है। सामनेवाले व्यक्ति के व्यवहार से नाराज, दुखी तथा उदास हुआ हूँ लेकिन मैं कभी अपमानित नहीं हुआ। धमकियों का तो मुझ पर कुछ असर ही नहीं हुआ है। नरेंद्र महाराज ने अपने भाषण में 'दाभोलकर के हाथ-पाँव तोड़ दो' ऐसा कह दिया। 'दाभोलकर ईसाईधर्मियों से पैसे लेकर हिंदू धर्म को डुबाने के कार्य करते हैं' ऐसी तर्कहीन बातें कई बार की गई हैं। शिवसेना-भाजपा के विधायकों ने विधानसभा के प्रांगण में धरना आंदोलन किया था, जिसमें 'महाराष्ट्र अंनिस पर रोक लगाएँ तथा दाभोलकर को महाराष्ट्र से खदेड़ दें' ऐसी माँग की थी। समाचार-पत्रों ने मेरी इसके बारे में प्रतिक्रिया पूछी तो मेरी यही प्रतिक्रिया थी कि 'उनके ईश्वर, उन्हें माफ कर दो। क्योंकि उनको यह पता नहीं है कि वे क्या कह रहे हैं।' कानून बनाया जाए इसके लिए मैंने लातूर में दस दिन अनशन किया। लग रहा था कि कानून बनेगा लेकिन ऐसा नहीं हो पाया। ऐसा होने के बाद कई लोगों के सामने प्रश्न उपस्थित हो जाता है कि, अब इनका अनशन कैसे छूटेगा? किस के हाथों से वह छुड़वाया जाए और उस समय किस रौब में भाषण किया जाए—इसमें से किसी की बात भी मुझे जरूरत नहीं महसूस हुई। मैंने ही अनशन शुरू किया था और मैंने ही उसे रोक दिया। बस, इतना ही। कानून बनने बेवजह 16 साल लगे। मैं उदास क्यों नहीं होता हूँ? ऐसा प्रश्न महाराष्ट्र में कई स्थानों पर पूछा जाता है। यह सच है कि कानून न बनने का दुख है, लेकिन अगर कानून बन भी जाए तो उसकी सीमाओं की भी समझ है। अत: किसी भी घटना से मन को ठेस पहुँचना, उसके प्रतिवाद में मन में जीतने की जिज्ञासा प्रज्वलित होना, ऐसा मेरे साथ कभी नहीं हुआ है। उस तरह का मेरा स्वभाव भी नहीं है। मैं जिस कार्यक्षेत्र में हूँ, वहाँ दस साल तक नहीं बल्कि शताब्दियों तक कार्य करना होगा इसका मुझे एहसास है।

अपमान मेरे हिस्से में कभी नहीं आया, बल्कि कई बार मुझे सम्मान ही मिला है, ऐसी मेरी प्रमाणिक भावना है। असावधानी से लिए गए निर्णय से बड़ी गलती हो सकती है और उससे जबरदस्त नुकसान हो सकता है, इसकी खबर मुझे है। मैं जिस क्षेत्र में कार्य करता हूँ, वह बहुत ही संवेदनशील है। कोई बड़ी गलती अब तक नहीं हुई है। लेकिन मेरे क्षेत्र की संवेदनशीलता या विरोधकों की धूर्तता, चालाकी के कारण वैसा होने की संभावना को भी नकारा नहीं जा सकता है। एक उदाहरण मैं देता हूँ। "शनि शिंगणापुर में घरों में दरवाजे नहीं है। फिर भी वहाँ चोरियाँ नहीं होती हैं, यह एक चमत्कार ही है न? चमत्कार न माननेवाली आपकी समिति की इस संदर्भ में क्या राय है?" ऐसा प्रश्न मुझे एक संवाददाता ने पूछा। मैंने उत्तर में कहा, "चोरी करने की जिम्मेदारी हमारी, सजा देने की जिम्मेदारी ईश्वर की। पुलिस और

ग्रामस्थ इसमें हस्तक्षेप नहीं करेंगे, ऐसी परीक्षा हम ले सकते हैं।" इस व्यक्तिगत रूप से हँसी-मजाक में दिए गए उत्तर को उस संवाददाता ने मिर्च-मसाले वाला शीर्षक देकर समाचार-पत्र में छपवाया। समाचार का शीर्षक था—दाभोलकर ने कहा, 'चलो शनि शिंगणापुर—चोरी करने के लिए' ऐसा आंदोलन हम चलानेवाले हैं। इसके कारण नगर जिले का माहौल गर्म हो गया तथा इसकी दाहकता भी हमें सहन करनी पड़ी।

मेरी उम्र अब 62 साल है, लेकिन आज तक मुझे कभी थकान महसूस नहीं हुई। मैं कभी निराश हुआ, ऐसी स्थिति भी कभी नहीं आई। सफलता-असफलता, प्रेम-द्वेष मिलता ही है, वे मेरे और संगठन के हिस्से में भी आए। जिस प्रकार संपादक ने लिखा था, उस तरह से मैं कभी निराश नहीं हुआ। संक्षेप में, भ्रम और निराशा मुझे कभी नहीं मिली। मेरी यह धारणा है कि अपमान, गलतियाँ, थकान, भ्रम की स्थिति भी मेरे सामने कभी नहीं आई, बल्कि हर समय मुझे सम्मान ही मिला है।

थकान के समय किस व्यक्ति की याद आती है, जिसकी याद आते ही आगे बढ़ने के लिए पुनः ऊर्जा मिलती है? ऐसा प्रश्न संपादक ने पूछा है। यह पहले ही बताया है कि बात थकान की नहीं है, लेकिन खुद की सीमाएँ दिन-ब-दिन खुद को महसूस होती हैं। ऐसा लगता है कि निष्ठा के साथ कार्य करते हुए कोई भी व्यापक रास्ता दिखाई नहीं देता है, न ही किसी ने दिखाया है। इसमें केवल महात्मा गांधी अपवाद हैं। गांधीजी ने मुझे काफी प्रेरित किया है। उनके बारे में मेरा उतना अध्ययन नहीं है, लेकिन मुझे लगता है कि गांधीजी के विचार और उनका कार्य मुझे हर समय राह दिखाता है। साथ ही यह भी महसूस होता है कि दिखने में अत्यंत सामान्य होनेवाला यह बूढ़ा समझने में कठिन है और उसके द्वारा बताई राह पर चलना तो बहुत ही कठिन है। आज तक के पूरे संचित को छोड़कर उस दिशा में जाने की हिम्मत मेरे जैसा व्यक्ति नहीं जुटा पाएगा। फिर भी इस मंजिल पर पीछे मुड़कर देखो, ऐसा आग्रह है इसलिए यह लिख रहा हूँ। पता नहीं विषय को कितना न्याय दे पाया हूँ, यह तो पाठक ही तय करेंगे।

अंधविश्वास उन्मूलन का विचार महाराष्ट्र के लिए नया नहीं है। महाराष्ट्र के समाजसुधारकों का इस विचार के साथ समर्थन है। लेकिन आजादी के बाद महाराष्ट्र में इस विचार का जागरण रुक गया। 'किर्लोस्कर' जैसे मासिक ने 1935 से 1945 के दौरान एक ओर बाबागिरी जैसी घटनाओं के बारे में और दूसरी ओर देवधर्म जैसी कल्पनाओं से संबंधित एक प्रभावी मुहिम चलाई थी। डॉ. बाबासाहब आंबेडकर हिंदू धर्म की हमेशा जाँच-पड़ताल करते रहते थे। संत गाडगे बाबा जनसमुदाय के साथ विचार परिवर्तन का जो संवाद करते थे, उसमें अंधविश्वास भी एक महत्त्वपूर्ण विषय होता था। इस तरह के कार्य 1956 के दौरान रुक गए। दूसरी ओर आजादी के बाद देश में दी जानेवाली शिक्षा, विज्ञान का प्रसार और

आधुनिकता के द्वारा अंधविश्वास उन्मूलन अपने आप हो जाएगा, ऐसा जनमानस को लगता होगा। इसके विरोधी विचार धीरे-धीरे बढ़ रहे थे। 70 से 80 के दशक में मराठी के 'श्री' साप्ताहिक की खपत लाखों तक पहुँची। उसमें भूत की सच्ची तस्वीरें (!) रोज सोना देनेवाला चिंतामणि ऐसे कई किस्से मिर्च-मसाला लगाकर छापे जाते थे तथा वे चर्चा का विषय भी बनते थे।

इस माहौल में केरल के विख्यात बुद्धिवादी बी. प्रेमानंद महाराष्ट्र के दौरे पर थे। उन्होंने जिव्हा से त्रिशूल आरपार निकाला। मंत्र फूँककर आग लगाना, घड़े में भूत को बंद करना, खाली हाथ से सोने की चेन निकालना ऐसे कई चमत्कार दिखाए। जनमानस में चमत्कार के प्रति आकर्षण आज भी है। यहाँ एक बात पर ध्यान देना होगा कि चमत्कारों को दिखाने का मतलब जादू दिखाना नहीं है। जादूगर कुछ सामग्री लेकर आता है और जादू दिखाता है। कोई बाबा ऐसा नहीं करता है। वह अपने भाविकों के घर आता है, कुमकुम लेकर उसका अबीर बनाता है और हल्दी से कुमकुम बनाता है। जादूगर कला का आविष्कार करता है। बाबा लोग दैवी शक्ति का साक्षात्कार कराते हैं। चमत्कारों का आकर्षण यह बात संगठन को अनुकूलता प्रदान करती है। फिर भी अंधविश्वास का संबंध केवल चमत्कार तक न रखने की जिम्मेदारी हमने पहले से ली है।

चमत्कार दिखाना यह समिति के केंद्र में था और आज भी है, लेकिन अंधविश्वास के सारे प्रकार समिति ने अपने अभ्यास विषय और कार्य विषय बनाए। किसी वस्तु का अपनी जगह से हिलना, कपड़े में अपने आप आग लगना या अचानक कपड़े फटना, शरीर पर भिलावे के चिह्न बनना—इस तरह के भानमती के प्रकार कैसे घटित होते हैं, इसका वैज्ञानिक स्पष्टीकरण समिति ने दिया है। स्त्री के शरीर में देवी का संचार कैसे होता है, किसी को भूतबाधा होने का अर्थ क्या होता है, इसका मानसशास्त्रीय विवेचन किया है। फलज्योतिष विज्ञान की कसौटी पर शास्त्र के रूप में कैसे टिक नहीं सकता, इसको भी प्रमाणित किया है। बाबागिरी के विभिन्न प्रकार और उनके पीछे होनेवाली समाजशास्त्रीय चिकित्सा को भी स्पष्ट किया है।

इन प्रकारों के प्रति जो लोगों में जिज्ञासा होती है, उसके कारण यह आंदोलन जनमानस तक पहुँच सका। परंतु समिति का वैचारिक कार्य जानबूझकर उससे भी आगे ले गए। जनमानस में श्रद्धा और अंधविश्वास का विवेचन हर समय करने की जोखिम समिति ने उठाई है। किसी एक की श्रद्धा दूसरे को अंधविश्वास लगती है तथा तीसरे को जो बात अंधविश्वास लगती है वह चौथे व्यक्ति को श्रद्धा प्रतीत होती है। इसके संदर्भ में चर्चा शुरू रखना इतना आसान नहीं होता है। समिति के कार्य में यह संभव हो पाया है। श्रद्धा का संबंध अधिकांशत: धर्मश्रद्धा के साथ होता है। अत: अंधविश्वास उन्मूलन ही धर्मश्रद्धा उन्मूलन है और वह ईश्वर-धर्म विरोधी है ऐसा बताया जाता है। अगर ईश्वर-धर्म की चिकित्सा हुई तो धर्म के आधार पर

होनेवाली नैतिकता खत्म हो जाएगी और नैतिकता के बिना समाज विकसित नहीं हो सकता। अत: अंधविश्वास उन्मूलन का कार्य नीति निर्मूलन का कार्य है, इसलिए उससे सावधान रहिए! यह प्रचार हमारे विरोध में हमेशा से किया गया है। लेकिन हमने ऐसी स्थिति में भी मजबूती से काम किया। वैज्ञानिक दृष्टिकोण को संविधान में लोगों का कर्तव्य माना है तथा शिक्षा का महत्त्वपूर्ण तत्त्व है।

लेकिन वैज्ञानिक दृष्टिकोण का मतलब क्या है, इस संबंध में जनमानस में नहीं, बल्कि शिक्षा के क्षेत्र में भी स्पष्टता दिखाई नहीं देती। इसलिए वैज्ञानिक दृष्टिकोण का प्रसार जनमानस को समझ में आए ऐसी भाषा में करना ही समिति के कार्य की विशेषता है। अंनिस ने अगर अंधविश्वास के प्रकार, उसके पीछे होनेवाली मानसिकता, श्रद्धा-अंधविश्वास, ईश्वर-धर्म-नीति की चिकित्सा तथा वैज्ञानिक दृष्टिकोण का प्रचार इतना ही कार्य किया तो उतना ही कार्य पर्याप्त था। लेकिन इस कार्य का सुसंगत विचार आगे विवेकवाद, धर्मनिरपेक्षता, जाति उन्मूलन, सामाजिक न्याय की ओर जाता है। यह कार्य कुछ हद तक हो गया है। संक्षेप में, चमत्कारों के आकर्षण से शुरू हुई यह चर्चा व्यापक समाज परिवर्तन के आयाम तक पहुँच चुकी है। मेरी जानकारी के अनुसार इस प्रकार का कार्य करनेवाले भारत के किसी भी संगठन का ऐसा विकास नहीं हुआ है।

कार्य की सही सामर्थ्य वैचारिक प्रस्तुति में नहीं बल्कि समिति ने जो कई उपक्रमशील कार्यक्रम और आंदोलन किए हैं, उसमें है। आगे जिन उपक्रमों का जिक्र किया गया है वे सब पूरे संगठन ने मिलकर किए हैं, लेकिन उसमें मैंने हमेशा जागरूकता के साथ हिस्सा लिया है। भानमती के प्रकार लोगों में गूढ़ जिज्ञासा और भय निर्माण करते हैं। इनकी खोज कैसे की जाए? इन पर रोक कैसे लगाएँ? इसके लिए समिति ने एक पद्धति तैयार की है। आज तक समिति ने 250 से ज्यादा भानमती के प्रकार सफलता से बंद किए हैं। समिति को किसी भी आंदोलन में असफलता नहीं मिली है। समिति ने बाबागिरी के खिलाफ कई बार संघर्ष किया है। अपने जान की बाजी लगाकर बाबागिरी के प्रकार बंद किए हैं। आदिवासी बहुल जिले में डायन प्रथा आज भी अस्तित्व में है। गाँव में घटित होनेवाली कोई भी दुखद घटना कथित डायन ने अपने प्रभाव से, दुष्ट वृत्ति से घटित की है, ऐसा पूरा गाँव अंधविश्वास के कारण मानता है। उस डायन स्त्री को गाँव से भागना पड़ता है और कभी-कभी आपने प्राण भी गंवाने पड़ते हैं।

नंदुरबार जिले में तीन साल पहले इस प्रथा के विरोध में आंदोलन छेड़ा गया। उस समय आदिवासी इलाके के जनआंदोलन, स्वयंसेवी संस्था, प्रशासन इन सबका एकमत हुआ था कि आदिवासियों का डायन प्रथा पर गहरा विश्वास है। इस संबंध में कार्य आरंभ करना मतलब उनका रोष मोल लेना होगा। फिर भी डायन प्रथा के विरोध में समिति ने संघर्ष शुरू किया। आज वह ऐसे मुकाम तक पहुँचा है कि अब

महाराष्ट्र के अन्य दस आदिवासी जिलों में भी उसकी शुरुआत की जाएगी। शुरुआत में समिति ने चमत्कारों को साबित करने के लिए एक लाख रुपए देने की चुनौती दी थी। इसको बढ़ाकर 2 लाख, 5 लाख और 10 लाख तक किया। पिछले साल मुझे अमरीका में दस लाख का पुरस्कार मिला। वह पूरी राशि मैंने चुनौती की राशि बढ़ाने के लिए समिति को दी। अब यह रकम 21 लाख रुपए हो गई है। प्रत्यक्षत: लोगों के मन में संघर्ष जाग्रत हो इस हेतु कई मुहिमों को समिति ने चलाया है, जिसमें मैंने हर समय हिस्सा लिया है। 'भूत की खोज, मन का बोध' यह मुहिम कोंकण में चलाई गई। चार ग्रुप ने 167 कार्यक्रम किए, जिनके द्वारा हम तीन लाख लोगों तक पहुँचे। 'चमत्कार करो—मेला रोको—11 लाख रुपए कमाओ!' ऐसा आवाहन करते हुए 'चमत्कार सत्यशोध यात्रा' पूरे महाराष्ट्र में दो बार पहुँची। गोवा, बेलगाँव और कोकण में सर्पयात्रा निकाली गई। सर्पदंश के प्राथमिक उपचार किए जाते हैं इसके बारे में सिखाया गया तथा सर्प से संबंधित होनेवाले अंधविश्वास को दूर किया। मराठवाड़ा में भानमती के प्रकार अलग पाए जाते हैं। महिलाओं के शरीर में संचार होने के बाद वे जोर-जोर से चिल्लाती हैं, जमीन पर लोट-पोट होती हैं। कुछ महिलाएँ कुत्ते जैसी भौंकने की आवाज निकालती हैं। ऐसा कई लोग मिलाकर करते हैं। इसके कारण गाँव में अंधविश्वास की जबरदस्त दहशत बनी रहती है। मई की कड़ी धूप में आठ गुटों के साथ हमने तकरीबन 250 कार्यक्रम पूरे मराठवाड़ा में आयोजित किए। मराठवाड़ा में भानमती के प्रकार आज भी बंद नहीं हुए हैं, लेकिन उनकी मात्रा कम हो गई है।

'विज्ञान जाग्रति परियोजना' अध्यापकों को अंधविश्वास उन्मूलन का विचार देनेवाला एक अलग ही उपक्रम है। शिविर के माध्यम से अध्यापकों को एक पाठ्यक्रम पढ़ाया जाता है। उसके बाद अध्यापक वह पाठ्यक्रम छात्रों को पढ़ाते हैं। छात्रों की परीक्षा ली जाती है। पिछले पंद्रह वर्षों में दस हजार से अधिक अध्यापकों ने इसका लाभ उठाया है। ढाई से तीन लाख छात्रों ने यह परीक्षा दी है। साथ ही 'विज्ञान बोध वाहिनी' इस नाम से समिति ने एक वाहन तैयार किया है। हर एक स्कूल में यह वाहन जाता है। उस दौरान मानो विज्ञान महोत्सव ही मनाया जाता है। आदिवासी आश्रम पाठशालाओं में और अन्य स्कूलों में भी यह उपक्रम सफल साबित हुआ है।

समिति ने अलग-अलग प्रश्नों पर महाराष्ट्र के विविध इलाकों में परिषदों का आयोजन किया है। लातूर में 'वैज्ञानिक संवेदना कृति परिषद' का आयोजन सफल रहा। सतारा में 'अंध रूढ़ियों के बंधन तोड़ो' यह परिषद हुई। सोलापुर में परिषद लेकर महिलाओं का अंधविश्वास उन्मूलन का घोषणा-पत्र प्रसारित किया गया। बारामती में वैज्ञानिक अनुभूति और धर्मनिरपेक्षता को लेकर शिक्षा क्षेत्र की सनद तैयार की। विवेक जागरण परिषद के लिए महाराष्ट्र से एक लाख हस्ताक्षर इकट्ठे किए गए। दरअसल दो माँगों को लेकर हस्ताक्षर लिये गए थे। पहली—सरकार

व्यसनवर्धक नीति को छोड़कर व्यसनविरोधी समग्र नीति को स्वीकार करे। तो दूसरी माँग थी कि विवाह के पूर्व एच.आई.वी. की जाँच करने की सख्ती करें। बाद में इन हस्ताक्षरों को मैंने और चंद्रशेखर धर्माधिकारी ने तत्कालीन मुख्यमंत्री सुशीलकुमार शिंदे जी के सामने पेश किया। (हमेशा की तरह उसका कुछ भी नहीं हुआ।) प्रबोधन के कार्यक्रम बड़े पैमाने पर आयोजित करनेवाला महाराष्ट्र अंनिस एकमात्र ऐसा संगठन है। समिति की 180 शाखाएँ हैं। अंनिस के इस प्रबोधन के कार्यक्रम में थोड़ा मनोरंजन भी होता है, जिसके कारण उसकी अच्छी माँग भी होती है। इसके कारण हर शाखा अगर सालभर में 10-12 कार्यक्रम भी करती है तो पूरे महाराष्ट्र में एक साल में तकरीबन 2000 कार्यक्रम होते हैं।

अंनिस की वैचारिक बैठक में विषय की पकड़ और तर्कशुद्ध बहस की जरूरत होती है। इसके साथ ही प्रवाही वक्तृत्व और प्रामाणिक गर्मजोशी अगर लोगों तक पहुँच गई तो उसके अच्छे परिणाम सामने आते हैं। मुझे इसका लाभ मिला है। पिछले बीस सालों में मैंने हजारों व्याख्यान दिए हैं। सभी प्रभावी साबित हुए। कई जगहों पर भाषण खत्म होने के बाद प्रश्नोत्तरों का कार्यक्रम होता है, जो जिज्ञासापूर्ति के लिए नहीं बल्कि दाभोलकर को परास्त करने के लिए होता है। मैं ऐसे चंगुल में कभी नहीं फँसा हूँ। पूछा गया प्रश्न मेरे विषय से संबंधित नहीं है, जिसके कारण मुझे कुछ समस्याओं का सामना करना पड़ा है, ऐसा भी मेरे साथ कभी नहीं हुआ है। कई बार कई चैनल्स पर ली गई चर्चाओं में सूत्रसंचालक द्वारा पूछे गए जटिल प्रश्नों के उत्तर भी मैंने स्पष्टता से दिए हैं।

प्रबोधन का और एक अलग कार्यक्रम होता है, जिसमें डॉ. श्रीराम लागू और मेरे बीच विवेक जागरण का वाद-संवाद होता है। ईश्वर प्रमुख अंधविश्वास है, उसका जब तक विरोध नहीं करते हैं तब तक अंधविश्वास का उन्मूलन ही संभव नहीं है, ऐसी डॉ. लागू की ठोस भूमिका है। मैं खुद नास्तिक हूँ, लेकिन समिति का यह विचार है कि समिति के कार्य में हिस्सा लेने के लिए नास्तिक होने की शर्त नहीं है। समिति ईश्वर और धर्म के प्रति तटस्थ है। यह तटस्थता डॉ. लागू को पलायनवाद लगती है। मुझे लगता है कि यह भूमिका भारतीय घटना में जो धर्मनिरपेक्षता है उसके आशय से संगत है। इस विषय पर मेरे और डॉ. लागू जी के 100 से ज्यादा संवाद पूरे महाराष्ट्र में हुए हैं। वे बहुत चर्चित हुए और विचार-प्रबोधन को आगे ले जाने के लिए भी उपयुक्त साबित हुए।

महाराष्ट्र सरकार ने जादू-टोना विरोधी कानून विधानसभा में मंजूर किया, लेकिन आज तक वह स्वीकृत नहीं हुआ है। इस कानून के विरोध में मैं महाराष्ट्र में हर जगह बोलता आया हूँ। यह कानून हिंदू धर्म विरोधी है, ऐसा झूठा प्रचार इस कानून के खिलाफ किया गया। अत: इस विषय पर मेरा भाषण विस्फोटक होगा इसलिए उसे इजाजत न दी जाए, ऐसे कई निवेदन जहाँ मेरा व्याख्यान था वहाँ पर पुलिस से

किए गए। पुलिस संरक्षण में तथा गड़बड़ी होने की संभावना में भी पूरी सभा अच्छी तरह से संपन्न हुई। ईश्वर के नाम पर होनेवाली पशुहत्या रोक दी जाए, इसके लिए महाराष्ट्र अंनिस ने तकरीबन 150 से अधिक जगहों पर यशस्वी सत्याग्रह किए।

शनि शिंगणापुर (तहसील नेवासा, जिला नगर) में शनिदेव के चबूतरे पर आज भी महिलाओं को प्रवेश नहीं दिया जाता। इसके विरोध में मैंने पंढरपुर से नगर तक यात्रा निकालकर, सत्याग्रह किया और साथियों के साथ जेल गया।

महाराष्ट्र में तकरीबन एक करोड़ परिवार में हर साल गणेशमूर्ति की प्रतिष्ठापना होती है। हर मूर्ति साधारणतः दो किलो की होती है। इनमें से अधिकांश मूर्तियाँ प्लास्टर ऑफ पेरिस से बनाई जाती हैं और जहरीले रासायनिक रंगों से रंगी होती हैं। अतः हर साल तकरीबन दो करोड़ किलोग्राम प्लास्टर ऑफ पेरिस को पानी के स्रोत में फेंका जाता है। पानी से वह कड़ा बनता है, इसलिए पानी में कीचड़ की मात्रा बढ़ जाती है, पानी के स्रोत बंद हो जाते हैं। रासायनिक रंग पानी को जहरीला बनाता है।

इसको रोकने के लिए विसर्जित गणपति मूर्ति दान करो, ऐसी मुहिम समिति द्वारा चलाई गई। उत्तर पूजा के बाद विसर्जन के लिए आई हुई गणपति की मूर्तियाँ दान के रूप में समिति स्वीकारती है और बाद में इन मूर्तियों को दान किया जाता है। शुरू में इस मुहिम के लिए अच्छा प्रतिसाद मिला। महाराष्ट्र में विभिन्न जगहों पर तकरीबन 30 से 40 हजार गणेश मूर्तियाँ जमा होती थीं। लेकिन पिछले दो सालों से हिंदू जनजागरण समिति ने इसका जोरदार विरोध शुरू किया। पानी का प्रदूषण हुआ तो भी चलेगा, लेकिन धार्मिक संकेतों के अनुसार मूर्तियाँ नदी के पानी में ही विसर्जित होनी चाहिए, ऐसी भूमिका उन्होंने ली। विसर्जन के स्थान पर तनाव और सुरक्षा की समस्या निर्मित होने लगी। परंतु तब तक प्रशासन और प्रदूषण नियंत्रक मंडल के द्वारा इस निर्णय को अनुकूलता मिली और इस समस्या को हल करने की दृष्टि से एक कदम आगे बढ़ाया गया।

इस दौरान किसी-न-किसी कारण से कोर्ट-कचहरी हो आना अपरिहार्य हो गया था। निर्मला माता के सहज योग के कार्यक्रम के सामने प्रदर्शन करते समय उनके भक्तों ने हमें खूब पीटा। उसके बाद हम पर ही फौजदारी मुकदमा दर्ज कराया गया। उसके बाद मैंने उसके बारे में एक लेख लिखा जो मेरी ही पुस्तक में प्रकाशित हुआ। अतः मुझ पर दिल्ली कोर्ट में मानहानि का आरोप-पत्र दाखिल किया गया। मुकदमा दर्ज करनेवाले भूतपूर्व आयकर आयुक्त थे। सनातन भारतीय संस्था में अपनी युवा डॉक्टर लड़की जाने की शिकायत समिति के पास आई। उस व्यक्ति को साथ लेकर मैंने प्रेस कॉन्फ्रेंस की। यह खबर 'लोकसत्ता', 'महाराष्ट्र टाइम्स', बेलगाँव 'तरुण भारत' आदि समाचार-पत्रों में छपी। समिति की मासिक पत्रिका में भी यह खबर छपी। संबंधित समाचार-पत्रों पर आरोप-पत्र दर्ज न करते हुएं मुझ पर ही चार दिवानी और तीन फौजदारी आरोप-पत्र दर्ज किए गए। तीन

मुकदमों से मुझे बाइज्जत बरी कर दिया गया। बाकी के मुकदमे आज भी चल रहे हैं। उनमें से एक मुकदमा एक करोड़ रुपयों की मानहानि का दावा करनेवाला है।

मैं जानता हूँ कि समिति के कार्य का लेखा-जोखा बताने की यह जगह नहीं। फिर भी पीछे मुड़कर देखता हूँ तो इतना कुछ हो गया, यह सोचकर खुशी और गर्व होता है। कार्य की शुरुआत 1985 में हुई। उस समय संगठन उतना मजबूत नहीं था। महाराष्ट्र में विभिन्न जगहों पर समझ के साथ काम करनेवाले विभिन्न गुटों का मुक्त संगठन इस रूप में इसकी पहचान थी। तीन-चार वर्षों में इसका कार्य अवरुद्ध हो गया। मैं 1971 से परिवर्तन आंदोलन में सक्रिय था। सामाजिक न्याय, आर्थिक शोषण, भ्रष्टाचार और राजनीति जैसी जैसे मोर्चों पर लड़ता रहा। कुछ कारणवश 1985 में इस कार्य में सक्रिय हो गया। मिलजुलकर काम करने से पहले ही मतभेदों के कारण तितर-बितर होने की स्थिति आ गई। मुझे यह कार्य उतना महत्त्वपूर्ण नहीं लगता था, इस कारण संगठन में मतभेद होते हैं, यह बात समझ में आते ही मैंने रुकने का निर्णय लिया। यदि ऐसा होता तो कार्य का क्या होता, पता नहीं, परंतु मैं उस कार्य में न होता, यह सच है। पुणे के साथियों ने मुझसे कहा कि "हमें कार्य करने की इच्छा है, आपके पास समय एवं वक्तृत्व है, अतः हमारे लिए आप कार्यरत रहें।"

यह तय हुआ कि दो वर्षों तक मैं समन्वयक के रूप में काम करूँगा और यदि यह कार्य सफल रहा तो ही इसको आगे निरंतर किया जाएगा। वह 1989 साल था। दो साल बाद 1991 में संगठन बनाने का निर्णय हुआ। उस समय संगठन की 15-20 शाखाएँ थी। पहला कार्यकारी मंडल चुना गया। मुझे कार्याध्यक्ष बनाया गया। मजे की बात यह है कि मुझसे कार्य करने के लिए जिन पुणे के साथियों ने आग्रह किया था उन सभी ने कार्य करना छोड़ दिया लेकिन मैं निरंतर कार्य करता रहा। संगठन का यह इतिहास केवल 17-18 वर्षों का है। आज महाराष्ट्र के हर एक जिले में संगठन पहुँचा है। 180 शाखाएँ हैं। काफी संख्या में सक्रिय कार्यकर्ता हैं।

अभी-अभी मुझसे एक बुजुर्ग सामाजिक कार्यकर्ता ने कहा कि "लगता है आपका अच्छा चल रहा है।"

मैंने पूछा, "मतलब?'

उन्होंने कहा, "आपका संगठन पूरे महाराष्ट्र में फैला हुआ है, लेकिन संगठन में कहीं भी मतभेद दिखाई नहीं देता। आपको कभी आर्थिक परेशानी का सामना नहीं करना पड़ा है। जनसंचार माध्यम भी हमेशा आपके साथ होते हैं।"

उनके इस कथन से मैं अंदर ही अंदर खुश तथा अंतर्मुख भी हुआ। संगठन में झगड़े, एक-दूसरे से अनबन तथा एक-दूसरे पर हावी होने की बातें कम होती हैं। पिछले कई सालों में कुछ अपवाद छोड़कर मैंने बहुत कम समय इसके लिए दिया है। ऐसे माहौल में काम करते समय जो आश्वासकता होती है वह हमेशा मुझे मिली है। कार्यकर्ताओं का प्यार और विश्वास भी बहुत मिला है, जिसके कारण

किसी को मेरे प्रति जलन भी हो सकती है। संगठन की स्थापना जब से हुई तब से मैं कार्याध्यक्ष हूँ। पिछले 3 सालों से मैं यह कार्याध्यक्ष पद छोड़ने की इच्छा जाहिर करता आया हूँ। हो सकता है कि मेरे जैसी प्रतिष्ठा अन्य किसी को नहीं मिल सके, इसलिए हमने संगठन के पाँच वरिष्ठ कार्यकर्ताओं की कार्यकारी समिति बनाई है। संगठन के सारे निर्णय यह समिति निश्चित करती है। यह तय हो गया है कि जैसे ही जादू-टोना विरोधी कानून मंजूर हो जाएगा, वैसे ही मैं अपने पद से मुक्त हो जाऊँगा। इस बात को अब डेढ़ साल हो गया है। कानून बनने में इतनी देर हो जाएगी ऐसा नहीं लगता था लेकिन देर हो गई। इस कारण मेरे कार्याध्यक्ष पद की अवधि भी बढ़ती गई। ऐसा लगता है कि पद के बिना भी मैं हमेशा कार्यरत रहूँगा ही। कार्य का प्रबंधन, गुस्सा न करना, अच्छी सेहत, दृढ़ता, यात्रा करना और हमेशा कार्य करने की प्रबल इच्छा और क्षमता आदि बातें मुझे एक वरदान के रूप में प्राप्त हुई हैं। हो सकता है कि कभी स्थितियाँ बदलें लेकिन मैं हमेशा सतर्क रहने का प्रयास करता हूँ। इतना बड़ा आंदोलन चलाने के लिए आर्थिक रसद भी लगती है। तकरीबन 18 वर्षों में कभी भी आंदोलन आर्थिक संकट से नहीं गुजरा है, यह एक आश्चर्य ही है। संगठन की विशेष कार्यपद्धति की इसमें बहुत बड़ी भूमिका है।

महाराष्ट्र फाउंडेशन की ओर से संगठन को सर्वोत्तम सामाजिक कार्य पुरस्कार 10 साल पहले प्राप्त हुआ था। उस समय संगठन का कार्यालय नहीं था। आज भी नहीं है। लेकिन इस कारण से कार्य कभी नहीं रुका। संगठन की सभी शाखाएँ अपना खर्चा स्वयं उठाती हैं। हम उन्हें मध्यवर्ती शाखा से किसी भी प्रकार की आर्थिक मदद नहीं देते हैं। वे भी हमसे मदद की अपेक्षा नहीं रखती हैं। संगठन की शाखाओं ने कार्यक्रम किए तो कुछ मानदेय भी मिल सकता है। स्वयं अध्ययन परीक्षा के उपक्रम द्वारा भी कुछ निधि प्राप्त होती है। कार्यकर्ताओं ने संगठन की जो भी छोटी-मोटी मदद की है तथा संगठन के मासिक के वार्षिक अंक के लिए जो भी विभिन्न शाखाओं से विज्ञापन प्राप्त होते हैं, उनमें से 10 प्रतिशत राशि से शाखा अपनी जरूरत पूरा करती है। संगठन जो मध्यवर्ती उपक्रम चलाता है उसके लिए तथा यात्रा के लिए लगनेवाला खर्च दीपावली अंक के विज्ञापन या जो भी चंदे के रूप में निधि इकट्ठा हुई है उसमें से किया जाता है। पिछले 18 साल में कभी भी पैसे के बिना कोई भी कार्य नहीं रुका है। 'अच्छे के लिए कभी भी पैसे की समस्या नहीं आती है' गांधीजी के इस वचन पर मेरा पूरा विश्वास है। मैंने ठान लिया है कि कभी पैसों की समस्या आई, तो पैसे प्राप्त करने के लिए आपाधापी करने के बजाय कार्य की गुणवत्ता बढ़ाने का प्रयास करना है। यह बात मैं अपने साथियों को भी बताता आया हूँ।

यह सच है कि संगठन हमेशा चर्चा में रहता है, इसलिए शोहरत की लालच का आरोप संगठन पर लगता है। मेरा यह मत है कि मुझे और संगठन को जो शोहरत

सभी माध्यमों ने दी है, वह पर्याप्त है और वह दीर्घकाल मिली है। किसी संगठन को ऐसी अनुकूलता हमेशा ही नहीं मिलती है इसलिए मैं हमेशा अपने साथियों से कहता रहता हूँ कि "इसके बाद शोहरत से दूर रहने की मानसिक तैयारी रखिए।" मुझे लगता है कि शोहरत तीन कारणों से मिलती है। पहला कारण यह है कि अंधविश्वास उन्मूलन के कई कार्य मौलिक होते हैं। जो कार्यकर्ता वास्तविक स्थिति का मुकाबला करता है, उस कार्यकर्ता पर माध्यमों की नजर पड़ती ही है। दूसरा कारण यह है कि समिति के कार्यकर्ता प्रामाणिक हैं, ऐसी महाराष्ट्र के अधिकांश जनसंचार माध्यमों की सामान्य राय है। इसलिए समिति से संबंधित समाचार में दिखावा नहीं होता है। तीसरा कारण यह है कि मैंने खुद और मेरे साथियों ने जनसंचार माध्यमों के साथ अच्छे संबंध बनाए हैं। निश्चित समय पर समाचार या लेख जनसंचार माध्यमों तक पहुँचाने के लिए सावधानी बरती जाती है। व्यापक अर्थ में कहा जाए तो अंधविश्वास उन्मूलन से संबंधित कोई भी घटना हुई तो उससे संबंधित लेख मैं किसी-न-किसी प्रमुख समाचार-पत्र के लिए लिखता हूँ और उसे प्रकाशित भी किया जाता है।

समिति की और मेरी व्यक्तिगत रूप से जो कसौटी है, वह एक अलग क्षेत्र है। महाराष्ट्र में वर्तमान सामाजिक वास्तविकता की जिन्हें थोड़ी-बहुत समझ है उनको यह बात पता है। जब भी कोई संगठन खड़ा होता है, वह किसी जाति का है और उसका नेतृत्व किस जाति का व्यक्ति कर रहा है, इसकी चर्चा महाराष्ट्र में होती ही है। समिति के संघटनात्मक कार्य और आंदोलन का जैसे-जैसे नाम होने लगा, वैसे-वैसे यह चर्चा जोर पकड़ने लगी। अंधश्रद्धा निर्मूलन समिति और डॉ. दाभोलकर धर्म को डुबो रहे हैं। उनसे हर पर करो, ऐसी माँग हिंदुत्ववादी संगठन करते रहे हैं, इसमें आश्चर्य नहीं है। लेकिन दूसरी ओर खुद को प्रगतिशील कहलाने वाले या धर्म-निरपेक्ष समझे जानेवाले संगठन तथा उनके प्रमुख नेतागण, उनके विचारों को माननेवाले साप्ताहिक इन सब ने 'दाभोलकर ब्राह्मण हैं, इसलिए उनके नेतृत्व में अंधविश्वास उन्मूलन संभव नहीं है। बहुजनों को फँसाने का यह ब्राह्मणी षड्यंत्र है' ऐसा प्रचार पूरे महाराष्ट्र में किया। जाति की मानसिकता यह एक अजीब बात है। उस मानसिकता का तर्कशास्त्र गलत होता है फिर भी उसे सही बताया जाता है। ऐसे जहरीले प्रचार के कारण संगठन का बड़ा नुकसान हो सकता था, लेकिन नहीं हो पाया। इसी कारण अब यह प्रचार भी काफी कम हुआ है। ऐसा इसलिए हुआ क्योंकि मेरी जाति पर शोषण का जो गुणविशेष चिपका हुआ है, वह मुझ पर लागू नहीं है ऐसा नहीं है, बल्कि उसका सही कारण यह है कि अंधविश्वास उन्मूलन की सारी शाखाओं में विभिन्न जातियों के कई बहुजन भरे हुए हैं, इसलिए संगठन को जाति का लेबल चिपकाना असंभव कार्य है। जब संगठन के हर स्तर पर पदाधिकारियों को चुना जाता है तब जाति की बात ही नहीं आती है, इसलिए 35 जिलों का प्रतिनिधित्व करनेवाली कार्यकारिणी अपने आप ही बहुजातीय बनी है। इसका

अर्थ यह है कि शाखा स्तर से राज्य स्तर तक के पदाधिकारी चुनते समय जाति का विचार कभी नहीं किया गया है। मात्र जिन सदस्यों से वे चुने गए, उनमें ही इतनी विविध जाति के लोग हैं इसलिए चुनाव कैसा भी हो फिर भी वह बहुजनवादी ही होगा।

संगठन का विस्तार होना तथा उसमें झगड़े न होना, जनसंचार माध्यमों का हमेशा समर्थन मिलना, लोगों से आवश्यक निधि उपलब्ध होना और जातिभेद से संगठन दूर रहना आदि बातें कैसे संभव हो पाईं? इसका उत्तर मेरे पास नहीं है। लेकिन इसको लेकर जो संभावनाएँ मुझे लगती हैं वे इस प्रकार है—सबसे पहले संगठन में लोकतंत्र का पालन किया जाता है। दूसरा कारण यह है कि कारोबार जानबूझकर विकेंद्रित किया गया है। कार्यकर्ता को स्वायत्तता है। सबसे महत्त्वपूर्ण बात यह है कि जो भी कार्यकर्ता संगठन में शामिल होने के लिए आते हैं वे स्वयं की आंतरिक प्रेरणा से आते हैं। आसपास के अंधविश्वास के कारण उनका दम घुटता है, लेकिन प्रतिवाद करने के लिए उन्हें दिशा नहीं मिलती है। समिति के रूप में उन्हें एक संगठित और मजबूत दिशा मिलती है। इसलिए संगठन को सँभालना, उसको मजबूत बनाना और उसका विकास करना उनकी आंतरिक जरूरत होती है। इससे ही वे संगठन को झगड़े, जाति-विचार, आर्थिक दुरवस्था से दूर रखने की कोशिश करते हैं। संगठन की स्थापना जब से हुई है तब से मैं संगठन का कार्याध्यक्ष हूँ। मेरा नाम संगठन के सिक्के के दूसरे पहलू के रूप में जुड़ा हुआ है। परंतु संगठन को उपर्युक्त स्वरूप देने के लिए मैंने कोई विशेष प्रयास नहीं किए हैं। इसलिए यह सब कहाँ से आता है और कैसे होता है, इसके बारे में मुझे भी जिज्ञासा है। इस कार्य के लिए कई लोगों का सहकार्य मिला वह एक महत्त्वपूर्ण निधि है। उसे खुला करना उचित नहीं है। मुकदमा लड़ने के लिए वकील ने फीस नहीं ली। आंदोलन के कई कार्यक्रमों में डॉ. श्रीराम लागू, निलू फुले जैसे बुजुर्ग 'मजदूर' जैसा काम करते रहे। ('बेठबिगार' यह उनके द्वारा प्रेमभरी शिकायत के रूप में उच्चारित किया शब्द है।) मेरी पत्नी, भाई-बहन, बच्चों ने मुझे बहुत बड़ा सहयोग दिया, जिसके कारण मैंने अपने आप को कभी अकेला महसूस नहीं किया।

अब मेरे मार्गक्रमण संबंधी कुछ बातें। मेरी भूमिका ऐसी रहती है कि मैं कभी किसी टीका-टिप्पणी का उत्तर नहीं देता। आरोप-प्रत्यारोप के झंझट में नहीं पड़ता। मैं विरोधियों की टीका-टिप्पणी को आवश्यक उत्तर ही देता हूँ और बात वहीं पर खत्म करता हूँ। कई बार मानहानि का दावा करनेवाले आरोप होते हैं, लेकिन मैं वैसा नहीं करता। कोई आंदोलन कोर्ट-कचहरी तक न जाए, ऐसा मेरा मत है। समविचारी माने जानेवाले मित्र या संगठन भी जो टीका-टिप्पणी करते हैं, उस पर मैं चुप्पी साध लेता हूँ। यह मेरा आचरण गलत है या सही है मुझे पता नहीं है। लेकिन यह सही बात है कि प्रतिवाद न करने के कारण मेरा कभी कोई नुकसान भी नहीं हुआ है। मुझे ऐसा लगता है कि प्रदीर्घ सफर के बाद लोकमानस में आपके लिए एक मान्यता

बनती है, भड़कीले आरोपों के कारण उसे कभी नुकसान नहीं पहुँचता। अंनिस और 'साधना' साप्ताहिक के कार्य के अलावा मैं दूसरा कोई कार्य नहीं करता। मैं कई वर्षों से कबड्डी के मैदान पर नहीं गया। सिनेमा, नाटक भी नहीं देखा और कभी पर्यटन भी नहीं किया। मैं टीवी भी नहीं देखता। परिवार में होकर भी न के बराबर रहता हूँ। पढ़ता हूँ, वह भी आवश्यकता के अनुसार।

मेरे कारण आसपास के लोगों को परेशानी होती होगी। लेकिन उसका कोई इलाज नहीं है। प्रमुख बात यह है कि मुझे इसमें मजा आता है। इसके कारण आलस्य और थकान महसूस नहीं होती है। मनुष्य विचार बदलता रहता है और कार्यकर्ता मेरी तरह ही खुद को भूलकर कार्य करते रहते हैं। यह हमेशा आनंद देनेवाली, उत्साहित करनेवाली बात है। अंधविश्वास उन्मूलन का कार्य क्यों करना है इसके बारे में मैं हमेशा अपने साथियों को बताता रहता हूँ, "समाज का हम पर कर्ज है, इसलिए समाज के प्रति यह हमारा दायित्व है, ऐसा समझकर कृपा करके बिलकुल कार्य मत कीजिए। अपने सर पर बोझ मत लीजिए। काम करते समय आनंद मिलना चाहिए, अगर ऐसा है तो ही कार्य करते रहिए।"

आंदोलन के मार्गक्रमण में धर्मनिरपेक्षता के आशय से संबंधित एक नई बात हमने उपस्थित की है, जो आज तक के धर्मनिरपेक्षता के प्रगतिवादी विश्लेषण से भिन्न है। सरकार द्वारा धर्मनिरपेक्षता को अमल में लाया जाए, ऐसा एक मतप्रवाह है। अस्थिर अर्थकारण में धर्मनिरपेक्ष राजनीति असंभव होती है, इसलिए सबसे पहले अस्थिर अर्थकारण पर उपाययोजना करें तथा उस लड़ाई में हिस्सा लेनेवाले श्रमिकों को धर्मनिरपेक्षता बताई जाए, ऐसा यह दूसरा मतप्रवाह है। वर्तमान समय में मेरी यह राय है कि इस देश के धर्मनिरपेक्षता की गर्भनाल महात्मा फुले, विट्ठल रामजी शिंदे, महात्मा गांधी तथा डॉ. बाबासाहब आंबेडकर के कार्य के साथ जोड़नी होगी। इन समाजसुधारकों ने समाजविमुख धर्म समाजोन्मुख किया और ईश्वरकेंद्रित धर्म मानवकेंद्रित किया। मुझे लगता है कि उस मार्ग से भारत देश में होनेवाली धर्मनिरपेक्षता अधिक आशयपूर्ण बनेगी। लेकिन आज वह प्रचार स्तर पर है।

अंधविश्वास उन्मूलन मामूली काम नहीं है। व्यापक परिवर्तन को आंदोलन के साथ जोड़ने की आवश्यकता है। लेकिन जो व्यापक आंदोलन चलाते हैं, वे और उनके कार्य तथा अंधश्रद्धा निर्मूलन समिति का कार्य इन्हें जोड़नेवाली कड़ी आज भी अस्तित्व में नहीं है। अंधविश्वास उन्मूलन का कार्य ही केवल अपना कार्य है, ऐसी उलझन में कार्यकर्ता न पड़े, यह आवश्यकता मुझे महसूस होती है। यह सावधानी हम बरतते हैं, लेकिन उसे अधिक अर्थपूर्ण करने की जरूरत है।

अंधविश्वास उन्मूलन के कार्य में कार्यकर्ताओं पर हर समय दूरबीन लगाई गई होती है। दूरबीन इस तरह से रहती है कि आपका आचरण कैसा है? कथनी और करनी में अंतर न हो, यह सही है, लेकिन 'जैसा बोलते हैं वैसा करते हैं' इस उक्ति

पर चलनेवाले लोग भी समाज में कम ही होते हैं। एक आंदोलन के रूप में हमारा संगठन और एक व्यक्ति के रूप में मैं खुद इस दिशा में चलने का ईमानदारी से प्रयास करता हूँ, ऐसा मुझे लगता है। हमारी असली ताकत संगठन के चरित्र में ही छुपी है। समिति कार्यकर्ता जैसा बोलते हैं वैसा ही आचरण करने का प्रयास करते हैं, ऐसी समिति के कार्यकर्ताओं से संबंधित लोकधारणा है। यह सच है कि यह बात कार्यकर्ताओं से तथा मुझसे पूर्णत: संभव नहीं होती। लेकिन हमारा आचरण विचारों के अनुसार होना चाहिए, ऐसा हमारा प्रयास होता है। हमारी 'कथनी और करनी' में अंतर तो नहीं है, इस पर लोगों की हर समय नजर रहती है। अंनिस के बारे में यह अधिक होता है। इसलिए अंनिस में सहभागी होने के लिए कई लोगों का मन तैयार नहीं होता है। उन्हें स्वयं समिति के विचार जँचते हैं, लेकिन उन पर अमल करने तथा उन विचारों को अपने नजदीकी रिश्तेदारों को भी समझाने में वे असफल रहते हैं। फिर संबंधित बातों में दूसरी बाजू की भावनाएँ तीव्र होती हैं। मन्नत को दोनों को मिलकर पूरा करना होता है और पूजा भी एक साथ करनी होती है। ऐसे समय पूजा को नकारने से पूरे परिवार का स्वास्थ्य धोखे में आता है।

इस बारे में जो तत्त्वविचार और व्यवहार है वह 'सुधारक' गोपाल गणेश आगरकर के दो वाक्यों से स्पष्ट होता है। पहला वाक्य है, 'केवल ज्ञान बढ़ना उपयोगी नहीं, उसके अनुसार आचरण करने का धैर्य आना चाहिए।' दूसरा वाक्य है, 'इष्ट बताऊँगा और जो संभव है वह करूँगा।' मुझे परिवर्तन की यह कड़ी इस प्रकार दिखाई देती है—सबसे पहले विचार, बाद में उच्चार, उसके बाद प्रचार और फिर आचार। अगली सीढ़ी पर संगठन अर्थात सामूहिक आचार और उसके बाद अंत में संघर्ष। जिस बात में बदलाव लाने की समिति को आवश्यकता लगती है, उन बातों के विरोध में संघर्ष होता है। विवेकवाद का विचार व्यक्ति के मन में बोना, यह आसान बात नहीं है। उस विवेक का उच्चारण निरंतर होता रहा तो भी एक कदम आगे बढ़ेगा और उच्चारण का रूपांतर धीरे-धीरे प्रचार मुहिम में हो जाता है। जिन बातों का प्रचार होता है, अगर उनका आचारण संबंधित व्यक्तियों द्वारा हुआ तो सोने में सुहागा और ऐसा संगठन परिवर्तन के आंदोलन में उतरा तो दूध में शक्कर। लेकिन इन पड़ावों को पार करते समय व्यक्ति थक जाता है, यह स्वाभाविक भी है। इस राह पर मैं यथाशक्ति चल रहा हूँ। यह एक न खत्म होने होनेवाला सफर है, इस बात का मुझे एहसास है।